極値問題の理論

THEORY OF EXTREMAL PROBLEMS

by

Alexander Davidovich Ioffe
Vladimir Mikhailovich Tikhomirov
© NORTH-HOLLAND PUBLISHING COMPANY 1979
Japanese translation rights arranged with
NORTH-HOLLAND PUBLISHING COMPANY
through Japan UNI Agency, Inc., Tokyo

極値問題の理論

A・D・イオッフェ, V・M・ティコミロフ 著

細矢祐誉・虞朝聞訳

数理経済学叢書

知泉書館

編集委員

岩本 誠一／楠岡 成雄／グレーヴァ香子

武隈 愼一／原 千秋／俣野 博／丸山 徹

刊行の辞

　数理経済学研究センターは，数学・経済学両分野に携わる学徒の密接な協力をつうじて，数理経済学研究の一層の進展を図ることを目的に，平成9年に設立された．以来十数年にわたり，各種研究集会の開催，研究成果の刊行と普及などの活動を継続しつつある．

　活動の一環として，このほど知泉書館の協力により，数理経済学叢書の刊行が実現のはこびに到ったことは同人一同の深く喜びとするところである．

　この叢書は研究センターに設置された編集委員会の企画・編集により，（一）斯学における新しい研究成果を体系的に論じた研究書，および（二）大学院向きの良質の教科書を逐次刊行するシリーズである．

　数学の成果の適切な応用をつうじて経済現象の分析が深まり，また逆に経済分析の過程から数学への新たな着想が生まれるならば，これこそ研究センターの目指す本懐であり，叢書の刊行がそのための一助ともなることを祈りつつ努力したいと思う．

　幸いにしてこの叢書刊行の企てが広範囲の学徒のご賛同とご理解を得て，充実した成果に結実するよう読者諸賢のお力添えをお願いする次第である．

2011 年 4 月

　　　　　　　　　　　　　　数理経済学叢書　編集委員一同

日本語版序文

　最大化問題や最小化問題の理論的側面に関心を持たれるようになったのは，17世紀に，ケプラーやフェルマー，ニュートン，ライプニッツらの研究によって，今日では解析学と呼ばれる分野が急速に発展してからである．17世紀の終わりに，ベルヌーイによる最速降下線問題の定式化によって誕生した変分法は，18世紀にはオイラーやラグランジュ，モンジュら，また19世紀から20世紀初頭にかけては，ガウス，ハミルトン，ヤコビ，ワイエルシュトラス，ポアンカレ，ヒルベルトらの研究によって，約二世紀半もの間，継続的に発展した．

　変分法が誕生した当初は，それはおおむね，物理学や力学などの自然科学の分野における問題についての，数学的な回答であった．ところが，第二次世界大戦が始まる少し前から，経済学や工学から提示された新しい問題が数学者の関心を集めるようになった．フォン・ノイマンやカントロビッチらの研究によって数理経済学の基礎が作られ，それがゲーム理論，数理計画法，オペレーションズ・リサーチといった分野が誕生する端緒となった．そして，1950年代になると，産業・技術活動を制御する理論的な基礎を与える試みの結果として，最適過程の理論が生まれた．この時代，この方向の研究のリーダーとしてまず挙げなければいけない名前は，リチャード・ベルマン，アレクサンダー・フェルドバウム，レフ・ポントリャーギンなどである．特に，ポントリャーギンの最大値原理の発表 (それが行われたのは，ガガーリンの有人宇宙飛行によって，科学に対する期待が熱狂的に高まっていたまさにその時期であった) は最適化問題に対する関心を著しく高め，モスクワ，レニングラード，キエフ，ノボシビルスク，スベルドロフスクにおいて多くの研究活動グループが誕生した．

その中でもモスクワにのみ，最適化問題に関連した研究施設が複数存在した。科学アカデミー内では，ステクロフ数学研究所にはポントリャーギンのセミナーがあり，参加者の中には V. G. Boltyanski, R. V. Gamkrelidze, E. F. Mistchenko らがいた。また自動化・遠隔操作研究所には M. A. Aiserman, A. A. Feldbaum, A. Ya. Lerner ら多くの研究者が在籍し，応用数学研究所では，T. M. Eneev, M. L. Lidov, D. E. Ochotzimski らが宇宙航法の問題を研究し，化学物理学研究所には A. Ya. Dubovitzki や A. A. Milyutin が在籍し，コンピューター・センターでは，N. N. Moiseev のセミナーがあった。他にもモスクワ航空工学研究所の応用数学科にあった V. F. Krotov のセミナーは人気があったし，匿名の軍事関連研究所にもいくつかの研究グループがあった。

モスクワ州立大学では，I. V. Girsanov と B. T. Polyak によって行われた最適化の理論と応用の講義と，その後の V. M. Alekseev と V. M. Tikhomirov によって開催されたセミナーは多くの注目を集め，1966 年には数学科内に一般的な制御問題の教授職が設けられた。言うまでもなく，セミナーの出席者や研究グループ間の交流は非常に活発で，当時は最適化問題や最適制御に関するワークショップや授業，学会が頻繁に開催された。

最適化理論や近似理論における異なる研究領域を統合する概念を探すことが，関連研究の中で主流派となっていた。われわれの共同研究の初期の段階においては，A. A. Milyutin の影響が極めて重要であった。その当時は，彼と A. Ya. Dubovitzki が，極値問題における最適性の必要条件に関する未解決問題の包括的な研究を始めたところだった。L. Berkovitz や J. Warga, L. Newstadt, H. Halkin らの研究も，特にわれわれの変分法や最適制御理論に対する考え方の形成に関して，異なる方向で多くの洞察を与えてくれた。また，J. J. Moreau, B. N. Pshenichnyi, R. T. Rockafeller らによる研究は，凸解析とその最適化理論における役割を理解するために決定的な役割を果たした。

＊　　＊

本書において，われわれは，極値理論の基本原理に関して，その時代までに知られていたことを網羅的に述べたつもりである。本書で展開される理論

は，バナッハ空間における微分法と凸解析を土台としている．解析学におけるこの二つの分野の結果を使うことで，フェルマーからポントリャーギンやドゥボヴィツキー＝ミリューチンまで，あらゆる主要な結果を統合するような，最適性の必要条件の理論の一般原理を定式化できる．われわれはそれをラグランジュの原理と呼んでいる．最初の六つの章と最後の第 10 章は，極値理論の基礎と最適性の必要条件に関する理論について述べている．特に第 10 章では，自然科学，工学，経済学，幾何学，解析学，近似理論において登場する全く異なった極値問題が，統一的な手法によって，微分法と凸解析における演算を用いて解くことができる方程式に帰着させることができることを示している．残りの三つの章では，最適性の十分条件と解の存在，また，凸解析のさらなる発展的内容について述べている．

本書において述べられている最適性の必要条件に関する理論は，オイラーとラグランジュが編み出し，ドゥボヴィツキーとミリューチンが完成させた「変分による手法」に基づいて展開されている．技術的には，この手法は二つの基礎的な結果によって導出される．ひとつは接空間に関するリュステルニクの定理であり，もうひとつはハーン＝バナッハの分離定理である．リュステルニクの定理を用いると，制約条件を満たす変分の錐と共通部分を持つ非零のベクトルが存在し，目的関数を減少させる錐の存在が最適性を否定することを証明することができる．また分離定理は必要条件の妥当な定式化を与えてくれるが，そこでは変分の錐についての極錐の全部あるいは一部の非零元の和が零となるという形が与えられる．

本書が出版された 1974 年は，微分不可能な最適化問題に対する関心が高まっていたちょうどそのときであって，その結果，今日では変分解析 (variational analysis) と呼ばれる解析学の新しい分野が誕生した．そのような時代の潮流は，本書にもある程度反映されており，例えば局所凸関数とその劣微分について述べている箇所がそれに該当する．その後の研究においてより重要であったのは，本書ではリュステルニクの定理の証明のところで得られている，等位集合までの距離を評価することであった．これは「距離の正則性 (metric regularity)」という概念の先駆けであったが，この概念はグレーブスの定理 (Graves Theorem)(驚くべきことに，グレーブスの定理は，1970 年代の終盤までは最適化理論の研究者に全く注目されなかった) と共に，今日では変分解

析における中心分野——「正則性理論 (regularity theory)」におけるもっとも重要なものになっている。正則性理論の現代的な取り扱いはサーベイである A. D. Ioffe [12] にあるが、一方で有限次元に限定すれば、A. L. Dontchev and R. T. Rochafellar [9] がこの正則性理論を詳細に論じている。滑らかでない関数、凸でない関数の劣微分法は同時に発展し、現在ではおおよそ完成したように見えるが、これは微分可能でない集合値写像の分析に技術的な基礎を与えた。現代における劣微分法の詳細な解説については、F. H. Clarke [7], R. T. Rockafellar and R. J. B. Wets [20], B. Sh. Mordukhovich [18], J. P. Penot [19] を、サーベイについては、J. M. Borwein and J. Zhu [4] と A. D. Ioffe [11] をそれぞれ参照されたい。

正則性理論に基づいた、最適性の必要条件に対する、変分による手法を用いないまったく新しいアプローチが二つあり、それらは 1970 年代終盤には数理計画法や最適制御における標準的な問題に、さらに時代が下ると微分包含式の最適制御を含む微分不可能な問題にそれぞれ応用された。基本問題

$$f(x) \to \min, \quad \text{s.t.} \ F(t) = 0$$

を用いて、これら二つのアプローチを簡単に説明しよう。

最初のアプローチは、次の初等的な観察に基づいている：もし $\bar{x}$ が上の問題の局所解であれば、$\bar{x}$ の十分小さい近傍の写像 (f, F) による像は、$(f(\bar{x}), F(\bar{x}))$ の近傍を含まない。もし f と F が共に $\bar{x}$ において連続微分可能であって、$F'(\bar{x})$ の像が閉部分空間であるならば、グレーブスの定理から、この問題のラグランジュの原理が直ちに導かれる。実際、(f, F) の $\bar{x}$ における微分の像は、この場合には閉部分空間となって、それはグレーブスの定理から、全空間とは一致しない。したがって、共には 0 とならない実数と汎関数の組 (λ, y^*) が存在して、$\lambda f'(\bar{x}) + (y^* \circ F)'(\bar{x}) = 0$ が成立する。

二つ目のアプローチは、距離の正則性という概念に関係している。仮に F が $\bar{x}$ の近傍において正則であるならば、特に、ある $K > 0$ が存在して、$\bar{x}$ の近傍に属する任意の x について、$d(x, F^{-1}(0)) \leq K\|F(x)\|$ が成り立つならば、簡単な計算によって、f に関するかなり弱い条件の下で (例えば、f がリプシッツ連続など)、関数 $g(x) = f(x) + N\|F(x)\|$ は、十分大きい N に対しては、$\bar{x}$ において極小値を達成する。もし f と F が連続微分可能であれば、

g は局所凸関数である。さらに g の $\bar{x}$ における劣微分は簡単に計算することができて，それは $\|y^*\| \leq N$ という条件の下で $f'(\bar{x}) + (y^* \circ F)'(\bar{x})$ の形で書けるベクトルをすべて集めた集合となる。したがって，ラグランジュ乗数法は，0 が g の極小における劣微分に属するという事実から直ちに導かれる。一方で，F が $\bar{x}$ において正則でない場合には，ラグランジュの原理は，上と同じように，グレーブスの定理を，(f, F) ではなく，f に適用することで得られる。

　これらの例は，二つの一般的な原理の考え方を簡単に説明したものである。最初のものによると，制約関数と目的関数によって自然な形で定義されるある写像が，問題の局所解においては正則とはなり得ず，したがって，適切な非正則性の判定条件をこの写像に適用すれば，最適性の必要条件が得られる。ここで，問題の制約式が不等式やより一般の包含式であると，この写像は多価写像となり得ることに注意されたい。二つ目の原理によれば，正則な制約式を持つ問題は，何かしらの「厳格なペナルティ」の手助けを得て，制約条件のない問題に帰着させることができることを示している。そのような問題の帰着はその後の分析をとても簡単にしてくれ，それはペナルティ関数が微分可能でないような多くの場合でも成り立つ。特に，滑らかな問題においては，問題の帰着によって，しばしば簡単な議論から，高階の最適性の条件が得られる。幾分高度な最適化問題への二つの原理の応用例については，最近刊行された論文である E. P. Avakov, G. G. Magaril-Il'yaev and V. M. Tikhomirov [1] や下に挙げられているサーベイ [12]，R. Vinter によって書かれた本 [21] に詳しい。

　この短い序文で，最適化理論の，本書が刊行されて以降の 40 年以上にわたる著しい発展の歴史をすべて概説することは，そもそも不可能である。そこでわれわれは，最適性の必要条件の部分だけ，少し詳細な解説を加えることにしたが，これは本書の主要部分がこの主題に充てられているからである。しかし例えばわれわれが数理計画法や最適制御の一般問題について述べようとしていたならば，データの摂動に対する最適定常解の過敏性や安定性などについて書くこともできる。そこでは古典的な変分法よりもはるかにハミルトン＝ヤコビ理論の方が優れているのである (これらについては，例えば，下で挙げられている論文 [9]，[21] や H. Frankowska によって書かれた小さな本

[10] を見よ）．

　本書では，われわれは最適化問題の数値解析的な扱いは考察しなかったが，この分野こそがこの本が刊行されて以降，おそらく最も目覚ましい発展を遂げた分野であろう．この本が執筆されていた頃にはまだ胎児の状態だった計算複雑性理論が誕生し，また，多項式近似によって凸問題を解く手法が発展したことがその理由である．下の文献に挙げた論文のうち，[2]，[5]，[16]，および [17] は驚異的な発展を遂げたこの分野について，包括的に，かつ詳細に述べている．

　最後に，本書を日本語に訳してくれた細矢祐誉氏と虞朝聞氏に深い感謝の念を表したい．この日本語版が日本の数学に携わる読者のお役に立てることを願ってやまない．

A. D. Ioffe and V. D. Tikhomirov
2016 年 4 月

参考文献

[1] E. R. Avakov, G. G. Magaril-Il'yaev and V. M. Tikhomirov, Lagrange's principle in extremal problems with constraints, *Russian Math. Surveys* **68**: 3 (2013), 401-434.

[2] A. Ben-Tal, L. El Ghaoui and A. Nemirovskii, Robust Optimization, Princeton Univ. Press, 2009.

[3] J. F. Bonnans and A. Shapiro, *Perturbation Analysis of Optimization Problems*, Springer, 2000.

[4] J. M. Borwein and J. Zhu, A survey of subdifferential calculus with applications, *Nonlinear Analysis. TMA*, **38** (1999), 687-773.

[5] S. Boyd and L. Vanderberghe, *Convex Optimization*, Cambridge Univ. Press, 2004.

[6] J. Brinkhuis and V. Tikhomirov, *Optimization: Insight and Applications*, Princeton Univ. Press, 2005.

[7] F. H. Clarke, *Optimization and Nonsmooth Analysis*, Wiley-Interscience, 1983.

[8] F. H. Clarke, Yu. S. Ledyaev, R. J. Stern and P. R. Wolenski, *Nonsmooth Analysis and Control Theory*, Springer, 1998.

[9] A. L. Dontchev and R. T. Rockafellar, *Implicit Functions and Solution Mappings* (second edition), Springer, 2014.

[10] H. Frankowska, *Value Function in Optimization Control*, ICTP Lecture Notes, 2002.

[11] A. D. Ioffe, On the theory of subdifferentials, *Advances in Nonlinear Analysis* **1** (2012), 47-120.

[12] A. D. Ioffe, Metric regularity - a survey, *J. Aust. Math. Soc.*, to appear, arXiv:1505.07920v2[math.OC]

[13] D. Klatte and B. Kummer, *Nonsmooth Equations in Optimization*, Kluwer, 2002.

[14] P. D. Loewen, *Optimal control via Nonsmooth Analysis*, CRM Proceedings & Lecture Notes v.2, AMS 1993.

[15] A. A. Milyutin and N. P. Osmolovskii, *Calculus of Variations and Optimal Control*, AMS 1998.

[16] Yu. Nesterov, *Introductory Lectures on Convex Optimization*, Kluwer, 2004.

[17] Yu. Nesterov and A. Nemirovskii, *Interior Point Polynomial Algorithms in Convex Programming*, SIAM, 1994.

[18] B. S. Mordukhovich, *Variational Analysis and Generalized Differentiation*, vol 1, 2, Springer, 2006.

[19] J. P. Penot, *Calculus Without Derivatives*, Graduate Texts in Mathematics, v.**266**, Springer, 2012.

[20] R. T. Rockafellar and R. J. B. Wets, *Variational Analysis*, Springer, 1998.

[21] R. B. Vinter, *Optimal Control*, Birkhäuser, 2000.

原著者序文

　近年，数学者たちの努力は，極値問題の題材を統一的な視点から研究し，これらの問題を取り扱う手段の共通の特徴を選択し，必要な数学的道具を発達させることに向けられている．その結果，われわれは極値問題の理論の発展について述べることが可能になった．

　いまやわれわれは，この理論における3つの論点について，十分に成熟した概要を書くことができる．3つの論点とはそれぞれ，理論の数学的基礎の問題，極値の必要条件の問題，そして——限定的ではあるが——解の存在の問題である．理論のうち，数値的な最適解法に関係する部分は，急速に発展しつつある．十分条件の理論は未だ完成には至っていないが，その一般的性質については非常に多くの結果が得られている．

　本書では，われわれは上で言及した極値問題の理論の基礎的論点のうち，数値的手法以外のすべてに触れる．本書の最初の5つの章は，数学的な道具立てと極値の必要条件に当てられている．十分条件は7章で論じる．8章，9章では，変分法と最適制御法における問題の解の存在定理と，またその証明のために必要な数学的道具について書く．6章では，それまでの章で与えられた一般的な理論から，特別な構造を持ついくつかの問題のクラスにおける結果を導き出す．具体的に扱うクラスは，線形，凸，二次，及び離散の4問題である．最後，10章は具体的な問題の解への理論の応用に当てられている．また，独立したいくつかの問題群を用意しておいたが，これらの多くには解答が与えられている．

　資料を選ぶに当たって，われわれは最新の結果を網羅しようとはしなかった．本書の主たる目的は，極値問題の理論に出てくる手法について説明し吟味し，そしてそれらが数理計画法や変分法，最適制御などの特定の領域でど

う適用されているかを見ることである。

　極値問題の一般理論を作ろうとする最初のきっかけは，ポントリャーギンの最大値原理を抽象的な枠組みで考える試みから得られた。このような試みは，混合的な，部分的に滑らかで部分的に凸な構造の問題についての研究につながった。本書では，この種の問題が詳細に研究される。これらの問題にはまだ他にも可能なアプローチが存在し，時間が経てばそれらのどれが最も有益であるかが示されるであろう。

　本書は主に大学院生やそれ以上の学生，あるいは学者のうちで最適化問題を解くような分野を研究している者に向けられている。本書を書くにあたって，われわれはモスクワ大学数学・工学部における教育経験を活用した。われわれは本書が，最適化に関連した大学の様々な授業でテキストとして使えるようになっていることを望んでいる。

　本書の全体を完全に理解するためには，大学での関数解析の授業を受けることが必要である。しかし，多くの内容はより広範囲の読者に向けて書かれている。

　なぜそう言えるかというと，大多数の最重要な定理は——これらが問題を解くためのレシピを与えてくれるのだが——その証明を理解するために必要なよりもはるかに少ない数学的素養で，その形式を使いこなすことができるのである。したがって，われわれは主結果の定式化や，それらに関連する一般的な補足，そして問題の解などを，証明とは分けて記述する体裁を取ることにした。

　本書の章を，並んでいる順番の通りに読む必要はない。多くの主題は他の要素とは独立に勉強することができる。可能なやり方をいくつか提示しておこう。変分法の初等的な内容のコースならば 2.1, 2.2, 2.4 と 6.4 節が対応している。基本的には，これらの節は古典的な解析学の知識にのみ立脚している。線形及び凸の計画法の初等的コースは 0.3, 1.3, 6.1, 7.3 節に含まれている。1 章と 7.1-7.3 節は「線形空間での最小化問題における極値の必要十分条件」という内容に当てられている。2.1-2.3, 6.3, 7.4, 10.4 節及び 9.2.4 は変分法の上級コースに対応しているが，ハミルトン＝ヤコビの理論について学ぶには若干不十分である。8 章と 9.1, 9.2 節では最適制御問題における解の存在問題を扱う。また 8 章と 9.3 節は最適制御理論における双対法のアイ

デアを与えている．1-5 章，8 章，9 章は最適制御理論の上級コースに対応している．最後に，3 章，4 章，8 章は無限次元の凸解析についての十分に詳細な導入部となっている．

当初，本書にはこれ以外の多くの主題も扱われる予定であった．例えば変分問題の拡張や，スライディングレジーム及び特異レジーム，そして数値的な手法などである．しかし，分量の問題でそれらを扱うことはできなかった．また注意すべきこととして，重要ないくつかの問題が本書では扱われていない．主に変分法と古典力学，ハミルトン＝ヤコビの理論，および動的計画法などの関係についてである．序論の最後に注釈として，本書の内容には含まれない主題に関係する論文をいくつか挙げておいた．

最後に，われわれは B. T. Polyak に感謝の意を示したい．彼は親切にいくつかの資料を与えてくれたが，それらは極値問題の分類についてのわれわれの手法を発展させるのに役立った．また M. A. Krasnosel'skiĭにも感謝する．彼は文書を読んで多くの有益な示唆をもたらしてくれた．さらに V. M. Alekseev と S. V. Fomin にも感謝する．彼らとわれわれは，題材の表示形式に関連する様々な内容について議論した．A. A. Milyutin との幾度もの議論はわれわれにとってとても重要であった．A. V. Barykin，B. Luderer，G. G. Magaril-Il'yaev，E. S. Polovinkin，M. A. Rvachev，V. M. Safro，M. I. Stesin，M. Tagiev にも感謝したい．彼らは文書の作成についてわれわれを助けてくれた．

著　　者

記号の書き方

$\forall$：全称記号「すべての」

$\exists$：存在記号「〜が存在する」

$\Rightarrow$：論理包含「〜ならば〜」

$\Leftrightarrow$：論理同値

$x \in A$：要素 x は集合 A に含まれる

$x \notin A$：要素 x は集合 A に含まれない

$\emptyset$：空集合

$A \cup B$：集合 A と B の合併

$A \cap B$：集合 A と B の共通部分

$A \setminus B$：集合 A に含まれ B に含まれない元からなる集合

$A \subset B$：集合 A は B に含まれる

$A \times B$：集合 A と B の直積

2^A：集合 A の部分集合の全部からなる集合

$\{x|Px\}$：P という性質を満たすすべての x からなる集合

$\{x_1, ..., x_n, ...\}$：元 $x_1, ..., x_n, ...$ からなる集合

$F : X \to Y$：集合 X から Y への写像

$x \to F(x)$：x に対して $F(x)$ を返す写像

$F \circ G$：写像 G と F の合成写像

$F(A)$：集合 A の F による像

$F^{-1}(A)$：集合 A の F による逆像

$F|_A$：写像 F の集合 A への制限

$\mathbb{R}$：実数全体からなる集合

$\mathbb{R}^n$：n 次元のユークリッド空間

$\mathbb{R}^n_+ = \{x = (x^1, ..., x^n) | x^i \geq 0\}$：$\mathbb{R}^n$ の非負象限
$\inf A$ $(\sup A)$：集合 $A \subset \mathbb{R}$ の下限 (上限)
$a_n \downarrow a$ $(a_n \uparrow a)$：a に収束する短調非増加 (非減少) 数列 a_n
$|x|$：$\mathbb{R}^n$ のユークリッドノルム
$\|x\|$：Banach 空間の元 x のノルム
$\rho(x,y)$：x と y の距離
$B(x,r)$：x を中心とする半径 r の閉球
$U(x,r)$：x を中心とする半径 r の開球
$\bar{A}$：集合 A の閉包
$\operatorname{int} A$：集合 A の内部
$\mathscr{L}_\alpha f = \{x | f(x) \leq \alpha\}$：$f$ の α-下位集合
X^*：X の双対空間
x^*：双対空間の元
$\langle x^*, x \rangle$：線形汎関数 x^* の x における値
$(x|y)$：x と y の内積
$L^\perp = \{x^* | \forall x \in L, \langle x^*, x \rangle = 0\}$：部分空間 L の直交補空間
$\dim L$：空間 L の次元
$\operatorname{codim} L$：空間 L の余次元
X/L：部分空間 L によって生成される X の商空間
I：恒等写像
Λ^*：Λ の共役作用素
$\operatorname{Ker} \Lambda$：$\Lambda$ の核
$\operatorname{Im} \Lambda$：$\Lambda$ の像
$\mathscr{L}(X,Y)$：X から Y への連続線形写像の空間
$\Lambda > 0$：正の行列 Λ
$\lambda \geq 0$：非負の行列 Λ
$\operatorname{ind} Q$：二次形式 Q のインデックス
μ^+ (μ^-)：測度 μ の正の (負の) 成分
$|\mu|$：測度 μ の全変動
$\operatorname{mes} \Delta$：$\Delta$ の持つルベーグ測度

$C^n(T)$：コンパクト集合 T から $\mathbb{R}^n$ への連続関数の空間 (位相は一様ノルムで入れる)

$C_m^n([t_0, t_1])$：$[t_0, t_1]$ から $\mathbb{R}^n$ への m 階連続微分可能な関数の空間

$L_p^n(T)$：T から $\mathbb{R}^n$ への L^p 級関数の空間

$W_{p,m}^n([t_0, t_1])$：$[t_0, t_1]$ から $\mathbb{R}^n$ への関数で m 階微分が絶対連続で $L_p^n([t_0, t_1])$ に含まれるものの空間

$f'(x; h)$：関数 f の x における h 方向への方向微分

$\delta F(x, h)$：写像 f の x における第一変分

$\delta^n F(x, h)$：写像 f の x における第 n 変分

$F'_\Gamma(x)$：写像 F の x におけるガトー微分

$F'(x)$：写像 F の x におけるフレシェ微分

$f''(x)(h, h)$：f の h に関する二階微分の値

$F_{x_1}(x_1, x_2)\ (F_{x_2}(x_1, x_2))$：$F$ の $x_1(x_2)$ に関する偏微分の値

$[x_1, x_2]$：x_1 から x_2 までの閉区間

$\mathrm{dom}\, f$：関数 f の有効定義域

$\mathrm{epi}\, f$：関数 f のエピグラフ

$\delta(x|A)$：集合 A の指示関数

$s(x|A)$：集合 A の支持関数

$\mu(x|A)$：集合 A のミンコフスキー関数

$N(x|A)$：集合 A の x における支持汎関数による錐

K_A：集合 A が生成する錐

$\mathrm{lin}\, A$：集合 A の線形包

$\mathrm{aff}\, A$：集合 A のアフィン包

$\mathrm{ri}\, A$：集合 A の相対内部

$\mathrm{conv}\, A$：集合 A の凸包

$\overline{\mathrm{conv}}\, A$：集合 A の閉凸包

$\partial f(x)$：関数 f の x における劣微分

$\partial_x f(x, y)$：$x \to f(x, y)$ の劣微分

$f^*(x^*)$：関数 f の共役関数，もしくはヤング＝フェンシェル変換

A°：集合 A の極

$A + B$：集合 A と B の代数和

$f_1 \oplus f_2$：f_1 と f_2 のたたみ込み

$f_1 \vee f_2$：f_1 と f_2 の上限

$f\Lambda$：関数 f の写像 Λ による逆像

Λf：関数 f の写像 Λ による像

$\oint f_t d\mu : x \to f(t,x)$ の測度 μ に関するたたみ込み積分

$\int f_t d\mu : x \to f(t,x)$ の測度 μ に関する積分

$f(x) \to \inf(\sup); x \in C$：極値問題の記法

x_*：極値問題の解

$\mathscr{I}$：変分法と最適制御の問題における汎関数

$\mathscr{K}$：変分法の問題における二次汎関数

$L = L(t, x, \dot{x})$：ラグランジアン

$\mathscr{L}$：ラグランジュ関数

$\mathscr{E}$：ワイエルシュトラス関数

H：ポントリャーギン関数

$\mathscr{H}$：ハミルトニアン

目　次

日本語版序文……………………………………………………………vii
原著者序文………………………………………………………………xv
記号の書き方……………………………………………………………xix

第0章　序論：背景にある題材……………………………………3
　0.1　関数解析……………………………………………………………13
　0.2　微分積分学…………………………………………………………26
　0.3　凸解析………………………………………………………………53
　0.4　微分方程式…………………………………………………………59
　0.5　序論の補足…………………………………………………………73

第1章　極小点の必要条件…………………………………………75
　1.1　問題と基本定理の記述……………………………………………75
　1.2　滑らかな問題：ラグランジュ乗数法……………………………92
　1.3　凸問題：クーン＝タッカーの定理の証明………………………96
　1.4　混合問題：極値原理の証明………………………………………101
　1.5　1章の補足…………………………………………………………112

第2章　変分法・最適制御の古典的問題における
　　　　　極小点の必要条件…………………………………………115
　2.1　問題の記述…………………………………………………………115
　2.2　古典的な変分法の基本問題における
　　　　必要条件の初等的導出法……………………………………123
　2.3　ラグランジュの問題とオイラー＝ラグランジュ方程式………149

- 2.4 ポントリャーギンの最大値原理，定式化と議論 ……………158
- 2.5 最大値原理の証明 …………………………………………174
- 2.6 2章の補足 …………………………………………………187

第3章 凸解析の基礎 ……………………………………………189
- 3.1 凸集合と分離定理 …………………………………………189
- 3.2 凸関数 ………………………………………………………197
- 3.3 共役関数とフェンシェル＝モローの定理 ………………204
- 3.4 双対定理 ……………………………………………………213
- 3.5 有限次元空間における凸解析 ……………………………223

第4章 局所凸解析 ………………………………………………233
- 4.1 同次関数と方向微分 ………………………………………233
- 4.2 劣微分，基本定理 …………………………………………239
- 4.3 支持汎関数の錐 ……………………………………………250
- 4.4 局所凸関数 …………………………………………………254
- 4.5 いくつかの関数の劣微分 …………………………………263
- 4.6 3章と4章の補足 …………………………………………269

第5章 局所凸問題と相制約付き最適制御問題の最大値原理 ……273
- 5.1 局所凸問題 …………………………………………………273
- 5.2 相制約付き最適制御問題 …………………………………284
- 5.3 相制約付き最適制御問題の最大値原理の証明 …………293
- 5.4 5章の補足 …………………………………………………310

第6章 特別な問題 ………………………………………………313
- 6.1 線形計画法 …………………………………………………313
- 6.2 ヒルベルト空間の二次形式の理論 ………………………317
- 6.3 古典的な変分法における二次汎関数 ……………………327
- 6.4 離散最適制御問題 …………………………………………338
- 6.5 6章の補足 …………………………………………………344

第 7 章　極小点の十分条件 ……………………………………… 347
- 7.1　摂動法 ……………………………………………………… 347
- 7.2　滑らかな問題 ……………………………………………… 354
- 7.3　凸問題 ……………………………………………………… 367
- 7.4　古典的変分法における極小点の十分条件 ……………… 373
- 7.5　7 章の補足 ………………………………………………… 395

第 8 章　可測多価写像と積分汎関数の凸解析 ………………… 397
- 8.1　多価写像と可測性 ………………………………………… 397
- 8.2　多価写像の積分 …………………………………………… 412
- 8.3　積分汎関数 ………………………………………………… 419
- 8.4　8 章の補足 ………………………………………………… 433

第 9 章　変分法と最適制御における問題の解の存在 ………… 435
- 9.1　変分法における汎関数の半連続性と
    下位集合のコンパクト性 ………………………………… 435
- 9.2　解の存在定理 ……………………………………………… 457
- 9.3　たたみ込み積分と線形問題 ……………………………… 484
- 9.4　9 章の補足 ………………………………………………… 509

第 10 章　理論の諸問題への応用 ………………………………… 511
- 10.1　幾何光学の問題 …………………………………………… 511
- 10.2　ヤングの不等式とヘリーの定理 ………………………… 522
- 10.3　振動子の最適励起 ………………………………………… 526
- 10.4　10 章の補足 ……………………………………………… 530

第 11 章　問　題 …………………………………………………… 533
- 11.1　問　題 ……………………………………………………… 533
- 11.2　問題の補足 ………………………………………………… 555
- 11.3　問題へのコメント ………………………………………… 555

訳者あとがき ………………………………………………………… 557

参考文献……………………………………………………563
索　引………………………………………………………599

極値問題の理論

第0章
序論：背景にある題材

―――――――

　古代にはすでに，幾何学の分野で最大値・最小値を見つけることに関係した問題が定式化されていた．円の等周性については紀元前5世紀にはすでに言及した文書が見つかっており，最大化・最小化問題はユークリッドやアポロニウス，さらにはアルキメデスなどの研究の中にも見られる．極値問題を解くための研究は数理解析や変分法を作るために役に立った．17 − 18 世紀には，光学や力学における変分原理が発見され，変分法は自然科学の言語のひとつとなった．

　いま極値問題の理論は変革の時を迎えているが，それは科学技術や経済学の要請に応えるためである．数理計画法，最適制御理論，数値最適化法などの新しい一連の分野が，急速に発達しつつある．

　極値問題には非常に多くの種類がある．古代の幾何学における極値問題と誘導飛行のための最適制御問題はまったく似ていない．しかしそれにもかかわらず，それらの問題の研究には多くの共通点が見いだせるのである．

　ここで極値問題の本来持つ共通の性質と，それを研究するための基本原理について述べておこう．まずは問題を定式化することから始める．

　最小値，最大値を見つける問題は通例，記述的な形式で現れ，解析的な形式では現れない．数学的な道具を適用できるようにするためには，問題を形式化することが必要である．通常，問題は厳密に数学的な方法で記述された，3つの要素に分割することができる．3つの要素というのは，関数 $f_0(x)$，その定義域 X，そして X の部分集合 C(これが問題の制約を与える) である．X は潜在的要素の族 (the class of underlying elements) と呼ばれ，部分集合 C

は**許容可能な要素の集合** (the set of admissible elements)，あるいは単純に**制約条件** (constraint) と呼ばれる（これ以降，「**関数** (function)」という用語は，値域が拡張された実数，つまりは普通の実数に加えて $+\infty$ と $-\infty$ を値として許された**写像** (mapping) を意味するものとする）。簡単に言うと，極値問題というのは次の方法で定式化される：関数 $f_0(x)$ の，制約条件 C に属するすべての x についての値の下限 (もしくは上限) を見つけなさい。この極値問題を書くために，次のような標準的な記法が使われる。

$$f_0(x) \to \inf(\sup); \ x \in C. \tag{1}$$

問題の正確な定式化のためには，X についての厳密な記述をしなければならない。

問題 (1) において，関数 $f_0(x)$ の下限 (あるいは上限) は問題の「値」と呼ばれ，その下限 (あるいは上限) を達成する点 x_* は**問題の解** (solution of the problem) あるいは問題の**絶対極点** (absolute extremum)(最小点あるいは最大点) などと呼ばれる。

X に位相が入っている場合，x_* の近傍と C の共通部分に含まれるすべての x について $f_0(x) \geq f_0(x_*)$(あるいは $f_0(x) \leq f_0(x_*)$) が成り立つ点 x_* を，問題 (1) の**極小点** (local minimum)(あるいは**極大点** (local maximum)) と呼ぶ。

注意しておくと，われわれは常に下限を見つける問題だけを考えるように制限してよいのである。なぜなら，最後に (必要であれば)f_0 の代わりに $-f_0$ を使えばよいためである。しばしば，問題の値である下限は**最小値** (minimum) と呼ばれ，問題の解は**最小点** (minimal) と呼ばれる。

通常，同じ問題が様々な定式化をされることがある。

例えば，最速降下線の問題を考えよう。記述的な定式化から始める。次の問題は，ガリレオの「天文対話」で議論されている。ふたつの球が同時に，片方は円の弧に沿って，もう片方は弦に沿って動き始めるとする。このとき弦の最下部にどちらの球が先に到達するだろうか？ というと，結果的には弧に沿って進むほうであることがわかる。問題をより一般的に記述した次のものがそれを示唆している：球が溝に沿って重力の力で進むとし，摩擦がないとする。一定の点から別の点まで進むために，どのような形の溝が最短時間で球を動かせるだろうか？ こうして最速降下線の問題が記述的に定式化

される。これを数学の言語に翻訳する方法は多岐に渡るが，通常は以下の定式化が受け入れられている。(x, y) という座標系を持つ平面を導入し，ただし x 軸は水平線で，y 軸はそれに垂直に下方を向いているとする。$y(x)$ が溝の形状を表しているとする。ガリレオの法則によれば，点 $(x, y(x))$ における球の速度は溝の形状には依存せず，$y(x)$ だけにしか依存しない。この速度は $\sqrt{2gy(x)}$ と一致する。従って，ds だけの距離を移動するのにかかる時間 dt は $ds/\sqrt{2gy(x)}$ と一致しているはずである。

よって，次の定式化を得る。

$$\left.\begin{array}{l} \int_{x_0}^{x_1} \dfrac{\sqrt{1+(y'(x))^2}}{\sqrt{2gy(x)}} dx \to \inf; \\ y(x_0) = 0,\ y(x_1) = y_1. \end{array}\right\} \quad (2)$$

この問題は，古典的な変分法 (calculus of variation) の基本問題のひとつである。容易にわかることだが，汎関数 (2) の最小化は次の積分，

$$\int \dfrac{\sqrt{\dot{x}^2+\dot{y}^2}}{\sqrt{2gy}} dt \quad (3)$$

を $(x_0, 0)$ と (x_1, y_1) をつなぐすべての曲線 $(x(t), y(t))$ について最小化することと同値である。この種類の問題は**媒介変数形** (parametric form) で与えられた変分法の問題のクラスに属している。

一方，同じ問題は時間最適化問題 (time-optimal problem) でも扱える。すでに述べたように球の点 (x, y) における速度は $\sqrt{2gy}$ に等しい。いま，点 (x, y) における光の局所速度が $\sqrt{2gy}$ であるような，平べったい等方的な光媒体を考えよう。幾何光学におけるフェルマーの原理によれば，**不均質媒体を通る光は与えられた点を通るための経過時間を最小化する経路を通る**。これを光速度が $\sqrt{2gy}$ であるような媒体に適用すると，われわれは光の伝播に関する問題の以下の定式化を得る。

$$\left.\begin{array}{l} T \to \inf; \\ \dot{x}^2 + \dot{y}^2 = 2gy, \\ x(0) = x_0,\ y(0) = 0,\ x(T) = x_1,\ y(T) = y_1. \end{array}\right\} \quad (4)$$

明らかに，この平面上の幾何光学の問題の解は最速降下線の問題の答えにもなっている (光学と力学のアナロジーが，ヨハン・ベルヌーイが最速降下線

の問題を解くときのガイドラインの役割を果たしたということを注記しておこう）．最後に，もうひとつの定式化の方法がある．球が溝 $y(x)$ に沿って動くとき，2つの力が球に働いている．つまり，重力の力と，支えている物からの反作用である．反作用は速度と直角に働く．ニュートンの第一法則により，球の加速度は力の合力と一致する．結果として，われわれは次の問題の定式化を得る．

$$\left.\begin{array}{l} T \to \inf; \\ \ddot{x} = u,\ \ddot{y} = g + v,\ \dot{x}u + \dot{y}v = 0, \\ x(0) = x_0,\ y(0) = 0,\ x(T) = x_1,\ y(T) = y_1. \end{array}\right\} \quad (5)$$

この問題の形式は**最適制御** (optimal control) の特徴を持っている．

また，これらの定式化の枠組みには多くの別の記述法がある．例えば，オイラーによれば，(2) の x と y は交換でき，したがって次のような古典的変分法の基本問題を考えることができる．

$$\int_0^{y_1} \frac{\sqrt{1 + (x'(y))^2}}{\sqrt{2gy}} dy \to \inf;$$
$$x(0) = x_0,\ x(y_1) = x_1.$$

(4) 式の $\dot{x}^2 + \dot{y}^2 = 2gy$ という方程式の代わりに，われわれは次の包含式

$$(\dot{x}, \dot{y}) \in B(0, \sqrt{2gy}),$$

を考えることができる．ここで $B(0, r)$ は 0 を中心とした半径 r の円である．さらにこの関係の代わりに，制御についての次の方程式系を考えることもできる．

$$\dot{x} = u\sqrt{2gy},\ \dot{y} = v\sqrt{2gy},\ u^2 + v^2 \leq 1.$$

われわれはとても多くの数の定式化を得たし，それらは互いに良い点と悪い点をそれぞれ持っている．しかし，これは強調しておきたいのだが，定式化をどうするかという**問題それ自体**は，一意的に解くことはできない．最も自然な形式での記述を選ぶことというのはある種の技巧であり，多くの問題を解くことによって達成される．ただし注意して欲しいのだが，数学的な観点から見れば，(2)-(5) はどれも完全に定式化されてはいない．なぜかというと，

要素の潜在的な族がどこにもきちんと記述されていないからである。この族もまた，選択する方法はいろいろある。例えば，(2) のタイプの問題は普通，連続微分可能な関数の族で考えられる。しかしこの族には (2) の問題の解はないのである。実際には，よく知られているように，最速降下線問題の解はサイクロイドとなり，これは初期点で微分の値が無限大になる。一方，$[x_0, x_1]$ 上で x_0 一点を除いて連続微分可能であるような連続関数の族を考えれば，サイクロイドはこの族に入るであろう。通常はもっと特定化せずに，例えば区分的に微分可能な関数の族や，絶対連続関数の族などを考える。

極値問題の制約は方程式あるいは不等式の形で書き下されていることがある。このような制約は汎関数型と呼ばれる。汎関数型の制約に加えて，包含型の制約 $x \in A$ もよくあるが，これは汎関数では記述されない。結果として，極値問題 (1) は次のような形式を得る：

$$f_0(x) \to \inf;$$
$$F(x) = y_0,$$
$$f_i(x) \leq 0, \ i \in I,$$
$$x \in A.$$

ここで，Y や I は集合であり，$F : X \to Y$; $f_i : X \to \mathbb{R}$; $A \subset X$ である。注意しておくと，抽象的には汎関数型とそうでない型の制約の区別は重要ではない (なぜなら，どんな $x \in A$ という関係も汎関数型で書けるからである) のだが，実際に解く際にはしばしばこの区別は有用である。

今度は極値問題の理論における一般的な原理を議論しよう。正確に記述された極値問題を考える。どのようなこの種の問題についても，3 つの疑問が自然に浮かび上がる。まず，問題の解はあるのか？ 仮に解が存在すると仮定できたとして，それはどのように特徴付けできるのか？ 最後に，実際にどうやって，問題の解，あるいはその近似列を見つけてくるか？ これらの疑問はそれぞれ，極値問題の理論のうち，解の存在，無小点の必要十分条件，そして解を見つけるための計算手法という部分と関係している。それぞれの部分は互いに関係を持っているが，同時にかなりの程度，独立している。

最初に，極小点の必要条件について議論しよう。限定のない極値問題にお

いては，フェルマーが最初に必要条件についての一般的な原理を発見した．現代の用語で表現すると，彼のアイデアは滑らかな問題 $f_0(x) \to \inf$ の停留点 (stationary point) の中，つまり次の方程式,

$$f'_0(x) = 0, \tag{6}$$

の解の中に元の問題の解を見つけるということである．この結果はしばしばフェルマーの定理と呼ばれる．制約付き問題については，極小点の必要条件についての一般的な原理はラグランジュによって与えられた．ラグランジュのアイデアは彼が考えた問題の限界をはるかに大きく超えて拡張できる．このアイデアを，次のような一般的な問題 (われわれは本書の中でずっと，この問題を扱い続けることになる) について説明してみよう．X と Y は線形空間であるとし，$F : X \to Y$，$f_i : X \to \mathbb{R}, i = 1, ..., m$ で，$A \subset X$ であるとする．次の問題を考えよう．

$$\left.\begin{aligned} &f_0(x) \to \inf;\ F(x) = 0, \\ &f_i(x) \leq 0,\ i = 1, ..., m,\ x \in A. \end{aligned}\right\} \tag{1'}$$

ここで次の関数を考える：

$$\mathscr{L}(x, y^*, \lambda_0, ..., \lambda_m) = \langle y^*, F(x) \rangle + \sum_{i=0}^{m} \lambda_i f_i(x).$$

ただし y^* は Y 上の線形汎関数であり，λ_i は数である．これは問題 (1') のラグランジュ関数と呼ばれる．汎関数 y^* と数 $\lambda_i,\ i = 1, ..., m$ はラグランジュ乗数と呼ばれる．(ラグランジュ関数が汎関数型の制約のみを考慮しているということに注意しておこう) ラグランジュの原理は次のようなものである．

「点 x_* が問題 (1') の極小点であるならば，あるラグランジュ乗数 y^* および $\lambda_i \geq 0 (0 \leq i \leq m)$ をうまく取ってきて，それらがすべて 0 ではなく，かつ x_* は次の問題：

$$\mathscr{L}(x, \cdot) \to \inf;\ x \in A,$$

の極小点の必要条件を満たし，さらに

$$\lambda_i f_i(x_*) = 0,\ i = 1, ..., m, \tag{7}$$

である．」

別の言い方をすれば，元の問題の最小点についての必要条件は，適切なラグランジュ乗数を選んだときのラグランジュ関数の，A 上での (この制約はラグランジュ関数に含まれていない制約である) 最小点の必要条件と一致している．関係 (7) は**相補スラック条件** (condition of complementary slackness)と呼ばれる．これらが意味するのは，ラグランジュ乗数が 0 でないときにはこれらの不等式制約が効いている (active)(つまり $f_i(x_*) = 0$ である) と見なさなければならない，ということである．

ラグランジュの原理を有限次元の問題で描写してみよう．$(1')$ において$X = A = \mathbb{R}^n$(つまり X は n 次元ユークリッド空間) で，不等式制約がないとする．等式制約は次の有限個の関係で与えられる．

$$f_1(x) = 0, ..., f_m(x) = 0.$$

つまり，$F = (f_1, ..., f_m)$ は $\mathbb{R}^n$ から $\mathbb{R}^m$ への写像である．関数 $f_0(x), ..., f_m(x)$はすべて滑らかであると仮定しよう．ラグランジュの原理に基づき，われわれはラグランジュ関数

$$\mathscr{L} = \sum_{i=0}^{m} \lambda_i f_i(x)$$

を作り，この無限定の問題 $\mathscr{L} \to \inf$ の必要条件を書き下すべきである．しかしこの必要条件はフェルマーの定理 ((6) を見よ) から与えられる：つまり，$\mathscr{L}_x = 0$ である．この結果，われわれは次の方程式系を得る：

$$\mathscr{L}_x = \sum_{i=0}^{m} \lambda_i f_i'(x_*) = 0.$$

この結果は**ラグランジュ乗数法**として広く知られている．

1 章においてわれわれは，ラグランジュの原理が成り立つような問題のクラスを 3 つ，特定化する．それらは滑らかな問題，凸な問題，そしてそれらの混合，つまり部分的に凸で部分的に滑らかな構造を持つ問題である．古典的な変分法は滑らかな問題に関係しており，最適制御問題は混合問題に帰着できる．これらの問題は 1，2，5 章で議論される．

ラグランジュの原理は多くの重要な問題で成り立つのだが，しかしそれは常に確認されなければならない．ところで，ラグランジュの原理や他の必要

条件を証明するための方法はなんだろうか？ そのような証明のほとんどの基礎にあるのは，「変分による手法 (method of variation)」である．この手法の本質的な部分を説明してみよう．一般的な問題 (1) を考え，ただし X は位相空間だとする．$[0, \varepsilon]$ から X への連続写像 $\lambda \mapsto x(\lambda)$ で $x(0) = x_*$ を満たすものを，点 x_* における**変分** (variation) と呼ぼう．変分が**許容可能** (admissible) であるとは，λ が十分小さいならば，曲線 $x(\lambda)$ のすべての点が C に属することを指す．いま，変分 $x(\lambda)$ を考え，$\varphi(\lambda) = f_0(x(\lambda))$ が 0 で微分可能であるとしよう．もし x_* が問題 (1) の極小点だったとすれば，φ は 0 で最小になっていなければならない．したがって不等式 $\varphi'(0) \geq 0$ (これは 0 が $[0, \varepsilon]$ 上で定義された一変数関数の最小点であることの必要条件である) が成り立っていなければならない．「変分による手法」とは，まず許容可能な変分の十分に広い族を見つけ，そしてその族のすべての変分に対して $\varphi'(0) \geq 0$ である，という関係から，結論を導くというものである．

理論が発展する第一段階には，最も単純な変分，つまり**方向変分** (directional variation) が用いられた．この方法により，古典的な変分法や有限次元の解析における問題の必要条件が得られた．われわれは 2.2 節において，変分による手法を直接適用することにより，古典的な変分法の極小点の必要条件を導出する．変分法では，この方向変分以外に別の特性を持つ変分も用いられている．強い最小値の必要条件を導出するために，ワイエルシュトラスは「針状」として知られた変分を用いた．これらの変分の助けをもって，最大値原理の単純化された形式を導出することができる．(2.4 節を見よ)

通常は，許容可能な変分のうち (少なくとも局所的に) 凸関数であるようなものの集合を用いようとする．凸問題は多くの特筆すべき性質を持っている．この種の問題では，すべての極小値は最小値である．さらに，すべての凸問題は，**双対問題** (dual problem) と呼ばれる別種の凸問題と対応している．その場合，片方の問題の解は，もう片方の問題のラグランジュ乗数になっているのである．そして双対問題はしばしば，本来の問題よりも単純である．

もう一度ラグランジュの原理に戻ろう．この原理が考察中の問題 (あるいはそこから変分による手法を用いて得られた問題) に適用可能であるならば，それはある種の**方程式** (代数方程式，微分方程式，等々) を導く．これらの方程式の解は**極値** (extremal) と呼ばれる．通常，極値は非常に骨の折れる計算

を行った後にのみ見つけられるものである．にもかかわらず，極小点の必要条件から得られる方程式は一般的な形式で解けるのである．

では，問題のどの性質がそれらの方程式を解くのに有用であるかを考えてみよう．いくつかの性質に言及しておきたい．最初に，そのような性質のひとつは**線形構造**である．線形問題は最も完全に研究された問題である．**線形計画法** (6.1 節)，**ヒルベルト空間上の二次計画法** (6.2-3 節．これは必要条件の方程式が線形である)，そして**線形最適制御問題** (9.3 節) がこのクラスに属する．二番目の性質として，**凸構造**を挙げておく．すでにわれわれは，凸問題の特筆すべき特徴として双対形式での記述可能性について述べた．凸性と関係する手法は，**凸性と有限次元性**が合わさった際に最も有益になる．最後に，問題がある種の**不変な構造**を持っていた場合，それが問題の解についての多くの情報を与えてくれることが多い (変分法におけるネーターの定理などがその一例である)．ここまでで極小点の必要条件の議論を終わり，次に十分条件の話に移ろう．

十分条件のために当てられた章 (7 章) は，本書の中で最も控えめな場所である．これは次のような理由によるものである．極値問題の一般理論のうち，極小点の必要条件の部分はいまや明確な骨子を持っている．この問題は問題特有の言語と方法論を持ち，一般的で重要な定理が証明されている．しかし十分条件についての原理をそのように語るのは不可能なのだ．ここでは，理論のできる限りの展望とその構築法について論じさせていただきたい．われわれから見ると，本質は次のようなものに見える．十分条件の導出は**大域的アプローチ**に関係しており，この中で個別の問題はパラメータによって特徴付けられたいくつかの類似問題の中に含まれている (この手続きを**摂動法** (purterbation method) と呼ぶ)．よって問題が与えられたとき，最小値は摂動パラメータの関数になる．この関数は問題の S 関数と呼ばれる．われわれの目的は S 関数の性質 (滑らかさなど) を，問題のデータから判定できるようにすることである．仮に S 関数が滑らかであれば，われわれが長く論じてきたラグランジュの原理は大きく強化することができる．つまり，この場合ラグランジュ関数を非線形に修正することで，制約付きの最小化問題を制約無しの修正されたラグランジュ関数の最小化問題と同値にできる．この主張を指して，**制約除去の原理** (principle of constraint removal) と呼ぶ．

ラグランジュの原理を描写するときに用いたのと同じ例を使って，なにを言っているかを明確にしよう．$f_i = 0, i = 1, ..., m$ という制約の有限次元の問題を考え，ただし $f_i, i = 0, 1, ..., m$ はすべて二階連続微分可能であると仮定しよう．さらに関数 $F'(x) = (f_1'(x), ..., f_m'(x))$ は $\mathbb{R}^n$ から $\mathbb{R}^m$ への全射であるとする．このとき，x_* が問題の極値であるという条件，およびラグランジュ関数の二階微分が $F'(x_*)$ の核の上で狭義に正値であるとすれば，この問題は次の無限定の最小化問題と同値になることがわかる：

$$\mathscr{L} + (\psi \circ F)(x) = f_0(x) + \sum_{i=1}^{m} \lambda_i f_i(x) + (\psi \circ F)(x) \to \inf .$$

ただしここで $\psi : \mathbb{R}^m \to \mathbb{R}$ という，なんらかの滑らかな関数がラグランジュ関数に加えられていることに注意が必要である．この ψ はきちんと構築法が与えられている．いま得られた結果の意味は，なんらかの非特異性が満たされているならば，制約条件は除去可能であるということである．逆に，もし (なんらかの理由で，たとえそれがヒューリスティックなものであったとしても) 制約を除去することができるならば，それ自体がそこに極小点があることを示しているのである：つまり，制約の除去は極小点の十分条件である．

動学問題 (時間による変化が記述された問題) は独特な特性を持っている．古典的な変分法や最適制御の問題はこの性質を持っている．これらの問題では，**境界条件** (boundary condition) による摂動という非常に有益な摂動手法がある．変分法においては，S 関数は**作用関数** (action function) と呼ばれるこの種の摂動を用いて得られる．この関数について書かれた偏微分方程式はハミルトン＝ヤコビ方程式と呼ばれ，これはいま考えている問題の解についての新しい道具を与える．最適制御では，ハミルトン＝ヤコビ理論のアナローグは**動的計画法** (dynamic programming) と呼ばれ，この動的計画法の基本方程式は**ベルマン方程式** (Bellman equation) と呼ばれている．ハミルトン＝ヤコビ方程式やベルマン方程式を導くために用いられる基本的な事実は，最小点のどの部分もそれ自身がなんらかの問題の最小点である，ということである．

ここで必要条件や十分条件を証明するために用いられる装置について少々言及しておこう．極値問題の探求を行うための計算は次のふたつの基礎をもとにしている．ひとつはバナッハ空間上の微分解析 (0.2 節) であり，もうひ

とつは線形位相空間における凸解析 (0.3 節，および 3 章と 4 章) である．近年，特に最適制御問題の付近に，「積分汎関数の凸解析」という新しい部分が急速に発展している (8 章)．極値問題と関係した微分解析で最も重要なのは，縮小写像の原理である．分離定理は凸解析の基礎を為す．これらは必要条件や十分条件の証明において決定的な役割を果たす．積分汎関数の凸解析において最も重要なのは**多価写像の積分の凸性**である．

極値問題におけるほとんどの**解の存在定理**は，下半連続な関数がコンパクト集合上で最小値を持つ，という事実を用いている．したがって，存在定理が注力しているのは，関数空間の部分集合において汎関数の半連続性とコンパクト性を保証するための条件を探すことである (9.1 節)．通例，半連続性とコンパクト性を与えるための自然な条件と，極小点の必要条件は，相異なる位相と相異なる許容可能な要素の下で得られる．このギャップを解消することが存在理論の主要な問題になる．

さて，それではいよいよ，極値問題の一般理論のための数学的な基礎を述べよう．0.1 節では，われわれは関数解析のうちわれわれが必要とする事実を集めておく．最も重要なのは縮小写像の原理，ハーン＝バナッハの定理，バナッハの開写像定理である．0.2 節と 0.3 節は最初に本書を読む際に必要になるいくつかの装置についての事実を述べてある．最も重要なのはリュステルニクの定理とモロー＝ロッカフェラーの定理である．0.4 節では，右辺が可測な微分方程式の理論について述べる．多くの定理について，その証明は省略されているが，それらはよく知られたテキストの中に見つけることができるだろう (Dieudonné [1]，Cartan [1], Kolmogorov and Fomin [1], Lyusternik and Sobolev [1], Schwartz [1] 等)．

0.1 関数解析

0.1.1 コンパクト性

位相空間の部分集合がコンパクトであるとは，その集合を覆う任意の開集合の族が，同じように覆う有限な部分族を持つことを指す．

コンパクト性の初等的な性質

1) 位相空間がコンパクトであるのは，有限交差性を持つ任意の閉集合の族が非空な共通部分を持つことと同値である (ここである族が有限交差性を持つとは，族の任意の有限部分族が非空な共通部分を持つことである)．

2) コンパクト位相空間の任意の無限集合は極限点を持つ．

3) 任意のコンパクト集合は閉である；またコンパクト集合の任意の閉部分集合はコンパクトである[1]．

4) コンパクト集合の連続写像による像はコンパクトである．

5) 距離空間がコンパクトであるのは，その内部を動く任意の無限点列が収束部分列を持つことと同値である．

本書を通じて，関数 (function) という用語は値が $[-\infty, \infty]$ であるような写像 (mapping) を指す用語として用いられる．よって関数の値としては，実数以外に $\pm\infty$ が許容される．$f(x)$ が X 上の関数であるとしよう．関数 f が点 $x \in X$ で下半連続 (lower semi-continuous) であるとは，$f(x) < \infty$ であるときには，任意の $\varepsilon > 0$ に対して x のある近傍 U が存在して，$y \in U$ ならば

$$f(y) \geq f(x) - \varepsilon$$

が成り立つことを指す．$f(x) = \infty$ であるときには，任意の $N > 0$ に対して x のある近傍 U が存在して，$y \in U$ ならば

$$f(y) \geq N$$

が成り立つことを指す．f が下半連続であるとは，X のすべての点で下半連続であることを指す．

---

[1] （訳注）前者はハウスドルフ位相空間に限る．例えば任意の有限集合 X にどんな位相を入れても，そのどんな部分集合もコンパクトであるが，部分集合が閉であるか否かは位相に依存して変わる．

位相空間 X 上の関数 f が下半連続であることは，次の事実と必要十分である：任意の α-下位集合

$$\mathscr{L}_\alpha = \{x \in X | f(x) \leq \alpha\}$$

が常に閉である。

ワイエルシュトラスの定理． X がコンパクトであれば，X 上の下半連続関数 f は最小値を持つ[2]。

系． 位相空間 X 上の下半連続関数 f について，ある α-下位集合が非空コンパクトであれば，f は最小値を持つ。

この事実は極値問題の理論において，ほとんどの解の存在定理の基礎になっている。

0.1.2 縮小写像の原理

X が距離空間であるとし，F が X から X への写像であるとしよう．F が縮小写像 (contraction mapping) であるとは，$0 < \theta < 1$ を満たすある数 θ が存在して，

$$\rho(F(x), F(y)) \leq \theta \rho(x, y)$$

がすべての $x, y \in X$ に対して成り立つ，ということを指す[3]．$x \in X$ が F の不動点 (fixed point) であるとは，$F(x) = x$ が成り立つことを指す．次の写像：

$$\underbrace{F \circ F \circ ... \circ F}_{k \text{ times}}$$

は F^k と書く（つまり，$F^2(x) = F(F(x))$，$F^3(x) = F(F(F(x)))$ など）．

---

2) （訳注）最小値を持つ，という言葉の厳密な意味は，
$$f(x_*) = \inf_{x \in X} f(x)$$
となる $x_* \in X$ が存在するということである．

3) （訳注）もちろん ρ は X の距離である．

縮小写像の原理. X が完備距離空間であり，F は X から X への写像で，ある $k > 0$ に対して F^k が縮小的であるとする。このとき，F はただひとつの不動点を持つ。

0.1.3 ハーン＝バナッハの定理

ハーン＝バナッハの定理. X は線形位相空間，$A \subset X$ は開凸集合とし，L は X の部分空間で A と共通部分を持たないとする。このとき，ある X 上の連続な線形汎関数 x^* が存在して[4]，

$$\langle x^*, x \rangle > 0 \quad \text{for all} \quad x \in A,$$
$$\langle x^*, x \rangle = 0 \quad \text{for all} \quad x \in L,$$

となる[5]。

ハーン＝バナッハの定理の重要な系を3つ述べよう。

系1. X がハウスドルフ局所凸線形位相空間であるとする。このとき，任意の $x \in X$ に対して，もし $x \neq 0$ であるとすれば，ある汎関数 $x^* \in X^*$ が存在して $\langle x, x^* \rangle \neq 0$ である。

証明. $L = \{0\}$ とし，A を x の 0 を含まない任意の凸近傍とすればよい。∎

局所凸線形位相空間 X に対して，次の集合，

$$L^\perp = \{x^* \in X^* | \langle x^*, x \rangle = 0, \forall x \in L\}$$

を線形部分空間 L の**零化集合** (annihilator) と呼ぶ。

---

4) （訳注）以下，線形汎関数 x^* については，$x^*(x)$ と書く代わりに，$\langle x^*, x \rangle$ という記号を書く。また X^* と書いたら X 上の連続な線形汎関数を集めてできる空間のことである。

5) （訳注）通常，これはハーン＝バナッハの分離定理と言われる定理の系である。後の分離定理も同じ定理から出る。

系 2. L がハウスドルフ局所凸線形位相空間 X の真の閉部分空間であるとすれば，L の零化集合は零元以外を含む．

証明． $x \notin L$ をひとつ取る．ここで L と交わらない x の開凸近傍 A を取り，A と L に定理を適用すればよい．■

系 3. X が線形ノルム空間であるとする．このとき，$x \in X$ かつ $x \neq 0$ であれば，ある汎関数 $x^* \in X^*$ が存在して，

$$\langle x^*, x \rangle = \|x\|, \quad \|x^*\| = 1$$

を満たす[6]．

ハーン＝バナッハの定理はしばしば，分離定理としての形式を持ち，これは多くの場合に適用がより容易になる．ある連続線形汎関数 x^* が A と B を**分離する**とは，任意の $x \in A$ と $y \in B$ に対して以下の不等式が成り立つことである：

$$\langle x^*, x \rangle \leq \langle x^*, y \rangle.$$

分離定理． A と B は線形位相空間 X の共通部分を持たない凸集合で，$\operatorname{int} A \neq \emptyset$ であるとする．このとき，ある零でない連続線形汎関数 x^* で A と B を分離するものが存在する．

この分離定理については 3.1 節で再び触れる．

双直交基底の補題． X はハウスドルフ局所凸線形位相空間であるとし，$\{x_1, ..., x_n\}$ はその有限部分集合で線形独立なものとする．このとき，$x_i^* \in X^*$ をうまく取ってくれば，$\langle x_j^*, x_i \rangle = \delta_{ij}$ となる．ここで

---

[6] （訳注）ここで $\|x^*\| = \sup_{y : \|y\| \leq 1} |\langle x^*, y \rangle|$ であることに注意．

$$\delta_{ij} = \begin{cases} 1, & \text{if } i = j, \\ 0, & \text{if } i \neq j, \end{cases}$$

である。

証明. L_i を, $x_1, ..., x_{i-1}$ と $x_{i+1}, ..., x_n$ が張る線形部分空間とする. L_i は有限次元で, よって (X がハウスドルフであるから) 閉である. $x_1, ..., x_n$ は線形独立なので $x_i \notin L_i$ である. よってある $y_i^* \in X^*$ について, $\langle y_i^*, x_i \rangle \neq 0$ かつ $j \neq i$ なら $\langle y_i^*, x_j \rangle = 0$ である. そこで $x_i^* = \langle y_i^*, x_i \rangle^{-1} y_i^*$ と置けば, $x_1^*, ..., x_n^*$ が定理の条件を満たす. ∎

0.1.4 開写像定理とバナッハの逆写像定理

開写像定理. X と Y をバナッハ空間とし, $\Lambda : X \to Y$ は連続な線形作用素で Y の上への写像 (つまり, $\text{Im}\,\Lambda = Y$) であるとしよう. このとき, X の任意の開部分集合の Λ による像は Y の中で開である. 特に Λ が一対一写像である (つまり $\text{Ker}\,\Lambda = \{0\}$) ならば, Λ は線形な位相同型写像である.

この定理の帰結として, 次の結果を得る.

因数分解の補題. X, Y, Z はバナッハ空間とし, $\Lambda : X \to Y$ と $M : X \to Z$ は連続な線形作用素で, $\text{Im}\,\Lambda = Y$ かつ $\text{Ker}\,\Lambda \subset \text{Ker}\,M$ であるとする. このとき, ある連続線形作用素 $N : Y \to Z$ が存在して, $M = N \circ \Lambda$ である.

証明. まず $\text{Ker}\,\Lambda \subset \text{Ker}\,M$ であるから, $\Lambda x_1 = \Lambda x_2 = y$ であれば $Mx_1 = Mx_2$ でもなければならない. したがってすべての $y \in Y$ に対して $M(\Lambda^{-1}(y))$ はただひとつの要素からなる集合である. そこで $Ny = M(\Lambda^{-1}(y))$ としよう. N の線形性と $N \circ \Lambda = M$ は明白である. 最後に, 仮に U が Z の開集合であったとすれば, M は連続なので $M^{-1}(U)$ は X の開集合であり, よって $\Lambda(M^{-1}(U)) = N^{-1}(U)$ は Y の開集合であることが開写像定理から言える. よって作用素 N は連続である. 以上で証明が完成した. ∎

X と Y が局所凸な線形位相空間であり，$\Lambda : X \to Y$ が連続線形作用素であるとき，その**随伴作用素** (adjoint operator)$\Lambda^* : Y^* \to X^*$ は，$y^* \in Y^*$ と $x \in X$ についての次の等式 $\langle \Lambda^* y^*, x \rangle = \langle y^*, \Lambda x \rangle$ によって定義される。

零化集合の補題. X と Y がバナッハ空間で，$\Lambda : X \to Y$ が連続線形作用素で $\mathrm{Im}\, \Lambda = Y$ であるとき，

$$(\mathrm{Ker}\, \Lambda)^\perp = \mathrm{Im}\, \Lambda^*$$

が成り立つ (つまり，核の零化集合は随伴作用素の値域と等しい)。

証明. $x^* \in \mathrm{Im}\, \Lambda^*$ である，つまりある $y^* \in Y^*$ について $x^* = \Lambda^* y^*$ であるとしよう。すると任意の $x \in \mathrm{Ker}\, \Lambda$ に対して次の方程式が成り立つ：

$$\langle x^*, x \rangle = \langle \Lambda^* y^*, x \rangle = \langle y^*, \Lambda x \rangle = 0.$$

よって $x^* \in (\mathrm{Ker}\, \Lambda)^\perp$ である。

逆に，$x^* \in (\mathrm{Ker}\, \Lambda)^\perp$ であるとしよう。このとき，

$$\mathrm{Ker}\, \Lambda \subset \{x \in X | \langle x^*, x \rangle = 0\} = \mathrm{Ker}\, x^*$$

である。x^* を X から $\mathbb{R}$ への線形作用素として考えれば，$\Lambda : X \to Y$ と $x^* : X \to \mathbb{R}$ は因数分解の補題の条件をすべて満たす。よって，ある $y^* \in Y^*$ が存在して，$\langle y^*, \Lambda x \rangle = \langle x^*, x \rangle$ がすべての x に対して成り立つ。これは $x^* = \Lambda^* y^*$ を意味する。よって $x^* \in \mathrm{Im}\, \Lambda^*$ である。以上で証明が完成した。∎

系. $x_1^*, ..., x_n^*$ がバナッハ空間 X 上の連続な線形汎関数であるとし，

$$L = \{x \in X | \langle x_i^*, x \rangle = 0,\ i = 1, ..., n\}$$

と定義する。このとき，部分空間 L の零化集合は $x_1^*, ..., x_n^*$ の線形包と一致する。

証明. 一般性を失うことなく，$x_1^*, ..., x_n^*$ は線形独立であると仮定してよい。$\Lambda : X \to \mathbb{R}^n$ を，Λx が $(\langle x_1^*, x \rangle, ..., \langle x_n^*, x \rangle)$ となるように定義し，先の補題を適用すれば結果を得る。■

ここで，最後の主張が任意のハウスドルフ局所凸線形位相空間で同様に成り立つことを付記しておく[7]。

0.1.5　いくつかの具体的な空間

1. 空間 $C^n(T)$. T はコンパクト・ハウスドルフな位相空間とする。このときわれわれは T から $\mathbb{R}^n$ へのすべての連続写像を集めてできるバナッハ空間を $C^n(T)$ と書く。ここでこの空間のノルムは[8]

$$\|x(\cdot)\| = \|x(\cdot)\|_C = \max_{t \in T} |x(t)|$$

である[9]。

この空間 $C^n(T)$ のノルム位相を**一様収束位相** (topology of uniform convergence) と呼ぶ。

リースの表現定理. $C(T) = C^1(T)$ 上の任意の連続線形汎関数 x^* は次の形で一意に表現できる：

$$\langle x^*, x(\cdot) \rangle = \int_T x(t) d\mu.$$

ただしここで μ は T 上の正則なボレル測度である。さらに，

$$\|x^*\| = \int_T d|\mu| = |\mu|(T)$$

である。ただし $|\mu| = \mu^+ + \mu^-$ であり，μ^+ と μ^- はそれぞれ μ の正の部分と負の部分である。

---

7)　（訳注）Aliprantis and Border [1] の定理 5.91 を参照。
8)　ただし $|x| = (\sum_{i=1}^n (x^i)^2)^{1/2}$ である。
9)　（訳注）今後，$\|x(\cdot)\|_{C^n}$ と書くこともある。

いくつか念のために付記しておこう。コンパクト・ハウスドルフ位相空間 T の部分集合 A がボレル集合 (Borel set) であるとは，それが開集合から出発して，高々可算回だけ合併，共通部分，補集合を取る操作を用いて到達できることを指す。空間 T のボレル部分集合をすべて集めてできた集合は $\mathscr{B}(T)$ と書かれる。集合 $\mathscr{B}(T)$ は補集合と，可算個の合併，可算個の共通部分を取る操作について閉じている。$\mathscr{B}(T)$ 上で定義された実数値関数 $\mu(A)$ が T 上のボレル測度 (Borel measure) であるとは，それが σ-加法的，つまり，$A_i \in \mathscr{B}(T)$, $i=1,2,...$ であり，かつ $i \neq j$ ならば $A_i \cap A_j = \emptyset$ であるとき，

$$\mu(\cup_{i=1}^\infty A_i) = \sum_{i=1}^\infty \mu(A_i)$$

であることを指して言う。

μ が T 上のボレル測度であるとき，次の関数

$$\mu^+(A) = \sup\{\mu(B)|B \subset A, B \in \mathscr{B}(T)\}$$

$$\mu^-(A) = -\inf\{\mu(B)|B \subset A, B \in \mathscr{B}(T)\}$$

をそれぞれ測度 μ の**正の部分** (positive component)，**負の部分** (negative component) と呼ぶ。これらの関数はやはり T 上のボレル測度であるが，さらに $\mu = \mu^+ - \mu^-$ である。正値のボレル測度 $|\mu| = \mu^+ + \mu^-$ のことを測度 μ の**全変動** (total variation) と呼ぶ。ボレル測度が**正則** (regular) であるとは，任意の $A \in \mathscr{B}(T)$ と $\varepsilon > 0$ に対してある閉集合 $B \subset A$ と開集合 $C \supset A$ が存在して，$|\mu|(A \setminus B) < \varepsilon$ かつ $|\mu|(C \setminus A) < \varepsilon$ が成り立つことを言う。

μ が T 上のボレル測度であり，$\alpha(t)$ が実数値の連続関数であるとき，次の極限

$$\lim_{\varepsilon \to 0} \sum_{k=-\infty}^\infty k\varepsilon\mu(\{t \in T | k\varepsilon \leq \alpha(t) < (k+1)\varepsilon\}) = \int_T \alpha(t)d\mu$$

が存在し，これを関数 $\alpha(t)$ の μ についての積分と呼ぶ。

$C^n(T)$ の双対空間は同様に描写することができる。つまり，$C^n(T)$ 上の任意の連続な線形汎関数は次の形に一意に表現できる：

$$\langle x^*, x(\cdot) \rangle = \sum_{i=1}^n \int_T x^i(t)d\mu_i.$$

ただしここで $\mu_1, ..., \mu_n$ は T 上の正則なボレル測度である. ここで,

$$\|x^*\| = \left[\sum_{i=1}^n \left(\int_T d|\mu_i|\right)^2\right]^{1/2}$$

である.

もし $T = [t_0, t_1]$, ただし $-\infty < t_0 < t_1 < \infty$ であれば, リースの表現定理は次の形に直せる: $C^n([t_0, t_1])$ 上の任意の連続線形汎関数 x^* は一意に次のような形で表現できる[10].

$$\langle x^*, x(\cdot)\rangle = (a|x(t_0)) + \sum_{i=1}^n \int_{t_0}^{t_1} x^i(t) d\mu_i(t).$$

ただしここで $a \in \mathbb{R}^n$ であり, また $\mu_1(t), ..., \mu_n(t)$ は有界変分で右側連続な t_0 で消える関数である. ここで,

$$\|x^*\| = |a| + \left(\sum_{i=1}^n |\mu_i(\cdot)|^2\right)^{1/2}$$

である. ただし $|\mu_i(\cdot)|$ は関数 $\mu_i(t)$ の全変動である.

または, 次のようにも直せる: x^* は次のように一意に表現できる.

$$\langle x^*, x(\cdot)\rangle = \sum_{i=1}^n \int_{t_0}^{t_1} x^i(t) d\mu_i(t).$$

ただしここで $\mu_1, ..., \mu_n$ は有界変分で, 少なくとも t_0 以外では[11]右側連続な関数である. ここで,

$$\|x^*\| = \left(\sum_{i=1}^n |\mu_i(\cdot)|^2\right)^{1/2}$$

である.

---

10) (訳注) ここで $(a|b)$ は $\mathbb{R}^n$ の内積である.
11) (訳注) ここの限定が訳者にはよくわからなかった. t_0 でも右側連続として取れるはずである.

2. 空間 $C_m^n([t_0,t_1])$. これは $[t_0,t_1]$ から $\mathbb{R}^n$ への m 階連続微分可能な関数の空間である。C_m^n のノルムは

$$\|x(\cdot)\| = \|x(\cdot)\|_{C_m^n} = \max_{0 \le i \le m} \|x^{(i)}(\cdot)\|_{C^n}$$

で定義される。

ここで，$C_1^n([t_0,t_1])$ 上の任意の連続線形汎関数 x^* は次の形で一意的に表現できることを示しておこう：

$$\langle x^*, x \rangle = (a|x(t_0)) + (b|\dot{x}(t_0)) + \sum_{i=1}^n \int_{t_0}^{t_1} \dot{x}^i(t) d\mu_i(t).$$

ただし $a,b \in \mathbb{R}^n$ であり，$\mu_1(t),...,\mu_n(t)$ は t_0 で消える有界変分な右側連続関数である。

実際，写像 $d: C_1^n \to C^n$ を次のようなものとして定義する：任意の $x(\cdot) \in C_1^n$ に対して，$\dot{x}(\cdot) \in C^n$ を返す。この d は明らかに連続，線形であり，またその値域は C^n 全体（つまり $\mathrm{Im}\, d = C^n$）である。つまり，この作用素は零化集合の補題の仮定を満たす。最後に，d の核はベクトル値の定数関数の全体と一致する。$x^* \in (C_1^n)^*$ とし，a_i を x^* による，i 座標目が常に 1 で残りの座標が常に 0 であるような定数関数の値とする。ここで次のように x_1^* を定義しよう：

$$\langle x_1^*, x(\cdot) \rangle = \langle x^*, x(\cdot) \rangle - (a|x(t_0)).$$

ただし $a = (a_1,...,a_n)$ である。明らかに $x_1^* \in (\mathrm{Ker}\, d)^\perp$ である。よって零化集合の補題から，ある汎関数 $y^* \in (C^n)^*$ に対して $x_1^* = d^* y^*$ となる。つまり，次の等式がすべての $x(\cdot) \in C_1^n$ に対して成り立つ：

$$\langle x_1^*, x(\cdot) \rangle = \langle y^*, \dot{x}(\cdot) \rangle.$$

リースの表現定理から，あるベクトル $b \in \mathbb{R}^n$ と有界変分な右側連続関数 $\mu_1(t),...,\mu_n(t)$ が存在して，

$$\langle x_1^*, x \rangle = (b|\dot{x}(t_0)) + \sum_{i=1}^n \int_{t_0}^{t_1} \dot{x}^i(t) d\mu_i(t)$$

となる。よって，

24　　　　　　　　第 0 章　序論：背景にある題材

$$\langle x^*, x \rangle = (a|x(t_0)) + (b|\dot{x}(t_0)) + \sum_{i=1}^{n} \int_{t_0}^{t_1} \dot{x}^i(t) d\mu_i(t)$$

が成り立つ。一意性は容易に示せる。

3. 空間 $L_p^n([t_0, t_1])$. $1 \leq p < \infty$ に対して，$L_p^n([t_0, t_1])$ という記号は，ルベーグ可測な $[t_0, t_1]$ から $\mathbb{R}^n$ への写像で，積分

$$\int_{t_0}^{t_1} |x(t)|^p dt$$

が有限であるものが作るバナッハ空間である[12]。空間 $L_p^n([t_0, t_1])$ のノルムは次の等式で与えられる：

$$\|x(\cdot)\| = \|x(\cdot)\|_p = \left(\int_{t_0}^{t_1} |x(t)|^p dt \right)^{1/p}.$$

$[t_0, t_1]$ から $\mathbb{R}^n$ への可測な写像で，測度 0 の点を除いて有界であるようなものの作るバナッハ空間は $L_\infty^n([t_0, t_1])$ と書かれる。この空間 $L_\infty^n([t_0, t_1])$ のノルムは次の等式で与えられる：

$$\|x(\cdot)\| = \|x(\cdot)\|_\infty = \operatorname{ess\,sup}_{t_0 \leq t \leq t_1} |x(t)|.$$

ただし，

$$\operatorname{ess\,sup}_{t_0 \leq t \leq t_1} \alpha(t) = \inf \left\{ \sup_{t_0 \leq t \leq t_1} \beta(t) \,\middle|\, \beta(t) = \alpha(t) \text{ a.e.} \right\}$$

と定義する。以降，簡潔さのために ess sup $\alpha(t)$ は sup $\alpha(t)$ とだけ書くことにしよう。

　$1 \leq p < \infty$ に対しては，$L_p^n([t_0, t_1])$ の双対空間は，$L_{p'}^n([t_0, t_1])$ と同型である。ただし $1/p + 1/p' = 1$ である。別の言い方をすると，L_p^n 上の任意の連

---

[12]　（訳注）正確には，測度 0 の点を除いて一致する関数について同値類を取る。L_∞^n も同様。

続線形汎関数 x^* は次の形で一意に書ける：

$$\langle x^*, x\rangle = \int_{t_0}^{t_1} (y(t)|x(t))dt.$$

ただし $y(\cdot) \in L_{p'}^n$ である。ここで，

$$\|x^*\| = \|y(\cdot)\|_{p'}$$

である。

$p = 2$ のときには，空間 $L_2^n([t_0, t_1])$ は以下の内積の下にヒルベルト空間になる：

$$(x(\cdot)|y(\cdot)) = \int_{t_0}^{t_1} (x(t)|y(t))dt.$$

4. 空間 $W_{p,m}^n([t_0, t_1])$． $W_{p,m}^n([t_0, t_1])$ という記号は，$[t_0, t_1]$ から $\mathbb{R}^n$ への写像で，それ自身及び $(m-1)$ 階までの導関数について絶対連続であり，さらに m 階の導関数が L_p^n に所属するものを言う。$W_{p,m}^n$ のノルムは多くの同値な形で定義できる。例えば，

$$\|x(\cdot)\| = \sum_{i=0}^{m-1} |x^{(i)}(t_0)| + \|x^{(m)}(\cdot)\|_p$$

や，

$$\|x(\cdot)\| = \sum_{i=0}^{m} \|x^{(i)}(\cdot)\|_p$$

などである。

空間 $W_{p,m}^n([t_0, t_1])$ 上の任意の連続線形汎関数 x^*（ただし $1 \leq p < \infty$）は次の形で一意的に表現できる：

$$\langle x^*, x\rangle = \sum_{i=0}^{m-1} (a_i | x^{(i)}(t_0)) + \int_{t_0}^{t_1} (y(t)|x^{(m)}(t))dt.$$

ただし $a_0 \in \mathbb{R}^n, ..., a_{m-1} \in \mathbb{R}^n$ であり，$y(\cdot) \in L_{p'}^n$ である。$(1/p + 1/p' = 1)$

この事実の証明は C_1^n 上の汎関数と同じやり方で構築できる。

$p=2$ の場合，空間 $W_{2,m}^n([t_0,t_1])$ は以下の内積の下にヒルベルト空間になる：

$$(x(\cdot)|y(\cdot)) = \sum_{i=0}^{m-1}(x^{(i)}(t_0)|y^{(i)}(t_0)) + \int_{t_0}^{t_1}(x^{(m)}(t)|y^{(m)}(t))dt.$$

空間 $C_m^n(T), L_p^n(T), W_{p,m}^n(T)$ についても，T が k 次元線形空間の有界な (C_m^n のときには閉の) 集合であれば，同様に定義できる．

0.2 微分積分学

0.2.1 第一変分，ガトー微分そしてフレシェ微分

X と Y を線形位相空間とし，U は $x \in X$ の近傍とし，$F: U \to Y$ とする．ここで，任意のベクトル $h \in X$ に対して，次の極限

$$\lim_{t \to 0} t^{-1}(F(x+th) - F(x)) = \delta F(x, h)$$

が存在することを仮定する．写像 $h \mapsto \delta F(x,h)$ を写像 F の点 x における**第一変分** (first variation) と呼ぶ．第一変分が連続な線形写像であるとき，つまりある連続な線形作用素 $\Lambda: X \to Y$ に対して $\Lambda h = \delta F(x,h)$ が常に成り立つならば，この作用素 Λ を写像 F の点 x における**ガトー微分係数** (Gateaux derivative)，あるいは**ガトー微分** (Gateaux differential) と呼ぶ．ガトー微分は $F'_\Gamma(x)$，あるいは誤解の余地がないときには単に $F'(x)$ で表す．このとき F は点 x で**ガトー微分可能** (Gateaux differentiable) と言う．別の言い方をすれば，写像 F がガトー微分可能であるとは，ある連続線形作用素 $\Lambda: X \to Y$ に対して

$$F(x+th) = F(x) + t\Lambda h + o(t)$$

が任意の $h \in X$ について成り立つことを意味する．

X と Y がバナッハ空間であり，F が x の近傍 U から Y への写像であるとしよう．写像 F が点 x で**フレシェ微分可能** (Frechet differentiable)，ある

いは**強微分可能** (strongly differentiable) であるとは，ある連続線形作用素 $\Lambda : X \to Y$ が存在して，

$$F(x+h) = F(x) + \Lambda h + r(h)$$

としたとき，

$$\|r(h)\|_Y \cdot \|h\|_X^{-1} \to 0 \text{ as } h \to 0$$

が成り立つことを指す。この Λ を写像 F の点 x における**フレシェ微分係数** (Frechet derivative) あるいは**フレシェ微分** (Frechet differential) と呼ぶ。フレシェ微分は $F'_F(x)$ と書くが，もっと単純に $F'(x)$ と書かれることが多い。われわれは $F : X \to Y$ が点 x で**正則** (regular) であるという言葉を，F が x でフレシェ微分可能で，かつ

$$\text{Im } F'(x) = Y$$

が成り立つこととして定義する。

X と Y がバナッハ空間であるとき，X から Y への連続線形汎関数の空間 $L(X,Y)$ 上の**一様作用素位相** (uniform operator topology) とは以下のノルム：

$$\|\Lambda\| = \sup_{x \in X}(\|\Lambda x\|_Y / \|x\|_X)$$

で定義される位相である。

いま X と Y がバナッハ空間で，U が X の開集合であり，また $F : X \to Y$ としよう。もし U 内のすべての点で $F'(x)$ が存在して，さらに写像 $x \mapsto F'(x)$ が一様作用素位相について U から $L(X,Y)$ への写像として連続であったとき (または $x_0 \in U$ で連続であったとき)，F は U 上で (または x_0 で) **連続微分可能** (continuously differentiable) である，あるいは U 上で (または x_0 で)C_1 級の写像である，と言う。

汎関数 $f(x)$ の微分の値は双対空間の元であり，

$$f(x+h) - f(x) = \langle f'(x), h \rangle + o(\|h\|)$$

が成り立つ。特に $f'(x) = 0$ が成り立つ点を f の**停留点** (stationary point) と呼ぶ。

X がヒルベルト空間ならば,X^* は X と同型であり,したがって X 上の汎関数の微分の値は X 自身の元と見なすことができる。このときこれを**勾配** (gradient) と呼ぶ。しばしば,関数 f の点 x における勾配を $\mathrm{grad} f(x)$ と書く。

命題 1. 以下が成り立つ。

a) $F'_\Gamma(x)$ と $F'_F(x)$ は一意に定まる。

b) バナッハ空間 X の点 x の近傍で定義され,値がバナッハ空間 Y に取られる写像 F が x でフレシェ微分可能ならば,それは x で連続,x でガトー微分可能であり,さらに

$$F'_\Gamma(x) = F'_F(x)$$

が成り立つ。

c) 線形位相空間 X の点 x の近傍で定義され,値が線形位相空間 Y に取られる写像 F が x でガトー微分可能ならば,この点での第一変分が定義され,また

$$F'_\Gamma(x)h = \delta F(x, h)$$

が成り立つ。

証明は初等的である。

$F: \mathbb{R}^n \to \mathbb{R}^m$,つまり $F(x) = (f_1(x), ..., f_m(x))$ であるとしよう。もし写像 F が点 x でフレシェ微分可能であれば,その微分の値は $\mathbb{R}^n$ と $\mathbb{R}^m$ の標準基底を用いて次の行列:

$$\lambda_i^k = \left(\frac{\partial f_k(x)}{\partial x^i} \right)$$

で表される。この行列を**ヤコビ行列** (Jacobian matrix) と呼ぶ。別の言い方をすれば,

$$(F'(x)z)_k = \sum_{i=1}^n \frac{\partial f_k(x)}{\partial x^i} z^i$$

が,すべてのベクトル $z \in \mathbb{R}^n$ について成り立つ。

上で導入された概念は $\mathbb{R}^2$ ですら互いに異なる。差を表すふたつの例を見てみよう。

1. 関数 $f(x)$ を次のように定義する：

$$f(x) = \begin{cases} 1 & x^1 = (x^2)^2 \text{ かつ } x^2 \neq 0 \text{ の場合}, \\ 0 & \text{それ以外}. \end{cases}$$

これは原点でガトー微分可能であるが，連続でもないし，もちろんフレシェ微分可能でもない。

2. 角座標で定義された次の等式で表される関数を考える。

$$f(x) = r\cos 3\varphi.$$

この場合，$\delta f(0, h) = f(h)$ である。よって f は第一変分を持つが，h について線形でないのでガトー微分可能ではない。

いまバナッハ空間 X が 2 つのバナッハ空間 X_1 と X_2 の直積であるとし，F が $(\bar{x}_1, \bar{x}_2) \in X$ の近傍 U からバナッハ空間 Y への写像であるとしよう。このとき，次の部分写像：

$$F_1 : x_1 \mapsto F(x_1, \bar{x}_2),\ F_2 : x_2 \mapsto F(\bar{x}_1, x_2)$$

を考えることができる。ここで F が第一 (第二) 座標に関して強微分可能であるとは，$F_1(F_2)$ が $\bar{x}_1(\bar{x}_2)$ でフレシェ微分可能であることを言う。写像 F_1 と F_2 の微分の値はそれぞれ F_{x_1}, F_{x_2} (あるいは $\partial F/\partial x_1$ と $\partial F/\partial x_2$) で表し，x_1 および x_2 に関する偏微分係数 (partial derivative) と呼ぶ。明らかに，

$$F_{x_i} : X_i \to Y,\ i = 1, 2$$

である。もし写像 F がフレシェ微分可能であれば，

$$F'(\bar{x}_1, \bar{x}_2)(x_1, x_2) = F_{x_1}(\bar{x}_1, \bar{x}_2)x_1 + F_{x_2}(\bar{x}_1, \bar{x}_2)x_2$$

がすべての $(x_1, x_2) \in X$ について成り立つ。

0.2.2 高階導関数

ふたたび X と Y は線形位相空間，$U \subset X$ は点 x の近傍とし，$F: U \to Y$ としよう．ここですべての $h \in X$ に対して，次の関数 $\varphi_h(t) = F(x + th)$ が 0 で n 回微分可能であるとする．このとき写像 $h \mapsto \delta^n F(x, h)$ (これは X から Y への写像である) を，

$$\delta^n F(x, h) = \left. \frac{d^n}{dt^n} \varphi_h(t) \right|_{t=0}$$

と定義し，これを F の点 x における第 n 変分と呼ぶ．

高階のガトー微分の定義はわれわれにとって不必要なのでここではしない．高階のフレシェ微分の定義は帰納的に行う．X と Y はバナッハ空間であり，$F: X \to Y$ とする．一階の微分の定義はすでに行っている．F が点 x の近傍上でフレシェ微分可能であるとすれば，$x \mapsto F'(x)$ はこの近傍から $\mathscr{L}(X, Y)$ への写像である．この写像が x でフレシェ微分可能である (ただし $\mathscr{L}(X, Y)$ には強い作用素位相を入れる) とき，その微分係数を F の点 x における二階の微分係数 (second derivative) と呼んで，$F''(x)$ などと書く．以下同様に高階の微分係数も定義すればよい．

二階微分のもうひとつの，同値な定義についても触れておこう．Z_1, Z_2 を線形空間とする．写像 $B: Z_1 \times Z_2 \to Y$ は，その部分写像 $z_1 \mapsto B(z_1, z_2)$ と $z_2 \mapsto B(z_1, z_2)$ が両方とも常に線形であるとき，双線形 (bilinear) であると呼ばれる．仮に Z_1, Z_2, Y がすべてバナッハ空間であったとき，B が連続であるのは，ある $c > 0$ に対して常に次の不等式，

$$\|B(z_1, z_2)\| \leq c \|z_1\| \|z_2\|$$

が成り立っているとき，そしてそのときに限る．$Z_1 \times Z_2$ から Y へのすべての連続な双線形写像の空間は線形空間であり，次のノルム，

$$\|B\| = \sup\{\|B(z_1, z_2)\| \mid \|z_1\| \leq 1, \|z_2\| \leq 1\}$$

の下にバナッハ空間になる．そこでこれを $\mathscr{L}((Z_1, Z_2), Y)$ と書こう．双線形写像が対称 (symmetric) であるとは，$Z_1 = Z_2$ かつ $B(z_1, z_2) = B(z_2, z_1)$ が成り立つことを指す．

いま，F がバナッハ空間 F の開集合 U からバナッハ空間 Y へのフレシェ連続微分可能な写像であるとしよう．写像 F が $x \in U$ において二次のフレシェ微分 (second-order Frechet differential) を持つとは，それがフレシェ微分可能であり，さらにある対称な双線形写像 $B: X \times X \to Y$（これは x に依存してよい）が存在して，

$$F(x+h) = F(x) + F'(x)h + \frac{1}{2}B(h,h) + r(h)$$

としたとき，

$$\|r(h)\|/\|h\|^2 \to 0 \text{ as } \|h\| \to 0$$

が成り立つことを指す[13]．

$B(h,h)$ のことを $d^2F(x,h)$ と書く．もし二階のフレシェ微分係数 $F''(x)$ が $V \subset U$ 上で一様連続であれば，F は二次のフレシェ微分を任意の $x \in V$ について持ち，さらに h 方向についての $F''(x)$ の値は $d^2F(x,h)$ と書くことができる．このことから，われわれはこの h 方向への $F''(x)$ の値を $F''(x)(h,h)$ と書く．

もし，上で考えた状況で，F が U 上のどの点でも二階フレシェ微分可能であり，さらに写像 $x \mapsto F''(x)$ が連続であるならば，写像 F は U 上で**二階連続微分可能** (twice continuously differentiable)，あるいは C_2 **級の写像**であると言う．

次の命題は定義からただちに出る．

命題 2. もし写像 F が点 x で二階フレシェ微分可能であるならば，x においてこの写像の第二変分も定義でき，さらに

$$\delta^2 F(x,h) = F''(x)(h,h)$$

が成り立つ．

---

13) （訳注）この形式で書けることについては丸山 [1] の 5 章を見るとよい．そこには B が対称であることの証明が載っていないが，これは次のようにして示せる：まず $Y = \mathbb{R}$ のときは，$g(s,t) = F(x+s\xi+t\eta)$ と定義すると，高木 [1] の 2 章にあるヤングの定理から g の二階の偏微分が順序交換できることが示せるので，主張は正しい．一般の Y については $y^* \in Y^*$ を任意に取って $g(s,t) = y^* \circ F(x+s\xi+t\eta)$ に上の論法を適用し，分離定理を用いて示せる．

0.2.3 微分積分学の基礎的な定理

連鎖律. X,Y,Z はバナッハ空間であるとし，U は X の開集合で，V は Y の開集合であるとする．さらに $F:U \to Y, G:V \to Z$ とする．最後に，ある $x \in U$ について，$F(x) \in V$ であるとする．このとき，写像 F が x でフレシェ微分可能で，G が $F(x)$ でフレシェ微分可能であるならば，$G \circ F$ は x でフレシェ微分可能で，

$$H'(x) = G'(F(x)) \circ F'(x)$$

が成り立つ．

微分の線形性はこの定理からただちに出る：写像 $\alpha F_1 + \beta F_2$ の点 x における微分は，$\alpha F_1'(x) + \beta F_2'(x)$ である．ただしもちろん，F_1, F_2 が x で微分可能であるときに限る．

平均値の定理. X と Y が線形位相空間であり，U が X の開集合で，$F:U \to Y$ は区間 $[x, x+h]$ 上の任意の点でガトー微分可能であるとする[14]．このとき，

a) 写像 $z \mapsto F'_\Gamma(z)h$ が区間 $[x, x+h]$ から Y への写像として連続であれば，

$$F(x+h) - F(x) = \int_0^1 F'_\Gamma(x+th)h\,dt$$

が成り立つ．

b) もし，さらに X と Y がバナッハ空間であれば，

$$\|F(x+h) - F(x)\| \leq \sup_{0 \leq t \leq 1} \|F'_\Gamma(x+th)\| \cdot \|h\|$$

であり，また任意の $\Lambda \in \mathscr{L}(X,Y)$ に対して

$$\|F(x+h) - F(x) - \Lambda h\| \leq \sup_{0 \leq t \leq 1} \|F'_\Gamma(x+th) - \Lambda\| \cdot \|h\|$$

---

[14] ここで点 x_1 と x_2 をつなぐ区間とは，集合 $[x_1, x_2] = \{x | x = \alpha x_1 + (1-\alpha)x_2, 0 \leq \alpha \leq 1\}$ を意味する．

0.2 微分積分学

となる。特に,

$$\|F(x+h) - F(x) - F'_\Gamma(z)h\| \le \sup_{0 \le t \le 1} \|F'_\Gamma(x+th) - F'_\Gamma(z)\| \cdot \|h\|$$

がすべての $z \in [x, x+h]$ に対して成り立つ。

証明. まず $\varphi(t) = F(x+th)$ と定義しよう。ガトー微分の定義から,任意の $t \in [0,1]$ について

$$\frac{d\varphi(t)}{dt} = F'_\Gamma(x+th)h$$

である。よって a) は古典的なニュートン＝ライプニッツの公式から従う。一方, b) は a) の単純な帰結である。というのは,

$$\left\|\int_0^1 F'_\Gamma(x+th)h\, dt\right\| \le \sup_{0 \le t \le 1} \|F'_\Gamma(x+th)\| \cdot \|h\|$$

が成り立つからである。∎

この公式は古典的な有限増分についてのラグランジュの公式の無限次元版と見なせる。ひとつ注意しておくと,本来の有限増分の公式は 1 より大きい次元の空間への写像については必ずしも成り立たない。

系. X はバナッハ空間とし, F は点 x_0 の近傍 U からバナッハ空間 Y への連続写像とする。ここで F が U のすべての点でガトー微分可能で,さらに $x \mapsto F'_\Gamma(x)$ が U から $\mathscr{L}(X, Y)$ への写像として (一様作用素位相について) 連続だとすると, F は U 上でフレシェ微分可能で,さらに

$$F'_\Gamma(x) = F'_F(x)$$

が常に成り立つ。

証明. 平均値の定理から,

$$\|F(x_0 + h) - F(x_0) - F'_\Gamma(x_0)h\| \le \sup_{0 \le t \le 1} \|F'_\Gamma(x_0 + th) - F'_\Gamma(x_0)\| \|h\|$$

である。$x \mapsto F'_\Gamma(x)$ という写像が連続なので,任意の $\varepsilon > 0$ に対してある

$\delta > 0$ が存在して，
$$\|x - x_0\| < \delta$$
であれば
$$\|F'_\Gamma(x) - F'_\Gamma(x_0)\| < \varepsilon$$
であることがわかる。よって，
$$\|F(x_0 + h) - F(x_0) - F'_\Gamma(x_0)h\| = o(\|h\|)$$
がわかった。これは F がフレシェ微分可能であることを意味する。後の等式は命題 1 から成り立つ。■

次のよく知られた結果は最後の主張と密接に関連している。

シュワルツの定理．X_1, X_2, Y がバナッハ空間であるとし，F が開集合 $U \subset X_1 \times X_2$ から Y への写像とする。F がどちらの座標でも微分可能で，なおかつ
$$(x_1, x_2) \mapsto F_{x_1}(x_1, x_2), \ (x_1, x_2) \mapsto F_{x_2}(x_1, x_2)$$
が U から $\mathscr{L}(X_1, Y)$ および $\mathscr{L}(X_2, Y)$ への写像として連続であるとすれば，F は U 上でフレシェ連続微分可能である。

陰関数定理．X, Y, Z がバナッハ空間であるとし，U が点 (x_0, y_0) の $X \times Y$ における近傍であるとする。$F : U \to Z$ は C_1 級写像であるとし，さらに $F(x_0, y_0) = 0$ であるとする。さらに偏微分 $F_y(x_0, y_0) : Y \to Z$ は線形な位相同型写像であるとしよう。このとき，ある $\varepsilon > 0$ と $\delta > 0$，そして開球 $U(x_0, \delta) \subset X$ から開球 $U(y_0, \varepsilon) \subset Y$ への写像 $x \mapsto y(x)$ が存在して[15]，

a) $F(x, y) = 0$ と $y = y(x)$ は $U(x_0, \delta) \times U(y_0, \varepsilon)$ 上では同値である。

---

15) （訳注）ここで $U(x, a) = \{z | \|z - x\| < a\}$ である。

b) $y(x)$ は C_1 級であり，任意の $x \in U(x_0, \delta)$ に対して

$$y'(x) = -[F_y(x, y(x))]^{-1} \circ F_x(x, y(x))$$

が成り立つ。

0.2.4　リュステルニクの定理

M をバナッハ空間 X の部分集合とする。ベクトル $x \in X$ が M と x_0 で接する (tangent) とは，ある $\varepsilon > 0$ と $[0, \varepsilon]$ から X への写像 $t \mapsto r(t)$ が存在して，

$$x_0 + tx + r(t) \in M \text{ for all } t \in [0, \varepsilon],$$

$$\|r(t)\|/t \to 0 \text{ as } t \to 0$$

が成り立つことを指す。集合 M とある点で接しているベクトルの集合が閉錐となる (しかも 0 を含むので非空) ことを示すのは難しくない。この錐を通例，集合 M の点 x_0 における**接線錐** (tangent cone) と呼ぶ。この錐が部分空間であった場合，集合 M の点 x_0 における**接空間** (tangent space) と呼び，$TM(x_0)$ と書く。

リュステルニクの定理．X と Y はバナッハ空間とし，U は $x_0 \in X$ の近傍，F は U から Y へのフレシェ微分可能な写像とする。いま F は x_0 で正則，つまり

$$\text{Im } F'(x_0) = Y$$

と仮定し，さらに微分がこの点で連続である ($\mathscr{L}(X, Y)$ の一様作用素位相について) とする。すると次の集合

$$M = \{x \in U | F(x) = F(x_0)\}$$

の x_0 における接空間は $F'(x_0)$ の核と一致する。つまり，

$$TM(x_0) = \text{Ker } F'(x_0).$$

さらに，同じ仮定の下で，ある x_0 の近傍 $U' \subset U$ と数 $K > 0$，そして U' か

ら X への写像 $\xi \mapsto x(\xi)$ が存在して,

$$F(\xi + x(\xi)) = F(x_0),$$

$$\|x(\xi)\| \le K\|F(\xi) - F(x_0)\|$$

がすべての $\xi \in U'$ に対して成り立つ。

 リュステルニクの定理を証明する前に，まず最初の主張が二番目の主張と定義の明白な系であることに注意しよう。実際，定理の条件下では，集合 M の点 x_0 における接ベクトルは明らかに $F'(x_0)$ の核に含まれる。つまり，

$$TM(x_0) \subset \mathrm{Ker}\, F'(x_0)$$

である。一方，二番目の主張が正しいとして，$\xi \in \mathrm{Ker}\, F'(x_0)$ としよう。十分 $t > 0$ を小さく取れば $x_0 + t\xi \in U'$ であり，また $\|F(x_0 + t\xi) - F(x_0)\| = o(t)$ で，$r(t) = x(x_0 + t\xi)$ とすれば $F(x_0 + t\xi + r(t)) = F(x_0)$ かつ $\|r(t)\| \le K\|F(x_0 + t\xi) - F(x_0)\| = o(t)$ となって主張が確かめられる。

 われわれはリュステルニクの定理の二番目の主張を，ある意味でより一般的な定理から導出する。この定理のために三つの予備的な補題を用意しよう。最初の補題は縮小写像の原理の「多価写像版」であり，それ自体が興味深い。

 X と Y は集合とし，2^Y を Y のすべての部分集合からなる集合とする。任意の写像 $\Phi: X \to 2^Y$ は X から Y への**多価写像** (multivalued mapping) と呼ばれる。

 Z が距離空間であり，その距離が ρ であるとしよう。$A_1 \subset Z$ かつ $A_2 \subset Z$ であるとき，

$$\delta(A_1, A_2) = \sup_{z \in A_1} \rho(z, A_2) = \sup_{z_1 \in A_1} \inf_{z_2 \in A_2} \rho(z_1, z_2)$$

を A_1 の A_2 からの**偏差** (deviation) と呼ぼう。偏差 $\delta(A_1, A_2)$ と $\delta(A_2, A_1)$ の大きい方，

$$h(A_1, A_2) = \max\{\delta(A_1, A_2), \delta(A_2, A_1)\}$$

は A_1 と A_2 の**ハウスドルフの間隔** (Hausdorff distance) と呼ばれる。定義からただちにわかることとして，もし $h(A_1, A_2) < \alpha$ であるならば，任意の $z_1 \in A_1$ に対してある $z_2 \in A_2$ が存在して，$\rho(z_1, z_2) < \alpha$ を満たす。

0.2 微分積分学

Φ が Z から Z への多価写像であるとしよう。このとき Φ が A 上で縮小写像 (contraction) であるとは，$0 < \theta < 1$ を満たすある数 θ に対して

$$h(\Phi(z_1), \Phi(z_2)) \leq \theta \rho(z_1, z_2)$$

が任意の $z_1, z_2 \in A$ に対して成り立つことを言う。

補題 1(多価の縮小写像の原理)．Z が完備距離空間であり，ρ をその距離とする。ここで

$$\Phi : U(z_0, r) \to 2^Z$$

は $U(z_0, r) = \{z | \rho(z, z_0) < r\}$ 上で定義された多価写像とし，任意の $z \in U(z_0, r)$ に対して $\Phi(z)$ は非空閉集合であるとする。さらに $0 < \theta < 1$ を満たす数 θ が存在して，

a) $h(\Phi(z_1), \Phi(z_2)) \leq \theta \rho(z_1, z_2)$ がすべての $z_1, z_2 \in U(z_0, r)$ に対して成り立ち，

b) $\rho(z_0, \Phi(z_0)) < (1 - \theta) r$ であるとする。

このとき，次の不等式

$$\rho(z_0, \Phi(z_0)) < r_1 < (1 - \theta) r$$

を満たす任意の数 r_1 に対して，ある $z \in B(z_0, r_1/(1-\theta)) = \{\omega | \rho(\omega, z_0) \leq r_1/(1-\theta)\}$ が存在して，

$$z \in \Phi(z) \tag{1}$$

を満たす。さらに，この条件を満たす z の中には，次の条件を満たすものが存在する：

$$\rho(z, z_0) \leq \frac{2}{1-\theta} \rho(z_0, \Phi(z_0)). \tag{2}$$

証明．まず点列 $(z_0, z_1, ...)$ を次のように構成する。

$$z_n \in U(z_0, r), \quad n = 0, 1, ...$$

$$z_n \in \Phi(z_{n-1}), \quad n = 1, 2, ...$$

$$\rho(z_{n+1}, z_n) < \theta^n r_1, \quad n = 0, 1, ...$$

この点列が構成できることを帰納法で示そう。z_0 は補題の条件で提示したものとし，z_1 を $\rho(z_0, z_1) < r_1$ を満たすように取る。今度は $z_0, ..., z_n$ の $n+1$ 個の要素が定義できたとしよう。このとき，

$$h(\Phi(z_n), \Phi(z_{n-1})) \leq \theta \rho(z_n, z_{n-1}) < \theta^n r_1$$

が成り立つので，ある $z_{n+1} \in \Phi(z_n)$ をうまく取れば $\rho(z_{n+1}, z_n) < \theta^n r_1$ である。

さらに，三角不等式から，$k + m \leq n + 1$ ならば

$$\begin{aligned}\rho(z_k, z_{k+m}) &\leq \rho(z_k, z_{k+1}) + ... + \rho(z_{k+m-1}, z_{k+m}) \\ &< (\theta^k + ... + \theta^{k+m-1}) r_1 < \frac{\theta^k}{1-\theta} r_1 \end{aligned} \quad (3)$$

となるため，

$$\rho(z_0, z_{n+1}) < \frac{r_1}{1-\theta} < r$$

である。よって $z_{n+1} \in U(z_0, r)$ を得る。これで帰納法による z_n の構成が終わった。

(3) からただちに $(z_0, z_1, ...)$ がコーシー列であることがわかる。Z は完備なので，これは収束点 $z \in Z$ を持つ。ここで不等式

$$\rho(z_0, z_n) < \frac{r_1}{1-\theta}$$

から，$z \in B(z_0, r_1/(1-\theta)) \subset U(z_0, r)$ がわかる。一方で，

$$\rho(z_{n+1}, \Phi(z)) \leq \delta(\Phi(z_n), \Phi(z)) \leq h(\Phi(z_n), \Phi(z)) \leq \theta \rho(z_n, z) \to 0$$

であるから，$\Phi(z)$ の点列 $(w_0, w_1, ...)$ をうまく取れば，それが z に収束するようにできる。仮定から $\Phi(z)$ は閉なので，$z \in \Phi(z)$ がわかった。これで (1) 式が示せた。

もし $\rho(z_0, \Phi(z_0)) = 0$ であれば，$z_0 \in \Phi(z_0)$ なので (2) は自明である．もし $\rho(z_0, \Phi(z_0)) > 0$ であれば，r_1 を以下の条件を満たすように取る．

$$\frac{r_1}{2} \leq \rho(z_0, \Phi(z_0)) < r_1 < (1-\theta)r.$$

この r_1 について，(1) を満たす $z \in B(z_0, r_1/(1-\theta))$ を見つけることができる．すると，

$$\rho(z_0, z) \leq \frac{r_1}{1-\theta} \leq \frac{2}{1-\theta}\rho(z_0, \Phi(z_0))$$

となり，以上で証明が完成した．∎

補題 2．X がバナッハ空間であり，M_1 と M_2 は共に L という部分空間の平行移動であるような線形多様体であるとする．このとき，

$h(M_1, M_2) = \delta(M_1, M_2) = \delta(M_2, M_1) = \inf\{\|x_1 - x_2\| | x_1 \in M_1, x_2 \in M_2\}$

が成り立つ．

証明．このためには，

$$\rho(x_1, M_2) = \rho(x_2, M_1)$$

がすべての $x_1 \in M_1$ と $x_2 \in M_2$ について成り立てば十分である．いま $x_1 \in M_1$ かつ $x_2 \in M_2$ であるとしよう．ここで $\alpha_1 = \rho(x_1, M_2)$ と，また $\alpha_2 = \rho(x_2, M_1)$ とする．x_2' を M_2 の任意の元とし，$x_1' = x_2 + (x_1 - x_2')$ とすれば，明らかに $x_1' \in M_1$ である．ここで

$$\alpha_2 \leq \|x_2 - x_1'\| = \|x_1 - x_2'\|$$

であるが，任意の $x_2' \in M_2$ についてこの不等式が成り立つので，

$$\alpha_2 \leq \alpha_1$$

を得る．$\alpha_1 \leq \alpha_2$ も同じ方法で証明できる．以上で証明が完成した．∎

補題 3．X, Y はバナッハ空間とし，$\Lambda \in L(X, Y)$ とする．ここで

$$C(\Lambda) = \sup_{y \in Y}(\|y\|^{-1} \cdot \inf\{\|x\| | x \in X, \Lambda x = y\})$$

とする．もし $\operatorname{Im} \Lambda = Y$ ならば，$C(\Lambda) < \infty$ である．

証明．もし $\mathrm{Im}\,\Lambda = Y$ であれば，バナッハの開写像定理から，X の単位球の Λ による像は Y の原点の近傍を含む．つまり，ある $\delta > 0$ が存在して，$\|y\| \leq \delta$ となる任意の $y \in Y$ に対してある $x \in X$ が存在して，$\|x\| \leq 1$ かつ $\Lambda x = y$ である．よって，$y \neq 0$ である任意の $y \in Y$ に対して，

$$\inf\{\|x\| \mid x \in X, \Lambda x = y\} = \delta^{-1}\|y\| \cdot \inf\{\|x\| \mid x \in X, \Lambda x = \delta\|y\|^{-1}y\}$$
$$\leq \delta^{-1}\|y\|$$

となる．よって，$C(\Lambda) \leq \delta^{-1}$ である．以上で証明が完成した．■

一般化されたリュステルニクの定理． X と Y がバナッハ空間であり，$\Lambda \in L(X,Y)$ で，また F は $x_0 \in X$ の近傍 U から Y への写像とする．$\mathrm{Im}\,\Lambda = Y$ とし，ある数 $\delta > 0$ に対して，まず

$$\delta C(\Lambda) < \frac{1}{2},$$

そして

$$\|F(x) - F(x') - \Lambda(x - x')\| \leq \delta\|x - x'\| \tag{4}$$

がすべての $x, x' \in U$ について成り立つとする．すると x_0 の近傍 $U' \subset U$ と数 $K > 0$，そして U' から X への写像 $\xi \mapsto x(\xi)$ をうまく取れば，

$$F(\xi + x(\xi)) = F(x_0),$$
$$\|x(\xi)\| \leq K\|F(\xi) - F(x_0)\|$$

がすべての $\xi \in U'$ について成り立つようにできる．

証明．まず $r > 0$ を，$U(x_0, 2r)$ が近傍 U に含まれるように取る．(4) 式から F は x_0 で連続である．よって x_0 の近傍 $U' \subset U(x_0, r)$ をうまく取れば

$$C(\Lambda) \sup_{\xi \in U'} \|F(\xi) - F(x_0)\| \leq \frac{r}{2} \tag{5}$$

が成り立つようにできる (補題 3 から $C(\Lambda) < \infty$ であることに注意)．

ここで $\xi \in U'$ をひとつ固定し，球 $U(0,r)$ から X への多価写像 $x \mapsto \Psi_\xi(x)$ を以下の式で定義する：

$$\Psi_\xi(x) = x - \Lambda^{-1}(F(\xi+x) - F(x_0)).$$

ただしここで $\Lambda^{-1}(y)$ は Λ による点 y の逆像である．r と U' の取り方から，$\xi + x \in U$ がすべての $\xi \in U'$ と $x \in U(0,r)$ について言える．したがって $\Psi_\xi(x)$ は任意の $x \in U(0,r)$ に対して非空である．任意の $y \in Y$ に対して，集合 $\Lambda^{-1}(y)$ は部分空間 $\operatorname{Ker} \Lambda$ と平行な線形多様体になるため，$\Psi_\xi(x)$ もそうなる．特に，この集合はすべて閉である．補題2と3から，

$$\begin{aligned} h(\Psi_\xi(x_1), \Psi_\xi(x_2)) &= \inf\{\|z_1 - z_2\| \mid z_i \in \Psi_\xi(x_i), i=1,2\} \\ &= \inf\{\|z_1 - z_2\| \mid \Lambda z_i = \Lambda x_i - F(\xi+x_i) + F(x_0), i=1,2\} \\ &= \inf\{\|z\| \mid \Lambda z = \Lambda(x_1 - x_2) - F(\xi+x_1) + F(\xi+x_2)\} \\ &\leq C(\Lambda) \|F(\xi+x_1) - F(\xi+x_2) - \Lambda(x_1 - x_2)\|. \end{aligned}$$

よって，不等式 (4) から，$\theta = \delta C(\Lambda)$ とすれば，

$$h(\Psi_\xi(x_1), \Psi_\xi(x_2)) \leq \theta \|x_1 - x_2\| \tag{6}$$

を得る．また (5) より，

$$\begin{aligned} \rho(0, \Psi_\xi(0)) &= \inf\{\|z\| \mid \Lambda z = -F(\xi) + F(x_0)\} \\ &\leq C(\Lambda) \|F(\xi) - F(x_0)\| \leq \frac{1}{2}r < (1-\theta)r \end{aligned} \tag{7}$$

である．

(6) と (7) は写像 $\Psi_\xi(x)$ が補題1の条件をすべて満たすことを意味する．したがってあるベクトル $x = x(\xi)$ が存在して，まず (1) より

$$x(\xi) \in \Psi_\xi(x(\xi)),$$

つまり

$$0 \in \Lambda^{-1}(F(\xi + x(\xi)) - F(x_0)),$$

したがって

$$F(\xi + x(\xi)) = F(x_0)$$

を満たす。また (7) より，

$$\|x(\xi)\| \leq \frac{2}{1-\theta}\rho(0, \Psi_\xi(0))$$
$$\leq \frac{2C(\Lambda)}{1-\theta}\|F(\xi) - F(x_0)\| = K\|F(\xi) - F(x_0)\|$$

が成り立つ。以上で証明が完成した。■

リュステルニクの定理の二番目の主張はたったいま証明した一般化された定理の明白な帰結である。実際，リュステルニクの定理の仮定が成り立つとしてみよう。ここで $\Lambda = F'(x_0)$ とすると，$x \mapsto F'(x)$ は仮定から連続なので，ある x_0 の凸近傍 $U_1 \subset U$ が存在して，$x \in U_1$ ならば

$$\|F'(x) - \Lambda\| = \sup_{z \neq 0}(\|z\|^{-1}\|F'(x)z - \Lambda z\|) < \frac{1}{2C(\Lambda)}$$

が成り立つ。よって任意の $x, x' \in U_1$ について，平均値の定理より

$$\|F(x) - F(x') - \Lambda(x - x')\| \leq \sup_{z \in [x, x']}(\|F'(z) - \Lambda\| \cdot \|x - x'\|)$$
$$< \frac{1}{2C(\Lambda)}\|x - x'\|$$

となって，必要な結果はすべて出てくる[16]。以上でリュステルニクの定理の証明が完成した。

0.2.5　いくつかの写像や汎関数の微分可能性

例 1. アフィン写像。線形空間 X から Y への写像 $A: X \to Y$ がアフィンで

---

16)　（訳注）やや乱暴な議論。実際には一つ前の不等式で U_1 を十分小さく取っておき，$\delta > 0$ をうまく取って，

$$\|F'(x) - \Lambda\| < \delta < \frac{1}{2C(\Lambda)}$$

を満たすようにする。すると

$$\|F(x) - F(x') - \Lambda(x - x')\| \leq \delta\|x - x'\|$$

が示せるので結論は正しい。

0.2 微分積分学

あるとは，
$$A(x) = \Lambda x + a$$
となる $a \in Y$ と X から Y への線形写像 Λ が存在することを言う．もし X と Y がバナッハ空間であり，Λ が連続線形写像であるならば，A はすべての点でフレシェ微分可能であり，
$$A'(x) = \Lambda$$
が成り立つ．そして A の二階以上の微分の値は 0 である．これは定義からただちに従う．特に，次のアフィン関数：
$$a(x) = \langle x^*, x \rangle + \alpha$$
の任意の点 x におけるフレシェ微分は x^* に等しい．

例 2. 二次関数．X はバナッハ空間とし，$B(x_1, x_2)$ を $X \times X$ 上の連続な双線形関数とし，$Q(x) = B(x,x)$ を対応する二次形式とする．定義から，
$$\begin{aligned}Q(x+h) &= B(x,x) + B(x,h) + B(h,x) + B(h,h) \\ &= Q(x) + B(x,h) + B(h,x) + o(\|h\|)\end{aligned}$$
となり，よって関数 Q はフレシェ微分可能で，
$$Q'(x)h = B(x,h) + B(h,x)$$
である．特に，X がヒルベルト空間であったときには，すべての二次形式[17]は次の表現：
$$Q(x) = \frac{1}{2}(\Lambda x | x), \ \Lambda \in \mathscr{L}(X,X), \ \Lambda^* = \Lambda$$
を持ち，このとき
$$Q'(x) = \Lambda x$$
である．

---

[17] （訳注）書いてないが，B が対称でなければいけない．6 章の議論を参照．

ヒルベルト空間においては，二次形式とアフィン関数の和，

$$k(x) = \frac{1}{2}(\Lambda x|x) + (x|a) + \alpha$$

は二次関数 (quadratic function) と呼ばれる。明らかに，

$$k'(x) = \Lambda x + a$$

である。もちろん，

$$k''(x) = \Lambda$$

であり，それ以降の微分の値は 0 である。特に，

$$e(x) = \frac{1}{2}\|x\|^2 = \frac{1}{2}(x|x)$$

であれば，

$$e'(x) = x, e''(x) = I, e'''(x) = \ldots = 0$$

である。

また二次形式について次の関係が成り立つことを注記しておく。

$$Q(x_0 + x) = Q(x_0) + Q'(x_0)x + Q(x)$$

例 3. ヒルベルト空間のノルム。次の関数

$$f(x) = \|x\|$$

は 0 でない任意の点 x でフレシェ微分可能で，その微分の値は

$$f'(x) = \|x\|^{-1}x$$

である。これは合成関数の微分の公式から出る。実際，

$$f = g \circ h$$

と書けばよい。ただし $h(x) = (x|x), g(t) = \sqrt{t}$ である。

0.2 微分積分学

以降，われわれはいくつかの具体的な汎関数や写像の微分の公式を導出していくが，これらは後に変分法や最適制御理論で極値の必要条件を導出するために必要である。

例 4. 写像 $h: \mathbb{R}^n \to \mathbb{R}^m$ を，

$$h(x) = (h_1(x), ..., h_m(x))$$

とする。これは $x_0 \in \mathbb{R}^n$ の近傍 U 上で定義され連続微分可能であるとしよう。次の写像：

$$H_\tau(x(\cdot)): C^n([t_0, t_1]) \to \mathbb{R}^m$$

を次の関係で定義する。

$$H_\tau(x(\cdot)) = h(x(\tau)).$$

ただし τ は $[t_0, t_1]$ 内の特定の点である。この写像は $x(\tau) \in U$ であるような $x(\cdot) \in C^n([t_0, t_1])$ に対して定義されている。ここで $x_0(\tau) = x_0$ であるときに，H_τ が $x_0(\cdot)$ でフレシェ微分可能であることを確かめ，その微分の値を計算してみよう。

まず，

$$h(x_0 + x) = h(x_0) + (h'(x_0)|x) + o(|x|)$$

であるから，

$$H_\tau(x_0(\cdot) + x(\cdot)) = h(x_0(\tau)) + (h'(x_0(\tau))|x(\tau)) + o(|x(\tau)|)$$

でる。しかし $|x(\tau)| \leq \|x(\cdot)\|$ であるから，

$$H_\tau(x_0(\cdot) + x(\cdot)) = H(x_0(\cdot)) + (h'(x_0(\tau))|x(\tau)) + o(\|x(\cdot)\|)$$

を得る。これは H_τ が $x_0(\cdot)$ でフレシェ微分可能であること，およびその微分の値が

$$H'_\tau(x_0(\cdot))x(\cdot) = (h'(x_0(\tau))|x(\tau))$$

であることを意味している。別の書き方をすると，

$$(H'_\tau(x_0(\cdot))x(\cdot))_j = \sum_{i=1}^n \frac{\partial h_i(x_0(\tau))}{\partial x^j} x^j(\tau), \ j=1,...,m$$

である.

例 5. $g_1(t,x),...,g_m(t,x)$ は開集合 $U \subset \mathbb{R} \times \mathbb{R}^n$ 上で定義された実数値関数で,それ自身及び x についての偏導関数が連続であるとする.ここで

$$g(t,x) = (g_1(t,x),...,g_m(t,x))$$

とする.ここでベクトル値の連続関数 $x_0(t): [t_0, t_1] \to \mathbb{R}^n$ のグラフが U に入っていると仮定し,次の写像:

$$G: C^n([t_0, t_1]) \to C^m([t_0, t_1])$$

を,次の関係式で定義する.

$$[G(x(\cdot))](t) = g(t, x(t)), t_0 \le t \le t_1.$$

この写像が点 x_0 でフレシェ微分可能であることを確かめ,その微分の値を計算してみよう.

このために,われわれは平均値の定理の系を使う必要がある.つまり G が $x_0(\cdot)$ の近傍上でガトー微分可能であること,およびガトー微分の値が連続であることを確かめて,結論に至るのである.集合 U は開であるから,$\|x_0(t) - x\| < \varepsilon$ である限り $(t,x) \in U$ であるような $\varepsilon > 0$ が存在する.もし $\|x(\cdot) - x_0(\cdot)\|_C < \varepsilon$ であるならば,

$$\lim_{\lambda \to 0} \left[\frac{G(x(\cdot) + \lambda z(\cdot)) - G(x(\cdot))}{\lambda} \right](t) = g_x(t, x(t))z(t),$$

つまり,

$$[G'_\Gamma(x(\cdot))z(\cdot)](t) = g_x(t, x(t))z(t)$$

である.

写像 $x(\cdot) \mapsto G'_\Gamma(x(\cdot))$ の連続性は $(t,x) \mapsto g_x(t,x)$ の連続性からただちに従う.よって,写像 G はフレシェ微分可能で,

$$[G'(x_0(\cdot))z(\cdot)](t) = g_x(t, x_0(t))z(t)$$

であることがわかった.

例 6. $\varphi_1(t,x,u),...,\varphi_m(t,x,u)$ は空間 $\mathbb{R} \times \mathbb{R}^n \times \mathbb{R}^r$ 内の領域 V 上で定義され，その x および u についての偏導関数と共に連続であるとする[18]。ここで

$$\varphi(t,x,u) = (\varphi_1(t,x,u),...,\varphi_m(t,x,u))$$

としよう．

ここでベクトル値関数 $x_0(\cdot) \in C_1^n([t_0,t_1])$ と $u_0(\cdot) \in C^r([t_0,t_1])$ について，$(t,x_0(t),u_0(t)) \in V$ がすべての $t \in [t_0,t_1]$ に対して成り立つとしよう．次の写像：

$$\Phi : C_1^n([t_0,t_1]) \times C^r([t_0,t_1]) \to C^m([t_0,t_1])$$

を，

$$[\Phi(x(\cdot),u(\cdot))](t) = \varphi(t,x(t),u(t)),\ t_0 \leq t \leq t_1$$

と定義する．

前の例の議論をそのまま繰り返すことで，Φ が $(x_0(\cdot),u_0(\cdot))$ でフレシェ微分可能であること，および

$$[\Phi'(x_0(\cdot),u_0(\cdot))(z(\cdot),\omega(\cdot))](t)$$
$$= \varphi_x(t,x_0(t),u_0(t))z(t) + \varphi_u(t,x_0(t),u_0(t))\omega(t)$$

であることが示せる．

例 7. $m(t,x,y)$ は領域 $W \subset \mathbb{R} \times \mathbb{R}^n \times \mathbb{R}^n$ 上で定義された $\mathbb{R}^m$ に値を取る写像で，x と y についての導関数と共に連続であるとしよう．いま仮に $[t_0,t_1]$ 上で定義されたベクトル値の連続微分可能な関数 $x_0(t)$ が，$(t,x_0(t),\dot{x}_0(t)) \in W$ をすべての $t \in [t_0,t_1]$ に対して満たす，という性質を持っていたとしよう．ここで写像

$$M : C_1^n([t_0,t_1]) \to C^m([t_0,t_1])$$

を次の関係式で定義する．

---

[18] （訳注）この「領域」という語は英訳版では domain であった．この語はいろいろな意味を持つが，この場合は「連結な開集合」という意味を表す．

$$[M(x(\cdot))](t) = m(t, x(t), \dot{x}(t)).$$

簡単にわかるように，M は次のふたつの関数の合成として表せる：

$$M = M_2 \circ M_1,$$

ただしここで M_1 は C_1^n から $C^n \times C^n$ への線形写像で，

$$[M_1(x(\cdot))](t) = (x(t), \dot{x}(t)), t_0 \leq t \leq t_1$$

であり，$M_2 : C^n \times C^n \to C^m$ は次のように定義する。

$$[M_2(x(\cdot), y(\cdot))](t) = m(t, x(t), y(t)), t_0 \leq t \leq t_1.$$

すでに示した例と連鎖率から，M は $x_0(\cdot)$ でフレシェ微分可能で，

$$[M'(x_0(\cdot))z(\cdot)](t) = m_x(t, x_0(t), \dot{x}_0(t))z(t) + m_y(t, x_0(t), \dot{x}_0(t))\dot{z}(t)$$

である。

例 8. $m(t, x, y) = L(t, x, y)$ は前の例と同じ仮定を満たす実数値関数としよう。次の汎関数：

$$\mathscr{I}(x(\cdot)) = \int_{t_0}^{t_1} L(t, x(t), \dot{x}(t))dt$$

を考える。この汎関数は次の2つの写像の合成である。

$$\mathscr{I} = \mathscr{I}_2 \circ \mathscr{I}_1,$$

ただし，

$$\mathscr{I}_1 : C_1^n([t_0, t_1]) \to C([t_0, t_1])$$

$$[\mathscr{I}_1(x(\cdot))](t) = L(t, x(t), \dot{x}(t)), t_0 \leq t \leq t_1$$

であり，

$$\mathscr{I}_2(\alpha(\cdot)) = \int_{t_0}^{t_1} \alpha(t)dt$$

である。

$\mathscr{I}_1$ は前の例で扱った写像であり，$\mathscr{I}_2$ は連続線形である．例 1 と例 7 の結果から，われわれは $\mathscr{I}$ のフレシェ微分の値についての以下の式を得る．

$$\mathscr{I}'(x(\cdot))z(\cdot) = \int_{t_0}^{t_1} [L_x(t, x(t), \dot{x}(t))z(t) + L_y(t, x(t), \dot{x}(t))\dot{z}(t)dt.$$

例 9. U を $\mathbb{R}^n$ 上の領域とし，次の写像 $\psi : [t_0, t_1] \times U \to \mathbb{R}^m$ が次の性質を満たすとする：任意の $t \in [t_0, t_1]$ について写像 $x \mapsto \psi(t, x)$ は連続微分可能であり，任意の $x \in U$ についてベクトル値関数 $t \mapsto \psi(t, x)$ は可測である (8 章において，われわれはこの条件下で，U 上に値を取る任意の可測なベクトル値関数 $x(t)$ に対して，$\psi(t, x(t))$ が可測であることを示す)．さらに，ベクトル値関数 $x_0(t)$ は $[t_0, t_1]$ 上で定義されて連続で，さらに値が常に U 上にあり，ベクトル値関数 $t \mapsto \psi(t, x_0(t))$ は可積分で，ある $\varepsilon > 0$ および実数値の可積分関数 $\rho(t)$ に対して，

$$|x - x_0(t)| < \varepsilon$$

である限り常に

$$|\psi_x(t, x)| \leq \rho(t)$$

を満たすとする[19]．

ここで次の写像 $\Psi : C^n([t_0, t_1]) \to L_1^m([t_0, t_1])$ を次の関係式で定義する．

$$[\Psi(x(\cdot))](t) = \psi(t, x(t))$$

いま $\|x(\cdot) - x_0(\cdot)\|_C < \varepsilon$ であるとしよう．このとき，

$$\left| \left[\frac{\Psi(x(\cdot) + \lambda z(\cdot)) - \Psi(x(\cdot))}{\lambda} \right](t) \right|$$
$$= \frac{1}{\lambda} \left| \int_0^\lambda \psi_x(t, x(t) + \xi z(t))z(t)d\xi \right| \leq \rho(t)|z(t)|$$

が，十分小さな $\lambda > 0$ に対して成り立つ．よってルベーグの優収束定理より，

---

[19] (訳注) 書いてないが，これは $|x - x_0(t)| < \varepsilon$ であれば常に $x \in U$ である，という主張を含んでいる．

左辺の極限が存在してそれは

$$\psi_x(t, x(t))z(t)$$

に等しい。

さらに,

$$|\psi_x(t, x(t))| \leq \rho(t)$$

であるため, $|z(t)|$ が有界であるから, ベクトル値関数 $\psi_x(t, x(t))z(t)$ は $L_1^m([t_0, t_1])$ に所属している。よって, 写像 Ψ は $x_0(\cdot)$ の ε 近傍上でガトー微分可能であり,

$$[\Psi_\Gamma'(x(\cdot))z(\cdot)](t) = \psi_x(t, x(t))z(t), t_0 \leq t \leq t_1$$

であることがわかった。$x \mapsto \psi_x(t, x)$ の連続性から, ガトー微分の値 Ψ_Γ' は連続であることがわかる。従って, 写像 Ψ はフレシェ微分可能で,

$$[\Psi'(x_0(\cdot))z(\cdot)](t) = \psi_x(t, x_0(t))z(t)$$

であることがわかった。

例 10. $\psi(t, x) = L(t, x)$ について前と同じ仮定を置く。すると例 8 と同じようにして, 次の汎関数:

$$\mathscr{I}(x(\cdot)) = \int_{t_0}^{t_1} L(t, x(t))dt : C^n([t_0, t_1]) \to \mathbb{R}$$

が $x_0(\cdot)$ でフレシェ微分可能で,

$$\mathscr{I}'(x_0(\cdot))z(\cdot) = \int_{t_0}^{t_1} L_x(t, x_0(t))z(t)dt$$

であることがわかる。

例 11. 例 9 と同じ写像 $\psi(t, x) : [t_0, t_1] \times \mathbb{R}^n \to \mathbb{R}^n$ を取り, ただしここでベクトル値関数 $x_0(t)$ は**絶対連続**, つまり $x_0(\cdot) \in W_{1,1}^n([t_0, t_1])$ であるとする。

ここで写像:
$$F: W_{1,1}^n([t_0, t_1]) \to L_1^n([t_0, t_1])$$
を次の関係式で定義する。
$$[F(x(\cdot))](t) = \dot{x}(t) - \psi(t, x(t)).$$
この写像は二つの写像の差となっている。片方は連続な線形写像 $F_1: W_{1,1}^n([t_0, t_1]) \to L_1^n([t_0, t_1])$ で、
$$F_1(x(\cdot)) = \dot{x}(\cdot),$$
もう片方の写像 $F_2: W_{1,1}^n([t_0, t_1]) \to L_1^n([t_0, t_1])$ は、
$$[F_2(x(\cdot))](t) = \psi(t, x(t))$$
である。すでに示したように、二番目の写像は C^n から L_1^n への写像としてフレシェ微分可能である。しかし $x(\cdot) \in W_{1,1}^n$ であるとき、
$$\|x(\cdot)\|_C \leq K\|x(\cdot)\|_W$$
である。よって写像 $F_2: W_{1,1}^n \to L_1^n$ はやはりフレシェ微分可能である。例1と例9をつなぎ合わせれば、F はフレシェ微分可能で、
$$[F'(x_0(\cdot))z(\cdot)](t) = \dot{z}(t) - \psi_x(t, x_0(t))z(t)$$
である。

0.2.6 写像, 汎関数の正則性

ここで、いくつかの正則な写像の例を見ておきたい。

例 12. X がバナッハ空間であるとし、f は X 上のフレシェ微分可能な関数とする。このとき f は停留点でない任意の点 x で正則である。

実際、もし $f'(x_0) \neq 0$ であるならば、ある要素 $x \in X$ に対して
$$\alpha = \langle f'(x_0), x \rangle \neq 0$$

である。すると次のような数,

$$t\alpha = \langle f'(x_0), tx \rangle$$

の集合は $\mathbb{R}$ と一致するから,f は x_0 で正則である。

例 13. 写像 $F : X \to \mathbb{R}^n, F(x) = (f_1(x), ..., f_n(x))$ が点 x_0 でフレシェ微分可能であるとしよう。この写像が点 x_0 で正則であるための必要十分条件は,ベクトル $f'_1(x_0), ..., f'_n(x_0)$ が線形独立であることである。

必要性は明らかである。双直交基底の補題より[20],ある要素 $x_i \in X, i = 1, ..., n$ に対して,

$$\langle f'_j(x_0), x_i \rangle = \delta_{ij}$$

となる。すると任意のベクトル $\xi = (\xi^1, ..., \xi^n) \in \mathbb{R}^n$ に対して,

$$F'(x_0)(\sum_{i=1}^{n} \xi^i x_i) = \xi$$

となるので,$F'(x_0)$ の値域は $\mathbb{R}^n$ に等しい。

例 14. 例 5 と同じ写像を考え,ただし $m = 1$ としよう。この写像が点 $x_0(\cdot)$ でフレシェ微分可能であるとき,この点で正則であるのは $g_x(t, x_0(t)) \neq 0$ がすべての $t \in [t_0, t_1]$ について成り立つのと同値である。

必要性は明白である。逆に,もし仮に $g_x(t, x_0(t)) \neq 0$ がすべての $t \in [t_0, t_1]$ に対して成り立つとすれば,仮定から次の関数 $1/g_x(t, x_0(t))$ は連続である。よって任意の関数 $z(\cdot) \in C([t_0, t_1])$ に対して,

$$[G'(x_0(\cdot))g_x^{-1}(\cdot, x_0(\cdot))z(\cdot)](t) = z(t)$$

であるから,微分の値 $G'(x_0(\cdot))$ は $C([t_0, t_1])$ から $C([t_0, t_1])$ への全射である。

---

20) (訳注) 厳密には主張が逆であるが,はるかに容易に証明できる。

0.3 凸解析

この節では，1章で用いる凸解析の初等的な事実を論じる．凸解析は3章および4章でより詳しく，かつ包括的に学ぶ．本節を通じて，X はハウスドルフ局所凸線形位相空間とする．

0.3.1 凸集合と凸関数

次の集合，
$$[x_1, x_2] = \{x \in X | x = \alpha x_1 + (1-\alpha)x_2, \ 0 \leq \alpha \leq 1\}$$
を X 上の点 x_1 と x_2 をつなぐ区間と呼ぶ．X の部分集合 A が凸 (convex) であるとは，それがその集合内の任意の2点をつなぐ区間を含むことを意味する．定義より，空集合は凸であると仮定される．

凸集合の例をいくつか挙げておこう：部分空間および線形多様体，平面上の円盤，三次元空間の四面体や球，バナッハ空間の単位球，等々．集合 $K \subset X$ が錐 (cone) であるとは，$x \in K$ であるならば任意の $\lambda > 0$ について $\lambda x \in K$ であることを指す．錐 K が凸であることは任意の $x_1 \in K$ と $x_2 \in K$ について $x_1 + x_2 \in K$ となることと同値である．実際，K が凸錐であるとすれば，$x_1 + x_2 = \frac{1}{2}(2x_1 + 2x_2) \in K$ である．逆に，K がその要素の和を常に含むのであれば，任意の $x_1 \in K$ と $x_2 \in K$，$0 \leq \alpha \leq 1$ に対して $\alpha x_1 + (1-\alpha)x_2 \in K$ である．$\mathbb{R}^n$ の凸錐で重要な例のひとつは**非負象限** (non-negative orthant)，
$$\mathbb{R}^n_+ = \{x = (x^1, ..., x^n) | x^i \geq 0, i = 1, ..., n\}$$
である．

拡張された実数に値を持つ写像を**関数** (function) と呼んでいたことを思いだそう．次の2つの集合は X 上の任意の関数 f について定義される．
$$\mathrm{dom}\, f = \{x \in X | f(x) < \infty\},$$
$$\mathrm{epi}\, f = \{(\alpha, x) \in \mathbb{R} \times X | \alpha \geq f(x)\}.$$
最初の集合は関数 f の**有効定義域** (effective domain) と呼ばれ，二番目の集

合はこの関数のエピグラフ (epigraph) と呼ばれる。関数 f が適正な (proper) 関数であるとは，dom $f \neq \emptyset$ かつ $f(x) > -\infty$ が常に成り立つことを指す。適正な関数でない関数は不適正な (improper) 関数と呼ぶ。

関数 f が凸 (convex) であるとは，集合 epi f が $\mathbb{R} \times X$ 内で凸であることを指す。凸関数の例としては次のようなものがある：**アフィン関数** (affine function)

$$f(x) = \langle x^*, x \rangle + \alpha \ (x^* \in X^*, \alpha \in \mathbb{R});$$

凸集合 $A \subset X$ の**指標関数** (indicator function)

$$\delta(x|A) = \begin{cases} 0 & x \in A \text{ のとき}, \\ +\infty & x \notin A \text{ のとき}; \end{cases}$$

そして集合 $A \subset X^*$ の**支持関数** (support function)

$$s(x|A) = \sup_{x^* \in A} \langle x^*, x \rangle.$$

なお，バナッハ空間のノルムは双対空間の単位球の支持関数であることを注記しておく (これはノルムの定義と，ハーン＝バナッハの定理の系 3 から出る)。

0.3.2 劣微分

f は X 上の適正な凸関数としよう。汎関数 $x^* \in X^*$ が関数 f の点 x における**劣勾配** (subgradient) であるとは，

$$f(z) - f(x) \geq \langle x^*, z - x \rangle$$

がすべての $z \in X$ に対して成り立つことを言う。関数 f の点 x における劣勾配をすべて集めてできた集合を関数 f の点 x における**劣微分** (subdifferential) と呼び，$\partial f(x)$ で表す。

$$\partial f(x) = \{x^* \in X^* | f(z) - f(x) \geq \langle x^*, z - x \rangle, \forall z \in X\}.$$

凸解析において，劣微分は古典解析における微分と似た役割を果たす。もし関数 f がある点でガトー微分可能であれば，(4 章で示すように) 容易に，その点における劣微分はガトー微分ただひとつを含むということが示せる。

0.3 凸解析

もし X がバナッハ空間であれば，この空間のノルムの原点における劣微分は双対空間の閉単位球と一致する．これは定義から直接従う．もし $x \neq 0$ であれば，

$$\partial \|x\| = \{x^* \in X^* | \|x^*\| = 1, \langle x^*, x \rangle = \|x\|\}$$

が成り立つ．実際，もし $\langle x^*, x \rangle = \|x\|$ で，かつ $\|x^*\| = 1$ であれば，$\|z\| \geq \langle x^*, z \rangle$ がすべての $z \in X$ に対して成り立つため，

$$\|z\| - \|x\| \geq \langle x^*, z - x \rangle,$$

つまり $x^* \in \partial \|x\|$ がわかる．逆に，もし $x^* \in \partial \|x\|$ であれば，

$$-\|x\| = \|0\| - \|x\| \geq \langle x^*, 0 - x \rangle = -\langle x^*, x \rangle,$$

$$\|x\| = \|2x\| - \|x\| \geq \langle x^*, 2x - x \rangle = \langle x^*, x \rangle,$$

であるから，$\|x\| = \langle x^*, x \rangle$ がわかる．またすべての $z \in X$ と $\lambda > 0$ に対して，

$$\|\lambda z + x\| - \|x\| \geq \langle x^*, \lambda z \rangle,$$

であるから，

$$\left\|z + \frac{x}{\lambda}\right\| - \frac{1}{\lambda}\|x\| \geq \langle x^*, z \rangle,$$

を得る．よって $\lambda \to \infty$ とすれば，任意の $z \in X$ に対して，

$$\|z\| \geq \langle x^*, z \rangle,$$

つまり $\|x^*\| \leq 1$ がわかる．しかし $\langle x^*, x \rangle = \|x\|$ なのだから，$\|x^*\| = 1$ でなければならない．

指標関数 $\delta(x|A)$ の劣微分は任意の点 $x \in A$ で非空であり，特に $0 \in \partial \delta(x|A)$ である．一般に，

$$\partial \delta(x|A) = \{x^* \in X^* | \langle x^*, z - x \rangle \leq 0, \forall z \in A\}$$

であることが定義から従う．この $\partial \delta(x|A)$ が錐であることは容易にわかる．この錐は集合 A の点 x における**支持汎関数の錐** (cone of supporting functionals)，あるいは**法線錐** (normal cone) と呼ばれ，$N(x|A)$ と書かれる．特

に $A = L$ がある部分空間であった場合，

$$\partial \delta(x|A) = N(x|A) = L^{\perp}$$

が成り立つ．

次の関数 ($X = \mathbb{R}$ とする)

$$f(x) = \begin{cases} -\sqrt{1-x^2} & |x| \leq 1 \text{ のとき}, \\ \infty & |x| > 1 \text{ のとき}, \end{cases}$$

の劣微分は点 $x = 1$ で空集合になる．ただし，関数 f が点 x で連続であれば，劣微分は空集合にはならない (4.2 節を見よ)．

後でわれわれは，二変数 (あるいはそれ以上の) 関数 $f(x,y)$ と出会う．このような関数については，記号 $\partial_x f(x,y), \partial_y f(x,y)$ 等で「偏」劣微分，つまり関数 $x \mapsto f(x,y)$ や $y \mapsto f(x,y)$ の劣微分を表す．

0.3.3 モロー＝ロッカフェラーの定理

モロー＝ロッカフェラーの定理． f_1 と f_2 が X 上の適正な凸関数であるとき，

$$\partial(f_1 + f_2)(x) \supset \partial f_1(x) + \partial f_2(x) \tag{1}$$

が成り立つ．

またこれらのうち一つの関数が他の関数の有効定義域に含まれる一点において連続であれば，

$$\partial(f_1 + f_2)(x) = \partial f_1(x) + \partial f_2(x) \tag{2}$$

がすべての $x \in X$ に対して成り立つ．

$\partial f_1(x)$ や $\partial f_2(x)$ は X^* の部分集合であるため，上の表現 $\partial f_1(x) + \partial f_2(x)$ は集合の**代数和** (algebraic sum) を指すということに注意しておこう．

この結果は，古典解析におけるふたつの微分可能な関数の和の微分についての定理の一般化と考えることができる．

0.3 凸解析

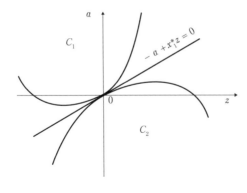

図 1

証明. (1) の包含関係は劣微分の定義からただちに従う. 以下, 二番目の主張を証明しよう. $x^* \in \partial(f_1 + f_2)(x)$ とする. このときある $x_1^* \in \partial f_1(x)$ と $x_2^* \in \partial f_2(x)$ について $x^* = x_1^* + x_2^*$ と表現できることを示そう.

明確にするために, 関数 f_1 が dom f_2 内のある点 x_0 で連続であると仮定しよう. このとき, 明らかに集合 epi $f_1 \subset \mathbb{R} \times X$ の内部は非空である. 実際, 任意の $\varepsilon > 0$ に対してある x_0 の近傍 U が存在して, $z \in U$ ならば $|f_1(z) - f_1(x_0)| < \varepsilon$ が成り立つ. すると次の集合:

$$\{(\alpha, z) \in \mathbb{R} \times X | \alpha > f_1(x_0) + \varepsilon, z \in U\}$$

は開集合でかつ epif_1 に含まれる. ここで次の $\mathbb{R} \times X$ の2つの部分集合 (図 1 を見よ),

$$C_1 = \{(\alpha, z) \in \mathbb{R} \times X | \alpha \geq f_1(x+z) - f_1(x)\},$$

$$C_2 = \{(\alpha, z) \in \mathbb{R} \times X | \alpha < \langle x^*, z \rangle - f_2(x+z) + f_2(x)\},$$

を考える[21]. 集合 C_1 は関数 f_1 のエピグラフの平行移動, つまり

---

21) (訳注) 本文には書いていないが, $\partial(f_1 + f_2)(x) \neq \emptyset$ であるから $f_1(x)$ と $f_2(x)$ は共に ∞ ではないことに注意.

$$C_1 = \text{epi}\, f_1 - (f_1(x), x)$$

である。よって C_1 は凸で $\text{int}\, C_1 \neq \emptyset$ である。二番目の集合の凸性も同様に関数の f_2 の凸性からただちに従う。最後に，集合 C_1 と C_2 は互いに共通部分を持たない。なぜならば，そうでないとすると次の不等式

$$\langle x^*, z\rangle - f_2(x+z) + f_2(x) > f_1(x+z) - f(x)$$

が成り立ってしまい，これは $x^* \in \partial(f_1 + f_2)(x)$ という仮定に矛盾するからである。

分離定理より，集合 C_1 と C_2 は 0 でない連続線形汎関数で分離できる。つまり，ある $\beta \in \mathbb{R}$ と $x_1^* \in X^*$ に対して，$\beta \neq 0$ と $x_1^* \neq 0$ のどちらかと，

$$\sup_{(\alpha, z)\in C_1} (\beta\alpha + \langle x_1^*, z\rangle) \leq \inf_{(\alpha, z)\in C_2} (\beta\alpha + \langle x_1^*, z\rangle) \tag{3}$$

が成り立つということである。

もし $\beta > 0$ であれば (3) の上限は ∞ に，下限は $-\infty$ になってしまうため，明らかに $\beta \leq 0$ である。さらに，$\beta \neq 0$ であることが次のようにしてわかる。もし $\beta = 0$ であれば，不等式 (3) から次の式がわかる。

$$\sup_{z\in \text{dom}\, f_1 - x} \langle x_1^*, z\rangle \leq \inf_{z\in \text{dom}\, f_2 - x} \langle x_1^*, z\rangle.$$

しかし，この関係は定理の仮定と矛盾している。実際，$\beta = 0$ であるから $x_1^* \neq 0$ であって，故に

$$\langle x_1^*, x_0 - x\rangle < \sup_{z\in U - x} \langle x_1^*, z\rangle \leq \sup_{z\in \text{dom}\, f_1 - x} \langle x_1^*, z\rangle,$$

となるため，

$$\inf_{z\in \text{dom}\, f_2 - x} \langle x_1^*, z\rangle \leq \langle x_1^*, x_0 - x\rangle < \sup_{z\in \text{dom}\, f_1 - x} \langle x_1^*, z\rangle$$

となるからである。

よって $\beta < 0$ である。一般性を失うことなく，$\beta = -1$ と仮定してよい。すでに示したことから，C_1 と C_2 は超平面 $\alpha - \langle x_1^*, z\rangle = 0$ で分離されている

(図 1)。よって (3) から次の不等式，

$$\sup_z[\langle x_1^*, z\rangle - f_1(x+z) + f_1(x)] \leq \inf_z[\langle x_1^* - x^*, z\rangle + f_2(x+z) - f_2(x)]$$

が導かれる。ここで左辺も右辺も $z = 0$ のとき消えるため，

$$f_1(x+z) - f_1(x) \geq \langle x_1^*, z\rangle$$

がすべての $z \in X$ について成り立ち，また $x_2^* = x^* - x_1^*$ とすれば，

$$f_2(x+z) - f_2(x) \geq \langle x_2^*, z\rangle$$

がすべての $z \in X$ について成り立つ。最初の関係は $x_1^* \in \partial f_1(x)$ を，次の関係は $x_2^* \in \partial f_2(x)$ を意味する。以上で証明が完成した。∎

帰納的に，モロー＝ロッカフェラーの定理は任意の有限個の和まで拡張できる。つまり，もし $f_1, ..., f_n$ が X 上の適正な凸関数であれば，

$$\partial(f_1 + ... + f_n)(x) \supset \partial f_1(x) + ... + \partial f_n(x)$$

が任意の点 x について成り立つ。さらに少なくともひとつを除いてすべての関数が，全部の関数の有効定義域内に属するある点で連続であるならば，

$$\partial(f_1 + ... + f_n)(x) = \partial f_1(x) + ... + \partial f_n(x)$$

となる。

0.4 微分方程式

ここでは，次の形の常微分方程式を扱う。

$$\dot{x} = \varphi(t, x). \tag{1}$$

ただし φ は次の領域 $V \subset \mathbb{R} \times \mathbb{R}^n$ から空間 $\mathbb{R}^n$ への写像である。一般に，われわれは写像 φ がすべての変数について連続であること（これはほとんどの

微分方程式のテキストで行われている仮定である) は仮定すべきでない。このため，本節のすべての主張には完全な証明をつけることにする。

区間 T 上で定義されて絶対連続なベクトル値関数 $x(t)$ が方程式 (1) の解 (solution) であるとは，そのグラフが写像 φ の領域 V に含まれ，かつ次の関係

$$\dot{x}(t) = \varphi(t, x(t))$$

がほとんどすべての t に対して成り立つことを指す。

0.4.1 線形方程式

まず，次の線形方程式から始めよう。

$$\dot{x} = \Lambda(t)x + a(t). \tag{2}$$

ただし $t \mapsto \Lambda(t)$ は区間 $[t_0, t_1]$ から，$\mathbb{R}^n$ から $\mathbb{R}^n$ への線形作用素の空間 $\mathscr{L}(\mathbb{R}^n, \mathbb{R}^n)$ への写像であり，$a(t) : [t_0, t_1] \to \mathbb{R}^n$ はベクトル値関数とする。写像 $t \mapsto \Lambda(t)$ が**可測** (measurable) であるとは，任意の $x \in \mathbb{R}^n$ に対して次のベクトル値関数 $t \mapsto \Lambda(t)x$ が必ず可測になることを指す。さらにこの写像が**可積分** (summable) であるとは，実数値関数 $t \mapsto \|\Lambda(t)\|$ が可積分であることを指す。ただしここで $\|\cdot\|$ は空間 $\mathscr{L}(\mathbb{R}^n, \mathbb{R}^n)$ のノルムである (この，$t \mapsto \Lambda(t)$ が可積分であるという条件は，$\{e_1, ..., e_n\}$ を $\mathbb{R}^n$ の基底としたとき，写像 $(\Lambda(t)e_i | e_j)$, $i, j = 1, ..., n$ がすべて可積分になることと必要十分である)。

補題 1. 写像 $t \mapsto \Lambda(t)$ とベクトル値関数 $a(t)$ が共に区間 $[t_0, t_1]$ 上で可積分であるとしよう。このとき，任意のベクトル値関数 $z(\cdot) \in C^n([t_0, t_1])$ と任意の $\tau \in [t_0, t_1]$ に対して，次の条件：

$$x(t) = z(t) + \int_\tau^t [\Lambda(s)x(s) + a(s)]ds \tag{3}$$

をすべての $t \in [t_0, t_1]$ について満たすベクトル値関数 $x(\cdot) \in C^n([t_0, t_1])$ が一意に存在する。

証明．次の作用素 Q を考える：

$$x(\cdot) \mapsto [Qx(\cdot)](t) = z(t) + \int_\tau^t [\Lambda(s)x(s) + a(s)]ds.$$

この作用素は空間 $C^n([t_0, t_1])$ からそれ自身への写像である．ここで，

$$c(t) = \|\Lambda(t)\|,\ C(t) = \int_\tau^t c(s)ds,\ c_0 = C(t_1) - C(t_0)$$

とする．このとき，

$$|[Qx_1(\cdot)](t) - [Qx_2(\cdot)](t)| \leq \left|\int_\tau^t c(s)|x_1(s) - x_2(s)|ds\right|$$
$$\leq |C(t)|\|x_1(\cdot) - x_2(\cdot)\|_C;$$
$$|[Q^2 x_1(\cdot)](t) - [Q^2 x_2(\cdot)](t)| \leq \left|\int_\tau^t c(s)|[Qx_1(\cdot)](s) - [Qx_2(\cdot)](s)|ds\right|$$
$$\leq \|x_1(\cdot) - x_2(\cdot)\|_C \cdot \left|\int_\tau^t c(s)C(s)ds\right|$$
$$= \frac{1}{2}C^2(t)\|x_1(\cdot) - x_2(\cdot)\|_C;$$
$$\vdots$$
$$|[Q^m x_1(\cdot)](t) - [Q^m x_2(\cdot)](t)| \leq \cdots$$
$$\leq \frac{1}{m!}|C(t)|^m \|x_1(\cdot) - x_2(\cdot)\|_C$$
$$\leq \frac{c_0^m}{m!}\|x_1(\cdot) - x_2(\cdot)\|_C,$$

つまり，

$$\|Q^m x_1(\cdot) - Q^m x_2(\cdot)\|_C \leq \frac{c_0^m}{m!}\|x_1(\cdot) - x_2(\cdot)\|_C$$

がわかる．

しかし，十分大きな m に対しては $c_0^m/m! < 1$ であり，よって Q^m は縮小写像である．よって必要な結果は縮小写像の原理から従う．■

定理 1. 写像 $t \mapsto \Lambda(t)$ とベクトル値関数 $a(t)$ が補題 1 の条件を満たすとすると，任意の $z \in \mathbb{R}^n$ と $\tau \in [t_0, t_1]$ に対して，区間 $[t_0, t_1]$ 上の方程式 (2) の解で $x(\tau) = z$ を満たすものがただひとつ存在する．

この証明は補題 1 において $z(t) \equiv z$ とすることでただちに得られる．

系. 写像 $F: W_{1,1}^n([t_0, t_1]) \to L_1^n([t_0, t_1])$ が次の式,

$$[Fx(\cdot)](t) = \dot{x}(t) - \varphi(t, x(t))$$

で定義されているとする。ここで次の写像 $(t, x) \mapsto \varphi(t, x)$ は，ベクトル値関数 $x_0(\cdot) \in W_{1,1}^n([t_0, t_1])$ のグラフの近傍上で 0.2 節の例 11 の条件を満たしているとする。このとき写像 F は点 $x_0(\cdot)$ で正則である。

証明. 0.2 節の例 11 から，写像 F は点 $x_0(\cdot)$ でフレシェ微分可能であり，その点における微分の値は次の式で定義される $W_{1,1}^n$ から L_1^n への線形作用素である:

$$[F'(x_0(\cdot))x(\cdot)](t) = \dot{x}(t) - \Lambda(t)x(t),$$

ただし $\Lambda(t) = \varphi_x(t, x_0(t))$ である。定理 1 より，次の方程式

$$\dot{x} - \Lambda(t)x = y(t)$$

は，任意の関数 $y \in L_1^n([t_0, t_1])$ について ($W_{1,1}^n$ に含まれる) 解を持つ。これは写像 F が正則であることを意味する。■

以降，(2) 式の解で $x(\tau) = z$ を満たすものを $x(t; \tau, z)$ と書こう。次の方程式は定義と定理 1 からただちに従う。

$$x(t; \tau, x(\tau; s, z)) = x(t; s, z), \tag{4}$$

ただしここで t, τ, s は $[t_0, t_1]$ の元で，$z \in \mathbb{R}^n$ である。

次に方程式 (2) が同次的である，つまり $a(t) \equiv 0$ であるとしよう。すると，明らかに

$$x(t; \tau, \lambda z) = \lambda x(t; \tau, z),$$

$$x(t; \tau, z_1 + z_2) = x(t; \tau, z_1) + x(t; \tau, z_2)$$

が，すべての $\mathbb{R}^n$ の元 z, z_1, z_2 と $\lambda \in \mathbb{R}$ に対して成り立つ。別の言い方をすれば，写像 $z \mapsto x(t; \tau, z)$ は線形である。従って，任意の $[t_0, t_1]$ 上の t, τ に対して，一意的に定義された線形作用素 $R(t, \tau): \mathbb{R}^n \to \mathbb{R}^n$ が存在して，

0.4 微分方程式

$x(t;\tau,z) = R(t,\tau)z$ となっている。ここで，$R(t,t) = I$(ただし I は恒等写像)がすべての $t \in [t_0, t_1]$ に対して成り立つ。この写像 $(t,\tau) \mapsto R(t,\tau)$ を同次方程式

$$\dot{x} = \Lambda(t)x \tag{5}$$

のレゾルベント (resolvent) と呼ぶ。

命題 1. $R(t,\tau)$ が (5) 式のレゾルベントであるとする。このとき，

a) 写像 $t \mapsto R(t,\tau)$ は次の行列微分方程式：

$$\frac{d}{dt}R = \Lambda R \tag{6}$$

の，初期条件 $R(\tau) = I$ の下での解である。

b) 次の等式，

$$R(t,\tau)R(\tau,s) = R(t,s)$$

が任意の $[t_0, t_1]$ 内の元 t, τ, s について成り立つ。特に，$R(t,\tau)R(\tau,t) = I$，つまり

$$R^{-1}(t,\tau) = R(\tau,t)$$

である。

c) もし $Q(t,\tau)$ が次の同次方程式

$$\dot{y} = -\Lambda^*(t)y \tag{7}$$

のレゾルベントであったとすれば，

$$R^{-1}(t,\tau) = Q^*(t,\tau)$$

が成り立つ。

方程式 (7) は通常，方程式 (5) の随伴 (adjoint) 方程式と呼ばれる。

証明. a) 定義より,
$$R(t,\tau)z = z + \int_\tau^t \Lambda(s)R(s,\tau)zds = \left(I + \int_\tau^t \Lambda(s)R(s,\tau)ds\right)z$$
がすべての $z \in \mathbb{R}^n$ に対して成り立つ。よって,
$$R(t,\tau) = I + \int_\tau^t \Lambda(s)R(s,\tau)ds$$
である。

b) (4) 式から,
$$R(t,s)z = x(t;s,z) = x(t;\tau, x(\tau;s,z)) = R(t,\tau)x(\tau;s,z) = R(t,\tau)R(\tau,s)z$$
がすべての $z \in \mathbb{R}^n$ について成り立つ。よって,
$$R(t,s) = R(t,\tau)R(\tau,s)$$
である。

c) Q が方程式 (7) のレゾルベントであるとしよう。すでに証明したことから, $Q(t,\tau)$ は次の微分方程式を満たす:
$$\frac{d}{dt}Q = -\Lambda^*(t)Q.$$
ただし初期条件は $Q(\tau,\tau) = I$ である。ここで,
$$\frac{d}{dt}(Q^*R) = \frac{d}{dt}(Q^*)R + Q^*(\frac{d}{dt}R) = -Q^*\Lambda R + Q^*\Lambda R = 0$$
が成り立つので, $t \in [t_0, t_1]$ について $Q^*(t,\tau)R(t,\tau) \equiv \text{const}$ である。しかし $Q^*(\tau,\tau)R(\tau,\tau) = I$ なので, $Q^*(t,\tau)R(t,\tau) \equiv I$, つまり $R^{-1}(t,\tau) = Q^*(t,\tau)$ が言える。以上で証明が完成した。∎

さて, それでは非同次方程式 (2) に戻ろう。

0.4 微分方程式

定理 2. 補題 1 の仮定の下で，$R(t,\tau)$ が同次方程式 (5) のレゾルベントであるとする．このとき，
$$x(t;\tau,z) = R(t,\tau)z + R(t,\tau)\int_\tau^t R(\tau,s)a(s)ds$$
が成り立つ．

証明． われわれは $x(t;\tau,z)$ を次の形，
$$x(t;\tau,z) = R(t,\tau)y(t) \tag{8}$$
の中から探すことにする．ただし $y(t)$ は絶対連続で $y(\tau) = z$ である．命題 1 より，
$$\begin{aligned}\frac{d}{dt}x(t;\tau,z) &= \left[\frac{d}{dt}R(t,\tau)\right]y(t) + R(t,\tau)\dot{y}(t) \\ &= \Lambda(t)R(t,\tau)y(t) + R(t,\tau)\dot{y}(t)\end{aligned}$$
がわかる．よって，
$$R(t,\tau)\dot{y}(t) = a(t),$$
つまり
$$y(t) = z + \int_\tau^t R^{-1}(s,\tau)a(s)ds = z + \int_\tau^t R(\tau,s)a(s)ds$$
であり，(8) 式に代入すれば求めていた結果を得る．∎

0.4.2 解の存在とその初期条件への依存

ふたたび方程式 (1) に戻ろう．φ は領域 $V \subset \mathbb{R} \times \mathbb{R}^n$ から $\mathbb{R}^n$ への写像とする．ここでこの写像が集合 $\Omega \subset V$ 上で $r(t)$ によって制限されるとは，
$$|\varphi(t,x)| \leq r(t) \text{ for } (t,x) \in \Omega$$
が成り立つことを指す．また，もしすべての点 $(\tau,x) \in V$ について，$\tau \in T$ となるある区間 T で $T \times \{x\} \subset V$ となるものが存在し，写像 $t \mapsto \varphi(t,x)$ が T 上可測であるとき，写像 φ は t について可測であると言われる[22]．

---

[22] （訳注）τ は T の内部に含まれるべきである．8 章の，カラテオドリの条件に関する注釈も参照されたい．

写像 φ が集合 $\Omega \subset V$ 上で x についてリプシッツ条件 (Lipschitz condition) を満たす，とは，$(t,x) \in \Omega$ かつ $(t,x') \in \Omega$ となる任意の t,x,x' について，次の不等式が成り立つことを言う：

$$|\varphi(t,x) - \varphi(t,x')| \leq k|x - x'|, k > 0.$$

写像 φ が x について**局所リプシッツ** (locally Lipschitzian) であるとは，V の任意の点のある近傍上で写像 φ が可積分関数によって制限され，さらに x についてのリプシッツ条件を満たすことを言う。

ここである可測集合 $\Delta \subset \mathbb{R}$ とある領域 $U \subset \mathbb{R}^n$ について直積 $\Delta \times U$ が写像 φ の領域 V に含まれるとしよう．写像 φ が $\Delta \times U$ 上で**カラテオドリの条件** (Carathéodory condition) を満たすとは，任意の $t \in \Delta$ について写像 $x \mapsto \varphi(t,x)$ が U 上連続であり，かつ任意の $x \in U$ について写像 $t \mapsto \varphi(t,x)$ が Δ 上可測であることを指す．8章において，カラテオドリの条件が成り立てば，写像 φ は**累積的に可測** (superpositionally measurable) である，つまり，Δ から $\mathbb{R}^n$ への任意の可測写像 $t \mapsto x(t)$ に対して，次のベクトル値関数 $t \mapsto \varphi(t,x(t))$ が Δ 上可測であることを示す．

いま写像 φ が t について可測かつ x について局所リプシッツであるとする．すると明らかに次が成り立つ：任意の点 $(t,x) \in V$ について，t を含むある区間 T と x のある近傍 U が存在して，$T \times U \subset V$ かつ φ は $T \times U$ 上でカラテオドリの条件を満たす．したがって，ベクトル値関数 $x(t)$ が連続でそのグラフが V に所属していれば，次のベクトル値関数 $t \mapsto \varphi(t,x(t))$ は可測である．

定理 3(局所的な存在と連続性の定理)．写像 $\varphi(t,x) : V \to \mathbb{R}^n$ が領域 $V \subset \mathbb{R} \times \mathbb{R}^n$ 上で定義され，t について可測で，x について局所リプシッツであるとする．このとき，任意の点 $(t_0,x_0) \in V$ について，t_0 をその内部に含むある区間 T_0 と x_0 の近傍 U_0 が存在して，$T_0 \times U_0 \subset V$ であり，かつ任意の $z \in U_0$ について方程式 (1) の区間 T_0 上での解 $x_z(t)$ で，初期条件 $x_z(t_0) = z$ を満たすものがただひとつ存在する．さらに，もし $z \in U_0$ かつ $k \to \infty$ のときに $z_k \to z$ となるとすれば，$x_{z_k}(t) \to x_z(t)$ が T_0 上一様に成り立つ．

証明．区間 T と開集合 $U \subset \mathbb{R}^n$ を，$T \times U \subset V, t_0 \in T, x_0 \in U$ となり，かつ

0.4 微分方程式

φ は $T \times U$ 上で可積分関数 $r(t)$ によって制限されており，さらに x について (定数 $k > 0$ について) リプシッツ条件を満たすように取る[23]。正数 δ は，x_0 を中心とした半径 2δ の閉球が U に所属するように取り，U_0 を x_0 を中心とする半径 δ の開球とする。さらに，ある数 $\varepsilon > 0$ をうまく選んで，

$$\varepsilon k < 1, \int_{t_0}^{t_0+\varepsilon} r(t)dt < \delta, \int_{t_0-\varepsilon}^{t_0} r(t)dt < \delta$$

が成り立つようにし，さらに集合 $T_0 = [t_1, t_2]$ を，$t_0 - \varepsilon \leq t_1 < t_0 < t_2 \leq t_0 + \varepsilon$ かつ $[t_1, t_2] \subset T$ が成り立つように定義する。

この T_0 と U_0 が条件を満たす。実際，$C^n(T_0)$ の中の次の集合，

$$X = \{x(\cdot) \in C^n(T_0) | |x(t) - x_0| \leq 2\delta, \forall t \in T_0\}$$

は $C^n(T_0)$ の閉集合であり，したがってそれ自体，次の距離 $\rho(x(\cdot), y(\cdot)) = \|x(\cdot) - y(\cdot)\|_C$ の下に完備距離空間になる。いま $z \in U_0$ を固定し，写像 P_z を，$x(\cdot) \in X$ に対して次のベクトル値関数を返すものとして定義する：

$$y(t) = [P_z x(\cdot)](t) = z + \int_{t_0}^{t} \varphi(\tau, x(\tau))d\tau.$$

このとき $t \in T_0$ について，

$$|[P_z x(\cdot)](t) - z| = \left|\int_{t_0}^{t} \varphi(\tau, x(\tau))d\tau\right| \leq \left|\int_{t_0}^{t} r(\tau)d\tau\right| < \delta$$

となるため，P_z は X から X への写像である。さらに，

$$\rho(P_z x_1(\cdot), P_z x_2(\cdot)) = \max_{t \in T_0} \left|\int_{t_0}^{t} (\varphi(\tau, x_1(\tau)) - \varphi(\tau, x_2(\tau)))d\tau\right|$$
$$\leq \max_{t \in T_0} \int_{t_0}^{t} k|x_1(\tau) - x_2(\tau)|d\tau$$
$$\leq \varepsilon k \rho(x_1(\cdot), x_2(\cdot)),$$

つまり，P_z は縮小写像であることがわかる。縮小写像の原理から，ただひと

---

[23] （訳注）書いてないが，t_0 は T の内部にあるように取らねばならない。

つのベクトル値関数 $x_z(\cdot) \in X$ が存在して,

$$P_z x_z(\cdot) = x_z(\cdot),$$

つまり,

$$x_z(t) = z + \int_{t_0}^{t} \varphi(\tau, x_z(\tau))d\tau$$

が成り立つ。これで最初の主張は証明できた。

今度は $z_1 \in U_0$ と $z_2 \in U_0$ を仮定しよう。われわれが証明したことから, $x_{z_1}(t)$ と $x_{z_2}(t)$ が T_0 上で定義されて値が U に所属する。すると,

$$\begin{aligned}\rho(x_{z_1}(\cdot), x_{z_2}(\cdot)) &= \rho(P_{z_1}x_{z_1}(\cdot), P_{z_2}x_{z_2}(\cdot)) \\ &= \max_{t \in T_0}\left|z_1 - z_2 + \int_{t_0}^{t}(\varphi(\tau, x_{z_1}(\tau)) - \varphi(\tau, x_{z_2}(\tau)))d\tau\right| \\ &\leq |z_1 - z_2| + \varepsilon k \rho(x_{z_1}(\cdot), x_{z_2}(\cdot)),\end{aligned}$$

であるから, $\varepsilon k < 1$ より,

$$\rho(x_{z_1}(\cdot), x_{z_2}(\cdot)) \leq \frac{1}{1 - \varepsilon k}|z_1 - z_2|$$

がわかる。よって二番目の主張も正しい。以上で証明が完成した。∎

系. 定理の主張が成り立つとし, $x_1(t)$ と $x_2(t)$ は方程式 (1) の, 同じ区間 $[t_0, t_1]$ 上で定義された解であるとする。もし $x_1(t) = x_2(t)$ がこの区間のどこか一点でも成り立てば, 区間上のすべての点で $x_1(t) = x_2(t)$ が成り立つ。

証明. このためには, $[t_0, t_1]$ 内で関係 $x_1(t) = x_2(t)$ が成り立つ点の集合 Δ が, $[t_0, t_1]$ 内で開かつ閉であることが示せればよい。閉であることは明らかである。一方, もし $\tau \in \Delta$ であれば, 定理の仮定から, $x_1(t) = x_2(t)$ が τ の近傍上で成り立つ。よって Δ は $[t_0, t_1]$ 上で開である。以上で証明が完成した。

いま, 点 $(\tau, z) \in V$ を固定し, 次の条件を満たすペア $(\Delta, x(\cdot))$ からなる集合を考えよう:Δ は τ を含む区間であり, $x(t)$ は方程式 (1) の Δ 上で定義

された解で，$x(\tau) = z$ を満たすものである．定理 3 から，そのようなペアの集合は空ではない (もちろん，定理の条件を写像 φ が満たすときには，である)．系より，ふたつのそのようなペアは $\Delta_1 \cap \Delta_2$ 上で (τ が含まれているため，この集合は非空である)，$x_1(t) = x_2(t)$ を満たさなければならない．ここで $T(\tau, z)$ をこのようなペアに属するすべての区間の合併とする．するとわれわれは，$T(\tau, z)$ 上で次の条件を満たす関数 $t \mapsto x(t; \tau, z)$ を定義できる：任意のペア $(\Delta, x(\cdot))$ に対して，このベクトル値関数 $x(\cdot; \tau, z)$ の Δ への制限は $x(\cdot)$ と一致する．任意の点 $t \in T(\tau, z)$ は少なくともひとつの Δ に含まれているから，ベクトル値関数 $t \mapsto x(t; \tau, z)$ は方程式 (1) の解である．この関数は方程式 (1) の初期条件 $x(\tau) = z$ の下での**極大な解** (maximal solution) と呼ばれる．

線形な場合と同様，極大な解については明らかに次の公式が成り立つ：

$$x(t; \tau, x(\tau; s, z)) = x(t; s, z). \tag{9}$$

区間 $[t_0, t_1]$ を固定し，

$$A = \{z \in \mathbb{R}^n | [t_0, t_1] \subset T(t_0, z)\}$$

と定義する．このとき (A が非空であった場合)，写像 $F : A \to C^n([t_0, t_1])$ を $z \in A$ に対して $x(\cdot; t_0, z)$ の $[t_0, t_1]$ への制限を返す写像と定義する．

定理 4(大域解の存在と連続性の定理). 定理 3 の仮定の下で，もし A が非空であったとすれば，A は開であり，写像 F は A 上で連続である．

証明．$z \in A$ とし，点列 (z_s) は z に収束しているとしよう．定理を証明するためには，まず十分大きな s に対して区間 $[t_0, t_1]$ は集合 $T(t_0, z_s)$ に所属していることを示し，さらにベクトル値関数 $x(t; t_0, z_s)$ が $s \to \infty$ のとき $x(t; t_0, z)$ に $[t_0, t_1]$ 上で一様収束することを示せばよい．いま，ある数 $s(\tau)$ が存在して，$s \geq s(\tau)$ であれば必ず $[t_0, \tau] \subset T(t_0, z_s)$ が成り立ち，さらに $x(t; t_0, z_s) \to x(t; t_0, z)$ が $[t_0, \tau]$ 上で一様に成り立つような数 $\tau \in \mathbb{R}$ の上限を $\bar{\tau}$ と書こう．定理 3 から，$\bar{\tau} > t_0$ であることはわかっている．そこで後は $\bar{\tau} > t_1$ が示せればよい．

$\bar{\tau} \leq t_1$ としよう. すると, 点 $(\bar{\tau}, x(\bar{\tau}; t_0, z))$ は V に属する. 定理 3 から, ある $\varepsilon > 0$ が存在して, $|\tau - \bar{\tau}| \leq \varepsilon$ と $|y - x(\bar{\tau}; t_0, z)| < \varepsilon$ が成り立つ任意の τ と y について $[\bar{\tau} - \varepsilon, \bar{\tau} + \varepsilon] \subset T(\tau, y)$ が言える. $\bar{\tau}$ の定義から, $\bar{\tau} - \varepsilon < \tau \leq \bar{\tau}$ を満たすある τ が存在して, ある $s(\tau)$ を越えるすべての s に対して $[t_0, \tau] \subset T(t_0, z_s)$ が成り立ち, また $x(t; t_0, z_s) \to x(t; t_0, z)$ が $[t_0, \tau]$ 上で一様に成り立つ. したがってある番号 s_0 が存在して, $s > s_0$ ならば常に

$$|x(t; t_0, z_s) - x(t; t_0, z)| < \varepsilon$$

がすべての $t \in [t_0, \tau]$ について成り立つようにできる. ところで, $\bar{\tau}, \tau, \varepsilon$ の取り方から, 解 $x(t; \tau, x(\tau; t_0, z_s))$ は区間 $[\bar{\tau} - \varepsilon, \bar{\tau} + \varepsilon]$ 上で定義されており, さらにこの区間上で一様に $x(t; \tau, x(\tau; t_0, z))$ に収束する. ところがこのとき (9) 式から,

$$x(t; \tau, x(\tau; t_0, z_s)) = x(t; t_0, z_s)$$

である. よって, $s \geq s_0$ であれば, 極大な解 $x(t; t_0, z_s)$ は少なくとも $[t_0, \bar{\tau} + \varepsilon]$ 上で定義され (つまり $[t_0, \bar{\tau} + \varepsilon] \subset T(t_0, z_s)$ で), $[t_0, \bar{\tau} + \varepsilon]$ 上で一様に $x(t; t_0, z)$ に収束している. しかしこれは $\bar{\tau}$ の定義に矛盾している. 以上で証明が完成した. ∎

定理 5. 定理 4 の仮定が成り立っていて, かつ $z_0 \in A$ とする. $x_0(t)$ を極大な解の $[t_0, t_1]$ 上への制限とし, 写像 $x \mapsto \varphi(t, x)$ はベクトル値関数 $x_0(t)$ の値の近傍上のすべての点で連続微分可能であるとしよう. このとき写像 F は z_0 でフレシェ微分可能であり, さらに任意の $z \in \mathbb{R}^n$ に対して, ベクトル値関数 $[F'(z_0)z](t) = y(t; t_0, z)$ は次の線形微分方程式,

$$\dot{y} = \varphi_x(t, x_0(t)) y$$

の, 初期条件

$$y(t_0) = z$$

の下での解である.

最初に, 次の予備的な結果を証明しよう.

0.4 微分方程式

補題 2. V は $\mathbb{R}^n \times \mathbb{R}$ の領域とし，写像 $\varphi : V \to \mathbb{R}^n$ は定理 3 の条件を満たすとする．さらに，ベクトル値関数 $x(t)$ は区間 T 上で定義された連続なベクトル値関数であり，そのグラフは V に含まれているとする．このとき，φ は $x(t)$ のグラフの近傍上で可積分関数によって制限され，さらに x についてのリプシッツ条件を満たす．

証明. $\tau \in T$ とする．定義より，τ を含む[24]ある区間 $\Delta(\tau)$ と $x(\tau)$ の近傍 $U(\tau) \subset \mathbb{R}^n$ で $\Delta(\tau) \times U(\tau) \subset V$ であり，かつ写像 φ は可積分関数 $r(t; \tau)$ によって $\Delta(\tau) \times U(\tau)$ 上で制限され，定数 $k(\tau)$ についてのリプシッツ条件を満たすようなものが存在する．ここで G をベクトル値関数 $x(t)$ のグラフとする．すると G は領域 V のコンパクト部分集合であり，

$$G \subset \cup_{\tau \in T}(\Delta(\tau) \times U(\tau))$$

が成り立つ．よって，ある有限個の T 上の点 $\tau_1, ..., \tau_m$ が存在して，

$$G \subset \cup_{i=1}^{m}(\Delta(\tau_i) \times U(\tau_i))$$

が成り立つ．さらに，いま $\mathscr{I}_t = \{i | t \in \Delta(\tau_i)\}$ とし，

$$W = \{(t, x) \in V | t \in T, x \in U(\tau_i), \forall i \in \mathscr{I}_t\}$$

$$k = \max\{k(\tau_1), ..., k(\tau_m)\}$$

$$r(t) = \max\{r(t; \tau_i) | i \in \mathscr{I}_t\}$$

とすると，W は集合 G の近傍であり，$0 < k < \infty$ で，$r(t)$ は T 上の可積分関数である．もし $(t, x) \in W$ であるならば，ある i について $t \in \Delta(\tau_i), x \in U(\tau_i)$ であり，よって

$$|\varphi(t, x)| \leq r(t; \tau_i) \leq r(t)$$

であるから，写像 φ は W 上で可積分関数 $r(t)$ によって制限される．一方，$(t, x) \in W$ かつ $(t, x') \in W$ であれば，点 x と x' は共に $t \in \Delta(\tau_i)$ となる i に

---

24) （訳注）「内部に」含む必要がある．

対応する集合 $U(\tau_i)$ に所属しており,したがって

$$|\varphi(t,x) - \varphi(t,x')| \leq k(\tau_i)|x-x'| \leq k|x-x'|,$$

つまり写像 φ は定数 k の下に x について W 上でリプシッツ条件を満たす。以上で証明が完成した。■

定理 5 の証明. 補題より,数 $\varepsilon > 0$ と $k > 0$,そして $[t_0, t_1]$ 上の可積分関数 $r(t)$ を取って,$t \in [t_0, t_1]$ であり,$|x - x_0(t)| < \varepsilon$ で,さらに $|x' - x_0(t)| < \varepsilon$ であれば,

$$|\varphi(t,x) - \varphi(t,x')| \leq k|x-x'|,$$

$$|\varphi(t,x)| \leq r(t)$$

が成り立つようにできる。

特に最初の不等式から,

$$|\varphi_x(t,x)| \leq k$$

がそのようなすべての t, x について成り立つことがわかる。よって (0.2 節の例 9 より),次の写像

$$x(\cdot) \mapsto [h(x(\cdot))](t) = \int_{t_0}^{t} \varphi(\tau, x(\tau)) d\tau$$

は点 $x_0(\cdot)$ の近傍上で (空間 $C^n([t_0, t_1])$ に関して) フレシェ微分可能で,その微分の値は連続で,次の式で表される:

$$[h'(x(\cdot))y(\cdot)](t) = \int_{t_0}^{t} \varphi_x(\tau, x(\tau)) y(\tau) d\tau.$$

ここで次の写像:

$$G : \mathbb{R}^n \times C^n([t_0, t_1]) \to C^n([t_0, t_1])$$

を次の形で定義する。

$$[G(z, x(\cdot))](t) = x(t) - z - \int_{t_0}^{t} \varphi(\tau, x(\tau)) d\tau$$

$$= x(t) - z - [h(x(\cdot))](t).$$

すでに示したことから,この写像は $x(\cdot)$ に関して $x_0(\cdot)$ の小さな近傍上で連続微分可能であって,

$$[G_{x(\cdot)}(z, x(\cdot))y(\cdot)](t) = y(t) - \int_{t_0}^{t} \varphi_x(\tau, x(\tau))y(\tau)d\tau$$

である.さらに, $G(z_0, x_0(\cdot)) = 0$ であり,補題1から,作用素 $G_{x(\cdot)}(z_0, x_0(\cdot))$ は $C^n([t_0, t_1])$ からそれ自身への一対一,全射かつ連続な (よって,バナッハの定理から位相同型の) 写像である.そこで陰関数定理から, $C^n([t_0, t_1])$ 上への写像 $z \mapsto x_z(\cdot)$ で, z_0 の小さな近傍上で定義され, $x_{z_0}(\cdot) = x_0(\cdot)$ で,さらに $G(z, x_z(\cdot)) = 0$ を満たすものが存在する.この写像はフレシェ微分可能で,その微分の値は $z \in \mathbb{R}^n$ に対して,次のベクトル値関数を返す線形作用素になる:

$$y(t) = G_{x(\cdot)}^{-1}(z_0, x_0(\cdot))[G_z(z_0, x_0(\cdot))z] = -G_{x(\cdot)}^{-1}(z_0, x_0(\cdot))z(\cdot), \qquad (10)$$

ただしここで $z(t) \equiv z$ である.

$G(z, x_z(\cdot)) = 0$ より,

$$x_z(t) = z + \int_{t_0}^{t} \varphi(\tau, x_z(\tau))d\tau,$$

つまり, $x_z(t) = x(t; t_0, z)$ がわかる.よって,われわれは写像 F の z_0 における微分可能性を得た.一方, (10) 式は次の形

$$G_{x(\cdot)}(z_0, x_0(\cdot))y(\cdot) = z(\cdot),$$

あるいは

$$y(t) - \int_{t_0}^{t} \varphi_x(\tau, x_0(\tau))y(\tau)d\tau = z(t) = z$$

と書き直すことができる.この関係は $y(t) = y(t; t_0, z)$ を意味する.以上で証明が完成した.∎

0.5 序論の補足

極値問題の理論には大量の関連研究が存在する.本書の最後の参考文献表

も，以降の章の最後にあるノートも，これらを完全に網羅するようにはなっていない．これらの箇所は，読者に対して，本書で直接扱った問題についてさらに深い研究を勧めることを目的として書かれている．本書の範囲の外にあるトピックに精通するために，以下の研究を紹介しておこう：Morrey [1], Klötzler [1](多次元の問題), Ekeland and Temam [1](多次元の問題, 分布定数系, 緩和法), Butkovskiĭ [1], Lions [1](分布定数系), Warga [4](関数方程式, 緩和法), Young [2](緩和法, 及びその他の変分法と関係した多くのトピック), Moiseev [1], Pshenichnyĭ and Danilin [1], Cea [1](数値的手法), Laurent [1], Tikhomirov [1](近似理論における極値問題), Lanczos [1](工学における変分原理), 等々．

0.1

本節の題材は多くの本や論文で扱われている．Dunford and Schwartz [1], Kolmogorov and Fomin [1], Lyusternik and Sobolev [1], 等々．

0.2

微分積分学についての研究は Dieudonné [1], Cartan [1, 2], Lyusternik and Sobolev [1], Schwartz [1] 等の本でより深く扱われている．この題材についての現状のレビューは Averbukh and Smolyanov [1] にある．リュステルニクの定理は Lyusternik [1] で証明された．われわれのこの定理の証明は Lyusternik and Sobolev [1] にある証明を変形したものである．多価の縮小写像については Nadler [1] を見よ．

0.3

凸解析は 4 章の終わりで言及する．

0.4

微分方程式についてより深く扱ったものとして，Cartan [1, 2], Coddington and Levinson [1], Sansone [1] の各書と，Filippov [2] という論文を見よ．

第1章

極小点の必要条件

―――――――

　この章では，三種類の基本的な極値問題を紹介し，それぞれの問題について，極小点であるための必要条件を導出する．これらの条件は，序論で紹介したラグランジュの原理に対応している．この章では，0.2 節と 0.3 節に書かれている基礎知識を前提とする．

1.1 問題と基本定理の記述

1.1.1 等式制約付きの滑らかな問題：ラグランジュ乗数法

　X, Y をバナッハ空間とし，f を X 上で定義された実数値関数とする．また，$F : X \to Y$ を X 上で定義され，Y に値を持つ関数とする．以下の問題について考察しよう：

$$f(x) \to \inf; \tag{1}$$

$$F(x) = 0 \tag{2}$$

(2) の形で書かれる制約条件のことを**等式制約** (equality constraints) と言う．関数 f, F がある種の滑らかさに関する条件を満たすとき，上の (1), (2) の形式で記述される問題のことを**等式制約付きの滑らかな問題** (smooth problems with equality constraints) と呼ぶことにする．

問題 (1), (2) のラグランジュ関数 (Lagrange function) を以下のように定義する：

$$\mathscr{L}(x, \lambda_0, y^*) = \lambda_0 f(x) + \langle y^*, F(x) \rangle.$$

上式において，$\lambda_0 \in \mathbb{R}$ および $y^* \in Y^*$ は，ラグランジュ乗数 (Lagrange multipliers) と呼ばれる。

定理 1(ラグランジュ乗数法). 点 $x_* \in X$ が $F(x_*) = 0$ を満たし，関数 f, F は共に x_* においてフレシェ微分可能で，写像 $x \mapsto F'(x_*)x$ の X による像 $F'(x_*)X$ が閉集合であると仮定する。また，関数 F について，以下のいずれかが成り立つとする。

(i) F は，x_* において正則 ($F'(x_*)X = Y$) であり，さらに x の近傍においてフレシェ微分可能で，導関数 $F'(x)$ は x_* において連続である。

(ii) F は x_* において退化している ($F'(x_*)X \subsetneq Y$)。

このとき，もし x_* が問題 (1), (2) の極小点であるならば，共には 0 とならないラグランジュ乗数，$\lambda_0 \in \mathbb{R}$ と $y^* \in Y^*$ の組が存在して，

$$\mathscr{L}_x(x_*, \lambda_0, y^*) = \lambda_0 f'(x_*) + F'^*(x_*)y^* = 0 \tag{3}$$

が成り立つ。特に，上の (i) が成り立っている場合には，$\lambda_0 \neq 0$ となる。したがって，この場合には一般性を失うことなく，$\lambda_0 = 1$ としてよい。

(3) は，問題 (1), (2) のオイラー＝ラグランジュ方程式 (Euler-Lagrange equation) と呼ばれる。この方程式から，極小点 x_* はラグランジュ関数の停留点でなければならない。定理 1 より，X に属する点が問題 (1), (2) の極小点であるための必要条件は，あるラグランジュ乗数によって定義されたラグランジュ関数を目的関数とする制約条件のない問題の最小点であるための必要条件と同じであることがわかる。したがって，問題 (1), (2) に対して，ラグランジュの原理が成立している。

定理 1 の仮定 (i) が成り立っている場合には，制約条件 (2) と方程式 (3) から，問題の解 x_* とラグランジュ乗数 y^* は，次の方程式系を満たす：

$$\mathscr{L}_x = 0, \quad \mathscr{L}_{y^*} = 0.$$

この場合には，片方のラグランジュ乗数 λ_0 を 1 としてよいのだから，ラグランジュ乗数法から，ラグランジュ関数は，(x, y^*) という両変数について，問題の解ともう片方のラグランジュ乗数を停留点として持つことがわかる。仮に X と Y が，$X = \mathbb{R}^m$, $Y = \mathbb{R}^n$ のように，共に有限次元の場合には，上の方程式系は，$m+n$ 本の方程式と $m+n$ 個の未知数から構成される。実際にラグランジュ乗数法を応用する際の利点は，多くの場合，このような方程式系の解が一意に定まることである。

問題 (1), (2) の特殊な場合として，二種類の問題について言及しておこう。まず，Y が有限次元の場合 ($Y = \mathbb{R}^n$) について考えよう。容易にわかるように，問題は以下の形で記述される：

$$f_0(x) \to \inf; \tag{4}$$

$$f_1(x) = 0, \ldots, f_n(x) = 0. \tag{5}$$

この場合には，ラグランジュ乗数は $\lambda_0, \lambda_1, \ldots, \lambda_n$ という実数となり，ラグランジュ関数はそれらを用いて，

$$\mathscr{L}(x, \lambda_0, \ldots, \lambda_n) = \sum_{i=0}^{n} \lambda_i f_i(x)$$

という形で書き表すことができる。

系 1. 関数 $f_0, f_1, \cdots, f_n$ は，制約式 (5) を満たす $x_* \in X$ の近傍において C_1 級であるとする。このとき，もし x_* が問題 (4), (5) の極小点であるならば，少なくとも 1 つについては 0 ではない $n+1$ 個の実数 $\lambda_0, \ldots, \lambda_n$ が存在して，

$$\lambda_0 f_0'(x_*) + \cdots + \lambda_n f_n'(x_*) = 0$$

が成り立つ。上の仮定に加えて，さらに線形汎関数の組 $f_1'(x_*), \ldots, f_n'(x_*)$ が線形独立であるならば，$\lambda_0 \neq 0$ とすることができ，したがって $\lambda_0 = 1$ とし

てよい．

　有限次元の任意の部分空間は閉集合であることと，0.2 節の例 13 でも述べたように，関数 $x \mapsto (f_1(x), \cdots, f_n(x))$ が点 x_* において正則であるという条件が線形汎関数の組 $f_1'(x_*), \ldots, f_n'(x_*)$ の線形独立性と同値であることに注意すれば，系 1 は定理 1 から直ちに導かれる．

　二つ目の，問題 (1), (2) の特殊なケースとして，関数 F がバナッハ空間に値を持つ正則な関数と $\mathbb{R}^n$ に値を持つ関数に分解できる場合を考えてみよう．この場合には，問題は以下の形で記述される：

$$f_0(x) \to \inf; \tag{6}$$

$$F(x) = 0, \tag{7}$$

$$f_1(x) = 0, \ldots, f_n(x) = 0. \tag{8}$$

系 2. $f_0, f_1, \cdots, f_n$ は，制約式 (7) および (8) を満たす x_* の近傍において C_1 級の実数値関数とし，$F: X \to Y$ は同じく x_* の近傍で C_1 級で，バナッハ空間 Y に値を持つ関数とする．さらに，関数 F は x_* において，正則であると仮定する．このとき，もし x_* が問題 (6)-(8) の極小点であるならば，すべては 0 とならない，$n+1$ 個の実数値 $\lambda_0, \ldots, \lambda_n$ と線形汎関数 $y^* \in Y^*$ の組が存在して，

$$\lambda_0 f_0'(x_*) + \cdots + \lambda_n f_n'(x_*) + F'^*(x_*) y^* = 0$$

が成り立つ．

　制約条件を $G(x) = (F(x), f_1(x), \ldots, f_n(x))$ と置けば，Z を $\mathbb{R}^n$ の部分空間として，$G'(x_*)X = Y \times Z$ という形で書けるので，$G'(x_*)X$ は $Y \times \mathbb{R}^n$ の閉部分空間である．このことに注意すれば，系 2 は定理 1 から直ちに導かれる．

1.1.2　凸問題：クーン＝タッカーの定理

　X を線形空間とし，A を X の部分集合とする．また，$f_0, f_1, \cdots, f_n$ を X

1.1 問題と基本定理の記述

上で定義され，$\mathbb{R} \cup \{\infty\}$ に値を持ち，A 上では有限値を取る関数とする．以下の問題について考察しよう：

$$f_0(x) \to \inf; \tag{9}$$

$$f_1(x) \leq 0, \ldots, f_n(x) \leq 0, \tag{10}$$

$$x \in A. \tag{11}$$

(10) の形で書かれる制約式のことを**不等式制約** (inequality constraints) と言う．(11) は不等式制約の形をしていないが，例えば，$\delta(x|A) \leq 0$ のように，不等式制約の形で表すことができる．問題 (9)-(11) は，$f_0, \cdots, f_n$ がすべて凸関数であり，A が凸集合であるならば，**凸計画問題** (convex programming problem) と呼ばれる．

上で定式化された問題の制約条件が，不等式制約 (10) とそれ以外の制約 (11) に分けることができるという事実から，われわれは，この問題に対するラグランジュ関数を二通りの形で構成することができる．われわれが主に扱うのは，以下の，制約 (11) を含まない形のラグランジュ関数である：

$$\mathscr{L}(x, \lambda_0, \lambda_1, \cdots, \lambda_n) = \sum_{i=0}^{n} \lambda_i f_i(x).$$

一方で，われわれは，以下のような拡張されたラグランジュ関数を考えることもできるだろう：

$$\mathscr{L}_1(x, \lambda_0, \lambda_1, \cdots, \lambda_n) = \sum_{i=0}^{n} \lambda_i f_i(x) + \delta(x|A).$$

凸計画問題における極小点の必要条件は，非局所形式 (以下のクーン＝タッカーの定理を見よ) と劣微分を用いた局所形式という二通りのほとんど同値な形式で書かれる．このことは，凸計画問題においては，すべての極小点が問題の解となるという事実と関係している．

定理 2(クーン＝タッカーの定理)．$f_0, \cdots, f_n$ はすべて凸関数とし，また A は凸集合とする．$x_* \in X$ が制約条件 (10), (11) を満たすとしよう．このと

き，もし x_* が問題 (9)-(11) の解であるならば，共には 0 とならないラグランジュ乗数，$\lambda_0 \geq 0, \ldots, \lambda_n \geq 0$ が存在して，

$$\mathscr{L}(x_*, \lambda_0, \ldots, \lambda_n) = \min_{x \in A} \mathscr{L}(x, \lambda_0, \ldots, \lambda_n) \tag{12}$$

および

$$\lambda_i f_i(x_*) = 0, \quad \forall i = 1, \ldots, n \tag{13}$$

が成り立つ．もし，上の仮定に加えて，すべての $i = 1, \ldots, n$ に対して $f_i(x) < 0$ を満たす $x \in A$ が存在するならば (スレーター条件)，$\lambda_0 \neq 0$ が成り立ち，したがって $\lambda_0 = 1$ とすることができる．この場合には，関係式 (12), (13) は，制約条件 (10), (11) を満たす点 x_* が問題 (9)-(11) の解となるための十分条件でもある．

関係式 (12) を**クーン＝タッカー条件** (Kuhn-Tucker condition) といい，(13) に登場する n 個の等式のことを**相補スラック条件** (conditions of complementary slackness) と言う．クーン＝タッカー条件は次のことを示している．すなわち，凸計画問題においては，ラグランジュ関数は x_* において，ラグランジュ関数に登場しない制約の範囲で最小値を達成する，という意味で，ラグランジュの原理がより強い形で成り立っているのである．一方，相補スラック条件は，点 x_* において制約式が効いている (active) 場合，つまり，x_* で制約式が等号で満たされる場合のみ，それに対応するラグランジュ乗数が $\neq 0$ となり得る，ということを意味している．

定理 2′(劣微分を用いた形式による凸計画問題における極小点の必要条件). X をハルスドルフ局所凸な線形位相空間とし，A に属するある点において，X 上で定義された関数 $f_0, \ldots, f_n$ はすべて連続であるとする (ただし，これらの関数が X のすべての点で常に有限値を取ることは仮定しない)．さらに，点 $x_* \in X$ においては，制約条件 (10), (11) が満たされているとする．このとき，もし x_* が問題 (9)-(11) の解であるならば，共には 0 とはならないラグランジュ乗数 $\lambda_0 \geq 0, \ldots, \lambda_n \geq 0$ が存在して，

$$0 \in \lambda_0 \partial f_0(x_*) + \cdots + \lambda_n \partial f_n(x_*) + N(x_*|A), \tag{12′}$$

$$\lambda_i f_i(x_*) = 0, \ i = 1, \ldots, n$$

が成り立つ．ここで，$N(x_*|A) = \partial \delta(x_*|A)$ は，集合 A の x_* における法錐である．もし，上の条件に加えて，スレーター条件が成り立つならば，$\lambda_0 \neq 0$ であり，したがって，$\lambda_0 = 1$ とすることができる．この場合には，上の関係式は，x_* が問題の解となるための必要条件であるだけでなく，その十分条件でもある．

ラグランジュ乗数法のときと同じように，(12′) のことを，**オイラー＝ラグランジュ方程式** (Euler-Lagrange equation) と呼ぶ．関係式 (12′) は，$0 \in \partial_x \mathscr{L}$ が成り立つことを意味していて，これはオイラー＝ラグランジュ方程式 (3) の，凸問題への自然な拡張と考えることができる．

関数 $f_0, \ldots, f_n$ がすべて微分可能，$X = \mathbb{R}^m$ で，さらにスレーター条件が成り立っている場合には，オイラー＝ラグランジュ方程式と相補スラック条件は，$m+n$ 個の未知数を持つ $m+n$ 本の方程式系として書くことができて，ラグランジュ乗数法のときと同じように，未知数と方程式の個数が等しい閉じた方程式系が導出される．この事実は，クーン＝タッカーの定理の，アルゴリズムの観点から見た特長だと言えるだろう．

この節の最後において，われわれは再び凸計画問題の分析に戻って，クーン＝タッカーの定理を鞍点定理の形で定式化し，それによって，ラグランジュの原理を新たな視点から再考する．

1.1.3 混合問題における極値原理

X, Y をバナッハ空間とし，U を任意の集合とする．また，$f_0, \ldots, f_n$ を $X \times U$ 上の実数値関数とし，$F: X \times U \to Y$ を，$X \times U$ 上で定義され，Y に値を持つ写像とする．以下の問題について考えよう：

$$f_0(x, u) \to \inf; \tag{14}$$

$$F(x, u) = 0, \tag{15}$$

$$f_1(x, u) \leq \ldots, f_n(x, u) \leq 0, \tag{16}$$

$$u \in U. \tag{17}$$

$f_0, \ldots, f_n$ と F が，変数 x に関する滑らかさの条件と，変数 u に関する，ある種の凸性の条件 (この条件は後で厳密に定式化する) を満たすとき，問題 (14)-(17) を**混合問題** (mixed problems) と呼ぶ．

われわれにとって関心があるのは，問題 (14)-(17) の極小点の必要条件である．ただしこの場合には，U が位相空間であることが仮定されていないので，「極小点」という用語をより厳密に定義し直さなければならない．そこでわれわれは，X の要素 x_* と U の要素 u_* の組 (x_*, u_*) が，制約条件 (15)-(17) を満たし，さらに x^* の近傍に属する任意の $x \in X$ と，任意の $u \in U$ に対して，

$$f_0(x_*, u_*) \leq f_0(x, u)$$

が成り立つとき，これを極小点と呼ぶことにする．

以前と同じように，問題 (14)-(17) のラグランジュ関数を，関数の形で書かれた制約だけを含む形で，

$$\mathscr{L}(x, u, \lambda_0, \ldots, \lambda_n, y^*) = \sum_{i=0}^{n} \lambda_i f_i(x, u) + \langle y^*, F(x, u) \rangle$$

と定式化する．ただし，上式において，$\lambda_0, \ldots, \lambda_n$ は実数であり，$y^* \in Y^*$ である．

定理3(混合問題における極値原理). 点 $(x_*, u_*) \in X \times U$ が，制約条件 (15)-(17) を満たすとする．さらに，x_* の近傍 V が存在して，以下が成り立つとする：

a) 任意の $u \in U$ に対して，関数 $x \mapsto F(x, u)$ と，関数 $x \mapsto f_i(x, u)$，$i = 0, \ldots, n$ は，すべて V 上でフレシェ微分可能であって，導関数 $F_x(x, u)$ は x_* において連続である．

b) 任意の $x \in V$ に対して，関数 $u \mapsto F(x, u)$ と，関数 $x \mapsto f_i(x, u)$，$i = 0, \ldots, n$ は，すべて，ある種の凸性に関する条件を満たす．すなわち，任意の $u_1 \in U, u_2 \in U$ と，$0 \leq \alpha \leq 1$ を満たす実数 α に対して，$u \in U$ が存在して，

$$F(x, u) = \alpha F(x, u_1) + (1 - \alpha) F(x, u_2),$$

1.1 問題と基本定理の記述

$$f_i(x, u) \leq \alpha f_i(x, u_1) + (1-\alpha) f_i(x, u_2), \quad i = 0, \ldots, n$$

が成り立つ。

c) 線形写像 $F_x(x_*, u_*) : X \to Y$ の値域 $F_x(x_*, u_*)X$ の補空間は有限次元である。

このとき，もし (x_*, u_*) が，問題 (14)-(17) の極小点であるならば，すべては 0 とならないラグランジュ乗数，$\lambda_0 \geq 0, \ldots, \lambda_n \geq 0$ と $y^* \in Y^*$ の組が存在して，

$$\mathscr{L}_x(x_*, u_*, \lambda_0, \ldots, \lambda_n, y^*) = \sum_{i=0}^{n} \lambda_i f_{ix}(x_*, u_*) + F_x^*(x_*, u_*)y^* = 0, \quad (18)$$

$$\mathscr{L}(x_*, u_*, \lambda_0, \ldots, \lambda_n, y^*) = \min_{u \in U} \mathscr{L}(x_*, u, \lambda_0, \ldots, \lambda_n, y^*), \quad (19)$$

$$\lambda_i f_i(x_*, y_*) = 0, \quad i = 0, \ldots, n \quad (20)$$

が成り立つ。

上の仮定に加えて，さらに以下の条件 d) が成立するならば，$\lambda_0 \neq 0$ が成り立ち，したがって，$\lambda_0 = 1$ としてよい。

d) 写像

$$(x, u) \mapsto F_x(x_*, u_*)x + F(x_*, u)$$

の $X \times U$ による像が Y の原点における近傍を含み，ある点 $(x, u) \in X \times U$ が存在して，

$$F_x(x_*, u_*)x + F(x_*, u) = 0$$

および，$f_i(x_*, u_*) = 0$ となる任意の $i = 1, \ldots, n$ に対して，

$$\langle f_{ix}(x_*, u_*), x \rangle + f_i(x_*, u) < 0$$

が成り立つ。

関係式 (18), (19) をそれぞれ，オイラー＝ラグランジュ方程式 (Euler-Lagrange equation)，クーン＝タッカー条件 (Kuhn-Tucker condition) と呼

ぶ。方程式 (20) は，相補スラック条件に他ならない。滑らかな問題の場合と同じように，オイラー=ラグランジュ方程式から，ラグランジュ関数は，変数 x に関して，制約条件のない問題で x_* が最小点となるための必要条件を満たさなければならない。また，凸問題の場合と同じように，クーン=タッカー条件から，ラグランジュ関数は，変数 u に関しては，u_* で最小値が達成されなければならない。したがって，定理 3 によれば，ラグランジュの原理は混合問題にも適用される。すなわち，**問題 (14)-(17) の極小点であるための必要条件は**，$u \in U$ 以外の制約式をすべて含むラグランジュ関数の最小点であるための必要条件と一致するのである。

定理 3 の条件 c) が成り立つ例として，関数 $F : X \times U \to Y$ が，$F_1 : X \times U \to Y_1$ (Y_1 はバナッハ空間) と $\mathbb{R}^m$ に値を持つ関数に分解でき，さらに，写像 $x \mapsto F_1(x, u_*)$ が，x_* において正則である場合が考えられる。定理 3 をこの場合に適用すれば，以下の系が得られる。

系．問題 (14)-(17) における制約条件 $F(x, u) = 0$ が，関数 $F_1 : X \times U \to Y_1$ (Y_1 はバナッハ空間) と実数値関数 $h_1, \ldots, h_m$ によって，

$$F_1(x, u) = 0,$$
$$h_1(x, u) = 0, \ldots, h_m(x, u) = 0$$

と書き換えられるとしよう。さらに，定理 3 の条件 c) の代わりに，以下が成り立つとする：

c$'$) 写像 $x \mapsto F_1(x, u_*)$ は，x_* において正則である。

このとき，定理 3 の条件 c) 以外の仮定がすべて成立するならば，定理 3 の結論が成り立つ。

1.1.4 注意と議論

三つの定理はすべて，一般の必要条件を述べた前半部分と，乗数 $\lambda_0 \neq 0$ を保証する**正則条件** (regularity conditions) を含む後半部分によって構成されている。一般に，$\lambda_0 = 0$ の場合は，これらの定理の結果は興味深いとは言えない。何故ならこの場合には，必要条件は，最小化される目的関数とは何ら

関係がなく,単に制約条件のある種の極点構造を決定するだけのものとなってしまうからである。しかしながら,次の二つの理由から,応用上は,定理を一般形で書かれた部分を含めた形で記述しておいた方が都合がよい。一つ目の理由は,正則条件が成立していなくても,しばしば $\lambda_0 \neq 0$ が成り立つということであり,二つ目の (そして,より重要な) 理由は,多くの場合,$\lambda_0 \neq 0$ を直接示す方が,対応する正則条件を示すことよりも簡単だ,ということである。

特に,λ_0 が 0 となるか否かは,ラグランジュ関数に,どの制約条件が含まれていて,どの制約条件が含まれていないかに依存する。このことは,凸計画問題を例にとれば,容易に理解できる。われわれは定理 2 において,ラグランジュ関数に制約条件 $x \in A$ を含めなかった。この制約条件は,すでに述べたように,例えば $A = \{x | f_{n+1}(x) \leq 0\}$ を満たす関数 f_{n+1} を用いて,関数形でも書くことができる。ところが,仮にこの関数形に書き直された制約条件 $f_{n+1}(x) \leq 0$ をラグランジュ関数に含めた場合には,すべての $i = 1, \ldots, n+1$ について $f_i(x) < 0$ を満たすような $x \in X$ が存在しないということが起こり得る。特に,$f_{n+1}(x) = \delta(x|A)$ として,制約式 $f_{n+1}(x) \leq 0$ をラグランジュ関数に含めれば,スレーター条件は満たされなくなり,その結果,われわれは $\lambda_0 \neq 0$ の成立を保証できなくなってしまう。ゆえに,λ_0 が 0 とならないようにするためには,ラグランジュ関数に含まれる制約条件をうまく選んで,正則条件が満たされるようにしなければならない。一方で,ラグランジュ関数に含める制約式が多ければ多いほど,対応する,問題の解であるための必要条件はより厳しいものとなり,その結果,解の候補はより絞られるだろう。

ついでながら,定理 2 が,各不等式制約に対応するラグランジュ乗数の符号の単純な決定方法を示している,ということに触れておく。最小化問題においては,乗数の符号は,ラグランジュ関数が x について凸関数となるように定められる (読者は,凹関数 g に対して,$g(x) \geq 0$ という形の制約式が登場する凸問題を頻繁に目にするようになるだろうから,このことを記憶しておくべきである)。もちろん,最大化問題においては,乗数の符号は,ラグランジュ関数が x について凹関数となるように定められる。また,非凸問題については,あたかも問題が凸問題であるかのように,乗数の符号が定められる。

定理 1 と定理 2 の扱っている問題の範囲が重なり合わないことや,定理 3

の扱っている問題の範囲は，基本的には，定理1や定理2のそれらを含んではいるものの，定理3から，定理1や定理2が導出できるわけではないことを確認するのは難しくない．実際，例えば，定理3の仮定の下で，集合Uがただ1点から成る集合であり，さらに，不等式制約$f_1(x,u) \leq 0, \ldots, f_n(x,u) \leq 0$がない場合には，定理1と同じような主張が得られるが，そのためには，定理1にはない，線形写像$F_x(x_*, u_*)$の値域の補空間が有限次元という追加的な仮定が必要である．また，$F(x,u) = 0$という等式制約がなく，Uが線形空間の凸部分集合であり，さらに，$f_0, \ldots, f_n$が変数xに依存せず，変数uに関して凸であるならば，定理3から，定理2で述べられている必要条件はすべて導出できるが，最後の十分条件に関する部分はやはり得られない．

しかし，定理3を用いて，定理1や定理2を少し一般化することはできる．以下の問題について考察してみよう：

$$f_0(x) \to \inf; \tag{21}$$

$$F(x) = 0, \tag{22}$$

$$f_1(x) \leq 0, \ldots, f_n(x) \leq 0, \tag{23}$$

$$x \in A. \tag{24}$$

ただし，前と同じように，Yはバナッハ空間，$F: X \to Y$はX上で定義され，Yに値を持つ関数，$f_0, \ldots, f_n$はX上で定義された実数値関数，$A \subset X$とする．

定理4[1]．Xをバナッハ空間とし，$A = X$とする．点$x_* \in X$が制約式(22)-(24)を満たし，さらに，関数$F: X \to Y$と実数値関数$f_0, \ldots, f_n$は，x_*の近傍において，フレシェ微分可能であって，導関数$F'(x)$はx_*において連続であるとする．また，写像$x \mapsto F'(x_*)x$のXによる像$F'(x_*)X$は閉集合であるとする．このとき，もしx_*が問題(21)-(24)の極小点であるならば，す

---

1) （訳注）定理4には，定理3に登場する条件c)が仮定されておらず，代わりに$F'(x_*)X$の閉性が仮定されている．1.4節の記号を用いれば$F'(x_*)X = L_0 = L$であるが，この閉性は1.4節ではc)によって保証される．しかしここではLが閉であることを最初から仮定しているため，その仮定が要らないのである．

べてが 0 とはならないラグランジュ乗数，$\lambda_0 \geq 0, \ldots, \lambda_n \geq 0$ と $y^* \in Y^*$ の組が存在して，

$$\mathscr{L}_x(x_*, \lambda_0, \ldots, \lambda_n, y^*) = \sum_{i=0}^{n} \lambda_i f_i'(x_*) + F'^*(x_*) y^* = 0,$$
$$\lambda_i f_i(x_*) = 0, \quad i = 1, \ldots, n$$

が成り立つ．上の仮定に加えて，さらに F が x_* において正則であり，ある $x \in X$ が存在して，

$$F'(x_*)x = 0$$

および，$f_i(x_*) = 0$ となる任意の $i = 1, \ldots, n$ に対して，

$$f_i'(x_*)x < 0$$

が成立するならば，$\lambda_0 \neq 0$ が成り立ち，したがって，$\lambda_0 = 1$ としてよい．

全く同じようにして，定理 3 から，以下の定理 2 の一般化が得られる．

定理 5[2]．問題 (21)-(24) において，X は線形空間であり，実数値関数 $f_0, \ldots, f_n$ は X 上で凸，F はアフィン写像（つまり，$y_0 \in Y$ と線形写像 $\Lambda : X \to Y$ に対して，$F(x) = y_0 + \Lambda x$ の形で表される写像），A は凸集合であるとする．このとき，x_* が問題 (21)-(24) の解であるならば，すべては 0 とならないラグランジュ乗数，$\lambda_0 \geq 0, \ldots, \lambda_n \geq 0$ と $y^* \in Y^*$ の組が存在して，

$$\mathscr{L}(x_*, \lambda_0, \ldots, \lambda_n, y^*) = \sum_{i=0}^{n} \lambda_i f_i(x_*) + \langle y^*, F(x_*) \rangle$$
$$= \min_{x \in A} \mathscr{L}(x, \lambda_0, \ldots, \lambda_n, y^*)$$
$$\lambda_i f_i(x_*) = 0, \quad i = 1, \ldots, n$$

が成り立つ．上の仮定に加えて，写像 $x \mapsto F(x)$ の集合 A による像 $F(A)$ が

---

[2] （訳注）訳者はこれを定理 3 から出せるのかを検討したのだが，うまく行かなかった．ただ，定理 2 の C の条件に $F(x) = 0$ を加えて定義し直して証明をやり直せば，$y^* = 0$ として普通に示せると思われる．詳細を埋めるのは読者自身で試みられたい．

Y の原点における近傍を含み，さらに，ある $x \in A$ が存在して，

$$F(x) = 0,$$
$$f_i(x) < 0, \quad i = 1, \ldots, n$$

が成立するならば，$\lambda_0 \neq 0$ が成り立ち，したがって，$\lambda_0 = 1$ としてよい．また，この場合には，上で書かれた関係式 (クーン=タッカー条件および相補スラック条件) は，制約条件 (22)-(24) を満たす $x_* \in X$ が，問題 (21)-(24) の解であるための，必要条件であるだけでなく，十分条件でもある．

定理1から定理3までを定式化する度に，われわれは，これらの定理とラグランジュの原理がどのように対応しているかを強調してきた．ラグランジュの原理によれば，制約条件付きの問題の解は，ラグランジュ乗数を適切に選ぶことで，制約条件のない問題

$$\mathscr{L} \to \inf$$

あるいは，ラグランジュ関数には含まれない制約条件付きの問題の停留点 (ただし，凸構造の場合には最小点) である．ところが，定理には他にも，ラグランジュ乗数を特徴付ける条件が含まれていた．不等式制約に対応するラグランジュ乗数の非負性の条件や，相補スラック条件である．実際のところ，これらの条件や，ラグランジュの原理から導出される条件は，共に極値的な特徴を有しており，より一般化された極値原理から導出することができるのである．

このことについて，以下の問題を用いて説明しよう．X, Y をバナッハ空間とし，f_0 をその上で定義され，x_* の近傍でフレシェ微分可能な実数値関数とする．また，写像 $\Phi: X \to Y$ も，x_* の近傍においてフレシェ微分可能であるとし，U は Y の凸部分集合とする．このとき，以下のように問題を定式化する：

$$f_0(x) \to \inf; \tag{25}$$
$$\Phi(x) \in U. \tag{26}$$

この問題は，1.1.1 項で扱った滑らかな問題の一般化と見なすことができる．

1.1 問題と基本定理の記述

一方で，この問題は，

$$F(x,u) = \Phi(x) - u$$

とおき，条件 $\Phi(x) \in U$ を，

$$F(x,u) = 0, \tag{27}$$
$$u \in U \tag{28}$$

という形に書き直すことによって，混合問題に帰着される．この混合問題に関する定理 3 の仮定がすべて満たされているとしよう．すると，もちろん，混合問題の極小点 x_* において，定理 3 で導かれた関係式が成立する．関数 $\hat{\mathscr{L}} : X \times Y^* \to \mathbb{R}$ を，

$$\hat{\mathscr{L}}(x,y^*) = \lambda_0 f_0(x) + \langle y^*, \Phi(x) \rangle - s(y^*|U)$$

と定義しよう．ただし，上式において，$s(\cdot|U)$ は，すでに 0.3 節で定義したように，集合 U の支持関数を表す．上で定式化した問題に対する定理 3 の主張は，以下の定理と同値であることを証明しよう．

鞍点定理． $x_* \in X$ が問題 (25), (26) の極小点であるならば，共には 0 とならない，$\lambda_0 \geq 0$ と $y^* \in Y^*$ の組が存在して，

$$\hat{\mathscr{L}}_x(x_*,y^*) = \lambda_0 f_0'(x_*) + \Phi'^*(x_*)y^* = 0, \tag{29}$$
$$\hat{\mathscr{L}}(x_*,y^*) = \max_{z^* \in Y^*} \hat{\mathscr{L}}(x_*,z^*) \tag{30}$$

が成り立つ．

上の鞍点定理が，問題 (25), (27), (28) に対する定理 3 の結論を含意することを示す (逆に，問題 (25), (27), (28) に対する定理 3 の結論から鞍点定理を導くことは容易である[3])．まず，関係式 (29) は，定理 3 の (18) と同値であ

---

3) (訳注) 念のため，定理 3 の (19) から (30) が導かれることを示しておく．$u_* = \Phi(x_*)$

る．さらに，$\Phi(x_*) \in U$ なのだから，支持関数の定義より，

$$\langle y^*, \Phi(x_*) \rangle \leq \sup_{u \in U} \langle y^*, u \rangle = s(y^*|U),$$

すなわち，$\langle y^*, \Phi(x_*) \rangle - s(y^*|U) \leq 0$ が得られる．一方，

$$\langle 0, \Phi(x_*) \rangle - s(0|U) = 0.$$

よって，

$$0 \leq \max_{z^* \in Y^*} (\langle z^*, \Phi(x_*) \rangle - s(z^*|U)) = \langle y^*, \Phi(x_*) \rangle - s(y^*|U) \leq 0$$

が成り立つから，

$$\langle y^*, \Phi(x_*) \rangle = s(y^*|U)$$

が得られる．したがって，

$$\inf_{u \in U} \langle y^*, -u \rangle = -\sup_{u \in U} \langle y^*, u \rangle = -s(y^*|U)$$

と置く．すると，(19) より，

$$\begin{aligned}\lambda_0 f_0(x_*) + \langle y^*, \Phi(x_*) - u_* \rangle &= \min_{u \in U} \{\lambda_0 f_0(x_*) + \langle y^*, \Phi(x_*) - u \rangle\} \\ &= \lambda_0 f_0(x_*) + \min_{u \in U} \{\langle y^*, \Phi(x_*) - u \rangle\}\end{aligned}$$

となるから，$\min_{u \in U} \{\langle y^*, \Phi(x_*) - u \rangle\} = \langle y^*, \Phi(x_*) - u_* \rangle = 0$ が成り立つ．つまり，任意の $u \in U$ について，

$$\langle y^*, \Phi(x_*) \rangle \geq \langle y^*, u \rangle$$

が成立する．上式は，支持関数 $s(\cdot|U)$ を用いれば，

$$\langle y^*, \Phi(x_*) \rangle \geq s(y^*|U)$$

と書き換えられる．一方，$u_* \in U$ であることに注意すれば，任意の $z^* \in Y^*$ に対して，

$$\langle z^*, \Phi(x_*) \rangle = \langle z^*, u_* \rangle \leq s(z^*|U)$$

が成り立つ．上の二つの不等式から，任意の $z^* \in Y^*$ について，$\langle y^*, \Phi(x_*) \rangle - s(y^*|U) \geq 0 \geq \langle z^*, \Phi(x_*) \rangle - s(z^*|U)$，つまり，

$$\langle y^*, \Phi(x_*) \rangle - s(y^*|U) = \max_{z^* \in Y^*} \left(\langle z^*, \Phi(x_*) \rangle - s(z^*|U) \right)$$

が得られる．上式から，(30) は直ちに導かれる．

1.1 問題と基本定理の記述

$$= \langle y^*, -\Phi(x_*) \rangle = \langle y^*, -u_* \rangle$$

が成り立ち，これから直ちに，定理 3 の (19) が導かれる．

上とほとんど同じ方法で，クーン＝タッカーの定理も同値な別の定理に書き換えることができる．そのために，$\mathbb{R}^n$ に属する，各成分がすべて 0 以下となるベクトルをすべて集めた集合を $\mathbb{R}^n_-$ と書くこととし，関数 $\hat{\mathscr{L}}: X \times \mathbb{R} \times \mathbb{R}^n \to \mathbb{R}$ を，

$$\hat{\mathscr{L}}(x, \lambda_0, \lambda) = \lambda_0 f_0(x) + \sum_{i=1}^{n} \lambda_i f_i(x) + \delta(x|A) - s(\lambda|\mathbb{R}^n_-)$$

と定義する．ただし，$\lambda = (\lambda_1, \ldots, \lambda_n)$ である．

クーン＝タッカーの鞍点定理[4]．定理 2 の仮定がすべて成り立っているとする．このとき，$x_* \in X$ が問題 (9)-(11) の解であるならば，共には 0 とならない，実数 $\lambda_0 \geq 0$ とベクトル $\lambda \in \mathbb{R}^n$ が存在して，

$$\min_{x \in X} \hat{\mathscr{L}}(x, \lambda_0, \lambda) = \hat{\mathscr{L}}(x_*, \lambda_0, \lambda) = \max_{\mu \in \mathbb{R}^n} \hat{\mathscr{L}}(x_*, \lambda_0, \mu)$$

が成り立つ．

定理 2 と上のクーン＝タッカーの鞍点定理が同値となることの証明は，読者に委ねることにしよう[5]．

---

[4] （訳注）英訳版のクーン＝タッカーの鞍点定理の冒頭には，スレーター条件を含む定理 2 の仮定がすべて成り立っているとする，と書いてあるが，クーン＝タッカーの鞍点定理の結論である，

$$\min_{x \in X} \hat{\mathscr{L}}(x, \lambda_0, \lambda) = \hat{\mathscr{L}}(x_*, \lambda_0, \lambda) = \max_{\mu \in \mathbb{R}^n} \hat{\mathscr{L}}(x_*, \lambda_0, \mu)$$

を定理 2 から導くのに，スレーター条件は用いないので (注 5 を参照)，訳者の判断で，「スレーター条件を含む」という部分は削除した．

[5] （訳注）念のため，定理 2 とクーン＝タッカーの鞍点定理の同値性の証明を記しておく．まず，定理 2 が成立するとしよう．すると，すべては 0 とならない実数の組 $\lambda_0 \geq 0, \ldots, \lambda_n \geq 0$ が存在して，

$$\lambda_0 f_0(x_*) + \sum_{i=1}^{n} \lambda_i f_i(x_*) = \min_{x \in A}\left\{\lambda_0 f_0(x) + \sum_{i=1}^{n} \lambda_i f_i(x)\right\}$$

1.2 滑らかな問題：ラグランジュ乗数法

前節で定式化されたラグランジュ乗数法は，極小点となるための必要条件を含んでいた。したがって，その証明には，変分法が用いられる。滑らかな

が成り立つ。そこで，$\lambda = (\lambda_1, \ldots, \lambda_n)$ とおき，$x_* \in A$ より $\delta(x_*|A) = 0$，$x \in X \setminus A$ については $\delta(x|A) = \infty$ となること，さらには，$s(\lambda|\mathbb{R}^n_-) = 0$ に注意すれば，上式より，

$$\min_{x \in X} \hat{\mathscr{L}}(x, \lambda_0, \lambda) = \min_{x \in A} \left\{ \lambda_0 f_0(x) + \sum_{i=1}^n \lambda_i f_i(x) \right\}$$
$$= \lambda_0 f_0(x_*) + \sum_{i=1}^n \lambda_i f_i(x_*) = \hat{\mathscr{L}}(x_*, \lambda_0, \lambda)$$

が得られる。一方で，$\mathbb{R}^n$ に属するベクトルのうち，各成分が 0 以上となるものとをすべて集めた集合を $\mathbb{R}^n_+$ と書くことにすれば，$\mu \in \mathbb{R} \setminus \mathbb{R}^n_+$ については，$s(\mu|\mathbb{R}^n_-) = \infty$ なので，x_* が制約条件 (10) を満たしていることと，相補スラック条件 (13) より，

$$\max_{\mu \in \mathbb{R}^n} \hat{\mathscr{L}}(x_*, \lambda_0, \mu) = \max_{\mu \in \mathbb{R}^n_+} \hat{\mathscr{L}}(x_*, \lambda_0, \mu) = \max_{\mu \in \mathbb{R}^n_+} \left\{ \lambda_0 f_0(x_*) + \sum_{i=1}^n \mu_i f_i(x_*) \right\}$$
$$= \lambda_0 f_0(x_*) = \lambda_0 f_0(x_*) + \sum_{i=1}^n \lambda_i f_i(x_*) = \hat{\mathscr{L}}(x_*, \lambda_0, \lambda)$$

が成り立つ。したがって，クーン＝タッカーの鞍点定理が得られる。逆に，クーン＝タッカーの鞍点定理が成り立つと仮定する。すると，共には 0 とならない，実数 $\lambda_0 \geq 0$ とベクトル $\lambda = (\lambda_1, \ldots, \lambda_n) \in \mathbb{R}^n$ の組が存在して，

$$\min_{x \in X} \hat{\mathscr{L}}(x, \lambda_0, \lambda) = \hat{\mathscr{L}}(x_*, \lambda_0, \lambda) = \max_{\mu \in \mathbb{R}^n} \hat{\mathscr{L}}(x_*, \lambda_0, \mu) \qquad (*)$$

が成り立つ。まず，$\hat{\mathscr{L}}(x_*, \lambda_0, 0) = \lambda_0 f(x_*)$ が有限値となる一方で，任意の $\mu \in \mathbb{R}^n \setminus \mathbb{R}^n_+$ に対して，$s(\mu|\mathbb{R}^n_-) = \infty$ となることに注意すれば，上の後半の等式から，$\lambda \in \mathbb{R}^n_+$ が得られる。したがって，$s(\lambda|\mathbb{R}^n_-) = 0$ だから，

$$\min_{x \in A} \mathscr{L}(x, \lambda_0, \ldots, \lambda_n) = \min_{x \in X} \left\{ \lambda_0 f_0(x) + \sum_{i=1}^n \lambda_i f_i(x) + \delta(x|A) - s(\lambda|\mathbb{R}^n_-) \right\}$$
$$= \min_{x \in X} \hat{\mathscr{L}}(x, \lambda_0, \lambda) = \hat{\mathscr{L}}(x_*, \lambda_0, \lambda)$$
$$= \lambda_0 f_0(x_*) + \sum_{i=1}^n \lambda_i f_i(x_*) = \mathscr{L}(x_*, \lambda_0, \ldots, \lambda_n)$$

が成り立つ。一方，ある $i = 1, \ldots, n$ について，$\lambda_i f_i(x_*) < 0$ が成り立つとすれば，

$$\hat{\mathscr{L}}(x_*, \lambda_0, \lambda) < \lambda_0 f_0(x_*) \leq \hat{\mathscr{L}}(x_*, \lambda_0, 0) \leq \max_{\mu \in \mathbb{R}^n} \hat{\mathscr{L}}(x_*, \lambda_0, \mu)$$

となり，$(*)$ に矛盾することから，相補スラック条件 (13) も導かれる。

問題における制約条件は単純な形をしているので，最も単純な変分である方向変分 (directional variations) を適用すればよい。

1.2.1 制約条件のない問題

X を線形位相空間とし，f をその上で定義された実数値関数とする。初めに，以下のような制約条件のない問題について考察しよう：

$$f(x) \to \inf \tag{1}$$

命題 1. 関数 f の点 $x_* \in X$ における第一変分 $\delta f(x_*, h)$ が定義されているとする。このとき，x_* が関数 f の極小点であるならば，すべての $h \in X$ について，

$$\delta f(x_*, h) = 0$$

が成り立つ。

証明. $h \in X$ を固定し，関数 $\varphi : \mathbb{R} \to \mathbb{R}$ を $\varphi(t) = f(x_* + th)$ と定義する。仮に f が x_* において極小となっているならば，φ は $t = 0$ において極小となっていなければならない。したがって，

$$0 = \varphi'(0) = \lim_{t \to 0} t^{-1}[f(x_* + th) - f(x_*)] = \delta f(x_*, h).$$

が成り立つ。■

系. X をバナッハ空間とする。仮に f が点 $x_* \in X$ においてフレシェ微分可能で，さらに x_* が関数 f の極小点であるならば，

$$f'(x_*) = 0$$

が成り立つ。

関数 f の第一変分や微分が 0 となっている点のことを，その関数の**停留点** (stationary point) といい，

$$f'(x) = 0,$$

あるいは，

$$\delta f(x, h) = 0, \ \forall h \in X$$

といった等式のことを**停留条件** (stationarity condition) と言う。したがって，停留条件は，制約条件のない問題において，最小点となるための必要条件である。この結果のことを**フェルマーの定理**と呼ぶことがある。

命題 2. 点 $x_* \in X$ は関数 f の極小点であるとする。。仮に点 x_* において，関数 f の第 n 変分 (ただし，$n \geq 2$ とする) まで定義されているとすれば，$2l \leq n$ を満たす正の整数 l が存在して，任意の $h \in X$ について，

$$\delta f(x_*, h) = 0, \ldots, \delta^{(2l-1)} f(x_*, h) = 0,$$
$$\delta^{(2l)} f(x_*, h) \geq 0$$

が成り立つ。

証明は，第 n 変分の定義と一変数実数値関数の対応する定理から直ちに導かれる。

系. X をバナッハ空間とし，f は点 $x_* \in X$ において，二階フレシェ微分可能とする。このとき，もし x_* が関数 f の極小点であるならば，

$$f''(x_*) \geq 0$$

が成り立つ。

上の関係式は，二次形式 $x \mapsto f''(x_*)(x, x)$ が非負となることを意味する。

1.2.2 等式制約付きの滑らかな問題：ラグランジュ乗数法の証明

定理1の仮定から，集合 $L = F'(x_*)X$ は Y の閉部分空間である．そこで，定理1の主張に合わせて，(i) 正則 (regular) の場合：$L = Y$ と，(ii) 退化 (degenerate) の場合：$L \subsetneq Y$ という二つの場合に分けて考察しよう．

まず，正則の場合について考える．もし $L = Y$ ならば，関数 F は，リュステルニクの定理の仮定を点 x_* において満たしている．したがって，集合 $\{x \in X \mid F(x) = 0\}$ に対する接ベクトル空間は，作用素 $F'(x_*) : X \to Y$ の核に等しい．そこで，$h \in \mathrm{Ker}\, F'(x_*)$ とすれば，接ベクトルの定義から，x_* における変分 $x(t,h) = x_* + th + r(t)$ を定義することができて，十分小さい $\varepsilon > 0$ に対して，

$$F(x(t,h)) = 0, \ \forall t \in [-\varepsilon, \varepsilon],$$
$$t^{-1}\|r(t)\| \to 0 (t \to 0)$$

が成り立つ．このとき，関数 $\varphi(t) = f(x(t,h))$ は $t = 0$ において極小となるから，

$$\varphi'(0) = \langle f'(x_*), h \rangle = 0.$$

この等式は，すべての $h \in \mathrm{Ker}\, F'(x_*)$ について成り立つのだから，

$$f'(x_*) \in \left(\mathrm{Ker}\, F'(x_*)\right)^{\perp}.$$

したがって，0.1節の零化集合の補題から，ある $y^* \in Y^*$ に対して，

$$f'(x_*) = -F'^*(x_*)y^*$$

が成り立つ．ゆえに，

$$f'(x_*) + F'^*(x_*)y^* = 0$$

が得られる．

以上で，正則の場合のラグランジュ乗数法は証明された．上の証明によって，1.1節の (3) を満たす $(\lambda_0, y^*) \neq (0, 0)$ の中で，$\lambda_0 \neq 0$ を満たすものが少

なくとも1つはあることが示されたが，実は，いま考えている正則の場合においては，$(\lambda_0, y^*) \neq (0,0)$ が 1.1 節の (3) を満たすならば，必ず $\lambda_0 \neq 0$ でなければならない．実際，仮に $\lambda_0 = 0$ であるとすれば，任意の $x \in X$ について，

$$\langle y^*, F'(x_*)x \rangle = \langle F'^*(x_*)y^*, x \rangle = 0$$

が成り立つ．上式と正則条件 $(F'(x_*)X = Y)$ から，$y^* = 0$ が得られるが，これは $(\lambda_0, y^*) \neq (0,0)$ というラグランジュ乗数に対する定理の要件に矛盾する．

次に退化の場合について考えよう．L は，Y の真の閉部分空間なのだから，ハーン＝バナッハの定理の系 2 から，L の零化集合は 0 でない要素を含む．そこで，$y^* \neq 0$ を L の零化集合の要素とすれば，任意の $x \in X$ について，

$$0 = \langle y^*, F'(x_*)x \rangle = \langle F'^*(x_*)y^*, x \rangle,$$

つまり，$\lambda_0 = 0$ として，

$$\mathscr{L}_x(x_*, 0, y^*) = F'(x_*)y^* = 0$$

が得られる．以上で，ラグランジュ乗数法の証明が完了した．

1.3　凸問題：クーン＝タッカーの定理の証明

この節は，1.2 節と同様の構成となっている．そこで，まずは 1.2 節と同じように最も単純な凸計画問題から分析を始めることにしよう．

1.3.1　制約条件のない問題

X を局所凸な線形位相空間とし，f を X 上で定義された凸関数とする．以下の，f に関する制約条件のない問題を考えよう：

$$f(x) \to \inf. \tag{1}$$

命題 1. 点 x_* が関数 f の最小点を達成するための必要十分条件は，以下の式

が成立することである：

$$0 \in \partial f(x_*)$$

上の関係式は，1.2 節における，制約式のない滑らかな問題に対するフェルマーの定理に対応している．

証明は，劣微分の定義から直ちに導かれる．

1.3.2 等式制約付きの問題

再び X を局所凸な線形位相空間，f を X 上の凸関数，M を X の線形部分空間 L に平行な線形多様体とする．このとき，問題

$$f(x) \to \inf; \tag{2}$$
$$x \in M \tag{3}$$

は，等式制約付きの凸問題と呼ばれる．

命題 2. x_* が問題 (2), (3) の解であるための十分条件は，

$$\partial f(x_*) \cap L^\perp \neq \emptyset$$

が成立することである．さらに，f が M のある点において連続であるならば，上式が成り立つことは必要条件でもある．

証明． 十分性は定義から明らかである．必要性を示すために，以下の関数を考える：

$$\mathscr{L}(x) = f(x) + \delta(x|M)$$

直ちにわかるように，x_* が問題 (2), (3) の解であることと関数 $\mathscr{L}$ が x_* で最小となることは同値である．命題 1 とモロー＝ロッカフェラーの定理 (0.3 節) から，

$$0 \in \partial \mathscr{L}(x_*) = \partial f(x_*) + \partial \delta(x_*|M).$$

主張は，上式と $\partial \delta(x_*|M) = L^\perp$ から導かれる．■

系. $x_1^*, \ldots, x_n^*$ を X 上の n 個の線形汎関数とし，$\alpha_1, \ldots, \alpha_n$ を n 個の実数とする。また，
$$M = \{x \in X | \langle x_i^*, x \rangle = \alpha_i, i = 1, \ldots, n\}$$
と定義する。さらに f を，M に属する少なくとも一つの点においては連続な，X 上で定義された凸関数とする。これらの条件の下で，点 x_* が M における関数 f の最小点となるための必要十分条件は，n 個の実数 $\lambda_1, \ldots, \lambda_n$ が存在して，
$$\lambda_1 x_1^* + \cdots + \lambda_n x_n^* \in \partial f(x_*)$$
が成立することである。

これは，凸問題におけるラグランジュの未定乗数法に他ならない。

証明．x' を M に属する任意の要素とする。いま，$L = M - x'$ と定義すれば，
$$L = \{x \in X | \langle x_i^*, x \rangle = 0,\ i = 1, \ldots, n\}$$
が成り立つ。そこで，零化集合の補題の系から，$L^\perp$ は $\{x_1^* \ldots, x_n^*\}$ の線形包で表される。命題 2 から，x_* が問題 (2), (3) の解であるための必要十分条件は，$\partial f(x_*) \cap L^\perp \neq \emptyset$ が成り立つことだが，$L^\perp$ が $\{x_1^* \ldots, x_n^*\}$ の線形包で表されることから，これは n 個の実数 $\lambda_1, \ldots, \lambda_n$ が存在して，
$$\lambda_1 x_1^* + \cdots + \lambda_n x_n^* \in \partial f(x_*)$$
が成立することと同値である。■

1.3.3 不等式制約付きの問題：クーン＝タッカーの定理の証明

1.1 節の問題 (9)-(11) に関する話題に移ろう。x_* をこの問題の解とする。集合 C を，
$$f_0(x) - f_0(x_*) < \mu_0;\ f_1(x) \leq \mu_1, \ldots, f_n(x) \leq \mu_n$$
を満たす $x \in A$ が存在するようなベクトル $(\mu_0, \ldots, \mu_n) \in \mathbb{R}^{n+1}$ をすべて

1.3 凸問題：クーン=タッカーの定理の証明   99

集めた $\mathbb{R}^{n+1}$ の部分集合とする．集合 C は，$\mathbb{R}^{n+1}$ の非負象限の内部を含むから，非空な内部を有する．実際，$\mu_0 > 0, \ldots, \mu_n > 0$ を満たすベクトル $(\mu_0, \ldots, \mu_n)$ に対して，上式で $x = x_*$ とすれば，$\mu_0 > f_0(x_*) - f_0(x_*)$ と $\mu_i > f_i(x_*), i = 1, \ldots, n$ が得られる[6]．さらに，$f_i, i = 0, \ldots, n$ がすべて凸関数であることから，C は凸集合である．最後に，$0 \notin C$ である．実際，仮に $0 \in C$ ならば，$f_0(x) < f_0(x_*)$ と $f_i(x) \leq 0, i = 1, \ldots, n$ をすべて満たす $x \in A$ が存在することになり，x_* が問題の解であることと矛盾する．

以上の議論から，C は非空な内部を持つ凸集合で，$0 \notin C$ が成り立つから，分離定理より，0 でない $\mathbb{R}^{n+1}$ 上の線形汎関数が存在して，原点 0 と集合 C を分離する．これは，すべては 0 とはならない $n+1$ 個の実数 $\lambda_0, \ldots, \lambda_n$ が存在して，任意の $(\mu_0, \ldots, \mu_n) \in C$ に対して，

$$\sum_{i=0}^{n} \lambda_i \mu_i \geq 0 \tag{4}$$

が成り立つことを意味する．上でも述べたように，$\mu_i > 0, i = 0, \ldots, n$ を満たす，どの $(\mu_0, \ldots, \mu_n)$ も C に属するのだから，(4) から，$\lambda_i \geq 0, i = 0, \ldots, n$ が成立しなければならない．各 $x \in A$ について，$\mu_i = f_i(x), 1 \leq i \leq n$, $\mu_0 = f_0(x) - f_0(x_*)$ として，(4) に代入すれば，

$$\sum_{i=0}^{n} \lambda_i f_i(x) \geq \lambda_0 f_0(x_*) \tag{5}$$

が任意の $x \in A$ について成り立つことがわかる．いま，仮にある $i \neq 0$ について，$f_i(x_*) = -\alpha < 0$ が成り立つとすれば，任意の $\varepsilon > 0$ について，C は $\mu_0 = \cdots = \mu_{i-1} = \mu_{i+1} = \cdots = \mu_n = \varepsilon, \mu_i = -\alpha$ を満たすベクトル $(\mu_0, \ldots, \mu_n)$ を要素として含む．したがって，これを (4) に代入して，$\varepsilon \downarrow 0$ とすれば，$-\lambda_i \alpha \geq 0$ が得られる．ゆえに $\lambda_i \leq 0$ であり，これと上で導かれた $\lambda_i \geq 0$ から，$\lambda_i = 0$ が得られる．つまり，もし $f_i(x_*) < 0$ ならば，$\lambda_i = 0$ が成り立たなければならないので，問題 (9)-(11) の解 x_* について，以下の式

---

6) （訳注）x_* は制約条件 (10) を満たすから，$f_i(x_*) \leq 0, i = 1, \ldots, n$ が成り立つことに注意．

が得られる:
$$\lambda_i f_i(x_*) = 0, \ i = 1, \ldots, n.$$
さらに,この式と (5) から,任意の $x \in A$ に対して,
$$\sum_{i=0}^{n} \lambda_i f_i(x) \geq \sum_{i=0}^{n} \lambda_i f_i(x_*)$$
が成り立つことがわかる。以上で,1.1 節の関係式 (12) と (13) が示された。

ここで,スレーター条件を仮定しよう。つまり,ある $x \in A$ に対して,$f_i(x) < 0$ がすべての $i = 1, \ldots, n$ について成り立っていると仮定する。この場合には,もし $\lambda_0 = 0$ ならば,$\lambda_1, \ldots, \lambda_n$ のうち,どれかは正の数でなければならないので,$\sum \lambda_i f_i(x) < 0 = \sum \lambda_i f_i(x_*)$ が成り立ってしまい,上で得られた不等式に矛盾する。したがって,スレーター条件の下では,必ず $\lambda_0 \neq 0$ が成り立っていなければならない。

最後に,もし $x_* \in A$ と $\lambda_1 \geq 0, \ldots, \lambda_n \geq 0$ が,1.1 節の (10), (12), (13) を $\lambda_0 = 1$ で満たしているならば,$f_i(x), i = 1, \ldots, n$ を満たす任意の $x \in A$ に対して,
$$f_0(x_*) = f_0(x_*) + \sum_{i=1}^{n} \lambda_i f_i(x_*) \leq f_0(x) + \sum_{i=1}^{n} \lambda_i f_i(x) \leq f_0(x)$$
が成り立つ。これは x_* が確かに問題 (9)-(11) の解となっていることを意味している。以上で,定理 2 の証明が完了した。

1.1 節の定理 2′ には,極小点であるための必要条件に劣微分が登場するものの,その証明はクーン=タッカーの定理 (定理 2) とモロー=ロッカフェラーの定理の単純な応用にすぎない。実際,クーン=タッカーの定理から,拡張されたラグランジュ関数
$$\mathscr{L}_1(x, \lambda_0, \ldots, \lambda_n) = \sum_{i=0}^{n} \lambda_i f_i(x) + \delta(x|A)$$
は,点 x_* において,変数 x に関する最小値を達成する:
$$\mathscr{L}_1(x^*, \lambda_0, \ldots, \lambda_n) = \min_{x \in X} \mathscr{L}_1(x, \lambda_0, \ldots, \lambda_n).$$

ゆえに，命題1から，
$$0 \in \partial_x \mathscr{L}_1(x^*, \lambda_0, \ldots, \lambda_n)$$
が得られるが，モロー＝ロッカフェラーの定理より，上式は，
$$0 \in \lambda_0 \partial f_0(x_*) + \cdots + \lambda_n \partial f_n(x_*) + N(x_*|A)$$
と書き換えることができ，所望の結果が得られる．

1.4 混合問題：極値原理の証明

この節では，混合問題における極値原理 (1.1節の定理3) の証明を述べる．証明は，いくつかのステップから構成される．証明の前半部分では，二通りの退化している場合と一通りの正則な場合について，順番に分析する．証明の後半部分では，$\lambda_0 \neq 0$ が成り立つことを保証する条件 (正則条件) を含む定理の主張の証明を完成させる．

この節では，以下の記法を用いる：
$$L_0 = \text{Im } F_x(x_*, u_*) \subset Y$$
を線形写像 $F_x(x_*, u_*): X \to Y$ の値域とし，
$$B = L_0 + F(x_*, U) \subset Y$$
を，ある $x \in X$ と $u \in U$ に対して，$y = F_x(x_*, u_*)x + F(x_*, u)$ を満たす $y \in Y$ をすべて集めた集合とする．さらに，
$$L = \text{lin } B$$
と定義する．ここで，$\text{lin } B$ は，集合 B の線形包を表す．

条件c) から，部分空間 L_0 の Y における余次元は有限なので，L_0 と L は，共に Y の閉部分空間である[7]．

---

7) （訳注）L_0 が閉であるのは，フレドホルム作用素の性質に関連している．正確に言う

1.4.1 退化の場合 (1)

まず,
$$L \neq Y$$
を仮定する。すると,ハーン=バナッハの定理の系 2 より,L の零化集合 $L^\perp$ に属する,0 ではない線形汎関数 $y^* \in Y^*$ が存在する。$y^* \in L^\perp$ から,任意の $x \in X, u \in U$ に対して,

$$\langle y^*, F_x(x_*, u_*)x + F(x_*, u) \rangle = 0 \tag{1}$$

が成り立つ。特に,上式に $u = u_*$ を代入すると,$F(x_*, u_*) = 0$ となることから,任意の $x \in X$ について,$\langle y^*, F_x(x_*, u_*)x \rangle = 0$,つまり,

$$F_x^*(x_*, u_*)y^* = 0 \tag{2}$$

が成立する。一方,(1) で $x = 0$ とすれば,任意の $u \in U$ に対して,

$$\langle y^*, F(x_*, u) \rangle = \langle y^*, F(x_*, u_*) \rangle = 0 \tag{3}$$

が成り立つことがわかる。

(2), (3) より,$\lambda_0 = \cdots = \lambda_n = 0$ とすれば,1.1 節の関係式 (18)-(20) が得られる。そこで,1.1 節の定理 3 の主張は,この場合には確かに成り立つ。

1.4.2 退化の場合 (2)

次に,$L = Y$ を仮定する。このとき,int $B \neq \emptyset$ となることを示そう。仮定 c) より,codim $L_0 < \infty$ であるから,商空間 Y/L_0 は有限次元である。いま,$\pi : Y \to Y/L_0$ を標準的写像 (canonical mapping) とすれば,もちろん,$y_1, y_2 \in Y$ に対して,$\pi(y_1) = \pi(y_2)$ となるのは,$y_1 - y_2 \in L_0$ が成り立つ

と,バナッハ空間からバナッハ空間への連続線形作用素の像は,余次元が有限であれば常に閉である。詳しい証明は Abramovich and Aliprantis [1] の p.156 を参照されたい。L が閉である証明は,L が $L_0, v_1, ..., v_k$ の線形包になるような線形独立な $v_1, ..., v_k \in L \setminus L_0$ を取ってきて,やはり同じ定理を写像 $\Lambda(x, a) = F_x(x_*, u_*)x + \sum_i a_i v_i$ に適用すればよい。

1.4 混合問題：極値原理の証明

場合，かつその場合に限る．仮定より，B の線形包が Y に等しいことから，$\pi(B)$ の線形包は Y/L_0 に等しい．集合 B は，部分空間 L_0 と，仮定 b) より凸集合となる $F(x_*, U)$ の和に等しいから，もちろん，凸集合である．ゆえに，集合 $\pi(B)$ も凸集合となる．3.5 節の定理 2 で示されるように，有限次元の線形空間の凸部分集合は，そのアフィン包が全空間に等しい場合には，内部が非空となる[8]．

したがって，$\operatorname{int} \pi(B) \neq \emptyset$ が成り立つ．一方で，$\pi^{-1}(\pi(B)) = B$ が成り立つ[9]．π は連続だから，結局 $\operatorname{int} B \neq \emptyset$ が得られる．

いま，
$$0 \notin \operatorname{int} B$$

と仮定しよう．すると，分離定理から，集合 B と点 0 を分離する，0 でない線形汎関数 $y^* \in Y^*$ が存在する．つまり，任意の $y \in B$ に対して，

$$\langle y^*, y \rangle \geq 0$$

が成り立つ．これから，任意の $x \in X$ と $u \in U$ に対して，

$$\langle y^*, F_x(x_*, u_*)x + F(x_*, u) \rangle \geq 0 \tag{4}$$

が成り立つことがわかる．この不等式に，$u = u^*$ を代入すれば，再び，任意の $x \in X$ に対して，

$$\langle y^*, F_x(x_*, u_*)x \rangle \geq 0$$

となることがわかる．つまり，$F_x^*(x_*, u_*)y^* = 0$ が得られる．一方，(4) にお

---

8) （訳注）アフィン包の定義については，3.5 節参照．一般に，線形空間の部分集合 A は，$0 \in A$ を満たすとき，その線形包とアフィン包が一致する ($\operatorname{lin} A = \operatorname{aff} A$)．$L_0$ が部分空間であることと $0 = F(x_*, u_*) \in F(x_*, U)$ より，$0 = 0 + 0 \in L_0 + F(x_*, U) = B$ が成り立つから，$0 \in \pi(B)$．ゆえに，$\pi(B)$ の線形包とアフィン包は等しい．

9) （訳注）一般の線形空間の部分集合 A については，$A \subset \pi^{-1}(\pi(A))$ までしか言えないが，ここでは，商空間 Y/L_0 の要素である同値類は，ある $y \in Y$ に対して $L_0 + y$ と書くことができて，集合 B は
$$B = L_0 + F(x_*, U) = \bigcup_{y \in F(x_*, U)} (L_0 + y)$$
から，商空間 Y/L_0 に属する同値類の合併で表されるため，二つの集合 B と $\pi^{-1}(\pi(B))$ は一致する．

いて，$x = 0$ とすれば，任意の $u \in U$ について，不等式
$$\langle y^*, F(x_*, u) \rangle \geq 0 = \langle y^*, F(x_*, u_*) \rangle$$
が得られる．以上より，前と同じように，$\lambda_0 = \cdots = \lambda_n = 0$ と y^* をラグランジュ乗数とすれば，1.1 節の定理 3 に登場する関係式 (18)-(20) が成り立つことが確認できる．

1.4.3 正則の場合

最後に，
$$L = Y, \quad 0 \in \text{int } B$$
が共に成り立つ場合について考察しよう．議論を明確にするために，$f_1(x_*, u_*) = \cdots = f_k(x_*, u_*) = 0$, $f_{k+1}(x_*, u_*) < 0, \ldots, f_n(x_*, u_*) < 0$ とする．$\mathbb{R}^{k+1} \times Y$ の部分集合であって，ある $x \in X$ と $u \in U$ に対して，
$$\mu_i > \langle f_{ix}(x_*, u_*), x \rangle + f_i(x_*, u) - f_i(x_*, u_*), \quad i = 0, \ldots, k,$$
$$y = F_x(x_*, u_*)x + F(x_*, u) - F(x_*, u_*)$$
を満たすようなベクトル $(\mu_0, \ldots, \mu_k, y) \in \mathbb{R}^{k+1} \times Y$ をすべて集めた集合 C について考える．

1.1 節の定理 3 を証明するためには，
$$\text{int } C \neq \emptyset, \quad 0 \notin C \tag{5}$$
を示せばよい．実際，条件 b) より，C が凸集合であることは直ちにわかる．したがって，もし (5) が成立していれば，集合 C と原点を分離する，0 でない線形汎関数 $(\lambda_0, \ldots, \lambda_k, y^*) \in \mathbb{R}^{k+1} \times Y^*$ が存在する．つまり，任意のベクトル $(\mu_0, \ldots, \mu_k, y) \in C$ に対して，
$$\sum_{i=0}^{k} \lambda_i \mu_i + \langle y^*, y \rangle \geq 0$$
が成り立つ．この不等式から，任意の $x \in X$ と $u \in U$ に対して，
$$\sum_{i=1}^{k} \lambda_i (\langle f_{ix}(x_*, u_*), x \rangle + f_i(x_*, u) - f_i(x_*, u_*))$$

1.4 混合問題：極値原理の証明

$$+ \langle y^*, F_x(x_*, u_*)x + F(x_*, u) - F(x_*, u_*) \rangle \geq 0,$$

あるいは，同じことだが，$\lambda_{k+1} = \cdots = \lambda_n = 0$ として，

$$\langle \mathscr{L}_x(x_*, u_*, \lambda_0, \ldots, \lambda_n, y^*), x \rangle + \mathscr{L}(x_*, u, \lambda_0, \ldots, \lambda_n, y^*)$$
$$- \mathscr{L}(x_*, u_*, \lambda_0, \ldots, \lambda_n, y^*) \geq 0$$

が成り立つことがわかる．上の不等式に，$u = u_*$ と $x = 0$ を順番に代入していけば，証明すべき関係式 (18), (19) が得られる．なお，相補スラック条件 (20) は，上でのラグランジュ乗数の作り方から，$f_i(x_*, u_*) < 0$ ならば，必ず $\lambda_i = 0$ となるため，当然成り立っている．

以上の議論から，あとは (5) に登場する関係式を証明すればよい．$\pi : Y \to Y/L_0$ を以前のように標準的写像とすれば，明らかに，$0 \in \text{int } B$ ならば，$0 \in \text{int } \pi(B)$ が成り立つ[10]。Y/L_0 は有限次元であるから，$\pi(B)$ に属する有限個の点 $z_1, \ldots, z_m$ が存在して，それらの線形包は Y/L_0 に一致し，さらに $z_1 + \cdots + z_m = 0$ が成り立つ．$z_1, \ldots, z_m$ の定義から，各 $j = 1, \ldots, m$ に対して，$\pi(F(x_*, u_j)) = z_j$ を満たす u_j が存在して，

$$\pi \left(\sum_{j=1}^m F(x_*, u_j) \right) = 0 \tag{6}$$

が成立する[11]。いま，X における原点を中心とした半径 1 の開球を $U(0, 1) = \{x \in X | \|x\| < 1\}$ と書くこととし，実数 c_0 と集合 U_0, B_0 を以下のように定

---

10) （訳注）$\pi(y_1), \ldots, \pi(y_M)$ を Y/L_0 の基底とすれば，$0 \in \text{int } B$ より，$\varepsilon > 0$ が存在して，$\{\pm \varepsilon y_i\}_{i=1,\ldots,M}$ は B に含まれる．一方，B は凸集合であるから，$\{\pm \varepsilon y_i\}_{i=1,\ldots,M}$ の凸包は B に含まれ，ゆえに，$\{\pm \varepsilon \pi(y_i)\}_{i=1,\ldots,M}$ の凸包は $\pi(B)$ に含まれる．あとは，$\{\pm \varepsilon \pi(y_i)\}_{i=1,\ldots,M}$ の凸包が，Y/L_0 の原点の近傍を含むことを示せばよいが，これは容易である．なお，3.5 節の命題 1 の証明において，同様の論理が登場する．

11) （訳注）注 12 で述べる $\text{int } B_0 \neq \emptyset$ の証明のために，$z_1, \ldots, z_m$ と，それに対応して $\pi(F(x_*, u_j)) = z_j$ を満たす $u_1, \ldots, u_m$ は，次のように取っておくことにする．まず，Y/L_0 の基底を $\pi(y_1), \ldots, \pi(y_M)$ とすれば，B は 0 の近傍を含むので，十分小さな $c_i > 0$ を取れば，$c_i y_i$ と $-c_i y_i$ が共に B に含まれる．したがって，$c_i y_i = F_x(x_*, u_*) x_i + F(x_*, u_i)$ を満たす x_i, u_i が存在する．さらに，$F(x_*, u_*) = 0$ と U 上における $F(x_*, \cdot)$ の凸性（定理 3 の条件 b)）から，$0 < d < 1$ を満たす任意の実数 d に対して，$dc_i y_i = F_x(x_*, u_*) dx_i + F(x_*, v_i)$，つまり，$F(x_*, v_i) = d(c_i y_i - F_x(x_*, u_*) x_i)$ を満たす $v_i \in U$ が存在することがわかる．そこで，正数 $\eta > 0$ に対して（η の具体的な定め方は，注 12 で述べる），あらかじめ c_i を十分小さく取ることで，一般性を失うことなく $\|F(x_*, u_i)\| \leq \frac{\eta}{2}$ と仮定してよい．ここで，各

義する：

$$c_0 = \max_{\substack{1 \leq j \leq m \\ 0 \leq i \leq k}} (f_i(x_*, u_j) + \|f_{ix}(x_*, u_*)\|);$$

$$U_0 = \Big\{ u \in U \,\Big|\, 各 j = 1, \ldots, m \text{ について } \alpha_j \geq 0 \text{ が存在して,}$$

$$\sum_{j=1}^m \alpha_j = 1, \ F(x_*, u) = \sum_{j=1}^m \alpha_j F(x_*, u_j),$$

$$f_i(x_*, u) \leq \sum_{j=1}^m \alpha_j f_i(x_*, u_j), 0 \leq i \leq k \text{ が成り立つ。} \Big\},$$

$$B_0 = F_x(x_*, u_*) U(0, 1) + F(x_*, U_0).$$

集合 B_0 は，定理 3 の条件 b) より，凸集合であり，さらに int $B_0 \neq \emptyset$ が成り立つ[12]。

いま，$\mathbb{R}_{c_0}$ を半直線 $\{\mu \in \mathbb{R} | \mu > c_0\}$ とし，$C_0 = B_0 \times (\mathbb{R}_{c_0})^{k+1}$ と定義する．つまり，C_0 を，集合 C_0 と $k+1$ 個の半直線 $\{\mu \in \mathbb{R} | \mu > c_0\}$ の直積とするのである．int $B_0 \neq \emptyset$ より直ちに int $C_0 \neq \emptyset$ となることがわかるが，容易に確認できるように，$C_0 \subset C$ なので，int $C \neq \emptyset$ が成立する．以上より，(5) の最初の関係式が証明された．

$i = 1, \ldots, M$ に対して，$z_i = \pi(F(x_*, u_i))$ と定義する．$i = M + 1, \ldots, 2M$ に対しては，同様に $-c_{i-M} y_{i-M} = F_x(x_*, u_*) x_i + F_x(x_*, u_i)$ となる x_i と u_i で $\|F(x_*, u_i)\| \leq \frac{\eta}{2}$ を満たすものを取って，$z_i = \pi(F(x_*, u_i))$ と定義する．以上の方法によって定義された $z_1, \ldots, z_{2M}$ は上で述べたすべての性質を有する．

[12]（訳注）B_0 の内部が非空であることは次にようにして示される．L_0 は閉部分空間なので，それ自体がバナッハ空間であり，したがって開写像定理より，$F_x(x_*, u_*) : X \to L_0$ は開写像となるから，ある $\eta > 0$ が存在して，任意の $y \in L_0$ に対して，$F_x(x_*, u_*) x = y$ かつ $\|y\| \geq \eta \|x\|$ を満たす $x \in X$ が存在する（注 11 に登場する η は，この性質を満たす正数とする）．ここで，仮に $0 \notin \text{int } B_0$ が成り立つとしよう．すると，$y^k \to 0$ を満たす点列 (y^k) であって，B_0 に常に含まれないものが存在する．いま，$z^k = \pi(y^k)$ と置けば，π の連続性と，$z_1, \ldots, z_m$ の選び方より，その凸包が Y/L_0 の原点の近傍を含むことから，十分大きな k については，z^k は $z_1, \ldots, z_m$ の凸包に含まれる．つまり，十分大きい k については，$\alpha_1^k + \cdots + \alpha_m^k = 1$ を満たす実数の組 $\alpha_1^k \geq 0, \ldots, \alpha_m^k \geq 0$ が存在して，$z^k = \alpha_1^k z_1 + \ldots + \alpha_m^k z_m$ が成り立つ．ここで，U_0 の定義から，対応して $F(x_*, u^k) = \alpha_1^k F(x_*, u_1) + \cdots + \alpha_m^k F(x_*, u_m)$ を満たす $u^k \in U_0$ が存在する．したがって，$v^k = F(x_*, u^k)$ と定義すれば，$\pi(v^k) = z^k$ が成り立つ．また，$u_1, \ldots, u_m$ の選び方から，$\|v^k\| \leq \frac{\eta}{2}$ である．一方で，$\pi(y^k) = z^k = \pi(v^k)$ から，$y^k - v^k \in L_0$ が成立する．ゆえに，$y^k - v^k = F_x(x_*, u_*) x^k$ かつ $\eta \|x^k\| \leq \|y^k - v^k\|$ を満たす x^k が取れる．ところが，$y^k \to 0$ であるから，十分大きな k については，$\|x^k\| < 1$ が成り立つ．これは $y^k = F_x(x_*, u_*) x^k + F(x_*, u^k) \in B_0$ を意味し，矛盾が生ずる．ゆえに，$0 \in \text{int } B_0$ が成り立たなければならないから，int $B_0 \neq \emptyset$ である．

1.4 混合問題：極値原理の証明

次に，(5) の二番目の関係式を証明するために，(5) の二番目の関係式が成り立たないと仮定してみよう．すなわち，$x_0 \in X$，$u_0 \in U$，$\delta > 0$ が存在して，

$$F_x(x_*, u_*)x_0 + F(x_*, u_0) - F(x_*, u_*) = 0, \tag{7}$$

$$\langle f_{ix}(x_*, u_*), x_0 \rangle + f_i(x_*, u_0) - f_i(x_*, u_*) \leq -\delta < 0, \quad i = 0, \ldots, k \tag{8}$$

が成り立つと仮定する．正数 $\varepsilon > 0$ を固定し，$X \times \mathbb{R}^{m+1}$ 上で定義され，Y に値を持つ以下の写像 $\mathscr{F}$ について考察しよう：

$$\mathscr{F}(x, \alpha_0, \ldots, \alpha_m) = \left(1 - \alpha_0 - \varepsilon \sum_{j=1}^{m} \alpha_j\right) F(x_* + x, u_*)$$
$$+ \alpha_0 F(x_* + x, u_0) + \varepsilon \sum_{j=1}^{m} \alpha_j F(x_* + x, u_j).$$

すると，明らかに，写像 $\mathscr{F}$ は $(V - x_*) \times \mathbb{R}^{m+1}$ 上でフレシェ微分可能である．ただし，集合 V は定理 3 の主張に登場する x^* の近傍である．また，導関数 $\mathscr{F}'$ は原点において連続であって，

$$\mathscr{F}'(0, \ldots, 0)(x, \alpha_0, \ldots, \alpha_m)$$
$$= F_x(x_*, u_*)x + \alpha_0(F(x_*, u_0) - F(x_*, u_*))$$
$$+ \varepsilon \sum_{j=1}^{m} \alpha_j(F(x_*, u_j) - F(x_*, u_*)). \tag{9}$$

さらに，明らかに，$\mathscr{F}(0, \ldots, 0) = F(x_*, u_*) = 0$ が成り立つ．線形写像 $\mathscr{F}'(0, \ldots, 0)$ の $X \times \mathbb{R}^{m+1}$ による像は，もちろん Y の部分空間であり，B_0 を含むので，Y と一致する．また，(6) より，$\sum_{j=1}^{m} F(x_*, u_j) \in L_0$ なので，ある $x' \in X$ に対して，

$$F_x(x_*, u_*)x' + \sum_{j=1}^{m} F(x_*, u_j) = 0 \tag{10}$$

が成り立つ．(7)，(9)，(10) から，

$$\mathscr{F}'(0, \ldots, 0)(x_0 + \varepsilon x', 1, \ldots, 1)$$

$$= F_x(x_*, u_*)(x_0 + \varepsilon x') + (F(x_*, u_0) - F(x_*, u_*))$$
$$+ \varepsilon \sum_{j=1}^{m}(F(x_*, u_j) - F(x_*, u_*))$$
$$= (F_x(x_*, u_*)x_0 + F(x_*, u_0) - F(x_*, u_*))$$
$$+ \varepsilon \left(F_x(x_*, u_*)x' + \sum_{j=1}^{m} F(x_*, u_j)\right) - \varepsilon m F(x_*, u_*)$$
$$= 0,$$

つまり，ベクトル $(x_0 + \varepsilon x', 1, \ldots, 1)$ は，線形写像 $\mathscr{F}'(0, \ldots, 0)$ の核に属することがわかる．そこで，リュステルニクの定理から，$[-\varepsilon_0, \varepsilon_0]$ 上で定義され，X や $\mathbb{R}$ に値を持つ $m+1$ 個の写像

$$t \mapsto \tilde{x}(t), \quad t \mapsto \tilde{\alpha}_0(t), \ldots, t \mapsto \tilde{\alpha}_m(t)$$

が存在して (一般に，ε_0 は ε の値に依存する)，$t \to 0$ の時，$(\|\tilde{x}(t)\| + \sum_{j=0}^{m}|\tilde{\alpha}_j(t)|) \to 0$ となり，また，任意の $t \in [-\varepsilon_0, \varepsilon_0]$ に対して，$\mathscr{F}(t(x_0+\varepsilon x'+\tilde{x}(t)), t(1+\tilde{\alpha}_0(t)), \ldots, t(1+\tilde{\alpha}_m(t))) = 0$ が成り立つ．

この結果は，すべての $\varepsilon > 0$ について成り立つ．いま，正数 $\varepsilon > 0$ を，すべての $i = 0, \ldots, k$ に対して，

$$\varepsilon \left|\langle f_{ix}(x_*, u_*), x'\rangle + \sum_{j=1}^{m} f_i(x_*, u_j)\right| < \delta/2$$

を満たすように選び，写像

$$g_i(x, \alpha_0, \ldots, \alpha_m) = \left(1 - \alpha_0 - \varepsilon \sum_{j=1}^{m} \alpha_j\right) f_i(x_* + x, u_*)$$
$$+ \alpha_0 f_i(x_* + x, u_0) + \varepsilon \sum_{j=1}^{m} \alpha_j f_i(x_* + x, u_j),$$
$$i = 0, \ldots, n$$

について考察する[13]．定義から，

---

[13] （訳注）関数 g_i の右下に付いている添え字 i の範囲は，$i = 1, \ldots, k$ ではなく，$i = 1, \ldots, n$ であることに注意．

1.4 混合問題：極値原理の証明

$$g_i(0,\ldots,0) = \begin{cases} f_0(x_*, u_*), & i = 0 \text{ の時}, \\ 0, & i = 1, \ldots, k \text{ の時}, \\ f_i(x_*, u_*), & i = k+1, \ldots, n \text{ の時} \end{cases} \quad (11)$$

であり，さらに各 g_i は，原点において微分可能で，

$$\begin{aligned}
&\langle g_i'(0,\ldots,0), (x, \alpha_0, \ldots, \alpha_m) \rangle \\
&= \langle f_{ix}(x_*, u_*), x \rangle + \alpha_0(f_i(x_*, u_0) - f_i(x_*, u_*)) \\
&\quad + \varepsilon \sum_{j=1}^{m} \alpha_j(f_i(x_*, u_j) - f_i(x_*, u_*))
\end{aligned} \quad (12)$$

が成り立つ。ε の選び方と (12), (8) より，各 $i = 0, \ldots, k$ に対して，

$$\begin{aligned}
&\langle g_i'(0,\ldots,0), (x_0 + \varepsilon x', 1, \ldots, 1) \rangle \\
&= (\langle f_{ix}(x_*, u_*), x_0 \rangle + f_i(x_*, u_0) - f_i(x_*, u_*)) \\
&\quad + \varepsilon \left(\langle f_{ix}(x_*, u_*), x' \rangle + \sum_{j=1}^{m}(f_i(x_*, u_j) - f_i(x_*, u_*)) \right) \\
&< -\delta + (\delta/2) \\
&= -\delta/2,
\end{aligned}$$

すなわち[14]，

$$\begin{aligned}
&g_i(t(x_0 + \varepsilon x' + \tilde{x}(t)), t(1 + \tilde{\alpha}_0(t)), \ldots, t(1 + \tilde{\alpha}_m(t))) \\
&= g_i(0,\ldots,0) + t\langle g_i'(0,\ldots,0), (x_0 + \varepsilon x', 1, \ldots, 1) \rangle \\
&\quad + t\langle g_i'(0,\ldots,0), (\tilde{x}(t), \tilde{\alpha}_0(t), \ldots, \tilde{\alpha}_m(t)) \rangle + o(t) \\
&= g_i(0,\ldots,0) + t\langle g_i'(0,\ldots,0), (x_0 + \varepsilon x', 1, \ldots, 1) \rangle + o(t) \\
&\leq g_i(0,\ldots,0) - t\delta/2 + o(t)
\end{aligned} \quad (13)$$

が成立する。ここで，$x(t) = x_* + t(x_0 + \varepsilon x' + \tilde{x}(t))$ と定義する。すると，明らかに，$t \to 0$ の時に $x(t) \to x_*$ となる。さらに，十分に小さい $t > 0$ については，

$$t \left[1 + \tilde{\alpha}_0(t) + \varepsilon \sum_{j=1}^{m}(1 + \tilde{\alpha}_j(t)) \right] \leq 1,$$

---

[14] （訳注）(13) においては，$t > 0$ とする。また，念のために，(13) の二番目の等式が成り立つのは，$t\langle g_i'(0,\ldots,0), (\tilde{x}(t), \tilde{\alpha}_0(t), \ldots, \tilde{\alpha}_m(t)) \rangle = o(t)$ となるからである。

$$1+\tilde{\alpha}_0(t) \geq 0, \ldots, 1+\tilde{\alpha}_m(t) \geq 0$$

が成り立つ．そのような t については，1.1 節の定理 3 の条件 b) から，$u(t) \in U$ が存在して，以下の関係式が成立する：

$$\begin{aligned}
&F(x(t), u(t)) \\
&= \left(1 - t(1+\tilde{\alpha}_0(t)) - \varepsilon t \sum_{j=1}^{m}(1+\tilde{\alpha}_j(t))\right) F(x(t), u_*) \\
&\quad + t(1+\tilde{\alpha}_0(t)) F(x(t), u_0) + \varepsilon t \sum_{j=1}^{m}(1+\tilde{\alpha}_j(t)) F(x(t), u_j) \\
&= \mathscr{F}(t(x_0 + \varepsilon x' + \tilde{x}(t)), t(1+\tilde{\alpha}_0(t)), \ldots, t(1+\tilde{\alpha}_m(t))) = 0, \\
&f_i(x(t), u(t)) \\
&\leq \left(1 - t(1+\tilde{\alpha}_0(t)) - \varepsilon t \sum_{j=1}^{m}(1+\tilde{\alpha}_j(t))\right) f_i(x(t), u_*) \\
&\quad + t(1+\tilde{\alpha}_0(t)) f_i(x(t), u_0) + \varepsilon t \sum_{j=1}^{m}(1+\tilde{\alpha}_j(t)) f_i(x(t), u_j) \\
&= g_i(t(x_0 + \varepsilon x' + \tilde{x}(t)), t(1+\tilde{\alpha}_0(t)), \ldots, t(1+\tilde{\alpha}_m(t))), \\
&i = 0, \ldots, n.
\end{aligned}$$

これらの関係式と (11)-(13) より，十分小さい $t > 0$ については，

$$\begin{aligned}
&F(x(t), u(t)) = 0, \\
&f_0(x(t), u(t)) < f_0(x_*, u_*), \\
&f_i(x(t), u(t)) < 0, \quad i = 1, \ldots, k
\end{aligned}$$

が成り立つ．一方で，$i = k+1, \ldots, n$ については，(13) の最後の不等式は必ずしも成立しないが，

$$\begin{aligned}
&g_i(t(x_0 + \varepsilon x' + \tilde{x}(t)), t(1+\tilde{\alpha}_0(t)), \ldots, t(1+\tilde{\alpha}_m(t))) \\
&= g_i(0, \ldots, 0) + t\langle g_i'(0, \ldots, 0), (x_0 + \varepsilon x', 1, \ldots, 1)\rangle + o(t)
\end{aligned}$$

は成り立つので，$f_i(x_*, u_*) < 0$ に注意すれば，(11) と上の関係式 $f_i(x(t), u(t)) \leq g_i(t(x_0 + \varepsilon x' + \tilde{x}(t)), t(1+\tilde{\alpha}_0(t)), \ldots, t(1+\tilde{\alpha}_m(t)))$ から，十分小さい $t > 0$

については，やはり

$$f_i(x(t), u(t)) < 0, \quad i = k+1, \ldots, n$$

が成立する．そこで，もし $t > 0$ が十分小さければ，$(x(t), u(t))$ は 1.1 節の問題 (14)-(17) の制約条件をすべて満たし，さらに $f_0(x(t), u(t)) < f_0(x_*, u_*)$ が成立する．また，すでに述べたように，$t \to 0$ の時，$x(t) \to x_*$ が成り立つ．ところが，これは点 (x_*, u_*) が極小点であるという定理 3 の仮定に矛盾する．したがって，証明の初めにおいた $0 \in C$ という仮定は誤っているのだから，(5) の二番目の関係式が証明されたことになる．

以上で，1.1 節の定理 3 の前半部分の証明が完了した．

1.4.4 正則条件

この項では，1.1 節の定理 3 の後半部分 (正則条件に関する部分) を証明する．そのためには，次のことを示せばよい：もし，定理 3 の条件 d) が成立するならば (つまり，写像

$$(x, u) \mapsto F_x(x_*, u_*)x + F(x_*, u)$$

による集合 $X \times U$ の像が，Y の原点における近傍を含み，さらに，

$$F_x(x_*, u_*)x_0 + F(x_*, u_0) = 0, \tag{14}$$

$$\langle f_{ix}(x_*, u_*), x_0 \rangle + f_i(x_*, u_0) < 0, \quad i = 1, \ldots, k \tag{15}$$

を満たす $x_0 \in X$ と $u_0 \in U$ が存在するならば)，関係式

$$F_x(x_*, u_*)y^* + \sum_{i=1}^{k} \lambda_i f_{ix}(x_*, u_*) = 0, \tag{16}$$

$$0 = \langle y^*, F(x_*, u_*) \rangle + \sum_{i=1}^{k} \lambda_i f_i(x_*, u_*)$$

$$= \min_{u \in U} \left[\langle y^*, F(x_*, u) \rangle + \sum_{i=1}^{k} \lambda_i f_i(x_*, u) \right] \tag{17}$$

を両方とも満たし，すべては 0 とはならない，非負実数 $\lambda_1 \geq 0, \ldots, \lambda_k \geq 0$ と Y 上の連続な線形汎関数 $y^* \in Y^*$ の組が存在しない．

この主張は，次にようにして証明される．$\lambda_1 \geq 0, \ldots, \lambda_k \geq 0, y^* \in Y^*$ を (16), (17) を満たす非負実数と Y 上の連続な線形汎関数の組であるとする．まず，少なくとも一つの $i' = 1, \ldots, k$ について，$\lambda_{i'} \neq 0$ であるとしよう．すると，(15) から，

$$\sum_{i=1}^{k} \lambda_i \left[\langle f_{ix}(x_*, u_*), x_0 \rangle + f_i(x_*, u_0) \right] < 0$$

が成り立つ．したがって，(16) より，

$$-\langle y^*, F_x(x_*, u_*) x_0 \rangle + \sum_{i=1}^{k} \lambda_i f_i(x_*, u_0) < 0$$

であり，これと (14) から，

$$\langle y^*, F(x_*, u_0) \rangle + \sum_{i=1}^{k} \lambda_i f_i(x_*, u_0) < 0$$

が得られる．ところが，上式は (17) に矛盾する．したがって，$\lambda_1 = \cdots = \lambda_k = 0$ でなければならない．次に，$y^* \neq 0$ であると仮定すれば，Y の原点における任意の近傍は，$\langle y^*, y \rangle < 0$ を満たす $y \in Y$ を要素として含む．ゆえに，$x \in X$ と $u \in U$ を，

$$\langle y^*, F_x(x_*, u_*) x + F(x_*, u) \rangle < 0$$

を満たすように選ぶことができる．すでに示したように，$\lambda_1, \ldots, \lambda_k$ はすべて 0 に等しいのだから，(16) より，$\langle y^*, F_x(x_*, u_*) x \rangle = 0$ が成り立ち，これと上式から，$\langle y^*, F(x_*, u) \rangle < 0$ が得られる．ところが，これは (17) に矛盾する．よって，$y^* = 0$ でなければならず，上で提示した主張の証明が完了する．

以上で，混合問題における極値原理の証明はすべて完成したことになる．

1.5　1章の補足

バナッハ空間におけるラグランジュ乗数法を証明したのは，Lyusternik [1] および Goldstine [1] である．定理 1 の結果の，バナッハ空間ではない，一般

の局所凸な線形位相空間への拡張については，Sukhinin [1] を参照されたい．F が $\mathbb{R}^n$ に値を持つ写像である場合には，定理 1 の仮定を弱めることができる．この場合には，単に F が x^* において，フレシェ微分可能であると仮定すればよい (Halkin [7])．不等式制約付きの滑らかな問題は，John [1] によって考察された．$\lambda_0 = 1$ を満たすラグランジュ乗数の存在を保証する，正則条件よりも弱い条件については，Bittner [1]，Gould [1] および Tolle [1], [2] を見よ．

フェルマーの定理の興味深い一般化は，Ekeland [1] によって与えられている．具体的には，Ekeland [1] において，C_1 級の関数 f が，バナッハ空間 X において下に有界ならば，任意の $\varepsilon > 0$ と $f(x) < \inf f + \varepsilon$ を満たす任意の $x \in X$ に対して，$f(y) \leq f(x)$，$\|x - y\| \leq \sqrt{\varepsilon}$，$\|f'(y)\| \leq \sqrt{\varepsilon}$ をすべて満たす $y \in X$ が存在することが証明された．

凸問題については，すでに極めて網羅的に分析されている．Gol'shtein [1]，Aubin [1](この本は，凸問題よりもはるかに広範な範囲を扱っている)，Rockafellar [14], [15]，Stoer and Witzgall [1] など，理論が詳細に展開されている凸問題に関する文献は膨大な数に上る．凸問題の創生期に書かれた，Kuhn and Tucker [1]，Gale, Kuhn, and Tucker [1]，Slater [1] および Fan, Glicksberg, and Hoffman [1] などの原典も参照するとよい．

混合問題に類似した問題を初めて分析したのは，おそらく，Pshenichnyǐ [3] であろう．定理 3 は，より強い仮定の下で，Pshenichnyǐ and Nenakhov [1] によって証明されている．

今日の変分法に対する理解は，関数や集合の凸 (および非線形) 近似のアイディアを発展させ，近似集合が互いに素となるための条件として，極小点の必要条件を定式化した，Dubovichiǐ and Milyutin [2] の仕事の影響の下で，その大部分が形作られた．彼らの仕事に端を発して，より一般の，極小点の必要条件に関する研究が進められたのである．また，Gamkrelidze [5], [8]，Gamkrelidze and Haratishvili [1]-[3]，Neustadt [2] などの仕事が，最適制御問題に特有の凸性に関連する事象を考慮に入れた手法を発展させた．われわれは，5 章の補足において，再びこれらの問題について論ずるだろう．

第2章

変分法・最適制御の古典的問題における極小点の必要条件

―――――

2.3 節と 2.5 節で，われわれは古典的な変分法のラグランジュの問題におけるオイラー＝ラグランジュ方程式と，最適制御問題におけるポントリャーギンの最大値原理を導出する．この導出のために，われわれは 1 章の定理 1 および定理 3 を使わなければならない．2.2 節および 2.4.2 項では，変分法と最適制御の基本的なクラスにおいて最小点の必要条件のうち最重要なものの初等的な導出を行う．この導出は 1 章から独立している．

2.1　問題の記述

2.1.1　汎関数，制約条件，および境界条件

まず 1 次元の問題を考えるべきだろう．ここで独立変数 t はしばしば時間と呼ばれることになるが，これは区間 $[t_0, t_1]$ に属するものとする．ただし $-\infty \leq t_0 < t_1 \leq \infty$ である．通常，問題における変数はふたつのグループに分かれており，$x = (x^1, ..., x^n)$ および $u = (u^1, ..., u^r)$ と書かれる．変数 x は相変数 (phase variables) と呼ばれ，変数 u は制御変数 (controls) と呼ばれる．古典的な変分法と最適制御の問題には 3 つの要素があり，それぞれ汎関数 (functional)，相変数と制御変数に課せられる**制約条件** (constraint)，および与えられた問題の末端時刻に課せられる**境界条件** (boundary condition) である．実践的には，制御条件と境界条件はいつも区別できるわけではないが，

ほとんどの場合ではこの区別は自然で便利である。

われわれは汎関数を 3 種類に分類する。積分汎関数は次の形である：

$$\mathscr{I}_1(x(\cdot),u(\cdot)) = \int_{t_0}^{t_1} f(t,x(t),\dot{x}(t),u(t))dt, \tag{1}$$

ただしここで $f: \mathbb{R}\times\mathbb{R}^n\times\mathbb{R}^n\times\mathbb{R}^r \to \mathbb{R}$ であり，この関数 f は被積分関数と呼ばれる。

相変数の末端時刻に依存する汎関数：

$$\mathscr{I}_2(x(\cdot)) = \psi(t_0,x(t_0),t_1,x(t_1)), \tag{2}$$

は終端汎関数と呼ばれる。ただしここで $\psi: \mathbb{R}\times\mathbb{R}^n\times\mathbb{R}\times\mathbb{R}^n \to \mathbb{R}$ である。最後に，混合型の汎関数．

$$\mathscr{I}_3(x(\cdot),u(\cdot)) = \mathscr{I}_1(x(\cdot),u(\cdot)) + \mathscr{I}_2(x(\cdot)), \tag{3}$$

がある。ただしここで $\mathscr{I}_1$ は積分型，$\mathscr{I}_2$ は終端型である。

われわれは 2 つのタイプの制約条件と出会うことになる。片方は汎関数関係であり，方程式あるいは不等式で表される。

$$\left.\begin{array}{l} G_1(t,x(t),\dot{x}(t),u(t)) = 0, \\ G_2(t,x(t),\dot{x}(t),u(t)) \leq 0, \end{array}\right\} \tag{4}$$

ただしここで $G_i: \mathbb{R}\times\mathbb{R}^n\times\mathbb{R}^n\times\mathbb{R}^r \to \mathbb{R}^{k_i}$, $i=1,2$ である。もう片方は非汎関数関係であり，例えば

$$u(t) \in U \subset \mathbb{R}^r,\ \forall t \in \Delta \subset [t_1,t_2], \tag{5}$$

の形で書かれる。(4) 式の形の汎関数制約のうち，微分および制御変数に依存しないもの，つまり次のような形：

$$g_1(t,x(t)) = 0,\ g_2(t,x(t)) \leq 0, \tag{6}$$

で書かれたものは相制約条件 (phase constraint) と呼ばれる。

制約条件のうち次の形：

$$\dot{x}(t) = \varphi(t, x(t), u(t)), \tag{7}$$

で書かれたものは**解形式** (solved form) の制約条件と呼ばれる。ただしここで $\varphi : \mathbb{R} \times \mathbb{R}^n \times \mathbb{R}^r \to \mathbb{R}^n$ である。

方程式 (7) は多くの制御系を表している。したがってその変数は相変数と制御変数を共に含んでいる。制御変数が与えられれば，方程式 (7) はただの x についての常微分方程式になる。われわれはこの方程式の，なんらかの制御変数 $u(\cdot)$ に対応する解をすべて，**相軌道** (phase trajectory) という語で表す。そして方程式 (7) でつながったペア $(x(\cdot), u(\cdot))$ を**制御過程** (controlled process) と呼ぶ。

境界条件は，空間 $\mathbb{R} \times \mathbb{R}^n \times \mathbb{R} \times \mathbb{R}^n$ の中で軌道の終端を与える集合 Γ として，分離して与えられる。つまるところ，$(t_0, x(t_0), t_1, x(t_1))$ がこの集合に所属するという条件である。しばしば次のような境界条件が現れる。

——**終端点が固定されている**：つまり軌道の値は区間 $[t_0, t_1]$（この区間自体も固定することを仮定される）の両方の端点で，$x(t_0) = x_0, x(t_1) = x_1$ として固定される。

——**右端点，あるいは左端点は自由である**：つまり区間 $[t_0, t_1]$ の端点自体は固定されているが，そこでの相軌道に課せられる条件はなにもない。

——**周期的である**：この場合区間 $[t_0, t_1]$ は固定されており，相軌道は終端点にて同じ値を持たねばならない。つまり，$x(t_0) = x(t_1)$ でなければならない。

2.1.2 古典的変分法，および最適制御の問題

次のような一般的な記述：

$$\mathscr{I}(x(\cdot), u(\cdot)) \to \inf(\sup); \tag{8}$$

$$G_1(t, x(t), \dot{x}(t), u(t)) = 0, \ G_2(t, x(t), \dot{x}(t), u(t)) \leq 0, \tag{9}$$

$$u(t) \in U(t), \tag{10}$$

$$(t_0, x(t_0), t_1, x(t_1)) \in \Gamma \tag{11}$$

は，最適制御と変分法のほとんどの問題をカバーしている（$[t_0, t_1]$ が固定さ

れていることは仮定しない。もしこれが固定されているときには，その問題は固定時間 (fixed time) の問題と呼ばれる)。

もし汎関数 (8) が積分形ならば，問題 (8)-(11) はラグランジュの問題 (Lagrange problem) と呼ばれる。汎関数が終端型であれば，この問題はマイアーの問題 (Meier problem) と呼ばれる。最後に，汎関数が混合型ならば，この問題はボルツァの問題 (Bolza problem) と呼ばれる。

だいたいの場合，問題の3つの記述法は同値である。例えば，ある積分汎関数が与えられているならば，新しい座標 x^{n+1} を導入し，(9) の条件に方程式

$$\dot{x}^{n+1} - f = 0$$

および境界条件 $x^{n+1}(t_0) = 0$ を加えてしまえば，汎関数

$$\mathscr{I}_1 = \int_{t_0}^{t_1} f dt$$

の最小化問題は，終端汎関数

$$\mathscr{I}_2 = x^{n+1}(t_1)$$

の最小化問題に帰着できる。

逆に，終端汎関数 $\mathscr{I}_2 = \psi(t_1, x(t_1))$ を，t_0 および $x(t_0)$ を固定して最小化する問題 (一般性を失うことなく，$\psi(t_0, x(t_0)) = 0$ を仮定してよい) を考え，ψ が連続微分可能であると仮定すれば，われわれは

$$f(t, x, \dot{x}) = \frac{\partial \psi(t,x)}{\partial t} + \left(\left. \frac{\partial \psi(t,x)}{\partial x} \right| \dot{x} \right);$$

としてやることで，

$$\mathscr{I}_2 = \psi(t_1, x(t_1)) = \mathscr{I}_1$$

という積分汎関数の形を得ることができる。

古典的な変分法に特有の性質は以下のものである。まず，古典的な変分法の問題では，問題の記述に現れるすべての関数は滑らか (少なくとも連続微分可能) であると仮定される。一方で，(10) 式のような汎関数型以外の制約条件は存在しない (これらの事実から，変分法は 1.1.1 項で議論した滑らかな

問題にカテゴライズすることができる）．対照的に，最適制御問題では汎関数型でない制約が本質的な重要性を持つ．制約 (10) を定義する集合 $U(t)$ は，それ自身が非常に多様な性質を持つ．例えば，これは離散集合かもしれない．この理由により，滑らかどころか，連続な制御変数すら，最適制御の文脈で考察することは自然ではない．同じことは (9) 式の写像 G_1 や G_2 の制御変数 u についての滑らかさの仮定などにも言える．したがって，変分法の問題におけるスタンダードな仮定はあらゆる変数についての連続微分可能性であり，そして最適制御問題におけるスタンダードな仮定はすべての変数についての連続性と変数 t と x に関する滑らかさであって (部分的に滑らかで部分的に凸であり)，これは 1.1.3 項でわれわれが議論したものである．

一般的な枠組みに合致するような特定の問題をいくつか紹介しておこう．

次の問題は変分法における**基本ベクトル問題** (simplest vector problem) と呼ばれる．

$$\left.\begin{array}{l} \mathscr{I}(x(\cdot)) = \int_{t_0}^{t_1} L(t, x(t), \dot{x}(t)) dt \to \inf; \\ (x(t_0), x(t_1)) \in \Gamma. \end{array}\right\} \quad (12)$$

(12) の中で区間 $[t_0, t_1]$ は固定であり，関数 L は $\mathbb{R} \times \mathbb{R}^n \times \mathbb{R}^n$ 内の領域で定義され連続微分可能で，境界条件を定義する集合 Γ は空間 $\mathbb{R}^n \times \mathbb{R}^n$ のなんらかの部分集合である．$n = 1$ ならば，問題 (12) は簡単に**基本問題** (simplest problem) と呼ばれる．

基本ベクトル問題の被積分関数の文字 L はラグランジュの頭文字を取っている．その際われわれは，暗黙のうちに古典力学の言語と記法に訴えている．古典力学の基礎にある考え方は，**最小作用の原理** (principle of least action)(あるいは，時に**停留作用の原理** (stationary action principle) と呼ばれ，こちらのほうが適切である) である．この原理によれば，力場 U 内の粒子系の軌道は作用汎関数

$$\int L dt$$

の停留点である．ここで，被積分関数は系の**ラグランジアン** (Lagrangian) であり，これは運動エネルギー (kinetic energy) と位置エネルギー (potential energy) の差：

$$L = T - U$$

となっている。この類推から，この種の問題の被積分関数 L は，古典力学から取られていない問題でもラグランジアンと呼ばれることがある。

次の表現 $p_i = L_{\dot{x}_i}$ および $H = \sum_{i=1}^{n} p_i \dot{x}_i - L$ は古典力学では系の運動量 (momentum) およびエネルギー (energy) と呼ばれる。以降，われわれはこれらの古典力学を匂わせる用語を採用することもある。

以下の問題は解形式制約および等式，不等式相制約のラグランジュ問題と呼ばれる：

$$\mathscr{I}(x(\cdot), u(\cdot)) = \int_{t_0}^{t_1} f(t, x(t), u(t))dt \to \inf; \tag{13}$$

$$\dot{x} = \varphi(t, x, u), \tag{14}$$

$$g_1(t, x(t)) = 0, \ g_2(t, x(t)) \leq 0, \tag{15}$$

$$h_0(t_0, x(t_0)) = 0, \ h_1(t_1, x(t_1)) = 0, \tag{16}$$

$$u \in U. \tag{17}$$

ここで，積分汎関数は $\dot{x}$ に依存していない。制約条件は解形式である (14) と，相制約である (15) に細分される。境界条件は (16) で記述される (応用上現れるすべての境界条件がこの形で与えられるわけではなく，例えば周期的条件はこれでは記述できない。しかし，(16) 式は十分広いクラスの境界条件を含んでいる)。

古典的な変分法のフレームワークでラグランジュの問題を考えるとき，われわれは $[t_0, t_1]$ を固定して考え，(17) の制約は存在しないと仮定する。

問題 (13)-(17) は，問題の記述に現れるすべての関数および写像が時間 t に依存していないとき，自励的 (autonomous) であると呼ばれる。

固定時間の次の形式の問題：

$$\int_{t_0}^{t_1} ((a(t)|x(t)) + (b(t)|i(t)))dt \to \inf;$$
$$\dot{x} = A(t)x + B(t)u,$$
$$(g_i(t)|x(t)) \leq \alpha_i(t), \ i = 1, ..., m,$$
$$(h_{kj}|x(t_k)) = \beta_{kj}, \ k = 0, 1, \ j = 1, ..., s_k, \ u \in U$$

は線形最適制御問題 (linear optimal control problem) と呼ばれる。

しばしば，線形の問題の定義からは時間の固定の要件がなくなることがある。これらや，より一般的な最適制御問題は 9.3 節において，凸解析の技術を用いて分析される。

2.1.3 古典的変分法の問題における弱い極小点および強い極小点

上で定式化された問題たちはまだ若干定義されていないところがある。というのは，許容可能な要素の集合が記述されていないのである。ラグランジュの問題 (13)-(16) で固定時間のものは，バナッハ空間 $C_1^n([t_0,t_1]) \times C^r([t_0,t_1])$ における古典的な変分法の枠組みで分析されることになる。ここで $C_1^n([t_0,t_1])$ はベクトル値の連続微分可能な関数の空間であり，$C^r([t_0,t_1])$ はベクトル値の連続関数の空間である (簡潔さのために，空間 C_1 のノルムは $\|\cdot\|_1$ と書くことにする。もし空間 C と空間 C_1 のノルムを比べたくなった場合には，前者のノルムはしばしば $\|\cdot\|_0$ と書かれる)。基本問題の分析はバナッハ空間 $C_1^n([t_0,t_1])$ で行われる。

ラグランジュの問題の場合は，$C_1^n \times C^r$ (あるいは，基本問題では C_1^n) における極小点を弱い極小点と呼ぶ。言い換えれば，次のペア $(x_*(\cdot), u_*(\cdot))$ が問題 (13)-(16) における汎関数 $\mathscr{I}(x(\cdot), u(\cdot))$ の弱い極小点であるとは，ある数 $\varepsilon > 0$ が存在して，次の不等式

$$\mathscr{I}(x(\cdot), u(\cdot)) \geq \mathscr{I}(x_*(\cdot), u_*(\cdot))$$

が，次の条件

$$\|x(\cdot) - x_*(\cdot)\|_1 < \varepsilon, \quad \|u(\cdot) - u_*(\cdot)\|_0 < \varepsilon$$

を満たす任意の許容可能なペア $(x(\cdot), u(\cdot)) \in C_1^n \times C^r$ に対して成り立つことを言う。

ここで，あるペアが問題の中で**許容可能**であるとは，それが制約条件 (14)(15) と境界条件 (16) を満たすことを言う。

基本問題 (12) における弱い極小点も同様に定義される。

(x について) 空間 C の位相に関する極小点のことは**強い極小点**と呼ばれる。言い換えれば，許容可能なペア $(x_*(\cdot), u_*(\cdot))$ が問題 (13)-(16) の汎関数 $\mathscr{I}$ に

についての強い極小点であるとは，ある数 $\varepsilon > 0$ が存在して，次の不等式

$$\mathscr{I}(x(\cdot), u(\cdot)) \geq \mathscr{I}(x_*(\cdot), u_*(\cdot))$$

が，次の条件

$$\|x(\cdot) - x_*(\cdot)\|_0 < \varepsilon$$

を満たすすべての許容可能なペアについて成り立つことを言う．

基本ベクトル問題 (12) の強い極小点も同様に定義される．

ただし，次の用語「強い極小点」は最適制御問題の概念の特徴としては，もう少し広い意味で説明するべきであろう．これは次の節で議論する．

2.1.4 最適制御問題における許容可能な制御変数および制御過程，最適過程

すでに述べたように，制御変数が連続という制約は，多くの場合に自然ではない．問題の記述それ自体が，許容可能な制御変数のクラスを広くする必要性を持つ場合も多い．区分的に連続な制御変数のクラスはよく用いられる．われわれは通常，許容可能な制御として，値が集合 $U(t)$ に含まれるような，任意の可測で有界な制御変数を考えることにしよう．

許容可能な制御変数をこう選択する以上，われわれは制御過程の概念をより適切にしなければならない．過程 $(x(t), u(t))$ が区間 $[t_0, t_1]$ で制御されているとは，この区間上で，関数 $u(t)$ が許容可能な制御変数であり，関数 $x(t)$ はベクトル値の絶対連続関数で，(14) の制約

$$\dot{x}(t) = \varphi(t, x(t), u(t))$$

をほとんどすべての点で満足していることを言う．

許容可能な制御過程の概念はこの過程が考えられている時間の区間を含んでいる．したがって，問題 (13)-(17) で許容可能な制御過程とは，次の3つ組 $(x(t), u(t), [t_0, t_1])$ から構成されるものである．ここでベクトル値関数 $x(t)$ と $u(t)$ は区間 $[t_0, t_1]$ での制御過程であり，相変数 $x(t)$ は相制約条件 (15) と境界条件 (16) を満たしている．

ここで許容可能な過程 $(x_*(t), u_*(t), [t_{0*}, t_{1*}])$ が**最適** (optimal) であるとは，ある $\varepsilon > 0$ に対して，次の不等式

$$\mathscr{I}(x(\cdot), u(\cdot)) \geq \mathscr{I}(x_*(\cdot), u_*(\cdot))$$

が他の許容可能な過程 $(x(t), u(t), [t_0, t_1])$ で $|t_0 - t_{0*}| < \varepsilon$, $|t_1 - t_{1*}| < \varepsilon$, $|x(t) - x_*(t)| < \varepsilon$ ($\forall t \in [t_0, t_1] \cap [t_{0*}, t_{1*}]$) を満たすものすべてについて成り立つことを言う．

この場合，過程 $(x_*(t), u_*(t), [t_{0*}, t_{1*}])$ は問題 (13)-(17) の**強い極小点**と呼ばれることもある．

これを古典的な変分法の問題に適用すると，われわれはある意味で強い極小点のさらに強化された定義を得る．これを古典的な変分法のベクトル問題で書いてみよう．

ベクトル値関数 $x_*(t)$ が問題 (12) の強い極小点であるとは，ある $\varepsilon > 0$ に対して，どんな関数 $x(t) \in W_{\infty,1}^n([t_0, t_1])$ で，境界条件と次の条件

$$\|x(\cdot) - x_*(\cdot)\|_0 < \varepsilon$$

を満たすものに対しても，次の不等式が成り立つことを言う．

$$\mathscr{I}(x(\cdot)) \geq \mathscr{I}(x_*(\cdot)).$$

2.2 古典的な変分法の基本問題における必要条件の初等的導出法

この節では，われわれはオイラー，ワイエルシュトラス，ルジャンドル，およびヤコビの必要条件を，最も初等的な手段を用いて与える．われわれの議論は変分による手法の直接の適用法に完全に依拠している．

2.2.1 オイラー方程式の初等的導出

次の，終端を固定された基本問題から始めよう．

$$\left.\begin{aligned}&\mathscr{I}(x(\cdot)) = \int_{t_0}^{t_1} L(t, x(t), \dot{x}(t)) dt \to \inf; \\ &x(t_0) = x_0, \ x(t_1) = x_1.\end{aligned}\right\} \quad (1)$$

ここで関数 $L(t,x,y)$ は $\mathbb{R}^3$ の領域 U 上で定義され連続微分可能であるとする。問題 (1) の弱い極小点を考えてみよう。したがって考える空間は $C_1([t_0,t_1])$ である。

オイラー方程式の導出は 3 つの段階からなっている。最初の段階では，汎関数 $\mathscr{I}$ が第一変分を持っている (ただし，点 $(t, x_*(t), \dot{x}_*(t)), t \in [t_0, t_1]$ が領域 U に常に含まれるような点 $x_*(\cdot)$ において) ことを示し，第一変分に関する必要条件を導出する。まず一変数の次の関数を考えよう。

$$\begin{aligned}\varphi(\lambda) &= \mathscr{I}(x_*(\cdot) + \lambda x(\cdot)) \\ &= \int_{t_0}^{t_1} \Psi(t, \lambda) dt \\ &= \int_{t_0}^{t_1} L(t, x_*(t) + \lambda x(t), \dot{x}_*(t) + \lambda \dot{x}(t)) dt.\end{aligned} \quad (2)$$

これは $x_*(t)$ における点 $x(t)$ 方向への変分 $x(t, \lambda) = x_*(t) + \lambda x(t)$ で生成された関数である。$L, x_*(\cdot), x(\cdot)$ についてのわれわれの仮定から，$\Psi(t, \lambda)$ は λ について微分可能である。さらに，微分係数 $\partial \Psi/\partial \lambda$ は十分小さい λ について連続である。というのは，

$$\begin{aligned}\frac{\partial \Psi(t, \lambda)}{\partial \lambda} &= L_x(t, x_*(t) + \lambda x(t), \dot{x}_*(t) + \lambda \dot{x}(t)) x(t) \\ &\quad + L_{\dot{x}}(t, x_*(t) + \lambda x(t), \dot{x}_*(t) + \lambda \dot{x}(t)) \dot{x}(t)\end{aligned}$$

であるからである。したがってわれわれは (2) の積分を微分することができて，

$$\varphi'(0) = \delta \mathscr{I}(x_*(\cdot), x(\cdot)) = \int_{t_0}^{t_1} (q(t) x(t) + p(t) \dot{x}(t)) dt$$

である。ただしここで，

$$q(t) = L_x(t, x_*(t), \dot{x}_*(t)), \ p(t) = L_{\dot{x}}(t, x_*(t), \dot{x}_*(t))$$

である。

さらに，もし関数 $x_*(t)$ が極小点であったとすれば，それは許容可能である。したがって，次の空間

$$L_0 = \{x(t) \in C_1([t_0, t_1]) | x(t_0) = x(t_1) = 0\}$$

に含まれる任意の関数 $x(t)$ について，関数 $x_*(t) + \lambda x(t)$ は $x_*(t)$ と同じ境界点を通る。$x(t) \in L_0$ だとしよう。もし $x_*(t)$ が問題 (1) の解であったとすれ

2.2 古典的な変分法の基本問題における必要条件の初等的導出法

ば，(2) で定義された関数は 0 で最小値を取るはずである．結果として，われわれは極小点の次の必要条件に到達する．

$$\varphi'(0) = \delta \mathscr{I}(x_*(\cdot), x(\cdot)) = 0, \ \forall x(\cdot) \in L_0. \tag{3}$$

導出の最初の段階はこれで終わった．

次の段階では，空間 L_0 における第一変分の表現を部分積分を用いて変形する．これは 2 つのやり方で行われる．ラグランジュに従えば，第二の項を部分積分で求める．デュボワ＝レーモン (DuBois-Reymond) に従えば，第一の項を部分積分で求める．ラグランジュの方法による変形では追加的な滑らかさの仮定がなされる．それは，関数 $p(t) = L_{\dot{x}}|_{x_*(t)}$ が連続微分可能だという仮定である．この追加的な仮定の下で，われわれは第一変分の式の二番目の項を，$x(\cdot) \in L_0$ の仮定の下で部分積分する．すると，

$$\delta \mathscr{I}(x_*(\cdot), x(\cdot)) = \int_{t_0}^{t_1} a(t) x(t) dt \tag{4}$$

となる．ただしここで，

$$a(t) = q(t) - \dot{p}(t) = \left(-\frac{d}{dt} L_{\dot{x}} + L_x \right) \bigg|_{x_*(t)}$$

である．

今度はデュボワ＝レーモンによる第一変分の変形を記述しよう．そのために，空間 L_0 で最初の項を部分積分してみると，

$$\int_{t_0}^{t_1} q(t) x(t) dt = \int_{t_0}^{t_1} -d\left(\int_{t_0}^{t_1} q(\tau) d\tau \right) x(t)$$
$$= \int_{t_0}^{t_1} \left(\int_t^{t_1} q(\tau) d\tau \right) \dot{x}(t) dt,$$

となるので，第一変分の次の形の表現を得る：

$$\delta \mathscr{I}(x_*(\cdot), x(\cdot)) = \int_{t_0}^{t_1} b(t) \dot{x}(t) dt, \tag{5}$$

ただし，

$$b(t) = \int_t^{t_1} q(\tau) d\tau + p(t) = \int_t^{t_1} L_x|_{x_*(\tau)} d\tau + L_{\dot{x}}|_{x_*(t)}$$

である．

ここでオイラー方程式の導出のための第三の段階に進もう.

ラグランジュの補題. 関数 $a(t)$ が区間 $[t_0, t_1]$ 上で連続で,さらに区間 $[t_0, t_1]$ の端点で 0 になる任意の連続微分可能な関数 $x(t)$ について,次の方程式が成り立つとする:
$$\int_{t_0}^{t_1} a(t)x(t)dt = 0.$$
すると $a(t) \equiv 0$ である。

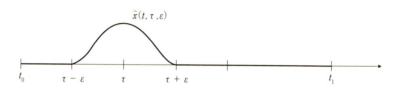

図 2

証明. 関数 $a(t)$ は連続であるため,$a(t) \equiv 0$ であることを区間 $[t_0, t_1]$ の内部でだけ確認すれば十分である。そこでどこかの内点 τ で $a(\tau) \neq 0$ となったとしよう。一般性を失うことなく,$a(\tau) > 0$ を仮定する。そこで十分小さく $\varepsilon > 0$ を取って,区間 $\Delta_0 = [\tau - \varepsilon, \tau + \varepsilon]$ は $[t_0, t_1]$ に完全に含まれ,また $a(t)$ はこの区間上である正の定数 α よりも大きいと仮定できる。よって任意の非負で,ただし恒等的に 0 ではなく,有限値で台が Δ_0 に含まれるような関数を $C_1([t_0, t_1])$ より取ってこよう。例えば次のようにすればよい (図 2)。
$$\tilde{x}(t) = \tilde{x}(t, \tau, \varepsilon) = \begin{cases} (t - \tau + \varepsilon)^2(t - \tau - \varepsilon)^2, & t \in \Delta_0, \\ 0, & t \notin \Delta_0. \end{cases}$$
ここで積分法の平均値の定理を使うと,次を得る。
$$\int_{t_0}^{t_1} a(t)\tilde{x}(t)dt = \int_{\Delta_0} a(t)\tilde{x}(t)dt \geq \alpha \int_{\Delta_0} \tilde{x}(t)dt > 0.$$
これは矛盾であるため,補題は証明された。■

2.2 古典的な変分法の基本問題における必要条件の初等的導出法　127

いまやわれわれは，ラグランジュの方法によるオイラー方程式の導出を完結できるようになった．最初の段階で，$x_*(t)$ が問題 (1) の解ならば，等式 (3) が成り立つことを示した．二番目の段階で，われわれは第一変分が部分空間 L_0 内で (4) の形に表せることを示した (これは追加的な仮定の下で正しい)．この 2 つをラグランジュの補題と結びつけると，われわれは次の結論に至る．もし $x_*(t)$ が問題 (1) の解であるならば，次の関係が成り立つ必要がある：

$$\left(-\frac{d}{dt}L_{\dot{x}} + L_x\right)\bigg|_{x_*(t)} = -\frac{d}{dt}L_{\dot{x}}(t, x_*(t), \dot{x}(t)) + L_x(t, x_*(t), \dot{x}_*(t)) = 0.$$

この関係は問題 (1) の**ラグランジュ形式のオイラー方程式**と呼ばれる．

証明の中で極小点 $x_*(t)$ の $\tilde{x}(t, \tau, \varepsilon)$(図 2 の関数) 方向への変分 $x(t, \lambda) = x_*(t) + \lambda\tilde{x}(t, \tau, \varepsilon)$ を用いたことはきちんと押さえておこう．

同じ方程式をデュボワ＝レーモンの方法で求めるために，次の補題を証明しよう．

デュボワ＝レーモンの補題．関数 $b(t)$ が区間 $[t_0, t_1]$ 上で連続だとする．仮に，平均が 0 であるような任意の連続関数 $v(t)$ に対して次の方程式：

$$\int_{t_0}^{t_1} b(t)v(t)dt = 0$$

が成り立っていたとすれば，$b(t) = b_0 = \text{const.}$ である．

ここで $v(t)$ の平均が 0 というのは

$$\int_{t_0}^{t_1} v(t)dt = 0$$

という意味であることに注意せよ．

証明．補題の結論が正しくないとしよう．すると区間 $[t_1, t_2]$ の内部に $b(\tau_1) \neq b(\tau_2)$ を満たす 2 点 τ_1, τ_2 がなければいけない．$\tau_1 < \tau_2$ かつ $b(\tau_1) > b(\tau_2)$ であるとしよう．$\varepsilon > 0$ を十分小さく取って，区間

$$\varDelta_1 = [\tau_1 - \varepsilon, \tau_1 + \varepsilon]$$

および
$$\varDelta_2 = [\tau_2 - \varepsilon, \tau_2 + \varepsilon]$$
が互いに交わらず，共に区間 $[t_0, t_1]$ に含まれ，さらに次の不等式：
$$\beta_1 = \min_{t \in \varDelta_1} b(t) > \max_{t \in \varDelta_2} b(t) = \beta_2$$
が成り立つようにする。これは明らかに可能である。今度は $\varDelta_1 \cup \varDelta_2$ の外では常に 0 で，$\varDelta_1$ 上では非負かつ恒等的に 0 ではなく，逆に $\varDelta_2$ 上では非正で恒等的に 0 でないような関数 $\tilde{v}(t)$ を考える。そのような関数の例としては，例えば
$$\tilde{v}(t) = \tilde{v}(t, \tau_1, \tau_2, \varepsilon) = \begin{cases} (t - \tau_1 + \varepsilon)^2(-t + \tau_1 + \varepsilon)^2, & t \in \varDelta_1, \\ -(t - \tau_2 + \varepsilon)^2(-t + \tau_2 + \varepsilon)^2, & t \in \varDelta_2, \\ 0, & t \in [t_0, t_1] \setminus (\varDelta_1 \cup \varDelta_2) \end{cases}$$
などがある。再び平均値の定理より，
$$\int_{t_0}^{t_1} b(t)\tilde{v}(t)dt = \int_{\varDelta_1} b(t)\tilde{v}(t)dt + \int_{\varDelta_2} b(t)\tilde{v}(t)dt$$
$$\geq (\beta_1 - \beta_2) \int_{\varDelta_1} \tilde{v}(t)dt > 0,$$
を得るが，これは矛盾である。以上で補題の証明が完成した。■

関係 (3) と (5) をデュボワ＝レーモンの補題と比べると，われわれは $x_*(t)$ が問題 (1) の解であれば，次の関係
$$\int_t^{t_1} q(\tau)d\tau + p(t) = c_0$$
が常に成り立つことがわかる。より詳細には，
$$\int_t^{t_1} L_x(\tau, x_*(\tau), \dot{x}_*(\tau))d\tau + L_{\dot{x}}(t, x_*(t), \dot{x}_*(t)) = c_0,$$
である。この関係をデュボワ＝レーモン型のオイラー方程式と呼ぶ。

上の関係の最初の項は微分することができるため，二番目の項は連続微分可能である[1]。

従って，われわれは次の命題を得る。

命題 1. 問題 (1) のラグランジアン L が領域 $U \subset \mathbb{R}^3$ 上で連続微分可能であり，また $x_*(\cdot) \in C_1([t_0, t_1])$ について $(t, x_*(t), \dot{x}_*(t)), t \in [t_0, t_1]$ はその領域に所属しているとする。関数 $x_*(t)$ が問題 (1) の弱い極小点であるためには，次のラグランジュ型のオイラー方程式が成り立つことが必要である。

$$-\frac{d}{dt}L_{\dot{x}}(t, x_*(t), \dot{x}_*(t)) + L_x(t, x_*(t), \dot{x}_*(t)) = 0. \tag{6}$$

オイラー方程式を満たすような関数 $x_*(t)$ は**極値**と呼ばれる。

いくつかの特別な場合に，オイラー方程式は簡単に積分を決定してしまうことを見ておこう。

系 1. 関数 L が $\dot{x}$ に依存しないならば，$x_*(t)$ が極値であることの必要条件は次の関係が成り立つことである：

$$L_x(t, x_*(t)) = 0, \ t \in [t_0, t_1]. \tag{7}$$

系 2. 関数 L が x に依存しないならば，オイラー方程式は次の解を許容する。この式は力学において「運動量積分」と呼ばれる。

$$p(t) = L_{\dot{x}}(t, \dot{x}_*(t)) \equiv p_0 = \text{const.}$$

系 3. 関数 L が t に依存しないならば，オイラー方程式はエネルギー積分

$$H(t) = p(t)\dot{x}_*(t) - L(x_*(t), \dot{x}_*(t))$$

---

1) （訳注）これはラグランジュのやり方では仮定であったが，今回は証明できる事実であることに注意。

$$= L_{\dot{x}}(x_*(t), \dot{x}_*(t))\dot{x}_*(t) - L(x_*(t), \dot{x}_*(t)) \equiv H_0 = \text{const.}$$

を許容する。

系1と系2は(6)からただちに従う。系3を証明するためには，微分 dH/dt を取って，(6)を用いてそれが0であることを示す必要がある。

ここまでで，極値 $x_*(t)$ についての二階の微分方程式 (6) 式を得ることができた。この方程式の一般解は2つの定数に依存しており，それらは境界条件を決定する数である。

今度は基本的なボルツァの問題

$$\mathscr{B}(x(\cdot)) = \psi_0(x(t_0)) + \psi_1(x(t_1)) + \int_{t_0}^{t_1} L(t, x(t), \dot{x}(t))dt \to \inf; \quad (8)$$

において極小点の必要条件の導出をざっと述べよう。ただしここでは問題 (1) と違って，境界条件がない代わりに，汎関数が終端項を含んでいる。

証明の段階は同様である。まず (8) 式に出てくるすべての関数が連続微分可能であることを仮定すれば，ψ_0, ψ_1 および L の微分可能な定義域に収まる $x_*(t)$ についての $\mathscr{B}$ の第一変分が存在することは簡単に確かめられる。そしてその第一変分は，

$$\begin{aligned}
\delta\mathscr{B}(x_*(\cdot), x(\cdot)) &= \psi_0'(x_*(t_0))x(t_0) + \psi_1'(x_*(t_1))x(t_1) + \delta\mathscr{I}(x_*(\cdot), x(\cdot)) \\
&= \psi_0|_{x_*(t_0)} x(t_0) + \psi_1|_{x_*(t_1)} x(t_1) \\
&\quad + \int_{t_0}^{t_1} (L_x|_{x_*(t)} x(t) + L_{\dot{x}}|_{x_*(t)} \dot{x}(t))dt. \quad (9)
\end{aligned}$$

となる。そこでもし $x_*(t)$ が問題 (8) の解であるならば，当然ながら，

$$\begin{aligned}
&\delta\mathscr{B}(x_*(\cdot), x(\cdot)) = 0, \\
&\forall x(\cdot) \in C_1([t_0, t_1]).
\end{aligned} \quad (10)$$

となるはずである。この $\delta\mathscr{B}$ と $\delta\mathscr{I}$ は部分空間 L_0 では以前に導出したものと一致する。したがって，命題1より，$L_{\dot{x}}|_{x_*(t)} = p(t)$ は連続微分可能な関数であり，オイラー方程式 (6) が成り立つ。(9) 式の第一変分 $\delta\mathscr{B}(x_*(\cdot), x(\cdot))$

の表現をラグランジュのやり方と部分積分公式を使い，オイラー方程式を用いて整理すると，次の式を得る．

$$\delta \mathscr{B}(x_*(\cdot), x(\cdot)) = (\psi_0'(x_*(t_0)) - p(t_0))x(t_0) + (\psi_1'(x_*(t_1)) + p(t_1))x(t_1).$$

すると (10) 式より，次がわかることになる．

$$\psi_0'(x_*(t_0)) = p(t_0), \quad -\psi_1'(x_*(t_1)) = p(t_1).$$

以上で，次の命題が示せた．

命題 2. ボルツァの問題 (8) の ψ_0, ψ_1, L が連続微分可能であるとする．このとき関数 $x_*(t)$ が問題 (8) の弱い極小点であるためには，次のオイラー方程式，

$$\left. \left(-\frac{d}{dt} L_{\dot{x}} + L_x \right) \right|_{x_*(t)} = 0 \tag{11}$$

および境界条件

$$\begin{aligned} p(t_0) &= L_{\dot{x}}|_{x_*(t_0)} = \psi_0'(x_*(t_0)), \\ p(t_1) &= L_{\dot{x}}|_{x_*(t_1)} = -\psi_1'(x_*(t_1)) \end{aligned} \tag{12}$$

を満たす必要がある．

われわれが上で述べたことはすべて，簡単にベクトルの場合に拡張できる．例えば，基本ベクトル問題を考えよう．つまり (1) の問題で $x(\cdot) \in C_1^n([t_0, t_1])$, $x_0 \in \mathbb{R}^n$, $x_1 \in \mathbb{R}^n$, $L : \mathbb{R} \times \mathbb{R}^n \times \mathbb{R}^n \to \mathbb{R}$ であるときを考える．するとわれわれはベクトルの記法で書かれた (6) の形式のオイラー方程式を得る．これは n 個の二次の方程式の系になっており，

$$-\frac{d}{dt} L_{\dot{x}^i}(t, x^1, ..., x^n, \dot{x}^1, ..., \dot{x}^n) + L_{x^i}(t, x^1, ..., x^n, \dot{x}^1, ..., \dot{x}^n) = 0 \tag{6$'$}$$

となる．ただし $i = 1, ..., n$ である．この方程式の一般解は $2n$ 個のパラメータに依存しており，それは境界条件で決定される．

似たような状況が基本的なボルツァの問題でも現れる．(8) 式で，$x(\cdot) \in C_1^n([t_0, t_1])$, $\psi_0 : \mathbb{R}^n \to \mathbb{R}$, $\psi_1 : \mathbb{R}^n \to \mathbb{R}$, $L : \mathbb{R} \times \mathbb{R}^n \times \mathbb{R}^n \to \mathbb{R}$ とする．す

るとやはりオイラー方程式は (11) 式をベクトルの記法で書いたものと同じになり，(12) 式もベクトルの条件として，同じ形式になる。

この主張の証明は読者に残しておく。

2.2.2 例による説明，および議論

基本問題におけるオイラー方程式は，序章で議論したフェルマーの方程式 $f'(x_*) = 0$ の完全なアナローグである。これを見るために，今度はオイラー方程式の「初等的でない」汎関数的な導出法をやってみよう。

まず前節でも言及した $C_1([t_0, t_1])$ の部分空間 L_0 を考えよう。問題 (1) を，次のような制約なしの問題に書き換えてみる：

$$f(x(\cdot)) = \int_{t_0}^{t_1} L(t, x_*(t) + x(t), \dot{x}_*(t) + \dot{x}(t))dt \to \inf; \tag{13}$$

ただし $x_*(t)$ は問題 (1) の極小点であろうと思われる点であり，$x(\cdot) \in L_0$ である。

0.2 節の例 8 ですでにやったのとまったく同じようにして，われわれは (13) 式の汎関数 f は L_0 上でフレシェ微分可能であり，0 におけるその微分は次の形：

$$\langle f'(0), x(\cdot) \rangle = \int_{t_0}^{t_1} (q(t)x(t) + p(t)\dot{x}(t))dt,$$

を持つことを示せる。ただし関数 $q(t)$ と $p(t)$ は前節と同様である。

フェルマーの方程式 $f'(0) = 0$ は以下と同値である：

$$\int_{t_0}^{t_1} (q(t)x(t) + p(t)\dot{x}(t))dt = 0, \ \forall x(\cdot) \in L_0. \tag{14}$$

この (14) の最初の項をデュボワ＝レーモンの方法で積分し，さらに平均が 0 であるような任意の関数 $y(t)$ は $y(t) = \dot{x}(t), x(\cdot) \in L_0$ という形で取れることに注意すると，われわれは $C([t_0, t_1])$ 上で次の線形汎関数：

$$\int_{t_0}^{t_1} \left(\int_t^{t_1} q(\tau)d\tau + p(t) \right) y(t)dt$$

が $C([t_0, t_1])$ に所属する

$$\int_{t_0}^{t_1} y(t)dt = 0$$

となるような $y(t)$ の作る部分空間上で 0 になるという結果を得る。

2.2 古典的な変分法の基本問題における必要条件の初等的導出法　　133

零化集合の補題の系 (0.1 節を見よ) から[2]，ただちに次の結果：

$$\int_t^{t_1} q(\tau)d\tau + p(t) = \lambda_0,$$

を得る．これがオイラー方程式である．

つまり，変分法の基本問題の条件は，多変数関数の制約なしの極小点を求める問題の無限次元空間におけるアナローグなのである．ただし，古典解析の問題と比べると，変分法の問題には特有の現象がある．その現象は，これらの問題の特異な特徴と関連している．例によって説明してみよう．

例 1. 次の問題において，オイラー方程式の解は存在し，一意であり，絶対極点を与える．

$$\mathscr{I}_1(x(\cdot)) = \int_0^1 \dot{x}^2(t)dt \to \inf;\ x(0) = x(1) = 0.$$

この場合，オイラー方程式は $\ddot{x} = 0$ である．境界条件を満たすこの方程式の解はただひとつであり，それは $x_*(t) \equiv 0$ である．明らかにこれは問題の絶対極点である．

例 2. 次の問題において，オイラー方程式の解は存在し，一意であり，弱い極小点であるが，強い極小点ではない．

$$\mathscr{I}_2(x(\cdot)) = \int_0^1 \dot{x}^3(t)dt \to \inf;$$
$$x(0) = 0, x(1) = 1.$$

ここでオイラー方程式は $d(3\dot{x}^2)/dt = 0$ である．境界条件を満たすこれの唯一の解は $x_*(t) = t$ である．関数 $x(t)$ が $C_1([0,1])$ に所属し，さらに $x(0) = x(1) = 0$ であったとしよう．すると関数 $x_*(t) + x(t)$ は許容可能である．このとき，

$$\mathscr{I}_2(x_*(\cdot) + x(\cdot)) = \int_0^1 \left(\frac{d}{dt}(t + x(t))\right)^3 dt$$

---

[2] (訳注) $\Lambda(y) = \int_{t_0}^{t_1} y(t)dt$ と置いてみよ．

$$= \mathscr{I}_2(x_*(\cdot)) + 3\int_0^1 \dot{x}(t)dt + \int_0^1 (3\dot{x}^2(t) + \dot{x}^3(t))dt$$
$$= \mathscr{I}_2(x_*(\cdot)) + \int_0^1 (3\dot{x}^2(t) + \dot{x}^3(t))dt$$

である。

よって，もし
$$3\dot{x}^2(t) + \dot{x}^3(t) \geq 0$$
だった場合，特に
$$\|x(\cdot)\|_1 \leq 3$$
のときには，$\mathscr{I}_2(x_*(\cdot) + x(\cdot)) \geq \mathscr{I}_2(x_*(\cdot))$ であり，よって関数 $x_*(t) = t$ はこの問題の弱い極小点である。

一方で，次の結果が得られる：
$$\mathscr{I}_2(x_n(\cdot)) = -\sqrt{n} + O(1) \to -\infty,$$
ただしここで関数列
$$x_n(t) = x_*(t) + h_n(t)$$
であり，$h_n(0) = h_n(1) = 0$ で，
$$\dot{h}_n(t) = \begin{cases} -\sqrt{n}, & 0 \leq t \leq 1/n, \\ \sqrt{n}(n-1)^{-1}, & 1/n < t \leq 1 \end{cases}$$
である。

$n \to \infty$ のとき，$C([0,1])$ の距離で，関数 $h_n(t)$ がいくらでも 0 に近づくことを注記しておこう。この事実は，強い極小点が存在しないこと，および $\inf \mathscr{I}_2 = -\infty$ であることを示している。前者はワイエルシュトラスの条件が満たされていないことから起こり，後者の理由はボゴリューボフ (Bogolyubov) の定理にある (9.2.4 項を見よ)。

例 3. 次の問題において，オイラー方程式の解は存在し，一意であり，絶対極点であるが，しかし C_1 のクラスに属さない。
$$\mathscr{I}_3(x(\cdot)) = \int_0^1 t^{\frac{2}{3}} \dot{x}^2(t) dt \to \inf;$$

2.2 古典的な変分法の基本問題における必要条件の初等的導出法 135

$$x(0) = 0, \ x(1) = 1.$$

この例はヒルベルトによる．ここで，オイラー方程式は次の形：

$$\frac{d}{dt}(2t^{\frac{2}{3}}\dot{x}) = 0$$

を取る．この一般解は $x(t) = Ct^{\frac{1}{3}} + D$ である．曲線 $x_*(t) = t^{\frac{1}{3}}$ は与えられた点を通る．この関数が問題の絶対極点であることを直接計算して確かめることは簡単である．しかし，この関数は連続微分可能ではない．

例 **4**(共役点)．

$$\mathscr{I}_4(x(\cdot)) = \int_0^T (\dot{x}^2(t) - x^2(t))dt \to \inf; \ x(0) = x(T) = 0.$$

まず，もし $T \leq \pi$ であるならば，この汎関数の下の限界は 0 である，ということを示そう．このためには，汎関数 $\mathscr{I}_4$ を部分空間 $L_0 = \{x(t) \in C_1([0,T]) | x(0) = x(T) = 0\}$ において，次の形に落とすことができればよい[3]．

$$\int_0^T (\dot{x}(t) - x(t) \cdot \cot t)^2 dt.$$

こうだとすれば，もし $T < \pi$ であれば関数 $x_*(t) \equiv 0$ が唯一の最小点であり，$T = \pi$ ならすべての最小点は $x_*(t, C) = C\sin t$ で表される (注記しておくと，$x(t) \in C_1$ であり $x(0) = x(T) = 0$ だから，$T \leq \pi$ では関数 $\cot t \cdot x(t)$ は $[0, T]$ 上でひとつも特異点を持たない)．実際，部分積分公式から，

$$\int_0^T (\dot{x} - x\cot t)^2 dt = \int_0^T (\dot{x}^2 + x^2\cot^2 t - 2x\dot{x}\cot t)dt$$
$$= \int_0^T (\dot{x}^2 + x^2(\cot^2 t - 1/\sin^2 t))dt$$
$$= \int_0^T (\dot{x}^2 - x^2)dt,$$

となって，先ほどの形が正しいことがわかる．

---

[3] (訳注) ここにある $\cot t$ は英訳版では $\text{ctg } t$ と書かれていたが，日本で定番として使われる記法に改めた．定義はいつも通り $\frac{\cos t}{\sin t}$ である．

今度は $T > \pi$ の場合を考えよう.このときは,もし $x(t,\lambda) = \lambda\sin(\pi t/T)$ であれば,

$$\mathscr{I}_4(x(\cdot,\lambda)) = \frac{T\lambda^2}{2}(\pi^2/T^2 - 1) \to -\infty \text{ as } \lambda \to \infty$$

となる.汎関数 $\mathscr{I}_4$ は小さな λ に対してマイナスになり,そして関数 $x(t,\lambda)$ は $C_1([t_0,t_1])$ の距離でいくらでも 0 に近くできる.よって,極値 $x_*(t) = 0$ はもはや弱い極小点ですらなくなる.

いま考えている汎関数に対するオイラー方程式は $\ddot{x} + x = 0$ の形を取る.この方程式の非自明な解で $x(0) = 0$ という条件を満たすものの零点は共役点 (conjugate point) と呼ばれる.この場合,それらの解は $x(t,C) = C\sin t$ の形を取る.最も重要なことは,最初の共役点が区間 $[0,T]$ 上に属するか否かである.共役点に関係する最小点の条件であるヤコビの条件は 2.2.5 節で扱う.

結果を要約しよう.われわれは次のような場合に分かれることを見た.
——オイラー方程式のただひとつの解が強い極小点でも,弱い極小点でもない場合.これは $T > \pi, T \neq k\pi$ の場合である.
——無限個の解が存在し,すべてが問題の絶対最小点である場合.これは $T = \pi$ の場合である.
——無限個の解が存在するが,しかしそれらはどれひとつとして強い極値でも弱い極値でもない場合.これは $T > \pi, T = k\pi, k > 1$ の場合である.

例 5. 次の問題ではオイラー方程式が解を持たない,どころか絶対連続な解すら存在しない (例 3 と比較せよ).

$$\mathscr{I}_5(x(\cdot)) = \int_0^1 t^2\dot{x}^2(t)dt \to \inf;\ x(0) = 0,\ x(1) = 1.$$

この例はワイエルシュトラスによって作られた.これはディリクレの原理にリーマンが与えた正当化に対する反論として作られたものである.

ここで,オイラー方程式は $d(2t^2\dot{x})/dt = 0$ である.この一般解は $x(t) = Ct^{-1} + D$ である.われわれが通ることを必要とする点を通る曲線はこの族の中に存在しない.それどころか,この問題の解は絶対連続関数のクラスにすらひとつもないのである.これはなぜかというと,あらゆる関数について

$\mathscr{I}_5(x(\cdot)) > 0$ となるが,一方で問題の値は 0 だからである.実際,ワイエルシュトラスの最小化列を取ってみよう[4]。

$$x_n(t) = \arctan nt / \arctan n$$

あるいは $x_n(t) = t^{1/n}$, あるいはもっと単純に,

$$y_n(t) = \begin{cases} nt, & 0 \le t \le 1/n, \\ 1, & 1/n \le t \le 1, \end{cases}$$

などとすると,$\mathscr{I}_5(x_n(\cdot)) \to 0$(あるいは $\mathscr{I}_5(y_n(\cdot)) \to 0$) を得ることができる.

例 3 と例 5 は問題 55 の特別な場合である.これらは 9.2 節で議論される.同じ節において,われわれはなぜワイエルシュトラスの例で解がなくなるのか,その理由を説明する.

2.2.3 ワイエルシュトラスの必要条件

オイラー方程式と違い,ワイエルシュトラスの条件は強い極小点についての条件である.この条件を出すに当たっては,ある特別な変分を採用するのがよい.その変分はワイエルシュトラス自身が用いたので,われわれはワイエルシュトラスの変分と呼ぶことにする.ワイエルシュトラスの変分の定義に現れる追加的な項の微分は針のような形をしている.パラメータ λ が 0 に近づくにしたがって,その針はより狭くなるのだが,一様位相の距離について減少はしない.2.4 節において基本的な形の最大値原理を導出する際,われわれはこれと似たような変分を使うことになるだろう.

$f(x)$ は直線上で定義された滑らかな関数であるとしよう.このとき,次の形の二変数関数 $\mathscr{E}_f(x, \xi) : \mathbb{R} \times \mathbb{R} \to \mathbb{R}$:

$$\mathscr{E}_f(x, \xi) = f(\xi) - f(x) - f'(x)(\xi - x) \tag{15}$$

を関数 f のワイエルシュトラス関数と呼ぶ.

---

[4] (訳注) これも英訳版では arctg nt などと書かれていたが,日本での定番である arctan に直してある.

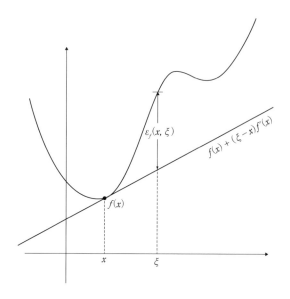

図 3

　幾何学的には，$\mathscr{E}(x,\xi)$ は ξ における f の値と，x における f の接線の ξ における値の差である (図3)。ここから，特に f が凸であるときには，ワイエルシュトラス関数は非負であることがわかる。

　この定義は簡単に有限次元の場合に拡張できる。$X = \mathbb{R}^n$ とし，$f : \mathbb{R}^n \to \mathbb{R}$ が滑らかな関数であるとしよう。次の関数：

$$\mathscr{E}_f(x,\xi) : \mathbb{R}^n \times \mathbb{R}^n \to \mathbb{R}$$

を次の等式で定義する。

$$\mathscr{E}_f(x,\xi) = f(\xi) - f(x) - (f'(x)|\xi - x). \qquad (15')$$

これをワイエルシュトラス関数と呼ぶ。

　まず基本問題 (1) について，ワイエルシュトラスの必要条件を導出してみよう。そのためには，次のような滑らかさの条件 (変分法ではよくある) が成り立つことを仮定しなければいけない：被積分関数は $\mathbb{R}^3$ の領域 U 上で連

2.2 古典的な変分法の基本問題における必要条件の初等的導出法

続微分可能であり，これは $(t, x_*(t), \dot{x}_*(t)), t \in [t_0, t_1]$ をすべて含む．さらに $x_*(t) \in C_1([t_0, t_1])$ である．ここで四変数の次の関数を被積分関数 L のワイエルシュトラス関数と呼ぶ．

$$\mathscr{E}(t, x, \dot{x}, \xi) = L(t, x, \xi) - L(t, x, \dot{x}) - (\xi - \dot{x}) L_{\dot{x}}(t, x, \dot{x}). \tag{16}$$

これが最後の変数 $\dot{x}$ についてだけ考え，他の変数 t と x を固定したときのワイエルシュトラス関数 $\mathscr{E}_L$ であることはわかるであろう．われわれのゴールは次の主張である．

命題 3. L の滑らかさと $x_*(\cdot)$ についての上で述べた条件の下で，関数 $x_*(t)$ が問題 (1) の極値であったとする．すると関数 $x_*(\cdot)$ が問題 (1) の強い極小点であるためには，次の不等式が任意の $t \in (t_0, t_1)$ および任意の実数 ξ について成り立つことが必要である：

$$\mathscr{E}(t, x_*(t), \dot{x}_*(t), \xi) \geq 0. \tag{17}$$

最後の関係を問題 (1) の強い極小点についてのワイエルシュトラスの条件と呼ぶ．

ワイエルシュトラスの条件は被積分関数 L が $\dot{x}$ について凸であれば常に成り立つことに注意しておこう．そのような被積分関数は準正則 (quasiregular) であると言われる．

証明． ワイエルシュトラスの変分のクラスを記述する必要がある．まず $\tau \in (t_0, t_1)$ としよう．$\tau + \varepsilon < t_1$ となるような $\varepsilon > 0$ をひとつ選ぶ．λ を 0 から ε までの間の数としよう．そこで $h(t, \lambda)$ を次のような関数として定義する：

$$h(t, \lambda) = \begin{cases} 0, & \text{if } t \notin [\tau, \tau+\varepsilon], \\ \lambda \xi, & \text{if } t = \tau + \lambda, \xi \in \mathbb{R}, \end{cases}$$

そして，区間 $[\tau, \tau+\lambda]$ と $[\tau+\lambda, \tau+\varepsilon]$ では $h(\cdot, \lambda)$ が線形になるとしよう．

図 4 は，h とその微分の形を描いている．関数 h の微分は針を連想させ，(すでに述べたように) それがわれわれがこのタイプの変分を「針状」変分と

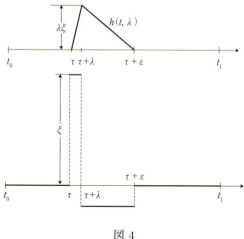

図 4

呼ぶ理由となっている。そこで，ワイエルシュトラスの変分は次のように作られる。
$$x(t, \lambda) = x_*(t) + h(t, \lambda).$$
関数 $x(t, \lambda)$ は $x_*(t)$ と同じ二点を結ぶ (そして連続微分可能ではないが，しかし $W_{\infty,1}$ に所属しており，そして汎関数 $\mathscr{I}$ がそこで定義されているという意味で，許容可能である)。

次の関数を構成しよう。
$$\varphi(\lambda) = \mathscr{I}(x(\cdot, \lambda)).$$
これをもっと詳しく書くと，
$$\begin{aligned}
\varphi(\lambda) &= \int_{t_0}^{t_1} L(t, x(t, \lambda), \dot{x}(t, \lambda)) dt \\
&= \mathscr{I}(x_*(\cdot)) + \int_{\tau}^{\tau+\lambda} L(t, x_*(t) + (t-\tau)\xi, \dot{x}_*(t) + \xi) dt \\
&\quad + \int_{\tau+\lambda}^{\tau+\varepsilon} L(t, x_*(t) + \lambda\xi - \lambda\xi(\varepsilon-\lambda)^{-1}(t-\tau-\lambda), \dot{x}_*(t) - \lambda\xi(\varepsilon-\lambda)^{-1}) dt \\
&\quad - \int_{\tau}^{\tau+\varepsilon} L(t, x_*(t), \dot{x}_*(t)) dt
\end{aligned}$$
となる。

2.2 古典的な変分法の基本問題における必要条件の初等的導出法

この $\varphi(\lambda)$ をパラメータ λ で微分して $\lambda = 0$ と置くことで，われわれは次の評価を得る．

$$\varphi'(+0) = L(\tau, x_*(\tau), \dot{x}_*(\tau) + \xi) - L(\tau, x_*(\tau), \dot{x}_*(\tau))$$
$$+ \xi \int_\tau^{\tau+\varepsilon} L_x|_{x_*(t)} dt - \xi\varepsilon^{-1} \int_\tau^{\tau+\varepsilon} L_{\dot{x}}|_{x_*(t)} dt + O(\varepsilon).$$

ここで $x_*(t)$ が極値である，つまりオイラー方程式を満たすという事実を使おう．デュボワ＝レーモンの形式がここではより有益である：

$$\int_t^{t_1} L_x|_{x_*(\tau)} d\tau + L_{\dot{x}}|_{x_*(t)} = c_0.$$

この関係を活用すると，われわれは次の等式を得る．

$$\int_\tau^{\tau+\varepsilon} L_x|_{x_*(\tau)} d\tau = L_{\dot{x}}(\tau+\varepsilon, x_*(\tau+\varepsilon), \dot{x}_*(\tau+\varepsilon)) - L_{\dot{x}}(\tau, x_*(\tau), \dot{x}_*(\tau)).$$

したがって，

$$\varphi'(+0) = L(\tau, x_*(\tau), \dot{x}_*(\tau) + \xi) - L(\tau, x_*(\tau), \dot{x}_*(\tau))$$
$$- \xi L_{\dot{x}}(\tau, x_*(\tau), \dot{x}_*(\tau))$$
$$+ \xi L_{\dot{x}}(\tau+\varepsilon, x_*(\tau+\varepsilon), \dot{x}_*(\tau+\varepsilon))$$
$$- \xi\varepsilon^{-1} \int_\tau^{\tau+\varepsilon} L_{\dot{x}}(t, x_*(t), \dot{x}_*(t)) dt + O(\varepsilon)$$

を得る．

もし $x_*(t)$ が問題 (1) の強い極小点であるならば，$\varphi'(+0) \geq 0$ が成り立っていなければならない．これを $\varepsilon \to 0$ としたときの極限を取ることで，次の不等式

$$L(\tau, x_*(\tau), \dot{x}_*(\tau) + \xi) - L(\tau, x_*(\tau), \dot{x}_*(\tau)) - \xi L_{\dot{x}}(\tau, x_*(\tau), \dot{x}_*(\tau)) \geq 0$$

を得るが，これが求めたかったワイエルシュトラスの条件であった．■

ここで考えたすべてのことは非常に簡単に基本ベクトル問題まで一般化できる．次の $3n+1$ 変数の関数は基本ベクトル問題のワイエルシュトラス関数

である。

$$\mathscr{E}(t,x,\dot{x},\xi) = L(t,x,\xi) - L(t,x,\dot{x}) - (\xi - \dot{x}|L_{\dot{x}}(t,x,\dot{x})).$$

ワイエルシュトラスの変分は同じ形を持つ。

$$x(t,\lambda) = x_*(t) + h(t,\lambda).$$

ただし，ここで関数 $h(t,\lambda)$ は以前のように3つのパラメータに依存するのではなく，$n+2$ 個のパラメータに依存している (なぜならここで $\xi = (\xi_1,...,\xi_n)$ はベクトルだからである)。この結果，われわれは前と完全に同じ形のワイエルシュトラスの条件に到達する。つまり，基本的なベクトル問題の極値 $x_*(t)$ が強い極小点であるためには，次の不等式が成り立つことが必要である。

$$\mathscr{E}(t,x_*(t),\dot{x}_*(t),\xi) \geq 0,\ \forall \xi \in \mathbb{R}^n,\ t \in (t_0,t_1).$$

先に，ワイエルシュトラスの必要条件は準正則な汎関数については常に成り立つと述べた。9.2.4 項において，われわれはボゴリューボフによる重要な定理を示すが，これによると，任意の変分法の基本的なベクトル問題には，それと同値な問題で準正則な被積分関数を持つものが存在する。したがって，少なくとも理論的には，ワイエルシュトラスの必要条件は常に成り立つと仮定してよい。

2.2.4 ルジャンドルの条件

ルジャンドル (Legendre) の条件，および次の節で議論するヤコビ (Jacobi) の条件は，「二階の」条件である。つまり，これらは第二変分に関係している。古典的な変分法の汎関数については，第二変分は二次汎関数になり，ルジャンドルおよびヤコビの条件はこの汎関数が非負であるという条件である。6.2 節および 6.3 節では二次汎関数の理論のみに充てられる。これらの節の理論によって，古典的な変分法の一般的な問題についてルジャンドルおよびヤコビの条件を得ることができる。が，ここでは基本問題のみに限定して議論しよう。

問題 (1) を考える。まず，問題 (1) の定義に現れる汎関数 $\mathscr{I}(x(\cdot))$ の第二変分を評価しよう。ここで，被積分関数 $L(t,x,y)$ には追加的な滑らかさの仮

2.2 古典的な変分法の基本問題における必要条件の初等的導出法

定が必要になる。この節と次の節の計算を完全に自由に行うためには，ラグランジアン L は $(t, x_*(t), \dot{x}_*(t)), t \in [t_0, t_1]$ を含む領域 $U \subset \mathbb{R}^3$ 内で三階連続微分可能である必要がある。さらに $x_*(t)$ は二階連続微分可能な関数でなければならない。この関数 $x_*(t)$ は極値である，つまりオイラー方程式

$$\left(-\frac{d}{dt}L_{\dot{x}} + L_x\right)\bigg|_{x_*(t)} = 0$$

を満たすと仮定される。

これらの仮定の下で，次の関数

$$\begin{aligned}\varphi(\lambda) &= \mathscr{I}(x_*(\cdot) + \lambda x(\cdot)) \\ &= \int_{t_0}^{t_1} L(t, x_*(t) + \lambda x(t), \dot{x}_*(t) + \lambda \dot{x}(t)) dt \end{aligned} \quad (18)$$

は積分下で二階微分可能である。実行してみると，初等的な計算の下にわれわれは以下の式を得る[5]。

$$\begin{aligned}\mathscr{K}(x(\cdot)) &= \delta^2 \mathscr{I}(x_*(\cdot), x(\cdot)) = \int_{t_0}^{t_1} K(t, x(t), \dot{x}(t)) dt \\ &= \int_{t_0}^{t_1} (A(t)\dot{x}^2(t) + B(t)x^2(t) + 2C(t)x(t)\dot{x}(t)) dt \\ &= \int_{t_0}^{t_1} \left(A(t)\dot{x}^2(t) + \left(B(t) - \frac{d}{dt}C(t)\right) x^2(t)\right) dt. \end{aligned} \quad (19)$$

ただしここで，

$$A(t) = L_{\dot{x}\dot{x}}|_{x_*(t)},\ B(t) = L_{xx}|_{x_*(t)},\ C(t) = L_{\dot{x}x}|_{x_*(t)}$$

である。

$x_*(t)$ は極値なので，第一変分 $\delta \mathscr{I}(x_*(\cdot), x(\cdot))$ は区間 $[t_0, t_1]$ の端点で 0 になる任意の関数 $x(t)$ について 0 でなければならない (2.2.1 項でこのような関数の集合を L_0 と書いた。) 今言ったことから，$\varphi(\lambda)$ は $x(t) \in L_0$ である限りにおいて 0 の点で 0 を微分の値として持たなければならない。一変数関数の

---

[5] （訳注）なお，この時点ではまだ言及されていないが，すでにこの計算の時点で $x(\cdot) \in L_0$ は仮定されている。最後の等式はこれと部分積分公式から出る。

144　第 2 章　変分法・最適制御の古典的問題における極小点の必要条件

最小化の必要条件である $\varphi''(0) \geq 0$ から，われわれは問題 (1) の最小点についての次の必要条件を得る：極値 $x_*(t)$ が問題 (1) の弱い極小点であるためには，二次汎関数 $\mathscr{K}(x)$ は L_0 内で非負である必要がある。

命題 4. ラグランジアン L と関数 $x_*(t)$ の滑らかさについて上で述べたすべての仮定が成り立っているとする。さらに，関数 $x_*(t)$ は問題 (1) の極値であるとする。関数 $x_*(t)$ が問題 (1) の弱い極小点であるためには，次の不等式がすべての $t \in [t_0, t_1]$ について成り立つことが必要である。

$$A(t) = L_{\dot{x}\dot{x}}(t, x_*(t), \dot{x}_*(t)) \geq 0. \tag{20}$$

この関係をルジャンドルの条件と呼ぶ。

証明. このためには，仮に次の不等式

$$A(\tau) < 0, \ t_0 < \tau < t_1 \tag{21}$$

が区間の内点で成り立っていたとすれば，二次汎関数 $\mathscr{K}(x)$ が非負ではないことを示せば十分である (L と $x_*(\cdot)$ についての仮定のおかげで，関数 $A(t)$ は連続どころか微分可能ですらある。したがって，(21) 式が内点で成り立つという仮定はわれわれの議論の一般性を損なわない)。

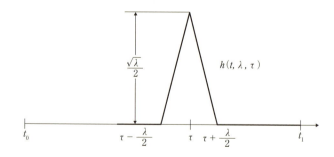

図 5

2.2 古典的な変分法の基本問題における必要条件の初等的導出法　　145

$h_*(t)$ を恒等的に 0 である関数とする。この $h_*(t)$ の, 以下のような変分を考えよう (図 5)。

$$h(t,\lambda,\tau) = \begin{cases} \sqrt{\lambda}/2 - |t-\tau|/\sqrt{\lambda} & \text{for } |t-\tau| \leq \lambda/2, \\ 0 & \text{for } |t-\tau| \geq \lambda/2. \end{cases}$$

関数 $h(t,\lambda,\tau)$ の定義からただちに, $\lambda \to 0$ のときにこれらは 0 に向かい, さらに $h(t,\lambda,\tau)\dot{h}(t,\lambda,\tau)$ の絶対値は一様にある定数 C で抑えられる。したがって,

$$\delta^2 \mathscr{I}(x_*(\cdot), h(\cdot,\lambda,\tau))$$
$$\leq \max_{|t-\tau|\leq \lambda/2} A(t) + 2\lambda C \max_{|t-\tau|\leq \lambda/2} C(t) + \max_{|t-\tau|\leq \lambda/2} B(t) \cdot o(\lambda) \to A(\tau) < 0.$$

を得る。

われわれは汎関数 $\mathscr{K}(h(\cdot,\lambda_0,\tau))$ がある λ_0 についてマイナスになることを示した。命題の証明を終わらせるためには, 後は $h(\cdot,\lambda,\tau)$ の 3 つのコーナーを滑らかにして C_1 級の関数 $h_1(t)$ を作ればよい (弱い極小点について考えていることを思い出してほしい)。すると汎関数 $\mathscr{K}(h_1(\cdot)) = \delta^2 \mathscr{I}(x_*(\cdot), h_1(\cdot))$ はマイナスになる。これで証明が完成した。∎

注意. 命題 4 はワイエルシュトラスの条件から直ちに出せる。実際, もし $A(\tau) < 0$ であれば, 汎関数 $\mathscr{K}$ についての点 τ でのワイエルシュトラスの条件は満たされない (なぜなら, ここでは $\mathscr{E}(t,x,\dot{x},\xi)$ は $A(t)(\xi-\dot{x})^2$ に等しいからである[6])。したがって, C の距離でいくらでも 0 に近い折れ線 $x(t)$ で, $\mathscr{K}(x(\cdot)) < 0$ となるものが存在する。これを滑らかにして小さい定数を足すことで, 命題 4 の証明ができる。

2.2.5　ヤコビの条件

上で議論した極小点の 3 つの必要条件 (つまりオイラー方程式, ワイエルシュトラスの条件, ルジャンドルの条件) はすべて, 局所的な特徴付けであっ

---

6)　（訳注）訳者はこの主張が正しいと思えなかった。ただしテイラーの定理を用いて似た論法でこの結論を出すことはできる。

た[7]。つまり，確かめるために各点での計算だけが要求されていた。しかし，局所的な条件だけでは古典的な変分法において満足できる必要条件を得ることはできない。これは，次の例からわかる。大きい円における弧 (arc) は，「円周上の互いに完全に反対側にある2点を含まない」という条件だけを課すことによって，円周上の2点をつなぐ最短経路線になる。もしそのような2点があれば，その弧は最短経路線を求める問題の解にはならない。しかし，弧の任意の小さい部分は最短距離線であるため，弧の任意の点であらゆる極小点の局所的な必要条件が成り立っている。ここでのポイントは，端点を結ぶより短い経路は大域的な (局所的ではない) 変分によって得られるということである。

ヤコビの条件は極小点の真に基本的な大域的必要条件である。ルジャンドルの条件のように，この条件は二次汎関数が非負であるという条件である。

また基本問題 (1) を考え，ルジャンドルの条件を出すときに用いたすべての仮定が成り立っているとしよう。次の二次汎関数を考えよう。これは汎関数 $\mathscr{I}(x(\cdot))$ の第二変分である。

$$\mathscr{K}(x(\cdot)) = \delta^2 \mathscr{I}(x_*(\cdot), x(\cdot))$$
$$= \int_{t_0}^{t_1} \left(A(t)\dot{x}^2(t) + \left(B(t) - \frac{d}{dt}C(t)\right) x^2(t) \right) dt.$$

この汎関数のオイラー方程式は以下の形式になる。

$$-\frac{d}{dt}(A(t)\dot{x}) + \left(B(t) - \frac{d}{dt}C(t)\right) x = 0. \tag{22}$$

方程式 (22)，つまり汎関数 $\mathscr{I}(x(\cdot))$ の第二変分のオイラー方程式を問題 (1) のヤコビ方程式 (Jacobi equation) と呼ぶ。ヤコビ方程式は二次の線形微分方程式である。次の強い不等式が成り立っていることを仮定する。

$$A(t) = L_{\dot{x}\dot{x}}(t, x_*(t), \dot{x}_*(t)) > 0.$$

この不等式は強いルジャンドルの条件と呼ばれる。この条件が満たされたと

---

[7] ここで，形容詞「局所的な (local)」はいままで述べてきたもの，例えば「極小点 (local extremum)」などとは違う意味で使っている。ここでは極小点の必要条件が局所的か大域的かを議論しており，つまり，条件をチェックする際に曲線の各点ごとに行うか曲線全体で行うかという話である。

しよう。すると方程式 (22) は次の形に書き直せる (L と x_* の条件からこれが可能になる)：

$$-A(t)\ddot{x} - \dot{A}(t)\dot{x} + (B(t) - \dot{C}(t))x = 0,$$

あるいは，

$$\ddot{x} - P(t)\dot{x} - Q(t)x = 0. \tag{23}$$

このような方程式については，コーシーの問題[8]についての存在および一意性の定理が成り立つ．特に，ヤコビ方程式の解 $\Phi(t, t_0)$ で境界条件 $\Phi(t_0, t_0) = 0, \dot{\Phi}(t_0, t_0) = 1$ を満たすものは存在し，しかも一意である．

点 t_0 以外でこの解が 0 になる点のことを点 t_0 と共役な点と呼ぶ．

命題 5. 関数 $x_*(t)$ が問題 (1) の弱い極小点であるためには (ただし命題 4 を導出する際に用いた L と $x_*(\cdot)$ の滑らかさの仮定と強いルジャンドルの条件が成り立っている下で)，点 t_0 と共役な点が区間 (t_0, t_1) 内に存在しないことが必要である．

この条件をヤコビの必要条件と呼ぶ．

証明. 主張の逆が正しかったとしよう．つまり，ある点 τ (ただし $t_0 < \tau < t_1$) において，

$$\Phi(\tau, t_0) = 0$$

だったとする．

まず，$\dot{\Phi}(\tau, t_0) \neq 0$ に注意しよう．というのは，もしそうでなければコーシー問題の解の一意性を方程式 (23) に適用して，$x(\tau) = \dot{x}(\tau) = 0$ から $\Phi(t, t_0) \equiv 0$ を得るからである．これは $\dot{\Phi}(t_0, t_0) = 1$ に矛盾しているため，ありえない．

$h(t)$ を，$[t_0, \tau]$ 上では $\Phi(t, t_0)$ に等しく，そして $t \geq \tau$ ならば 0 になる関数であるとしよう．これは「折れ線の極値」であり，2 つの極値の部分からなっている．

---

8) (訳注) $x(t_0)$ と $\dot{x}(t_0)$ を指定する，いわゆる初期値問題のこと．

$\mathscr{K}(h(\cdot)) = 0$ を示そう．実際，部分積分によって次を得る．

$$\mathscr{K}(h(\cdot)) = \int_{t_0}^{\tau} (A(t)\dot{\Phi}^2(t,t_0) + (B(t) - \dot{C}(t))\Phi^2(t,t_0))dt$$
$$= \int_{t_0}^{\tau} \left(-\frac{d}{dt}[A(t)\dot{\Phi}(t,t_0)] + (B(t) - \dot{C}(t))\Phi(t,t_0)\right) \Phi(t,t_0)dt = 0.$$

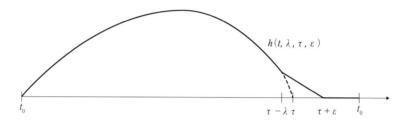

図 6

そこで関数 $h(t)$ についての次のような変分を作ろう (図 6)．

$$h(t,\lambda,\tau,\varepsilon) = \begin{cases} h(t), & t_0 \le t \le \tau - \lambda, \\ 0, & t \ge \tau + \varepsilon, \end{cases}$$

とし，また区間 $[\tau - \lambda, \tau + \varepsilon]$ 上では h は線形とする．

$\varphi(\lambda) = \mathscr{K}(h(\cdot, \lambda, \tau, \varepsilon))$ を評価してみよう[9]．

$$\varphi(\lambda) - \varphi(0) = \phi(\lambda)$$
$$= \int_{\tau-\lambda}^{\tau+\varepsilon} K(t, h(t,\lambda), \dot{h}(t,\lambda))dt - \int_{\tau-\lambda}^{\tau} K(t, h(t), \dot{h}(t))dt.$$

微分法の平均値の定理から，

$$|h(\tau-\lambda,\lambda)| = |h(\tau-\lambda)| = |\lambda\dot{h}(\theta_1)|, \ \tau - \lambda \le \theta_1 \le \tau,$$

$$|\dot{h}(t,\lambda)| = \frac{h(\tau-\lambda)}{\lambda+\varepsilon} = \frac{\lambda}{\lambda+\varepsilon}|\dot{h}(\theta_1)|, \ \tau - \lambda \le t \le \tau + \varepsilon.$$

---

9) 短縮して，$h(t,\lambda,\tau,\varepsilon)$ の代わりに $h(t,\lambda)$ と書く．

したがって積分法の平均値の定理から，

$$\varphi(\lambda) = (\lambda+\varepsilon)A(\theta_2)\dot{h}^2(\theta_1)\frac{\lambda^2}{(\lambda+\varepsilon)^2} - \lambda A(\theta_3)\dot{h}^2(\theta_3) + o(\lambda),$$

を得る．ただし $\tau-\lambda \leq \theta_2 \leq \tau+\varepsilon$, $\tau-\lambda \leq \theta_3 \leq \tau$ である．したがってここからただちに，

$$\varphi'(+0) = -A(\tau)\dot{h}^2(\tau) < 0,$$

を得る．したがってある λ_0 と ε_0 について，$\mathscr{K}(h(\cdot,\lambda_0,\tau,\varepsilon_0)) < 0$ である．あとは $h(t,\lambda_0,\tau,\varepsilon_0)$ を滑らかに変形させればよい．これで命題 5 が証明できた．∎

2.3 ラグランジュの問題とオイラー＝ラグランジュ方程式

本節において，われわれは変分法の制約付き問題におけるオイラー＝ラグランジュ方程式を導出する．導出の基礎はラグランジュの未定乗数法にあり，これは 1 章で証明されている．ここでは区間 $[t_0, t_1]$ は固定とする．

2.3.1 相制約条件のない解形式のラグランジュの問題

次の極値問題を考えよう．

$$\left. \begin{aligned} \mathscr{I}(x(\cdot), u(\cdot)) &= \int_{t_0}^{t_1} f(t,x,u)dt \to \inf; \\ \dot{x} &= \varphi(t,x,u), \\ h_0(x(t_0)) &= 0, \ h_1(x(t_1)) = 0. \end{aligned} \right\} \tag{1}$$

ここで制約は解形式を取っており，相制約条件は存在しない．われわれは古典的な変分法における通常の滑らかさの仮定が成り立つことを仮定しておく．つまり，次の写像，

$$f : \mathbb{R} \times \mathbb{R}^n \times \mathbb{R}^r \to \mathbb{R}, \ \varphi : \mathbb{R} \times \mathbb{R}^n \times \mathbb{R}^r \to \mathbb{R}^n$$

は，$(t, x_*(t), u_*(t)), t \in [t_0, t_1]$ をすべて含む領域 $U \subset \mathbb{R} \times \mathbb{R}^n \times \mathbb{R}^r$ 上で連続

微分可能であり，また写像

$$h_i : \mathbb{R}^n \to \mathbb{R}^{s_i},\ i = 0, 1,$$

は $x_*(t_i),\ i = 0, 1$ を含む領域 $V_i,\ i = 0, 1$ 上で連続微分可能である。ここで，$(x_*(t), u_*(t))$ は空間 $C_1^n([t_0, t_1]) \times C^r([t_0, t_1])$ に属する。

ここで $L = L(t, x, \dot{x}, u, p, \lambda_0)$ を次のような関数とする。

$$L = \lambda_0 f(t, x, u) + (p|\dot{x} - \varphi(t, x, u)),$$

$$L : \mathbb{R} \times \mathbb{R}^n \times \mathbb{R}^n \times \mathbb{R}^r \times \mathbb{R}^n \times \mathbb{R} \to \mathbb{R}.$$

この関数は問題 (1) のラグランジアン (Lagrangian) と呼ばれる。

関数 $\mathscr{L} = \mathscr{L}(x(\cdot), u(\cdot), p(\cdot), l_0, l_1, \lambda_0)$ は次のように定義する。

$$\mathscr{L} = \int_{t_0}^{t_1} L(t, x(t), \dot{x}(t), u(t), p(t), \lambda_0) dt + (l_0 | h_0(x(t_0))) + (l_1 | h_1(x(t_1))),$$

$$\mathscr{L} : C_1^n([t_0, t_1]) \times C^r([t_0, t_1]) \times C_1^n([t_0, t_1]) \times \mathbb{R}^{s_0} \times \mathbb{R}^{s_1} \times \mathbb{R} \to \mathbb{R}.$$

この関数は問題 (1) のラグランジュ関数 (Lagrange function) と呼ばれる。

定理 1. 次のペア $(x_*(\cdot), u_*(\cdot))$ が問題 (1) の弱い極小点であるためには，あるラグランジュ乗数 $\lambda_0 \in \mathbb{R},\ \lambda_0 \geq 0,\ l_i \in \mathbb{R}^{s_i}, i = 0, 1$ と $p(\cdot) \in C_1^n([t_0, t_1])$ が存在して，すべてが 0 ではなく，次の条件が成り立つことが必要である。

a) ラグランジアン L の x に関するオイラー方程式

$$\left(-\frac{d}{dt} L_{\dot{x}} + L_x \right) \bigg|_{(x_*(t), u_*(t))} = 0 \tag{2}$$

が，次の境界条件

$$\begin{aligned} L_{\dot{x}}|_{(x_*(t_0), u_*(t_0))} &= {h_0'}^*(x_*(t_0)) l_0, \\ L_{\dot{x}}|_{(x_*(t_1), u_*(t_1))} &= -{h_1'}^*(x_*(t_1)) l_1, \end{aligned} \tag{3}$$

と共に成り立っている。

b) ラグランジアン L の u に関するオイラー方程式

$$L_u|_{(x_*(t), u_*(t))} = 0 \tag{4}$$

が成り立つ。

方程式 (2) と (4) を合わせて，これを問題 (1) のオイラー＝ラグランジュ方程式と呼ぶ。上の方程式を実際に計算してみよう。すると，方程式 (2) は次の形のベクトル常微分方程式になる (実際には，これは n 個の方程式からなる系である)。

$$-\dot{p}(t) = \varphi_x^*(t, x_*(t), u_*(t))p(t) - \lambda_0 f_x(t, x_*(t), u_*(t)). \tag{2'}$$

この方程式は**随伴方程式** (adjoint equation) と呼ばれる。関係 (3) は方程式 (2') の境界条件であり，

$$\left.\begin{array}{l} p(t_0) = h_0'^*(x_*(t_0))l_0, \\ p(t_1) = -h_1'^*(x_*(t_1))l_1, \end{array}\right\} \tag{3'}$$

の形になる。この関係は通常，**横断性条件** (transversality condition) と呼ばれる。最後に，方程式 (4) は次の形になる。

$$\varphi_u^*(t, x_*(t), u_*(t))p(t) = \lambda_0 f_u(t, x_*(t), u_*(t)). \tag{4'}$$

定理 1 はまたラグランジュの原理を示してもいる。ラグランジュ関数の形から，制約なしの次の問題の極小点の必要条件が上と一致する。

$$\mathscr{L} \to \inf.$$

もしこの問題で $u_*(t)$ を固定するならば，これは基本的なボルツァの問題になる。そして関係 (2) と (3) は前節の命題 2 で出した基本的なボルツァの問題の必要条件と完全に一致する。さらに，ラグランジュ関数の中の $x_*(t)$ を固定すると，今度は u についての基本的なベクトル問題を得るが，ここでラグランジアンは $\dot{u}$ に依存していない。このとき方程式 (4) は前節の命題 1 の系 1 と完全に一致している。

152　第 2 章　変分法・最適制御の古典的問題における極小点の必要条件

定理 1 の証明. 問題 (1) は滑らかな問題のクラスに属しているため，ラグランジュ未定乗数法 (1.1 節の定理 1) が適用できる．以下でそれを見ていこう．

この定理は弱い極小点についてのものなので，考える空間は $C_1^n([t_0,t_1]) \times C^r([t_0,t_1])$ である．短縮して，この空間は Z と書き，ペア $(x(\cdot), u(\cdot))$ は z と書こう．Y は空間 $C^n([t_0,t_1])$ とし，

$$f_0(z) = \mathscr{I}(x(\cdot), u(\cdot)),\ f_0 : Z \to \mathbb{R},$$

$$F(z)(t) = \dot{x}(t) - \varphi(t, x(t), u(t)),\ F : Z \to Y,$$

$$H_i(z) = h_i(x(t_i)),\ H_i : Z \to \mathbb{R}^{s_i},\ i = 0, 1,$$

とする．すると問題 (1) は 1.1 節の (6)-(8) の形になる．

$$\left.\begin{aligned} &f_0(z) \to \inf;\ F(z) = 0, \\ &H_i(z) = 0,\ i = 0, 1. \end{aligned}\right\} \tag{1'}$$

1.1 節の定理 1 の系 2 の条件を確かめてみよう．問題 (1') に出てくるすべての関数と写像は点 $z_* = (x_*(\cdot), u_*(\cdot))$ の近傍で連続微分可能である．実際，関数 $f_0(z)$ は次の二つの関数の合成 $f_0 = \mathscr{I}_2 \circ \mathscr{I}_1$ として書ける．

$$\mathscr{I}_1(z) = f(t, x(t), u(t)),\ \mathscr{I}_1 : Z \to C([t_0, t_1]).$$

$$\mathscr{I}_2(\zeta) = \int_{t_0}^{t_1} \zeta(t) dt,\ \mathscr{I}_2 : C([t_0, t_1]) \to \mathbb{R}.$$

$\mathscr{I}_1$ の微分可能性は 0.2 節の例 6 で示した．$\mathscr{I}_2$ は連続線形汎関数であり，その微分可能性は 0.2 節の例 1 で示した．したがって $f_0(z)$ の微分の値は次の式で与えられる．

$$\begin{aligned} f_0'(z_*)z &= \mathscr{I}'(x_*(\cdot), u_*(\cdot))(x(\cdot), u(\cdot)) \\ &= \int_{t_0}^{t_1} ((a(t)|x(t)) + (b(t)|u(t))) dt, \\ a(t) &= f_x(t, x_*(t), u_*(t)),\ b(t) = f_u(t, x_*(t), u_*(t)). \end{aligned} \tag{5}$$

写像 $F(z)$ は次の連続線形写像

$$z \mapsto \dot{x}$$

2.3 ラグランジュの問題とオイラー=ラグランジュ方程式

と次の写像

$$z \mapsto -\varphi(t, x(t), u(t))$$

の足し算であり，後者の微分可能性は 0.2 節の例 6 で示した．したがって $F(z)$ は微分可能であり，その微分の値は

$$\left.\begin{array}{l} [F'(z_*)z](t) = \dot{x}(t) - A(t)x(t) - B(t)u(t), \\ A(t) = \varphi_x(t, x_*(t), u_*(t)), \ B(t) = \varphi_u(t, x_*(t), u_*(t)) \end{array}\right\} \quad (6)$$

となる．

最後に，写像 $H_i(z), i = 0, 1$ は 0.2 節の例 4 で証明したように微分可能であり，その微分の値は

$$\left.\begin{array}{l} H'_i(z_*)z = \Gamma_i x(t_i), \ i = 0, 1, \\ \Gamma_i x(t_i) = h'_i(x_*(t_i))x(t_i), \ i = 0, 1. \end{array}\right\} \quad (7)$$

である．

残っている条件は写像 $F(z)$ の z_* における正則性である．正則性の定義から，これは任意の $y(\cdot) \in C^n([t_0, t_1])$ に対して，次の方程式

$$\dot{x}(t) - A(t)x(t) - B(t)u(t) = y(t)$$

が解けなければならない．ただしここで $A(t)$ と $B(t)$ は (6) 式で出てきたものである．$\varphi(t, x, u)$ の条件と $(x_*(t), u_*(t)) \in C_1^n \times C^r$ であることから，行列 $A(t)$ と $B(t)$ は連続である．後は 0.4 節の定理 1 で示された線形方程式系の解の存在を用いて，F の正則性を得る．

そこでラグランジュ未定乗数法を使ってみよう．問題 $(1')$ のラグランジュ関数は，

$$\tilde{\mathscr{L}} = \lambda_0 f_0(z) + \langle y^*, F(z) \rangle + (l_0|H_0(z)) + (l_1|H_1(z)) \quad (8)$$

である．ラグランジュの未定乗数法から，ラグランジュ乗数 y^*, l_0, l_1 および λ_0 が存在して，点 z_* において次の関係が成り立っている：

$$\tilde{\mathscr{L}}_x = 0, \ \tilde{\mathscr{L}}_u = 0. \quad (9)$$

これは $\tilde{\mathscr{L}}_z = 0$ という条件と同値である．

ただし，$Y = C^n([t_0, t_1])$ である．したがってリースの表現定理から，ある正則なボレル測度 μ に対して，

$$\langle y^*, y(\cdot) \rangle = \int_{t_0}^{t_1} (y(t)|d\mu(t)) \tag{10}$$

である．この関係 (10) は別の形に書き直せる．

$$\langle y^*, y(\cdot) \rangle = \sum_{i=1}^{n} \int_{t_0}^{t_1} y^i(t) d\mu_i(t). \tag{10'}$$

ここで，$\mu_i(t)$ は有界変分関数で，t_0 以外では右片側連続である[10]．(10) 式を (8) 式に代入することで，

$$\tilde{\mathscr{L}} = \int_{t_0}^{t_1} \lambda_0 f dt + \int_{t_0}^{t_1} (\dot{x} - \varphi | d\mu) + (l_0 | h_0(x(t_0))) + (l_1 | h_1(x(t_1)))$$

を得る．

まず，(9) 式の最初の部分を分析してみよう．すると，

$$\begin{aligned}
\tilde{\mathscr{L}}_x(z_*) x(\cdot) &= \int_{t_0}^{t_1} (\lambda_0 a(t)|x(t)) dt \\
&+ \int_{t_0}^{t_1} (\dot{x}(t) - A(t)x(t)|d\mu(t)) \\
&+ (l_0|\Gamma_0 x(t_0)) + (l_1|\Gamma_1 x(t_1))
\end{aligned} \tag{11}$$

がわかる．ここで部分積分公式を使うことで，

$$\int_{t_0}^{t_1} (\lambda_0 a(t)|x(t)) dt = \int_{t_0}^{t_1} \left(\int_{t}^{t_1} \lambda_0 a(\tau) d\tau \bigg| \dot{x}(t) \right) dt + \left(\int_{t_0}^{t_1} \lambda_0 a(\tau) d\tau \bigg| x(t_0) \right),$$

$$\int_{t_0}^{t_1} (A(t)x(t)|d\mu(t)) = \int_{t_0}^{t_1} \left(\int_{t}^{t_1} A^*(\tau) d\mu(\tau) \bigg| \dot{x}(t) \right) dt + \left(\int_{t_0}^{t_1} A^*(\tau) d\mu(\tau) \bigg| x(t_0) \right)$$

を得る．これを (11) 式に代入し，さらに次の事実

$$x(t_1) = x(t_0) + \int_{t_0}^{t_1} \dot{x}(\tau) d\tau$$

を用いることで，

$$\tilde{\mathscr{L}}(z_*) x(\cdot) = \int_{t_0}^{t_1} \left(\dot{x}(t) \bigg| \int_{t}^{t_1} \lambda_0 a(\tau) d\tau - \int_{t}^{t_1} A^*(\tau) d\mu(\tau) + \Gamma_1^* l_1 \right) dt$$

---

10) （訳注） 0.2 節の訳注を参照．

2.3 ラグランジュの問題とオイラー＝ラグランジュ方程式　　　　155

$$+ \int_{t_0}^{t_1} (\dot{x}(t)|d\mu(t)) \tag{12}$$

$$+ \left(x(t_0) \middle| \Gamma_0^* l_0 + \Gamma_1^* l_1 + \int_{t_0}^{t_1} \lambda_0 a(\tau) d\tau - \int_{t_0}^{t_1} A^*(\tau) d\mu(\tau) \right)$$

を得る。

この (12) 式の表現は C_1^n 上の連続線形汎関数

$$\tilde{\mathscr{L}}_x(z_*)x(\cdot) = \int_{t_0}^{t_1} (\dot{x}(t)|d\nu(t)) + (a|x(t_0)) \tag{13}$$

を表している。ただしここで，

$$\left.\begin{aligned}
\nu(t) &= \mu(t) + \int_{t_0}^{t} \int_{t'}^{t_1} \lambda_0 a(\tau) d\tau dt' - \int_{t_0}^{t} \int_{t'}^{t_1} A^*(\tau) d\mu(\tau) dt' + \Gamma_1^* l_1 t, \\
a &= \Gamma_0^* l_0 + \Gamma_1^* l_1 + \int_{t_0}^{t_1} \lambda_0 a(\tau) d\tau - \int_{t_0}^{t_1} A^*(\tau) d\mu(\tau),
\end{aligned}\right\} \tag{13'}$$

である。

C_1^n 上の線形汎関数の (13) 式型の表現の一意性と，$\tilde{\mathscr{L}}_x = 0$ から，われわれは次を得る。

$$\nu(t) \equiv 0, \ a = 0. \tag{14}$$

(14) 式と (13') 式からベクトル値関数 μ は絶対連続であることがわかる。$\dot{\mu}(t) = p(t)$ としよう。すると (14) 式と (13) 式から，$p(t)$ は次の方程式を満たす。

$$p(t) + \int_t^{t_1} \lambda_0 a(\tau) d\tau - \int_t^{t_1} A^*(\tau) p(\tau) d\tau + \Gamma_1^* l_1 = 0. \tag{15}$$

ここで (15) 式に $t = t_0$ を代入し，(13') の a の式を使うと，

$$p(t_0) = \Gamma_0^* l_0$$

がわかる。$t = t_1$ にすれば，$p(t_1) = -\Gamma_1^* l_1$ である。最後に，(15) 式を微分すれば，次の方程式

$$-\dot{p}(t) = A^*(t) p(t) - \lambda_0 a(t)$$

を得る。

関係 (2′) と (3′) は証明できた．今度は $d\mu(t)$ の代わりに $p(t)dt$ を $\tilde{\mathscr{L}}_u$ の式に用いることで，次の汎関数

$$\tilde{\mathscr{L}}_u(z_*)u(\cdot) = \int_{t_0}^{t_1} (\lambda_0 b(t) - B^*(t)p(t)|u(t))dt$$

が 0 であることがわかる．リースの定理から，

$$B^*(t)p(t) = \lambda_0 b(t)$$

であり，(4′) 式が示せた．これで定理 1 が示せたことになる．■

2.3.2 等周問題

変分法において，次の最小化問題は**等周問題** (isoperimetric problem) と呼ばれる．

$$\left.\begin{aligned}
&\mathscr{I}(x(\cdot)) = \int_{t_0}^{t_1} f_0(t, x, \dot{x})dt \to \inf; \\
&\int_{t_0}^{t_1} f_j(t, x, \dot{x})dt = \alpha_j,\ j = 1, ..., m, \\
&h_0(x(t_0)) = h_1(x(t_1)) = 0, \\
&f_i : \mathbb{R} \times \mathbb{R}^n \times \mathbb{R}^n \to \mathbb{R},\ i = 0, ..., m, \\
&h_i : \mathbb{R}^n \to \mathbb{R}^{s_i},\ i = 0, 1.
\end{aligned}\right\} \quad (16)$$

ここで，

$$u^i = \dot{x}^i,\ i = 1, ..., n,$$
$$\dot{x}^{j+n} = f_j(t, x, u),\ j = 1, ..., m,$$

とすれば，次のラグランジュの問題を得る．

$$\tilde{\mathscr{I}}(x(\cdot), u(\cdot)) = \int_{t_0}^{t_1} f_0(t, x^1, ..., x^n, u^1, ..., u^n)dt \to \inf;$$
$$\dot{x}^i = u^i,\ i = 1, ..., n,\ \dot{x}^{n+j} = f_j(t, x^1, ..., x^n, u^1, ..., u^n),$$
$$h_i(x^1(t_i), ..., x^n(t_i)) = 0,\ i = 0, 1,$$
$$x^{n+j}(t_0) = 0,\ x^{n+j}(t_1) = \alpha_j,\ 1 \leq j \leq m.$$

これに定理 1 を適用することで，次の結果を得る．

2.3 ラグランジュの問題とオイラー=ラグランジュ方程式

定理 2. ベクトル値関数 $x_*(t)$ が問題 (16) の弱い極小点であるためには，ラグランジュ乗数 $\lambda_j \in \mathbb{R}$, $0 \leq j \leq m$, $l_i \in \mathbb{R}^{s_i}$, $i=0,1$ が存在して，すべてが 0 ではなく，かつ次のオイラー方程式

$$\left(-\frac{d}{dt}L_{\dot{x}} + L_x\right)\bigg|_{x_*(t)} = 0,$$

が次のラグランジアン

$$L(t, x, \dot{x}) = \sum_{i=0}^{m} \lambda_i f_i(t, x, \dot{x})$$

について，次の境界条件

$$L_{\dot{x}}|_{x_*(t_0)} = h_0'^{*}(x_*(t_0))l_0,$$
$$L_{\dot{x}}|_{x_*(t_1)} = -h_1'^{*}(x_*(t_1))l_1,$$

と共に成り立っていることが必要である。

演習問題として，読者は次の高階微分に関する問題の必要条件の形を得ることに挑戦してみるとよい。

$$\int_{t_0}^{t_1} f(t, x, \dot{x}, \ddot{x}, ..., x^{(n)})dt \to \inf;$$
$$x^{(i)}(t_0) = \xi_0^i,\ x^{(i)}(t_1) = \xi_1^i,\ 0 \leq i \leq n-1.$$

まずラグランジュの問題にこの問題を変形してみよ。

さらに，1.1 節の定理 1 をダイレクトに用いて，相制約条件付きの問題の必要条件を求めることも簡単である。例えば，次のような問題である。

$$\int_{t_0}^{t_1} f(t, x, \dot{x})dt \to \inf;\ \varPhi(t, x) = 0,\ x(t_0) = x_0,\ x(t_1) = x_1.$$
$$f : \mathbb{R} \times \mathbb{R}^n \times \mathbb{R}^n \to \mathbb{R},\ \varPhi : \mathbb{R} \times \mathbb{R}^n \to \mathbb{R}^m,\ m < n.$$

ここで正則性を保証するためには，次の条件が成り立っていれば十分である。

$$\operatorname{rank} \varPhi_x(t, x(t)) = m,\ t \in [t_0, t_1].$$

この問題において，必要条件はやはりラグランジアン

$$L = f(t,x,\dot{x}) - (p(t)|\Phi(t,x))$$

のオイラー方程式になる。

2.4 ポントリャーギンの最大値原理，定式化と議論

本節は最適制御理論の極値の基本的な必要条件である，ポントリャーギン (Pontryagin) の最大値原理の定式化と議論に充てられる。またここでは最大値原理の，右端点の条件がないという特別な問題の場合においての初等的な証明を与える。完全に一般的な最大値原理は 2.5 で与えられる。この章では，われわれは相制約条件のない最適制御問題に制限して議論する。相制約条件がある問題の議論は 5 章で行われる。

2.4.1 最大値原理の定式化

2.1 節の説明に従えば，相制約条件のない最適制御問題は次の形で定式化できる。

$$\mathscr{I}(x(\cdot), u(\cdot)) = \int_{t_0}^{t_1} f(t,x,u) dt \to \inf; \tag{1}$$

$$\dot{x} = \varphi(t,x,u), \tag{2}$$

$$u \in U \subset \mathbb{R}^r, \tag{3}$$

$$h_0(t_0, x(t_0)) = 0, \ h_1(t_1, x(t_1)) = 0 \tag{4}$$

$$(f : \mathbb{R} \times \mathbb{R}^n \times \mathbb{R}^r \to \mathbb{R}, \ \varphi : \mathbb{R} \times \mathbb{R}^n \times \mathbb{R}^r \to \mathbb{R}^n,$$

$$h_i : \mathbb{R} \times \mathbb{R}^n \to \mathbb{R}^{s_i}, \ i = 0, 1).$$

ここでこの問題の条件に現れるすべての関数は 2.1.2 項で示された条件を満たすと仮定される。すでに書いたように，許容可能な制御変数としては，有界で可測なベクトル値関数 $u(t)$ で，値が常に U に含まれるものを考え，「極小点」および「最適過程」の概念は 2.1.4 項と同じ意味で用いる。

最大値原理の定式化は 2 つの同値な形式で行う。つまり，「ハミルトニアン (Hamiltonian)」型と「ラグランジアン (Lagrangian)」型である。まずハミルトニアン型から始めよう。

次の関数を考える。

$$H(t,x,u,p,\lambda_0) = (p|\varphi(t,x,u)) - \lambda_0 f(t,x,u).$$

(ただし $p \in \mathbb{R}^n$ かつ $\lambda_0 \in \mathbb{R}$ である) これはポントリャーギン関数 (Pontryagin function) と呼ばれる。古典力学の文脈では，p と書かれている変数は通常，運動量 (momenta) と呼ばれる。ポントリャーギン関数と共に，次の関数を導入しよう。

$$\mathscr{H}(t,x,p,\lambda_0) = \sup_{u \in U} H(t,x,u,p,\lambda_0).$$

これはハミルトニアン (Hamiltonian) と言われる。

定理 1(ハミルトニアン型の最大値原理). $(x_*(t), u_*(t))$ が $[t_{0*}, t_{1*}]$ 上で定義された問題 (1)-(4) の最適制御過程であるとする。このとき，ある数 $\lambda_0 \geq 0$ およびベクトル $l_0 \in \mathbb{R}^{s_0}, l_1 \in \mathbb{R}^{s_1}$，そしてベクトル値関数 $p(t)$ が存在して，すべてが 0 ではなく，かつ

(i) ベクトル値関数 $p(t)$ は次の随伴方程式

$$\dot{p} = -H_x = -\varphi_x^*(t, x_*(t), u_*(t))p + \lambda_0 f_x(t, x_*(t), u_*(t)), \tag{5}$$

および次の横断性条件を満たす。

$$\left.\begin{array}{l} p(t_{0*}) = h_{0x}^*(t_{0*}, x_*(t_{0*}))l_0, \\ p(t_{1*}) = -h_{1x}^*(t_{1*}, x_*(t_{1*}))l_1; \end{array}\right\} \tag{6}$$

(ii) $[t_{0*}, t_{1*}]$ 内のほとんどすべての t に対して，

$$\begin{aligned} H(t, x_*(t), u_*(t), p(t), \lambda_0) &= \max_{u \in U} H(t, x_*(t), u, p(t), \lambda_0) \\ &= \mathscr{H}(t, x_*(t), p(t), \lambda_0) \end{aligned} \tag{7}$$

が成り立つ；

(iii) ハミルトニアン $\mathscr{H}(t, x_*(t), p(t), \lambda_0)$ は $[t_{0*}, t_{1*}]$ 内で連続で，次の関係を区間の端点で満たす．

$$\left.\begin{array}{l}\mathscr{H}(t_{0*}, x_*(t_{0*}), p(t_{0*}), \lambda_0) = -(h_{0t}(t_{0*}, x_*(t_{0*}))|l_0), \\ \mathscr{H}(t_{1*}, x_*(t_{1*}), p(t_{1*}), \lambda_0) = (h_{1t}(t_{1*}, x_*(t_{1*}))|l_1).\end{array}\right\} \quad (8)$$

ハミルトニアンは次の表現を持つ．

$$\mathscr{H}(t, x_*(t), p(t), \lambda_0) = (h_{1t}(t_{1*}, x_*(t_{1*}))|l_1) + \int_t^{t_1} H_t(\xi, x_*(\xi), u_*(\xi), p(\xi), \lambda_0) d\xi, \quad (8a)$$

これは証明中に得られる．また (2) 式と (5) 式によって $\dot{x} = H_p, \dot{p} = -H_x$ もわかる．

ラグランジアン型の最大値原理についても書いておこう．問題 (1)-(4) のラグランジュ関数を 2.3 節と同じように書いてみると，

$$\mathscr{L} = (l_0|h_0(t_0, x(t_0))) + (l_1|h_1(t_1, x(t_1))) + \int_{t_0}^{t_1} L dt,$$

である．ただし，ここで

$$L(t, x, \dot{x}, u, p, \lambda_0) = (p|\dot{x} - \varphi(t, x, u)) + \lambda_0 f(t, x, u)$$

であり，これは問題 (1)-(4) のラグランジアンと呼ばれる．

定理 1′ (ラグランジアン型の最大値原理)．$(x_*(t), u_*(t))$ が区間 $[t_{0*}, t_{1*}]$ で定義された問題 (1)-(4) の最適制御過程であるとする．このとき，ある数 $\lambda_0 \geq 0$ とベクトル $l_0 \in \mathbb{R}^{s_0}, l_1 \in \mathbb{R}^{s_1}$ および連続な n 次元ベクトル値の関数 $p(t)$ が存在して，全部が 0 ではなく，かつ以下を満たす．

(i) ラグランジアン L は x についてのオイラー方程式

$$\left.\left(\frac{d}{dt}L_{\dot{x}} - L_x\right)\right|_{x=x_*(t), u=u_*(t)} = 0 \quad (5')$$

と，次の境界条件

2.4 ポントリャーギンの最大値原理. 定式化と議論

$$\left.\begin{array}{l}L_{\dot{x}}|_{t=t_0} = h_{0x}^*(t_{0*}, x_*(t_{0*}))l_0, \\ L_{\dot{x}}|_{t=t_1} = -h_{1x}^*(t_{1*}, x_*(t_{1*}))l_1,\end{array}\right\} \quad (6')$$

を区間 $[t_{0*}, t_{1*}]$ 内のほとんどすべての点で満たす[11];

(ii) ラグランジアン L は $[t_{0*}, t_{1*}]$ 内のほとんどすべての t において, $u = u_*(t)$ で u についての最小値を達成する. つまり,

$$L(t, x_*(t), \dot{x}_*(t), u_*(t), p(t), \lambda_0) = \min_{u \in U} L(t, x_*(t), \dot{x}_*(t), u, p(t), \lambda_0); \quad (7')$$

(iii) ラグランジュ関数 $\mathscr{L}$ は t_0 について右側から t_{0*} で微分可能であり, また t_1 について左側から t_{1*} で微分可能で, そして次が成り立つ.

$$\left.\frac{\partial \mathscr{L}}{\partial t_0 + 0}\right|_{t=t_{0*}} = 0, \quad \left.\frac{\partial \mathscr{L}}{\partial t_1 - 0}\right|_{t=t_{1*}} = 0. \quad (8')$$

ただし, $\partial/\partial t + 0$ と $\partial/\partial t - 0$ はそれぞれ右側微分と左側微分を表す.

この 2 つの最大値原理の定式化が同値であることを確かめるのは難しくない. 実際,

$$L = (p \cdot \dot{x}) - H$$

である. したがって, (5) と (5'), (6) と (6'), (7) と (7') は互いに同値である. 後は (8) と (8') が同値であることを示せばよい. まず, ハミルトニアンの連続性は独立した条件ではなく, (5) と (7) から出てくることについて注記しておく (これは後で証明中に示す). したがって (5') と (7') からも同じものが出てくる. さらに, (7') から,

$$\mathscr{L}(t_0, t_1, x_*(\cdot), \ldots) = (l_0 | h_0(t_0, x_*(t_0))) + (l_1 | h_1(t_1, x_*(t_1)))$$

---

11) (訳注) 言うまでもないことだが,「ほとんどすべての点で」という言葉はオイラー方程式のみに適用される.

162　第 2 章　変分法・最適制御の古典的問題における極小点の必要条件

$$+ \int_{t_0}^{t_1} [(p(t)|\dot{x}_*(t)) - \mathscr{H}(t, x_*(t), p(t), \lambda_0)] dt$$

である。したがって，任意の $\varepsilon > 0$ について，

$$\mathscr{L}(t_{0*} + \varepsilon, t_1, ...) - \mathscr{L}(t_{0*}, t_1, ...)$$
$$= (l_0 | h_0(t_{0*} + \varepsilon, x_*(t_{0*} + \varepsilon)) - h_0(t_{0*}, x_*(t_{0*})))$$
$$\quad - \int_{t_{0*}}^{t_{0*}+\varepsilon} [(p(t)|\dot{x}_*(t)) - \mathscr{H}(t, x_*(t), p(t), \lambda_0)] dt$$
$$= \varepsilon (l_0 | h_{0t}(t_{0*}, x_*(t_{0*})))$$
$$\quad + \left(l_0 \Big| h_{0x}(t_{0*}, x_*(t_{0*})) \int_{t_{0*}}^{t_{0*}+\varepsilon} \dot{x}_*(t) dt \right)$$
$$\quad - \left(p(t_{0*}) \Big| \int_{t_{0*}}^{t_{0*}+\varepsilon} \dot{x}_*(t) dt \right)$$
$$\quad + \varepsilon \mathscr{H}(t_{0*}, x_*(t_{0*}), p(t_{0*}), \lambda_0) + o(\varepsilon)$$
$$= \varepsilon [(l_0 | h_{0t}(t_{0*}, x_*(t_{0*}))) + \mathscr{H}(t_{0*}, x_*(t_{0*}), p(t_{0*}), \lambda_0)]$$
$$\quad + o(\varepsilon)$$

となる。ただし最後の等式は (6) の最初の式から成り立つ。ここで得られた等式は (8) と (8′) の最初の式の同値性を意味する。二番目の式の同値性も同じように証明できる。

定理 1′，そしてポントリャーギンの最大値原理は序論で定式化したラグランジュの原理のもうひとつの実現形である。この原理によれば，制約条件付きの極小点の必要条件は，ラグランジュ関数の，ここに組み入れられてない条件だけをつけたものの極小点の必要条件と一致する。実際，ラグランジュ乗数 $\lambda_0, l_0, l_1, p(t)$ を固定すれば，ラグランジュ関数 $\mathscr{L}$ は 3 つのグループの変数を持つ。つまり，相軌道 $x(t)$ と，制御変数 $u(t)$，そして時間の値 t_0, t_1 である。もし区間 $[t_0, t_1]$ と制御変数 $u(t)$ を固定するならば，このラグランジュ関数の $x(t)$ についての最小化問題は古典的なボルツァの問題の形になり，したがって定理 1′ の主張 (i) は $x_*(t)$ が固定された $u(t) = u_*(t), t_0 = t_{0*}, t_1 = t_{1*}$ の下での $x(t)$ についてのラグランジュ関数の最小化問題の必要条件を満たすことを意味する。

同じように，定理 1′ の主張 (ii) は区間 $[t_0^*, t_1^*]$ と軌道 $x_*(t)$ を固定した下で，$u_*(t)$ がすべての許容可能な制御変数（これはラグランジュ関数に含まれ

2.4 ポントリャーギンの最大値原理，定式化と議論　　163

ていない制約である．なぜなら，それは汎関数型で書かれていないからである) についてのラグランジュ関数の最小値を達成していることと必要十分である (この主張は次の直観的に明らかな公式

$$\inf_{u(t)\in U} \int_{t_0}^{t_1} g(t,u(t))dt = \int_{t_0}^{t_1} \inf_{u\in U} g(t,u)dt$$

から確かめられるが，これは 8 章においてより一般的な仮定の下で，これを強めた形で証明される)．

さらに，ベクトル値関数 $x_*(t), u_*(t)$ と $p(t)$ を点 t_{0*} の左側や t_{1*} の右側まで拡張して，ラグランジュ関数が t_{0*} と t_{1*} の点で t_0 と t_1 について微分可能になるようにすることができる．そのためには，$x_*(t)$ と $p(t)$ は連続でありつづけなければならず，また $u_*(t)$ は次の関係を満たさなければならない：

$$\lim_{t\uparrow t_{0*}} H(t,x_*(t),u_*(t),p(t),\lambda_0) = \mathscr{H}(t_{0*},x_*(t_{0*}),p(t_{0*}),\lambda_0),$$
$$\lim_{t\downarrow t_{1*}} H(t,x_*(t),u_*(t),p(t),\lambda_0) = \mathscr{H}(t_{1*},x_*(t_{1*}),p(t_{1*}),\lambda_0).$$

こうすると，上で示した計算から，(8′) によって t_0 と t_1 についての t_{0*} と t_{1*} でのラグランジュ関数の微分の値は 0 になる．言い換えれば，定理 1′ の主張 (iii) は時間 t_{0*} と t_{1*} はラグランジュ関数の t_0 と t_1 についての最小化の必要条件を満たしていることを意味する．

われわれは上で定理 1′ のラグランジュ関数に含まれない制約は条件 (3) だけであるとした．しかし，いくつかの特別な場合にはラグランジュ関数に含まれない別の制約があるかもしれない．それらはほとんどの場合に境界条件であり，例えば終端点や時間の区間が固定であるとかいった条件である．この場合，対応する横断性条件は消えてしまい，そして (ラグランジュの原理を確かめ直すことで) 残った条件はラグランジュ関数の，この関数に現れない制約条件の下での最小解の必要条件と一致する．実際，例えば $h_0 = x - x_0$ である (左端点が固定) とすれば，(6) の最初の条件は $p(t_0) = l_0$ となる．もし $h_0 = t - a$ である (時間の区間の左端が固定) とすれば，(8) の最初の条件は $\mathscr{H}|_{t=t_{0*}} = -l_0$ となる．等々．したがって，ラグランジュ乗数のうち固定された終端点に対応するものは $p(t)$ の値と一致し，また固定された時間の区間の端点に対応するものはハミルトニアンの対応する点での値と一致し，そ

れ以上の情報はなにも与えない．もし $p(t) \equiv 0$ であったならば，そのときは乗数は全部 0 になる[12]．われわれは不等式 $\lambda_0 \neq 0$ が成り立つ条件について言及しなかったが，それはとても扱いにくい．そしてたいていの場合，$\lambda_0 \neq 0$ を直接確かめるほうが簡単である．

ここまでは，われわれは積分汎関数の問題について述べてきた．終端汎関数 $\psi(t_1, x(t_1))$ の問題については，ラグランジュ関数は次の形になる．

$$\mathscr{L} = (l_0|h_0(t_0, x(t_0))) + (l_1|h_1(t_1, x(t_1))) \\ + \lambda_0 \psi(t_1, x(t_1)) + \int_{t_0}^{t_1} (p(t)|\dot{x} - \varphi(t, x, u)) dt.$$

最大値原理のすべての関係は定理 $1'$ と同じ形でこの関数について得られる．対応する証明は本質的に積分汎関数の問題についての最大値原理の証明と同じである．

2.4.2 右端点が固定されない問題についての最大値原理の初等的証明

次の，右端点が固定されず，時間が固定された最適制御問題を考えよう．

$$\mathscr{I}(x(\cdot), u(\cdot)) = \int_{t_0}^{t_1} f(t, x, u) dt \to \inf; \tag{9}$$

$$\dot{x} = \varphi(t, x, u), \tag{10}$$

$$u \in U, \tag{11}$$

$$x(t_0) = x_0. \tag{12}$$

この問題の最大値原理は，最適な制御変数が**区分的に連続** (piecewise-continuous)[13] であることを仮定することによって，とても単純な方法で証明できる．

まずなによりも最初に，なにを証明すればいいかを明確にしよう．制御過程 $(x_*(t), u_*(t))$ が最適であるとし，さらに制御変数 $u_*(t)$ は区分的に連続であるとする．このとき，定理 1 より，ある数 $\lambda_0 \geq 0$ とベクトル値関数 $p(t)$ が存在して，両方とも 0 ではなく，しかも

---

12) （訳注）おそらく λ_0 を除いて，ということだと思われる．

13) （訳注）この用語は，この関数が不連続点を有限個しか持たず，またその有限個の不連続点のすべてにおいて右極限と左極限を持つことを意味する．

2.4 ポントリャーギンの最大値原理,定式化と議論

(i) ベクトル値関数は微分方程式 (5) と (6) の二番目の境界条件を満たす。これはこの場合では次のようになる。

$$p(t_1) = 0; \tag{13}$$

(ii) 関係 (7) がほとんどすべての t について成立する。

仮に λ_0 が 0 であったとすれば,$p(t)$ は次の方程式の解である。

$$\dot{p} = -\varphi_x^*(t, x_*(t), u_*(t))p. \tag{14}$$

さらに (13) 式が成り立つので,$p(t)$ は恒等的に 0 にならざるを得ない。よってこの $\lambda_0 = 0$ の場合は排除される。したがってわれわれは一般性を失うことなく $\lambda_0 = 1$ を仮定してよい[14]。したがって,われわれは次の方程式

$$\begin{aligned}(p(t)|\varphi(t, x_*(t), u_*(t))) &- f(t, x_*(t), u_*(t)) \\ &= \max_{u \in U}[(p(t)|\varphi(t, x_*(t), u)) - f(t, x_*(t), u)] \end{aligned} \tag{15}$$

が $[t_0, t_1]$ 上のほとんどすべての点について成り立つことを確かめる必要がある。ただしここで $p(t)$ は次の随伴方程式

$$\dot{p} = -\varphi_x^*(t, x_*(t), u_*(t))p + f_x(t, x_*(t), u_*(t)) \tag{16}$$

の解で,終端条件 $p(t_1) = 0$ を満たすものである。

以下では (15) 式が,(t_0, t_1) に含まれ,制御変数 $u_*(t)$ が連続であるようなすべての点で成り立つことを示そう。この証明は $u_*(t)$ の「針状」の変分を直接用いることを基本としており,したがって本質的には,2.2 節のワイエルシュトラスの条件の証明を少し変えただけである。

そこで,τ は制御変数 $u_*(t)$ の連続点であるとしよう。$v \in U$ をひとつ固定し,次の制御変数

$$u(t; \tau, \lambda) = u_\lambda(t) = \begin{cases} u_*(t), & \text{if } t \notin [\tau - \lambda, \tau), \\ v, & \text{if } t \in [\tau - \lambda, \tau), \end{cases} \tag{17}$$

を考えよう。これは $u_*(t)$ の針状変分になっている (図 7)。$x_\lambda(t) = x(t; \tau, \lambda)$

---

[14] (訳注) l_0, l_1 は 0 であるとは限らないように思われるかもしれないが,これは $H \equiv 0$ となることと (8) から容易に 0 であることがわかる。

166　第 2 章　変分法・最適制御の古典的問題における極小点の必要条件

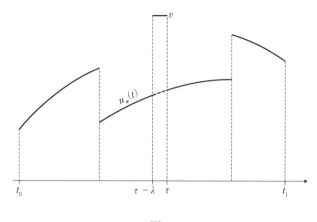

図 7

を方程式 (10) の初期条件 (12) についての $u_\lambda(t)$ に対応する解としよう．仮定から，$t_0 \leq t \leq \tau - \lambda$ であれば $x_\lambda(t) = x_*(t)$ である．さらに，次の方程式
$$\dot{x} = \varphi(t, x, v)$$
のコーシー問題は $(\tau, x_*(\tau))$ の近傍で解けるため，ベクトル値関数 $x_\lambda(t)$ は，λ が十分小さいときには区間 $[\tau - \lambda, \tau]$ 上で定義される[15]．

もし制御変数 $u_*(t)$ が点 τ で連続であれば，それは τ を中心とした十分小さい半径 λ の近傍上で連続である．したがって，関数 $\dot{x}_*(t)$ はやはりその近傍上で連続であり，故に
$$\begin{aligned} x_*(\tau) &= x_*(\tau - \lambda) + \lambda \dot{x}_*(\tau - \lambda) + o(\lambda) \\ &= x_*(\tau - \lambda) + \lambda \varphi(\tau - \lambda, x_*(\tau - \lambda), u_*(\tau - \lambda)) + o(\lambda) \end{aligned}$$
である．同じ理由によって，

---

[15]　(訳注) この部分の議論は若干乱暴である．本来欲しい事実は，$x(\tau - \lambda) = x^*(\tau - \lambda)$ という初期値を持つ上の方程式の解が，λ が十分小さいときには必ず τ まで延長可能であるという事実である．この事実は 0.4 節の定理 3 などを少し変形すれば証明できないことはないが，いずれにしろ追加の議論が必要なところであろう．幸い，この微分方程式において右辺の関数 $\varphi(\cdot, \cdot, v)$ は (t, x) についてよい性質を持っているため，この部分を埋めるためには通常の常微分方程式のテキストを用いればよい．

2.4 ポントリャーギンの最大値原理，定式化と議論

$$x_\lambda(\tau) = x_*(\tau - \lambda) + \lambda\varphi(\tau - \lambda, x_*(\tau - \lambda), v) + o(\lambda)$$

である．そこで次の極限

$$y(\tau) = \lim_{\lambda \downarrow 0} \frac{x_\lambda(\tau) - x_*(\tau)}{\lambda}$$

は存在し，それは次の等式を満たす．

$$y(\tau) = \varphi(\tau, x_*(\tau), v) - \varphi(\tau, x_*(\tau), u_*(\tau)). \tag{18}$$

$x_*(\cdot)$ と $x_\lambda(\cdot)$ は共に次の方程式

$$\dot{x} = \varphi(t, x, u_*(t))$$

を区間 $[\tau, t_1]$ 上で満たす．したがって微分方程式の解の初期値についての連続性と微分可能性の定理から，$\lambda > 0$ が十分に小さければ，$x_\lambda(t)$ は $[\tau, t_1]$ 上で定義され，$x_*(t)$ に一様収束し，さらに次の極限

$$y(t) = \lim_{\lambda \downarrow 0} \frac{x_\lambda(t) - x_*(t)}{\lambda}$$

はすべての $t \in [\tau, t_1]$ について存在する．もし $t > \tau$ ならば，

$$x_\lambda(t) = x_\lambda(\tau) + \int_\tau^t \varphi(s, x_\lambda(s), u_*(s))ds,$$
$$x_*(t) = x_*(\tau) + \int_\tau^t \varphi(s, x_*(s), u_*(s))ds$$

であるから，

$$\frac{x_\lambda(t) - x_*(t)}{\lambda} = \frac{x_\lambda(\tau) - x_*(\tau)}{\lambda} + \int_\tau^t \frac{\varphi(s, x_\lambda(s), u_*(s)) - \varphi(s, x_*(s), u_*(s))}{\lambda}ds$$

である．$\lambda \downarrow 0$ の極限を取れば，

$$y(t) = y(\tau) + \int_\tau^t \phi_x(s, x_*(s), u_*(s))y(s)ds$$

を得る (積分下の極限を取れる理由は，φ が x について連続微分可能で，かつ $u_*(t)$ が有界なベクトル値関数だからである)．したがって，$[\tau, t_1]$ 上では関数 $y(t)$ は次の方程式の解である：

$$\dot{y} = \varphi_x(t, x_*(t), u_*(t))y.$$

ただし初期条件は (18) 式で与えられる．

そこで $t \geq \tau$ ならば,

$$\begin{aligned}\frac{d}{dt}(p(t)|y(t)) &= (\dot{p}(t)|y(t)) + (p(t)|\dot{y}(t)) \\ &= -(\varphi_x^*(t, x_*(t), u_*(t))p(t)|y(t)) + (f_x(t, x_*(t), u_*(t))|y(t)) \\ &\quad + (p(t)|\varphi_x(t, x_*(t), u_*(t))y(t)) \\ &= (f_x(t, x_*(t), u_*(t))|y(t))\end{aligned}$$

がわかる。

つまり, $p(t_1) = 0$ であるから,

$$(p(t)|y(t)) = -\int_t^{t_1} (f_x(s, x_*(s), u_*(s))|y(s))ds$$

である。特に (18) 式から,

$$(p(\tau)|\varphi(\tau, x_*(\tau), u_*(\tau)) - \varphi(\tau, x_*(\tau), v)) = \int_\tau^{t_1} (f_x(t, x_*(t), u_*(t))|y(t))dt \tag{19}$$

がわかった。

さらに, $(x_*(t), u_*(t))$ は最適過程であるから,

$$\lim_{\lambda \downarrow 0} \lambda^{-1}[\mathscr{I}(x_\lambda(\cdot), u_\lambda(\cdot)) - \mathscr{I}(x_*(\cdot), u_*(\cdot))] \geq 0$$

が成り立つ。この極限を評価してみよう。するとすぐに, これは以下の式と一致することがわかる。

$$\begin{aligned}&\lim_{\lambda \downarrow 0} \lambda^{-1} \int_{\tau-\lambda}^{\tau} [f(t, x_\lambda(t), v) - f(t, x_*(t), u_*(t))]dt \\ &+ \lim_{\lambda \downarrow 0} \lambda^{-1} \int_\tau^{t_1} [f(t, x_\lambda(t), u_*(t)) - f(t, x_*(t), u_*(t))]dt \\ &= f(\tau, x_*(\tau), v) - f(\tau, x_*(\tau), u_*(\tau)) \\ &\quad + \int_\tau^{t_1} (f_x(t, x_*(t), u_*(t))|y(t))dt.\end{aligned}$$

よって, (19) 式を使うことで, われわれは以下を得る。

$$(p(\tau)|\varphi(\tau, x_*(\tau), u_*(\tau))) - f(\tau, x_*(\tau), u_*(\tau))$$

$$\geq (p(\tau)|\phi(\tau, x_*(\tau), v)) - f(\tau, x_*(\tau), v).$$

この τ は制御変数 $u_*(t)$ の任意の連続点であり，また v は U の任意の元であった．よって (15) 式は制御変数 $u_*(t)$ の任意の連続点で成り立ち，証明が完成したことになる．

2.4.3 最大値原理と変分法

ポントリャーギンの最大値原理は古典的な変分法の (一階の) 必要条件を含む．ここでは，最大値原理からどのようにしてオイラー方程式やワイエルシュトラスの条件，さらにはまだ言及していないが，正準方程式 (canonical equation) やワイエルシュトラス＝エルトマンの条件が得られるかを見てみよう．ただし問題は変分法の基本問題に限定する．読者は，もし欲するならば，もっと一般の問題でこの計算を行うことができるであろう．

次の基本問題

$$\int_{t_0}^{t_1} L(t, x, \dot{x})dt \to \inf;\ x(t_0) = x_0,\ x(t_1) = x_1,$$

を考え，関数 $x_*(t)$ が (連続微分可能で) 問題の強い極小点であると仮定しよう．この問題は最適制御問題の形として次のように書き直せる：

$$\int_{t_0}^{t_1} L(t, x, u)dt \to \inf;$$
$$\dot{x} = u,\ u \in \mathbb{R},\ x(t_0) = x_0,\ x(t_1) = x_1.$$

ここで $u_*(t) = \dot{x}_*(t)$ とすれば，制御過程 $(x_*(\cdot), u_*(\cdot))$ は上の問題で最適である．さらに，

$$H = pu - \lambda_0 L(t, x, u)$$

である．随伴方程式は以下の形になる．

$$\dot{p} = \lambda_0 L_x(t, x_*(t), \dot{x}_*(t)).$$

さらに最大値原理から (u についての制約がないため)，

$$H_u = p - \lambda_0 L_{\dot{x}}|_{(x_*(t), u_*(t))} = 0 \tag{20}$$

がほとんどすべての点で成り立つ．制御変数 $u_*(t)$ は連続なので，この関係はすべての t で成り立たなければならない．もし λ_0 が 0 であれば，(20) か

ら，$p(t)$ も恒等的に 0 でなければならないが，これはあり得ない．したがってわれわれは $\lambda_0 = 1$ と置くことができて，オイラー方程式

$$\dot{p}(t) = \frac{d}{dt} L_{\dot{x}}(t, x_*(t), u_*(t)) = L_x(t, x_*(t), \dot{x}_*(t))$$

に到達する．さらに，最大値原理から，

$$\max_u (p(t)u - L(t, x_*(t), u)) = p(t)u_*(t) - L(t, x_*(t), u_*(t))$$

がほとんどすべての t で成り立つ．もちろん，この式は関数 $u_*(t)$ が連続であるようなすべての点で成り立ち，したがってすべての点 t で成り立つ．(20) 式を考えれば，われわれは

$$L(t, x_*(t), u) - L(t, x_*(t), \dot{x}_*(t)) - (u - \dot{x}_*(t))L_{\dot{x}}(t, x_*(t), \dot{x}_*(t)) \geq 0$$

をすべての t と u について得るが，これはワイエルシュトラスの条件である．

特に，この考察からわかることは，変分法で通常用いられる仮定である極値関数の連続微分可能性はこの結論に必要ないということである．同じ関係は (すべての t ではなく，ほとんどすべての t について) 極値関数が絶対連続でその微分が有界であるときに得ることができる．

特に，区分的に滑らか (piecewise-smooth)[16] な極値についてのワイエルシュトラス＝エルトマンの必要条件を容易に得ることができる．実際，いま強い極小点 $x_*(t)$ が区分的に連続な微分の値を持っていたとしよう．するとオイラー方程式とワイエルシュトラスの条件はその連続点で必ず成り立っている．関数 $x_*(t)$ が $t = \tau$ で微分可能でない (つまり，その導関数が第一種の不連続性を持つ) としよう．次の式が $\dot{x}_*(t)$ の連続点で成り立つ；

$$\dot{x}_*(t)L_{\dot{x}}(t, x_*(t), \dot{x}_*(t)) - L(t, x_*(t), \dot{x}_*(t)) = \mathscr{H}(t, x_*(t), p(t)).$$

最大値原理より，ハミルトニアンは連続である．よって，

$$\dot{x}_*(\tau - 0)L_{\dot{x}}(\tau, x_*(\tau), \dot{x}_*(\tau - 0)) - L(\tau, x_*(\tau), \dot{x}_*(\tau - 0))$$

---

16) （訳注）この用語は，有限個の点を除いて微分可能で，導関数が区分的に連続であることを指す．

$$= \dot{x}_*(\tau+0)L_{\dot{x}}(\tau, x_*(\tau), \dot{x}_*(\tau+0)) - L(\tau, x_*(\tau), \dot{x}_*(\tau+0))$$

を得る。同様に，関数 $p(t) = L_{\dot{x}}(t, x_*(t), \dot{x}_*(t))$ も随伴方程式の解であるために連続であるから，

$$L_{\dot{x}}(\tau, x_*(\tau), \dot{x}_*(\tau-0)) = L_{\dot{x}}(\tau, x_*(\tau), \dot{x}_*(\tau+0))$$

を得る。

この 2 つの関係はワイエルシュトラス＝エルトマンの条件 (Weierstrass-Erdman condition) と呼ばれる。これは折れ線状の極値についての微分の不連続性の可能性を特徴付けている。ワイエルシュトラス＝エルトマンの条件は基本ベクトル問題でもまったく同様に書ける。

最後に，正準方程式について少しだけ述べておこう。すでに述べたように最適制御問題の中で，相軌道と随伴方程式の解は次の方程式系の解である。

$$\dot{x} = \frac{\partial H}{\partial p}, \; \dot{p} = -\frac{\partial H}{\partial x}. \tag{21}$$

ここで変分法の基本問題におけるラグランジアン L に二階連続微分可能性と強いルジャンドルの条件 $L_{\dot{x}\dot{x}} > 0$，さらには L が最後の変数について凸関数であることを仮定しよう。このとき，陰関数定理から次の方程式

$$p = L_{\dot{x}}(t, x, u)$$

は u について任意の点 $(t, x_*(t), \dot{x}_*(t))$ の近傍で唯一の解を持つ。つまり，ある連続微分可能な関数 $u(t, x, p)$ が存在して，

$$p = L_x(t, x, u(t, x, p))$$

を満たし，さらに $u(t, x_*(t), p(t)) = \dot{x}_*(t)$ かつ $p(t) = L_{\dot{x}}(t, x_*(t), \dot{x}_*(t))$ である。次の関数 $u \mapsto pu - L(t, x, u) = H(t, x, u, p)$ の微分は $u = u(t, x, p)$ の点で 0 になる。この関数は凹関数であるから，これは $u(t, x, p)$ でその最大値を達成する。つまり，

$$H(t, x, u(t, x, p), p) = pu(t, x, p) - L(t, x, u(t, x, p)) = \mathscr{H}(t, x, p)$$

が成り立つ。この最後の関係は関数 L の最後の変数についてのルジャンドル変換 (Legendre transform) と呼ばれるものである。この変換の一般化である

172　第2章　変分法・最適制御の古典的問題における極小点の必要条件

ヤング=フェンシェル変換は次の章で詳しく研究される。すると次が示せる。

$$\frac{\partial \mathscr{H}}{\partial x} = \frac{\partial H}{\partial x} + \frac{\partial H}{\partial u}\frac{\partial u}{\partial x} = \frac{\partial H}{\partial x} + (p - L_{\dot{x}})\frac{\partial u}{\partial x}.$$

しかし極値では $p = L_{\dot{x}}(t, x_*(t), \dot{x}_*(t))$ であるから,

$$\frac{\partial \mathscr{H}(t, x_*(t), \dot{x}_*(t))}{\partial x} = \frac{\partial H(t, x_*(t), \dot{x}_*(t), p(t))}{\partial x}$$

がわかる。同様に $\frac{\partial \mathscr{H}}{\partial p} = \frac{\partial H}{\partial p}$ もわかり, (21) 式より $x_*(\cdot)$ と $p(\cdot)$ は以下の方程式系を満たす。

$$\dot{x} = \frac{\partial \mathscr{H}}{\partial p}, \ \dot{p} = -\frac{\partial \mathscr{H}}{\partial x}.$$

もちろん,ここで得られた一階の方程式系はオイラー方程式と同値である。これは**正準形のオイラー方程式** (canonical form of the Euler equation), または単純に**正準系** (canonical system) と呼ばれる。

2.4.4　いくつかの例示

古典的な変分法と同様に,最適制御問題を最大値原理で解く際には極めて多様な状況に遭遇する。制約集合が有界集合であるような線形問題については,典型的には許容可能な制御過程の中で最大値原理を満たすものはただひとつしかなく,したがってその過程が最適である。

例1. 次の問題

$$\int_0^1 x\,dt \to \inf; \ \dot{x} = u, \ |u| \leq 1, \ x(0) = 0$$

においては $x(t) = -t, u(t) = -1$ という過程だけが最大値原理を満たし,したがって (明らかであるが) 最適である。実際,この問題においては

$$H = pu - x$$

であり,随伴方程式は以下のようになる。

$$\dot{p} = 1.$$

したがって (この問題は右端点の条件がないので $p(1) = 0$ でなければならず), $p(t) = t - 1$ であり,よって H の最大値は $u = -1$ で達成される。

2.4 ポントリャーギンの最大値原理，定式化と議論

一般に，変分法と同様に最適制御問題でも，解が存在しない場合や，最大値原理を満たすのに最適でない許容可能な過程が存在する場合などに遭遇することがある．最適制御問題において，許容可能な制御変数が有界であることは解が必ず存在し，最大値原理で見つけられるという勘違いを生みかねない（そしてしばしば生んでしまう）．もちろん，それは間違いである．われわれは次の例を通じて，スライディングレジームと呼ばれる非常に重要な現象について考えることができるようになる．

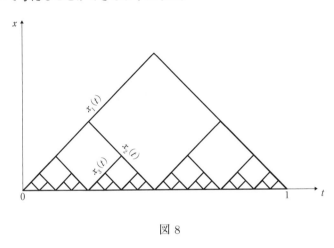

図 8

例 2(スライディングレジーム). 次の問題

$$\int_0^1 x^2 dt \to \inf;\ \dot{x} = u,\ |u| = 1,\ x(0) = \alpha,\ x(1) = 0$$

を考える．もし $|\alpha| > 1$ であれば，明らかに許容可能な制御過程は存在しない．$|\alpha| = 1$ ならば，そのような過程はひとつしかなく，それは $u(t) = \mathrm{sign}\,\alpha$ という制御変数に対応している．そこで今度は，$\alpha = 0$ としよう．許容可能な制御過程が汎関数の値を正に持つことは簡単に示せる．同時に，図 8 にある関数列 $(x_1(t), x_2(t), x_3(t), ...)$ を取ることで，汎関数の値は 0 に収束する．この相軌道の列は収束するが，制御変数の列は逆にどこにも収束しないことに注意しよう．このような列はスライディングレジーム (sliding regime) と

呼ばれる.

したがって，この問題は解を持たない．読者には，この問題で $\alpha = 0$ のときに最大値原理を満たす制御過程が存在しないことを確かめることを勧める．

2.5 最大値原理の証明

もう一度読者が思い出すために，問題を記述しておこう．

$$\mathscr{I}(x(\cdot), u(\cdot)) = \int_{t_0}^{t_1} f(t, x, u) dt \to \inf; \tag{1}$$
$$\dot{x} = \varphi(t, x, u), \tag{2}$$
$$u \in U, \tag{3}$$
$$h_0(t_0, x(t_0)) = 0, \ h_1(t_1, x(t_1)) = 0. \tag{4}$$

ここで，ラグランジュの未定乗数法は使えない．というのは制御変数に課せられた条件があるし，さらに u に関する微分可能性も満たされていないからである．われわれの証明は混合問題の極値原理に立脚している．それと最適制御問題の関係は，古典的なラグランジュの問題におけるラグランジュ未定乗数法との関係のように明らかではない．そしてポントリャーギンの最大値原理を混合問題の極値原理から導出するのはより難しい．

われわれの構成では，最初の段階では問題 (1)-(4) を同値な混合問題に帰着させる．このためにわれわれは A. Ya. Dubovickiĭ および A. A. Milyutin の方法を用いる．これは時間区間の変形を活用するものである．

2.5.1 問題の帰着

区間 $[t_{0*}, t_{1*}]$ で定義された制御過程 $(x_*(t), u_*(t))$ が問題 (1)-(4) について最適であるとしよう．ここで非負で有界な可測関数 $v_*(\tau)$ を区間 $[0, 1]$ 上で次の条件を満たすように選ぶ．

$$\int_0^1 v_*(\tau) d\tau = t_{1*} - t_{0*}. \tag{5}$$

さらにわれわれは次のようにいくつかの記号を定義する．

2.5 最大値原理の証明

$$\left.\begin{array}{l} t = t_*(\tau) = t_{0*} + \displaystyle\int_0^\tau v_*(\xi)d\xi, \\ \Delta(v_*) = \{\tau \in [0,1] | v_*(\tau) > 0\}. \end{array}\right\} \quad (6)$$

さらに，$\Delta(v_*)$ 上のほとんどすべての点で[17]次の等式

$$w_*(\tau) = u_*(t_*(\tau)) \quad (7)$$

を満たし，値が U に含まれるような r 次元の関数 $w_*(\tau)$ を固定しておく．

ここでわれわれがこの節の頭で述べた，帰着させるべき問題を定式化しよう．

$$\int_0^1 vf(t,y,w_*(\tau))d\tau \to \inf; \quad (8)$$

$$y' = v\varphi(t,y,w_*(\tau)), \quad (9\text{a})$$

$$t' = v, \quad (9\text{b})$$

$$v \geq 0, \quad (10)$$

$$h_0(t(0),y(0)) = 0, h_1(t(1),y(1)) = 0. \quad (11)$$

ただし y' や t' などは τ についての微分を表す．

これはやはり最適制御問題であり，制御変数は v である．この問題において，許容可能な制御変数はすべての非負，有界かつ可測な関数 $v(\tau)$ で，ただし次の集合

$$\Delta_k = \{\tau \in [0,1] | \ |w_*(\tau)| \geq k\} \ (k = 0,1,...)$$

のどれか (関数ごとに違っていてよい) で 0 になるものとする．このような関数の集合を $\mathscr{V}$ と書く．

ここで，

$$y_*(\tau) = x_*(t_*(\tau))$$

としよう．ただし $t_*(\tau)$ は (6) 式で定義されたものである．

---

17) （訳注） 訳者はこの「ほとんどすべて」が妥当かどうかに疑問を覚えた．というのは，後に現れる許容可能な制御変数の集合 $\mathscr{V}$ に，v_* が属するかどうかが不透明になるからである．安全を期するために，この場所は「すべての点で」に改めるべきであろう．そうしたところで，2.5.3 節で行われる v_* の具体的な定義例に問題が生じるとは思えない．

補題 1. 制御過程 $(t_*(\tau), y_*(\tau), v_*(\tau))$ は問題 (8)-(11) で許容可能であり，この問題の極小点である。

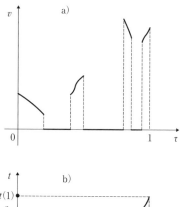

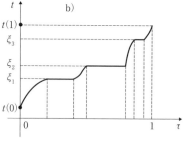

図 9

補題を証明するために，(6) 式の変形をもっと詳細に考えなければならない。関数 $v(\tau)$ は区間 $[0,1]$ 上で非負で，有界で，可測であるとする (図 9a)。そこで，

$$t(\tau) = t(0) + \int_0^\tau v(\eta) d\eta,$$
$$\Delta(v) = \{\tau \in [0,1] | v(\tau) > 0\},$$

とする。この関数 $t(\tau)$ は連続で非減少である。逆関数もやはり減少しないが，一般的には，高々可算個の点 $\xi_1, \xi_2, \ldots$ 上では第一種の不連続点を持つかもしれない (図 9b)。ここで

2.5 最大値原理の証明

$$\tau(t) = \min\{\tau \in [0,1] | t(\tau) = t\}, \text{ if } t \neq t(1), \ \tau(t(1)) = 1.$$

と定義しておく．

命題 1. 次の等式が成り立つ．

$$t(\tau(\xi)) = \xi, \ \tau(t(\eta)) = \eta.$$

ただし前者はすべての $\xi \in [t(0), t(1)]$ について，後者はほとんどすべての $\eta \in \Delta(v)$ について成り立ち，また $\tau(t) \in \Delta(v)$ が区間 $[t(0), t(1)]$ のほとんどすべての点で成り立つ．

証明． 最初の等式は関数 $\tau(t)$ の定義と関数 $t(\tau)$ の連続性から従う．さらに，半開区間 $(\tau(\xi_k - 0), \tau(\xi_k + 0)]$ の合併に含まれない任意の η については $\tau(t(\eta)) = \eta$ が成り立つ．この半開区間のそれぞれの上で，関数 $t(\tau)$ は定数であり，ξ_k に等しい．つまり，$\Delta(v) \cap (\tau(\xi_k - 0), \tau(\xi_k + 0)]$ は測度 0 である．したがって二番目の等式が成り立つ．最後に，関数 $t(\tau)$ は単調であるから，任意の可測集合 $\Delta \subset [0, 1]$ の像の測度は

$$\int_\Delta v(\tau) d\tau$$

に等しい．よって，特に集合 $\Delta(v)$ の像の測度は $[t(0), t(1)]$ 内で全測度を持つ．よって最後の主張も成り立つ．■

命題 2. 区間 $[t(0), t(1)]$ 上の関数 $z(t)$ と $[0, 1]$ 上の関数 $w(\tau)$ が可測で，さらに

$$z(t(\tau)) = w(\tau)$$

がほとんどすべての $\tau \in \Delta(v)$ に対して成り立つとする．もし $t = t(\tau)$ であるならば，

$$\int_{t(0)}^{t} z(\xi) d\xi = \int_0^\tau v(\eta) w(\eta) d\eta$$

が，これらの積分が定義できるときには必ず成り立つ．

証明は簡単な計算である．

$$\int_{t(0)}^{t(\tau)} z(\xi)d\xi = \int_0^\tau z(t(\eta))d(t(\eta)) = \int_0^\tau v(\eta)w(\eta)d\eta.$$

命題 3. $x(t)$ を $[t(0), t(1)]$ 上で定義された方程式 (2) の解で，対応する許容可能な制御変数を $u(t)$ とする．もし $y(\tau) = x(t(\tau))$ とし，$[0,1]$ 上のベクトル値の可測関数 $w(\tau)$ について，$u(t(\tau)) = w(\tau)$ が $\Delta(v)$ 上のほとんどすべての点で成り立つとすれば，$y(\tau)$ は次の方程式

$$y' = v(\tau)\varphi(t(\tau), y, w(\tau)) \tag{12}$$

の解である．

逆に，もし $w(\tau)$ が $\Delta(v)$ 上で有界かつ可測で，さらに U 内にのみ値を持つとし，$y(\tau)$ は方程式 (12) の解であるとする．このとき $u(t) = w(\tau(t))$ は問題 (1)-(4) の許容可能な制御変数であり，さらに $x(t) = y(\tau(t))$ は方程式 (2) の制御変数 $u(t)$ に対応する解である．

証明．最初の主張は命題 2 からただちに導かれる．というのは，

$$\varphi(t(\tau), x(t(\tau)), u(t(\tau))) = \varphi(t(\tau), y(\tau), w(\tau)) \tag{13}$$

が，$\Delta(v)$ 上のほとんどすべての点で成り立ち，したがって

$$y(\tau) = x(t(\tau)) = x(t(0)) + \int_{t(0)}^{t(\tau)} \varphi(t, x(t), u(t))dt$$
$$= y(0) + \int_0^\tau v(\eta)\varphi(t(\eta), y(\eta), w(\eta))d\eta$$

となるからである．二番目の主張を証明するためには，(13) 式と命題 1 を使って，もう一度命題 2 に訴えればよい．■

いよいよ補題 1 の証明に入ろう．まず命題 3 の最初の部分からただちに，制御過程 $(t_*(\tau), y_*(\tau), v_*(\tau))$ は問題 (8)-(11) において許容可能であることがわかる．ここで，$(t(\tau), y(\tau), v(\tau))$ をこの問題の別の許容可能な過程であると

し,さらに $|t(\tau)-t_*(\tau)|<\varepsilon$, $|y(\tau)-y_*(\tau)|<\varepsilon$ がすべての τ とある ε について成り立っていたとしよう。$v(\tau)$ は Δ_k のどれかで消えるので,ベクトル値関数 $w_*(\tau)$ は $\Delta(v)$ 上で有界であり,したがって $u(t) = w_*(\tau(t))$ はやはり命題 1 から有界である。この理由により (命題 3 から),$x(t) = y(\tau(t))$ とすれば $(x(t), u(t))$ は問題 (1)-(4) で許容可能である。さらに,仮定から $|t(0)-t_{0*}|<\varepsilon$ かつ $|t(1)-t_{1*}|<\varepsilon$ である。したがって,もし $|\varphi(t, x_*(t), u_*(t))| \le k$ がほとんどすべての点で成り立てば (そのような k は当然存在する),

$$\begin{aligned}|x(t) - x_*(t)| &= |x(t(\tau)) - x_*(t(\tau))| \\ &\le |x(t(\tau)) - x_*(t_*(\tau))| + |x_*(t_*(\tau)) - x_*(t(\tau))| \\ &= |y(\tau) - y_*(\tau)| + |x_*(t_*(\tau)) - x_*(t(\tau))| < \varepsilon + k\varepsilon\end{aligned}$$

がすべての $t \in [t(0), t(1)] \cap [t_{0*}, t_{1*}]$ について成り立つ。

もし ε が十分に小さければ,$(x_*(t), u_*(t))$ が問題 (1)-(4) の最適過程であることから,

$$\begin{aligned}\int_0^1 v(\tau) f(t(\tau), y(\tau), w(\tau))d\tau &= \int_{t(0)}^{t(1)} f(t, x(t), u(t))dt \\ \ge \int_{t_{0*}}^{t_{1*}} f(t, x_*(t), u_*(t))dt &= \int_0^1 v_*(\tau) f(t_*(\tau), y_*(\tau), w_*(\tau))d\tau\end{aligned}$$

が成り立ち,$(t_*(\tau), y_*(\tau), v_*(\tau))$ が実際に問題 (8)-(11) の最適過程であることがわかった。これで補題の証明が終わった。

2.5.2 問題 (8)-(11) の極小点の必要条件

補題 2. ある数 $\lambda_0 \ge 0$,ベクトル $l_0 \in \mathbb{R}^{s_0}$, $l_1 \in \mathbb{R}^{s_1}$ および n 次元のベクトル値関数 $q(\tau)$,そして実数値関数 $s(\tau)$ が存在して,全部が 0 ではなく,かつ次の条件を満たす。

(i) $q(\tau)$ は次の微分方程式

$$q' = -v_*(\tau) H_x(t_*(\tau), y_*(\tau), w_*(\tau), q, \lambda_0)$$

と,次の境界条件を満たす。

$$q(0) = h_{0x}^*(t_*(0), y_*(0))l_0, \ q(1) = -h_{1x}^*(t_*(1), y_*(1))l_1;$$

(ii) $s(\tau)$ は次の微分方程式

$$s' = -v_*(\tau) H_t(t_*(\tau), y_*(\tau), w_*(\tau), q(\tau), \lambda_0)$$

と次の境界条件を満たす。

$$s(0) = (h_{0t}(t_*(0), y_*(0))|l_0), \ s(1) = -(h_{1t}(t_*(1), y_*(1))|l_1);$$

(iii) ほとんどすべての $\tau \in [0,1]$ に対して,

$$H(t_*(\tau), y_*(\tau), w_*(\tau), q(\tau), \lambda_0) + s(\tau) \begin{cases} = 0, & \text{if } \tau \in \Delta(v_*), \\ \leq 0, & \text{if } \tau \notin \Delta(v_*). \end{cases}$$

補題 2 が問題 (8)-(11) のポントリャーギンの最大値原理そのものであることを確認するのは難しくない。

証明. まず, 問題 (8)-(11) が 1.1 節の定理 3(もっと正確に言うと, その系) の条件をすべて満たす混合問題であることを示し, 系を適用しよう。

まず方程式 (9a) に関連して, 写像 $\Phi_1: W_{1,1} \times W_{1,1}^n \times \mathscr{V} \to L_1^n$ を $\xi(\cdot) \in W_{1,1}([0,1])$ と $y(\cdot) \in W_{1,1}^n([0,1])$, そして $v(\cdot) \in \mathscr{V}$ に対して次の形のベクトル値関数を返す写像とする (読者は, $\mathscr{V}$ が問題 (8)-(11) の許容可能な制御変数の集合であることを思い出していただきたい)。

$$z(\tau) = y'(\tau) - v(\tau)\varphi(\xi(\tau), y(\tau), w_*(\tau)). \tag{14}$$

ここで $v(\tau)$ は Δ_k のどれかひとつで 0 になるから, ベクトル値関数 $\tau \mapsto v(\tau)\varphi(\xi(\tau), y(\tau), w_*(\tau))$ は有界であり, したがって, $z(\cdot) \in L_1^n$ である。同じように, 方程式 (9b) は次の写像 $\Phi_2: W_{1,1} \times \mathscr{V} \to L_1$ を生成する。これは次の式で定義される。

$$\zeta(\tau) = \Phi_2(\xi(\cdot), v(\cdot))(\tau) = \xi'(\tau) - v(\tau). \tag{15}$$

最後に, 写像 $\Phi: W_{1,1} \times W_{1,1}^n \times \mathscr{V} \to L_1 \times L_1^n$ は Φ_2 と Φ_1 の「直積」とする。つまり, $\Phi(\xi(\cdot), y(\cdot), v(\cdot)) = (\zeta(\cdot), z(\cdot))$ とするのである。ここで $\zeta(\tau)$ は

2.5 最大値原理の証明

(15) 式で定まり，$z(\tau)$ は (14) 式で定まる．写像 Φ を用いることで，方程式 (9a) と (9b) は次の形で書ける．

$$\Phi(t(\cdot), y(\cdot), v(\cdot)) = 0.$$

ここで，任意の $v(\cdot) \in \mathscr{V}$ について，写像 Φ が $W_{1,1} \times W_{1,1}^n$ 上でフレシェ連続微分可能であること，および $(t_*(\cdot), y_*(\cdot))$ で正則であることを確かめよう．実際，Φ_1 と Φ_2 の連続微分可能性については 0.2 節で示してある (例 11 を見よ)．そして，写像 Φ_1 の $(t_*(\cdot), y_*(\cdot))$ における微分の値は次の線形写像

$$(\xi(\tau), y(\tau)) \mapsto y'(\tau) - v(\tau)\varphi_t(t_*(\tau), y_*(\tau), w_*(\tau))\xi(\tau)$$
$$- v(\tau)\varphi_x(t_*(\tau), y_*(\tau), w_*(\tau))y(\tau), \tag{16}$$

であり，また写像 Φ_2 の微分の値は次の線形写像

$$\xi(\tau) \mapsto \xi'(\tau) \tag{17}$$

である．

ここで，$\zeta(\tau)$ と $z(\tau)$ がそれぞれ空間 L_1 と L_1^n の任意の元であったとすれば，0.4 節の定理 1 から，(16) 式と (17) 式の値にこれらが一致するような $\xi(\cdot) \in W_{1,1}$ と $y(\cdot) \in W_{1,1}^n$ の組が必ず存在する．したがって，写像 $(\xi(\cdot), y(\cdot)) \mapsto \Phi(\xi(\cdot), y(\cdot), v(\cdot))$ は任意の $v(\cdot) \in \mathscr{V}$ について点 $(t_*(\cdot), y_*(\cdot))$ において正則である．

さらに次のことにも注意しよう．汎関数 (8) は任意の $v(\cdot) \in \mathscr{V}$ を固定した下で $W_{1,1} \times W_{1,1}^n$ 上でフレシェ連続微分可能であり，その $(t_*(\cdot), y_*(\cdot))$ における微分の値は次の線形汎関数に等しい：

$$(\xi(\tau), y(\tau)) \mapsto \int_0^1 v(\tau)[f_t(t_*(\tau), y_*(\tau), w_*(\tau))\xi(\tau)$$
$$+ (f_x(t_*(\tau), y_*(\tau), w_*(\tau))|y(\tau))]d\tau.$$

最後に，もし $v_1(\cdot) \in \mathscr{V}$ かつ $v_2(\cdot) \in \mathscr{V}$ であれば，明らかに関数 $v_\alpha(\tau) = \alpha v_1(\tau) + (1-\alpha)v_2(\tau)$ は $0 \le \alpha \le 1$ を満たす任意の α について，やはり $\mathscr{V}$ に属している．写像 Φ と汎関数 (8) は $v(\cdot)$ について線形であるから，

$$\int_0^1 v_\alpha(\tau) f(\xi(\tau), y(\tau), w_*(\tau))d\tau = \alpha \int_0^1 v_1(\tau) f(\xi(\tau), y(\tau), w_*(\tau))d\tau$$

$$+(1-\alpha)\int_0^1 v_2(\tau)f(\xi(\tau),y(\tau),w_*(\tau))d\tau;$$
$$\Phi(\xi(\cdot),y(\cdot),v_\alpha(\cdot)) = \alpha\Phi(\xi(\cdot),y(\cdot),v_1(\cdot)) + (1-\alpha)\Phi(\xi(\cdot),y(\cdot),v_2(\cdot)),$$

が成り立つ.

よって，問題 (8)-(11) は混合問題の極値原理 (1.1 節の定理 3) の系 1 の条件をすべて満たしている．念のために，(11) 式に出てくる写像の値域は有限次元であるということを確認しておこう．最終的に系が使えることを示すためには，後は $(t_*(\tau), y_*(\tau), v_*(\tau))$ が，線形位相空間 $W_{1,1}$ および $W_{1,1}^n$ に属する $t(\tau)$ と $y(\tau)$ についての，問題 (8)-(11) の極小点であることを確認すればよい．これは補題 1 から出てくる．というのは，$W_{1,1}$ と $W_{1,1}^n$ の位相は C と C^n の位相よりも強いからである．したがって，実際に系は適用可能である．

そこで問題 (8)-(11) のラグランジュ関数を書いてみよう．

$$\begin{aligned}
\mathscr{L} &= (l_0|h_0(t(0),y(0))) + (l_1|h_1(t(1),y(1))) \\
&\quad + \int_0^1 [(q(\tau)|y'(\tau)) - v(\tau)\varphi(t(\tau),y(\tau),w_*(\tau))) \\
&\quad + s(\tau)(t'(\tau) - v(\tau)) + \lambda_0 v(\tau)f(t(\tau),y(\tau),w_*(\tau))]d\tau \\
&= (l_0|h_0(t(0),y(0))) + (l_1|h_1(t(1),y(1))) \\
&\quad + \int_0^1 [(q(\tau)|y'(\tau)) - v(\tau)H(t(\tau),y(\tau),w_*(\tau),q(\tau),\lambda_0) \\
&\quad + s(\tau)(t'(\tau) - v(\tau))]d\tau,
\end{aligned}$$

ただしここで $l_0 \in \mathbb{R}^{s_0}$, $l_1 \in \mathbb{R}^{s_1}$, $q(\cdot) \in L_\infty^n$ であり，$s(\cdot) \in L_\infty$ である (写像 Φ は L_1^{n+1} に値を取り，L_1^{n+1} の双対空間は L_∞^{n+1} である．よって，$q(\cdot) \in L_\infty^n$ であり，$s(\cdot) \in L_\infty$ である)．乗数 $\lambda_0, l_0, l_1, q(\tau), s(\tau)$ をうまく取ることによって，ラグランジュ関数は 1.1 節の定理 3 で定式化された条件を満たす．それらの条件を書き下してみよう．ただしここで汎関数 (8) と写像 Φ の以前に計算した点 $(t_*(\cdot), y_*(\cdot))$ での微分の値を用いる．短縮のために，$h_0 = h_0(t_{0*}, y_*(0))$, $h_1 = h_1(t_{1*}, y_*(1))$, $H(\tau) = H(t_*(\tau), y_*(\tau), w_*(\tau), q(\tau), \lambda_0)$ などと書こう．すると，

$$\mathscr{L}_{y(\cdot)}y(\cdot) = (h_{0x}^*l_0|y(0)) + (h_{1x}^*l_1|y(1))$$

2.5 最大値原理の証明

$$+ \int_0^1 [(q(\tau)|y'(\tau)) - v_*(\tau)H_x(\tau)y(\tau)]d\tau = 0 \qquad (18)$$

がすべての $y(\cdot) \in W_{1,1}^n$ について成り立ち，また

$$\mathscr{L}_{t(\cdot)}\xi(\cdot) = (l_0|h_{0t})\xi(0) + (l_1|h_{1t})\xi(1)$$
$$+ \int_0^1 [s(\tau)\xi'(\tau) - v_*(\tau)H_t(\tau)\xi(\tau)]d\tau = 0 \qquad (19)$$

がすべての $\xi(\cdot) \in W_{1,1}$ について成り立ち，さらに

$$\int_0^1 (v(\tau) - v_*(\tau))(H + s)d\tau \leq 0 \qquad (20)$$

がすべての $v(\cdot) \in \mathscr{V}$ について成り立つ．

(18) 式の第二項を部分積分して $y(1) = y(0) + \int_0^1 y'(\tau)d\tau$ と置くことで，

$$\left(h_{0x}^* l_0 + h_{1x}^* l_1 - \int_0^1 v_*(\tau)H_x d\tau | y(0) \right)$$
$$+ \int_0^1 \left(q(\tau) + h_{1x}^* l_1 - \int_\tau^1 v_*(\eta)H_x d\eta | y'(\tau) \right) d\tau = 0$$

をすべての $y(\cdot) \in W_{1,1}^n$ について得る．これは次の 2 式

$$h_{0x}^* l_0 + h_{1x}^* l_1 - \int_0^1 v_*(\tau)H_x d\tau = 0,$$
$$q(\tau) + h_{1x}^* l_1 - \int_\tau^1 v_*(\eta)H_x d\eta = 0 \text{ a.e.}$$

を意味する．必要ならば $q(\tau)$ を測度零の集合上で変えて，$q(\tau)$ が絶対連続であるようにすれば，いま証明を行っている補題の (i) の主張にあったすべての条件が成り立つことになる．

同様にして，(19) 式は (ii) を意味する．後は (iii) を (20) より確かめる作業だけが残っている．実際，もし例えば $H + s > 0$ が $\Delta(v_*)$ の正の測度を持つ部分集合のすべての点で成り立っていたとすれば，そこで $v(\tau) = 2v_*(\tau)$ とし残りの場所で $v(\tau) = v_*(\tau)$ とすることで，

$$\int_0^1 (v(\tau) - v_*(\tau))(H + s)d\tau > 0,$$

となって，(20) に矛盾する．もう一つの (iii) の主張はとても簡単に示せる．こうして補題が証明された．

2.5.3 最大値原理の証明の完成

まず,
$$\tau_*(t) = \min\{\tau \in [0,1] | t_*(\tau) = t\},$$
$$p(t) = q(\tau_*(t)), \ r(t) = s(\tau_*(t))$$

と置こう。命題 1 より,
$$p(t_*(\tau)) = q(\tau), \ r(t_*(\tau)) = s(\tau)$$

が,ほとんどすべての $\tau \in \Delta(v_*)$ について言える。

命題 3 を $q(\tau)$ と $p(t)$ に適用すると,補題 2 から,$p(t)$ は次の微分方程式
$$\dot{p} = -H_x(t, x_*(t), u_*(t), p, \lambda_0)$$

と次の境界条件を満たす。
$$p(t_{0*}) = h^*_{0x}(t_{0*}, x_*(t_{0*}))l_0,$$
$$p(t_{1*}) = -h^*_{1x}(t_{1*}, x_*(t_{1*}))l_1.$$

したがって最大値原理の最初の主張は証明できた。

まったく同様に,$r(t)$ は次の微分方程式
$$\dot{r} = -H_t(t, x_*(t), u_*(t), p(t), \lambda) \tag{21}$$

と境界条件を満たす。
$$\left.\begin{array}{l} r(0) = (h_{0t}(t_{0*}, x_*(t_{0*}))|l_0), \\ r(1) = -(h_{1t}(t_{1*}, x_*(t_{1*}))|l_1). \end{array}\right\} \tag{22}$$

ここまでは,われわれは $v_*(\tau)$ と $w_*(\tau)$ の具体的な形にまったく興味がなく,単に (6) 式と (7) 式が満たされればよいだけであった。これらの等式は,当然ながらこれらの関数についての非常に大きい自由度を持つ。そこで今度は,$v_*(\tau)$ は半開区間 (のうち,右側が閉じてるもの) の系 $I_k = (\tau_k, \tau_k + \beta_k], \ k = 1, 2, \ldots$

2.5 最大値原理の証明

の中で 0 になり，かつ写像 $\tau \mapsto t_*(\tau)$ のこれらの区間の合併の像が $[t_{0*}, t_{1*}]$ 内で稠密になると仮定しよう．

そのような関数の作り方の一例を提示しておこう．まず $\{\xi_1, \xi_2, ...\}$ は区間 $[t_{0*}, t_{1*}]$ の可算稠密集合とし，数 $\beta_1 > 0, \beta_2 > 0, ...$ を $\sum \beta_k = 1/2$ となるように取る．そして，

$$\tau_k = \frac{\xi_k - t_{0*}}{2(t_{1*} - t_{0*})} + \sum_i \beta_i$$

とする．ただしここで β_i の足し算は $\xi_i < \xi_k$ となる i についてのみ行われるとする．すると半開区間 $I_k = (\tau_k, \tau_k + \beta_k]$ は互いに共通部分を持たない．ここで，

$$v_*(\tau) = \begin{cases} 0, & \text{if } \tau \in \cup_k I_k, \\ 2(t_{1*} - t_{0*}), & \text{if } \tau \notin \cup_k I_k, \end{cases}$$

と定義しよう．ここで，合併 $\cup I_k$ の写像 $\tau \mapsto t_*(\tau)$ についての像が $[t_{0*}, t_{1*}]$ 内で稠密であることを示す必要がある (ここで，$t_*(1) = t_{1*}$ は明らかである)．そのためには，$t_*(\tau) = \xi_k$ が任意の $\tau \in I_k$ について成り立つことを示せばよい．$\tau_i < \tau_k$ と $\xi_i < \xi_k$ は同値であること，そして $t_*(\tau) = t_*(\tau_k)$ がすべての $\tau \in I_k$ について成り立つことを注記しておく．そこで $\tau \in I_k$ に対して，

$$t_*(\tau) = t_{0*} + \int_0^\tau v_*(\eta) d\eta$$

$$= t_{0*} + 2(t_{1*} - t_{0*}) \left(\tau_k - \sum_{\tau_i < \tau_k} \beta_i \right)$$

$$= t_{0*} + 2(t_{1*} - t_{0*}) \left(\tau_k - \sum_{\xi_i < \xi_k} \beta_i \right)$$

$$= t_{0*} + (t_{1*} - t_{0*}) \frac{\xi_k - t_{0*}}{t_{1*} - t_{0*}} = \xi_k,$$

となり，主張が確かめられた．

そこで今度はすべての半開区間 I_k が右側が閉じている非空半開区間 $I_{k1}, I_{k2}, ...$ の可算個の合併で，そして $u_1, u_2, ...$ は U の可算稠密集合であるとし，ベクトル値関数 $w_*(\tau)$ を次のように選ぶ[18]．

---

18) (訳注) もちろん，$\tau \notin \cup_k I_k$ ならば $w_*(\tau)$ は (7) 式で定義する．

$$w_*(\tau) = u_i, \text{ if } \tau \in I_{ki}.$$

補題 2 の主張 (iii) の不等式から,

$$H(t_*(\tau), y_*(\tau), w_*(\tau), q(\tau), \lambda_0) + s(\tau) \leq 0$$

が $\cup I_k$ 上のほとんどすべての点で成り立つ。すべての半開区間 I_{ki} は正の測度を持つ (非空性の仮定より)。よって, すべての k と i について, ある $\tau \in I_{ki}$ が存在して,

$$H(t_*(\tau), y_*(\tau), w_*(\tau), q(\tau), \lambda_0) + s(\tau) = H(\xi_k, x_*(\xi_k), u_i, p(\xi_k), \lambda_0) + r(\xi_k) \leq 0$$

が成り立つ。点 $\xi_1, \xi_2, \ldots$ は区間 $[t_{0*}, t_{1*}]$ 内で稠密で, ベクトル $u_1, u_2, \ldots$ は集合 U 内で稠密, そして関数 $(t, u) \mapsto H(t, x(t), u, p(t), \lambda_0)$ は連続であるから, これは次の事実,

$$H(t, x_*(t), u, p(t), \lambda_0) + r(t) \leq 0 \tag{23}$$

がすべての $t \in [t_{0*}, t_{1*}]$ と $u \in U$ について成り立つことを意味している。

一方で, 補題 2 の (iii) の主張と命題 1 から, 次の等式

$$H(t, x_*(t), u_*(t), p(t), \lambda_0) + r(t) = 0 \tag{24}$$

がほとんどすべての t について成り立っている。よって,

$$H(t, x_*(t), u_*(t), p(t), \lambda_0) = \max_{u \in U} H(t, x_*(t), u, p(t), \lambda_0) = \mathscr{H}(t, x_*(t), p(t), \lambda_0) \tag{25}$$

がほとんどすべての t に対して成り立つ。これで最大値原理の二番目の主張が示せた。

制約変数 $u_*(t)$ は有界であり, 関数 $(t, u) \mapsto H(t, x_*(t), u, p(t), \lambda_0)$ は連続であるため, (24) 式から

$$\mathscr{H}(t, x_*(t), p(t), \lambda_0) + r(t) \equiv 0 \tag{26}$$

が成り立つ。しかし $r(t)$ は連続であるから, $t \mapsto \mathscr{H}(t, x_*(t), p(t), \lambda_0)$ も連続である。(26) と (22) を比較すれば,

$$\mathscr{H}(t_{0*}, x_*(t_{0*}), p(t_{0*}), \lambda_0) = -(h_{0t}(t_{0*}, x_*(t_{0*}))|l_0),$$

$$\mathscr{H}(t_{1*}, x_*(t_{1*}), p(t_{1*}), \lambda_0) = (h_{1t}(t_{1*}, x_*(t_{1*}))|l_1),$$

を得る。

最後に，(21) と (24) は 2.4 節の (8a) を意味する。これでポントリャーギンの最大値原理が完全に証明された。

2.6　2章の補足

2.2

変分法は多くの論文や書籍で扱われている；例えば Hadamard [1], Akhiezer [1], Bolza [1], Gel'fand and Fomin [1], Caratheodory [2], Courant and Hilbert [1], Lavrent'ev and Lyusternik [1], [2] 等々。

2.3

変分法の制約付き問題の研究の詳細なサーベイは Bliss [1] の本にある。多次元の問題については Morrey [1] や Klötzler [1] などの論文を見るとよい。

2.4 と 2.5

ポントリャーギンの最大値原理は 1956 年に定式化され，最適制御問題の基礎となった。早い時期の研究については，Gamkrelidze [1], [2] の論文と Pontryagin [1] のサーベイを挙げておく。これらの洞察は Pontryagin, Boltyanskiĭ, Gamkrelidze, and Mishchenko [1] の論文にまとめられている。

最大値原理の最初の証明 (Boltyanskiĭ [1]) は Rozonoer [1] および Egorov [2] によって改善された。Dubovickiĭ and Milyutin [2] と Halkin [4] は新しいアイデアによった証明を提示した。本書では，われわれは 3 回，最大値原理の証明に戻る。2.4 節の証明は Pontryagin [1] に，2.5 節の証明は Dubovickiĭ and Milyutin [2] に従った。三番目の証明 (5 章にある) は Halkin のアイデアに関係している。

最適制御の書籍および論文についてもう少し提示しておこう：Bellman,

Glicksberg, and Gross [1], Boltyanskiĭ [4], Bryson and Y. C. Ho [1], Krasovskiĭ [3], Krotov and Gurman [1], Lee and Markus [1], Hestenes [3], Young [2] 等々。

第3章

凸解析の基礎

本章では，凸集合と凸関数について，それらを大域的に特徴付ける性質を研究する．本章で述べる基礎的な結果は，凸集合や凸関数の双対表現に関するもので，それらは3.1節で述べる分離定理より導かれる．その後で，われわれは，凸関数の連続性に関する定理 (3.2節)，フェンシェル=モローの定理 (3.3節)，双対定理 (3.4節) およびカラテオドリの定理 (3.5節) などの重要な結果を紹介する．ここで言及されていない結果については，初めてこの章を読む際には，読み飛ばしても構わない．本章全体において，特に指定がない場合には，$X, Y, \ldots$ などの記号は，ハウスドルフ局所凸線形位相空間を表すものとする．なお，本章と次章の内容は，0.1節と0.3節に書かれていることを前提としている．

3.1 凸集合と分離定理

3.1.1 定義と基本的性質

0.3節で，われわれはすでに凸集合と錐の定義を述べた．凸集合の定義から，以下のことが直ちにわかる：

(i) 有限個の凸集合の (代数) 和は凸集合である．

(ii) 任意の凸集合族の共通部分は凸集合である．

(iii) 凸集合の直積は凸集合である．すなわち，$X = X_1 \times \cdots \times X_n$ とし，各 $i = 1, \ldots, n$ について，A_i が X_i の凸部分集合であるならば，$A = A_1 \times \cdots \times A_n$ は X の凸部分集合である．

(iv) 線形写像による凸集合の像や逆像は凸集合である．すなわち，$\Lambda : X \to Y$ を線形写像とし，A, B をそれぞれ，X, Y の凸部分集合とすれば，$\Lambda(A), \Lambda^{-1}(B)$ は共に凸集合である．

これ以降，線形写像による像や逆像を表す，より便利な特別な記法を用いることにする．すなわち，集合 A の線形写像 Λ による像を ΛA，集合 B の線形写像 Λ による逆像を $B\Lambda$ と表記する．

$A \subset X$ とする．このとき，A を含むすべての凸集合の共通部分は，X の凸部分集合である．そこで，これを集合 A の**凸包** (convex hull) と呼び，conv A と書く．また，A を含むすべての閉凸集合の共通部分は，X の閉凸部分集合であるから，これを A の**閉凸包** (convex closure) と呼んで，$\overline{\mathrm{conv}}\, A$ と表記する．さらに，A と X の原点を含むすべての凸錐の共通部分は，X における凸錐であり，これを**集合 A から生成される凸錐** (convex cone generated by the set A) と呼んで，K_A と書く．最後に，A を含むすべての線形部分空間の共通部分は，X の線形部分空間なので，これを集合 A の**線形包** (linear hull) と呼んで，lin A と書く．明らかに，lin $A = K_A - K_A$ である．

$\{x_1, \ldots, x_n\}$ を X に属する有限個の点から構成される集合とするとき，$\sum_{i=1}^n \alpha_i = 1$，$\alpha_i \geq 0$，$i = 1, \ldots, n$ を満たす実数の組 $\alpha_1, \ldots, \alpha_n$ に対して，

$$x = \sum_{i=1}^n \alpha_i x_i$$

と表される点 $x \in X$ を，$x_1, \ldots, x_n$ の**凸結合**と呼ぶ．直ちにわかるように，A が凸集合である場合には，A に属する有限個の点の凸結合は A に属する．

命題 1. 集合 A の凸包は，A に属する有限個の点の凸結合をすべて集めた集合に一致する．

3.1 凸集合と分離定理

証明. 容易にわかるように，A に属する有限個の点の凸結合をすべて集めた集合は，A を含む凸集合である。一方で，A を含む任意の凸集合は，A に属する有限個の点の凸結合を要素として含む。■

命題 2. 集合 A の凸包の閉包は，A の閉凸包と一致する：$\overline{\text{conv}\, A} = \overline{\text{conv}\, A}$。

証明. A の閉凸包は，A を含む凸集合であるから，もちろん $\text{conv}\, A$ を含む。そこで，$\overline{\text{conv}\, A}$ は $\text{conv}\, A$ を含む閉集合であるから，$\overline{\text{conv}\, A} \subset \overline{\text{conv}\, A}$ が成り立つ。逆の包含関係は，定義と後で述べる命題 4 からしたがう。■

命題 3. 集合 A から生成される凸錐は，集合 A の凸包 $\text{conv}\, A$ から生成される凸錐と一致する。また，A が凸集合である場合には，

$$K_A = \bigcup_{\lambda \geq 0} \lambda A = \{x \in X | x = \lambda z, \lambda \geq 0, z \in A\}$$

が成り立つ。

命題 3 の証明は容易であるから，省略する。

命題 4. $A \subset X$ を凸集合とする。このとき，A の内部 $\text{int}\, A$ と閉包 $\overline{A}$ は共に凸集合である。また，$x_1 \in \text{int}\, A, x_2 \in \overline{A}$ とすれば[1]，線分 $[x_1, x_2]$ から x_2 を除いた集合 $[x_1, x_2] \setminus \{x_2\}$ は，$\text{int}\, A$ に含まれる。とくに，$\text{int}\, A \neq \emptyset$ ならば，$\overline{A} = \overline{\text{int}\, A}$ と $\text{int}\, \overline{A} = \text{int}\, A$ が共に成り立つ。

証明. $x_1 \in \text{int}\, A, x_2 \in \overline{A}$ とする。また，U を $x_1 + U \subset A$ を満たす原点の近傍とし，α を $0 < \alpha < 1$ を満たす実数とする。このとき，$\frac{\alpha}{1-\alpha} U$ は原点の近傍であるから，$(x_2 - \frac{\alpha}{1-\alpha} U) \cap A \neq \emptyset$。したがって，ある $y \in U$ に対して，$x_2 - \frac{\alpha}{1-\alpha} y \in A$ が成り立つ。そこで，$x = \alpha x_1 + (1-\alpha) x_2$ と置けば，

---

  1) （訳注）英訳版では，$x_2 \in A$ となっているが，$x_2 \in \overline{A}$ で主張を証明した方が，結果それ自体と共に，$\overline{A} = \overline{\text{int}\, A}$ や $\text{int}\, \overline{A} = \text{int}\, A$ の証明（訳注 3 参照）に有用なので，訳者の判断で $x_2 \in \overline{A}$ に変更した。

$\alpha(x_1 + U) + (1-\alpha)\left(x_2 - \frac{\alpha}{1-\alpha}y\right)$ は A に含まれる x の近傍である．したがって，$x \in \operatorname{int} A$ が成り立つ．このことから，凸集合の内部は凸集合であることがわかる．

次に，$x_1, x_2 \in \overline{A}$ としよう[2]．また，U を原点の近傍とし，$0 < \alpha < 1$ を満たす実数 α に対して，$x = \alpha x_1 + (1-\alpha)x_2$ と置く．証明すべきことは，$(x+U) \cap A \neq \emptyset$ である．いま，X は線形位相空間であるから，原点の近傍 V が存在して，$\alpha V + (1-\alpha)V \subset U$ が成り立つ．一方，x_1, x_2 のとり方から，$x_1' \in x_1 + V, x_2' \in x_2 + V$ を満たす，$x_1', x_2' \in A$ が存在する．A が凸集合であることから，$\alpha x_1' + (1-\alpha)x_2' \in A$ であり，また，$\alpha x_1' + (1-\alpha)x_2' \in \alpha(x_1 + V) + (1-\alpha)(x_2 + V) = x + (\alpha V + (1-\alpha)V) \subset x + U$ が成り立つ．したがって，$(x+U) \cap A \neq \emptyset$ となることがわかるから，$x \in \overline{A}$ が得られる．つまり，凸集合の閉包は凸集合である[3]．∎

3.1.2 分離定理

0.1 節では，互いに素な二つの凸集合のうち，一方の内部が非空であれば，それらは 0 とはならない連続な線形汎関数によって分離できるという分離定理を紹介した．命題 4 を用いることによって，われわれはより強い以下の定

---

[2]（訳注）英訳版では，凸集合の閉包が凸集合となることを示す部分の証明で，X が局所凸であることを用いているが，3.1.2 節の定理 2 の後で述べるように，命題 4 は一般の線形位相空間で成立する．そこで，著者の許可を得て，この部分の証明を X が局所凸であることを用いない証明に書き換えている．

[3]（訳注）英訳版では，$\operatorname{int} A \neq \emptyset$ の場合に，$\overline{A} = \overline{\operatorname{int} A}$ と $\operatorname{int} \overline{A} = \operatorname{int} A$ が成り立つという命題 4 の最後の主張の証明が省略されている．おそらく，すでに証明されている命題 4 の前半の主張から容易に導かれるからだと思われるが，ここでは念のために，最後の主張の証明も記しておく．

まず，$\overline{A} = \overline{\operatorname{int} A}$ を示す．$\overline{A} \supset \overline{\operatorname{int} A}$ は明らかだから，逆の包含関係 $\overline{A} \subset \overline{\operatorname{int} A}$ を示そう．$x \in \overline{A}$ を任意にとり，U を任意の原点の近傍とする．また，$\operatorname{int} A \neq \emptyset$ だから，$y \in \operatorname{int} A$ が取れることに注意する．すると，命題 4 の前半部分の主張から，$0 \leq \alpha < 1$ を満たす任意の実数 α に対して，$\alpha x + (1-\alpha)y \in \operatorname{int} A$ が成り立つ．また，十分 1 に近い α に対しては，$\alpha x + (1-\alpha)y \in x + U$ が成り立つ．よって，$(x+U) \cap \operatorname{int} A \neq \emptyset$ が得られる．このことから，$x \in \overline{\operatorname{int} A}$ が成り立つことがわかる．

次に，$\operatorname{int} \overline{A} = \operatorname{int} A$ を証明する．この場合にも，$\operatorname{int} \overline{A} \supset \operatorname{int} A$ は自明だから，$\operatorname{int} \overline{A} \subset \operatorname{int} A$ だけを証明すればよい．$x \in \operatorname{int} \overline{A}$ を任意に取る．また，上と同じように，$y \in A$ の非空な内部 $\operatorname{int} A$ に属する点とする．すると，x の選び方から，原点の近傍 U が存在して，$x + U \subset \overline{A}$ が成り立つ．したがって，十分小さい $\alpha > 0$ については，$z := (1+\alpha)x - \alpha y \in \overline{A}$ が成立する．そこで，$x = \frac{\alpha}{1+\alpha}y + \frac{1}{1+\alpha}z$ と命題 4 の前半部分の主張より，$x \in \operatorname{int} A$ が得られる．

3.1 凸集合と分離定理

理を導くことができる。

定理 1(第一分離定理). A, B を X の凸部分集合とし,一方の,例えば A の内部は非空であるとする。このとき,A と B が 0 でない連続な線形汎関数で分離できるための必要十分条件は,$(\text{int } A) \cap B = \emptyset$ が成り立つことである。

証明. まず,$(\text{int } A) \cap B = \emptyset$ を仮定する。すると,0.1 節で述べた分離定理から,0 ではない連続な線形汎関数 $x^* \in X^*$ が存在して,二つの集合 $\text{int } A$ と B を分離する。つまり,任意の $x \in \text{int } A, y \in B$ に対して,$\langle x^*, x \rangle \leq \langle x^*, y \rangle$ が成り立つ。いま,命題 4 から,$A \subset \overline{\text{int } A}$ が成り立つことに注意すれば,x^* は連続なのだから,任意の $x \in A, y \in B$ に対して,

$$\langle x^*, x \rangle \leq \langle x^*, y \rangle \tag{1}$$

が成り立つ。すなわち,x^* は,二つの集合 A と B を分離する。

次に,0 でない連続な線形汎関数 $x^* \in X^*$ によって,集合 A, B が分離されるとしよう。つまり,上の (1) が成り立つことを仮定する。いま,仮にある二つの点 $x \in \text{int } A$ と $y \in B$ に対して,$\langle x^*, x \rangle = \langle x^*, y \rangle$ が成り立つとすれば,$x^* \neq 0$ から,A に属する x の近傍の点 x_1 が存在して,$\langle x^*, x_1 \rangle > \langle x^*, y \rangle$ が成り立ち,(1) に矛盾する。したがって,任意の $x \in \text{int } A, y \in B$ に対して,

$$\langle x^*, x \rangle < \langle x^*, y \rangle$$

が成立する。これは,$\text{int } A$ と B の共通部分が空集合であることを意味する。∎

連続な線形汎関数 $x^* \in X^*$ が,ある正数 $\varepsilon > 0$ に対して,

$$\langle x^*, x \rangle \leq \langle x^*, y \rangle - \varepsilon, \quad \forall x \in A, \forall y \in B,$$

あるいは同じことだが,

$$\sup_{x \in A} \langle x^*, x \rangle \leq \inf_{y \in B} \langle x^*, y \rangle - \varepsilon$$

を満たすとき,x^* は集合 A, B を強く分離する (strongly separates sets A and

B) と言う[4]。

定理 2(第二分離定理). A を X の閉凸部分集合とし，$x \in X \setminus A$ とする。このとき，A と x を強く分離する 0 でない連続な線形汎関数 $x^* \in X^*$ が存在する。

証明. $X \setminus A$ は x を含む開集合である。したがって，原点の凸近傍 U が存在して，$x + U \subset X \setminus A$，つまり，$(x + U) \cap A = \emptyset$ が成り立つ。そこで，分離定理より，0 ではない連続な線形汎関数 $x^* \in X^*$ が存在して，任意の $y \in A, z \in U$ に対して，

$$\langle x^*, y \rangle \leq \langle x^*, x \rangle + \langle x^*, z \rangle$$

が成り立つ。ここで，$x^* \neq 0$ より，

$$-\varepsilon = \inf_{z \in U} \langle x^*, z \rangle < 0$$

が成り立つ。したがって，任意の $y \in A$ に対して，

$$\langle x^*, y \rangle \leq \langle x^*, x \rangle - \varepsilon$$

が得られ，定理の証明が完了する。∎

3.1.1 項で述べられている命題と本節の定理 1 は，局所凸ではない一般の線形位相空間でも成り立つのに対し，本節の定理 2 は，局所凸な線形位相空間でなければ成り立たないことに注意しよう。以下では，分離定理の幾何学的性質について明らかにする。

$x^* \in X^*$ を 0 でない連続な線形汎関数とし，$\alpha \in \mathbb{R}$ とする。ここで，以下の記法を導入する：

$$H(x^*, \alpha) = \{x \in X | \langle x^*, x \rangle = \alpha\},$$

---

[4] （訳注）集合 A, B のうち，一方，例えば B が，一点集合 $B = \{x\}$ である場合には，誤解の恐れはないだろうから，x^* は A と x を強く分離する，と言うことにする (定理 2 参照)。

3.1 凸集合と分離定理

$$H^+(x^*, \alpha) = \{x \in X | \langle x^*, x \rangle \leq \alpha\},$$
$$H^-(x^*, \alpha) = \{x \in X | \langle x^*, x \rangle \geq \alpha\}.$$

$H(x^*, \alpha)$ は，余次元 1 の閉線形多様体である[5]。一方で，ハーン＝バナッハの定理の系 2 から，X における任意の閉超平面は[6]，0 でない線形汎関数の x^* の等位集合となる[7]。したがって，X の閉超平面は，線形汎関数 $x^* \neq 0$ と実数 α に対して，$H(x^*, \alpha)$ という形で書ける集合に他ならない。この関係から，線形汎関数 $x^* \neq 0$ と実数 α の組は，両方への 0 でない係数倍の範囲内で，一つの X の閉超平面を定めるのである[8]。

$H^+(x^*, \alpha), H^-(x^*, \alpha)$ の形で書ける集合は，**半空間** (half-space) と呼ばれ，より明確に，**超平面** $H = H(x^*, \alpha)$ によって**生成される半空間** (half-spaces generated by the hyperplane H) と呼ばれることがある。

いま，線形汎関数 $x^* \in X, x^* \neq 0$ が，集合 A, B を分離するとしよう。これは，ある実数 α に対して，

---

[5] (訳注) 例えば，Aliprantis and Border [1] の定理 5.110 を参照されたい。

[6] (訳注) この本では，X の部分集合 M が，余次元 1 の部分空間 L と $a \in X$ について，$M = L + a$ と書ける時に超平面 (hyperplane) と呼んでいる。余次元 1 の部分空間のことを超平面と呼ぶことも多いので，混同しないように注意されたい。

[7] (訳注) M を X における閉平面とすれば，ある $a \in X$ に対して，$L = M + a$ は余次元 1 の部分空間である。そこで，$L \subsetneq X$ なのだから，ハーン＝バナッハの定理の系 2 より，$x^* \neq 0$ を満たす連続な線形汎関数 $x^* \in X^*$ が存在して，$x^* \in M^\perp$ が成り立つ。このとき，$L' = \{x^*\}^\perp$ と定義すれば，もちろん $L \subset L'$ が成り立つが，L の余次元が 1 であることから，仮に $L \subsetneq L'$ である場合には，$L' = X$ が成り立ち，このことから，$x^* = 0$ が導かれ，$x^* \neq 0$ であることに矛盾する。ゆえに，$L = \{x \in X | \langle x^*, x \rangle = 0\}$ となるのだから，$\langle x^*, -a \rangle = \alpha$ とおけば，$M = \{x \in X | \langle x^*, x \rangle = \alpha\}$ が得られる。

[8] (訳注) 二つの連続な線形汎関数と実数の組 (x_1^*, α_1) と $(x_2^*, \alpha_2)(x_1^* \neq 0, x_2^* \neq 0)$ がある実数 $\beta \neq 0$ について，$x_1^* = \beta x_2^*, \alpha_1 = \beta \alpha_2$ という関係になければ，$M_1 := \{x \in X | \langle x_1^*, x \rangle = \alpha_1\}, M_2 := \{x \in X | \langle x_2^*, x \rangle = \alpha_2\}$ とおくとき，$M_1 \neq M_2$ が成り立つことを示そう。まず，$\alpha_1 = \alpha_2 = 0$ の場合について考える。この場合には，$M_1 = \{x_1^*\}^\perp, M_2 = \{x_2^*\}^\perp$ が成り立つ。ここで，仮に $M_1 = M_2$ が成り立つとすれば，Aliprantis and Border [1] の定理 5.107 から，$\text{lin}\{x_1^*\} = M_1^\perp = M_2^\perp = \text{lin}\{x_2^*\}$ が成り立つことがわかる。ところが，上式より，ある $\beta \neq 0$ に対して，$x_1^* = \beta x_2^*$ が成り立ち，当初の仮定に矛盾する。次に，$\alpha_1 \neq 0, \alpha_2 \neq 0$ の場合には ($\alpha_1 = 0, \alpha_2 \neq 0$ や $\alpha_1 \neq 0, \alpha_2 = 0$ とはなり得ないことに注意)，$\beta = \alpha_1/\alpha_2$ とすれば，$x \in X$ が存在して，$\langle x_1^*, x \rangle = \alpha_1$ かつ $\langle x_2^*, x \rangle \neq (1/\beta)\langle x_1^*, x \rangle = \alpha_2$ となるか，あるいは，$x \in X$ が存在して，$\langle x_2^*, x \rangle = \alpha_2$ かつ $\langle x_1^*, x \rangle \neq \beta \langle x_2^*, x \rangle = \alpha_1$ のいずれかが成り立つ。前者の場合には，$x \in M_1 \setminus M_2$ から，$M_1 \setminus M_2 \neq \emptyset$ であり，後者の場合には，$x \in M_2 \setminus M_1$ から，$M_2 \setminus M_1 \neq \emptyset$ となるから，いずれの場合にも $M_1 \neq M_2$ が成り立つ。

$$\sup_{x \in A} \langle x^*, x \rangle \leq \alpha \leq \inf_{y \in B} \langle x^*, x \rangle$$

が成り立つことを意味する．つまり，集合 A, B はそれぞれ，超平面 $H(x^*, \alpha)$ から生成される異なる半空間に含まれる (図 10)．この場合には，超平面 H は，集合 A, B を分離する，と言うことにする．

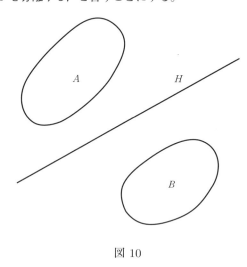

図 10

定理 2 から，ハウスドルフ局所凸線形位相空間に関するいくつかの重要な性質が得られる．

系 1．局所凸な線形位相空間 X において，任意の集合の閉凸包は，その集合を含むすべての半空間の共通部分と一致する．

証明．$A \subset X$ を任意に取る．A を含む半空間は，A を含む閉凸集合であるから，定義から，$\overline{\text{conv}}\, A$ を含む．逆に，$x \notin \overline{\text{conv}}\, A$ ならば，定理 2 より，$\overline{\text{conv}}\, A$ を含み，x を含まない半空間が存在する．∎

基本的には，この系 1 によって，第一双対定理が示されている．第一双対定理は，すべての閉凸集合が，内側からはそれが含む点全体の集合，外側からはそれを含むすべての半空間の共通部分，という二通りの双対な方法で表現

系 2. 局所凸な線形位相空間 X において，凸集合の閉包は，弱位相についても閉集合である．

証明． 弱位相の定義から，X の元の位相における X 上の連続な線形汎関数の集合と，X に弱位相をいれた場合の X 上の連続な線形汎関数の集合は一致する．したがって，定義より，任意の半空間は弱位相について閉集合である．一方で，命題 4 から，凸集合の閉包は X の元の位相について閉凸集合だから，系 1 より，それを含む半空間の共通部分で表される．ゆえに，凸集合の閉包は弱位相についても閉集合である．■

系 3(マズールの定理)． X をバナッハ空間とし，x を集合 $A \subset X$ の弱位相に関する閉包に属する点とする．このとき，A 内の凸結合からなる点列であって，x にノルムで収束するものが存在する．

証明． x を集合 $A \subset X$ の弱位相に関する閉包に属する任意の点とし，$\overline{\mathrm{conv}}\, A$ を集合 A の X のノルム位相に関する閉凸包とする．すると，上ですでに証明した系から，$\overline{\mathrm{conv}}\, A$ は，弱位相について閉集合であり，したがって，A の弱位相に関する閉包を含む．ゆえに，$x \in \overline{\mathrm{conv}}\, A$ であり，さらに命題 2 より，$\overline{\mathrm{conv}}\, A = \overline{\mathrm{conv}\, A}$ なので，結局 $x \in \overline{\mathrm{conv}\, A}$ が得られる．そこで，$\mathrm{conv}\, A$ 内の点列で，x にノルムで収束するものが存在する．■

3.2 凸関数

3.2.1 定義と基本的性質

0.3 節において，われわれは，関数 f の**有効定義域** (effective domain) や**エピグラフ** (epigraph)，さらには，**凸** (convex) 関数，**適正な** (proper) 関数，**不適正な** (improper) 関数などの用語を定義した．ここでは，主に適正な凸関数

に関する分析を行う.しかしながら,しばしば,適正な関数に関する様々演算の結果として,不適正な関数が導出されるので,不適正な関数も分析対象から外すことはできない.

適正な関数 f(あるいは,少なくとも,X 上で $f > -\infty$ を満たす関数 f) が凸関数であるための必要十分条件は,任意の $x_1, x_2 \in X$ と $0 \le \alpha \le 1$ を満たす実数 α に対して,

$$f(\alpha x_1 + (1-\alpha)x_2) \le \alpha f(x_1) + (1-\alpha)f(x_2) \tag{1}$$

が成り立つことである.この主張の証明には,何ら困難は生じないだろう.(1) の不等式のことをイェンセンの不等式 (Jensen's inequality) と言う.f が必ずしも適正でない凸関数である場合にも,任意の $x_1, x_2 \in X$ について,$f(x_1) = +\infty, f(x_2) = -\infty$ または $f(x_1) = -\infty, f(x_2) = +\infty$ が成り立つ場合を除けば,(1) の不等式は成立する.凸関数の,有効定義域と任意の実数値に対する下位集合はすべて凸集合となる.一方で,この主張の逆は成立しない.例えば,$\mathbb{R}$ 上の実数値関数 $|x|^{1/2}$ は,有効定義域は $\mathbb{R}$ 全体であるから,もちろん凸集合であり,容易にわかるように,任意の実数値に対する下位集合も凸集合となるが,凸関数ではない.

関数 f は,そのエピグラフ epi f が $\mathbb{R} \times X$ において閉集合であるとき,閉 (closed) であると言う.関数が閉であるという条件は,凸であるという条件と異なり,下位集合に関する条件として表すことができる.すなわち,関数 f が閉であるための必要十分条件は,すべての実数値に対する下位集合が閉集合であること,つまり,f が下半連続となることである.実際,任意の実数 α に対して,

$$\mathscr{L}_\alpha f = \{x \in X | (\alpha, x) \in \mathrm{epi}\ f\}$$

が成り立つから,仮に集合 epi f が閉集合ならば,すべての下位集合 $\mathscr{L}_\alpha f$ は閉集合となる.逆に,すべての下位集合 $\mathscr{L}_\alpha f$ が閉集合であるとしよう.まず,任意の実数 α に対して,

$$\mathscr{L}_\alpha f = \bigcap_{\beta > \alpha} \mathscr{L}_\beta f$$

が成り立つことに注意する.いま,$(\alpha_0, x_0) \notin \mathrm{epi}\ f$ を満たす $\mathbb{R} \times X$ の要素

(α_0, x_0) を任意に取る。epi f が閉集合であることを示すためには，(α_0, x_0) のある近傍 V が epi f と共通部分を持たないことを示せばよい。さて，$(\alpha_0, x_0) \notin$ epi f より，$x_0 \notin \mathscr{L}_{\alpha_0} f$ が成り立つので，上式から，ある $\beta > \alpha_0$ を満たす実数 β に対して，$x_0 \notin \mathscr{L}_{\beta} f$ が成立する。そこで，下位集合 $\mathscr{L}_{\beta} f$ が閉集合であるという仮定から，点 x_0 の近傍 $U \subset X$ が存在して，$U \cap \mathscr{L}_{\beta} f = \emptyset$ である。ここで，

$$V = \{(\alpha, x) \in \mathbb{R} \times V | \alpha < \beta, x \in U\}$$

と定義すれば，V は (α_0, x_0) の近傍である。一方で，もし $(\alpha, x) \in V$ ならば，$x \notin \mathscr{L}_{\beta} f$ であるから，もちろん，$x \notin \mathscr{L}_{\alpha} f$ である。つまり，$\alpha < f(x)$ が成り立つ。したがって，(epi f) $\cap V = \emptyset$ が得られる。

3.2.2 凸関数の演算

凸関数に関する，いくつかの有用な演算を紹介する。

$f_1, \ldots, f_n$ を適正な関数とする。このとき，関数

$$(f_1 + \cdots + f_n)(x) = \left(\sum_{i=1}^{n} f_i\right)(x) = \sum_{i=1}^{n} f_i(x)$$

を $f_1, \ldots, f_n$ の**和** (sum) と言う。また，

$$\left(\bigoplus_{i=1}^{n} f_i\right)(x) = \inf\left\{\sum_{i=1}^{n} f_i(x_i) \,\bigg|\, \sum_{i=1}^{n} x_i = x\right\}$$

で定義される関数 $f_1 \oplus \cdots \oplus f_n = \bigoplus_{i=1}^{n} f_i$ を $f_1, \ldots, f_n$ の**合成積** (infimal convolution) と言う。

明らかに，適正な凸関数の和と合成積は共に凸関数となる。一方で，それらは適正な関数になるとは限らない。例えば，f_1, f_2 を，それぞれ互いに素な凸集合の指標関数であるとすれば，それらの和は恒等的に ∞ に等しい。また，f_1, f_2 が共に線形汎関数であって，$f_1 \neq f_2$ を満たすならば，それらの合成積は恒等的に $-\infty$ である。

$\{f_\nu\}_{\nu \in N}$ を任意の関数族とする。このとき，関数

$$\left(\bigvee_{\nu \in N} f_\nu\right)(x) = \sup\{f_\nu(x) | \nu \in N\}$$

を関数族 $\{f_\nu\}_{\nu \in N}$ の**上限** (the least upper bound) といい，関数

$$\left(\operatorname{conv}\left(\bigwedge_{\nu \in N} f_\nu\right)\right)(x) = \inf\left\{\alpha \in \mathbb{R} \,\middle|\, (\alpha, x) \in \operatorname{conv}\left(\bigcup_{\nu \in N} \operatorname{epi} f_\nu\right)\right\}$$

を関数族 $\{f_\nu\}_{\nu \in N}$ の**下限の凸包** (convex hull of the greatest lower bound) と言う。凸関数族の上限は，そのエピグラフが関数族に属するすべての関数のエピグラフの共通部分であることから，凸関数である。一方で，定義から，任意の関数族の下限の凸包は凸関数である。この場合にも，関数族に属する関数がすべて適正であっても，演算の結果として得られる関数は不適正になり得る。

$\Lambda : X \to Y$ を線形写像，g を Y 上の関数，f を X 上の関数とする。このとき，関数 $g\Lambda, \Lambda f$ は，

$$(g\Lambda)(x) = g(\Lambda x),$$
$$(\Lambda f)(y) = \inf\{f(x) | x \in X, \Lambda x = y\}$$

と定義され，それぞれ，写像 Λ に関する関数 g の**逆像** (inverse image)，写像 Λ に関する関数 f の**像** (image) と呼ばれる。上と同じように，これらの演算は，凸関数を凸関数に変換するが，適正な関数がこれらの演算によって不適正な関数に変換されることはあり得る。

条件式

$$\operatorname{epi} \overline{f} = \overline{\operatorname{epi} f}$$

を満たす関数 $\overline{f}$ を f の**閉包** (closure) と呼び，条件式

$$\operatorname{epi}(\overline{\operatorname{conv}} f) = \overline{\operatorname{conv}}(\operatorname{epi} f)$$

を満たす関数 $\overline{\operatorname{conv}} f$ を f の**閉凸包** (covex closure) と言う[9]。もちろん，凸関数の閉包は凸関数となるが，適正な関数の閉包が適正な関数であるとは限

---

[9]　(訳注) $\mathbb{R} \times X$ の部分集合 A は，任意の $x \in X$ について，$\{\alpha \in \mathbb{R} | (\alpha, x) \in A\}$ が，$\emptyset$，$\mathbb{R}$，または，ある $\beta \in \mathbb{R}$ について，$[\beta, \infty)$ のいずれかに等しい。

$(*)$

らない．さらに，有限個の閉関数の和や任意の閉関数族の上限は共に閉関数であるが，有限個の閉関数の合成積や閉関数の凸包[10]は，必ずしも閉関数であるとは限らない．例えば，二つの集合

$$A = \left\{ x \in \mathbb{R}^2 \,\middle|\, x^1 x^2 \geq 1, x^1 > 0, x^2 > 0 \right\},$$
$$B = \left\{ x \in \mathbb{R}^2 \,\middle|\, x^2 = 0 \right\}$$

のそれぞれの指標関数は，A, B が両方とも閉集合であることから，共に閉関数となるが，それらの合成積は，半開平面

$$\left\{ x \in \mathbb{R}^2 \,\middle|\, x^2 > 0 \right\}$$

の指標関数となって，これはもちろん閉関数ではない．

上で定義した演算を指標関数について行ってみると，以下のいくつかの公式が得られる．これらを示すのに何ら困難は生じないだろうから，証明は省略する．

$$\delta(\cdot|A_1) + \delta(\cdot|A_2) = \delta(\cdot|A_1) \vee \delta(\cdot|A_2) = \delta(\cdot|A_1 \cap A_2),$$
$$\delta(\cdot|A_1) \oplus \delta(\cdot|A_2) = \delta(\cdot|A_1 + A_2),$$
$$\mathrm{conv}\left(\delta(\cdot|A_1) \wedge \delta(\cdot|A_2)\right) = \delta\left(\cdot \,\middle|\, \mathrm{conv}(A_1 \cup A_2)\right),$$

という条件を満たすとき，X 上の関数 f を，

$$f(x) = \inf\{\alpha \in \mathbb{R} | (\alpha, x) \in A\}$$

と定義すれば ($\inf \emptyset = \infty$ とする)，

$$\mathrm{epi}\, f = A$$

が成り立つ．また，条件 (∗) を満たす集合 A について，$\mathrm{epi}\, f = A$ を満たす関数 $f : X \to [-\infty, \infty]$ は一意に定まる．逆に，任意の関数 $f : X \to [-\infty, \infty]$ に対して，$\mathrm{epi}\, f$ は条件 (∗) を満たす．容易なので詳細は省略するが，関数 f の閉包 $\overline{f}$ や閉凸包 $\overline{\mathrm{conv}}\, f$ の定義において，$\mathrm{epi}\, f$ が条件 (∗) を満たすことを前提とすれば，$\overline{\mathrm{epi}\, f}$ や $\overline{\mathrm{conv}}(\mathrm{epi}\, f)$ が条件 (∗) を満たすことは，本来確認しなければならないことである．

[10] （訳注）関数 f の凸包は，明示的には定義されていないが，ただ一つの要素 f だけから成る関数族 $\{f\}$ の下限の凸包を，関数 f の凸包 (convex) と呼んで，$\mathrm{conv}\, f$ と表記する．つまり，

$$(\mathrm{conv}\, f)(x) = \inf\{\alpha \in \mathbb{R} | (\alpha, x) \in \mathrm{conv}(\mathrm{epi}\, f)\}$$

である．

$$\delta(\cdot|A)\Lambda = \delta(\cdot|A\Lambda), \quad \Lambda\delta(\cdot|A) = \delta(\cdot|\Lambda A),$$
$$\overline{\delta(\cdot|A)} = \delta\left(\cdot\,\middle|\,\overline{A}\right), \quad \overline{\mathrm{conv}}\left(\delta(\cdot|A)\right) = \delta(\cdot|\overline{\mathrm{conv}}\,A).$$

3.2.3 凸関数の連続性

定理 1. f を X 上で定義され，$f > -\infty$ を満たす凸関数とする。このとき，以下の (i)-(iv) はすべて同値である：

(i) f はある点 $x \in X$ の近傍で上に有界；

(ii) f はある点 $x \in X$ において連続；

(iii) $\mathrm{int}(\mathrm{epi}\,f) \neq \emptyset$；

(iv) $\mathrm{int}(\mathrm{dom}\,f) \neq \emptyset$ であり，f は $\mathrm{int}(\mathrm{dom}\,f)$ 上で連続。

さらに，上の (i)-(iv) のうちのどれかが成り立っている場合には，

$$\mathrm{int}(\mathrm{epi}\,f) = \{(\alpha,x) \in \mathbb{R} \times X \,|\, x \in \mathrm{int}(\mathrm{dom}\,f), \alpha > f(x)\}$$

が成立する。

証明． はじめに，(i) と (ii) の同値性を証明する。f が点 $x \in X$ において連続である場合には，もちろん，その点の近傍で有界である[11]。したがって，(ii) から (i) が導かれる。逆に，f が x_0 の近傍 U 上で，上に有界であるとする。つまり，ある実数 $c > 0$ が存在して，任意の $x \in U$ に対して，$f(x) < c$ が成り立つとする。必要ならば，U を $U - x_0$ に，また，$f(x)$ を $f(x+x_0) - f(x_0)$ に変更することで，一般性を失うことなく，$x_0 = 0$, $f(0) = 0$ を仮定してよい。実数 ε を $0 < \varepsilon \leq c$ を満たすようにとり，

$$V_\varepsilon = \left(\frac{\varepsilon}{c}U\right) \cap \left(-\frac{\varepsilon}{c}U\right)$$

と置けば，V_ε は原点の近傍である。$x \in V_\varepsilon$ ならば，$|f(x)| \leq \varepsilon$ となることを示そう。$\varepsilon > 0$ は任意にとったのだから，これを示すことによって，f が原点にお

---

[11] （訳注）本書では，関数 f が $x \in X$ において連続である，と言うときには，$f(x)$ が有限値であることを前提としている。

いて連続であることが示される．$x \in V_\varepsilon$ を任意に取る．すると，$x \in (\varepsilon/c)U$，つまり，$(c/\varepsilon)x \in U$ から，f が凸関数であることに注意して，イェンセンの不等式を適用すると，

$$f(x) \leq \frac{\varepsilon}{c} f\left(\frac{c}{\varepsilon}x\right) + \left(1 - \frac{\varepsilon}{c}\right) f(0) \leq \varepsilon$$

が得られる．一方で，$x \in -(\varepsilon/c)U$，つまり，$-(c/\varepsilon)x \in U$ と関係式

$$0 = \frac{1}{1+\varepsilon/c}x + \frac{\varepsilon/c}{1+\varepsilon/c}\left(-\frac{c}{\varepsilon}x\right)$$

から，

$$0 = f(0) \leq \frac{1}{1+\varepsilon/c}f(x) + \frac{\varepsilon/c}{1+\varepsilon/c}f\left(-\frac{c}{\varepsilon}x\right),$$

すなわち，$f(x) \geq -\varepsilon$ が得られる．したがって，(i) は (ii) を含意する．より正確に言えば，関数 f は，その近傍において上に有界となるすべての点において連続である．

(iv) $\Rightarrow$ (ii) は自明である．(i) が (iii) を含意することも次のようにして示すことができる．(i) を仮定すると，ある実数 α_0 が存在して，点 $x_0 \in X$ の近傍 U に属する任意の点 $x \in X$ について，$\alpha_0 \geq f(x)$ が成り立つのだから，

$$\{(\alpha, x) \in \mathbb{R} \times X \mid \alpha > \alpha_0, x \in U\} \subset \mathrm{epi}\, f$$

が得られる．したがって，(iii) が成り立つ．

あとは，(iii) が (iv) を含意することを示せばよい．$\mathrm{int}(\mathrm{epi}\, f) \neq \emptyset$ を仮定する．$(\alpha, x) \in \mathrm{int}(\mathrm{epi}\, f)$ とすれば，f は明らかに，x の近傍上で有界であり，したがって，x において連続である．これらのことから，

$$\mathrm{int}(\mathrm{dom}\, f) = \{x \in X \mid \exists \alpha : (\alpha, x) \in \mathrm{int}(\mathrm{epi}\, f)\}$$

が示されれば，(iv) が得られるが，上式は，3.1 節の命題 4 から直ちに導かれる[12]．

---

12) （訳注）念のために，$\mathrm{int}(\mathrm{dom}\, f) = \{x \in X \mid \exists \alpha : (\alpha, x) \in \mathrm{int}(\mathrm{epi}\, f)\}$ の証明を

定理の最後の主張も明らかである．実際，$(\alpha, x) \in \text{int}(\text{epi } f)$ ならば，$x \in \text{int}(\text{dom } f)$ と $\alpha > f(x)$ が成り立たなければならない．逆に，関数 f が $\text{int}(\text{dom } f)$ 上で連続であれば，点 $x \in \text{int}(\text{dom } f)$ と $\alpha > f(x)$ を満たす実数 α に対して，$(\alpha, x) \in \text{int}(\text{epi } f)$ が成り立つ．

以上で，定理の証明が完了した．■

3.3 共役関数とフェンシェル＝モローの定理

3.3.1 ヤング＝フェンシェル変換

f を X 上の関数とする．このとき，

$$f^*(x^*) = \sup_{x \in X}(\langle x^*, x \rangle - f(x)) \tag{1}$$

によって定義される X^* 上の関数 f^* を，関数 f のヤング＝フェンシェル変換 (Young-Fenchel transform)，あるいは f に共役な関数 (the function conjugate to f) と呼ぶ[13]．(1) より，超平面 $\alpha - \langle x^*, x \rangle + f^*(x^*) = 0$ は，epi f の支持超平面となっている (図 11 参照).

記しておく．包含関係 $\text{int}(\text{dom } f) \supset \{x \in X \mid \exists \alpha : (\alpha, x) \in \text{int}(\text{epi } f)\}$ は自明であるから，$\text{int}(\text{dom } f) \subset \{x \in X \mid \exists \alpha : (\alpha, x) \in \text{int}(\text{epi } f)\}$ が成り立っていることを確認すればよい．$x' \in \text{int}(\text{dom } f)$ を任意に取る．また，$\text{int}(\text{epi } f) \neq \emptyset$ から，$(\beta, y) \in \text{int}(\text{epi } f)$ を取ることができる．さて，$x' \in \text{int}(\text{dom } f)$ から，十分小さい $\varepsilon > 0$ については，$z := (1+\varepsilon)x' - \varepsilon y \in \text{dom } f$．そこで，ある実数 γ に対して，$(\gamma, z) \in \text{epi } f$ が成り立つ．いま，$x' = \frac{\varepsilon}{1+\varepsilon} y + \frac{1}{1+\varepsilon} z$ であることに注意すれば，3.1 節の命題 4 の前半部分の主張から，

$$\frac{\varepsilon}{1+\varepsilon}(\beta, y) + \frac{1}{1+\varepsilon}(\gamma, z) = \left(\frac{\varepsilon}{1+\varepsilon}\beta + \frac{1}{1+\varepsilon}\gamma, x'\right) \in \text{int}(\text{epi } f).$$

よって，$x' \in \{x \in X \mid \exists \alpha : (\alpha, x) \in \text{int}(\text{epi } f)\}$ が得られる．

13) $f(x)$ が，$\mathbb{R}^n$ 上で定義された滑らかな凸関数であって，任意の線形汎関数 $x^* \in (\mathbb{R}^n)^*$ (この場合には，$(\mathbb{R}^n)^*$ と $\mathbb{R}^n$ は同一視できる) について，原点を中心とした十分大きな半径の閉球の外側では，$f(x)$ の増加量が $(x^*|x)$ の増加量よりも大きい場合 (これは，凹関数 $\langle x^*, x \rangle - f(x)$ が $\mathbb{R}^n$ において最大値を持つことの十分条件となっている) には，ヤング＝フェンシェル変換は，ルジャンドル変換 (Legendre transform)

$$f^*(x^*) = (x^*|x_0) - f(x_0)$$

と一致する．ただし，上式において，x_0 は $x^* = f'(x_0)$ を満たす $\mathbb{R}^n$ の点である．

3.3 共役関数とフェンシェル=モローの定理

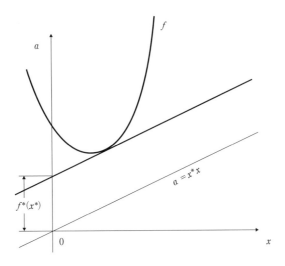

図 11

(1) において，上限を取る範囲を $x \in \mathrm{dom}\, f$ に限定しても，$f^*(x^*)$ の定義は変わらないことに注意しよう[14]。

同じように，X^* 上の関数 g について，g に共役な関数 g^* は，

$$g^*(x) = \sup_{x^* \in X^*} (\langle x^*, x \rangle - g(x^*))$$

によって定義される．とくに，関数 $f^{**} = (f^*)^*$ を，f の第二共役 (second conjugate to f) と呼ぶ．共役関数の定義から，任意の $x \in X$ と $x^* \in X^*$ に対して，

$$f(x) + f^*(x^*) \geq \langle x^*, x \rangle$$

が成り立つ[15]．この不等式をヤング=フェンシェルの不等式 (Young-Fenchel inequality) と呼ぶ．

---

14) （訳注）$\sup \emptyset = -\infty$ であるから，$\mathrm{dom}\, f = \emptyset$ の場合にも，この主張は成り立つ．
15) （訳注）$f(x) + f^*(x^*) \geq \langle x^*, x \rangle$ という形で不等式を書いてしまうと，$f(x) = \infty, f^*(x^*) = -\infty$ や $f(x) = -\infty, f^*(x^*) = \infty$ が成り立たないことを仮定しなければならないので，それらが必ずしも仮定されていない場合には，命題 1 の証明のように，$f(x) \geq$

共役関数の例.

1. アフィン関数 $f(x) = \langle x_0^*, x \rangle + \alpha$ の共役関数は，
$$f^*(x^*) = \sup_{x \in X} \langle x^* - x_0^*, x \rangle - \alpha = \begin{cases} -\alpha, & x^* = x_0^* \text{ の時,} \\ \infty, & x^* \neq x_0^* \text{ の時,} \end{cases}$$
である。

2. 集合 $A \subset X$ に対して，$f(x) = \delta(x|A)$ と置く。このとき，
$$f^*(x^*) = \sup\{(x^*, x) \,|\, x \in A\} = s(x^*|A)$$
が成り立つ。つまり，集合 A の支持関数は，その集合の指標関数に共役な関数である。集合
$$A^\circ = \mathscr{L}_1 s(\cdot|A) = \{x^* \in X^* \,|\, s(x^*|A) \leq 1\}$$
を集合 A の極 (polar) と言う。もし K が錐であるならば，
$$K^\circ = \{x^* \in X^* \,|\, \langle x^*, x \rangle \leq 0, \; \forall x \in K\}$$
が成り立つから，K° も錐となる。K が錐である場合には，錐 $K^* = -K^\circ$ は，K に共役 (conjugate to K) であると言う。また，L が部分空間である場合には，
$$L^\circ = \{x^* \in X^* \,|\, \langle x^*, x \rangle = 0, \; \forall x \in L\} = L^\perp$$
が成り立ち，L の極と零化集合は一致する。

3. $A \subset X$ とするとき，関数
$$f(x) = \mu(x|A) = \inf\{\lambda > 0 \,|\, \lambda^{-1} x \in A\}$$
を集合 A のミンコフスキー関数 (Minkowski function) と呼ぶ。この関数の共役関数は計算によって，
$$f^*(x^*) = \sup\{\langle x^*, x \rangle - f(x) | x \in X\}$$

$\langle x^*, x \rangle - f^*(x^*)$ の形でヤング＝フェンシェルの不等式を用いた方が安全である。もちろん，f が適正な関数である場合には，$f > -\infty$ と $f^* > -\infty$ が成り立つので，$f(x) + f^*(x^*) \geq \langle x^*, x \rangle$ の形で不等式が成立する。

3.3　共役関数とフェンシェル＝モローの定理

$$\begin{aligned}
&= \sup\{\langle x^*, x\rangle - \inf\{\lambda > 0 \,|\, \lambda^{-1}x \in A\} \,\big|\, x \in X\} \\
&= \sup\{\langle x^*, x\rangle - \lambda \,|\, \lambda > 0, \lambda^{-1}x \in A\} \\
&= \sup\{\sup\{\langle x^*, x\rangle \,|\, x \in \lambda A\} - \lambda \,|\, \lambda > 0\} \\
&= \sup_{\lambda > 0}\left(\lambda\left(\sup_{x \in A}\langle x^*, x\rangle - 1\right)\right) = \delta(x^*|A^\circ)
\end{aligned}$$

と求まる。

3.3.2　共役関数の基本的性質

X 上で定義された二つの関数 f_1, f_2 が，任意の $x \in X$ について，$f_1(x) \geq f_2(x)$ を満たすことを，$f_1 \geq f_2$ によって表す。容易にわかるように，$f_1 \geq f_2$ ならば，$f_1^* \leq f_2^*$ が成り立つ。

命題 1. X 上で定義された任意の関数 f に対して，

$$f \geq f^{**}$$

が成り立つ。

証明. ヤング＝フェンシェルの不等式から，直ちに

$$f^{**}(x) = \sup_{x^* \in X^*} (\langle x^*, x\rangle - f^*(x^*)) \leq f(x)$$

が導かれる。■

命題 2. f を X 上の関数とする。このとき，共役関数 f^* は凸関数であって，X^* 上の $*$ 弱位相について閉関数となる[16]。

---

[16]　X^* 上の $*$ 弱位相の原点における基本近傍系として，正数 $\varepsilon > 0$ と正の整数 k に対して，

$$\{x^* \in X^* \,|\, |\langle x^*, x_i\rangle| < \varepsilon, x_i \in X, i = 1, \ldots, k\}$$

という形をした集合をすべて集めた集合族を取ることができて，さらに，$*$ 弱位相の入った X^* 上の連続な線形汎関数の全体が X に一致することを思い出そう。

証明. 各 $x \in X$ について，X^* 上で定義される関数 $x^* \mapsto \langle x^*, x \rangle - f(x)$ は，恒等的に ∞ に等しいか，アフィン関数であるか，恒等的に $-\infty$ に等しいかの三通りの場合が考えられるが，いずれの場合でも，$x^* \mapsto \langle x^*, x \rangle - f(x)$ は凸関数であり，さらに任意の実数値に対する下位集合が $*$ 弱位相に関して閉集合となることから，$*$ 弱位相に関して閉関数である．一方で，定義から，f^* は関数族 $\{\langle \cdot, x \rangle - f(x)\}_{x \in X}$ の上限であり，よってすでに述べたように，

$$\mathrm{epi}\, f^* = \bigcap_{x \in X} \mathrm{epi}(\langle \cdot, x \rangle - f(x))$$

が成り立つ．ゆえに，上式から直ちにわかるように，f^* は凸関数であり，$*$ 弱位相について閉関数である．∎

命題 2 と同じように，g を X^* 上の関数とすれば，その共役関数 g^* は凸関数であり，しかも X 上の弱位相について閉関数となる．また，X に元々入っている位相はもちろん弱位相よりも強いので，g^* は X に元々入っている位相についても閉関数である．第二分離定理 (3.1 節の定理 2) の系 2 から，X 上の凸関数について，閉であることと弱閉であることは同値である．また，この本では，X^* について $*$ 弱位相以外の線形位相を考えることはないから，今後 X^* 上の $*$ 弱閉凸関数は単に，閉凸関数と呼ぶことにする．

命題 3. f を X 上で定義された適正な閉凸関数とすれば，関数 f^* は適正である．

証明. f が適正であることから，$\mathrm{dom}\, f \neq \emptyset$ だから，$x_0 \in \mathrm{dom}\, f$ を取ることができる．すると，$f(x_0) \in \mathbb{R}$ であることに注意すれば，任意の $x^* \in X^*$ に対して，

$$f^*(x^*) \geq \langle x^*, x_0 \rangle - f(x_0) > -\infty$$

が成り立つことがわかる．一方で，$(f(x_0) - 1, x_0) \notin \mathrm{epi}\, f$ であるから，第二分離定理より，$(\beta_0, y_0^*) \in \mathbb{R} \times X^*$ が存在して，

$$\sup_{(\alpha, x) \in \mathrm{epi}\, f} (\beta_0 \alpha + \langle y_0^*, x \rangle) < \beta_0 (f(x_0) - 1) + \langle y_0^*, x_0 \rangle$$

が成り立つ．$\beta_0 = 0$ ならば，上式は成り立ち得ないから，$\beta_0 \neq 0$ でなければならない．また，$\beta_0 > 0$ の場合にも上式の左辺が ∞ となって矛盾が生じるから，結局 $\beta_0 < 0$ であることがわかる．そこで，上式の両辺を $|\beta_0|$ で割ると，

$$\sup_{x \in \mathrm{dom} f} \left(\langle y_0^* |\beta_0|^{-1}, x \rangle - f(x) \right) = f^* \left(y_0^* |\beta_0|^{-1} \right)$$
$$< 1 - f(x_0) + \langle y_0^* |\beta_0|^{-1}, x_0 \rangle < \infty.$$

したがって，f^* は適正である．■

命題 3 より，適正な閉凸関数 f は有界集合上では下に有界であることがわかる．実際，f が適正な閉凸関数である場合には，$f^*(x^*) \in \mathbb{R}$ となる $x^* \in X^*$ が存在するので，ヤング＝フェンシェルの不等式から，

$$f(x) \geq \langle x^*, x \rangle - f^*(x^*), \quad \forall x \in X$$

が成り立つ．つまり，$f(x)$ のグラフは，アフィン関数 $\langle x^*, x \rangle - f^*(x^*)$ のグラフよりも上方にある．

命題 4. $\Lambda : X \to Y$ を X から Y への線形同相写像とし，g を Y 上の関数とする．いま，$y_0 \in Y$, $x_0^* \in X^*$, $\gamma_0 \in \mathbb{R}$, $\lambda > 0$ に対して，X 上の関数 f を，

$$f(x) = \lambda g(\Lambda x + y_0) + \langle x_0^*, x \rangle + \gamma_0, \quad \forall x \in X$$

と定義すれば，

$$f^*(x^*) = \lambda g^* \left(\lambda^{-1} \Lambda^{-1*} (x^* - x_0^*) \right) - \langle x^* - x_0^*, \Lambda^{-1} y_0 \rangle - \gamma_0, \quad \forall x^* \in X^*$$

が成り立つ．

証明． 計算により，

$$f^*(x^*) = \sup_{x \in X} \left(\langle x^*, x \rangle - \lambda g(\Lambda x + y_0) - \langle x_0^*, x \rangle - \gamma_0 \right)$$
$$= \lambda \sup_{y \in Y} \left(\lambda^{-1} \left\langle \Lambda^{-1*}(x^* - x_0^*), y \right\rangle - g(y) \right) - \langle x^* - x_0^*, \Lambda^{-1} y_0 \rangle - \gamma_0$$

$$= \lambda g^* \left(\lambda^{-1}\Lambda^{-1*}(x^* - x_0^*)\right) - \langle x^* - x_0^*, \Lambda^{-1}y_0\rangle - \gamma_0$$

が得られる。ただし，上式の二つ目の等式において，変数変換 $y = \Lambda x + y_0$ を施している。■

上の命題から，共役関数の導出に関する以下の公式が得られる：

$$f(x) = g(x + x_0) \Rightarrow f^*(x^*) = g^*(x^*) - \langle x^*, x_0 \rangle;$$

$$f(x) = g(x) + \langle x_0^*, x \rangle \Rightarrow f^*(x^*) = g^*(x^* - x_0^*);$$

$$f(x) = \lambda g(x), \lambda > 0 \Rightarrow f^*(x^*) = \lambda g^*\left(\lambda^{-1}x^*\right);$$

$$f(x) = \lambda g\left(\lambda^{-1}x\right), \lambda > 0 \Rightarrow f^*(x^*) = \lambda g^*(x^*);$$

$$f(x) = g(\lambda x), \lambda > 0 \Rightarrow f^*(x^*) = g^*(\lambda^{-1}x^*).$$

3.3.3 フェンシェル＝モローの定理

定理 1(フェンシェル＝モローの定理)． f を，$f > -\infty$ を満たす X 上の関数とする。このとき，$f = f^{**}$ が成り立つための必要十分条件は，f が閉凸関数となることである。

証明． $f = f^{**}$ ならば，f は閉凸関数である (命題 2 およびその直後に書いてある説明参照)。また，もし $f \equiv +\infty$ ならば，$f = f^{**}$ は明らかに成り立つ。

そこで，命題 1 から，任意の適正な閉凸関数 f について，

$$f \leq f^{**}$$

が成り立つことを示せばよい。

以下に記す証明の主要なステップのアイディアは，図 12 に描かれている。仮に，ある点 $x_0 \in \mathrm{dom}\, f^{**}$ において，$f^{**}(x_0) < f(x_0)$ が成り立つとしよう[17]。すると，f が適正な閉凸関数であることから，epi f は非空な閉凸集

---

17) （訳注）f は適正な閉凸関数なのだから，命題 3 より，f^* は適正な関数である。したがって，X 上において $f^{**} > -\infty$ が成り立つので，$f^{**}(x_0) \in \mathbb{R}$ である。

3.3 共役関数とフェンシェル=モローの定理 211

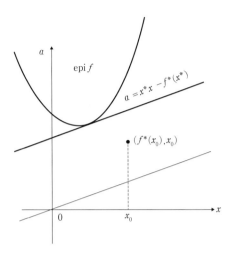

図 12

合なので，点 $(f^{**}(x_0), x_0) \notin \text{epi } f$ から強く分離する 0 でない線形汎関数 $(\beta, y^*) \in \mathbb{R} \times X^*$ が存在する．つまり，

$$\beta f^{**}(x_0) + \langle y^*, x_0 \rangle > \sup\{\beta\alpha + \langle y^*, y \rangle \,|\, (\alpha, y) \in \text{epi } f\}. \tag{2}$$

が成り立つ．$\beta > 0$ であれば，上式の右辺は ∞ となって矛盾が生じるので，$\beta \leq 0$ である．次に $\beta = 0$ の場合について考えよう．命題 3 より，$\text{dom } f^* \neq \emptyset$ であるから，$y_1^* \in \text{dom } f^*$ を取れば，任意の $t > 0$ に対して，

$$f^*(y_1^* + ty^*) = \sup\{\langle y_1^* + ty^*, y \rangle - f(y) | y \in \text{dom } f\}$$
$$\leq \sup\{\langle y_1^*, y \rangle - f(y) | y \in \text{dom } f\} + t\sup\{\langle y^*, y \rangle | y \in \text{dom } f\}$$
$$= f^*(y_1^*) + t\sup\{\langle y^*, y \rangle | y \in \text{dom } f\}$$

が成り立つ．そこで，ヤング=フェンシェルの不等式より，任意の $t > 0$ に対して，

$$f^{**}(x_0) \geq \langle y_1^* + ty^*, x_0 \rangle - f^*(y_1^* + ty^*)$$
$$\geq \langle y_1^*, x_0 \rangle - f^*(y_1^*) + t\left[\langle y^*, x_0 \rangle - \sup\{\langle y^*, y \rangle | y \in \text{dom } f\}\right]$$

が成立する．一方で，(2) と $\beta = 0$ という仮定から，上の最後の式の $[\cdots]$ の

中は > 0 であるから,上の最後の式は $t \to \infty$ のとき,∞ に発散する。そこで,上式より,$f^{**}(x_0) = \infty$ が得られる。ところが,これは $x_0 \in \mathrm{dom}\, f^{**}$ に矛盾する。したがって,$\beta \neq 0$ でなければならない。

最後に $\beta < 0$ の場合について考察する。(2) の両辺を $|\beta|$ で割って,$x^* = |\beta|^{-1} y^*$ と置くと,

$$\langle x^*, x_0 \rangle - f^{**}(x_0) > \sup\{\langle x^*, y \rangle - \alpha | (\alpha, y) \in \mathrm{epi}\, f\} = f^*(x^*)$$

が成り立つことがわかる。上式は,超平面 $\alpha = \langle x^*, x \rangle - f^*(x^*)$ が点 $(f^{**}(x_0), x_0)$ の上側を通ることを意味し,この不等式から,

$$\langle x^*, x_0 \rangle > f^{**}(x_0) + f^*(x^*)$$

が得られるが,これはヤング=フェンシェルの不等式に矛盾する。

以上で,定理の証明が完了した。■

この定理から,直ちに以下の適正な閉凸関数の双対表現が得られる。

系 1. X 上で定義された任意の適正な閉凸関数 f のグラフは,$f \geq g$ を満たすアフィン関数 g をすべて集めた関数族の上側の包絡線と一致する。

証明. フェンシェル=モローの定理から,

$$f(x) = f^{**}(x) = \sup_{x^* \in \mathrm{dom}\, f^*} (\langle x^*, x \rangle - f^*(x^*)).$$

つまり,各 $x^* \in \mathrm{dom}\, f^*$ について $f^*(x^*) \in \mathbb{R}$ であることに注意すれば,上式から,f は X 上のアフィン関数の族 $\{\langle x^*, x \rangle - f^*(x^*)\}_{x^* \in \mathrm{dom}\, f^*}$ の上限であることがわかる。このことから,適正な閉凸関数 f は,$f \geq g$ を満たす X 上のアフィン関数 g をすべて集めた関数族の上限となっていることがわかる。■

系 2. X 上で定義された関数 f の閉凸包 $\overline{\mathrm{conv}}\, f$ が適正な関数であるならば,

$$f^{**} = \overline{\mathrm{conv}}\, f$$

が成り立つ。

証明. 命題 2 とその直後の説明から,f^{**} のエピグラフ $\mathrm{epi}\, f^{**}$ は閉凸集合で

あって，しかも命題 1 より $f \geq f^{**}$ だから，それは epi f を含む．したがって，epi $f \subset \overline{\mathrm{conv}}(\mathrm{epi}\ f) \subset \mathrm{epi}\ f^{**}$ が成り立つが，これは

$$f \geq \overline{\mathrm{conv}}\ f \geq f^{**}$$

を意味する．上式の左側の不等式から，$f^* \leq (\overline{\mathrm{conv}}\ f)^*$ が導かれ，さらに，

$$f^{**} \geq (\overline{\mathrm{conv}}\ f)^{**} = \overline{\mathrm{conv}}\ f$$

が成り立つことがわかる．なお，上式の右側の等式は，仮定より $\overline{\mathrm{conv}}\ f$ が適正な閉凸関数であることから，フェンシェル=モローの定理を適用して導いている．■

3.4 双対定理

双対定理は，複数の関数に何かしらの演算を施して得られる関数のヤング=フェンシェル変換と元々の関数のヤング=フェンシェル変換の関係を示した定理である．以下で明らかになるように，3.2.2 項で定義されたいくつかの演算は，ヤング=フェンシェル変換によって，双対演算となる．

はじめにすべての双対定理の主張を述べてから，それらの証明に入ることにしよう．

定理 1[18]．$f_1, \ldots, f_n$ を X 上の関数とする．このとき，

$$(f_1 \oplus f_2 \oplus \cdots \oplus f_n)^* = f_1^* + f_2^* + \cdots + f_n^*,$$
$$(f_1 + f_2 + \cdots + f_n)^* \leq f_1^* \oplus f_2^* \oplus \cdots \oplus f_n^*$$

が成り立つ．もし，$f_1, \ldots, f_n$ がすべて適正な凸関数で，さらに，それらの有効定義域の共通部分が非空であって，その共通部分に属するある点において，一つを除くすべての関数が連続であるならば，

---

18) （訳注）念のため，定理 1 においては，$f_1(x) + f_2(x) + \cdots + f_n(x)$ がすべての $x \in X$ について定義可能であり，$f_1^*(x^*) + f_2^*(x^*) + \cdots + f_n^*(x^*)$ がすべての $x^* \in X^*$ について定義可能であることを前提としていることに注意しよう．

$$(f_1 + f_2 + \cdots + f_n)^* = f_1^* \oplus f_2^* \oplus \cdots \oplus f_n^*$$

が成立する．また，この場合には，任意の $x^* \in \mathrm{dom}(f_1 + \cdots + f_n)^*$ に対して，

$$x^* = x_1^* + \cdots + x_n^*,$$
$$(f_1 + \cdots + f_n)^*(x^*) = f_1^*(x_1^*) + \cdots + f_n^*(x_n^*)$$

を満たす $x_i^* \in \mathrm{dom}\, f_i^*, i = 1, \ldots, n$ が存在する．

定理 2. $f_1, \ldots, f_n$ を X 上の関数とする．このとき，

$$(\mathrm{conv}\,(f_1 \wedge f_2 \wedge \cdots \wedge f_n))^* = f_1^* \vee f_2^* \vee \cdots \vee f_n^*,$$
$$(f_1 \vee f_2 \vee \cdots \vee f_n)^* \leq \mathrm{conv}\,(f_1^* \wedge f_2^* \wedge \cdots \wedge f_n^*)$$

が成り立つ．もし，$f_1, \ldots, f_n$ がすべて凸実数値関数で，X のある点において，一つを除くすべての関数が連続であるならば，

$$(f_1 \vee f_2 \vee \cdots \vee f_n)^* = \mathrm{conv}\,(f_1^* \wedge f_2^* \wedge \cdots \wedge f_n^*)$$

が成立する．また，この場合には，任意の $x^* \in \mathrm{dom}(f_1 \vee \cdots \vee f_n)^*$ に対して，$x_i^* \in \mathrm{dom}\, f_i^*, i = 1, \ldots, n$ と $\alpha_1 + \cdots + \alpha_n = 1$ を満たす非負実数 $\alpha_i \geq 0, i = 1, \ldots, n$ が存在して，

$$x^* = \alpha_1 x_1^* + \cdots + \alpha_n x_n^*,$$
$$(f_1 \vee f_2 \vee \cdots \vee f_n)^*(x^*) = \alpha_1 f_1^*(x_1^*) + \cdots + \alpha_n f_n^*(x_n^*)$$

が成り立つ．

定理 3. $\Lambda: X \to Y$ を連続な線形写像とする．このとき，g を X 上の関数，f を Y 上の関数とすれば，

$$(\Lambda g)^* = g^* \Lambda^*, \quad (f\Lambda)^* \leq \Lambda^* f^*$$

が成り立つ．もし，f が凸関数で，$\mathrm{Im}\,\Lambda$ のある点において連続ならば，

$$(f\Lambda)^* = \Lambda^* f^*$$

3.4 双対定理

が成立する．また，この場合には，任意の $x^* \in \mathrm{dom}\,(f\Lambda)^*$ に対して，

$$x^* = \Lambda^* y^*, \quad (f\Lambda)^*(x^*) = f^*(y^*)$$

を満たす $y^* \in Y^*$ が存在する．

上で述べた定理はすべて，前半部分の主張が無条件で成り立つ形で書かれているのに対して，後半部分の主張は追加的な仮定の下でのみ成立する形で書かれている．これは，それぞれの定理に登場する，双対な関係にある2つの演算が異なった性質を持つからである．それぞれの定理の2つの演算のうち，一つは，演算の結果導かれる関数のある点における値が，演算の行われる前の関数のその点における値にしか依存しないという意味で，局所的な演算であって，複数の閉関数のこの演算の結果，導出される関数は閉関数となる．3つの定理に登場する演算のうちで，和，上限，連続な線形汎関数の逆像がそのような種類の演算である．それぞれの定理に登場する2つの演算のうちのもう一つは，演算の結果導かれる関数のどの点における値も，演算の行われる前の関数の定義域全域での値に依存するという意味において，局所的でない演算であって，このような演算を複数の閉関数に施した場合には，一般に，導出される関数は閉関数であるとは限らない．

それぞれの定理の後半部分の主張は，そこに書かれている追加的な条件がなければ成り立たないことを例によって示そう．

f_1 と f_2 は，実軸上で，以下のように定義される関数とする：

$$f_1(x) = ||x| - 1|, \quad f_2(x) = |x|.$$

このとき，

$$f_1^*(y) = \begin{cases} |y|, & |y| \leq 1 \text{ の時}, \\ \infty, & |y| > 1 \text{ の時}; \end{cases}$$

$$f_2^*(y) = \begin{cases} 0, & |y| \leq 1 \text{ の時}, \\ \infty, & |y| > 1 \text{ の時}; \end{cases}$$

$$(f_1 + f_2)(x) = \begin{cases} 1, & |x| \leq 1 \text{ の時}, \\ 2|x| - 1, & |x| > 1 \text{ の時}; \end{cases}$$

$$(f_1+f_2)^*(y) = \begin{cases} |y|-1, & |y| \le 2 \text{ の時}, \\ \infty, & |y| > 2 \text{ の時}; \end{cases}$$

が成り立つ．一方で，

$$(f_1^* \square f_2^*)(y) = \inf\{f_1^*(y-z) \mid |z| \le 1\} = \begin{cases} 0, & |y| \le 1 \text{ の時}, \\ |y|-1, & 1 \le |y| \le 2 \text{ の時}, \\ \infty, & |y| > 2 \text{ の時}. \end{cases}$$

したがって，2つの関数が共に定義域のすべての点において連続であっても，どちらかが凸関数でない場合には (上の場合には，f_1 が凸関数ではない)，それらの和のヤング=フェンシェル変換は，それらの共役関数の合成積と一致しない場合があることが上の例によってわかる．定理1の後半に登場する連続性の条件は，後半の主張が成立するためには，欠かせない条件であることを示すために，もう一つ例を考えよう．今度は，$\mathbb{R}^2$ 上で定義された以下の二つの関数を考える：

$$f_1(x) = \begin{cases} -2\sqrt{x^1 x^2}, & x^1 \ge 0 \text{ かつ } x^2 \ge 0 \text{ の時}, \\ \infty, & x^1 < 0 \text{ または } x^2 < 0 \text{ の時}; \end{cases}$$

$$f_2(x) = \begin{cases} 0, & x^1 \le 0 \text{ かつ } x^2 \ge 0 \text{ の時}, \\ \infty, & x^1 > 0 \text{ または } x^2 < 0 \text{ の時}. \end{cases}$$

ただし，$x = (x^1, x^2) \in \mathbb{R}^2$ である．上で定義された関数は共に凸関数であり，それらの有効定義域の共通部分は，半軸 ($\{x \in \mathbb{R}^2 \mid x^1 = 0, x^2 \ge 0\}$) であって，その上では，二つの関数は両方とも不連続である．とくに，

$$(f_1+f_2)(x) = \begin{cases} 0, & x^1 = 0 \text{ かつ } x^2 \ge 0 \text{ の時}, \\ \infty, & x^1 \ne 0 \text{ または } x^2 < 0 \text{ の時}, \end{cases}$$

が成り立つ．そこで，任意の $y = (y^1, y^2) \in \mathbb{R}^2$ に対して，

$$f_1^*(y) = \begin{cases} 0, & y^1 y^2 \ge 1 \text{ かつ } y^1 < 0 \text{ かつ } y^2 < 0 \text{ の時}, \\ \infty, & y^1 y^2 < 1 \text{ または } y^1 \ge 0 \text{ または } y^2 \ge 0 \text{ の時}; \end{cases}$$

$$f_2^*(y) = \begin{cases} 0, & y^1 \ge 0 \text{ かつ } y^2 \le 0 \text{ の時}, \\ \infty, & y^1 < 0 \text{ または } y^2 > 0 \text{ の時}; \end{cases}$$

3.4 双対定理

$$(f_1+f_2)^*(y) = \begin{cases} 0, & y^2 \leq 0 \text{ の時}, \\ \infty, & y^2 > 0 \text{ の時}; \end{cases}$$

が成立する[19]。一方で，関数 $f_1^* \oplus f_2^*$ は二つの指標関数の合成積であって，それらの有効定義域の和 $\mathrm{dom}\, f_1^* + \mathrm{dom}\, f_2^*$ の指標関数に等しい。ところが，

---

[19] (訳注) 念のためではあるが，f_1^* の導出方法を記しておく ($f_2^*, (f_1+f_2)^*$ の導出は非常に容易なので省略する)。$y \in \mathbb{R}^2$ を任意にとり，$g(x) = x^1 y^1 + x^2 y^2 + 2\sqrt{x^1 x^2}$, $\forall x^1 \geq 0, \forall x^2 \geq 0$ と定義する。すると定義から，$f_1^*(y) = \sup_{x^1 \geq 0, x^2 \geq 0} g(x)$ が成り立つ。いま，仮に $y^1 \geq 0$ ならば，$x^2 > 0$ をある正の数に固定して，$x^1 \to \infty$ とすれば，$g(x) \to \infty$ となるから，$f_1^*(y) = \infty$ である。同様に，$y^2 \geq 0$ の場合にも，$f_1^*(y) = \infty$ が成り立つ。そこで以下では，$y^1 < 0, y^2 < 0$ とする。いま，関数 h を $h(x) = -x^1 y^1 - x^2 y^2 - 2$, $\forall x_1 \geq 0, \forall x^2 \geq 0$ と定義し，

$$h(x) \to \inf;$$
$$1 - x^1 x^2 = 0,$$
$$-x^1 \leq 0, -x^2 \leq 0$$

によって定式化される問題を考える。まず，原点を中心とする十分大きい閉球の外では，$h(x)$ の値は，閉球の中での値よりも大きくなることから，上の問題は解を持つ。また，g が正 1 次同次 (正 1 次同次の定義については，4.1 節を参照) であることに注意すれば，上の問題の最小値が ≥ 0 であれば $f_1^*(y) = 0$ であり，最小値が < 0 であれば $f_1^*(y) = \infty$ である。そこで，1.1 節の定理 4 を用いて，上の問題の極小点 x_* を求めよう。$x_*^1 > 0, x_*^2 > 0$ より，ラグランジュ関数を，

$$\mathscr{L}(x, \lambda) = h(x) + \lambda(1 - x^1 x^2)$$

と置くことができて (1.1 節の定理 4 の相補スラック条件と後半部分の主張を参照)，1.1 節の定理 4 より，極小点 x_* においては，

$$\mathscr{L}_x(x_*, \lambda) = (y^1, y^2) + \lambda(-x_*^2, -x_*^1) = (0, 0),$$

すなわち，

$$x_*^1 = \frac{y^2}{\lambda}, \quad x_*^2 = \frac{y^1}{\lambda}$$

が成り立つ。上式において，$y^1 < 0, x_*^1 > 0$ となるから，$\lambda < 0$ である。また，$1 = x_*^1 x_*^2 = \frac{y^1 y^2}{(\lambda)^2}$ より，$\lambda = -\sqrt{y^1 y^2}$ が成り立つ。したがって，上で得られた条件式を $h(x_*)$ に代入すると，

$$h(x_*) = -2\frac{y^1 y^2}{\lambda} - 2 = 2\sqrt{y^1 y^2} - 2 = 2\left(\sqrt{y^1 y^2} - 1\right)$$

が得られる。ゆえに，$y^1 < 0, y^2 < 0$ の範囲では，

$$y^1 y^2 \geq 1 \Leftrightarrow h(x_*) \geq 0 \Leftrightarrow f_1^*(y) = 0,$$
$$y^1 y^2 < 1 \Leftrightarrow h(x_*) < 0 \Leftrightarrow f_1^*(y) = \infty$$

が成り立つことがわかる。

f_1^*, f_2^* の有効定義域の和 $\mathrm{dom}\, f_1^* + \mathrm{dom}\, f_2^*$ は半開平面 $\{y \in \mathbb{R}^2 | y^2 < 0\}$ に等しいため，$(f_1 + f_2)^*$ の有効定義域 $\{y \in \mathbb{R}^2 | y^2 \leq 0\}$ には一致しない．定理2と定理3の後半部分で述べられている追加の仮定を除くことができないことも，同じような例によって示される．

証明に進む前に，定理1と定理2の主張は，$n=2$ の場合を証明すれば十分であることを注記しておく．一般の n については，$n=2$ の場合から帰納的に示されるからである．

定理1の証明． 最初の等式は，以下の単純な計算から直ちに導かれる：

$$\begin{aligned}(f_1 \oplus f_2)^*(x^*) &= \sup_{x \in X} \left\{ \langle x^*, x \rangle - \inf_{z \in X}(f_1(x-z) + f_2(z)) \right\} \\ &= \sup_{y, z \in X} \{ \langle x^*, y \rangle - f_1(y) + \langle x^*, z \rangle - f_2(z) \} \\ &= f_1^*(x^*) + f_2^*(x^*). \end{aligned}$$

また，ヤング＝フェンシェルの不等式から，任意の $x_1^*, x_2^* \in X^*, x \in X$ に対して，

$$f_1^*(x_1^*) + f_2^*(x_2^*) \geq \langle x_1^* + x_2^*, x \rangle - f_1(x) - f_2(x)$$

が成り立つ．ゆえに，任意の $x_1^*, x_2^* \in X$ に対して，

$$f_1^*(x_1^*) + f_2^*(x_2^*) \geq (f_1 + f_2)^*(x_1^* + x_2^*)$$

が成立する．とくに，上の不等式は，$x_1^* + x_2^* = x^*$ を満たす，すべての $x_1^*, x_2^* \in X$ について成り立つことから，

$$f_1^* \oplus f_2^* \geq (f_1 + f_2)^*$$

が得られる．

以上で定理の前半部分の証明が完了したので，後半部分の証明に移ろう．前半部分の二番目の不等式から，後半部分の最初の等式は，

$$\mathrm{dom}(f_1 + f_2)^* = \emptyset$$

の場合には明らかに成り立つ．そこで，一般性を失うことなく，ある点 x^* において $(f_1 + f_2)^*(x^*) = \alpha_0 < \infty$ が成り立つことを仮定し，f_1 は $\mathrm{dom}\, f_2$ の

ある点 $\tilde{x}$ において連続であるとしよう．まず，仮定より，$\mathrm{dom}(f_1 + f_2) \neq \emptyset$ であるから，X^* 上で $(f_1 + f_2)^* > -\infty$ が成り立ち，とくに $-\infty < \alpha_0 < \infty$ である．いま，集合

$$A = \{(\alpha, x) \in \mathbb{R} \times X \,|\, \alpha \leq \langle x^*, x \rangle - f_2(x) - \alpha_0\}$$

を考えよう．明らかに A は凸集合である．また，$A \cap \mathrm{int}(\mathrm{epi}\, f_1) = \emptyset$ が成り立つ (集合 $\mathrm{int}(\mathrm{epi}\, f_1)$ は 3.2 節の定理 1 により非空である)．実際，$(\alpha, x) \in A \cap \mathrm{int}(\mathrm{epi}\, f_1)$ が存在すれば，

$$f_1(x) < \alpha \leq \langle x^*, x \rangle - f_2(x) - \alpha_0,$$

すなわち，

$$\alpha_0 < \langle x^*, x \rangle - f_1(x) - f_2(x) \leq (f_1 + f_2)^*(x^*) = \alpha_0$$

となって矛盾が生ずる．したがって，第一分離定理 (3.1 節の定理 1) より，0 でない連続な線形汎関数 $(\beta, y^*) \in \mathbb{R} \times X^*$ が存在して，A と $\mathrm{epi}\, f_1$ を分離する．つまり，

$$\sup\{\beta\alpha + \langle y^*, x \rangle \,|\, (\alpha, x) \in \mathrm{epi}\, f_1\} \leq \inf\{\beta\alpha + \langle y^*, x \rangle \,|\, (\alpha, x) \in A\} \quad (1)$$

が成り立つ．$\beta \leq 0$ であることは明らかである．仮に $\beta = 0$ ならば，(1) は 0 でない線形汎関数 y^* によって二つの集合 $\mathrm{dom}\, f_1$ と $\mathrm{dom}\, f_2$ が分離されることを意味する．したがって，3.2 節の定理 1 から $\mathrm{int}(\mathrm{dom}\, f_1) \neq \emptyset$ であることに注意すれば，第一分離定理より，$\mathrm{int}(\mathrm{dom}\, f_1) \cap \mathrm{dom}\, f_2 = \emptyset$ が成り立つことがわかる．ところが，仮定より，f_1 は点 $\tilde{x} \in \mathrm{dom}\, f_2$ において連続なのだから，$\tilde{x} \in \mathrm{int}(\mathrm{dom}\, f_1)$ となって，$\tilde{x} \in \mathrm{int}(\mathrm{dom}\, f_1) \cap \mathrm{dom}\, f_2$ が成り立ち．矛盾が生ずる．

したがって，以上の議論から，$\beta < 0$ が成り立つ．いま，(1) の両辺を $|\beta|$ で割って，$x_1^* = |\beta|^{-1} y^*$ と置けば，

$$\begin{aligned}
f_1^*(x_1^*) &= \sup\{\langle x_1^*, x \rangle - f_1(x) \,|\, x \in \mathrm{dom}\, f_1\} \\
&= \sup\{\langle x_1^*, x \rangle - \alpha \,|\, (\alpha, x) \in \mathrm{epi}\, f_1\} \\
&\leq \inf\{\langle x_1^*, x \rangle - \alpha \,|\, (\alpha, x) \in A\} \\
&= \inf\{\langle x_1^* - x^*, x \rangle + f_2(x) \,|\, x \in \mathrm{dom}\, f_2\} + \alpha_0 \\
&= -f_2^*(x^* - x_1^*) + \alpha_0
\end{aligned} \quad (2)$$

が成り立つ．この不等式から，

$$(f_1^* \oplus f_2^*)(x^*) \leq f_1^*(x_1^*) + f_2^*(x^* - x_1^*) \leq \alpha_0 = (f_1 + f_2)^*(x^*) \tag{3}$$

が得られ，これとすでに示した前半部分の二番目の不等式から，

$$(f_1^* \oplus f_2^*)(x^*) = (f_1 + f_2)^*(x^*)$$

成り立つことがわかる．上式から，(3) の最初の不等式が，実際には，等式

$$(f_1^* \oplus f_2^*)(x^*) = f_1^*(x_1^*) + f_2^*(x^* - x_1^*)$$

で成立することがわかる．また，f_1, f_2 が共に適正な関数であることに注意すれば，(2) より，

$$f_1^*(x_1^*) \leq \inf\{\langle x_1^* - x^*, x\rangle + f_2(x) | x \in \text{dom } f_2\} + \alpha_0 < \infty,$$
$$-\infty < \sup\{\langle x_1^*, x\rangle - f_1(x) | x \in \text{dom } f_1\} \leq -f_2^*(x^* - x_1^*) + \alpha_0$$

が得られる．したがって，$x_1^* \in \text{dom } f_1^*, x^* - x_1^* \in \text{dom } f_2^*$ が成り立つことがわかり，定理の証明が完了する．■

今後定理 2 を用いることはないから，定理 2 の証明は省略する[20]．

定理 3 の証明． 最初の等式は，簡単な計算

$$\begin{aligned}(\Lambda g)^*(y^*) &= \sup_{y \in Y} (\langle y^*, y\rangle - \inf\{g(x) | x \in X, \Lambda x = y\}) \\ &= \sup_{x \in X, y \in Y, \Lambda x = y} (\langle y^*, y\rangle - g(x)) \\ &= \sup_{x \in X} (\langle y^*, \Lambda x\rangle - g(x)) \\ &= \sup_{x \in X} (\langle \Lambda^* y^*, x\rangle - g(x))\end{aligned}$$

---

[20] （訳注）定理 2 の主張の前半部分にある最初の等式と二番目の不等式の証明は容易である．後半部分の証明については，Rochafellar[14] の定理 16.5 などを参照されたい．

3.4 双対定理

$$= g^* \Lambda^*(y^*)$$

から直ちに得られる。また，$\Lambda^* y^* = x^*$ を満たす $y^* \in Y^*$ が存在しない $x^* \in X^*$ については，$(\Lambda^* f^*)(x^*) = \infty$ となるから，明らかに

$$(f\Lambda)^*(x^*) \leq (\Lambda^* f^*)(x^*)$$

が成り立ち，$\Lambda^* y^* = x^*$ を満たす $y^* \in Y^*$ が存在する場合には，$\Lambda^* y^* = x^*$ を満たす任意の $y^* \in Y^*$ について，

$$\begin{aligned}
(f\Lambda)^*(x^*) &= \sup_{x \in X} \left(\langle \Lambda^* y^*, x \rangle - (f\Lambda)(x) \right) \\
&= \sup_{x \in X} \left(\langle y^*, \Lambda x \rangle - f(\Lambda x) \right) \\
&\leq \sup_{y \in Y} \left(\langle y^*, y \rangle - f(y) \right) \\
&= f^*(y^*)
\end{aligned}$$

が成り立つから，

$$(f\Lambda)^*(x^*) \leq \inf\{f^*(y^*) | \Lambda^* y^* = x^*\} = (\Lambda^* f^*)(x^*)$$

が得られる。よって，二番目の不等式が成り立つことも確認できたので，あとは，f が凸関数で，$\mathrm{Im}\,\Lambda$ のある点 $\tilde{y}$ で連続であって，さらに，$x^* \in \mathrm{dom}(f\Lambda)^*$ であるという仮定の下で，

$$(\Lambda^* f^*)(x^*) \leq (f\Lambda)^*(x^*)$$

が成り立つことを示せばよい。

$\alpha = (f\Lambda)^*(x^*)$ と置く。仮定より，$\Lambda \tilde{x} = \tilde{y}$ を満たす点 $\tilde{x} \in X$ においては $(f\Lambda)(\tilde{x}) \in \mathbb{R}$ なので，X^* 上で $(f\Lambda)^* > -\infty$ であり，とくに $\alpha_0 \in \mathbb{R}$ が成り立つ。そこで，

$$M = \{(\alpha, y) \in \mathbb{R} \times Y \,|\, \exists x \in X : \alpha = \langle x^*, x \rangle - \alpha_0, y = \Lambda x\}$$

によって定義される $\mathbb{R} \times Y$ 内の線形多様体 M について考えよう。仮に，M

と int(epi f) の共通部分が非空であるならば,ある $x \in X$ に対して,
$$f(\Lambda x) < \langle x^*, x \rangle - \alpha_0,$$
すなわち,
$$\alpha_0 < \langle x^*, x \rangle - f(\Lambda x) \leq (f\Lambda)^*(x^*) = \alpha_0$$
となって,矛盾が生ずる.よって,$M \cap \text{int}(\text{epi } f) = \emptyset$ である.そこで,仮定と 3.2 節の定理 1 より,$\text{int}(\text{epi } f) \neq \emptyset$ であることに注意すれば,第一分離定理から,二つの凸集合 M と epi f を分離する 0 でない連続な線形汎関数 $(\beta, y^*) \in \mathbb{R} \times Y^*$ が存在する.すなわち,
$$\sup\{\beta\alpha + \langle y^*, y \rangle \,|\, (\alpha, y) \in \text{epi } f\} \leq \inf\{\beta\alpha + \langle y^*, y \rangle \,|\, (\alpha, y) \in M\}$$
が成り立つ.今までと同様に,上式から,$\beta \leq 0$ でなければならない.仮に $\beta = 0$ ならば,$\text{dom } f$ と $\text{Im } \Lambda$ が 0 でない連続な線形汎関数 y^* によって分離されることになるが,第一分離定理より,これは $\text{int}(\text{dom } f) \cap (\text{Im } \Lambda) \neq \emptyset$ であることに矛盾する[21].したがって,$\beta < 0$ が成り立つ.そこで,上式の両辺を $|\beta|$ で割って,$y_0^* = |\beta|^{-1} y^*$ と置けば,
$$f^*(y_0^*) \leq \inf\{\langle y_0^*, y \rangle - \alpha \,|\, (\alpha, y) \in M\}$$
$$= \inf\{\langle y_0^*, \Lambda x \rangle - \langle x^*, x \rangle + \alpha_0 \,|\, x \in X\}$$
が得られる.点 $\tilde{y} \in Y$ においては $f(\tilde{y}) \in \mathbb{R}$ なので,$f^*(y^*) > -\infty$ が任意の $y^* \in Y^*$ について成り立ち,したがって $x^* = \Lambda^* y_0^*$ でなければならない.そうでないとすれば,
$$-\infty < \inf_{x \in X} (\langle y_0^*, \Lambda x \rangle - \langle x^*, x \rangle) = \inf_{x \in X} \langle \Lambda^* y_0^* - x^*, x \rangle = -\infty$$
となって,矛盾が生ずるからである.したがって,$x^* \in \text{dom}(f\Lambda)^*$ に対して,$y_0^* \in Y^*$ は,$\Lambda^* y_0^* = x^*$ と
$$(\Lambda^* f^*)(x^*) \leq f^*(y_0^*) \leq \alpha_0 = (f\Lambda)^*(x^*)$$
を満たすことがわかる.一方で,すでに $(f\Lambda)^*(x^*) \leq (\Lambda^* f^*)(x^*)$ は示されて

---

21) (訳注) f は $\tilde{y} \in \text{Im } \Lambda$ において連続なのだから,$\tilde{y} \in \text{int}(\text{dom } f) \cap (\text{Im } \Lambda)$ である.

3.5 有限次元空間における凸解析

いるので，これと上式から，

$$(\Lambda^* f^*)(x^*) = f^*(y_0^*) = (f\Lambda)^*(x^*)$$

が得られ，定理の証明が完了する。■

3.5 有限次元空間における凸解析

3.5.1 カラテオドリの定理

必ずしも有限次元でない一般の線形位相空間における凸解析に関する定理の多くは，有限次元の線形位相空間においては，より強い形で成立する。われわれは，3.1 節において，ある集合の凸包は，その集合に属する有限個の点の凸結合をすべて集めた集合と一致することを示した (3.1 節の命題 1)。また，集合から生成される凸錐についても同様の形で表すことができることを確認した (3.1 節の命題 3)。有限次元空間においは，それらをより強めた主張が成り立つ。

定理 1. A を $\mathbb{R}$ の非空な部分集合とする。このとき，A から生成される凸錐 K_A に属する 0 でない任意の点 x に対して，r 個の正数 $\lambda_1 > 0, \ldots, \lambda_r > 0$ と，同じく r 個の線形独立な A の点 $x_1, \ldots, x_r$ が存在して，

$$x = \lambda_1 x_1 + \cdots + \lambda_r x_r$$

が成り立つ。とくに，$x_1, \ldots, x_r$ は線形独立なのだから，$r \leq n$ である。

証明. K_A に属する点 $x \neq 0$ を任意に取る。すると，3.1 節の命題 1 と命題 3 から，正の実数 $\mu_1 > 0, \ldots, \mu_k > 0$ と A に属する点 $x_1, \ldots, x_k$ が存在して，

$$x = \mu_1 x_1 + \cdots + \mu_k x_k$$

が成り立つ。ここで，$x_1, \ldots, x_k$ が線形従属であるとしよう。すなわち，す

べては 0 とならない実数 $\gamma_1, \ldots, \gamma_k$ が存在して,

$$\gamma_1 x_1 + \cdots + \gamma_k x_k = 0$$

が成り立つと仮定する。一般性を失うことなく, $\gamma_1, \ldots, \gamma_k$ のうち, どれかは正数であるとしてよい (もし正数がなければ, $\gamma_1, \ldots, \gamma_k$ に -1 倍すればよい)。集合 $\mathscr{I}$ を $\gamma_i > 0$ を満たす添字 $1 \leq i \leq k$ をすべて集めた集合とし,

$$\beta = \min_{i \in \mathscr{I}} \frac{\mu_i}{\gamma_i}$$

と定義する。さらに,

$$\mu_i' = \mu_i - \beta \gamma_i, \quad i = 1, \ldots, k$$

と置く。すると, $\mu_i' \geq 0, i = 1, \ldots, k$ であり, 少なくとも一つの i については, $\mu_i' = 0$ である。一方,

$$\sum_{i=1}^{k} \mu_i' x_i = \sum_{i=1}^{k} \mu_i x_i - \beta \sum_{i=1}^{k} \gamma_i x_i = \sum_{i=1}^{k} \mu_i x_i = x$$

が成り立つ。したがって, x は正数を係数とする最大 $k-1$ 個の A の点の和で表されることがわかる。

以上の議論を有限回繰り返せば, 所望の帰結が得られる。■

系 1(カラテオドリの定理). $A \subset \mathbb{R}^n$ とする。このとき, conv A に属する任意の点は, A に属する最大 $n+1$ 個の相異なる点の凸結合で表される。

証明. $\mathbb{R} \times \mathbb{R}^n$ の部分集合 $B = \{1\} \times A$(すなわち, $x \in A$ について $(1, x)$ で表される点をすべて集めた集合) について考える。conv $B = \{1\} \times$ conv A が成り立つことは明らかである。いま, K_B を B から生成される凸錐としよう。すると, もちろん conv $B \subset K_B$ である。そこで, $(1, x) \in$ conv B とすれば, 定理 1 より, $r(\leq n+1)$ 個の B の点 $(1, x_1), \ldots, (1, x_r)$ と正数 $\alpha_1 > 0, \ldots, \alpha_r > 0$ が存在して,

$$(1, x) = \alpha_1(1, x_1) + \cdots + \alpha_r(1, x_r)$$

が成り立つ。ところが，上式は，

$$\alpha_1 + \cdots + \alpha_r = 1,$$
$$\alpha_1 x_1 + \cdots + \alpha_r x_r = x$$

が成り立つことを意味し，これによって，カラテオドリの定理の証明が完了する。∎

系 2. $A \subset \mathbb{R}^n$ を有界閉集合とする。このとき，A の凸包は閉集合である：$\operatorname{conv} A = \overline{\operatorname{conv}} A$。

証明． 集合 S を以下のように定義する：
$$S = \left\{ a = (\alpha_1, \ldots, \alpha_{n+1}) \,\middle|\, \alpha_i \geq 0, i = 1, \ldots, n+1, \sum_{i=1}^{n+1} \alpha_i = 1 \right\} \subset \mathbb{R}^{n+1}.$$
また，関数 $\varphi : \mathbb{R}^{n+1} \times \underbrace{\mathbb{R}^n \times \cdots \times \mathbb{R}^n}_{n+1 \text{ 個}} \to \mathbb{R}^n$ を，

$$\varphi(a, x_1, \ldots, x_{n+1}) = \sum_{i=1}^{n+1} \alpha_i x_i, \quad \forall a = (\alpha_1, \ldots, \alpha_{n+1}) \in \mathbb{R}^{n+1}, \forall x_1 \in \mathbb{R}^n,$$
$$\ldots, \forall x_{n+1} \in \mathbb{R}^{n+1}$$

と定義する。すると，関数 φ は連続であり，S と A が共にコンパクト集合であることから，集合 $S \times \underbrace{A \times \cdots \times A}_{n+1 \text{ 個}}$ もコンパクトである。そこで，$\varphi(S, A, \ldots, A)$ はコンパクト集合であり，したがって閉集合である。ところが，カラテオドリの定理から，

$$\varphi(S, A, \ldots, A) = \operatorname{conv} A$$

が成り立つ。ゆえに，$\operatorname{conv} A$ が閉集合であることがわかり，$\operatorname{conv} A = \overline{\operatorname{conv} A} = \overline{\operatorname{conv}} A$ が得られる。∎

3.5.2 アフィン包と相対内部

点 $x \in \mathbb{R}^n$ は，r 個の $\mathbb{R}^n$ の点 $x_1, \ldots, x_r$ に対して，$\lambda_1 + \cdots + \lambda_r = 1$ を満

たす実数 $\lambda_1, \ldots, \lambda_r$ が存在して,

$$x = \sum_{i=1}^{r} \lambda_i x_i$$

が成り立つとき, $x_1, \ldots, x_r$ のアフィン結合 (affine combination) と言う. 集合 A に属する有限個の点のアフィン結合をすべて集めた集合を A のアフィン包 (affine hull) と呼び, aff A で表す. 容易にわかるように, aff A は, A に属する任意の点 x_0 に対して, $A - x_0$ の線形包と平行な線形多様体である: (aff A) $- x_0 = \text{lin}(A - x_0)$. 実際, $x = \sum_{i=1}^{r} \lambda_i x_i$, $x_i \in A, i = 1, \ldots, r$, $\sum_{i=1}^{r} \lambda_i = 1$, $x_0 \in A$ ならば, $x - x_0 = \sum_{i=1}^{r} \lambda_i (x_i - x_0)$ は, $A - x_0$ の線形包に属する. 逆に, $x_i \in A, i = 0, \ldots, r$ に対して, $x = \sum_{i=1}^{r} \lambda_i (x_i - x_0)$ であるとすれば, $x + x_0 = \sum_{i=1}^{r} \lambda_i x_i + \left(1 - \sum_{i=1}^{r} \lambda_i\right) x_0 \in \text{aff } A$ が成り立つ. 凸集合 A に対して, そのアフィン包 aff A の次元を, A の次元 (dimension) といって, $\dim A$ で表す[22].

$\mathbb{R}^n$ に属する点 $x_1, \ldots, x_r$ は, 関係式

$$\sum_{i=1}^{r} \lambda_i x_i = 0, \quad \sum_{i=1}^{r} \lambda_i = 0$$

を満たす実数 $\lambda_1, \ldots, \lambda_r$ が, $\lambda_1 = 0, \ldots, \lambda_r = 0$ だけであるとき, アフィン独立 (affinely independent) であると言う. $x_1, \ldots, x_r$ がアフィン独立であることと, 任意の $i = 1, \ldots, r$ について, $x_k - x_i, k = 1, \ldots, r, k \neq i$ が線形独立となることは同値である. また, $x_1, \ldots, x_r$ がアフィン独立であるならば, 任意の $x \in \text{aff}\{x_1, \ldots, x_r\}$ は, $x_1, \ldots, x_r$ のアフィン結合として一意的に表される. つまり, $x = \sum_{i=1}^{r} \lambda_i x_i, \sum_{i=1}^{r} \lambda_i = 1$ を満たす実数の組 $\lambda_1, \ldots, \lambda_r$ はただ一つである. これらの実数 $\lambda_1, \ldots, \lambda_r$ のことを x の**重心座標** (barycentric coordinates) と言う.

---

[22] (訳注) 集合 $A \subset \mathbb{R}^n$ と A の点 x_0 について, 集合 aff $A - x_0$ は, 上で示したように, $\mathbb{R}^n$ の部分空間 $\text{lin}(A - x_0)$ に一致するが, 容易にわかるように, この部分空間は $x_0 \in A$ に依存しないで定まる:

$$\text{lin}(A - x_0) = \text{lin}(A - x_0'), \quad \forall x_0, x_0' \in A.$$

そこで, この部分空間 $\text{lin}(A - x_0)$ の次元を, A のアフィン包 aff A の次元と呼ぶことにする.

3.5 有限次元空間における凸解析

アフィン独立な $k+1$ 個の点 $x_1, \ldots, x_{k+1}$ の凸包を, k **次元単体** (k-dimensional simplex) といい, k 次元単体を生成する点 $x_1, \ldots, x_{k+1}$ をその単体の**頂点** (vertex) と呼ぶ。

命題 1. $S \subset \mathbb{R}^n$ を n 次元単体とすれば, $\operatorname{int} S \neq \emptyset$ である。

証明. 一般性を失うことなく, $x_1 + \cdots + x_{n+1} = 0$ としてよい (ただし, $x_1, \ldots, x_{n+1}$ を単体 S の頂点とする)。$x \in \mathbb{R}^n, x \neq 0$ に対して, $\lambda_1, \ldots, \lambda_n$ を x の重心座標とする。$\lambda = \max\{|\lambda_1|, \ldots, |\lambda_{n+1}|\}$ とおき, $\varepsilon > 0$ を $1/\varepsilon > (n+1)\lambda + 1$ を満たす正数とする。するとまず, $\varepsilon < 1$ が成り立つことは明らかである。いま,

$$\alpha_i = \frac{1-\varepsilon}{n+1} + \varepsilon \lambda_i, \quad i = 1, \ldots, n+1$$

と置けば, $\lambda_i \geq 0$ を満たす i については, もちろん $\alpha_i > 0$ であり, $\lambda_i < 0$ となる i についても, ε の選び方から, $|\lambda_i| \leq \lambda < \frac{(1-\varepsilon)/\varepsilon}{n+1}$ となるから, やはり $\alpha_i > 0$ が成り立つ。また, $\sum_{i=1}^{n+1} \alpha_i = 1$ も簡単な計算から直ちに導かれる。したがって,

$$\varepsilon x = (1-\varepsilon) \cdot 0 + \varepsilon x = \sum_{i=1}^{n+1} \left(\frac{1-\varepsilon}{n+1} + \varepsilon \lambda_i \right) x_i = \sum_{i=1}^{n+1} \alpha_i x_i \in S$$

が得られる。いま, $\{e_1, \ldots, e_n\}$ を $\mathbb{R}^n$ の標準基底とすれば, 上で示されたことから, 正数 $\varepsilon > 0$ が存在して, 任意の $j = 1, \ldots, n$ に対して, $\pm \varepsilon e_j \in S$ が成り立つ。よって,

$$\operatorname{conv}\{\pm \varepsilon e_j | j = 1, \ldots, n\} \subset S$$

が成立する。ところが, $\operatorname{conv}\{\pm \varepsilon e_j | j = 1, \ldots, n\}$ は原点を中心とする半径 ε/n の開球を含むから, 上式より, $\operatorname{int} S \neq \emptyset$ が得られる。∎

$A \subset \mathbb{R}^n$ とする。$\mathbb{R}^n$ から $\operatorname{aff} A$ に入れた相対位相に関する集合 A の内部を, A の**相対内部** (relative interior) と呼び, $\operatorname{ri} A$ で表す。また, $\operatorname{ri} A$ に属する点を集合 A の**相対内点** (relative interior point) と呼ぶ。

定理 2. $A \subset \mathbb{R}^n$ を凸集合とする．このとき，A の相対内部は非空であり，A の相対内部のアフィン包は，A のアフィン包に一致する：

$$\text{ri } A \neq \emptyset, \quad \text{aff}(\text{ri } A) = \text{aff } A.$$

証明． まず，$\dim A = n$，つまり，$\text{aff } A = \mathbb{R}^n$ を仮定しよう．$x_1, \ldots, x_m$ を A の極大アフィン独立系とする[23]．このとき，明らかに $m \leq n+1$ である．一方で，仮に $m < n+1$ であるとすれば，$\text{lin}(A - x_1)$ の次元は，仮定により n であるから，$\text{lin}\{x_2 - x_1, \ldots, x_m - x_1\}$ に含まれない．つまり，ある $x \in A$ が存在して，$x - x_1 \notin \text{lin}\{x_2 - x_1, \ldots, x_m - x_1\}$ が成り立つ．ところがこれは，$x_2 - x_1, \ldots, x_m - x_1, x - x_1$ が線形独立であること，すなわち，$x_1, \ldots, x_m, x$ がアフィン独立であることを意味し，$x_1, \ldots, x_m$ が極大アフィン独立系であることに矛盾する．したがって，$m = n+1$ でなければならない．いま，$S \subset \mathbb{R}^n$ を $x_1, \ldots, x_{n+1}$ を頂点に持つ単体であるとすれば，命題 1 より，$\emptyset \neq \text{int } S \subset \text{ri } A$ が成り立つ．また，この場合には $\text{ri } A = \text{int } A$ なので，$\text{int } A \neq \emptyset$ より，$\text{aff}(\text{ri } A) = \text{aff}(\text{int } A) = \mathbb{R}^n = \text{aff } A$ が得られる．

一方で，$r := \dim A < n$ の場合には，一般性を失うことなく，$0 \in A$ と仮定すれば，部分空間 $\text{aff } A$ と $\mathbb{R}^r$ は，線形同相写像 $\varphi : \text{aff } A \to \mathbb{R}^r$ によって同相である．また，$\mathbb{R}^r$ 内の集合 $\varphi(A)$ については，上ですでに示したように，定理の主張はすべて成り立つのだから，あとは逆写像 φ^{-1} によって引き戻せば，$\mathbb{R}^n$ 内の集合 A についても定理の主張が成り立つことが確認できる．∎

定理 2 の証明から直ちに導かれる帰結として，凸集合の次元は，その集合に含まれる単体の最大次元に一致することに注意しよう．また，定理 2 より，凸集合 A については，$\text{ri } A \neq \emptyset$ が成り立つのだから，定義と 3.1 節の命題 4 から，$\overline{A} = \overline{\text{ri } A}$ と $\text{ri } \overline{A} = \text{ri } A$ が成立する[24]．

---

[23]（訳注）$x_1, \ldots, x_m$ が A の極大アフィン独立系であるとは，A の点 $x_1, \ldots, x_m$ がアフィン独立であって，他のどの A の点 x に対しても，$x_1, \ldots, x_m, x$ がアフィン独立ではないことを意味する．

[24]（訳注）3.1 節の命題 4 から，$\overline{A} = \overline{\text{ri } A}$ と $\text{ri } \overline{A} = \text{ri } A$ を導くことができるのは，有限次元空間の部分集合 A については，$\text{aff } A$ が閉集合となるからである．

3.5.3 $\mathbb{R}^n$ 上の凸関数

定理 3. f を $\mathbb{R}^n$ 上で定義された適正な凸関数とする．このとき，f は各 $x \in \mathrm{ri}(\mathrm{dom}\, f)$ において，$\mathbb{R}^n$ から $\mathrm{aff}(\mathrm{dom}\, f)$ に入れた相対位相に関して連続であって，さらに，f^* は適正な関数である．

証明． $\dim(\mathrm{dom}\, f) = k$ とする．$k=0$ の場合 (つまり，$\mathrm{dom}\, f$ が一点集合の場合) には，定理の前半部分の主張は明らかに成り立つから，$k \geq 1$ とする．定理 2 より，$\mathrm{aff}(\mathrm{dom}\, f) = \mathrm{aff}(\mathrm{ri}(\mathrm{dom}\, f))$ であるから，$\dim(\mathrm{ri}(\mathrm{dom}\, f)) = k$．したがって，$\mathrm{ri}(\mathrm{dom}\, f)$ は $x_1, \ldots, x_{k+1}$ を頂点に持つ k 次元単体 S を含む．f は凸関数なのだから，任意の $x \in S$ に対して，

$$f(x) \leq \max\{f(x_1), \ldots, f(x_{k+1})\}$$

が成り立つ．一方で，命題 1 から，単体 S の $\mathrm{aff}(\mathrm{dom}\, f)$ についての相対内部は非空である．ゆえに，3.2 節の定理 1 より，f は $\mathrm{ri}(\mathrm{dom}\, f)$ の各点で $\mathrm{aff}(\mathrm{dom}\, f)$ に入った相対位相に関して連続である．以上で，定理の前半部分の証明が完了した．いま，証明したことから，とくに f とその閉包 $\overline{f}$ が $\mathrm{ri}(\mathrm{dom}\, f)$ 上では一致することがわかる[25]．次に，定理の後半部分の証明に移ろう．仮に，ある点 $x_0 \in \mathbb{R}^n$ において，$\overline{f}(x_0) = -\infty$ が成り立つとすれば，$x_1 \in \mathrm{ri}(\mathrm{dom}\, f)$ と十分小さな正数 $\varepsilon > 0$ に対して，$x_2 = x_1 + \varepsilon(x_1 - x_0) \in \mathrm{dom}\, f$ が成り立つ (何故なら，$x_0 \in \mathrm{dom}\, \overline{f} \subset \mathrm{aff}(\mathrm{dom}\, f)$ となるからである)．そこで，$\overline{f}$ が凸関数であることに注意すれば，任意の $\alpha_1 \in \mathbb{R}$ と $f(x_2) \leq \alpha_2$ を満たす任意の $\alpha_2 \in \mathbb{R}$ に対して，

$$(\beta, x_1) = \left(\frac{\varepsilon \alpha_1}{1+\varepsilon} + \frac{\alpha_2}{1+\varepsilon}, x_1\right) \in \mathrm{epi}\, \overline{f}$$

---

25) (訳注) f と $\overline{f}$ が，$\mathrm{ri}(\mathrm{dom}\, f)$ 上で一致することを示すには，
$$\mathrm{epi}\, f \cap (\mathbb{R} \times \mathrm{ri}(\mathrm{dom}\, f)) = \overline{\mathrm{epi}\, f} \cap (\mathbb{R} \times \mathrm{ri}(\mathrm{dom}\, f))$$
が成り立つことを証明すればよい．$(\alpha, x) \in \overline{\mathrm{epi}\, f} \cap (\mathbb{R} \times \mathrm{ri}(\mathrm{dom}\, f))$ とすれば，$(\alpha_n, x_n) \to (\alpha, x)$ を満たす $\mathrm{epi}\, f$ 内の点列 $\{\alpha_n, x_n\}$ が存在するが，各 n に対して，$x_n \in \mathrm{dom}\, f$ だから，十分大きい n については，$x_n \in \mathrm{ri}(\mathrm{dom}\, f)$．すでに示したように，$f$ は $\mathrm{ri}(\mathrm{dom}\, f)$ 上では連続だから，$\alpha_n \geq f(x_n), n = 1, 2, \ldots$ から，$\alpha \geq f(x)$ が導かれる．したがって，$(\alpha, x) \in \mathrm{epi}\, f \cap (\mathbb{R} \times \mathrm{ri}(\mathrm{dom}\, f))$ が成り立つ．

が成り立つことがわかる．ところが，上式は $\overline{f}(x_1) = -\infty$ となることを意味し，$x_1 \in \mathrm{ri}(\mathrm{dom}\, f)$ であることに矛盾する[26]．そこで，閉凸関数 $\overline{f}$ は適正であることがわかるから，3.3 節の定理 1 の系 2 より，$\overline{f} = f^{**}$ が成立する．ゆえに，f^{**} は適正な関数であることがわかるから，$\mathrm{dom}\, f^* \neq \emptyset$ が得られる．一方で，仮定より，f は適正な関数なのだから，$(\mathbb{R}^n)^*$ 上で $f^* > -\infty$ が成立する．したがって，f^* は適正な関数である．■

最後に，カラテオドリの定理から導かれる，$\mathbb{R}^n$ 上の関数の凸包に関する有用な結果を述べよう．

命題 2. f を $\mathbb{R}^n$ 上で定義された適正な関数とする．このとき，
$$(\mathrm{conv}\, f)(x) = \inf \left\{ \sum_{i=1}^{n+1} \alpha_i f(x_i) \,\middle|\, x_i \in \mathbb{R}^n, \alpha_i \geq 0, \sum_{i=1}^{n+1} \alpha_i = 1, \sum_{i=1}^{n+1} \alpha_i x_i = x \right\}$$
が成り立つ．とくに，f が適正な閉関数で，$\mathrm{dom}\, f$ が有界集合ならば，
$$f^{**} = \mathrm{conv}\, f$$
が成立する．

証明． カラテオドリの定理から，
$$(\mathrm{conv}\, f)(x) = \inf \left\{ \sum_{i=1}^{n+2} \alpha_i f(x_i) \,\middle|\, x_i \in \mathbb{R}^n, \alpha_i \geq 0, \sum_{i=1}^{n+2} \alpha_i = 1, \sum_{i=1}^{n+2} \alpha_i x_i = x \right\}$$
が成り立つ．いま，$x_i \in \mathbb{R}^n, i = 1, \ldots, n+2$ と $x \in \mathbb{R}^n$ を任意に選んで固定し，以下の問題について考察する：
$$\sum_{i=1}^{n+2} \alpha_i f(x_i) \to \inf;$$

---

[26] （訳注）f は $x_1 \in \mathrm{ri}(\mathrm{dom}\, f)$ において連続であるから，$f(x_1) \in \mathbb{R}$ であり，さらにすでに示したように，$f(x_1) = \overline{f}(x_1)$ が成り立つからである．

3.5 有限次元空間における凸解析

$$\alpha_i \geq 0, \quad \sum_{i=1}^{n+2} \alpha_i = 1, \quad \sum_{i=1}^{n+2} \alpha_i x_i = x.$$

命題の前半部分の主張を証明するためには，仮に上の問題の下限が有限値であるならば，この問題の解となる $n+2$ 個の実数の組 $(\alpha_1, \ldots, \alpha_{n+2})$ が存在して，少なくとも一つの $i = 1, \ldots, n+2$ について，$\alpha_i = 0$ となることを示せばよい (問題の下限が有限値であるならば，制約式を満たす $(\alpha_1, \ldots, \alpha_{n+2})$ の集合はコンパクトであり，目的関数 $\sum_{i=1}^{n+2} \alpha_i f(x_i)$ は線形であるから，問題の解は確かに存在する)．

$(\alpha_1, \ldots, \alpha_{n+2})$ を上の問題の解とする．仮にある $i = 1, \ldots, n+2$ について，$\alpha_i = 0$ であるならば，証明すべきことは何もないから，$\alpha_i > 0, i = 1, \ldots, n+2$ を仮定する．いま，カラテオドリの定理から，少なくとも一つは 0 となる $n+2$ 個の非負実数 $\alpha'_1 \geq 0, \ldots, \alpha'_{n+2} \geq 0$ が存在して，

$$\sum_{i=1}^{n+2} \alpha'_i = 1, \quad \sum_{i=1}^{n+2} \alpha'_i x_i = x$$

が成り立つ．もし $\sum_{i=1}^{n+2} \alpha'_i f(x_i) \leq \sum_{i=1}^{n+2} \alpha_i f(x_i)$ ならば，所望の帰結はすでに得られたことになるから，$\sum_{i=1}^{n+2} \alpha'_i f(x_i) > \sum_{i=1}^{n+2} \alpha_i f(x_i)$ を仮定する．$\beta_i = \alpha_i - \alpha'_i, i = 1, \ldots, n+2$ と置けば，$\sum_{i=1}^{n+2} \beta_i = 0$，$\sum_{i=1}^{n+2} \beta_i x_i = 0$，さらには，十分に小さい $\lambda > 0$ に対して，

$$\alpha_i + \lambda \beta_i \geq 0, \ i = 1, \ldots, n+2, \quad \sum_{i=1}^{n+2} (\alpha_i + \lambda \beta_i) = 1,$$

$$\sum_{i=1}^{n+2} (\alpha_i + \lambda \beta_i) x_i = x; \quad \sum_{i=1}^{n+2} (\alpha_i + \lambda \beta_i) f(x_i) < \sum_{i=1}^{n+2} \alpha_i f(x_i)$$

が成り立つ．ところが，これは $(\alpha_1, \ldots, \alpha_{n+2})$ が問題の解であることに矛盾する．以上で，命題の前半部分の証明が完了した．

次に，f を適正な閉関数とし，$\mathrm{dom}\, f$ は有界集合であると仮定する．まず，f は下半連続であって，$\overline{\mathrm{dom}\, f}$ はコンパクト集合なのだから，

$$\inf_{x \in \mathbb{R}^n} f(x) = \inf_{x \in \overline{\mathrm{dom}\, f}} f(x) > -\infty$$

が成り立つ．そこで，任意の $y \in \mathbb{R}^n$ について，$-\infty < \inf_{x \in \overline{\mathrm{dom}\, f}} f(x) \leq (\mathrm{conv}\, f)(y)$ が成り立つ．一方で，$\mathbb{R}^n$ 上で，$\overline{\mathrm{conv}}\, f \leq f$ だから，f が適正で

231

あることから，ある $y \in \mathbb{R}^n$ については，$(\overline{\mathrm{conv}}\, f)(y) \leq f(y) < \infty$ が成り立つ．したがって，$\overline{\mathrm{conv}}\, f$ は適正な関数であることがわかるから，フェンシェル＝モローの定理の系 2 より，$f^{**} = \overline{\mathrm{conv}}\, f$ が成立する．そこで，定理の前半部分の主張から，$x \in \mathrm{dom}\, f^{**}$ を任意に取ると，$\alpha_{im} \geq 0, \sum_{i=1}^{n+1} \alpha_{im} = 1$，$x_{im} \in \mathrm{dom}\, f$ を満たす点列 $\{(\alpha_{1m}, \ldots, \alpha_{n+1,m}, x_{1m}, \ldots, x_{n+1,m})\}$ が存在して，

$$\sum_{i=1}^{n+1} \alpha_{im} f(x_{im}) \to f^{**}(x);$$
$$\sum_{i=1}^{n+1} \alpha_{im} x_{im} \to x$$

が成り立つ．点列 $\{\alpha_{im}\}, \{x_{im}\}$ は共に有界だから，一般性を失うことなく，各 $i = 1, \ldots, n+1$ に対して，$m \to \infty$ のとき，$\alpha_{im} \to \alpha_i, x_{im} \to x_i$ となると仮定してよい．また，$f(x_{im}) \to \infty$（あるいは同じことであるが，$\underline{\lim}_{m \to \infty} f(x_{im}) = \infty$）を満たす i については，上で述べたように，f が下に有界であることから，$\alpha_{im} \to 0$ と $\alpha_{im} f(x_{im}) \to 0$ が成り立つ．したがって，f が下半連続であるから，各 $i = 1, \ldots, n+1$ に対して，$f(x_i) \leq \underline{\lim}_{m \to \infty} f(x_{im})$ となることに注意すれば，

$$\begin{aligned}
f^{**}(x) &\leq (\mathrm{conv}\, f)(x) \leq \sum_{i=1}^{n+1} \alpha_i f(x_i) \\
&\leq \sum_{i=1}^{n+1} \alpha_i \underline{\lim}_{m \to \infty} f(x_{im}) = \sum_{i=1}^{n+1} \underline{\lim}_{m \to \infty} \alpha_{im} f(x_{im}) \\
&\leq \underline{\lim}_{m \to \infty} \sum_{i=1}^{n+1} \alpha_{im} f(x_{im}) \\
&= f^{**}(x),
\end{aligned}$$

すなわち，$f^{**}(x) = (\mathrm{conv}\, f)(x)$ が得られる．また，$x \notin \mathrm{dom}\, f^{**}$ に対しては，$\infty = f^{**}(x) \leq (\mathrm{conv}\, f)(x)$ から，$f^{**}(x) = (\mathrm{conv}\, f)(x)$ が成り立つ．したがって，$\mathbb{R}^n$ 上で，$f^{**} = \mathrm{conv}\, f$ であることがわかり，命題 2 の証明が完了する．∎

第4章

局所凸解析

———————

　この章では劣微分を体系的に研究する。劣微分は凸関数，および局所凸関数の局所的な動きを特徴付けるが，これは滑らかな関数の局所的な動きを微分が定めることのアナロジーである。実際，「劣微分法」と微分法の間には密接な関係があるが，ただ劣微分についての結果は微分法のアナローグにはなっていない。結局のところ，本章のすべての結果は，モロー＝ロッカフェラーの定理と分解定理 (4.2 節) という最も重要な結果のために使われる。前章と同じく本章を通じて，われわれは $X, Y, \ldots$ はハウスドルフ局所凸線形位相空間であると仮定する。

4.1　同次関数と方向微分

4.1.1　同次関数

　空間 X 上で定義された関数 f が，$f(0) = 0$ であり，かつ

$$f(\lambda x) = \lambda^\alpha f(x)$$

をすべての $x \in X$ と $\lambda > 0$ に対して満たすとき，この関数は正 α 次同次であると言われる。本書では，主に正一次同次関数が出てくるため，これらは短縮して単に同次 (homogeneous) であると呼ぶことにする。もちろん，同次関数のエピグラフは錐である。したがって同次関数は 0 の任意に小さい近傍

上の値によって完全に決まる．錐の凸性の条件 (0.3 節) を思い出せば，適正な同次関数が凸であることと，

$$f(x) + f(y) \geq f(x+y)$$

がすべての $x, y \in X$ について成り立つことが同値であるというのはすぐにわかる．

　同次関数の最も重要な例は支持関数とミンコフスキー関数である．それらが同次であることは直接示すことができる．ところが実は本質的には，すべての適正な閉同次凸関数がなんらかの非空集合の支持関数なのである．

命題 1．f が X 上の適正な閉同次凸関数であるとすれば，f はある非空集合の支持関数である[1]．

証明．次の集合，

$$A = \{x^* \in X^* | f(x) \geq \langle x^*, x \rangle, \forall x \in X\}$$

を考え，

$$f(x) = \sup_{x^* \in A} \langle x^*, x \rangle = s(x|A)$$

となることを示そう．

　もし $x^* \in A$ ならば，$\langle x^*, x \rangle - f(x) \leq 0$ がすべての x に対して成り立ち，さらに $f^*(x^*) = 0$ である．もし $x^* \notin A$ であれば，そのときはある $x \in X$ に対して $\langle x^*, x \rangle - f(x) > 0$ となり，したがって

$$f^*(x^*) \geq \lim_{t \to \infty}(\langle x^*, tx \rangle - f(tx)) = \infty,$$

となる．最後に，3.3 節の命題 3 から，f^* は適正な関数である．よって $A \neq \emptyset$ であり，$f^* = \delta(\cdot|A)$ である．フェンシェル＝モローの定理から，$f = f^{**} =$

---

[1] （訳注）証明を見るとわかるが，この集合は $f^*(x^*) = 0$ となる x^* の集合として一意的に定まり，非空，かつ *弱位相について閉である．また x^* がこの集合に属していなければ $f^*(x^*) = +\infty$ でもある．4.2 節ではこの集合を $\partial f(0)$ と書く．

4.1 同次関数と方向微分 235

$\delta^*(\cdot|A) = s(\cdot|A)$ であり，したがって f は A の支持関数である[2]。 ∎

この事実は，X 上の適正な閉同次凸関数と X^* 上の非空閉凸集合の間の双対性を浮かび上がらせる。もっと詳しく言うと，この双対関係は任意の非空閉凸集合 $A \subset X^*$ とその支持関数を結びつけ，任意の適正な閉同次凸関数をその共役関数の有効定義域と結びつけるのである。

もうひとつ，同次関数の有用な性質を記しておこう。

命題 2. f が X 上の同次関数であり，また集合 $U \subset X$ 上のすべての点で連続であったとする。このとき，これは集合 U から生成される錐 K_U のうち，0 以外のすべての点で連続である。特に，f が 0 のある近傍上で連続なら，f は X 全体で連続である。

証明. $x_0 \in K_U$ とし，さらに $x_0 \neq 0$ としよう。するとある $\lambda > 0$ に対して $\lambda x_0 \in U$ である。そこで V を，λx_0 の近傍で，次の不等式 $|f(x) - f(\lambda x_0)| < \lambda \varepsilon$ が常に成り立つようなものとしよう。このとき $(1/\lambda)V$ は x_0 の近傍であり，そして
$$|f(x) - f(x_0)| = \lambda^{-1}|f(\lambda x) - f(\lambda x_0)| < \varepsilon$$
がすべての $x \in (1/\lambda)V$ について成り立つ。ここから x_0 における f の連続性が示せる。一方，もし f が 0 の近傍で連続であれば，上で示したことから，f は 0 以外のすべての点で連続である。しかし f は 0 で連続であることを仮定してあるのだから，これで命題がすべて示せた。 ∎

4.1.2 方向微分

f は X 上の関数で，$|f(x)| < \infty$ だとしよう。いま仮に (有限か無限かはと

---

[2] （訳注）読者は，もしかすると f^{**} と $(f^*)^*$ の定義が違うため，ここの議論は成り立たないと思われるかもしれない。たしかに $(f^*)^*$ の定義域は X^* の双対空間であって X ではない。しかし，本書では一貫して X^* には * 弱位相を入れて議論しており，このときその双対空間は X と同型である。この事実は後で用いる。証明については Kelley and Namioka [1] の定理 16.2，あるいは Aliprantis and Border [1] の定理 5.93 を見よ。

もかく) 次の極限
$$f'(x;y) = \lim_{\lambda \downarrow 0} \frac{f(x+\lambda y) - f(x)}{\lambda}$$
が存在したならば，この極限を点 x における関数 f の y 方向の微分と呼ぶ。もし関数 f が点 x においてすべての方向への微分を持つならば，簡単な計算から，
$$f'(x;\lambda y) = \lim_{\varepsilon \downarrow 0} \frac{f(x+\varepsilon \lambda y) - f(x)}{\varepsilon} = \lambda \lim_{\varepsilon \downarrow 0} \frac{f(x+\varepsilon y) - f(x)}{\varepsilon}$$
となるので，$f'(x;\cdot)$ は同次関数である。この関数のことを，関数 f の方向微分 (directional derivative) と呼ぶ。

凸関数の特徴的な性質は，その有効定義域の全域において方向微分が存在するということである。この事実を，最初にわれわれは実数直線上の凸関数で示し，そして一般化しよう。

まず $\varphi(t)$ を $\mathbb{R}$ 上の適正な凸関数であるとし，$t_1 < t_2 < t_3$ かつ点 t_1 と t_2 は $\mathrm{dom}\,\varphi$ に含まれているとしよう。このとき，イェンセンの不等式から，
$$\varphi(t_2) \leq \frac{t_3 - t_2}{t_3 - t_1} \varphi(t_1) + \frac{t_2 - t_1}{t_3 - t_1} \varphi(t_3)$$
である。

よって次の関係，
$$\varphi(t_2) - \varphi(t_1) \leq \frac{t_2 - t_1}{t_3 - t_1}[\varphi(t_3) - \varphi(t_1)],$$
$$\varphi(t_3) - \varphi(t_2) \geq \frac{t_3 - t_2}{t_3 - t_1}[\varphi(t_3) - \varphi(t_1)],$$
あるいは，
$$\frac{\varphi(t_2) - \varphi(t_1)}{t_2 - t_1} \leq \frac{\varphi(t_3) - \varphi(t_1)}{t_3 - t_1} \leq \frac{\varphi(t_3) - \varphi(t_2)}{t_3 - t_2} \tag{1}$$
がわかる。

$t \in \mathrm{dom}\,\varphi$ としよう。(1) より，差分商
$$\frac{\varphi(t+\lambda) - \varphi(t)}{\lambda}$$
は λ が 0 に向けて減少していくとき，増加しないことがわかる (もし t が $\mathrm{dom}\,\varphi$ の右端であれば，この商は $\lambda > 0$ のとき常に ∞ である)。したがっ

4.1 同次関数と方向微分

て，関数 φ は右側微分

$$\varphi'_+(t) = \varphi'(t; 1) = \lim_{\lambda \downarrow 0} \frac{\varphi(t + \lambda) - \varphi(t)}{\lambda}$$

を集合 $\mathrm{dom}\,\varphi$ のすべての点で持つ．さらに，もし t_1 と t_2 が $\mathrm{dom}\,\varphi$ に含まれ，さらに $0 < \delta < t_2 - t_1$ であるならば，ふたたび (1) より，

$$\varphi'_+(t_1) \leq \frac{\varphi(t_1 + \delta) - \varphi(t_1)}{\delta} \leq \frac{\varphi(t_2) - \varphi(t_1)}{t_2 - t_1} \leq \frac{\varphi(t_2 + \lambda) - \varphi(t_2)}{\lambda}$$

であるから，$\varphi'_+(t_1) \leq \varphi'_+(t_2)$ である．つまり，右側微分は t について減少せず，さらに $t \in \mathrm{int}(\mathrm{dom}\,\varphi)$ であれば $|\varphi'_+(t)| < \infty$ である．

では一般の場合に移ろう．

命題 3. f が X 上の適正な凸関数であるとする．このとき，f は集合 $\mathrm{dom}\,f$ 上の任意の点で方向微分を持ち，さらに

$$f'(x; y) = \inf_{\lambda > 0} \frac{f(x + \lambda y) - f(x)}{\lambda}$$

が成り立つ．

証明． $x \in \mathrm{dom}\,f$ とし，$y \in X$ としよう．$\varphi(t) = f(x + ty)$ とする．すると φ は $\mathbb{R}$ 上の適正な凸関数であり，0 はこの有効定義域に含まれている．よって，右側微分 $\varphi'_+(0)$ が存在する．しかし，定義から $\varphi'_+(0) = f'(x; y)$ であるため，命題が示せた．■

すでに述べたように，方向微分は同次関数である．もし f が凸であれば，簡単な計算から

$$\begin{aligned}f'(x; y + z) &= \lim_{\lambda \downarrow 0} \frac{f(x + (\lambda/2)(y + z)) - f(x)}{\lambda/2} \\ &\leq \lim_{\lambda \downarrow 0} \frac{f(x + \lambda y) - f(x) + f(x + \lambda z) - f(x)}{\lambda} \\ &= f'(x; y) + f'(x; z)\end{aligned}$$

となり，方向微分もまた凸になることが示せる．

命題 4. f が X 上の適正な凸関数で，集合 $U \subset X$ 上のすべての点で連続であるとする。もし，$x + \bar{x} \in U$ となるある $\bar{x} \in X$ について微分 $f'(x; \bar{x})$ が有限であるとすれば，関数 $f'(x; \cdot)$ は集合 $U - x$ から生成された錐 K_{U-x} 上の，0 を除くすべての点で連続である。もし f が x で連続であれば，方向微分 $f'(x; \cdot)$ は有限かつ X 上で連続である[3]。

証明．命題 2 を用いるために，われわれは関数 $f'(x; \cdot)$ が $U - x$ 上のすべての点で連続であることを示さなければならない。最初に，$f'(x; \cdot)$ が適正な関数であることを確かめよう。$|f'(x; \bar{x})| < \infty$ であるから，$x \in \text{dom } f$ である。よって，$f'(x; y) \leq f(x + y) - f(x)$ がすべての y について成り立つ (命題 3)。いま，ある点 $x_1 \in X$ において $f'(x; x_1) = -\infty$ が成り立つとしよう。$x + \bar{x} \in \text{int}(\text{dom } f)$ である (3.2 節の定理 1) から，十分小さな $\varepsilon > 0$ については点 $x + (\bar{x} + \varepsilon(\bar{x} - x_1)) = x + x_2$ は dom f に所属している。イェンセンの不等式から，

$$f(x + \lambda \bar{x}) \leq \frac{1}{1+\varepsilon} f(x + \lambda x_2) + \frac{\varepsilon}{1+\varepsilon} f(x + \lambda x_1)$$

がすべての $\lambda > 0$ について成り立つ。すると，

$$f'(x; \bar{x}) \leq \frac{1}{1+\varepsilon} f'(x; x_2) + \frac{\varepsilon}{1+\varepsilon} f'(x; x_1) = -\infty,$$

となるが，これは条件に矛盾する (なお，$x + x_2 \in \text{dom } f$ であるから，$f'(x; x_2) < \infty$ であることを注意しておく)。したがって，われわれの仮定は正しくなく，$f'(x; \cdot)$ は適正な関数である。

もし $x_1 \in U - x$ であれば，f は点 $x + x_1$ の十分小さな近傍 V 上で数 c で上から抑えられる。したがって，次の不等式がすべての $y \in V - x$ について成り立つ：

$$f'(x; y) \leq f(x + y) - f(x) \leq c - f(x),$$

つまり，$f'(x; \cdot)$ は $V - x$ 上で有限かつ有界である。3.2 節の定理 1 から $f'(x; \cdot)$ はこの点 x_1 で連続である。これで命題の最初の部分は証明できた。

---

[3] （訳注）これまでもそうであったが，ここでも「連続」という言葉を述べるときにはその関数の値が有限であることを仮定している。

二番目の部分を証明するには，凸関数 f が 0 で連続であれば 0 の近傍でも連続である，ということに注意し，命題 2 を適用すればよい．∎

4.2 劣微分，基本定理

4.2.1 定義と基本的な性質

0.3 節において，凸関数 f の点 x における劣微分は次の形で定義された：

$$\partial f(x) = \{x^* \in X^* | f(z) - f(x) \geq \langle x^*, z - x \rangle, \forall z \in X\}.$$

この節では，われわれは凸関数以外でも使える別の定義から始めて，次にそれが凸関数についての最初の定義と一致することを見ていこう．

まず f が X 上の同次関数であるとする．共役関数 f^* の有効定義域を，関数 f の 0 における**劣微分** (subdifferential) と呼び，これを $\partial f(0)$ と書く．4.1 節の命題 1 により，

$$\partial f(0) = \{x^* \in X^* | f(x) \geq \langle x^*, x \rangle, \forall x \in X\}$$

である．

注意． 汎関数 $x^* \in X^*$ で次の条件

$$f(x) \geq \langle x^*, x \rangle, \forall x \in X$$

を満たすものは，しばしば同次関数 $f(x)$ の**支持汎関数** (supporting functional) と呼ばれる．従って，$\partial f(0)$ は同次関数 $f(x)$ を支持する汎関数の集合である．同じように，g が X^* の同次関数であるとすれば，集合

$$\partial g(0) = \text{dom } g^* = \{x \in X | g(x^*) \geq \langle x^*, x \rangle, \forall x^* \in X^*\}$$

を関数 g の 0 における劣微分と呼ぶ．

ここで,f が X 上の関数であり,x において方向微分を持つとする.集合,

$$\partial f(x) = \partial f'(x; 0)$$

のことを,関数 f の点 x における**劣微分**と呼ぶ.この集合の要素のことを f の x における**劣勾配** (subgradient) と呼ぶ.関数 f は,$\partial f(x) \neq \emptyset$ であるとき,x において**劣微分可能** (subdifferentiable) であると言う.

以下で証明する命題からわかるように,この劣微分の定義は凸関数については,0.3 節で与えられたものと一致する.

命題 1. f が X 上の凸関数であるとする[4]. このとき,次の条件は互いに同値である:

(i) $x^* \in \partial f(x)$;

(ii) $f(z) - f(x) \geq \langle x^*, z - x \rangle$ for all $z \in X$;

(iii) $f(x) + f^*(x^*) = \langle x^*, x \rangle$.

証明. もし $x^* \in \partial f(x)$ であるなら,4.1 節の命題 3 から,

$$\langle x^*, z - x \rangle \leq f'(x; z - x) \leq f(x + z - x) - f(x) = f(z) - f(x)$$

となる.

もし,$\langle x^*, z - x \rangle \leq f(z) - f(x)$ がすべての $z \in X$ について成り立つならば,$\langle x^*, z \rangle - f(z) \leq \langle x^*, x \rangle - f(x)$ がすべての $z \in X$ について成り立つので,ヤング=フェンシェルの不等式を用いることで,

$$f^*(x^*) + f(x) = \langle x^*, x \rangle$$

を得る.

---

[4] (訳注)「$|f(x)| < \infty$ である」を条件に加えたほうがよいように思える.実際,そうでなければ方向微分も定義できないし,またこの命題に出てくるいくつかの式は $\infty - \infty$ となって定義できなくなる可能性がある.

最後に，$\langle x^*, x \rangle = f(x) + f^*(x^*)$ だとしよう．$f(x+\varepsilon z) \geq \langle x^*, x+\varepsilon z\rangle - f^*(x^*)$ であるから，

$$\frac{f(x+\varepsilon z) - f(x)}{\varepsilon} \geq \frac{\langle x^*, \varepsilon z\rangle}{\varepsilon} = \langle x^*, z\rangle$$

がすべての ε について成り立つ．よって，

$$f'(x; z) \geq \langle x^*, z\rangle$$

となって，命題の証明が終わる．∎

関数の劣微分の例

1. **アフィン関数** (affine function). $f(x) = \langle x^*, x\rangle + \alpha$ は任意の点 x で劣微分可能で，$\partial f(x) = \{x^*\}$ である．一般に，ある点でガトー微分可能な関数については，その点の劣微分はただ一点からなる集合になる——その一点とは，もちろんガトー微分の値である．

   また，逆も真である．つまり，もし f が凸関数で，x において連続であるとし，さらに劣微分 $\partial f(x)$ が x^* ただ一点からなる集合であるとすれば，f は x でガトー微分可能で，$f'_\Gamma(x) = x^*$ である．実際，4.1 節の命題 4 から，関数 $f'(x; \cdot)$ は連続であり，したがって閉である．よって[5]，

   $$f'(x; z) = (f'(x; \cdot))^{**}(z) = \sup\{\langle z^*, z\rangle | z^* \in \partial f(x)\} = \langle x^*, z\rangle,$$

   となり，定義からこれは $f'_\Gamma(x) = x^*$ を意味する．

2. 0.3 節で，**指標関数** (indicator function)$\delta(\cdot | A)$ の点 x における劣微分を計算した．結局，それはこの点における集合 A の支持汎関数の錐，

   $$\partial \delta(x | A) = N(x|A) = \{x^* \in X^* | \langle x^*, z-x\rangle \leq 0,\ \forall z \in A\}$$

   であった．

---

[5] （訳注）4.1 節の命題 1 の訳注を参照のこと．

もし K が錐であれば，$N(0|K)$ は極錐 K° である．もし M が部分空間 L と平行な線形多様体であれば，任意の点 $x \in M$ において $N(x|M)$ は L の零化集合 $L^\perp$ である (3.3.1 項の例 2 と比較せよ)．

3. f が同次な凸関数であるとし，$x \neq 0$ とする．このとき $\partial f(x) = \{x^* \in \partial f(0) | f(x) = \langle x^*, x \rangle\}$ である．これは 4.1 節の命題 1 と，上の命題 1 の (iii) の主張からただちに導かれる．

4. 0.3 節で，バナッハ空間のノルムの劣微分を計算した．それは，

$$\partial \|x\| = \begin{cases} \{x^* \in X^* | \|x^*\| = 1, \langle x^*, x \rangle = \|x\|\}, & \text{if } x \neq 0, \\ B^*(0,1) = \{x^* \in X^* | \|x^*\| \leq 1\}, & \text{if } x = 0. \end{cases}$$

であった．

4.5 節において，われわれはその他の関数についての劣微分を計算する．

この節では，われわれは凸関数の劣微分に特に注目する．凸でないが劣微分可能な関数についての類似の結果は 4.4 節で得られる．

定義からただちに，関数 f は集合 $\mathrm{dom}\, f$ に含まれる点の上でしか劣微分可能にはならない．よって，もし f が凸で，点 x で劣微分可能ならば，f と f^* はともに適正な関数で，$\partial f(x) \subset \mathrm{dom}\, f^*$ である．さらに，劣微分の指標関数は方向微分の共役であるため，劣微分は凸で $*$ 弱閉集合であることが 3.3 節の命題 2 からわかる．また，フェンシェル＝モローの定理から，同次凸関数が 0 で劣微分可能であることは，0 で下半連続であることと同値であることが示せる．実際，この場合には関数 f の閉包の 0 における値は 0 である．よって，$\bar{f}$ は (これは同次であるが) どんな点でも $-\infty$ を値として持てない．したがって $f^*(x^*)$ は適正な関数であり，$\mathrm{dom}\, f^* \neq \emptyset$ である．よって次の命題を得る[6]．

命題 2. 適正な凸関数 f が点 $x \in \mathrm{dom}\, f$ で劣微分可能であることと，この点での方向微分が 0 において下半連続であることは同値である．

---

6) （訳注）この段落はかなり説明が少ないが，命題 1 を注意深く見れば説明の穴は埋められるであろう．

命題 3. $f(x)$ が適正な凸関数であり，点 x_0 において連続であるとする。このとき，その劣微分 $\partial f(x_0)$ は *弱位相について非空かつ有界である。

証明. 4.1 節の命題 4 により，関数 $f'(x_0; \cdot)$ は X 上で連続である。よって前の命題から $\partial f(x_0) \neq \emptyset$ である。さらに，任意の $x \in X$ について，

$$\sup\{\langle x^*, x\rangle | x^* \in \partial f(x_0)\} = f'(x_0; x) < \infty$$

であるが，定義よりこれは集合 $\partial f(x_0)$ が空間 X^* 内で *弱位相について有界であることを意味している。∎

注意. 実際には，命題 3 の仮定の下で，集合 $\partial f(x_0)$ は *弱コンパクトである。

最後に，3 つの簡単な等式を記しておこう。これらは覚えておくと有用である。

もし $\varphi(x) = f(x + x_0)$ ならば，

$$\partial \varphi(x) = \partial f(x + x_0)$$

である。
もし $\varphi(x) = \lambda f(x)$ である (ただし $\lambda > 0$) ならば，

$$\partial \varphi(x) = \lambda \partial f(x)$$

である。
もし $\varphi(x) = f(\lambda x)$ である (ただし $\lambda > 0$) ならば，

$$\partial \varphi(x) = \lambda \partial f(\lambda x)$$

である。

4.2.2 劣微分の基本定理

本節で示されるいくつかの定理は，なんらかの操作で得られた関数の劣微分を，その操作元の関数の劣微分を用いて表現するものである。劣微分は関

数の局所的な動きと関係しているため，この種の定理はもちろん，局所的な操作だけで示せる。

定理 1. $f_1, ..., f_n$ は X 上の適正な凸関数とする。このとき，

$$\partial f_1(x) + ... + \partial f_n(x) \subset \partial(f_1 + ... + f_n)(x)$$

がすべての $x \in X$ について成り立つ。もしある点 $\bar{x} \in (\mathrm{dom}\, f_1) \cap ... \cap (\mathrm{dom}\, f_n)$ において，高々ひとつを除いてすべての関数が連続であるとすれば，

$$\partial f_1(x) + ... + \partial f_n(x) = \partial(f_1 + ... + f_n)(x) \tag{1}$$

がすべての $x \in X$ について成り立つ。

これはモロー＝ロッカフェラーの定理であり，0.3 節ですでに示してある。ここではこの定理の別証明を行うが，これはこの節の最初に与えた劣微分の定義と関係している。

証明. 最初の主張を証明することはまったく難しくないので，省略する。0.3 節と同様，われわれは $n = 2$ の場合で証明すれば十分である。

そこで，f_1 と f_2 は X 上の適正な凸関数で，少なくともひとつ（f_1 のほうとする）が，f_2 が有限であるような点 $\bar{x}$ で連続であるとしよう。もし $\partial(f_1 + f_2)(x) = \emptyset$ であれば，等式 (1) は最初の主張から成り立つ。よって $\partial(f_1 + f_2)(x) \neq \emptyset$ とし，$x^* \in \partial(f_1 + f_2)(x)$ としよう。このとき，$x \in \mathrm{dom}(f_1 + f_2) = (\mathrm{dom}\, f_1) \cap (\mathrm{dom}\, f_2)$ である。4.1 節の命題 4 から，関数 $f_1'(x; \cdot)$ は点 $\bar{x} - x$ で連続である[7]。一方，$f_2'(x; \bar{x} - x) \leq f_2(\bar{x}) - f_2(x) < \infty$ であり，よって $\bar{x} - x \in \mathrm{dom}\, f_2'(x; \cdot)$ である。よって，後は $f_2'(x; \cdot)$ が適正な関数であることだけを示せばよい。なぜなら，このとき 3.4 節の定理 1 を関数 $f_1'(x; \cdot)$ と $f_2'(x; \cdot)$ に適用すれば，

$$\partial f_1(x) + \partial f_2(x) = \mathrm{dom}(f_1'(x; \cdot))^* + \mathrm{dom}(f_2'(x; \cdot))^*$$

---

7) （訳注）命題 4 の条件に $|f_1'(x; \bar{x} - x)| < \infty$ があるが，これは $\partial(f_1 + f_2)(x) \neq \emptyset$ から示せる。また，命題 4 の主張には書いていないが，証明を見るとこの条件の下で $f_1'(x; \cdot)$ が適正な関数となることも同時に示してある。これも後で使うので注意。

4.2 劣微分，基本定理

$$= \mathrm{dom}((f_1 + f_2)'(x;\cdot))^* = \partial(f_1 + f_2)(x)$$

となるからである。

そこで仮にある点 $z \in X$ で $f_2'(x; z-x) = -\infty$ であったとしよう。すると，十分に小さな $\lambda > 0$ に対して，点 $y = x + \lambda(z-x)$ は $\mathrm{dom}\, f_2$ に属し，そして $f_2'(x, y-x) = -\infty$ である (同次性より)。ここで $0 \leq \alpha \leq 1$ となる α について $x(\alpha) = \alpha\bar{x} + (1-\alpha)y$ としよう。すると $x(\alpha) \in \mathrm{dom}\, f_2$ であり，また $\bar{x} \in \mathrm{int}(\mathrm{dom}\, f_1)$ であるから，α が十分に 1 に近ければ $x(\alpha) \in \mathrm{dom}\, f_1$ である。しかしこのとき，

$$-\infty < \langle x^*, x(\alpha) - x \rangle \leq (f_1 + f_2)'(x; x(\alpha) - x)$$
$$= f_1'(x; x(\alpha) - x) + f_2'(x; x(\alpha) - x)$$
$$\leq f_1'(x; x(\alpha) - x) + \alpha f_2'(x; \bar{x} - x) + (1-\alpha)f_2'(x; y - x) = -\infty,$$

となる。これは矛盾であるため，定理の証明が完成する。∎

定理 2. $\Lambda : X \to Y$ は連続線形作用素とする。もし f が Y 上の関数であるならば，

$$\Lambda^* \partial f(\Lambda x) \subset \partial(f\Lambda)(x)$$

がすべての $x \in X$ について成り立つ。さらに，もし f が凸で，集合 $\mathrm{Im}\,\Lambda$ 上のある点で連続だったとすると，

$$\Lambda^* \partial f(\Lambda x) = \partial(f\Lambda)(x)$$

がすべての $x \in X$ について成り立つ。

証明. 包含関係

$$\Lambda^* \partial f(\Lambda x) \subset \partial(f\Lambda)(x)$$

は，定義からただちに出る。したがって，$\partial(f\Lambda)(x) = \emptyset$ であれば定理は正しい。そこで今度は f が凸で，ある $\bar{x} \in X$ について点 $\Lambda\bar{x}$ で f が連続で，$\partial(f\Lambda)(x) \neq \emptyset$ であるとしよう。もちろん，$(f\Lambda)'(x;z) = f'(\Lambda x; \Lambda z)$ である。

4.1 節の命題 4 から，関数 $f'(\Lambda x;\cdot)$ は点 $\Lambda(\bar{x}-x)$ で連続であり，これは集合 Im Λ に属している。そこで 3.4 節の定理 3 を関数 $f'(\Lambda x;\cdot)$ に適用すれば，

$$\partial(f\Lambda)(x) = \partial(f'(\Lambda x;\cdot)\Lambda)(0) = \Lambda^*\partial f'(\Lambda x;0) = \Lambda^*\partial f(\Lambda x)$$

となり，定理の証明が完成する[8]。∎

定理 3. S はコンパクト位相空間とし，$f(s,x)$ は $S\times X$ 上の関数で，任意の $s\in S$ について x に関して凸であり，任意の $x\in X$ について s に関して上半連続であるとする。ここで，

$$f(x) = \sup_{s\in S} f(s,x);\ S_0(x) = \{s\in S | f(s,x) = f(x)\}$$

とすると，

$$\overline{\mathrm{conv}}\left(\cup_{s\in S_0(x)}\partial f_s(x)\right) \subset \partial f(x)$$

がすべての $x\in X$ について成り立つ。もしすべての $s\in S$ について関数 $x\mapsto f(s,x)$ が点 x_0 で連続であるとすれば[9]，

$$\overline{\mathrm{conv}}\left(\cup_{s\in S_0(x)}\partial f_s(x_0)\right) = \partial f(x_0)$$

が成り立つ（ただし，$f_s(x)$ は次の等式 $f_s(x) = f(s,x)$ で定義される X 上の関数であり，閉包は空間 X^* の $*$ 弱位相について取る）。

S が二点集合であるときにこの結果を使えば，2 つの関数の最大値の劣微分についての結果を導ける。

証明. 関数 $f(x)$ は凸関数の族の上限であるから凸関数である。もし $s\in S_0(x)$

---

[8] （訳注）ややこしいが，$\Lambda^*(f'(\Lambda x;\cdot))^*(x^*)$ などと書く場合と，$\Lambda^*\partial f(\Lambda x)$ などと書く場合とでは，Λ^* の作用の仕方に違いがあることに注意。実際，後者はただ単に Λ^* による集合の像というだけだが，前者は 3 章にあるように，$\Lambda^*y^* = x^*$ となる y^* についての与えられた関数の値の下限である。

[9] （訳注）連続である以上，$\mathrm{int}(\mathrm{dom}\,f_s) \neq \emptyset$ であり，よって f_s はすべて適正な関数であることに注意。

であり，また $x^* \in \partial f_s(x)$ であるならば，

$$\langle x^*, z-x \rangle \leq f(s,z) - f(s,x) \leq f(z) - f(x)$$

であるから，$x^* \in \partial f(x)$ である．よって集合 $\partial f_s(x)$ の $s \in S_0(x)$ すべてについての合併は $\partial f(x)$ に含まれる．この集合は凸かつ *弱閉であるから，

$$Q = \overline{\mathrm{conv}}\left(\cup_{s \in S_0(x)} \partial f_s(x_0)\right) \subset \partial f(x)$$

を得る．

次にすべての s について $f(s,x)$ が点 x_0 で x について連続であるとする．すると，$\partial f(x_0) \neq \emptyset$ である．というのは，関数 $s \mapsto f(s,x_0)$ は有限かつ上半連続であり，よって $S_0(x_0) \neq \emptyset$ だからである．ここで $Q \neq \partial f(x_0)$ を仮定しよう．つまり，ある $x^* \in \partial f(x_0)$ が Q に所属していないと仮定するのである．X^* に *弱位相を入れた空間の双対空間は X である．集合 Q は凸かつ *弱閉であるから，第二分離定理 (3.1 節の定理 2) から，ある点 $x \in X$ が存在して，$x \neq 0$ かつ，

$$\langle x^*, x \rangle \geq \sup\{\langle z^*, x \rangle | z^* \in Q\} + \varepsilon, \ \varepsilon > 0 \tag{2}$$

が成り立つ．

一般性を失うことなく，$f(x_0 + x) < \infty$ を仮定できる．実際，関数 $f_s(x)$ は点 x_0 で連続であるため，すべての $s \in S$ に対してある数 $\lambda(s) > 0$ が存在して，$f_s(x_0 + \lambda(s)x) \leq f_s(x_0) + 1$ となる．関数 f は s について上半連続だから，集合

$$U(s) = \{\xi \in S | f(\xi, x_0 + \lambda(s)x) < f(x_0) + 2\}$$

は S 内で開であり，さらに $\cup_s U(s) = S$ である．S はコンパクトなので，うまく $s_1, ..., s_n$ を選んで，$U(s_1), ..., U(s_n)$ が S を覆うようにできる．すると，$\lambda = \min\{\lambda(s_1), ..., \lambda(s_n)\}$ としてやれば $f(s, x_0 + \lambda x) < f(x_0) + 2$ である．必要であれば x の代わりに λx を選ぶことで，先ほど述べた結果を得る．

ここで $0 < t < 1$ としよう．すると $x_0 + tx \in \mathrm{dom}\, f$ である．点 $s_t \in S$

を，$f(s_t, x_0 + tx) = f(x_0 + tx)$ を満たすように取ろう。(2) 式より，

$$\frac{f(x_0 + tx) - f(x_0)}{t} \geq \sup\{\langle z^*, x\rangle | z^* \in Q\} + \varepsilon$$

となり，イェンセンの不等式から，

$$(1-t)f(s_t, x_0) + tf(s_t, x_0 + x) \geq f(s_t, x_0 + tx) = f(x_0 + tx)$$

が得られる。よって，

$$(1-t)f(s_t, x_0) \geq f(x_0 + tx) - tf(s_t, x_0 + x) \geq f(x_0 + tx) - tf(x_0 + x)$$

となる。$t \to 0$ とすればこの不等式は，

$$f(x_0) \geq \lim_{t \to 0} f(s_t, x_0) \geq f(x_0) \tag{3}$$

という結果になる。

集合 $\{s_t\}$ の極限点を s_0 としよう。f は s について上半連続であるから，(3) 式から $f(s_0, x_0) = f(x_0)$ という結果を得る。また，

$$\begin{aligned}
&\frac{f(s_t, x_0 + tx) - f(s_t, x_0)}{t} \\
&\geq \frac{f(x_0 + tx) - f(x_0)}{t} \geq f'(x_0; x) \\
&\geq \langle x^*, x\rangle \geq \sup\{\langle z^*, x\rangle | z^* \in \partial f_{s_0}(x_0)\} + \varepsilon \\
&= f'_{s_0}(x_0; x) + \varepsilon
\end{aligned} \tag{4}$$

である。

ここで十分小さく t_1 を取って，

$$\frac{f(s_0, x_0 + t_1 x) - f(s_0, x_0)}{t_1} \leq f'_{s_0}(x_0; x) + \frac{\varepsilon}{2} \tag{5}$$

とする。すると，(4) と (5) を使うと，$0 < t < t_1$ となる t について，

$$\begin{aligned}
&\frac{t}{t_1} f(s_t, x_0 + t_1 x) + \left(1 - \frac{t}{t_1}\right) f(s_t, x_0) \\
&\geq f(s_t, x_0 + tx) \\
&\geq f(s_t, x_0) + t[f'_{s_0}(x_0; x) + \varepsilon]
\end{aligned}$$

$$\geq f(s_t, x_0) + t\left[\frac{f(s_0, x_0+t_1x) - f(s_0, x_0)}{t_1} + \frac{\varepsilon}{2}\right],$$

あるいは,

$$f(s_t, x_0+t_1x) \geq f(s_0, x_0+t_1x) + f(s_t, x_0) - f(s_0, x_0) + t_1\varepsilon/2$$

を得る.

すでに示したように,$\lim_{t\to 0} f(s_t, x_0) = f(s_0, x_0)$ である.よって,

$$\overline{\lim}_{t\to 0} f(s_t, x_0+t_1x) \geq f(s_0, x_0+t_1x) + t_1\varepsilon/2$$

となる.ここで得られた不等式は関数 $s \mapsto f(s, x_0+t_1x)$ が点 s_0 で s について上半連続でないということを意味するが,これは定理の仮定に矛盾する[10]。よって,$Q \neq \partial f(x_0)$ は正しくない.以上で証明が完成した.■

4.2.3 $\mathbb{R}^n$ 上の凸関数の劣微分

命題 4. f が $\mathbb{R}^n$ 上の適正な凸関数であるとする.このとき,f は集合 $\mathrm{dom}\, f$ の相対内部の任意の点で劣微分可能である.

証明. 3.5 節の定理 3 と 4.1 節の命題 4 から,$x \in \mathrm{ri}(\mathrm{dom}\, f)$ であれば関数 $f'(x; \cdot)$ は部分空間 $\mathrm{aff}(\mathrm{dom}\, f) - x$ 上で有限である.したがって,同じ 3.5 節の定理 3 から,$(f'(x; \cdot))^*$ は適正な関数であり,$\partial f(x) \neq \emptyset$ である.これで命題が示せた.■

カラテオドリの定理を使うと,定理 3 を強めた結果を証明することができる.

定理 4 (分解定理). 定理 3 の二番目の主張の条件の下で,$X = \mathbb{R}^n$ であるとすれば,任意の元 $y \in \partial f(x_0)$ は次の形で書ける.

$$y = \alpha_1 y_1 + \ldots + \alpha_r y_r.$$

---

[10] (訳注) s_0 が s_t のただひとつの極限点というわけではないので,若干乱暴な議論に見える.ただし,修正は容易であるため,読者に任せる.

ただしここで $r \leq n+1$ であり,

$$\sum_{i=1}^{r} \alpha_i = 1;\ \alpha_i > 0,\ y_i \in \partial f_{s_i}(s_0),\ s_i \in S_0(x_0),\ i = 1, ..., r$$

である。

証明. このためには, $P = \cup_{s \in S_0(x_0)} \partial f_s(x_0)$ が有界閉集合であることを示せばよい。そうすれば, 3.5 節の定理 1 の系 2 から, $\overline{\mathrm{conv}}\, P = \mathrm{conv}\, P$ となって証明が終わる。

定理 3 の証明の内部で示したように, どんな x に対しても, ある $\lambda > 0$ が存在して $x_0 + \lambda x \in \mathrm{dom}\, f$ となる。よって, $\mathrm{dom}\, f'(x_0; \cdot) = \mathbb{R}^n$ であり, また $f'(x_0; \cdot)$ は適正な凸関数なので, 3.5 節の定理 3 からこれは連続である。そこで命題 3 から劣微分 $\partial f(x_0)$ は有界であり, よって $\partial f(x_0)$ に含まれている集合 P も同様でなければならない。後は P が閉であることを示せばよい。集合 P の点列 $(z_1, z_2, ...)$ が z に収束しているとし,

$$z_k \in \partial f_{s_k}(x_0),\ s_k \in S_0(x_0)$$

であるとしよう。$S_0(x_0)$ はコンパクトなので, 点列 $(s_1, s_2, ...)$ は極限点 $s_0 \in S_0(x_0)$ を持つ。関数 f は s で上半連続なので, 任意の $x \in \mathbb{R}^n$ について,

$$\begin{aligned}
f(s_0, x) - f(s_0, x_0) &= f(s_0, x) - f(x_0) \\
&\geq \overline{\lim}_{k \to \infty} f(s_k, x) - f(x_0) \\
&= \overline{\lim}_{k \to \infty} [f(s_k, x) - f(s_k, x_0)] \\
&\geq \lim_{k \to \infty} (z_k | x - x_0) = (z | x - x_0)
\end{aligned}$$

となって, $z \in \partial f_{s_0}(x_0) \subset P$ がわかる。これで証明が完成した。 ∎

4.3 支持汎関数の錐

次の集合 (0.3 節を見よ) が, 凸集合 A の点 x における**支持汎関数の錐**, あ

4.3 支持汎関数の錐

るいは法線錐と呼ばれていたことを思いだそう。

$$N(x|A) = \{x^* \in X^* | \langle x^*, z - x \rangle \leq 0, \ \forall z \in A\}.$$

この集合は指標関数 $\delta(\cdot|A)$ の点 x における劣微分と一致する。支持汎関数の錐は劣微分の最も重要なクラスのひとつである。特に，凸集合にとって「共通部分を持たない」という条件 (これは極小点の極めて重要な必要条件の基礎になるのだが) は，これらの錐を用いて自然に定式化できる。

命題 1. $A_0, A_1, ..., A_n$ は X の凸集合で，$A_0 \cap (\text{int} A_1) \cap ... \cap (\text{int} A_n) \neq \emptyset$ であり，$A = A_0 \cap A_1 \cap ... \cap A_n$ とする。このとき，すべての $x \in A$ に対して，

$$N(x|A) = N(x|A_0) + ... + N(x|A_n)$$

が成り立つ。言い換えると，集合の共通部分の法線錐はそれらの集合の法線錐の和である。

証明. 仮定から，$\delta(\cdot|A) = \delta(\cdot|A_0) + ... + \delta(\cdot|A_n)$ であり，$\delta(\cdot|A_i)$ は集合 $\text{int} A_i$ 上で連続である。よって前の節の定理 1 が適用できる。∎

命題 2. f が X 上の適正な凸関数で，点 x_0 において連続であるとする。ある x_1 について，$f(x_1) < f(x_0) = \alpha_0$ という不等式が成り立っていたとしよう。このとき，集合 $\mathscr{L}_{\alpha_0} f$ の支持汎関数の錐は関数 f の点 x_0 における劣微分から生成される錐 $K_{\partial f(x_0)}$ と一致する。

証明. わかりやすくするために，

$$A = \mathscr{L}_{\alpha_0} f = \{x \in X | f(x) \leq \alpha_0\}$$

と書こう。もし $x^* \in \partial f(x_0)$ であるならば，$\langle x^*, x - x_0 \rangle \leq f(x) - f(x_0) \leq 0$ がすべての $x \in A$ に対して成り立つため，

$$K_{\partial f(x_0)} \subset N(x_0|A)$$

である。

今度は，$x^* \in N(x_0|A)$ かつ $x^* \neq 0$ だとしよう．すると定義から，次の線形多様体

$$\mathscr{H} = \{(\alpha, x) \in \mathbb{R} \times X | \alpha = f(x_0), \langle x^*, x - x_0 \rangle = 0\}$$

は int epi f と共通部分を持たない．第一分離定理から，$\mathscr{H}$ を含む超平面で int epi f と共通部分を持たないものが存在する．f が x_0 で連続なので，この超平面は垂直的ではない（つまり，それは方程式 $\langle z^*, x \rangle = c$ では表せない）．したがって，超平面は次の方程式 $\alpha = \langle y^*, x - x_0 \rangle + f(x_0)$ で与えられる．この超平面が $\mathscr{H}$ を含むということは，$y^* = \gamma x^*$ であるということであり，超平面が epi f を支持しているということは $y^* \in \partial f(x_0)$ だということである[11]．以上で証明が完成した．∎

命題 3. $A_0, ..., A_n$ は凸集合で int$A_i \neq \emptyset$ が $i = 1, ..., n$ について成り立つとし，$A = A_0 \cap ... \cap A_n$ かつ $x_0 \in A$ とする．このとき次の条件は同値である．

a) $A_0 \cap (\text{int}A_1) \cap ... \cap (\text{int}A_n) = \emptyset$.

b) $i = 0, ..., n$ に対してある汎関数 $x_i^* \in N(x_0|A_i)$ が存在し，すべて 0 ではなく，さらに

$$x_0^* + x_1^* + ... + x_n^* = 0$$

が成り立つ．

証明． まず a) が成り立つとしよう．すると $i_1, ..., i_r$ をうまく選ぶことで，

$$(\text{int}A_{i_1}) \cap ... \cap (\text{int}A_{i_r}) \neq \emptyset,$$
$$A_0 \cap (\text{int}A_{i_1}) \cap ... \cap (\text{int}A_{i_r}) = \emptyset$$

とできる．そこで $B = A_{i_1} \cap ... \cap A_{i_r}$ としよう．このとき int$B = (\text{int}A_{i_1}) \cap ... \cap (\text{int}A_{i_r})$ であり，よって $A_0 \cap (\text{int}B) = \emptyset$ である．第一分離定理 (3.1 節

---

[11] （訳注）書いてないが，$\gamma > 0$ であることを保証するために x_1 の存在を用いる．またこの x_1 は有効定義域の内点に所属しているとしても一般性を失うことなく，したがって f の x_1 における連続性を仮定してよいことに注意．

の定理 1) から，A_0 と B は 0 でない線形汎関数 $x_0^* \in X^*$ で分離できる．つまり

$$\langle x_0^*, x \rangle \leq \langle x_0^*, y \rangle \tag{1}$$

がすべての $x \in A_0$ と $y \in B$ について成り立つ．$x_0 \in A_0 \cap B$ なので，$x_0^* \in N(x_0|A_0)$ かつ $-x_0^* \in N(x_0|B)$ である．命題 1 より，

$$N(x_0|B) = N(x_0|A_{i_1}) + ... + N(x_0|A_{i_r})$$

である．よって，ある $x_{i_k}^* \in N(x_0|A_{i_k})$ を $k = 1,...,r$ について取れば，$-x_0^* = x_{i_1}^* + ... + x_{i_r}^*$ となる．$i \neq i_k$ については $x_i^* = 0$ と置けば，b) が得られる．

逆に，b) が成り立つとしよう．仮定より，$x_0^*,...,x_n^*$ のうち少なくともひとつの汎関数 (x_i^* とする) は 0 ではない．ここで $C = A_0 \cap A_1 \cap ... \cap A_{i-1} \cap A_{i+1} \cap ... \cap A_n$ とする．もし $i = 0$ かつ $\text{int} C = \emptyset$ であれば，条件 a) は当然成り立つ．そうでないとすれば，$\text{int} A_i \neq \emptyset$ であるか，$\text{int} C \neq \emptyset$ であるかのどちらかが成り立つ．このとき，

$$\begin{aligned} -x_i^* &= x_0^* + ... + x_{i-1}^* + x_{i+1}^* + ... + x_n^* \\ &\in N(x_0|A_0) + ... + N(x_0|A_{i-1}) + N(x_0|A_{i+1}) + ... + N(x_0|A_n) \\ &\subset N(x_0|C) \end{aligned}$$

である．よって x_i^* は集合 A_i と C を分離する．したがって，どちらかの集合の内部はもう片方と共通部分を持たず，a) が成り立つ．■

この結果は次のやり方で一般化できる．

命題 4. $A_0,...,A_n$ は空間 X の非空な凸集合であるとし，さらに $\text{int} A_i \neq \emptyset$ が $i = 1,...,n$ に対して成り立つとする．このとき，$A_0 \cap (\text{int} A_1) \cap ... \cap (\text{int} A_n) = \emptyset$ であることと，すべてが 0 ではない線形汎関数 $x_0^*,...,x_n^*$ をうまく取ることで

$$x_0^* + ... + x_n^* = 0, \tag{2}$$

$$s(x_0^*|A_0) + ... + s(x_n^*|A_n) \leq 0 \tag{3}$$

が成り立つことは同値である (ただしここで, $s(\cdot|A)$ は集合 A の支持関数である)。

証明. 簡単な計算から (2) と (3) が $A_0 \cap (\mathrm{int} A_1) \cap ... \cap (\mathrm{int} A_n) = \emptyset$ であることを意味することがわかる。逆に, この集合が空集合であったとすれば, 前の命題と同じ議論からわれわれは (1) 式を出せる。(1) 式は

$$s(x_0^*|A_0) + s(-x_0^*|B) \leq 0$$

を意味する。しかし,

$$s(-x_0^*|B) = \delta^*(\cdot|B)(-x_0^*) = \left(\sum_{k=1}^{r} \delta(\cdot|A_{i_k})\right)^*(-x_0^*)$$

である。3.4 節の定理 1 を適用すれば, ある汎関数 $x_{i_1}^*, ..., x_{i_r}^*$ が X^* の中に存在して,

$$x_{i_1}^* + ... + x_{i_r}^* = -x_0^*,$$
$$s(-x_0^*|B) = \sum_{k=1}^{r} \delta^*(\cdot|A_{i_k})(x_{i_k}^*) = \sum_{k=1}^{r} s(x_{i_k}^*|A_{i_k})$$

となり, ふたたび $i \neq i_k, k = 1, ..., r$ について $x_i^* = 0$ とすることで主張が示せる。■

4.4 局所凸関数

4.4.1 定義と例

凸関数がある点で連続であれば, その点では方向微分が連続である (4.1 節の命題 4) から, この関数の劣微分は完全に決定できる (4.1 節の命題 1)。一方で, 定義から, 凸でない関数も劣微分を持ちうる。そこで, 劣微分で局所的な動きが完全に決まる関数のクラスを見ようとするのが自然であろう。

通常と同様，X はハウスドルフ局所凸線形位相空間とする。X 上の関数 f が点 x で**局所凸** (locally convex) であるという言葉を，その点で方向微分が存在して凸であることとして定義する。Y を別のハウスドルフ局所凸線形位相空間とし，$G : X \to Y$ としよう。このとき，写像 G が点 x_0 で x 方向に微分可能であるとは，次の極限

$$G'(x_0; x) = \lim_{\lambda \downarrow 0} \frac{G(x_0 + \lambda x) - G(x_0)}{\lambda}$$

が存在することを言う。さらに写像 G が点 x_0 で x 方向に一様に微分可能であるとは，任意の 0 の近傍 $V \subset Y$ に対して，x の近傍 $U \subset X$ と数 $\lambda_0 > 0$ が存在して，

$$\frac{G(x_0 + \lambda z) - G(x_0)}{\lambda} - G'(x_0; x) \in V \tag{1}$$

がすべての $z \in U$ と $0 < \lambda < \lambda_0$ を満たす λ に対して成り立つことを言う (ちなみに，写像 $G : X \to Y$ が点 x_0 で第一変分 $\delta G(x_0; x)$ を持っていれば，それはこの点でどの方向にも微分可能で，$G'(x_0; x) = \delta G(x_0; x)$ である。)。

もし写像 G が点 x_0 で任意の方向に一様に微分可能であるとすれば，任意の固定された点 x と 0 の任意の近傍 $V \subset Y$ に対して，ある x の近傍 $U \subset X$ が存在して，

$$G'(x_0; z) - G'(x_0; x) \in V$$

がすべての $z \in U$ に対して成り立つことになる。

よって，写像 G が点 x_0 ですべての方向に一様に微分可能であれば，G の方向微分の値は X から Y への連続写像になる。

X 上の関数 f が点 x において**正規局所凸** (regularly locally convex) であるとは，それがその点において局所凸かつすべての方向に一様に微分可能であることとして定義する。したがって，点 x での正規局所凸な関数 f の方向微分は連続な凸関数である。

まずわれわれは，正規局所凸な関数のクラスが十分に広いことを示す。特に，これは連続な凸関数とフレシェ微分可能な関数を含む。

命題 1. 凸関数 f が点 x_0 で正規局所凸であることと，そこで連続であることは同値である。

証明. f が x_0 で正規局所凸であれば,$x=0$ を一様微分可能性の定義に放り込むことで,f が x_0 で連続であるという結論を得る.逆に,f が x_0 で連続であるとしよう.f は凸であるから,後はこれが任意の方向に一様に微分可能であることだけを示せばよい.べつの言い方をすれば,証明しなければいけないことは,任意のベクトル $x \in X$ と $\varepsilon > 0$ に対して,ある x の近傍 $U \subset X$ と数 $\lambda_0 > 0$ が存在して,

$$\left| \frac{f(x_0 + \lambda z) - f(x_0)}{\lambda} - f'(x_0; x) \right| < \varepsilon$$

がすべての $z \in U$ と $0 < \lambda < \lambda_0$ を満たす λ に対して成り立つことである.関数 f は点 x_0 で連続なので,それはこの点の近傍 U_0 上で連続である (3.2 節の定理 1).そこで数 λ_0 を,$x_0 + \lambda_0 x \subset U_0$ となり,また

$$\frac{f(x_0 + \lambda_0 x) - f(x_0)}{\lambda_0} - f'(x_0; x) < \frac{\varepsilon}{2}$$

となるように選ぶ.$x_0 + \lambda_0 x \subset U_0$ であるから,関数 f は点 $x_0 + \lambda_0 x$ で連続である.よって,点 x の近傍 U をうまく取って,

$$\frac{f(x_0 + \lambda_0 z) - f(x_0 + \lambda_0 x)}{\lambda_0} < \frac{\varepsilon}{2}$$

がすべての $z \in U$ について成り立つようにできる.一般性を失うことなく,われわれは U を点 x について対称である,つまり z が入っていれば $y = 2x - z$ も入っており,よって $x = \frac{1}{2}(y+z)$ であると仮定できる (そうでなければ,U の代わりに $(U-x) \cap (-U+x) + x$ を使えばよい).もし $z \in U$ かつ $0 < \lambda < \lambda_0$ であれば,

$$\frac{f(x_0 + \lambda z) - f(x_0)}{\lambda} \leq \frac{f(x_0 + \lambda_0 z) - f(x_0)}{\lambda_0}$$

となる (4.1 節の (1) 式を見よ).よって,

$$\frac{f(x_0 + \lambda z) - f(x_0)}{\lambda} - f'(x_0; x) \leq \frac{f(x_0 + \lambda_0 z) - f(x_0)}{\lambda_0} - f'(x_0; x)$$

$$< \frac{f(x_0 + \lambda_0 x) - f(x_0)}{\lambda_0} - f'(x_0; x) + \frac{\varepsilon}{2} < \varepsilon$$

が,すべての $z \in U$ と $0 < \lambda < \lambda_0$ を満たす λ について成り立つ.さらに,

もし $z \in U$ であれば $y = 2x - z \in U$ なので,

$$2f(x_0 + \lambda x) \le f(x_0 + \lambda z) + f(x_0 + \lambda y)$$

である。よって ($\lambda f'(x_0, x) \le f(x_0 + \lambda x) - f(x_0)$ より),

$$\begin{aligned} f'(x_0;x) - \frac{f(x_0 + \lambda z) - f(x_0)}{\lambda} &\le \frac{f(x_0 + \lambda x) - f(x_0 + \lambda z)}{\lambda} \\ &\le \frac{f(x_0 + \lambda y) - f(x_0 + \lambda x)}{\lambda} \\ &\le \frac{f(x_0 + \lambda y) - f(x_0)}{\lambda} - f'(x_0;x) < \varepsilon, \end{aligned}$$

となり,

$$\left| \frac{f(x_0 + \lambda z) - f(x_0)}{\lambda} - f'(x_0;x) \right| < \varepsilon$$

がすべての $z \in U$ と $0 < \lambda < \lambda_0$ となる λ について成り立つ。以上で証明が完成した。∎

命題 2. X と Y がバナッハ空間で,写像 $G: X \to Y$ が点 x でフレシェ微分可能であるとする。このときこの写像はこの点で任意の方向に一様に微分可能である。特に,バナッハ空間 X 上の関数 f が点 x でフレシェ微分可能であれば,それは x において正規局所凸である。

これは定義からすぐ証明される。

4.4.2 局所凸関数の基本定理

ここでは,凸関数のクラスのときと同様,局所凸関数のクラスが同じ局所操作について閉じていることを示す。したがって,劣微分についてのすべての定理において,連続な凸関数は正規局所凸な関数に置き換えることができる。

定理 1. 関数 f_1, f_2 は点 x において正規局所凸だとする。このとき,これらの和 $f_1 + f_2$ もまたこの点において正規局所凸であり,

$$(f_1 + f_2)'(x;\cdot) = f_1'(x;\cdot) + f_2'(x;\cdot)$$

であるから，
$$\partial(f_1+f_2)(x)=\partial f_1(x)+\partial f_2(x)$$
である。

この定理は定義と 4.2 節の定理 1 からすぐ証明できる。

定理 2. 写像 $G:X\to Y$ が点 x_0 で x_1 方向に一様に微分可能であるとする。さらに，g は Y 上の関数で，点 $y_0=G(x_0)$ において $y_1=G'(x_0;x_1)$ 方向に一様に微分可能であるとする。ここで
$$f(x)=g(G(x))$$
とすると，f は点 x_0 で x_1 方向に一様に微分可能であり，さらに
$$f'(x_0;x_1)=g'(y_0;y_1)=g'(G(x_0);G'(x_0;x_1))$$
が成り立つ。特に，写像 G が点 x_0 でフレシェ微分可能で，関数 g が点 $y_0=G(x_0)$ で正規局所凸であるとすれば，関数 f は x_0 で正規局所凸で，
$$f'(x_0;x_1)=g'(y_0;G'(x_0)x)$$
と，
$$\partial f(x_0)=G'^{*}(x_0)\partial g(G(x_0))$$
が成り立つ。

証明. 当然ながら，定理の 2 番目の主張は最初の主張と 4.2 節の定理 2 の帰結である。そこで，定理の最初の部分の仮定が成り立っているとしよう。すると，与えられた $\varepsilon>0$ に対して，ある y_1 の近傍 $V\subset Y$ と数 $\lambda_1>0$ が存在して，
$$\left|\frac{g(y_0+\lambda y)-g(y_0)}{\lambda}-g'(y_0;y_1)\right|<\varepsilon$$
が，$y\in V$ と $0<\lambda<\lambda_1$ であれば成り立つ。さらに，一様微分可能性の定義

から，ある x_1 の近傍 $U \subset X$ と数 $\lambda_2 > 0$ が存在して，

$$\frac{G(x_0 + \lambda x) - G(x_0)}{\lambda} \in V$$

が $x \in U$ かつ $0 < \lambda < \lambda_2$ であるときには常に成り立つ。すると $x \in U$ かつ $0 < \lambda < \lambda_0 = \min\{\lambda_1, \lambda_2\}$ であれば，

$$\left| \frac{f(x_0 + \lambda x) - f(x_0)}{\lambda} - g'(y_0; y_1) \right|$$

$$= \left| \frac{g(G(x_0 + \lambda x)) - g(y_0)}{\lambda} - g'(y_0; y_1) \right|$$

$$= \left| \frac{g\left(y_0 + \lambda \frac{G(x_0+\lambda x)-G(x_0)}{\lambda}\right) - g(y_0)}{\lambda} - g'(y_0; y_1) \right| < \varepsilon$$

が成り立つ (λ_0 と U の選び方から $\lambda^{-1}(G(x_0 + \lambda x) - G(x_0)) \in V$ であるため)。ここから関数 f の一様微分可能性と方向微分の等式の主張の両方が示される。以上で証明が完成した。∎

定理 3. S はコンパクト位相空間とし，$f(s,x)$ は $S \times X$ 上の関数で x_0 の近傍上のすべての x に対して s について連続，かつ任意の $s \in S$ について x_0 の点で一様に微分可能であるとする。さらに，すべての $z \in X$ と $\varepsilon > 0$ に対して，z の近傍 U と数 $\lambda_0 > 0$ が存在して，次の不等式

$$\left| \frac{f(s, x_0 + \lambda y) - f(s, x_0)}{\lambda} - f_s'(x_0; z) \right| < \varepsilon \tag{2}$$

がすべての $s \in S$ と $y \in U$，さらに $0 < \lambda < \lambda_0$ を満たすすべての λ に対して成り立つとする (ここで前と同様に，$f_s(x)$ は等式 $f_s(x) = f(s,x)$ で定義される X 上の関数である)。ここで，

$$f(x) = \max_{s \in S} f(s, x),$$
$$S_0 = \{s \in S \mid f(s, x_0) = f(x_0)\}$$

とする。このとき，関数 f は点 x_0 において任意の方向に一様に微分可能であり，さらに

$$f'(x_0; z) = \max_{s \in S_0} f_s'(x_0; z)$$

が成り立つ。さらに，これに加えて，関数 $f_s(\cdot)$ が x_0 において局所凸 (した

がって，正規局所凸) であるならば，f はやはり正規局所凸であり，
$$\partial f(x_0) = \overline{\mathrm{conv}}\ (\cup_{s \in S_0} \partial f_s(x_0))$$
が成り立つ．

証明． 仮定から，$z \in X$ が固定されていれば，$f'_s(x_0; z)$ は次の S 上の連続関数列
$$r_n(s) = n \left(f\left(s, x_0 + \frac{1}{n}z\right) - f(s, x_0) \right)$$
の一様収束極限である．したがって，任意の $z \in X$ に対して，関数 $s \mapsto f'_s(x_0; z)$ は連続である．よって特に，定理の最初の部分と 4.2 節の定理 3 からこの定理の二番目の部分が導かれる．

一方，関数 $s \mapsto f'_s(x_0; z)$ が連続であるから，これは集合 S の任意の非空閉部分集合，特に S_0 上で最大値を持つ (S のコンパクト性と $f(s, x)$ の s についての連続性から，S_0 は非空で閉集合である)．

定理を証明するためには，任意の $z \in X$ と $\varepsilon > 0$ に対して，ある z の近傍 $U \subset X$ と数 $\lambda_0 > 0$ が存在して，次の不等式がすべての $y \in U$ と $0 < \lambda < \lambda_0$ を満たす λ に対して成り立つことを確認しなければならない．
$$\left| \frac{f(x_0 + \lambda y) - f(x_0)}{\lambda} - \max_{s \in S_0} f'_s(x_0; z) \right| < \varepsilon.$$
このために，まず $z \in X$ と $\varepsilon > 0$ を取る．するとある S_0 の近傍 $W \subset S$ が存在して，
$$\sup_{s \in W} f'_s(x_0; z) \leq \max_{s \in S_0} f'_s(x_0, z) + \frac{\varepsilon}{2}$$
が成り立つ (これは関数 $s \mapsto f'_s(x_0; z)$ の連続性からただちに従う)．一方で，点 x_0 のある近傍 U_0 が存在して，この近傍の元 x については，関数 $f(s, x)$ の s についての最大値が W 内で達成されるようにできる[12]．実際，
$$\max_{s \in S \setminus W} f(s, x_0) = f(x_0) - \alpha$$
であり，ただし $\alpha > 0$ である．(2) 式で $z = 0$ とすれば，われわれはある x_0

---

12) （訳注）後で使うので，凸近傍であるように取るのが望ましい．

4.4 局所凸関数

の近傍 U_0 のすべての点において次の不等式,

$$|f(s,x) - f(s,x_0)| < \alpha/2$$

がすべての $s \in S$ について成り立つということがわかる。これが求める近傍である。なぜなら,$x \in U_0$ かつ $s \notin W$ であれば,

$$f(s,x) < f(s,x_0) + \alpha/2 \leq f(x_0) - \alpha/2 < f(x),$$

つまり,関数 $s \mapsto f(s,x)$ の最大値は W 上で達成できる。

ここである数 $\lambda_1 > 0$ と z の近傍 U_1 を (2) によって

$$|f(s, x_0 + \lambda y) - f(s, x_0) - \lambda f'_s(x_0; z)| \leq \lambda \frac{\varepsilon}{2}$$

が $y \in U_1$ かつ $0 < \lambda < \lambda_1$ のときに成り立つように選ぶ。最後に,$\lambda_2 > 0$ が $x_0 + \lambda_2 z \in U_0$ となるように取る。ここで,

$$\lambda_0 = \min\{\lambda_1, \lambda_2\}, U = \lambda_2^{-1}[\lambda_2 U_1 \cap (U_0 - x_0)]$$

としよう。このとき U は非空な (なぜなら,$z \in U$ だからである)z の近傍である。さらに,$0 < \lambda < \lambda_0$ かつ $y \in U$ であれば,$x_0 + \lambda y \in U_0$ である。したがって,そのような λ と y については,

$$\begin{aligned} f(x_0 + \lambda y) &= \max_{s \in W} f(s, x_0 + \lambda y) \\ &\leq \max_{s \in W} f(s, x_0) + \lambda \sup_{s \in W} f'_s(x_0; z) + \lambda \frac{\varepsilon}{2} \\ &< f(x_0) + \lambda \max_{s \in S_0} f'_s(x_0; z) + \lambda \varepsilon \end{aligned}$$

が成り立ち,また他方,

$$\begin{aligned} f(x_0 + \lambda y) &\geq \max_{s \in S_0} f(s, x_0 + \lambda y) \\ &\geq \max_{s \in S_0} f(s, x_0) + \lambda \max_{s \in S_0} f'_s(x_0; z) - \lambda \frac{\varepsilon}{2} \\ &= f(x_0) + \lambda \max_{s \in S_0} f'_s(x_0; z) - \lambda \frac{\varepsilon}{2} \end{aligned}$$

が成り立つ。結果として,

$$|f(x_0 + \lambda y) - f(x_0) - \lambda \max_{s \in S_0} f'_s(x_0; z)| < \lambda \varepsilon$$

が,$y \in U$ かつ $0 < \lambda < \lambda_0$ ならば常に成り立つ。以上で定理は証明された。∎

注意. 定理 3 の仮定は，例えば $f'(s, x; y) = f'_s(x; y)$ が $s \in S$ と $y \in X$, x_0 の近傍のすべての x について連続であれば自動的に成り立つ．実際，関数 $(s, \lambda, y) \mapsto f'(s, x_0 + \lambda y; y)$ は $(s, 0, z)$ という形の任意の点で連続である．これを示すために，まず $z \in X$ と $\varepsilon > 0$ を任意に選ぶ．S のコンパクト性を考えれば，$\lambda_0 > 0$ と z の近傍 U をうまく選んで，不等式

$$|f'(s, x_0 + \lambda y; y) - f'(s, x_0; z)| < \varepsilon$$

がすべての $s \in S$ と $0 \leq \lambda < \lambda_0$，そして $y \in U$ について成り立つようにできる．一般性を失うことなく，$x_0 + \lambda y$ は $0 < \lambda < \lambda_0$ かつ $y \in U$ のときに $f'(s, x; y)$ が連続であるような x_0 の近傍に属していると仮定してよい．したがって，ニュートン=ライプニッツの公式から，

$$f(s, x_0 + \lambda y) = \int_0^\lambda f'(s, x_0 + \mu y; y) d\mu + f(s, x_0)$$

となり，よって

$$\left| \frac{f(s, x_0 + \lambda y) - f(s, x_0)}{\lambda} - f'(s, x_0; z) \right|$$
$$\leq \frac{1}{\lambda} \int_0^\lambda |f'(s, x_0 + \mu y; y) - f'(s, x_0; z)| d\mu < \varepsilon$$

がすべての $s \in S$ と $0 < \lambda < \lambda_0$，そして $y \in U$ について成り立つ[13]．

---

[13] （訳注）読者の中にはニュートン=ライプニッツの公式をここで使うことに疑問を覚える方もおられるかもしれない．たしかに，ニュートン=ライプニッツの公式は普通の微分についての定理で，ここで扱っているような片側微分については通常成り立たない．訳者がこの点を著者に問い合わせたところ，この場合に公式が正しい理由を教えてはもらえたのだが，ただ参考文献の形では教えていただけなかった．故に簡単に証明の方針を書く．まず，$f_s(x)$ が s を止めたときに x について連続であることに注意する：これは f_s の一様微分可能性を $y = 0$ に適用して，任意の $\varepsilon > 0$ に対して，0 の近傍 U と $\mu_0 > 0$ が存在して，$0 < \mu < \mu_0$ かつ $z \in x_0 + \mu U$ であれば $|f_s(x_0 + z) - f_s(x_0)| < \mu \varepsilon$ とできるので，特に十分小さな μ を選べば連続性が示せる．次に，$f'(s, x; y)$ が連続であるという事実に着目する．一般に一変数関数 g が $[0, \lambda]$ 上でその片側方向微分 $D_+ g$ とともに連続であるとき，この方向微分についていつもの議論と同様にロルの定理の亜種が成り立つことを示すことができる（亜種というのは，微分が 0 の点は端の 0 か λ でもよいという意味での亜種である）．そしてロルの定理の亜種があれば平均値の定理の亜種が出てくるし，ニュートン=ライプニッツの公式はこの平均値の定理の亜種の系である．そこで $g(\mu) = f(s, x_0 + \mu y)$ として当てはめれば上の推論の正しさを確かめられる．

4.4.3 劣微分と微分

この節の最後に，劣微分と微分の関係について短く議論しておこう．すでに記したように (4.2 節の例 1 を見よ)，凸 (そして正規局所凸) 関数がガトー微分可能であることと，その劣微分が一点のみを含むことは同値である．

したがって，劣微分の概念はガトー微分の一般化である．これに関連して，定理 1 と 2 は微分法の対応する定理の一般化であることに注意が必要である．つまり，定理 1 は関数の和の微分が微分の和と一致するという定理の一般化であり，そして定理 2 は微分可能な関数の合成についての定理の一般化である．平均値の定理も劣微分によるアナローグを持っているのだが，これはわれわれには必要ない．一方で，微分法において定理 3 と同値になるような結果は存在しない．

4.5 いくつかの関数の劣微分

4.5.1 ノルムの劣微分

抽象的なバナッハ空間のノルムの劣微分は 0.3 節で計算し，

$$\partial \|x\| = \begin{cases} \{x^* \in X^* | \|x^*\| \leq 1\}, & \text{if } x = 0, \\ \{x^* \in X^* | \|x^*\| \leq 1, \langle x^*, x \rangle = \|x\|\}, & \text{if } x \neq 0 \end{cases}$$

であった．

時々難しくなるのは 0 でない点での劣微分の評価である．このために，われわれは次の等式

$$\|x^*\| = 1, \ \langle x^*, x \rangle = \|x\| \tag{1}$$

を満たす汎関数 x^* すべてからなる集合を描写しなければならない．ここで，ノルムが 0 でない点で微分可能であるような空間，例えば $L_p (1 < p < \infty)$ や，ヒルベルト空間のことは考えない．これらの場合には，劣微分を評価するには微分すれば十分である (4.4.3 項を見よ)．

1. $L_1^n([t_0, t_1])$ におけるノルムの劣微分

$(L_1^n([t_0, t_1]))^* = L_\infty^n([t_0, t_1])$ であることを思いだそう．したがって，もし $y(\cdot) \in L_\infty^n$ かつ $x(\cdot) \in L_1^n$ で，$y(\cdot) \in \partial \|x(\cdot)\|$ であるならば，方程式 (1) は次のことを意味する．

$$\|y(\cdot)\|_\infty = \sup_t |y(t)| = 1,$$
$$\langle y(\cdot), x(\cdot) \rangle = \int_{t_0}^{t_1} (y(t)|x(t))dt = \int_{t_0}^{t_1} |x(t)|dt.$$

これが成り立つためには，(測度 0 の点を除いて)$y(t) = |x(t)|^{-1}x(t)$ が $x(t) \neq 0$ の点で成り立つことが必要十分であり，また $x(\cdot) = 0$ ならば絶対値が 1 を超えない範囲の任意の $y(t)$ でよい．したがって，もし $x(\cdot) \neq 0$ であれば，

$$\partial \|x(\cdot)\|_1 = \{y(\cdot) \in L_\infty^n |\ \|y(\cdot)\|_\infty = 1, y(t) = |x(t)|^{-1}x(t) \text{ for } x(t) \neq 0\}$$

となる．特に，L_1^n のノルムは，集合 $\{t \in [t_0, t_1] | x(t) = 0\}$ が測度 0 であるような $x(\cdot)$ において，そしてその点においてのみガトー微分可能である．

2. $C(T)$ におけるノルムの劣微分

まず思い出してもらいたいのは (0.1 節)，$C(T)$ の双対空間は T 上のすべての正則なボレル測度であり，したがってこの空間のノルムは次の等式

$$\|\mu\| = \int_T d|\mu|$$

で与えられる．

したがって，もし $x(\cdot) \in C(T)$ であって $x(\cdot) \neq 0$ であれば，劣微分 $\partial \|x(\cdot)\|_C$ は次の関係

$$\int_T d|\mu| = 1, \tag{2}$$

$$\int_T x(t)d\mu = \|x(\cdot)\| \tag{3}$$

を満たすもの，そしてそれに限られる．

4.5 いくつかの関数の劣微分

そこで，

$$T_x^+ = \{t \in T | x(t) = \|x(\cdot)\|\},$$
$$T_x^- = \{t \in T | x(t) = -\|x(\cdot)\|\}$$

と定義しよう．もちろん T_x^+ と T_x^- は閉集合である．

ボレル測度 μ が閉集合 A に台 (support) を持つとは，A と共通部分を持たない任意のボレル集合 B について $|\mu|(B) = 0$ となることを指す．

そこで，測度 μ が (2) と (3) の条件を満たすためには，

$$\int_T d\mu^+ + \int_T d\mu^- = 1$$

かつ，測度 μ^+ は T_x^+ に台を持ち，測度 μ^- は T_x^- に台を持つことが必要十分であることを示そう．

上の等式は等式 (2) と同値である．したがって，後は最後の主張だけを考えればよい．すると，

$$\|x(\cdot)\| = \int_T x(t)d\mu = \int_T x(t)d\mu^+ - \int_T x(t)d\mu^-$$
$$\leq \|x(\cdot)\| \int_T d\mu^+ + \|x(\cdot)\| \int_T d\mu^- = \|x(\cdot)\|$$

が成り立つ．

したがって，もし条件 (2) と (3) が成り立つならば，

$$\|x(\cdot)\| \int_T d\mu^+ = \int_T x(t)d\mu^+, \tag{4}$$

$$-\|x(\cdot)\| \int_T d\mu^- = \int_T x(t)d\mu^-, \tag{5}$$

でなければならない[14]．

もし，T_x^+ と共通部分を持たないボレル集合 B について $|\mu^+|(B) = \mu^+(B) > 0$ であれば，

$$\int_T x(t)d\mu^+ \leq \int_T |x(t)|d\mu^+$$

---

[14] （訳注）書いていないが，(2) の下で (3) と必要十分である．

$$< \int_{T_x^+} \|x(\cdot)\| d\mu^+ + \int_{T \setminus T_x^+} \|x(\cdot)\| d\mu^+ = \|x(\cdot)\| \int_T d\mu^+$$

となるが，これは (4) 式に矛盾している．(5) 式も同様に用いることができる[15]．

3. $L_\infty^n([t_0, t_1])$ におけるノルムの劣微分

空間 $L_\infty^n([t_0, t_1])$ は $L_1^n([t_0, t_1])$ の双対空間である．一方で，$L_\infty^n([t_0, t_1])$ の双対空間は $L_1^n([t_0, t_1])$ とは一致しない．しかし，後者は $(L_\infty^n([t_0, t_1]))^*$ に等長に埋め込まれる．そこで次の疑問を考えよう．$x(\cdot) \in L_\infty^n$ とする．どのような場合に，劣微分 $\partial \|x(\cdot)\|_\infty$ は L_1^n の元を含むか？ さらには，それはどのような元か？ もし $y(\cdot) \in \partial \|x(\cdot)\|_\infty \cap L_1^n$ であれば，(1) から，

$$\int_{t_0}^{t_1} |y(t)| = 1, \quad \int_{t_0}^{t_1} (y(t) | x(t)) dt = \|x(\cdot)\|_\infty = \sup_t |x(t)|$$

である．この関係が次の条件と同値であることを見るのは簡単である：

a) 集合 $T_x = \{t \in T \mid |x(t)| = \|x(\cdot)\|_\infty\}$ が正の測度を持つ．

b) $\operatorname{sign} y(t) = \operatorname{sign} x(t)$ がほとんどすべての T_x 上の点で成り立ち，さらに $y(t) = 0$ が T_x の外側で成り立つ．そして，

c) $\int_{t_0}^{t_1} |y(t)| dt = 1$ となる．

4.5.2 関数 $f(x(\cdot)) = \max_t x(t)$ の劣微分

T はコンパクトなハウスドルフ位相空間とする．空間 $C(T)$ 上で，次の関数を考えよう．

$$f(x(\cdot)) = \max_{t \in T} x(t).$$

この関数が凸かつ同次であることは簡単に証明できる．劣微分 $\partial f(0)$ は T 上

---

[15] （訳注）逆，例えば μ^+ が T_x^+ に台を持つならば (4) が成り立つことを確認していないが，これは容易である．

の正則な測度で，次の条件

$$\max_{t \in T} x(t) \geq \int_T x(t) d\mu \tag{6}$$

をすべての $x(\cdot) \in C(T)$ に対して満たすものからなる．ここから，

$$\int_T d\mu = 1$$

と，測度 μ が非負であることがわかる．実際，(6) から

$$\int_T x(t) d\mu \geq -\max_{t \in T}(-x(t)) = \min_{t \in T} x(t)$$

がわかる．よって，もし $x(t) \geq 0$ であれば，$\int_T x(t) d\mu \geq 0$ である．もちろん，逆も正しい：条件 (6) は上の関係が満たされていれば成り立つ．したがって，0 における f の劣微分は評価できた．いま，$x(\cdot) \neq 0$ であるときには (4.2 節の例 3 を見よ)，

$$\partial f(x(\cdot)) = \left\{ \mu \in \partial f(0) \,\bigg|\, \int_T x(t) d\mu = \max_{t \in T} x(t) \right\}$$

である．

われわれが空間 $C(T)$ のノルムの劣微分を評価したときと同じ議論によって，次の結論を得る：0 以外の点 $x(\cdot)$ における関数 f の劣微分は T 上のノルムが 1 の非負ボレル測度で次の集合に台を持つものからなる集合である．

$$T_x = \{t \in T | x(t) = f(x(\cdot))\}.$$

4.5.3 関数 $g(x(\cdot)) = \max_t \varphi(t, x(t))$ の劣微分

ふたたび T はコンパクトなハウスドルフ位相空間とし，$\varphi : T \times \mathbb{R}^n \to \mathbb{R}$ を $T \times \mathbb{R}^n$ 上の関数で，連続かつ任意の $t \in T$ に対して x に関して連続微分可能であるとする．$C^n(T)$ 上の次の関数を考えよう．

$$g(x(\cdot)) = \max_{t \in T} \varphi(t, x(t)).$$

ここでこの関数 g の点 $x(\cdot)$ についての劣微分は次の形で書ける線形汎関数 x^*

が含まれ，そしてそれしか含まれないことを示そう．

$$\langle x^*, z(\cdot) \rangle = \int_T (\varphi_x(t, x(t))|z(t))d\mu.$$

ただし，ここで μ は T 上の正則な非負ボレル測度でノルムが 1 のものであり，さらに集合 $T_x = \{t \in T | \varphi(t, x(t)) = g(x(\cdot))\}$ に台を持つものである．

まず写像 $G : C^n(T) \to C(T)$ を次の関係で定義する．

$$[G(x(\cdot))](t) = \varphi(t, x(t)).$$

そして $C(T)$ 上の関数 f を次の式で定義する．

$$f(y(\cdot)) = \max_{t \in T} y(t).$$

この写像 G はフレシェ微分可能であり，

$$[G'(x(\cdot))z(\cdot)](t) = (\varphi_x(t, x(t))|z(t))$$

が成り立つ (0.2 節の例 5 を見よ)．一方，f は $C(T)$ 上の連続関数であり，$f(z(\cdot)) \le \|z(\cdot)\|$ である．つまり，f は連続である．よって，g の劣微分を評価するのに，4.4 節の定理 2 が使える．すると，

$$\partial g(x(\cdot)) = G'^*(x(\cdot))\partial f(G(x(\cdot)))$$

がわかる．

すでに前の節で f の劣微分は評価した．この劣微分は T 上の正則な非負ボレル測度でノルムが 1 であり，さらに T_x 上に台を持つものである．後は G' の双対写像を評価する仕事だけが残っている．定義より，任意の $z(\cdot) \in C^n(T)$ と $\mu \in (C(T))^*$ に対して，

$$\langle z(\cdot), G'^*(x(\cdot))\mu \rangle = \langle G'(x(\cdot))z(\cdot), \mu \rangle = \int_T (g_x(t, x(t))|z(t))d\mu,$$

となって，求めていた結果を得る．

4.6　3章と4章の補足

3.1 と 3.2

凸集合の理論は Minkowski [1, 2] の研究にその起源を持つ。詳細な議論は Bonnesen and Fenchel [1], Valentine [1], Rockafellar [14](1 章と 2 章), そして Eggleston [1] の研究にある。

3.3-3.5

Fenchel [1, 2] の研究は共役関数に向けられているのだが, ただしルジャンドル変換はすでに 18 世紀に知られており, ヤング=フェンシェル変換の正確なアナローグはフェンシェルが現れるより遙か昔から特定の場合について応用されていた (Young [1], Mandelbrojt [1] など)。この理論の最終的な定式化は 60 年代, Brøbdsted [1], Moreau [1-5], Rockafeller [1-3] の後に行われた。有限次元の理論についての最も完全な説明は Rockafeller [14] の研究にあり, これはまた大量の参考文献と十分に細かい歴史的な情報を含んでいる。無限次元の結果のサーベイは Moreau [3] および Asplund [1] の講義や, Ioffe and Tikhomirov [3] の論文, Laurent [1] や Ekeland and Temam [1] の書籍などにある。共役操作の位相的性質は Mosco [1, 2] において研究されている。さらにより一般的な構成法が考えられているが, これについては Moreau [9] と Weiss [1, 2] を見よ。Kutateladze と Rubinov は多様な双対スキームに関する自然な記述法は K 空間 (バナッハ代数) の言語であるとしている。彼らの研究 (Kutateladze and Rubinov [1, 2]) は多くの深いアナロジーと興味深い結果を含んでいる。

4.1

同次凸 (劣線形) 関数はすでに Minkowski [1, 2] において幾何学的な洞察によって重要な役割を果たしていた。無限次元の場合, 命題 1 は Hormander [1] によって証明されたのだが, 彼はまた完全な「同型」を凸関数の理論と同次

凸関数の理論に与えている。

4.2

　劣微分の概念 (および方向微分との関係) は Fenchel によって与えられた。無限次元の一般化は Moreau [3], [8] および Pshenichnyĭ [2] によって独立になされた。劣微分についての定理は独立に，かつほとんど同時に多くの人々によって証明されたが，その証明した人々というのは Dubovickiĭ and Milyutin [2], Pshenichnyĭ [1, 2] そして Rockafeller [3](および，彼の学位論文) である。定理 3 に関連して，また Levin [1], Valadier [2] および Ioffe and Levin [1] などを見よ。劣微分に関連するさらなる結果は Rockafeller [14] の研究と Ioffe and Levin [1] の論文にある。

　分解定理のような定理は近似理論で現れる：そのような結果の最初のヒントは Chebyshev [1] に含まれている。分解定理の亜種は Gol'shtein [2, 4] と Pshenichnyĭ [4] にある。この定理は Levin [1] によって，ヘリーの定理を用いて一般的な形で証明された。

4.3

　凸集合の族が互いに共通部分を持たないための条件は Dubovickiĭ and Milyutin [2] に与えられている。関係 (2) を彼らは「オイラー方程式」と読んでいたのだが，これは極小点の必要条件が凸集合の共通部分の非空性で与えられたときの解析的な形式である。

4.4

　多くの研究者が局所凸性について様々な形で研究している。一様な方向微分可能性の概念は Dubovickiĭ and Milyutin [2] で与えられた。Pshenichnyĭ [4] は $\max_t \varphi(t,x)$ の形の関数を考え，ただし $\varphi(t,\cdot)$ がすべての t についてフレシェ微分可能なときを考察した。Clarke [1] は一般化された勾配の概念を導入したが，これは任意のリプシッツ関数に適用可能である (Lebourg [1] も見よ)。彼はさらに，その概念の助けを得てオイラー方程式 (変分法の) と最大値原理を滑らかさと凸性のどちらの条件も課さずに証明した (Clarke [2-4]

を見よ)．その他の劣微分の概念の一般化は Ekeland and Lebourg [1] で考察されている (Aubin [1] も見よ)．

4.5

関数 $\max_t \varphi(t, x(t))$ の劣微分は Dubovickiĭ and Milyutin [2] で評価されている．

第 5 章

局所凸問題と相制約付き最適制御問題の最大値原理

本章では，1 章と 2 章で述べた極小点の必要条件について，引き続き分析を進める．5.1 節でわれわれが考察する問題においては，1.1 節に登場した混合問題で仮定した滑らかさと凸性に関する条件よりも弱い条件が仮定されている．したがって，5.1 節で証明する定理は，1.1 節で述べた混合問題に関する極値原理を拡張したものとなっている．5.2 節と 5.3 節では，この定理を用いて，相制約条件付き最適制御問題に関するポントリャーギンの最大値原理を証明する．なお，この本を初めて読む際には本章は読み飛ばしても構わない．

5.1 局所凸問題

5.1.1 問題の記述と基本定理

X と Y をバナッハ空間とし，U を任意の集合とする．また，$f_0, \ldots, f_n$ を $X \times U$ 上で定義された関数，F を $X \times U$ 上で定義され，Y に値を持つ写像とする．本項では，1.1 節に登場した混合問題と同じ形をした以下の問題を考察する：

$$f_0(x, u) \to \inf; \tag{1}$$

$$F(x, u) = 0, \tag{2}$$

$$f_i(x, u) \leq 0, \quad i = 1, \ldots, n \tag{3}$$

$$u \in U. \tag{4}$$

1章において,われわれは問題に登場する関数や写像が,極小点の近傍において,ある種の滑らかさや凸性に関する条件を満たしていることを仮定していた.ところが,4.4節で得られた結果と照らし合わせてみれば容易にわかるように,混合問題に関する極値原理の証明は,関数 $x \mapsto f_i(x,u)$ に滑らかさを仮定するのではなく,単に正規局所凸であると仮定した場合でも依然として正しい.また,1.4節で与えられている証明をより注意深く分析することで,極値原理の主張に登場する凸性の条件を弱めることができることもわかる.この節では,混合問題の極値原理をこれらの方向で拡張した定理を証明し,5.2節および5.3節では,最適制御問題に関するこの定理の系を導出する.あとで明らかになるように,関数 $x \mapsto f_i(x,u)$ の滑らかさの条件を正規局所凸という条件に弱めることは,相制約条件付き最適制御問題のポントリャーギンの最大値原理を拡張することになり,また,凸性条件を弱めることによって,時間に関する変数変換のような不自然な操作を行わない最大値原理の証明が可能となる.

今までと同じように,本章でも問題 (1)-(4) の極小点の必要条件に焦点を当てて分析する.なお,「極小点」という用語は1章と同じ意味で用いるものとする.つまり,条件 (2)-(4) を満たす点 (x_*,u_*) は,x_* の近傍に属する x と $u \in U$ からなる任意の点 (x,u) に対して,もし (x,u) が制約条件 (2)-(4) を満たすならば,不等式

$$f_0(x_*,u_*) \leq f_0(x,u)$$

が成り立つとき,問題 (1)-(4) の**極小点**であると言う.

1章と同様に,問題 (1)-(4) のラグランジュ関数

$$\mathscr{L}(x,u,\lambda_0,\ldots,\lambda_n,y^*) = \sum_{i=0}^{n} \lambda_i f_i(x,u) + \langle y^*, F(x,u) \rangle$$

を考えよう.もし,関数 $x \mapsto f_i(x,u)(i=0,1,\ldots,n)$ がすべて点 x において局所凸であって,写像 $x \mapsto F(x,u)$ が点 x でフレシェ微分可能ならば,ラグランジュ関数は点 x において局所凸となる.今までのように,$\partial_x f_i$, $\partial_x \mathscr{L}$ はそれぞれ,f_i, $\mathscr{L}$ を変数 x の関数として見たときの劣微分を表し,また,

5.1 局所凸問題

$f_i'(x,u;z)$, $\mathscr{L}'(x,u,\lambda_0,\ldots,y^*;z)$ は，それらの点 x における z 方向への方向微分を表すものとする．この節では，$\mathbb{R}^m$ における単体を Σ^m で表すことにする：

$$\Sigma^m = \left\{ a = (\alpha_1,\ldots,\alpha_m) \in \mathbb{R}^m \,\middle|\, \alpha_j \geq 0, j=1,\ldots,m; = \sum_{j=1}^m \alpha_j \leq 1 \right\}.$$

定理 1. (x_*, u_*) を問題 (1)-(4) における許容可能な要素とし，点 x_* の近傍 V について以下のことが成立しているとする．

a) 任意の $u \in U$ に対して，写像 $x \mapsto F(x,u)$ は V 上でフレシェ微分可能であり，V 上の写像 $x \mapsto F_x(x,u)$ は x_* において連続である．

a$'$) 任意の $u \in U$ に対して，関数 $x \mapsto f_i(x,u)$, $i = 0,\ldots,n$ はすべて V 上で連続であって，x_* において正規局所凸である．

b) U に属する任意の有限個の点 $u_1,\ldots,u_m$ と任意の正数 $\delta > 0$ に対して，近傍 $V' \subset V(x_* \in V')$ と正数 $\varepsilon > 0$，および，写像 $v : V' \times (\varepsilon \Sigma^m) \to U$ で，以下の性質を有するものが存在する．

  b$_1$) 任意の $x \in V'$ について，$v(x,0) = u_*$ が成り立つ．

  b$_2$) 任意の $x, x' \in V'$ と任意の $a, a' \in \varepsilon \Sigma^m$ に対して，以下の 2 つの不等式が成立する：

$$\left\| F(x,v(x,a)) - F(x',v(x',a')) - F_x(x_*,a_*)(x-x') \right.$$
$$\left. - \sum_{j=1}^m (\alpha_j - \alpha_j')(F(x_*,u_j) - F(x_*,u_*)) \right\|$$
$$\leq \delta \left(\|x-x'\| + \sum_{j=1}^m |\alpha_j - \alpha_j'| \right),$$

$$f_i(x,v(x,a)) - f_i(x,u_*) - \sum_{j=1}^m \alpha_j(f_i(x,u_j) - f_i(x,u_*))$$
$$\leq \delta \left(\|x-x_*\| + \sum_{j=1}^m \alpha_j \right), \quad i=0,\ldots,n.$$

さらに，われわれは以下のことを仮定する．

c) 線形写像 $x \mapsto F_x(x_*, u_*)x$ の値域 $F_x(x_*, u_*)X$ の Y における補空間は有限次元である．

以上の仮定の下で，もし (x_*, u_*) が問題 (1)-(4) の極小点であるとすれば，この問題についてのラグランジュの原理が成り立つ．すなわち，すべては 0 とはならないラグランジュ乗数 $\lambda_0 \geq 0, \ldots, \lambda_n \geq 0, y^* \in Y^*$ が存在して，

$$0 \in \partial_x \mathscr{L}(x_*, u_*, \lambda_0, \ldots, \lambda_n, y^*) = F_x^*(x_*, u_*)y^* + \sum_{i=0}^n \lambda_i \partial_x f_i(x_*, u_*),$$

$$\mathscr{L}(x_*, u_*, \lambda_0, \ldots, \lambda_n, y^*) = \min_{u \in U} \mathscr{L}(x_*, u, \lambda_0, \ldots, \lambda_n, y^*),$$

$$\lambda_i f_i(x_*, u_*) = 0, \quad i = 1, \ldots, n$$

が成り立つ．

定理の証明に入る前に，この定理が実際に 1.1 節の定理 3 の一般化になっていることを確認しよう．まず，2 つの定理の条件 c) は全く同じものである．また，明らかに 1.1 節の定理 3 の条件 a) から，上の定理 1 の条件 a) と条件 a′) が導かれる．最後に 1.1 節の定理 3 の条件 a) と条件 b) から，上の定理 1 の条件 b) が導かれる．実際，1.1 節の定理 3 の条件 b) から，任意の $x \in V$ と $a \in \Sigma^m$ に対して，

$$F(x, v(x, a)) = F(x, u_*) + \sum_{j=1}^m \alpha_j (F(x, u_j) - F(x, u_*)),$$

$$f_i(x, v(x, a)) \leq f_i(x, u_*) + \sum_{j=1}^m \alpha_j (f_i(x, u_j) - f_i(x, u_*)), \quad i = 0, \ldots, n$$

を満たす $v(x, a) \in U$ が存在する．したがって，定理 1 の条件 a) から，定理 1 の条件 b) に登場する 2 つの不等式が導かれる．

定理 1 の証明は混合問題における極値原理の証明と同様の方法で行われる (1.4 節を見よ)．1.4 節と同じように，2 つの集合 L_0, B を

$$L_0 = \operatorname{Im} F_x(x_*, u_*), \quad B = L_0 + \operatorname{conv} F(x_*, U)$$

と定義し，$L = \operatorname{lin} B$ を集合 B の線形包とする．

退化と正則という2つの場合に分けて考察しよう。

5.1.2 退化の場合

退化の場合の証明は 1.4 節と全く同じである。もし $L \neq Y$ ならば，閉部分空間 L の零化集合 $L^\perp$ に属する 0 でない元 $y^* \in Y^*$ が存在するから，$\lambda_0 = \cdots = \lambda_n = 0$ と y^* が所望のラグランジュ乗数となる。

もし $L = Y$ である場合には，L_0 の余次元は有限であるから，1.4 節で示されているように，

$$\text{int } B \neq \emptyset$$

である。そこで，さらに $0 \notin \text{int } B$ (ここで $F(x_*, u_*) = 0$ より $0 \in B$ であることに注意) が成り立っている場合には，分離定理から，法線錐 $N(0|B)$ に属する 0 でない元 y^* が存在するから，$\lambda_0 = \cdots = \lambda_n = 0$ と $-y^*$ をラグランジュ乗数とすれば，定理 1 の結論に登場する 3 つの関係式はすべて満たされる。

5.1.3 正則の場合

次に，$L = Y$ と $0 \in \text{int } B$ が成り立つことを仮定しよう。議論を明確にするために，$k = 0, \ldots, n$ を，

$$f_i(x_*, u_*) = 0, \quad i = 1, \ldots, k,$$
$$f_i(x_*, u_*) < 0, \quad i = k+1, \ldots, n$$

を満たす整数とする。C を，$(\mu_0, \ldots, \mu_k, y) \in \mathbb{R}^{k+1} \times Y$ であって，ある $x \in X$ と $u \in U$ に対して，

$$F_x(x_*, u_*)x + F(x_*, u) - F(x_*, u_*) = y,$$
$$f_i'(x_*, u_*; x) + f_i(x_*, u) - f_i(x_*, u_*) < \mu_i, \quad i = 0, \ldots, k$$

を満たすものをすべて集めた集合とする。1.4 節と同じようにして，conv C の内部が非空であることが証明できるので，以下では $0 \notin \text{conv } C$ となることを示そう。

$0 \in \operatorname{conv} C$ ならば，(x_*, u_*) は問題 (1)-(4) の極小点とはなり得ないことを証明する．そのためには，もし $0 \in \operatorname{conv} C$ ならば，ベクトル $\bar{x} \in X$ と $\bar{a} = (\bar{\alpha}_1, \ldots, \bar{\alpha}_m), \bar{\alpha}_i > 0, i = 1, \ldots, m$, および，$U$ 内の点 $\bar{u}_1, \ldots, \bar{u}_m$ が存在して，

$$F_x(x_*, u_*)\bar{x} + \sum_{j=1}^{m} \bar{\alpha}_j (F(x_*, \bar{u}_j) - F(x_*, u_*)) = 0, \tag{5}$$

$$\operatorname{lin}\left(L_0 \cup \left(\bigcup_{j=1}^{m}\{F(x_*, \bar{u}_j)\}\right)\right) = Y, \tag{6}$$

$$f_i'(x_*, u_*; \bar{x}) + \sum_{j=1}^{m} \bar{\alpha}_j (f_i(x_*, \bar{u}_j) - f_i(x_*, u_*)) < 0, \quad i = 0, \ldots, k \tag{7}$$

が成り立つことを示せばよい．まず，このことを確認するために，上の関係式 (5)-(7) が成り立っている場合には，(x_*, u_*) は問題 (1)-(4) の極小点とはなり得ないことを示そう．$\delta > 0$ を任意の正数とすれば，$\bar{u}_1, \ldots, \bar{u}_m$ と δ に対して，b$_1$) と b$_2$) を満たす x_* の近傍 $V'(\subseteq V)$ と正数 $\varepsilon > 0$, 写像 $v: V' \times (\varepsilon \Sigma^m) \to U$ が存在する．いま，任意の実数 $\alpha \in \mathbb{R}$ に対して，

$$\alpha^+ = \max(\alpha, 0), \quad \alpha^- = \alpha - \alpha^+ = \min(\alpha, 0)$$

と定義し，任意のベクトル $a = (\alpha_1, \ldots, \alpha_m) \in \mathbb{R}^m$ に対しては，

$$a^+ = (\alpha_1^+, \ldots, \alpha_m^+), \quad a^- = a - a^+ = (\alpha_1^-, \ldots, \alpha_m^-)$$

と定義する．この記号を用いて，$(x_*, 0) \in X \times \mathbb{R}^m$ の近傍を定義域とし，Y に値を持つ写像 Φ を，

$$\Phi(x, a) = F(x, v(x, a^+)) + \sum_{j=1}^{m} \alpha_j^- (F(x_*, \bar{u}_j) - F(x_*, u_*))$$

と定義する．b$_1$) から直ちにわかるように，$\Phi(x_*, 0) = F(x_*, u_*) = 0$ である．

さらに，$X \times \mathbb{R}^m$ を定義域とし，Y に値を持つ線形写像 Λ を以下のように定義する：

$$\Lambda(x, a) = F_x(x_*, u_*)x + \sum_{j=1}^{m} \alpha_j (F(x_*, \bar{u}_j) - F(x_*, u_*)).$$

すると，条件 b) から，Φ の定義域に属する任意の 2 点 $(x, a), (x'a')$ に対し

5.1 局所凸問題

て，次の不等式が成り立つ：

$$\|\Phi(x,a) - \Phi(x',a') - \Lambda(x,a) + \Lambda(x',a')\|$$
$$= \left\| F\left(x, v\left(x, a^+\right)\right) - F(x', v(x', {a'}^+)) - F_x(x_*, a_*)(x - x') \right.$$
$$\left. - \sum_{j=1}^{m}\left(\alpha_j^+ - {\alpha'_j}^+\right)\left(F(x_*, \bar{u}_j) - F(x_*, u_*)\right) \right\|$$
$$\leq \delta\left(\|x - x'\| + \sum_{j=1}^{m}\left|\alpha_j^+ - {\alpha'_j}^+\right|\right)$$
$$\leq \delta\left(\|x - x'\| + \sum_{j=1}^{m}\left|\alpha_j - \alpha'_j\right|\right). \tag{8}$$

ここで，線形写像 Λ に対して，集合 $C(\Lambda)$ を,

$$C(\Lambda) = \sup_{y \neq 0}\left(\|y\|^{-1} \inf\left\{\|x\| + \sum_{j=1}^{m}|\alpha_j| \,\Big|\, \Lambda(x, a) = y\right\}\right)$$

と定義する。いま，Λ の定義と (6) より，$\operatorname{Im}\Lambda = Y$ が成り立つ。また，線形写像 Λ は明らかに連続である。したがって，0.2 節の補題 3 により，$C(\Lambda) < \infty$ が成立する。そこで，正数 $\delta > 0$ を $\delta \cdot C(\Lambda) < \frac{1}{2}$ を満たすように取れば[1]，(8) より，写像 Φ と連続な線形写像 Λ は，0.2 節の一般化されたリュステルニクの定理の前件をすべて満たす。したがって，0.2 節の一般化されたリュステルニクの定理から，$\delta \cdot C(\Lambda) < \frac{1}{2}$ を満たす任意の $\delta > 0$ に対して，$\bar{t} > 0$, $K > 0$ と，区間 $[0, \bar{t}]$ を定義域とし，$X \times \mathbb{R}^m$ に値を持つ写像

$$t \mapsto (x(t), a(t))$$

が存在して，任意の $t \in [0, \bar{t}]$ について，

$$\Phi(x_* + t\bar{x} + x(t), t\bar{a} + a(t)) = 0, \tag{9}$$

---
1) (訳注) 線形写像 Λ や $C(\Lambda)$ は正数 $\delta > 0$ と独立に定義されていることに注意しよう。したがって，$\delta > 0$ の値を変動させても $C(\Lambda)$ は変わらない。

$$\|x(t)\| + \sum_{j=1}^{m} |\alpha_j(t)| \leq K\|\Phi(x_* + t\bar{x}, t\bar{a})\| \tag{10}$$

が成り立つ．(5) から，$(\bar{x}, \bar{a})$ が線形写像 Λ の核に属することに注意すれば，(8) と (10) より，任意の $t \in [0, \bar{t}]$ に対して，

$$\|x(t)\| + \sum_{j=1}^{m} |\alpha_j(t)| \leq K\|\Phi(x_* + t\bar{x}, t\bar{a}) - \Phi(x_*, 0) - t\Lambda(\bar{x}, \bar{a})\|$$

$$\leq tK\delta \left(\|\bar{x}\| + \sum_{j=1}^{m} \bar{\alpha}_j \right) \tag{11}$$

が成り立つ．(11) から，$t \to 0$ のとき，$x(t) \to 0$ および $a(t) \to 0$ が成り立つことがわかる．

また，(7) より，正数 $c > 0$ が存在して，$i = 0, \ldots, k$ に対して，以下の不等式が成立する：

$$f_i'(x_*, u_*; \bar{x}) + \sum_{j=1}^{m} \bar{\alpha}_j (f_i(x_*, \bar{u}_j) - f_i(x_*, u_*)) \leq -4c. \tag{12}$$

各関数 $x \mapsto f_i(x, u)$ は点 x_* において正規局所凸なのだから，正数 $\sigma > 0$ が存在して，$0 \leq t \leq \sigma$ と $\|x - \bar{x}\| < \sigma$ を満たす任意の t と x に対して，

$$f_i(x_* + tx, u_*) \leq f_i(x_*, u_*) + t(f_i'(x_*, u_*; \bar{x}) + c), \quad i = 0, \ldots, n \tag{13}$$

が成り立つ．いま，正数 $\delta > 0$ を，$\delta \cdot C(\Lambda) < \frac{1}{2}$ に加えて，以下の 3 つの条件を満たすように選ぶ：

$$K\delta \left(\|\bar{x}\| + \sum_{j=1}^{m} \bar{\alpha}_j \right) < \min(\bar{\alpha}_1, \ldots, \bar{\alpha}_m, \sigma), \tag{14}$$

$$(\delta + K\delta^2) \left(\|\bar{x}\| + \sum_{j=1}^{m} \bar{\alpha}_j \right) < c, \tag{15}$$

$$K\delta \left(\|\bar{x}\| + \sum_{j=1}^{m} \bar{\alpha}_j \right) \max_{\substack{0 \leq i \leq n \\ 1 \leq j \leq m}} |f_i(x_*, \bar{u}_j) - f_i(x_*, u_*)| < c. \tag{16}$$

$\bar{\alpha}_j > 0, j = 1, \ldots, m$ なのだから，条件をすべて満たす $\delta > 0$ は確かに存在する．

5.1 局所凸問題

(11) と (14) から直ちにわかるように，任意の $t \in \bigl(0, \bar{t}\bigr]$ に対して，$t\bar{\alpha}_j + \alpha_j(t) > 0$ が成り立つから，写像 $\varPhi$ の定義より，

$$\varPhi(x, t\bar{a} + a(t)) = F(x, v(x, t\bar{a} + a(t))), \quad \forall t \in \bigl(0, \bar{t}\bigr],$$

である．したがって，各 $t \in \bigl[0, \bar{t}\bigr]$ について，

$$\tilde{x}(t) = x_* + t\bar{x} + x(t), \quad \tilde{u}(t) = v(\tilde{x}(t), t\bar{a} + a(t))$$

と置けば，(9) より，

$$F\left(\tilde{x}(t), \tilde{u}(t)\right) = 0, \quad \forall t \in \bigl[0, \bar{t}\bigr] \tag{17}$$

が成り立つことがわかる．

一方で，$b_2)$ の 2 番目の不等式から，任意の $t \in \bigl[0, \bar{t}\bigr]$ と $i = 0, \ldots, n$ に対して，

$$\begin{aligned} & f_i\left(\tilde{x}(t), \tilde{u}(t)\right) \\ & \leq f_i\left(\tilde{x}(t), u_*\right) + \sum_{j=1}^{m} (t\bar{\alpha}_j + \alpha_j(t)) \left(f_i\left(\tilde{x}(t), \bar{u}_j\right) - f_i\left(\tilde{x}(t), u_*\right) \right) \\ & \quad + \delta \left(\|t\bar{x} + x(t)\| + \sum_{j=1}^{m} (t\bar{\alpha}_j + \alpha_j(t)) \right) \end{aligned} \tag{18}$$

が成り立つ．(11) と (14) から，任意の $t \in \bigl(0, \bar{t}\bigr]$ に対して，$t^{-1}\|x(t)\| \leq \sigma$ である．そこで，(13) より，任意の $0 < t \leq \min(\bar{t}, \sigma)$ に対して，

$$f_i\left(\tilde{x}(t), u_*\right) \leq f_i(x_*, u_*) + t\left(f_i'(x_*, u_*; \bar{x}) + c \right) \tag{19}$$

が成り立つ．さらに，各 $j = 1, \ldots, m$ に対して，$t \to 0$ のとき $\alpha_j(t) \to 0$ となることに注意すれば，関係式 (11) と (16) から，

$$\begin{aligned} & \sum_{j=1}^{m} (t\bar{\alpha}_j + \alpha_j(t)) \left(f_i\left(\tilde{x}(t), \bar{u}_j\right) - f_i\left(\tilde{x}(t), u_*\right) \right) \\ & = t \sum_{j=1}^{m} \bar{\alpha}_j \left(f_i\left(x_*, \bar{u}_j\right) - f_i(x_*, u_*) \right) + \sum_{j=1}^{m} \alpha_j(t) \left(f_i(x_*, \bar{u}_j) - f_i(x_*, u_*) \right) \end{aligned}$$

$$+ \sum_{j=1}^{m} (t\bar{\alpha}_j + \alpha_j(t)) \left[f_i\left(\tilde{x}(t), \bar{u}_j\right) - f_i(x_*, \bar{u}_j) - f_i\left(\tilde{x}(t), u_*\right) + f_i(x_*, u_*) \right]$$

$$\leq t \left(\sum_{j=1}^{m} \bar{\alpha}_j \left(f_i(x_*, \bar{u}_j) - f_i(x_*, u_*) \right) + c \right) + o(t), \quad i = 0, \ldots, n \tag{20}$$

が得られる。

最後に, (11) と (15) から, 任意の $t \in (0, \bar{t}]$ に対して,

$$\delta \left(\|t\bar{x} + x(t)\| + \sum_{j=1}^{m} (t\bar{\alpha}_j + \alpha_j(t)) \right)$$

$$\leq t\delta \left[\|\bar{x}\| + \sum_{j=1}^{m} \bar{\alpha}_j + t^{-1} \left(\|x(t)\| + \sum_{j=1}^{m} |\alpha_j(t)| \right) \right]$$

$$\leq t(\delta + K\delta^2) \left(\|\bar{x}\| + \sum_{j=1}^{m} \bar{\alpha}_j \right) < tc \tag{21}$$

が成り立つ。

関係式 (18)-(21) より, 各 $i = 0, \ldots, n$ と任意の $t \in \left[0, \min(\bar{t}, \sigma)\right]$ に対して,

$f_i\left(\tilde{x}(t), \tilde{u}(t)\right)$

$$\leq f_i(x_*, u_*) + t \left[f_i'(x_*, u_*; \bar{x}) + \sum_{j=1}^{m} \bar{\alpha}_j \left(f_i(x_*, \bar{u}_j) - f_i(x_*, u_*) \right) + 3c \right] + o(t)$$

が成立する。そこで, $0 \leq i \leq k$ については, (12) より, 十分小さい $t \geq 0$ について,

$$f_i\left(\tilde{x}(t), \tilde{u}(t)\right) \leq f_i(x_*, u_*) - tc + o(t) \tag{22}$$

が成り立ち, $k + 1 \leq i \leq n$ については,

$$\varlimsup_{t \to 0} f_i\left(\tilde{x}(t), \tilde{u}(t)\right) \leq f_i(x_*, u_*) < 0 \tag{23}$$

が成り立つ。

関係式 (17), (22) および (23) から, 十分小さい $t > 0$ については, $(\tilde{x}(t), \tilde{u}(t))$ は問題 (1)-(4) の許容可能な要素であって, しかも $f_0\left(\tilde{x}(t), \tilde{u}(t)\right) < f_0(x_*, u_*)$

5.1 局所凸問題

を満たす.ところが,$t \to 0$ のときには,$\tilde{x}(t) \to x_*$ となるのだから,これは点 (x_*, u_*) が問題 (1)-(4) の極小点ではないことを意味する.

以上の議論から,あとは,もし $0 \in \operatorname{conv} C$ ならば,$\bar{x} \in X$, $\bar{u}_1, \ldots, \bar{u}_m \in U$, および,$\bar{\alpha}_1 > 0, \ldots, \bar{\alpha}_m > 0$ が存在して,(5)-(7) が成り立つことを証明すればよい.$0 \in \operatorname{conv} C$ ならば,定義から,$x_0 \in X$, $u_{01} \in U, \ldots, u_{0m_0} \in U$, および,正数 $\gamma_{01} > 0, \ldots, \gamma_{0m_0} > 0$ が存在して,

$$F_x(x_*, u_*)x_0 + \sum_{j=1}^{m_0} \gamma_{0j}(F(x_*, u_{0j}) - F(x_*, u_*)) = 0, \tag{24}$$

$$f'_i(x_*, u_*; x_0) + \sum_{j=1}^{m_0} \gamma_{0j}(f_i(x_*, u_{0j}) - f_i(x_*, u_*)) < 0, \quad i = 0, \ldots, k \tag{25}$$

が成り立つ[2]。

さらに,仮定から $0 \in \operatorname{int} B$ なのだから,1.4 節と同じように,2 つの関係式

$$\operatorname{lin}(L_0 \cup \{y_1, \ldots, y_l\}) = Y,$$

$$F_x(x_*, u_*)x_1 + y_1 + \cdots + y_l = 0$$

を満たすように $x_1 \in X$ と $\operatorname{conv} F(x_*, U)$ の要素 $y_1, \ldots, y_l$ を取ることができる.$y_1, \ldots, y_l$ の選び方から,各 $s = 1, \ldots, l$ に対して,$\sum_{j=1}^{m_s} \gamma_{sj} = 1$ を満たす正数 $\gamma_{s1} > 0, \ldots, \gamma_{sm_s} > 0$ と U の要素 $u_{s1}, \ldots, u_{sm_s}$ が存在して,

$$y_s = \sum_{j=1}^{m_s} \gamma_{sj} F(x_*, u_{sj})$$

が成り立つ.そこで,上の 2 つの関係式から,集合

$$L_0 \cup \{F(x_*, u_{sj}) | s = 0, \ldots, l; j = 1, \ldots, m_s\}$$

の線形包は Y に一致し,さらに

$$F_x(x_*, u_*)x_1 + \sum_{s=1}^{l} \sum_{j=1}^{m_s} \gamma_{sj} F(x_*, u_{sj}) = 0 \tag{26}$$

が成り立つことがわかる.

---

[2] (訳注) 念のため,(25) の導出には,関数 $x \mapsto f'_i(x_*, u_*; x)$ の凸性が用いられている.

最後に, (25) と関数 $x \mapsto f_i'(x_*, u_*; x)$ の連続性から, 十分小さい正数 $\varepsilon > 0$ を選んで, 各 $i = 0, 1, \ldots, k$ に対して,

$$f_i'(x_*, u_*; x_0 + \varepsilon x_1) + \sum_{j=1}^{m_0} \gamma_{0j}(f_i(x_*, u_{0j}) - f_i(x_*, u_*))$$
$$+ \varepsilon \sum_{s=1}^{l} \sum_{j=1}^{m_s} \gamma_{sj}(f_i(x_*, u_{sj}) - f_i(x_*, u_*)) < 0$$

とすることができる. そして, (24) と (26) から, 上で選んだ $\varepsilon > 0$ に対して,

$$F_x(x_*, u_*)(x_0 + \varepsilon x_1) + \sum_{j=1}^{m_0} \gamma_{0j}(F(x_*, u_{0j}) - F(x_*, u_*))$$
$$+ \varepsilon \sum_{s=1}^{l} \sum_{j=1}^{m_s} \gamma_{sj}(F(x_*, u_{sj})) - F(x_*, u_*)) = 0$$

が成り立つ.

以上より, $x_0 + \varepsilon x_1$, U の要素 $u_{01}, \ldots, u_{lm_l}$, および, 正数 $\gamma_{01}, \ldots, \gamma_{0m_0}$, $\varepsilon\gamma_{11}, \ldots, \varepsilon\gamma_{lm_l}$ は関係式 (5)-(7) を満たすことがわかり, 定理の証明が完了する.

5.2 相制約付き最適制御問題

本節では, 相制約条件のある最適制御問題のポントリャーギンの最大値原理を定式化し, それについて議論する. 証明は, 5.3 節で行われる.

5.2.1 最大値原理の定式化

まず, 以下の固定時間の最適制御問題について考えよう:

$$\mathscr{I}(x(\cdot), u(\cdot)) = \int_{t_0}^{t_1} f(t, x, u) dt \to \inf; \tag{1}$$

$$\dot{x} = \varphi(t, x, u), \tag{2}$$

$$u \in U, \tag{3}$$

$$h_0(x(t_0)) = h_1(x(t_1)) = 0, \tag{4}$$

$$g_i(t, x(t)) \leq 0, \quad t \in [t_0, t_1], \quad i = 1, \ldots, k. \tag{5}$$

本節,および次節においては,特に言及のない限り,関数

$$f : \mathbb{R} \times \mathbb{R}^n \times \mathbb{R}^r \to \mathbb{R}, \quad g_i : \mathbb{R} \times \mathbb{R}^n \to \mathbb{R}, \, i = 1, \ldots, k$$

と写像

$$\varphi : \mathbb{R} \times \mathbb{R}^n \times \mathbb{R}^r \to \mathbb{R}^n, \quad h_l : \mathbb{R}^n \to \mathbb{R}^{s_l}, \, l = 1, 2$$

はすべて連続であって,かつ変数 x については連続微分可能であるとする。また,2章と同じように,$U \subset \mathbb{R}^r$ とする。ここで,2.4節と異なり,上の関数や写像が変数 t について微分可能であるとは仮定していないことを強調しておく。一方で,許容可能な制御変数として,値が U に含まれる任意の有界な可測ベクトル値関数を考えることは,2.4節と同じである。

2章と同じように,ポントリャーギンの最大値原理を,ハミルトニアン型とラグラジアン型という2通りの同値な形で定式化する。まず,以下の定理1を述べるために,2.4節と同様に,ポントリャーギン関数

$$H(t, x, u, p, \lambda_0) = (p|\varphi(t, x, u)) - \lambda_0 f(t, x, u)$$

とハミルトニアン

$$\mathscr{H}(t, x, p, \lambda_0) = \sup_{u \in U} H(t, x, u, p, \lambda_0)$$

を定義しておく。

定理1(ハミルトニアン型の最大値原理). $(x_*(\cdot), u_*(\cdot))$ を問題 (1)-(5) の最適制御過程とする。このとき,すべては0とはならない,実数 $\lambda_0 \geq 0$,ベクトル $l_0 \in \mathbb{R}^{s_0}, l_1 \in \mathbb{R}^{s_1}$,ベクトル値関数 $p(\cdot) : [t_0, t_1] \to \mathbb{R}^n$,および,各 $i = 1, \ldots, k$ に対して,集合

$$T_i = \{t \in [t_0, t_1] | g_i(t, x_*(t)) = 0\}$$

に台を持つ $[t_0, t_1]$ 上の非負値正則測度 μ_i が存在して,以下の a) と b) が成り立つ。

a) ベクトル値関数 $p(\cdot)$ は,積分方程式

$$p(t) = -{h'_1}^*(x_*(t_1))l_1 + \int_t^{t_1} H_x(\tau, x_*(\tau), u_*(\tau), p(\tau), \lambda_0)d\tau$$

$$- \sum_{i=1}^k \int_t^{t_1} g_{ix}(\tau, x_*(\tau))d\mu_i, \tag{6}$$

$$p(t_0) = {h'_0}^*(x_*(t_0))l_0 \tag{7}$$

の解である。

b) ほとんどすべての $t \in [t_0, t_1]$ に対して,

$$H(t, x_*(t), u_*(t), p(t), \lambda_0) = \mathscr{H}(t, x_*(t), p(t), \lambda_0). \tag{8}$$

相制約条件のない問題と同じように,(6) は**随伴方程式**と呼ばれる。容易にわかるように,すべての測度 μ_i が 0 ならば,あるいは,特に相変数に関する制約条件 (5) がないならば,方程式 (6) は 2.4 節の定理 1(i) の微分方程式に帰着する。相制約条件のない問題においては,最大値原理に登場するベクトル値関数 $p(\cdot)$ は絶対連続関数であったが,上の定理 1 のように,相制約条件のある問題の最大値原理に登場する関数 $p(\cdot)$ は,方程式 (6) に測度 μ_i に関する積分の項があるため,その連続性さえも保証されない。しかしながら,測度 μ_i, $i=1,\ldots,k$ が正則であることから,上の定理 1 に登場する関数 $p(\cdot)$ は有界変動関数であり,任意の $t \in (t_0, t_1]$ において左連続である[3)]。

定理 1 は,最適な軌道が端点 t_0, t_1 のどちらかあるいは両方において,相制約条件を等号で満たすことを排除していない。その場合には,測度 μ_i が端点 t_0, t_1 において正の測度を持ち得て,(6) と (7) より,

$$\lim_{\substack{t \to t_1 \\ t < t_1}} p(t) = -{h'_1}^*(x_*(t_1))l_1 + \sum_{i=1}^k g_{ix}(t_1, x_*(t_1))\mu_i(\{t_1\}), \tag{9}$$

---

3) (訳注) 訳者には正則性がどのように関係しているのかが不明であった。そもそも,可分な完備距離空間上の有限値測度は常に正則であることが知られている。

5.2 相制約付き最適制御問題

$$\lim_{\substack{t \to t_0 \\ t > t_0}} p(t) = h_0'^*(x_*(t_0))l_0 + \sum_{i=1}^{k} g_{ix}(t_0, x_*(t_0))\mu_i(\{t_0\}) \tag{10}$$

となるから，$p(t)$ は端点 t_0 において不連続となり得る．もし，どの $i = 1, \ldots, k$ についても，$g_i(t_0, x_*(t_0)) < 0$ と $g_i(t_1, x_*(t_1)) < 0$ が成り立つならば，t_0 と t_1 はどの T_i にも含まれないのだから，$\mu_i(\{t_0\}) = \mu_i(\{t_1\}) = 0, \ i = 1, \ldots, k$ が成り立つ．したがって，この場合には，$p(t)$ は t_0 で連続となり，横断性条件 $p(t_0) = h_0'^*(x_*(t_0))l_0, p(t_1) = -h_1'^*(x_*(t_1))l_1$ が成立する．

上で定式化した定理は，ラグランジュの原理を異なる形で表現している．もし，問題 (1)-(5) のラグランジュ関数を

$$\begin{aligned}
\mathscr{L} = {} & (l_0|h_0(x(t_0))) + (l_1|h_1(x(t_1))) \\
& + \int_{t_0}^{t_1} [p(t)|\dot{x}(t) - \varphi(t, x(t), u(t)) + \lambda_0 f(t, x(t), u(t))]dt \\
& + \sum_{i=1}^{k} \int_{t_0}^{t_1} g_i(t, x(t))d\mu_i
\end{aligned}$$

と書けば，関係式 (6) と (7) は，ラグランジュ関数を変数 $x(\cdot)$ の関数として見たときの，点 $x_*(\cdot)$ における停留条件と同値であり，(8) 式は，明らかに，ラグランジュ関数が変数 $u(\cdot)$ に関して，点 $u_*(\cdot)$ において最小値を達成するための必要十分条件となっている．読者は，次節で述べる定理 1 の証明を分析することで，これらの主張が正しいことを確認することができるだろう．上の議論から，定理 1 は以下のように，同値の異なる形式に書き換えることができる．

定理 1'(ラグランジアン型の最大値原理). $(x_*(\cdot), u_*(\cdot))$ を問題 (1)-(5) の最適制御過程とする．このとき，すべては 0 とはならない，実数 $\lambda_0 \geq 0$，ベクトル $l_0 \in \mathbb{R}^{s_0}, l_1 \in \mathbb{R}^{s_1}$，ベクトル値の有界変動関数 $p(\cdot) : [t_0, t_1] \to \mathbb{R}^n$，および，各 $i = 1, \ldots, k$ に対して，集合 T_i を台に持つ $[t_0, t_1]$ 上の非負値正則測度 μ_i が存在して，以下の a) と b) が成り立つ．

a) ラグランジュ関数は，$u(\cdot) = u_*(\cdot)$ を固定して，変数 $x(\cdot)$ の関数として見たとき，ベクトル値関数 $x_*(\cdot)$ を停留点に持つ．

b) ラグランジュ関数は，$x(\cdot) = x_*(\cdot)$ を固定して，変数 $u(\cdot)$ の関数として見たとき，点 $u_*(\cdot)$ において最小値を達成する．

5.2.2 時間を固定しない問題

すでに指摘したように，2 章とは違い，本節で述べた定理 1 は問題に登場する関数や写像が変数 t について微分可能であるという仮定がなくても成立する．変数 t に関する微分可能性を仮定しないのは，次節で述べる証明に今までとは少し異なるテクニックを用いているからでもあるが，他にもより本質的に重要な理由がある．つまり，固定時間の最適制御問題は，バナッハ空間上，より具体的には，与えられた区間の上で定義された 1 つの，あるいは複数の関数空間上で自然に定式化されるのに対して，時間が固定されていない最適制御問題の場合には，時間を相変数として扱うといった変換をしなければ，問題を固定時間の場合と同様の形式で記述することができないのである．そして，そのような変換を施すためには，時間 t に関する微分可能性は欠くことのできない条件となる．

2 章では，我々は上記の目的で時間の変換を行った．しかしそこではそれ以外の多くの目的でもその変換が用いられ，結果として証明の難易度を大幅に上げることになった．一方，今回の固定時間の最大値原理を証明してしまえば，時間の変換は一般的な問題を固定時間の問題に帰着させるためだけにしか使わなくてよい．この場合にはこの変換は完全に自然な方法であり，この技術の使用がややこしさを生む心配はない．

時間に関する変数変換によって，定理 1 から，以下の一般の最適制御問題の最大値原理がどのように導出されるかを説明しよう．

$$\int_{t_0}^{t_1} f(t,x,u)dt \to \inf; \tag{1$'$}$$

$$\dot{x} = \varphi(t,x,u), \tag{2$'$}$$

$$u \in U, \tag{3$'$}$$

$$h_0(x(t_0)) = h_1(x(t_1)) = 0, \tag{4$'$}$$

$$g_i(t,x(t)) \leq 0, \quad t \in [t_0, t_1], \quad i = 1, \ldots, k. \tag{5$'$}$$

5.2 相制約付き最適制御問題

問題 (1)-(5) と異なり，ここでは時間の端点 t_0 および t_1 は固定されておらず，さらにすべての関数および写像は時間 t に関して連続微分可能であるとする。

区間 $[t_{0*}, t_{1*}]$ とその上で定義された制御過程 $(x_*(\cdot), u_*(\cdot))$ の組 $((x_*(\cdot), u_*(\cdot)), [t_{0*}, t_{1*}])$ が問題 $(1')$-$(5')$ において最適であるとしよう。ここで，区間 $[0, 1]$ 上を動く新たな独立変数 τ を導入し，以下の微分方程式系について考えよう：

$$\frac{dt}{d\tau} = v, \quad \frac{dy}{d\tau} = v\varphi(t, y, w). \tag{11}$$

もし $(t(\tau), y(\tau))$ が，制御変数 $(v(\tau), w(\tau))$ に対する微分方程式系 (11) の解であり，さらに区間 $[0, 1]$ 上で $v(\tau) > 0$ が成り立つならば，$t(\tau)$ は狭義に単調増加な連続関数である。したがって，その逆関数 $\tau(t)$ も連続な狭義単調増加関数となる。この場合には，$x(t) = y(\tau(t))$ は，制御変数 $u(t) = w(\tau(t))$ に対する方程式 $(2')$ の解であって，

$$\int_{t(0)}^{t(1)} f(t, x(t), u(t))dt = \int_0^1 v(\tau) f(t(\tau), y(\tau), w(\tau))d\tau \tag{12}$$

が成り立つ。$v(\tau)$ は区間 $[0, 1]$ 上で正の値を取るのだから，上に述べた主張を確認することは容易である。逆に $x(t)$ を $[t_0, t_1]$ で定義された制御変数 $u(t)$ に対する方程式 $(2')$ の解とすれば，

$$t(\tau) = t_0 + (t_1 - t_0)\tau, \quad y(\tau) = x(t(\tau))$$

は，制御変数 $v(\tau) \equiv t_1 - t_0$ と $w(\tau) = u(t(\tau))$ に対する方程式系 (11) の解であって，さらに，(12) が成立する。

したがって，

$$t_*(\tau) = t_{0*} + (t_{1*} - t_{0*})\tau, \quad y_*(\tau) = x_*(t_*(\tau)),$$
$$v_*(\tau) \equiv v_* = t_{1*} - t_{0*}, \quad w_*(\tau) = u_*(t_*(\tau))$$

は以下の問題の最適過程となる：

$$\int_0^1 v f(t, y, w) d\tau \to \inf; \tag{1''}$$

$$\frac{dt}{d\tau} = v, \quad \frac{dy}{d\tau} = v\varphi(t, y, w), \tag{2''}$$

$$v > 0, \quad w \in U, \tag{3''}$$

$$h_0(t(0), y(0)) = h_1(t(1), y(1)) = 0, \tag{4''}$$

$$g_i(t(\tau), y(\tau)) \leq 0, \quad \tau \in [0,1], \quad i = 1, \ldots, k. \tag{5''}$$

問題 $(1'')$-$(5'')$ は固定時間の最適制御問題なのだから，この問題に定理 1 を適用することができる．$\mathbf{H}$ を問題 $(1'')$-$(5'')$ のポントリャーギン関数とすれば，

$$\begin{aligned}\mathbf{H}(t,x,u,v,p,q,\lambda_0) &= (p|v\varphi(t,x,u)) + qv - \lambda_0 v f(t,x,u) \\ &= v(H(t,x,u,p,\lambda_0) + q)\end{aligned} \tag{13}$$

が成り立つ．ただし，(13) 式において，H は問題 $(1')$-$(5')$ のポントリャーギン関数である．さらに，

$$\Delta_i = \{\tau \in [0,1] | g_i(t_*(\tau), y_*(\tau)) = 0\}, \quad i = 1, \ldots, k$$

と定義すれば，定理 1 より，すべては 0 とはならない，実数 $\lambda_0 \geq 0$，ベクトル $l_0 \in \mathbb{R}^{s_0}, l_1 \in \mathbb{R}^{s_1}$，ベクトル値関数 $\tilde{p}(\tau): [0,1] \to \mathbb{R}^n$，実数値関数 $\tilde{q}(\tau): [0,1] \to \mathbb{R}$，および，各 $i = 1, \ldots, k$ に対して，集合 Δ_i を台に持つ $[0,1]$ 上の非負値正則測度 $\tilde{\mu}_i$ が存在して，ベクトル値関数 $(\tilde{p}(\tau), \tilde{q}(\tau)): [0,1] \to \mathbb{R}^{n+1}$ は積分方程式

$$\tilde{p}(\tau) = -h_{1x}^*(t_*(1), y_*(1))l_1 + \int_\tau^1 \mathbf{H}_x(t_*(\xi), y_*(\xi), w_*(\xi), v_*, \tilde{p}(\xi), \tilde{q}(\xi), \lambda_0) d\xi$$
$$\quad - \sum_{i=1}^k \int_\tau^1 g_{ix}(t_*(\xi), y_*(\xi)) d\tilde{\mu}_i,$$

$$\tilde{q}(\tau) = -(h_{1t}(t_*(1), y_*(1))|l_1) + \int_\tau^1 \mathbf{H}_t(t_*(\xi), y_*(\xi), w_*(\xi), v_*, \tilde{p}(\xi), \tilde{q}(\xi), \lambda_0) d\xi$$
$$\quad - \sum_{i=1}^k \int_\tau^1 g_{it}(t_*(\xi), y_*(\xi)) d\tilde{\mu}_i,$$

$$\tilde{p}(0) = h_{0x}^*(t_*(0), y_*(0))l_0, \quad \tilde{q}(0) = (h_{0t}(t_*(0), y_*(0))|l_0)$$

の解であり，さらに，ほとんどすべての $\tau \in [0,1]$ に対して，

$$\mathbf{H}(t_*(\xi), y_*(\xi), w_*(\xi), v_*, \tilde{p}(\xi), \tilde{q}(\xi), \lambda_0) = \max_{\substack{u \in U \\ v > 0}} \mathbf{H}(t_*(\xi), y_*(\xi), u, v, \tilde{p}(\xi), \tilde{q}(\xi), \lambda_0)$$

が成り立つ.いま,$\tau_*(t)$ を $t_*(\tau)$ の逆関数とする.つまり.

$$\tau_*(t) = \frac{t - t_{0*}}{t_{1*} - t_{0*}}$$

である.ここで,

$$p(t) = \tilde{p}(\tau_*(t)), \quad q(t) = \tilde{q}(\tau_*(t)),$$
$$T_i = \{t \in [t_{0*}, t_{1*}] | g_i(t, x_*(t)) = 0\} = t_*(\Delta_i), \quad i = 1, \ldots, k$$

と定義し,各 $i = 1, \ldots, k$ に対して,μ_i を

$$\int_{t_{0*}}^{t_{1*}} \psi(t) d\mu_i = \int_0^1 \psi(t_*(\tau)) d\tilde{\mu}_i, \quad \forall \psi(\cdot) \in C([t_{0*}, t_{1*}])$$

を満たす測度とすれば[4],明らかに各 μ_i は T_i を台に持つ.(13) より,上で書かれた関係式は以下の形に変形することができる.すなわち,ベクトル値関数 $(p(t), q(t)) : [t_{0*}, t_{1*}] \to \mathbb{R}^{n+1}$ は積分方程式

$$p(t) = -h_{1x}^*(t_{1*}, x(t_{1*}))l_1 + \int_t^{t_{1*}} H_x(\xi, x_*(\xi), u_*(\xi), p(\xi), \lambda_0) d\xi$$
$$- \sum_{i=1}^k \int_t^{t_{1*}} g_{ix}(\xi, x_*(\xi)) d\mu_i, \tag{14}$$

$$q(t) = -(h_{1t}(t_{1*}, x(t_{1*}))|l_1) + \int_t^{t_{1*}} H_t(\xi, x_*(\xi), u_*(\xi), p(\xi), \lambda_0) d\xi$$
$$- \sum_{i=1}^k \int_t^{t_{1*}} g_{it}(\xi, x_*(\xi)) d\mu_i, \tag{15}$$

$$p(t_{0*}) = h_{0x}^*(t_{0*}, x_*(t_{0*}))l_0, \tag{16}$$
$$q(t_{0*}) = (h_{0t}(t_{0*}, x_*(t_{0*}))|l_0) \tag{17}$$

の解であって,さらに,ほとんどすべての $t \in [t_{0*}, t_{1*}]$ に対して,

$$v_*(H(t, x_*(t), u_*(t), p(t), \lambda_0) + q(t))$$

---

[4] (訳注) 各 μ_i は,$\mu_i = \tilde{\mu}_i \circ t_*^{-1}$ によって定義される.$t_* : [0,1] \to [t_{0*}, t_{1*}]$ は同相写像であるから,各 μ_i は非負値正則測度である.

$$= \max_{\substack{u \in U \\ v > 0}} v(H(t, x_*(t), u, p(t), \lambda_0) + q(t)) \tag{18}$$

が成り立つ[5]。(18) より,

$$H(t, x_*(t), u_*(t), p(t), \lambda_0) = \max_{u \in U} H(t, x_*(t), u, p(t), \lambda_0) \tag{19}$$

が得られ，また，$v_* > 0$ であることから，

$$\mathscr{H}(t, x_*(t), p(t), \lambda_0) = -q(t)$$

が成り立つことがわかる。したがって，この式を (15) と (17) に代入すると，

$$\mathscr{H}(t, x_*(t), p(t), \lambda_0) = (h_{1t}(t_{1*}, x(t_{1*}))|l_1)$$
$$- \int_t^{t_{1*}} H_t(\xi, x_*(\xi), u_*(\xi), p(\xi), \lambda_0) d\xi + \sum_{i=1}^k \int_t^{t_{1*}} g_{it}(\xi, x_*(\xi)) d\mu_i \tag{20}$$
$$\mathscr{H}(t_{0*}, x_*(t_{0*}), p(t_{0*}), \lambda_0) = -(h_{0t}(t_{0*}, x_*(t_{0*}))|l_0) \tag{21}$$

が得られる。

以上の議論から，もし問題 (1)-(5) の許容可能な過程 $((x_*(\cdot), u_*(\cdot)), [t_{0*}, t_{1*}])$ が最適であるならば，すべては 0 とはならない，実数 $\lambda_0 \geq 0$，ベクトル $l_j \in \mathbb{R}^{s_j}$，$j = 0, 1$，ベクトル値関数 $p(t) : [t_{0*}, t_{1*}] \to \mathbb{R}^n$，および，各 $i = 1, \ldots, k$ に対して，集合 T_i に台を持つ $[t_{0*}, t_{1*}]$ 上の非負値正則測度 μ_i が

---

[5]（訳注）当然ながら，この部分は前で得られた関係式を関数 $t_*(\tau) : [0, 1] \to [t_{0*}, t_{1*}]$ で変数変換して，(13) を用いて書き直しているだけである。例えば，変数変換 $\tau \mapsto t = t_*(\tau)$ によって，

$$\int_\tau^1 \mathbf{H}_x(t_*(\xi), y_*(\xi), w_*(\xi), v_*, \tilde{p}(\xi), \tilde{q}(\xi), \lambda_0) t_*'(\xi) d\xi$$
$$= \int_t^{t_{1*}} \mathbf{H}_x(\xi, x_*(\xi), u_*(\xi), v_*, p(\xi), q(\xi), \lambda_0) d\xi$$
$$= \int_t^{t_{1*}} v^* H_x(\xi, x_*(\xi), u_*(\xi), p(\xi), \lambda_0) d\xi.$$

そこで，$t_*'(\xi) \equiv t_{1*} - t_{0*} = v^*$ であることに注意して，上式の両辺を v^* で割れば，

$$\int_\tau^1 \mathbf{H}_x(t_*(\xi), y_*(\xi), w_*(\xi), v_*, \tilde{p}(\xi), \tilde{q}(\xi), \lambda_0) d\xi = \int_t^{t_{1*}} H_x(\xi, x_*(\xi), u_*(\xi), p(\xi), \lambda_0) d\xi$$

が得られる。

存在して，(14), (16) および (19)-(21) が成立する．(20) に関連して，ハミルトニアン $\mathscr{H}(t, x_*(t), p(t), \lambda_0)$ は有界変動関数であって，左連続である[6]．

以上が，相制約付きの時間が固定されない問題に対するポントリャーギンの最大値原理である．

5.3 相制約付き最適制御問題の最大値原理の証明

以下の最適制御問題を考えていたことを思い出そう：

$$\mathscr{I}(x(\cdot), u(\cdot)) = \int_{t_0}^{t_1} f(t, x, u) dt \to \inf; \tag{1}$$

$$\dot{x} = \varphi(t, x, u), \tag{2}$$

$$u \in U, \tag{3}$$

$$h_0(x(t_0)) = h_1(x(t_1)) = 0, \tag{4}$$

$$g_i(t, x(t)) \leq 0, \quad t \in [t_0, t_1], \quad i = 1, \ldots, k. \tag{5}$$

ただし，端点の時間 t_0, t_1 は固定されているものとする．

5.3.1 問題の帰着

まず，問題 (1)-(5) の許容可能な制御変数の集合を $\mathscr{U}$ と書く：

$$\mathscr{U} = \{u(\cdot) \in L_\infty^r([t_0, t_1]) | u(t) \in U \text{ a.e.}\}.$$

また，

$$y(t) = x(t) - x(t_0) - \int_{t_0}^{t} \varphi(\tau, x(\tau), u(\tau)) d\tau, \quad t \in [t_0, t_1],$$
$$a_0 = h_0(x(t_0)), \quad a_1 = h_1(x(t_1))$$

と定義し，$C^n([t_0, t_1]) \times \mathscr{U}$ を定義域に持ち，値が $C^n([t_0, t_1]) \times \mathbb{R}^{s_0} \times \mathbb{R}^{s_1}$ に含まれる写像 F を以下のように定義する：

---

[6] (訳注) (20) は「ほとんどすべての」時刻についてしか言えないので，訳者にはここの真偽は判定できなかった．

$$F(x(\cdot), u(\cdot)) = (y(\cdot), a_0, a_1) \in C^n([t_0, t_1]) \times \mathbb{R}^{s_0} \times \mathbb{R}^{s_1}.$$

さらに，$C^n([t_0, t_1])$ を定義域に持つ実数値関数 G_i を以下のように定義する：

$$G_i(x(\cdot)) = \max_{t \in [t_0, t_1]} g_i(t, x(t)), \quad i = 1, \ldots, k.$$

いま定義したこれらの記号を用いることによって，問題 (1)-(5) は次のように書き換えられる：

$$\mathscr{I}(x(\cdot), u(\cdot)) \to \inf;$$

$$F(x(\cdot), u(\cdot)) = 0,$$

$$G_i(x(\cdot)) \leq 0, \quad i = 1, \ldots, k,$$

$$u(\cdot) \in \mathscr{U}.$$

したがって，少なくとも形式上は，問題 (1)-(5) は 5.1 節で考えられていた問題と同じである．そこで，5.1 節の定理 1 を適用するためには，汎関数 $\mathscr{I}$ と写像 F，および G_i, $i = 1, \ldots, k$ が 5.1 節の定理 1 で挙げられている条件を満たすことを確認しなければならない．

5.1 節の定理 1 の前件で述べられている条件のうち，汎関数 $\mathscr{I}$ と写像 F の変数 $x(\cdot)$ に関する微分可能性と，関数 G_i, $i = 1, \ldots, k$ の連続性と正規局所凸性は容易に確認できる．

実際，2.5.2 節とほとんど同じ方法で (唯一の違いは，0.4 節の定理 1 の系を適用する箇所に同じ節の補題 1 を適用するところである)，写像 $x(\cdot) \mapsto F(x(\cdot), u(\cdot))$ が連続フレシェ微分可能であって，点 $(x_*(\cdot), u_*(\cdot))$ における微分値は，

$$y(t) = x(t) - x(t_0) - \int_{t_0}^{t} \varphi_x(\tau, x_*(\tau), u_*(\tau)) x(\tau) d\tau,$$

$$a_0 = h_0'(x_*(t_0))x(t_0), \quad a_1 = h_1'(x_*(t_1))x(t_1)$$

と置けば，

$$F_{x(\cdot)}(x_*(\cdot), u_*(\cdot))x(\cdot) = (y(\cdot), a_0, a_1) \tag{6}$$

と書けることが確認できる[7]．同様に，汎関数 $\mathscr{I}$ も変数 $x(\cdot)$ の関数として，連続フレシェ微分可能で，その $(x_*(\cdot), u_*(\cdot))$ における微分値は，

---

7) （訳注）0.4 節の補題 1 を適用するところはむしろ正則性条件であるように思われる．

5.3 相制約付き最適制御問題の最大値原理の証明

$$\langle \mathscr{I}_{x(\cdot)}(x_*(\cdot), u_*(\cdot)), x(\cdot) \rangle = \int_{t_0}^{t_1} (f_x(t, x_*(t), u_*(t)) | x(t)) dt \tag{7}$$

である。最後に，4.4 節の定理 3 から，関数 G_i, $i = 1, \ldots, k$ は $C^n([t_0, t_1])$ 上で正規局所凸であって，4.5.3 項で示されているように，関数 G_i の点 $x_*(\cdot)$ における劣微分は，$\tilde{\mu}_i$ を，

$$\tilde{T}_i = \{t \in [t_0, t_1] | g_i(t, x_*(t)) = G_i(x_*(\cdot))\}$$

を台に持ち，全変動が 1 に等しい $[t_0, t_1]$ 上の非負値正則測度として，

$$\langle x^*, x(\cdot) \rangle = \int_{t_0}^{t_1} (g_{ix}(t, x_*(t)) | x(t)) d\tilde{\mu}_i \tag{8}$$

という形で書くことができる連続な線形汎関数 x^* をすべて集めた集合となる。

以上から，後は問題 (1)-(5) が 5.1 節の定理 1 の条件 b) に述べられている性質を持つことを示せばよい。われわれはこれを，次節で示される補題を使って，5.3.3 項で証明する。

5.3.2 準備のための補題

5.1 節の定理 1 の条件 b) では，ある性質を持った写像 v が存在することが仮定されている。最適制御問題におけるそのような写像の構成は，以下で述べる，実変数関数の理論に関連した，ある集合族の構成に基づいて行われる。最初に最も簡単な場合について考えてみよう。

$y(\cdot)$ を区間 $[t_0, t_1]$ 上で定義され，有限次元空間に値を持つ有界な可測写像，$M \subset [t_0, t_1]$ を可測集合とし，$\chi_M(\cdot)$ を M の定義関数とする：

$$\chi_M(t) = \begin{cases} 1, & t \in M \text{ の場合}, \\ 0, & t \notin M \text{ の場合}. \end{cases}$$

また，$Y(t)$ と $Y_M(t)$ をそれぞれ，t_0 において値が 0 に等しい，ベクトル値関数 $y(t)$ と $\chi_M(t) y(t)$ の原始ベクトル値関数とする：

いまの場合，a_0 と a_1 の自由度は高々有限次元なので無視してよいが，y は $y(t_0) = 0$ を常に満たすので，定数関数が補空間を成すこと，よって余次元が 1 であることを確認しなければならない。

$$Y(t) = \int_{t_0}^{t} y(\tau)d\tau, \quad Y_M(t) = \int_{t_0}^{t} \chi_M(\tau)y(\tau)d\tau.$$

補題 1. 区間 $[t_0, t_1]$ 上の任意の有界な可測ベクトル値関数 $y(t)$ と任意の正数 $\delta > 0$ に対して，$[t_0, t_1]$ の可測な部分集合から構成される 1 パラメータ族 $\{M(\alpha)\}_{\alpha \in [0,1]} = \{M(\alpha; y(\cdot), \delta)\}_{\alpha \in [0,1]}$ が存在して，以下が成立する:

$$\text{mes } M(\alpha) = \alpha(t_1 - t_0), \quad M(\alpha') \subset M(\alpha), \ 0 \le \alpha' \le \alpha \le 1, \quad (9)$$

$$\max_{t \in [t_0, t_1]} |Y_{M(\alpha)}(t) - Y_{M(\alpha')}(t) - (\alpha - \alpha')Y(t)| \le \delta|\alpha - \alpha'|. \quad (10)$$

以下の証明で展開される 1 パラメータ族の構成方法は，ベクトル値関数 $y(t)$ が定値関数 $y(t) \equiv C$ であるときには非常に理解しやすい．この場合には，区間 $[t_0, t_1]$ を長さ $\delta/|C|$ 以下の小区間 $\Delta_1, \ldots, \Delta_r$ に等分割し，各 $\Delta_i = [\tau_i, \tau_{i+1}]$ と $0 \le \alpha \le 1$ に対して，$\Delta_i(\alpha) = [\tau_i, \tau_i + \alpha(\tau_{i+1} - \tau_i)]$ と定義して，$M(\alpha) = \bigcup_{i=1,\ldots,r} \Delta_i(\alpha)$ とすればよい．

証明． 任意の有界な可測ベクトル値関数は，有限個の値だけを取るベクトル値単関数の一様収束先である．そこで，$y(\cdot)$ をベクトル値関数と仮定しても証明すれば十分である．実際，有界なベクトル値可測関数 $y(\cdot)$ に対して，ベクトル値単関数 $\tilde{y}(t)$ が存在して，

$$\sup_{t \in [t_0, t_1]} |y(t) - \tilde{y}(t)| \le \frac{\delta}{t_1 - t_0} \quad (11)$$

が成り立つ．そこで，もし補題 1 がベクトル値単関数については正しいことが証明されていれば，$[t_0, t_1]$ 上の可測な部分集合から構成される集合族 $\{M(\alpha)\} = \{M(\alpha; \tilde{y}(\cdot), \delta)\}$ が存在して，例えば，$\alpha \ge \alpha'$ であれば[8]，(9) と (11) から，

$$|Y_{M(\alpha)}(t) - \tilde{Y}_{M(\alpha)}(t) - Y_{M(\alpha')}(t) + \tilde{Y}_{M(\alpha')}(t)|$$

---

8) （訳注）$\alpha \ge \alpha'$ という限定がなくても，不等式

$$|Y_{M(\alpha)}(t) - \tilde{Y}_{M(\alpha)}(t) - Y_{M(\alpha')}(t) + \tilde{Y}_{M(\alpha')}(t)| \le \delta|\alpha - \alpha'|$$

は成立する．$\alpha \le \alpha'$ の場合には，この不等式を導出する途中式で α と α' が入れ替わるだけである．

5.3 相制約付き最適制御問題の最大値原理の証明

$$= |Y_{M(\alpha)\setminus M(\alpha')}(t) - \tilde{Y}_{M(\alpha)\setminus M(\alpha')}(t)|$$
$$\leq (\text{mes } M(\alpha) - \text{mes } M(\alpha')) \cdot \sup_{t\in[t_0,t_1]} |y(t) - \tilde{y}(t)|$$
$$\leq (\alpha - \alpha')(t_1 - t_0) \cdot \frac{\delta}{t_1 - t_0} = \delta|\alpha - \alpha'|,$$

(11) から,
$$|(\alpha - \alpha')(Y(t) - \tilde{Y}(t))| \leq \delta|\alpha - \alpha'|$$

が成り立つことがわかる.そこで,上の2つの不等式と (10) より,
$$|Y_{M(\alpha)}(t) - Y_{M(\alpha')} - (\alpha - \alpha')Y(t)| \leq 3\delta|\alpha - \alpha'|$$

が成立するから,$M(\alpha) = M(\alpha; y(\cdot), 3\delta)$ とすれば,$\{M(\alpha)\}$ は $y(\cdot)$ と $3\delta > 0$ に対して,(9) と (10) を満たす1パラメータ族である.

$y(\cdot)$ を任意のベクトル値単関数とし,$\delta > 0$ を任意の正数とする.まず,$M(\alpha)$ の構成方法を述べるために以下の記号を導入する.A を正のルベーグ測度を持つ $[t_0, t_1]$ の可測部分集合とする.このとき,関数 $X_A : [t_0, t_1] \to \mathbb{R}$ を

$$X_A(t) = \int_{t_0}^{t} \chi_A(\tau)d\tau$$

と定義すれば,X_A は非負値の非減少関数で,$X_A(t_0) = 0, X_A(t_1) = \text{mes } A$ を満たす.また,$t(\alpha) \in [t_0, t_1]$ を $X_A(t) = \alpha \cdot \text{mes } A$ を満たす最小値とし[9],A と $[t_0, t(\alpha)]$ の共通部分を $(A)_\alpha$ と書く.

いま,$y(\cdot)$ はベクトル値単関数なのだから,
$$y(t) = \sum_{j=1}^{q} y_j \chi_{A_j}(t)$$

と書くことができる.ただし,上式において,$\{A_j\}_{j=1,\ldots,q}$ は区間 $[t_0, t_1]$ の分割である.ここで,$C = \max_j |y_j|$ と定義しておく.区間 $[t_0, t_1]$ を長さが $\delta/(2C)$ 以下で等しい r 個の小区間 $\Delta_1, \ldots, \Delta_r$ に分割する.このとき,

---

9) (訳注)$t(\alpha)$ は well-defined であることに注意しよう.実際,X_A は $[t_0, t_1]$ 上で連続であって,$X_A(t_0) = 0, X_A(t_1) = \text{mes } A$ だから,中間値の定理より,任意の $\alpha \in [0,1]$ に対して,$X_A^{-1}(\alpha \cdot \text{mes } A)$ は非空コンパクト集合である.したがって,$t(\alpha) = \min X_A^{-1}(\alpha \cdot \text{mes } A)$ は確かに存在する.

$$M(\alpha) = \bigcup_{i=1,\ldots,r, j=1,\ldots,q} (A_j \cap \Delta_i)_\alpha$$

と定義すれば，$\{M(\alpha)\}$ は所望の性質を有する 1 パラメータ族である[10]。実際，まず

$$\operatorname{mes} M(\alpha) = \sum_{i,j} \operatorname{mes}(A_j \cap \Delta_i)_\alpha = \alpha \sum_{i,j} \operatorname{mes}(A_j \cap \Delta_i) = \alpha(t_1 - t_0)$$

である。また，$\alpha \geq \alpha'$ ならば，$(A_j \cap \Delta_i)_{\alpha'} \subset (A_j \cap \Delta)_\alpha$ だから，$M(\alpha') \subset M(\alpha)$ が成り立つ。最後に，ベクトル値関数 $y(t)$ は A_j 上では一定値 y_j を取るのだから，

$$\int_{(A_j \cap \Delta_i)_\alpha} y(t) dt = \int_{(A_j \cap \Delta_i)_\alpha} y_j dt = \alpha y_j \cdot \operatorname{mes}(A_j \cap \Delta_i)$$

である。したがって，ベクトル値関数 $(\alpha-\alpha')Y(t)$ と $Y_{M(\alpha)}(t) - Y_{M(\alpha')}(t)$ はどの小区間 Δ_i の終端点においても値は等しい。また，ある小区間 $\Delta_i = [\tau_i, \tau_{i+1}]$ に対して，$\tau_i < t < \tau_{i+1}$ を満たす t においても，

$$|Y_{M(\alpha)}(t) - Y_{M(\alpha')}(t) - (\alpha-\alpha')Y(t)|$$
$$\leq |\alpha - \alpha'| \left| \int_{\tau_i}^{t} y(\tau) d\tau \right| + \left| \int_{\tau_i}^{t} (\chi_{M(\alpha)}(\tau) - \chi_{M(\alpha')}(\tau)) y(\tau) d\tau \right|$$
$$\leq 2C|\alpha - \alpha'||t - \tau_i| \leq \delta|\alpha - \alpha'|$$

が成り立つから，結局すべての $t \in [t_0, t_1]$ について，(10) が成立することがわかり，証明が完了する。■

補題 1 は次のように一般化することができる。

補題 2. $y_i(\cdot) : [t_0, t_1] \to \mathbb{R}^{n_i}$, $i = 1, \ldots, m$ を有界な可測ベクトル値関数とす

---

10) （訳注）補題 2 との整合性を保つためにも，

$$M(\alpha) = \bigcup_{i=1,\ldots,r, j=1,\ldots,q} (A_j \cap \Delta_i)_\alpha \Big\backslash \bigcup_{i=1,\ldots,r, j=1,\ldots,q} (A_j \cap \Delta_i)_0$$

と定義した方がよいと考えられる。こうすることで，$M(0) = \emptyset$ となるからである。また，$\{0\}$ のルベーグ測度は 0 なのだから，このように 1 パラメータ族 $\{M(\alpha)\}$ の定義を変えても上の証明の議論に全く影響を与えない。

5.3 相制約付き最適制御問題の最大値原理の証明

る。このとき，任意の正数 $\delta > 0$ に対して，1パラメータ族 $\{M_i(\alpha)\}_{i=1,\ldots,m, \alpha \in [0, 1/m]}$ が存在して，以下が成立する：

mes $M_i(\alpha) = \alpha(t_1 - t_0)$, $\quad i = 1, \ldots, m$, $0 \leq \alpha \leq 1/m$,

$M_i(\alpha) \cap M_k(\alpha) = \emptyset$, $\quad i \neq k$, $0 \leq \alpha \leq 1/m$,

$M_i(\alpha') \subset M_i(\alpha)$, $\quad i = 1, \ldots, m$, $0 \leq \alpha' \leq \alpha \leq 1/m$,

$\max_{t \in [t_0, t_1]} |Y_{i, M_i(\alpha)}(t) - Y_{i, M_i(\alpha')}(t) - (\alpha - \alpha') Y_i(t)| \leq \delta |\alpha - \alpha'|$,

$\quad i = 1, \ldots, m$, $0 \leq \alpha \leq 1/m$, $0 \leq \alpha' \leq 1/m$.

証明. $n = n_1 + \cdots + n_m$ とすれば，

$$t \mapsto z(t) = (y_1(t), \ldots, y_m(t))$$

は $[t_0, t_1]$ 上で定義され，$\mathbb{R}^n$ に値を持つ有界な可測写像である。そこで，写像 $z(\cdot)$ と正数 $\delta > 0$ に対して，区間 $[t_0, t_1]$ の可測な部分集合で構成される1パラメータ族 $\{M(\alpha)\}_{0 \leq \alpha \leq 1}$ が存在して，補題1で述べられている性質を有する。この1パラメータ族 $\{M(\alpha)\}$ を用いて，各 $0 \leq \alpha \leq 1/m$ と $i = 1, \ldots, m$ に対して，

$$M_i(\alpha) = M((i-1)/m + \alpha) \setminus M((i-1)/m)$$

と定義すれば，集合族 $\{M_i(\alpha)\}_{i=1,\ldots,m, \alpha \in [0, 1/m]}$ は所望の1パラメータ族である。実際，$\{M_i(\alpha)\}$ が上で挙げた性質のうち，最後の不等式以外をすべて満たすことは定義から明らかであり，また，最後の不等式についても，任意のベクトル $z = (y_1, \ldots, y_m) \in \mathbb{R}^n$, $y_i \in \mathbb{R}^{n_i}$, $i = 1, \ldots, m$ について，$|y_i| \leq |z|$, $i = 1, \ldots, m$ が成り立つことに注意すれば，補題1の (10) より，

$\max_{t \in [t_0, t_1]} |Y_{i, M_i(\alpha)}(t) - Y_{i, M_i(\alpha')}(t) - (\alpha - \alpha') Y_i(t)|$

$= \max_{t \in [t_0, t_1]} |(Y_{i, M((i-1)/m + \alpha)}(t) - Y_{i, M((i-1)/m)}(t))$

$\qquad - (Y_{i, M((i-1)/m + \alpha')}(t) - Y_{i, M((i-1)/m)}(t)) - (\alpha - \alpha') Y_i(t)|$

$= \max_{t \in [t_0, t_1]} |Y_{i, M((i-1)/m + \alpha)}(t) - Y_{i, M((i-1)/m + \alpha')}(t) - (\alpha - \alpha') Y_i(t)|$

$\leq \max_{t \in [t_0, t_1]} |Z_{M((i-1)/m + \alpha)}(t) - Z_{M((i-1)/m + \alpha')}(t) - (\alpha - \alpha') Z(t)|$

$$\leq \delta|\alpha - \alpha'|$$

が得られる．以上で補題 2 の証明が完成した．■

5.3.3 写像 v の構成

問題 (1)-(5) の分析に戻ろう．われわれの目標は，この問題が 5.1 節の定理 1b) で述べられている性質を持っていることを示すことである．そのためには次のことを証明すればよい： $u_1(\cdot), \ldots, u_m(\cdot)$ を許容可能な制御変数とし (つまり，$u_j(\cdot) \in \mathscr{U}, j = 1, \ldots, m$)，$\delta > 0$ を正数とするとき，$x_*(\cdot)$ の近傍 $V \subset C^n([t_0, t_1])$，正数 $\varepsilon > 0$，および $\varepsilon \Sigma^m$ 上で定義され (Σ^m は，

$$\Sigma^m = \left\{ a = (\alpha_1, \ldots, \alpha_m) \in \mathbb{R}^m \,\middle|\, \alpha_j \geq 0, j = 1, \ldots, m, \ \sum_{j=1}^m \alpha_j \leq 1 \right\}$$

で定義される集合であり，したがって，

$$\varepsilon \Sigma^m = \left\{ a = (\alpha_1, \ldots, \alpha_m) \in \mathbb{R}^m \,\middle|\, \alpha_j \geq 0, j = 1, \ldots, m, \ \sum_{j=1}^m \alpha_j \leq \varepsilon \right\}$$

であることを思い出そう)，$\mathscr{U}$ に値を持つ写像 $a \mapsto v(a)(\cdot)$ が存在して，ほとんどすべての $t \in [t_0, t_1]$ について，

$$v(0)(t) = u_*(t)$$

を満たし，また，任意の $x(\cdot), x'(\cdot) \in V$，$a, a' \in \varepsilon \Sigma^m$ に対して，

$$\max_{t \in [t_0, t_1]} \left| \int_{t_0}^{t_1} \left[\varphi(\tau, x(\tau), v(a)(\tau)) \right. \right.$$
$$- \varphi(\tau, x'(\tau), v(a')(\tau)) - \varphi_x(\tau, x_*(\tau), u_*(\tau))(x(\tau) - x'(\tau))$$
$$\left. \left. - \sum_{j=1}^m (\alpha_j - \alpha_j')(\varphi(\tau, x_*(\tau), u_j(\tau)) - \varphi(\tau, x_*(\tau), u_*(\tau))) \right] d\tau \right|$$
$$\leq \delta \left(\|x(\cdot) - x'(\cdot)\|_C + \sum_{j=1}^m |\alpha_j - \alpha_j'| \right), \tag{12}$$

$$\mathscr{I}(x(\cdot), v(a)(\cdot)) - \mathscr{I}(x(\cdot), u_*(\cdot)) - \sum_{j=1}^m \alpha_j (\mathscr{I}(x(\cdot), u_j(\cdot)) - \mathscr{I}(x(\cdot), u_*(\cdot)))$$

$$\leq \delta \sum_{j=1}^{m} \alpha_j. \tag{13}$$

が成り立つ[11]。なお，存在を証明しようとしている写像 v は $x(\cdot) \in V$ に依存していないことに注意しよう。また，(12) は 5.1 節定理 1 の条件 b) に登場す

---

11)　（訳注）(12) の左辺を K と書くことにすれば，5.1 節定理 1 の b_2) の 1 番目の不等式を証明するためには，本来

$$K + \left|h_0(x(t_0)) - h_0(x'(t_0)) - h'_0(x_*(t_0))(x(t_0) - x'(t_0))\right|$$
$$+ \left|h_1(x(t_1)) - h_1(x'(t_1)) - h'_1(x_*(t_1))(x(t_1) - x'(t_1))\right|$$
$$\leq \delta \left(\|x(\cdot) - x'(\cdot)\|_C + \sum_{j=1}^{m} |\alpha_j - \alpha'_j|\right)$$

を証明しなければならないが，$x_*(\cdot)$ の凸近傍 V を，任意の $\bar{x}(\cdot) \in V$ に対して，

$$\|h'_i(\bar{x}(t_i)) - h'_i(x_*(t_i))\| \leq \delta, \quad i = 0, 1$$

を満たすように十分小さくとれば（ただし上式において，$\|h'_i\|$ は h'_i の作用素ノルムとする），0.2 節の平均値の定理から，各 $i = 0, 1$ に対して，

$$\left|h_i(x(t_i)) - h_i(x'(t_i)) - h'_i(x_*(t_i))(x(t_i) - x'(t_i))\right|$$
$$\leq \sup_{\gamma \in [0,1]} \|h'_i(x'(t_i) + \gamma(x(t_i) - x'(t_i))) - h'_i(x_*(t_i))\| \cdot |x(t_i) - x'(t_i)|$$
$$\leq \delta \|x(\cdot) - x'(\cdot)\|_C, \quad i = 0, 1$$

が成り立つので，結局 (12) が証明できれば，

$$K + \left|h_0(x(t_0)) - h_0(x'(t_0)) - h'_0(x_*(t_0))(x(t_0) - x'(t_0))\right|$$
$$+ \left|h_1(x(t_1)) - h_1(x'(t_1)) - h'_1(x_*(t_1))(x(t_1) - x'(t_1))\right|$$
$$\leq \delta \left(\|x(\cdot) - x'(\cdot)\|_C + \sum_{j=1}^{m} |\alpha_j - \alpha'_j|\right) + 2\delta \|x(\cdot) - x'(\cdot)\|_C$$
$$\leq 3\delta \left(\|x(\cdot) - x'(\cdot)\|_C + \sum_{j=1}^{m} |\alpha_j - \alpha'_j|\right)$$

が得られ，5.1 節定理 1 の b_2) の 1 番目の不等式が導かれる．同様に，(13) が示されても，5.1 節定理 1 の b_2) の 2 番目の不等式の $i = 0$ の場合が導かれるだけだが，$i = 1, \ldots, k$ については，5.3 節の問題 (1)-(5) の場合には，

$$G_i(x(\cdot)) - G_i(x(\cdot)) - \sum_{j=1}^{m} \alpha_j (G_i(x(\cdot)) - G_i(x(\cdot))) \leq \delta \left(\|x - x_*\| + \sum_{j=1}^{n} \alpha_j\right)$$

という形の不等式になって，上式の左辺 $= 0$ だから，この不等式は常に成立する．したがって，(13) が証明されれば，5.1 節定理 1 の b_2) の 2 番目の不等式が導かれることがわかる．

る不等式に対応していて,そこに登場する写像 F の変数 x に関するフレシェ微分 F_x の具体的な形は 5.3.1 項で与えられている.

上で述べたことを証明するために,許容可能な制御変数 $u_1(\cdot),\ldots,u_m(\cdot)$ と正数 $\delta > 0$ を任意に取る.いま,各 $j = 1,\ldots,m$ に対して,$(n+1)$ 次元ベクトル値関数 $y_j : [t_0, t_1] \to \mathbb{R}^{n+1}$ を

$$y_j(t) = (\varphi(t, x_*(t), u_j(t)) - \varphi(t, x_*(t), u_*(t)), f(t, x_*(t), u_j(t)) - f(t, x_*(t), u_*(t)))$$

と定義する.制御変数 $u_*(t), u_1(t),\ldots,u_m(t)$ は可測で有界なのだから,写像 φ, f の連続性より,各 $y_j(t)$ は有界な可測ベクトル値関数である.したがって,補題 2 から,区間 $[t_0, t_1]$ の可測な部分集合からなる 1 パラメータ族 $\{M_j(\alpha)\}_{j=1,\ldots,m, \alpha \in [0, 1/m]}$ が存在して,

$$M_j(\alpha) \cap M_k(\alpha') = \emptyset, \quad j \neq k,$$
$$M_j(\alpha') \subset M_j(\alpha), \quad \alpha' \leq \alpha,$$
$$\mathrm{mes}\, M_j(\alpha) = \alpha(t_1 - t_0),$$

および,任意の $t \in [t_0, t_1]$,$0 \leq \alpha \leq 1/m$,$0 \leq \alpha' \leq 1/m$ に対して,

$$|Y_{j, M_j(\alpha)}(t) - Y_{j, M_j(\alpha')}(t) - (\alpha - \alpha') Y_j(t)| \leq \frac{\delta}{2} |\alpha - \alpha'| \tag{14}$$

が成立する.ここで,集合 Q^m を,

$$Q^m = \{a = (\alpha_1, \ldots, \alpha_m) \in \mathbb{R}^m \mid 0 \leq \alpha_j \leq 1/m\}$$

と定義し,任意の $a \in Q^m$ に対して,ベクトル値関数 $v(a)(\cdot) : [t_0, t_1] \to \mathbb{R}^r$ を,

$$v(a)(t) = u_*(t) + \sum_{j=1}^{m} \chi_{M_j(\alpha_j)}(t)(u_j(t) - u_*(t))$$

と定義する.すると,$t \mapsto v(a)(t)$ は所望の性質をすべて満たす写像である.この主張を証明する前に,ベクトル値関数 $v(a)(t)$ の定義について少し触れよう.集合 $M_j(\alpha)$, $j = 1,\ldots,m$ のうち,どの 2 つの集合も互いに素なのだから,$v(a)(t)$ は値として,$u_*(t), u_1(t),\ldots,u_m(t)$ のいずれかしかとらない.さ

5.3 相制約付き最適制御問題の最大値原理の証明

らに部分区間 $\Delta \subset [t_0, t_1]$ を長く取れば取るほど，Δ のうちで $v(a)(t) = u_j(t)$ となる t の集合の長さで見た割合は α_j に近づく．したがって，$v(a)(t)$ は，区間 $[t_0, t_1]$ 上では，$u_*(t), u_1(t), \ldots, u_m(t)$ をベクトル $a = (\alpha_1, \ldots, \alpha_m)$ によって定まる割合で混ぜ合わせたベクトル値関数である．さらに，後の議論のために，集合 $M_j(\alpha)$, $j = 1, \ldots, m$ は互いに素なのだから，任意の $x(\cdot) \in C^n([t_0, t_1])$ と $[t_0, t_1] \times \mathbb{R}^n \times \mathbb{R}^r$ 上で定義された任意のベクトル値関数 g について，

$$\begin{aligned}
& g(t, x(t), v(a)(t)) \\
&= g(t, x(t), u_*(t)) + \sum_{j=1}^{m} \chi_{M_j(\alpha_j)}(t)(g(t, x(t), u_j(t)) \\
&\quad - g(t, x(t), u_*(t)))
\end{aligned} \tag{15}$$

が成り立つことに注意しよう．

さて，定義から，任意の $a \in Q^m$ について，ベクトル値関数 $t \mapsto v(a)(t)$ は有界，可測であって，さらに，ほとんどすべての $t \in [t_0, t_1]$ について，$v(a)(t) \in U$ なのだから，$v(a)(\cdot) \in \mathscr{U}$ である．また，$M_j(0) = \emptyset$, $j = 1, \ldots, m$ なのだから，$v(0)(t) \equiv u_*(t)$ であることも明らかである．

また，制御変数 $u_*(\cdot), u_1(\cdot), \ldots, u_m(\cdot)$ は有界なのだから，それらの値はすべて，コンパクト集合 $U_1 \subset \mathbb{R}^r$ に含まれる．φ と f の連続性から，正数 $\sigma > 0$ を十分小さくとれば，任意の $t \in [t_0, t_1]$ と $|x - x_*(t)| < \sigma, |x' - x_*(t)| < \sigma$ を満たす任意の $x, x' \in \mathbb{R}^n$，および，任意の $u \in U_1$ に対して，

$$|\varphi(t, x, u) - \varphi(t, x_*(t), u)| \leq \frac{\delta}{4(t_1 - t_0)}, \tag{16}$$

$$|f(t, x, u) - f(t, x_*(t), u)| \leq \frac{\delta}{8(t_1 - t_0)}, \tag{17}$$

$$|\varphi(t, x, u) - \varphi(t, x', u) - \varphi_x(t, x_*(t), u)(x - x')| \leq \frac{\delta|x - x'|}{2(t_1 - t_0)} \tag{18}$$

が成り立つ[12]．ここで，集合 V を，

---

[12] （訳注）念のため，(18) だけ証明を述べる．まず，集合 $B \subseteq \mathbb{R}^n$ を，

$$B = \left\{ x \in \mathbb{R}^n \,\middle|\, \inf_{t \in [t_0, t_1]} |x - x_*(t)| \leq 1 \right\}$$

と定義すると，x_* の連続性から $x_*([t_0, t_1])$ は有界なので，B はコンパクト集合である．そこ

$$V = \{x(\cdot) \in C^n([t_0, t_1]) \,|\, \|x(\cdot) - x_*(\cdot)\|_C < \sigma\}$$

と定義し，正数 $\varepsilon > 0$ を $\varepsilon \leq 1/m$ と

$$\varepsilon(t_1 - t_0) \max_{\substack{t \in [t_0, t_1] \\ u \in U_1}} \|\varphi_x(t, x_*(t), u)\| \leq \frac{\delta}{4} \tag{19}$$

を満たすように取る。ただし，(19) において，$\|\varphi_x\|$ は φ_x を $\mathbb{R}^n$ から $\mathbb{R}^n$ への線形作用素として見たときの φ_x の作用素ノルムである．

いま，$x(\cdot), x'(\cdot) \in V$ と $a, a' \in \varepsilon \varSigma^m$ を任意にとれば ($\varepsilon \leq 1/m$ なのだから，$a, a' \in Q^m$ であることに注意)，

$$\left| \int_{t_0}^t \Big[\varphi(\tau, x(\tau), v(a)(\tau)) - \varphi(\tau, x'(\tau), v(a')(\tau)) \right.$$
$$- \varphi_x(\tau, x_*(\tau), u_*(\tau))(x(\tau) - x'(\tau))$$
$$\left. - \sum_{j=1}^m (\alpha_j - \alpha'_j)(\varphi(\tau, x_*(\tau), u_j(\tau)) - \varphi(\tau, x_*(\tau), u_*(\tau))) \Big] d\tau \right|$$
$$\leq \left| \int_{t_0}^t [\varphi(\tau, x(\tau), v(a)(\tau)) - \varphi(\tau, x'(\tau), v(a)(\tau)) \right.$$
$$\left. - \varphi_x(\tau, x_*(\tau), v(a)(\tau))(x(\tau) - x'(\tau))] d\tau \right|$$
$$+ \left| \int_{t_0}^t [(\varphi_x(\tau, x_*(\tau), v(a)(\tau)) - \varphi_x(\tau, x_*(\tau), u_*(\tau)))(x(\tau) - x'(\tau))] d\tau \right|$$

で，$(t, x, u) \mapsto \varphi_x(t, x, u)$ は $\mathbb{R} \times \mathbb{R}^n \times \mathbb{R}^r$ 上で定義され，$\mathscr{L}(\mathbb{R}^n, \mathbb{R}^n)$ に値を持つ連続な写像であるから，特にコンパクト集合 $[t_0, t_1] \times B \times U_1$ 上では一様連続である．ただし，$\mathscr{L}(\mathbb{R}^n, \mathbb{R}^n)$ は $\mathbb{R}^n$ 上で定義され，$\mathbb{R}^n$ に値を持つ連続な線形作用素をすべて集めた集合であり，作用素ノルムが入っているものとする．そこで，正数 $(1 >)\sigma > 0$ を十分小さくとれば，任意の $t \in [t_0, t_1]$ と $u \in U_1$，および，$|x - x_*(t)| < \sigma$ を満たす $x \in \mathbb{R}^n$ について，

$$\|\varphi_x(t, x, u) - \varphi_x(t, x_*(t), u)\| \leq \frac{\delta}{2(t_1 - t_0)}$$

が成り立つ．ただし，上式において，$\|\cdot\|$ は (19) と同様に $\mathscr{L}(\mathbb{R}^n, \mathbb{R}^n)$ における作用素ノルムを表す．ゆえに，0.2 節の平均値の定理より，任意の $t \in [t_0, t_1]$ と $u \in U_1$，および，$|x - x_*(t)| < \sigma, |x' - x_*(t)| < \sigma$ を満たす $x, x' \in \mathbb{R}^n$ に対して，

$$|\varphi(t, x, u) - \varphi(t, x', u) - \varphi_x(t, x_*(t), u)(x - x')|$$
$$\leq \sup_{\gamma \in [0,1]} \|\varphi_x(t, x' + \gamma(x - x'), u) - \varphi_x(t, x_*(t), u)\| \cdot |x - x'| \leq \frac{\delta |x - x'|}{2(t_1 - t_0)}$$

が成り立つ．

5.3 相制約付き最適制御問題の最大値原理の証明

$$+ \left| \int_{t_0}^{t} [\varphi(\tau, x'(\tau), v(a)(\tau)) - \varphi(\tau, x'(\tau), v(a')(\tau)) \right.$$
$$\left. - \varphi(\tau, x_*(\tau), v(a)(\tau)) + \varphi(\tau, x_*(\tau), v(a')(\tau))] d\tau \right|$$
$$+ \left| \int_{t_0}^{t} \left[\varphi(\tau, x_*(\tau), v(a)(\tau)) - \varphi(\tau, x_*(\tau), v(a')(\tau)) \right. \right.$$
$$\left. \left. - \sum_{j=1}^{m} (\alpha_j - \alpha_j')(\varphi(\tau, x_*(\tau), u_j(\tau)) - \varphi(\tau, x_*(\tau), u_*(\tau))) \right] d\tau \right| \quad (20)$$

が得られる. (20) の右辺の登場する 4 つの項の値をそれぞれ評価しよう. まず, (18) から, 最初の項は

$$\frac{\delta}{2} \|x(\cdot) - x'(\cdot)\| \quad (21)$$

を越えない. また, (15) より, 2 番目の項は,

$$\left| \int_{t_0}^{t} \left(\sum_{j=1}^{m} \chi_{M_j(\alpha_j)}(\tau)(\varphi_x(\tau, x_*(\tau), u_j(\tau)) - \varphi_x(\tau, x_*(\tau), u_*(\tau))) \right) (x(\tau) - x(\tau')) d\tau \right|$$

に等しく, (19) より, これは以下を越えない:

$$2\|x(\cdot) - x'(\cdot)\|_C \left(\max_{\substack{t \in [t_0, t_1] \\ u \in U_1}} \|\varphi_x(t, x_*(t), u)\| \right) \int_{t_0}^{t_1} \left(\sum_{j=1}^{m} \chi_{M_j(\alpha_j)}(t) \right) dt$$
$$= 2\|x(\cdot) - x'(\cdot)\|_C \left(\max_{t \in [t_0, t_1]} \max_{u \in U_1} \|\varphi_x(t, x_*(t), u)\| \right) \left(\sum_{j=1}^{m} \alpha_j \right) (t_1 - t_0)$$
$$\leq \frac{\delta}{2} \|x(\cdot) - x'(\cdot)\|_C. \quad (22)$$

3 番目の項は, 再び (15) より,

$$\left| \int_{t_0}^{t} \sum_{j=1}^{m} \left(\chi_{M_j(\alpha_j)}(\tau) - \chi_{M_j(\alpha_j')}(\tau) \right) (\varphi(\tau, x'(\tau), u_j(\tau)) - \varphi(\tau, x_*(\tau), u_j(\tau)) \right.$$
$$\left. + \varphi(\tau, x_*(\tau), u_*(\tau)) - \varphi(\tau, x'(\tau), u_*(\tau))) d\tau \right|$$

と書き換えることができて, (16) より, これは

$$\frac{\delta}{2(t_1-t_0)}\sum_{j=1}^{m}\int_{t_0}^{t_1}\left|\chi_{M_j(\alpha_j)}-\chi_{M_j(\alpha'_j)}(t)\right|dt=\frac{\delta}{2}\sum_{j=1}^{m}|\alpha_j-\alpha'_j| \qquad (23)$$

を越えない．最後に，4 番目の項を再び (15) を用いて，

$$\left|\sum_{j=1}^{m}\int_{t_0}^{t}\left[\left(\chi_{M_j(\alpha_j)}(\tau)-\chi_{M_j(\alpha'_j)}(\tau)\right)(\varphi(\tau,x_*(\tau),u_j(\tau))-\varphi(\tau,x_*(\tau),u_*(\tau)))\right.\right.$$
$$\left.\left.-(\alpha_j-\alpha'_j)(\varphi(\tau,x_*(\tau),u_j(\tau))-\varphi(\tau,x_*(\tau),u_*(\tau)))\right]d\tau\right|$$

と書き換えると，$\varphi(\tau,x_*(\tau),u_j(\tau))-\varphi(\tau,x_*(\tau),u_*(\tau))$ は，$y_j(\tau)$ の第 1 成分から第 n 成分までを抽出したベクトルに一致するから，上式は以下を上回らない ((14) を見よ)：

$$\left|\sum_{j=1}^{m}\int_{t_0}^{t}\left[\left(\chi_{M_j(\alpha_j)}(\tau)-\chi_{M_j(\alpha'_j)}(\tau)\right)y_j(\tau)-(\alpha_j-\alpha'_j)y_j(\tau)\right]d\tau\right|$$
$$\leq \sum_{j=1}^{m}\left|Y_{j,M_j(\alpha)}(t)-Y_{j,M_j(\alpha'_j)}(t)-(\alpha_j-\alpha'_j)Y_j(t)\right|$$
$$\leq \frac{\delta}{2}\sum_{j=1}^{m}|\alpha_j-\alpha'_j|. \qquad (24)$$

以上，(21)-(24) より，任意の $t\in[t_0,t_1]$ に対して，(20) の左辺は $\delta(\|x(\cdot)-x'(\cdot)\|_C+\sum_j|\alpha_j-\alpha'_h|)$ を上回らないことが示され，これにより，関係式 (12) が証明された．

最後に，(14), (15) および (17) から，

$$\int_{t_0}^{t_1}\left[f(t,x(t),v(a)(t))-f(t,x(t),u_*(t))\right.$$
$$\left.-\sum_{j=1}^{m}\alpha_j(f(t,x(t),u_j(t))-f(t,x(t),u_*(t)))\right]dt$$
$$=\sum_{j=1}^{m}\int_{t_0}^{t_1}\left[\chi_{M_j(\alpha_j)}(t)(f(t,x(t),u_j(t))-f(t,x(t),u_*(t)))\right.$$
$$\left.-\alpha_j(f(t,x(t),u_j(t))-f(t,x(t),u_*(t)))\right]dt$$
$$\leq \sum_{j=1}^{m}\left|\int_{t_0}^{t_1}\left(\chi_{M_j(\alpha_j)}(t)y_j(t)-\alpha_jy_j(t)\right)dt\right|$$

5.3 相制約付き最適制御問題の最大値原理の証明

$$+ \sum_{j=1}^{m} \left[\int_{t_0}^{t_1} \chi_{M_j(\alpha_j)}(t)(|f(t,x(t),u_j(t)) - f(t,x_*(t),u_j(t))| \right.$$
$$+ |f(t,x(t),u_*(t)) - f(t,x_*(t),u_*(t))|)dt$$
$$+ \alpha_j \int_{t_0}^{t_1} (|f(t,x(t),u_j(t)) - f(t,x_*(t),u_j(t))|$$
$$\left. + |f(t,x(t),u_*(t)) - f(t,x_*(t),u_*(t))|)dt \right] \leq \delta \sum_{j=1}^{m} \alpha_j$$

が得られ,これで不等式 (13) も示された。

以上より,問題 (1)-(5) は 5.1 節の定理 1 の前件に挙げられているすべての条件を満たすことが証明された。

5.3.4 最大値原理の証明の完成

問題 (1)-(5) のラグランジュ関数は以下のように書ける[13]:

$$\mathscr{L} = \lambda_0 \int_{t_0}^{t_1} f(t,x(t),u(t))dt$$
$$+ \int_{t_0}^{t_1} \left(x(t) - x(t_0) - \int_{t_0}^{t} \varphi(\tau,x(\tau),u(\tau))d\tau \middle| d\nu \right)$$
$$+ (l_0|h_0(x(t_0))) + (l_1|h_1(x(t_1))) + \sum_{i=1}^{k} \lambda_i G_i(x(\cdot)).$$

ただし,上式において,ν は $[t_0,t_1]$ 上の正則なベクトル測度であり (つまり,ν_i, $i=1,\ldots,n$ を $[t_0,t_1]$ 上の正則な測度とすれば,$\nu = (\nu_1,\ldots,\nu_n)$ である),$l_0 \in \mathbb{R}^{s_0}$, $l_1 \in \mathbb{R}^{s_1}$ である。5.1 節の定理 1 より,すべては 0 とはならないラグランジュ乗数 $\lambda_0 \geq 0, \ldots, \lambda_k \geq 0$, $l_0 \in \mathbb{R}^{s_0}$, $l_1 \in \mathbb{R}^{s_1}$, および,$[t_0,t_1]$ 上の正則なベクトル測度 ν が存在して,

$$0 \in \partial_{x(\cdot)} \mathscr{L}(x_*(\cdot), u_*(\cdot), \ldots), \tag{25}$$
$$\mathscr{L}(x_*(\cdot), u_*(\cdot), \ldots) = \min_{u(\cdot) \in \mathscr{U}} \mathscr{L}(x_*(\cdot), u(\cdot), \ldots), \tag{26}$$

---

13) (訳注) 言うまでもないが,ラグランジュ関数を上のような形で表現するために,$C^n([t_0,t_1])$ の双対空間に関するリースの表現定理 (0.1 節を参照) が用いられている。

308   第 5 章 局所凸問題と相制約付き最適制御問題の最大値原理

$$\lambda_i G_i(x_*(\cdot)) = 0, \quad i = 1, \ldots, k \tag{27}$$

が成り立つ。上に挙げた 3 つの関係式について，より詳細に考察してみよう。以下では，記号を簡略化して，$f_x = f_x(t, x_*(t), u_*(t))$，$h'_0 = h'_0(x_*(t_0))$ などと書くことにする。いま，(25) を，写像 $\mathscr{I}(x(\cdot), u(\cdot))$ や $F(x(\cdot), u(\cdot))$ の変数 $x(\cdot)$ に関するフレシェ微分を $(x_*(\cdot), u_*(\cdot))$ で評価した (6) 式や (7) 式，および，関数 G_i, $i = 1, \ldots, k$ の $x_*(\cdot)$ における劣微分を表した (8) 式を用いて書き換えれば，任意の $x(\cdot) \in C^n([t_0, t_1])$ に対して，

$$\lambda_0 \int_{t_0}^{t_1} (f_x | x(t)) dt + \int_{t_0}^{t_1} \left(x(t) - x(t_0) - \int_{t_0}^{t} \varphi_x x(\tau) d\tau \middle| d\nu \right)$$
$$+ (l_0 | h'_0 x(t_0)) + (l_1 | h'_1 x(t_1)) + \sum_{i=1}^{k} \lambda_i \int_{t_0}^{t_1} (g_{ix} | x(t)) d\tilde{\mu}_i = 0$$

が成り立つことがわかる。ただし，上式において，$\tilde{\mu}_i$，$i = 1, \ldots, k$ はそれぞれ，集合 $\tilde{T}_i = \{t \in [t_0, t_1] | g_i(t, x_*(t)) = G_i(x_*(\cdot))\}$ を台に持つ全変動 1 の非負値正則測度である。上式において，第 2 項の積分の順序を交換し，各 $i = 1, \ldots, k$ に対して，$\mu_i = \lambda_i \tilde{\mu}_i$ と書くことにすれば，

$$\int_{t_0}^{t_1} \left(\left(\lambda_0 f_x - \varphi_x^* \left(\int_{t}^{t_1} d\nu \right) \right) dt + d\nu + \sum_{i=1}^{k} g_{ix} d\mu_i \middle| x(t) \right)$$
$$+ \left(h'^*_0 l_0 - \int_{t_0}^{t_1} d\nu \middle| x(t_0) \right) + (h'^*_1 l_1 | x(t_1)) = 0 \tag{28}$$

が得られる。この等式はすべての $x(\cdot) \in C^n([t_0, t_1])$ について成り立つのだから，$t \in (t_0, t_1]$ について，$p(t) = \int_{t}^{t_1} d\nu$ と定義すれば，

$$p(t) = -h'^*_1 l_1 + \int_{t}^{t_1} \left[(\varphi_x^* p(\tau) - \lambda_0 f_x) d\tau - \sum_{i=1}^{k} g_{ix} d\mu_i \right] \tag{29}$$

が成り立つ[14]。一方で，$p(t_0)$ は (29) の右辺の $t = t_0$ における値として定義

---

14) （訳注）(29) は，任意の $t \in (t_0, t_1]$ と各 $i = 1, \ldots, n$ に対して，

$$x^i_j(t; \tau) = \begin{cases} 1, & i = j \text{ かつ } \tau \geq t \text{ の場合,} \\ 0, & \text{上記以外の場合} \end{cases}$$

5.3 相制約付き最適制御問題の最大値原理の証明

すれば，

$$p(t_0) = -h_1'^{*}l_1 + \int_{t_0}^{t_1}\left[(\varphi_x^{*}p(\tau) - \lambda_0 f_x)\,d\tau - \sum_{i=1}^{k}g_{ix}d\mu_i\right] = h_0'^{*}l_0 \quad (30)$$

が得られる[15]。そこで，このように定義されたベクトル値関数 $p:[t_0,t_1] \to \mathbb{R}^n$ は積分方程式 (29), (30) の解である。これによって，5.2 節の (6) と (7) が示された。

さらに，関係式 (26) は

$$\int_{t_0}^{t_1}\left[\lambda_0 f(t,x_*(t),u_*(t))dt - \left(\int_{t_0}^{t}\varphi(\tau,x_*(\tau),u_*(\tau))d\tau \bigg| d\nu\right)\right]$$
$$= \min_{u(\cdot)\in\mathscr{U}}\int_{t_0}^{t_1}[\lambda_0 f(t,x_*(t),u(t))dt$$
$$- \left(\int_{t_0}^{t}\varphi(\tau,x_*(\tau),u(\tau))d\tau \bigg| d\nu\right)\bigg] \quad (31)$$

と同値だが，積分の順序交換によって，

$$\int_{t_0}^{t_1}\left(\int_{t_0}^{t}\varphi(\tau,x_*(\tau),u(\tau))d\tau \bigg| d\nu\right)$$
$$= \int_{t_0}^{t_1}\left(\varphi(t,x_*(t),u(t))\bigg|\int_{t}^{t_1}d\nu\right)dt$$
$$= \int_{t_0}^{t_1}(p(t)|\varphi(t,x_*(t),u(t)))dt \quad (32)$$

が成り立つので，(32) を (31) に代入すれば，5.2 節の (8) が得られる[16]。

によって定義されるベクトル値関数 $x^i(t;\cdot):[t_0,t_1]\to\mathbb{R}^n$ を，$i=1$ から $i=n$ まで順番に (28) に代入することによって得られる。言うまでもなく，不連続なベクトル値関数 $x^i(t;\cdot)$ についても (28) が成り立つのは，$C^n([t_0,t_1])$ 内に $x^i(t;\cdot)$ に各点収束する有界な関数列が存在することから，ルベーグの優収束定理が適用できるからである。

15) （訳注）(30) の 2 番目の等式は，(28) に

$$x_j^i(\tau) = \begin{cases}1, & i=j \text{ の場合,} \\ 0, & i\ne j \text{ の場合}\end{cases}$$

によって定義されるベクトル値関数 $x^i(\cdot):[t_0,t_1]\to\mathbb{R}^n$ を $i=1$ から $i=n$ まで順番に代入することによって得られる。

16) （訳注）ここから (8) を示すための細かいロジックを埋めておこう。仮に，(8) 式が

最後に，(27) から，$G_i(x_*(\cdot)) < 0$ を満たす任意の $i = 1,\ldots,k$ に対して，$\lambda_i = 0$ が成り立つ。したがって，$\mu_i \neq 0$ となる i に対しては，必ず $G_i(x_*(\cdot)) = 0$ が成り立つので，その場合には，

$$\tilde{T}_i = T_i = \{t \in [t_0, t_1] | g_i(t, x_*(t)) = 0\}$$

が成立する。このことから，すべての測度 μ_i は T_i を台に持つことがわかる。以上で最大値原理の証明が完成した。

5.4　5章の補足

5.1

定理 1 の大部分は，極小点の必要条件の導出に関する Neustadt の理論や Halkin の研究 [4] に関連している。

5.2

最初に相制約条件付き最適制御問題の最大値原理を証明したのは Gamkrelidze [3] である。定理 1 は，Dubovickiĭ and Milyutin [2] によって，時間に関する変数変換を用いて証明された。最適制御理論においては，$g(t,x(t),u(t)) = 0$, $h(t,x(t),u(t)) \leq 0$ などの制約条件を含んだ，より複雑な問題も研究されている (Dubovickiĭ [1] や Dubovickiĭ and Milyutin [3], [5], Makowski and Neustadt [1] を見よ)。

成り立たないような t の集合 Δ が正の測度を持っていたとする。ここで U が無限な場合には，U の可算稠密集合を $\{u_1,\ldots,u_m,\ldots\}$ とする。Δ_M を，

$$H(t, x_*(t), u_*(t), p(t), \lambda_0) < H(t, x_*(t), u_m, p(t), \lambda_0)$$

が成り立つような m が $1,\ldots,M$ の中に存在するような t の集合とする。すると写像の連続性についての仮定から $\cup_M \Delta_M = \Delta$ なので，十分大きな M に対して Δ_M は正の測度を持つ。$u_M(t)$ は $t \notin \Delta_M$ のときには $u_*(t)$ と同じとし，また $t \in \Delta_M$ のときには上の不等式を満たす m のうち番号が最も若いものとする。すると $u_M(t)$ は有界で可測で，さらに (31) 式と (32) 式から出てくる帰結に違反し，矛盾が生ずる。U が有限な場合は Δ 自身を Δ_M の代わりに使って同じ議論をすればよい。

5.3

補題 2 は Halkin [4] の結果を一般化したものである．最大値原理を証明するためには，補題 1 よりも粗い集合族を考えれば十分で (Gamkrelidze [4] を見よ)，補題 1 に登場する集合族はある意味で最も細かいものである．スライディングレジームの最大値原理の証明への応用に関しては，Dubovickiĭ and Milyutin [2] と Egorov and Milyutin [1] を見よ．

第6章

特別な問題

6.1 線形計画法

本節では，線形計画法の問題の解の存在と双対定理を証明する．

6.1.1 解の存在

次の線形計画問題を考えよう：

$$(c|x) \to \inf; \ Ax \geq b, \ x \geq 0. \tag{1}$$

ここで，$A: \mathbb{R}^n \to \mathbb{R}^m$ は線形作用素，$c \in \mathbb{R}^n$ かつ $b \in \mathbb{R}^m$ である．不等式 $x \geq y$ はベクトル y の各座標がベクトル x の対応する各座標を越えないことを意味する．ここで空間 $\mathbb{R}^n$ と $\mathbb{R}^m$ には通常の基底のみを用いることにし，作用素 A をそれらの基底によって作られた行列表現と同一視することにする．$a_1, ..., a_n$ はこの行列 A の各列を構成するベクトルとする．すると，

$$Ax = a_1 x^1 + ... + a_n x^n,$$

と書ける．ただし $x^1, ..., x^n$ はベクトル x の各座標である．

定理1(存在定理). もし問題 (1) の許容可能な元の集合が非空で，問題の値が有限であれば，この問題は解を持つ．

証明. 空間 $\mathbb{R}^{m+1}$ において, $\alpha \in \mathbb{R}, z \in \mathbb{R}^m$ で, 少なくともひとつのベクトル $x \in \mathbb{R}^n, x \geq 0$ について次の不等式

$$(c|x) \leq \alpha, Ax \geq z$$

が成り立つような, ベクトル (α, z) の成す集合 K を考える. この集合 K は錐である. というのは, もし $(\alpha_0, z_0) \in K$ で $(c|x_0) \leq \alpha_0, Ax_0 \geq z_0$ であれば, $(c|tx_0) \leq t\alpha_0, Atx_0 \geq tz_0$ が任意の $t > 0$ について成り立ち, よって $(t\alpha_0, tz_0) \in K$ だからである. ここで, この凸錐 K が有限個のベクトルから生成されることを示そう. 実際, もし $\bar{a}_1, ..., \bar{a}_n$ が $(m+1)$ 次元のベクトルで次の形 (c_i, a_i) を取っているとし, ただし c_i はベクトル c の第 i 座標, a_i は行列 A の i 列目であるとする. また, $e_0 = (1, 0, ..., 0), ..., e_m = (0, ..., 0, 1)$ は $\mathbb{R}^{m+1}$ の標準基底とする. すると, 簡単にわかるように, $\bar{a}_1, ..., \bar{a}_n, e_0, -e_1, ..., -e_m$ が生成する錐は K と一致する[1]。

4.3 節の命題 4 から, 錐 K は閉である[2]. x が問題 (1) の許容可能な要素であり, $\alpha = (c|x)$ とすれば, $(\alpha, b) \in K$ である. 一方, もし α_0 が問題 (1) の値であり $(\alpha, b) \in K$ ならば, 問題 (1) のとある許容可能な要素に対して $\alpha \geq (c|x)$ が成り立つので, $\alpha \geq (c|x) \geq \alpha_0$ が成り立つ. よって, 集合

$$\{\alpha \in \mathbb{R} | (\alpha, b) \in K\}$$

は非空であり,

$$\alpha_0 = \inf\{\alpha \in \mathbb{R} | (\alpha, b) \in K\} \tag{2}$$

が成り立つ.

われわれは $\alpha_0 > -\infty$ を仮定しており, 錐 K は閉なので, $(\alpha_0, b) \in K$ である. つまり, ある元 $x_* \in \mathbb{R}^n, x_* \geq 0$ が存在して, $Ax_* \geq b$ かつ $(c|x_*) \leq \alpha_0$ である. しかしこれは x_* が問題 (1) の解であることを意味する. 以上で定理の証明が完成した. ■

---

1) （訳注）英訳版では e_0 がなかった. が, 必要と思われる.
2) （訳注）閉であること自体を示すのは可能なのだが, 参照されている命題となんの関係があるのか訳者にはよくわからなかった. 証明は Aliprantis and Border [1] の系 5.25 を見るとよい.

6.1.2 双対定理

上の定理の証明で考えられた錐 K は閉, 凸であり, さらに次の性質を持つ: もし $(\alpha, z) \in K$ でかつ $\beta \geq \alpha$ であれば, $(\beta, z) \in K$ である。よって, K は次の閉凸関数

$$S(z) = \inf\{\alpha \in \mathbb{R} | (\alpha, z) \in K\}$$

のエピグラフに等しい。

前の定理の証明から, $S(z)$ は次の線形計画問題の値である:

$$(c|x) \to \inf;\ Ax \geq z,\ x \geq 0. \tag{3}$$

この問題は問題 (1) と, ベクトル b がベクトル z に置き換わった点だけが異なる。問題 (3) を問題 (1) の **摂動** (perturbation) と呼ぼう。次に, $S(z)$ の共役関数を計算しよう。すると,

$$\begin{aligned} S^*(y) &= \sup_z ((y|z) - S(z)) \\ &= \sup_z ((y|z) - \inf\{(c|x) | x \in \mathbb{R}^n, x \geq 0, Ax \geq z\}) \\ &= \sup\{(y|z) - (c|x) | x \in \mathbb{R}^n, z \in \mathbb{R}^m, x \geq 0, Ax \geq z\} \end{aligned}$$

となる。

もちろん, $\sup\{(y|z) | z \in \mathbb{R}^m, z \leq Ax\} = (Ax|y) < \infty$ であるのは, $y \geq 0$ である時, そしてそのときに限る。つまり[3],

$$S^*(y) = \begin{cases} \sup_{x \geq 0}(A^*y - c|x), & y \in \mathbb{R}_+^m\ \text{のとき}, \\ \infty, & y \notin \mathbb{R}_+^m\ \text{のとき}, \end{cases}$$

または,

---

[3] (訳注) 多少乱暴な議論。実際のところ, $S(z) \equiv +\infty$ であれば, $Ax \geq z$ となる $x \geq 0$ は存在せず, よってこのような変形ができないのではないのかという懸念が残る。これについては, $z = 0$ のとき $x = 0$ ならば $Ax \geq z$, したがって $S(0) < +\infty$ であることを理解すればよい。つまり, $S(z) \equiv +\infty$ というケースは存在しない。後の定理 2 の証明ではこの点を無視しているが, 無視するべきではない。

$$S^*(y) = \begin{cases} 0 & A^*y \leq c,\ y \geq 0 \text{ のとき}, \\ \infty, & \text{それ以外の場合}, \end{cases}$$

となる．従って，

$$S^{**}(z) = \sup\{(y|z) | A^*y \leq c, y \geq 0\}$$

がわかる．

特に，$S^{**}(b)$ は次の線形計画問題の値と一致する：

$$(y|b) \to \sup;\ A^*y \leq c,\ y \geq 0. \tag{4}$$

この問題 (4) を問題 (1) の**双対** (dual) と呼ぼう．この問題が本質的に問題 (1) と同じ形式であることは簡単にわかる．よって，問題 (4) の双対はまた問題 (1) になり，**双対線形計画問題の組** (a pair of dual linear programming problem) という言い方が意味を持つ．読者は，双対問題を構築するためのルールを簡単に見つけることができるだろう．

定理 2(双対定理). 双対線形計画問題の組に対して，次のどちらか一方が成り立つ：問題の解は有限で一致し，両方の問題が解を持つか，あるいはどちらか片方の問題の許容可能な要素の集合は空集合であり，もう片方の問題はやはり許容可能な要素の集合が空集合であるか，さもなくば問題の値が無限である．

前者の場合，ベクトル $x_* \in \mathbb{R}^n$ と $y_* \in \mathbb{R}^m$ がそれぞれ問題 (1) と (4) の解であることと，それらがそれぞれの問題で許容可能であり，次の 2 つの等号：

$$(c|x_*) = (y_*|b), \tag{5}$$

$$(y_*|Ax_* - b) = (A^*y_* - c|x_*) = 0, \tag{6}$$

のうち片方が成り立っていることは同値である[4]．

証明．$S(z)$ は閉であるから，$S(z)$ がもし適正な関数であれば，フェンシェル＝モローの定理から $S(b) = S^{**}(b)$ が成り立つ．もし $b \in \text{dom } S$ であれ

---

4) （訳注）証明を見ればわかるが，片方が成り立っていれば両方が成り立つ．

ば，両方の問題の値は有限値で，したがって定理 1 から，両方の問題は解を持つ．もし $b \notin \mathrm{dom}\, S$ であれば，$S(b) = S^{**}(b) = \infty$ である．これは特に，最初の問題の許容可能な要素の集合が空であることを意味する (われわれが $\inf_{x \in \emptyset} f(x) = +\infty$ と定義していたことを思いだそう)．今度は $S(z)$ が適正な関数でなかった場合を考えよう．もし $S(z) \equiv \infty$ であれば，やはり $S^{**}(z) \equiv \infty$ であり，よってすでに考えた場合に帰着できる．もし S が適正な関数でなくかつ $\mathrm{dom}\, S \neq \emptyset$ であれば (この場合，$\mathrm{dom}\, S$ 上では $S(z) = -\infty$ である[5])，$S^{**}(z) \equiv -\infty$ である．したがって $S^{**}(b) = -\infty$ であり，よって二番目の問題の許容可能な要素の集合は空集合であり，このとき最初の問題ではこの集合が空である ($S(b) = \infty$ の場合) か，最小化する関数が許容可能集合の中で下に有界でない ($S(b) = -\infty$ の場合) かのどちらかである．こうして，定理の最初の部分は証明された．

x_* と y_* が問題 (1) と (4) の解であれば，すでに証明したように $(c|x_*) = (y_*|b)$ が成り立つ．逆に，

$$(c|x) \geq (A^*y|x) = (y|Ax) \geq (y|b) \tag{7}$$

が任意の許容可能な要素 x と y の間に成り立つ．よって，もし (5) が成り立っていれば，x_* と y_* は問題の解である．また，(6) が成り立っていれば，

$$(c|x_*) = (A^*y_*|x_*) = (y_*|Ax_*) = (b|y_*) \tag{8}$$

が成り立つ．一方，もし x と y が問題 (1) と (4) の許容可能な要素で等式 (5) が成り立つならば，等式 (8) が成り立ち，これは (7) より，(6) の条件と同値である．よって，(5) と (6) は実のところ同値である．以上で定理の証明が完成した．■

6.2 ヒルベルト空間の二次形式の理論

本節では，二次形式の変分理論のいくつかの特徴を説明する．

---

5) （訳注）S の閉凸性による．

6.2.1 定義

説明を完全にするために，まず以降で必要になる定義をすべてここで書いておこう。いくつかはすでに説明済みのものも含んでいる。

線形空間 X 上の関数 $Q(x)$ は，ある対称な双線形関数 $B(x,y)$ に対して

$$Q(x) = B(x,x) \tag{1}$$

を満たすとき，**二次形式** (quadratic form) と呼ばれる。ここで双線形形式 B は Q から一意に定まることに注意：つまり，$B(x,y) = \frac{1}{4}(Q(x+y) - Q(x-y))$ である。

二次形式 Q は，$x \neq 0$ ならば $Q(x) > 0$ であるとき (resp. すべての $x \in X$ について $Q(x) \geq 0$ であるとき)，**正値** (positive)(resp. **非負値** (non-negative)) であると呼ばれる。負値，及び非正値形式も同様に定義される。

関数 $k(x)$ は，

$$k(x) = Q(x) + l(x) + \alpha$$

を，なんらかの二次形式 Q と線形汎関数 l，定数 α について満たすとき，**二次** (quadratic) であると言われる。

以降，X は可分なヒルベルト空間であるとする。二次形式 Q は X の弱位相について連続であるとき，**弱連続** (weakly continuous) であると言われる。同じように，それが X の弱位相について下半連続であるとき，**弱下半連続** (weakly lower semicontinuous) であると言われる。最後に，二次形式が**ルジャンドル形式** (Legendre form) であるとは，これが (弱ではない) 連続，かつ弱下半連続で，さらに x_n の x への弱収束と $Q(x_n)$ の $Q(x)$ への収束が x_n の x への強収束を含意することを言う。ある二次形式が非正値であるような部分空間の次元の最大値をその形式の**指数** (index) と呼び[6]，これを ind Q と表す。

---

[6] しばしば指数は二次形式が**負値**であるような部分空間の次元の最大値として定義される。

6.2 ヒルベルト空間の二次形式の理論

いま $B(x,y)$ を X 上の対称な双線形関数で, 強位相について連続であるとする. このとき,

$$x \mapsto B(x,y)$$

は $y \in X$ を固定したときに X 上の連続な線形関数である. よって, ヒルベルト空間の線形汎関数についての一般的な形式の定理から, ある要素 $\eta = \Lambda y$ が存在して,

$$B(x,y) = (x|\eta)$$

が成り立つ.

$\Lambda \in \mathscr{L}(X,X)$ であること, つまり, それが線形かつ連続な作用素であることを示すのは簡単である. また関数 B の対称性から, この作用素は自己随伴的である. これと式 (1) から, 連続な双線形形式は次の表現を持つ:

$$Q(x) = \frac{1}{2}(\Lambda x|x),$$

ただし Λ は連続な線形自己随伴作用素である. ここで係数 $\frac{1}{2}$ は単に便利だという理由で選んでいる (0.2.5 項でわれわれがこの関係を二次形式の定義のように扱ったことを思いだそう).

もし Λ が自己随伴作用素であるならば, 不等式 $\Lambda \geq 0$(resp. $\Lambda > 0$) は二次形式 $Q(x) = \frac{1}{2}(\Lambda x|x)$ が非負である (resp. 正である) ことを表す.

$\Lambda : X \to Y$ が連続な線形作用素であるとき, 数 λ がこの作用素 Λ の**固有値** (eigenvalue) であるとは, ベクトル $x \neq 0$ で次の関係

$$\Lambda x = \lambda x$$

を満たすものが存在することを指す. このベクトル x のほうは**固有ベクトル** (eigenvector) と呼ぶ. 作用素 $\Lambda \in \mathscr{L}(X,Y)$ が**コンパクト** (compact) であるとは, この作用素が任意の有界集合を相対コンパクトな集合に写すこと, あるいは——これは同値なのだが——任意の弱収束する点列を強収束する点列に写すことを言う.

6.2.2 二次関数の滑らかな極値問題

次のような等式制約付き問題を考えよう:

$$k_0(x) \to \inf(\sup); \ k_i(x) = 0, \ i = 1, ..., n. \tag{2}$$

ここで，
$$k_i(x) = \frac{1}{2}(\Lambda_i x | x) + (a_i | x) + \alpha_i, \ i = 0, ..., n$$
という二次関数を考えている．0.2.5 項で二次関数はフレシェ微分可能であることを示した．よって，問題 (2) は滑らかな問題のクラスに属し，1.1 節の定理 1 の系 1 が適用できる．よってただちに次の命題を得る．

命題 1. 問題 (2) の極小点であるような元 x_* について，ある数 $\lambda_0, ..., \lambda_n$ が存在して，全部が 0 ではなく，次の関係
$$\sum_{i=0}^{n} \lambda_i (\Lambda_i x_* + a_i) = 0 \tag{3}$$
が成り立つ．

系 1. 制約なしの問題
$$k_0(x) \to \inf(\sup)$$
について，解 x_* は次の関係
$$\Lambda_0 x_* + a_0 = 0 \tag{4}$$
を満たす．

系 2. 極値問題
$$(\Lambda x | x) \to \inf(\sup); \ (x|x) = 1 \tag{5}$$
の解 x_* は作用素 Λ の固有ベクトルである．さらに，固有値は問題 (5) の値に一致する．

実際，式 (3) から
$$\lambda_0 \Lambda x_* + \lambda_1 x_* = 0$$
が成り立つ．したがって $\lambda_0 \neq 0$ である：なぜなら，そうでなければ二番目の

ラグランジュ乗数も 0 になってしまうが，これは不可能である．よって，

$$\Lambda x_* = \lambda x_*$$

が成り立つ．この両辺に x_* を掛けることで，$\lambda = (\Lambda x_* | x_*)$ を得て，証明が完成する．

6.2.3 弱連続作用素とヒルベルトの定理

定理 1(Hilbert)．二次形式 $Q(x) = \frac{1}{2}(\Lambda x | x)$ を考え，ただしここで Λ は連続な自己随伴作用素であるとする．このとき，Q が弱連続であることの必要十分条件は，作用素 Λ がコンパクトであることである．さらにこのとき，空間 X の正規直交基底 $(e_1, ..., e_n, ...)$ で Λ の固有ベクトルからなるものが存在し，形式 Q は次の式を満たす：

$$Q(x) = \frac{1}{2} \sum_{k=1}^{\infty} \lambda_k (x|e_k)^2, \tag{6}$$

$\Lambda e_k = \lambda_k e_k$, $(e_i|e_j) = \delta_{ij}$, $|\lambda_1| \geq ... \geq |\lambda_n| \geq ...$, $\lambda_i \to 0$.

証明．まず十分性から示す．Λ がコンパクト作用素だとする．定義から，これは任意の弱収束する点列を強収束する点列に移す．形式 Q が弱連続であることを示そう．いま x_n が x に弱収束しているとする．バナッハ＝シュタインハウスの定理から，この点列は強有界である．つまり，ある数 C が存在して，$\|x_n\| \leq C$ が常に成り立ち，よって，$\|x\| \leq C$ も成り立つ．結果として，

$$\begin{aligned}
2|Q(x_n) - Q(x)| &= |(\Lambda x_n|x_n) - (\Lambda x|x)| \\
&\leq |(\Lambda x_n|x_n) - (\Lambda x|x_n)| + |(\Lambda x_n|x) - (\Lambda x|x)| \\
&\leq \|\Lambda x_n - \Lambda x\|\|x_n\| + \|\Lambda x_n - \Lambda x\|\|x\| \\
&\leq 2C\|\Lambda x_n - \Lambda x\| \to 0
\end{aligned}$$

となり，十分性の証明が終わった．

今度は必要性を示すが，そのために準備として (6) 式を先に示しておこう．基底 $(e_1, ..., e_n, ...)$ を帰納的に構築する．まず e_1 を定義するためには，次の

極値問題
$$\frac{1}{2}|(\Lambda x|x)| = |Q(x)| \to \sup; \ (x|x) \leq 1 \tag{7}$$
を考える。この問題の値を a_1 と書くことにしよう。単位球 $B(0,1) = \{x|(x|x) \leq 1\}$ は弱コンパクトであり、また形式 Q は仮定から弱連続なので、問題 (7) は解を持つ。まず $a_1 = 0$ を仮定してみよう。すると任意の $x \in X$ に対して $(\Lambda x|x) \equiv 0$ であり、よって任意のベクトル x は制約なしの問題 $(\Lambda x|x) \to \inf$ の極小点である。命題 1 の系 1 から、$\Lambda x \equiv 0$ を得る。よって任意のベクトルは固有値 0 に対応する固有ベクトルである。この場合、ヒルベルトの定理は証明できたことになる。もし $a_1 \neq 0$ であれば、解 e_1 は単位球面 $\{x|(x|x) = 1\}$ に属し、そしてこれは次の問題

$$\frac{1}{2}(\Lambda x|x) = Q(x) \to \inf(\sup); \ (x|x) = 1$$

の極小点か極大点である。よって命題 1 の系 2 から、このベクトル e_1 は Λ の固有ベクトルであり、

$$\Lambda e_1 = \lambda_1 e_1, \ |\lambda_1| = a_1$$

となる。

今度は n 個の Λ の固有ベクトルであるような正規直交系をなす $e_1, ..., e_n$ と、対応する固有値 $\lambda_1, ..., \lambda_n$ がすでに決まったと仮定しよう。次の問題

$$|Q(x)| \to \sup; \ (x|x) \leq 1, \ (x|e_i) = 0, \ i = 1, ..., n$$

を考える。この問題の値を a_{n+1} と書こう。この問題の解の存在は X の単位球の弱コンパクト性からただちに出る。またこれも明らかだが、$a_{n+1} \neq 0$ であれば、解 e_{n+1} は単位球面に属し、したがってそれは次の問題

$$Q(x) \to \inf(\sup); \ (x|x) = 1, \ (x|e_i) = 0, \ i = 1, ..., n$$

の解である。命題 1 より、ある数 $\lambda_0, \mu_0, ..., \mu_n$ が存在して、

$$\lambda_0 \Lambda e_{n+1} + \mu_0 e_{n+1} + \sum_{i=1}^{n} \mu_i e_i = 0$$

を満たす。これに $e_1, ..., e_n$ を次々に掛けていき、$e_1, ..., e_{n+1}$ の正規直交性を

6.2 ヒルベルト空間の二次形式の理論

用いることで,

$$\lambda_0(\Lambda e_{n+1}|e_k) + \mu_k = \lambda_0(\Lambda e_k|e_{n+1}) + \mu_k = \mu_k = 0,$$

つまり, $\mu_k = 0, k = 1, ..., n$ を得る. ここから $\lambda_0 \neq 0$ を得て (そうでなければラグランジュ乗数はすべて 0 になってしまう), さらに $\Lambda e_{n+1} = (-\mu_0/\lambda_0)e_{n+1}$ となる. したがって,

$$\Lambda e_{n+1} = \lambda_{n+1} e_{n+1}, \ |\lambda_{n+1}| = a_{n+1}$$

を得る. こうして固有ベクトル e_{n+1} を得たので, この帰納的な構成法を続けることができる. もし $a_{n+1} = 0$ であれば, 作用素 Λ は $e_1, ..., e_n$ と直交する部分空間 $L_n^\perp$ 上でゼロ作用素なので, $x = \sum_{k=1}^n x^k e_k + \xi, \xi \in L_n^\perp$ かつ

$$Q(x) = \frac{1}{2}(\Lambda x|x) = \frac{1}{2}\left(\Lambda \left(\sum_{k=1}^n x^k e_k + \xi\right)\bigg|\sum_{k=1}^n x^k e_k + \xi\right)$$
$$= \frac{1}{2}\sum_{k=1}^n \lambda_k (x^k)^2 = \frac{1}{2}\sum_{k=1}^n \lambda_k (x|e_k)^2$$

を得る. この場合ヒルベルトの定理はすでに証明できていることになる.

要約しよう. われわれの帰納的な構築法は作用素 Λ が有限次元であるか, あるいは無限回の構築が可能かのどちらかである. 不等式 $|\lambda_1| \geq |\lambda_2| \geq ...$ はわれわれの構築法からただちに得られる. さらに, 単位ベクトルの列 (e_n) は 0 に弱収束する[7]. 従って,

$$|\lambda_n| = |(\Lambda e_n|e_n)| = 2|Q(e_n)| \to 0$$

がわかる. 最後に, $e_1, ..., e_n, ...$ の張る部分空間 L の直交補空間 $L^\perp$ を取り, 次の問題

$$|Q(x)| \to \sup; \ (x|x) \leq 1, \ x \in L^\perp$$

を考えよう.

この問題の値は 0 に等しい. なぜなら, これはどんな a_{n+1} も越えられず, そして $a_{n+1} \to 0$ だからである. よって, 二次形式 $Q(x)$ は部分空間 $L^\perp$ 上で恒等的に 0 に等しい. $L^\perp$ の基底[8]を $f_1, ..., f_n, ...$ として取り, これを $e_1, ..., e_n, ...$

---

7) （訳注）ベッセルの不等式による.
8) （訳注）正規直交基底が望ましい.

に加えることで，われわれは作用素 Λ の固有ベクトルからなる空間 X の基底を得ることになる．この結果，次の等式が成り立つ：

$$Q(x) = \frac{1}{2}\left(\Lambda\left(\sum_{k=1}^{\infty}(x|e_k)e_k + \sum_{j}(x|f_j)f_j\right)\bigg|\sum_{k=1}^{\infty}(x|e_k)e_k + \sum_{j}(x|f_j)f_j\right)$$
$$= \sum_{k=1}^{\infty}\lambda_k(x|e_k)^2.$$

ここで単位球 $B(0,1)$ の写像 Λ による像 $\Lambda B(0,1) = \{y|y=\Lambda x, (x|x)\leq 1\}$ は $|\lambda_1|e_1,...,|\lambda_n|e_n,...$ を軸とする楕円体 $\{y|\sum(y|e_k)^2/\lambda_k^2 \leq 1\}$ である．条件 $|\lambda_n| \to 0$ から，この楕円体はコンパクトである．よって，写像 Λ はコンパクトである．これでヒルベルトの定理の証明が完成した．■

6.2.4 固有ベクトルのミニマックス性

$Q(x) = \frac{1}{2}(\Lambda x, x)$ は非負値，弱連続な二次形式であると仮定する．このときヒルベルトの定理から，Λ はコンパクト作用素であり，Λ の固有ベクトルからなる X の基底 $(e_1,...,e_n,...)$ が存在する．Q は非負値なので，固有値は $\lambda_1 \geq \lambda_2 \geq ...$ を満たす．ここでもし $\lambda_{n+1} \neq 0$ であれば，

$$\lambda_{n+1} = \inf\sup\{Q(x)|(x|x)=1, x\in L_n^{\perp}\} \tag{8}$$

であることを示そう．ただしここで下限のほうは次元 n のすべての部分空間 L_n について取る．実際，ヒルベルトの定理で証明したことから，

$$\lambda_{n+1} = \sup\{Q(x)|(x|x)=1, x\in (L_n^*)^{\perp}\}$$

である．ただしここで L_n^* は $e_1,...,e_n$ の張る線形空間である．よって，

$$\lambda_{n+1} \geq \inf_{L_n}\sup\{Q(x)|(x|x)=1, x\in L_n^{\perp}\}$$

は正しい．

いま，L_n は任意の n 次元部分空間としよう．ここでベクトル $e_1,...,e_{n+1}$ の張る部分空間 L_{n+1}^* の単位ベクトル x_0 で L_n と直交するものを考えよう

(当然ながら,このようなベクトルは存在する[9])。すると,

$$x_0 = \sum_{k=1}^{n+1} x_0^k e_k, \ x_0^k = (x_0|e_k), \ \sum_{k=1}^{n+1} (x_0^k)^2 = \|x_0\|^2 = 1$$

である。よって,

$$\sup\{Q(x)|(x|x)=1, x \in L_n^\perp\}$$
$$\geq Q(x_0) = \sum_{k=1}^{n+1} \lambda_k (x_0|e_k)^2 \geq \left(\min_{1\leq s\leq n+1} \lambda_s\right) \sum_{k=1}^{n+1} (x_0^k)^2 = \lambda_{n+1}$$

を得る。よってミニマックス関係(8)は正しい。■

6.2.5 ルジャンドル形式とヘステネスの定理

定理 2(Hestenes). ルジャンドル二次形式の指数は有限である。

証明. 定理1のように,次の極値問題を考えよう。

$$\frac{1}{2}(Ax|x) = Q(x) \to \inf; \ (x|x) \leq 1. \tag{9}$$

この問題の解の存在はコンパクト集合上での下半連続な汎関数の最小値についてすでに扱った結果から導かれる。よって,命題1の系2によって,問題(9)の任意の0でない解は作用素 Λ の固有ベクトルである。いま

$$\Lambda e_1 = \lambda e_1, \ (e_1|e_1) = 1, \ \lambda_1 \leq 0$$

であるとしよう。前と同様に,正規直交系 $(e_1,...,e_n,...)$ を次の問題を次々に解くことで帰納的に構成する:

$$\frac{1}{2}(\Lambda x|x) = Q(x) \to \inf; \ (x|x) \leq 1, \ (x|e_i) = 0, \ i=1,...,n. \tag{10}$$

われわれはこの構成法が有限回の回数で終わることを示す(これは,問題(10)の0でない解が存在しなくなるという形で証明される)。実際,無限個のベク

---

9) (訳注) 次元定理を使うとよい。

トルの系

$$e_1, ..., e_n, ..., \ \Lambda e_n = \lambda_n e_n, \ \|e_n\| = 1, \ \lambda_1 \leq ... \leq \lambda_n \leq ... \leq 0$$

が取れたとしよう．この単位ベクトルの列 (e_n) は 0 に弱収束する．したがって，形式 Q の 0 における下半連続性から (λ_n の単調性を用いて)，

$$\lim_{n \to \infty} \lambda_n = \varliminf_{n \to \infty} \lambda_n = \varliminf_{n \to \infty} (\Lambda e_n | e_n) = \varliminf_{n \to \infty} 2Q(e_n) \geq 2Q(0) = 0,$$

を得る．よって $\lim_{n \to \infty} \lambda_n = 0$ である．したがって $\{e_n\}$ は 0 に弱収束しており，さらに $Q(e_n) = \lambda_n/2 \to 0$ である．仮定から Q はルジャンドル形式なので，これは $\|e_n\| \to 0$ を意味するが，これはあり得ない．したがってわれわれの構築法は有限回で停止する．N 回で止まったとしよう．するとこの形式は $L_N = \text{lin}\{e_1, ..., e_N\}$ の直交補空間 $L_N^\perp$ 上で正値でなければならない．N より大きい次元の任意の部分空間 L は $L_N^\perp$ と原点以外の共通部分を持つため，形式 Q はこの部分空間上では非正値ではありえない．指数の定義から，$\text{ind } Q \leq N$ であることがわかる．一方で，形式 Q は明らかに空間 L_N それ自身の上で非正値である．したがって $\text{ind } Q \geq N$ である．よって $\text{ind } Q = N$ であり，これでヘステネスの定理が証明できた．■

最後に，弱下半連続な形式を特徴付ける定理の主張を与えておこう．

定理 3．連続な二次形式 $Q(x) = \frac{1}{2}(\Lambda x | x)$ が弱下半連続であるための必要十分条件は，空間 X が二つの部分空間 L_+, L_- の直和で書け，さらに L_+ 上では Q は非負値，L_- 上では Q は負値で，L_- 上で弱連続であることである．

この定理の証明は定理 1 と 2 と同じアイデアに基づいて行われる．

6.3 古典的な変分法における二次汎関数

6.3.1 定義と基本性質

次の一次元の変分問題における以下の形の二次形式について研究してみよう。

$$\mathscr{K}(x(\cdot)) = \int_{t_0}^{t_1} K(t,x,\dot{x})dt$$
$$= \int_{t_0}^{t_1}((A\dot{x}|\dot{x}) + 2(C\dot{x}|x) + (Bx|x))dt. \tag{1}$$

ただしここで行列 $A = A(t), B = B(t)$ および $C = C(t)$ は $n \times n$ 次元で t について連続であるとする。A と B は対称だと仮定してよい。この形の二次形式は古典的な変分法で非常に重要な役割を果たす。というのも、2.2 節でやったように、古典的な変分法の基本問題で第二変分が (1) の形の二次形式になるからである。

この二次形式 (1) をヒルベルト空間 $W_{2,1}^n([t_0,t_1])$ 上で考えよう。この空間は絶対連続なベクトル値関数 $x(t) = (x^1(t),...,x^n(t))$ でそれぞれの要素が二乗可積分な微分を持つ、つまり

$$\int_{t_0}^{t_1} |\dot{x}(t)|^2 dt = \int_{t_0}^{t_1} \sum_{k=1}^{n} (\dot{x}^k(t))^2 dt < \infty$$

が成り立つようなものすべてからなる空間である。この空間 $W_{2,1}^n([t_0,t_1])$ におけるスカラー積は、

$$(x(\cdot)|y(\cdot)) = (x(t_0)|y(t_0)) + \int_{t_0}^{t_1}(\dot{x}(t)|\dot{y}(t))dt$$

である。

以降、$\overset{\circ}{W}_{2,1}^n([t_0,t_1])$ は $W_{2,1}^n([t_0,t_1])$ の部分空間で、区間の端点で消える、つまり $x(t_0) = x(t_1) = 0$ を満たすベクトル値関数 $x(t)$ の作るものとする。

この空間 $W_{2,1}^n$ に関するふたつの重要な命題を証明しよう。次の節の定理はこれらの命題を元にしている。

命題 1. 任意のベクトル $\xi \in \mathbb{R}^n, \xi \neq 0$ と任意の数 $\tau \in [t_0, t_1]$ に対して，列 $(x_m(t; \xi, \tau))$ が存在して，$W^n_{2,1}([t_0, t_1])$ 内で 0 に弱収束し——ただし強収束はせず——さらに

$$\lim_{m \to \infty} \mathscr{K}(x_m(\cdot)) = (A(\tau)\xi|\xi) \tag{2}$$

を満たす．

証明はルジャンドルの変分の構成法と似たものを基礎に置いている (2.2.4 項の図 5 を見よ)．この構成は区間 $[t_0, t_1]$ の内部の点 τ で行う．まず $\Delta_m = \{t \mid |t - \tau| \leq 1/2m\}$ とし，次の列

$$x_m(t; \xi, \tau) = \begin{cases} ((\xi/2\sqrt{m}) - \xi\sqrt{m}|t - \tau|) & t \in \Delta_m \text{ の場合,} \\ 0 & t \notin \Delta_m \text{ の場合,} \end{cases}$$

を考える (ここで，$m \geq m_0$ であり，ただし m_0 は Δ_m が全部 $[t_0, t_1]$ に含まれるように十分大きく取る)．これが必要な列であることを示そう．直接計算すると，空間 $W^n_{2,1}([t_0, t_1])$ におけるこの関数 $x_m(\cdot; \xi, \tau)$ のノルムは $|\xi|$ であり，よって列 $(x_m(\cdot; \xi, \tau))$ は 0 に強収束することはない．次にこれが 0 に弱収束することを示そう．$y(t) \in W^n_{2,1}([t_0, t_1])$ とする．このときコーシーの不等式から，

$$|(x_m(\cdot; \xi, \tau)|y(\cdot))| = \left| \int_{\Delta_m} (\dot{x}_m(t; \xi, \tau)|\dot{y}(t))dt \right|$$

$$\leq \|x_m(\cdot; \xi, \tau)\| \left(\int_{\Delta_m} (\dot{y}(t)|\dot{y}(t))dt \right)^{1/2} \to 0$$

を得る．この 0 への収束は，$\dot{y}(t)$ が L^2 関数であることから生じる．後は (2) 式を得る作業だけが残っている．ベクトル値関数 $x_m(t; \xi, \tau)$ は $m \to \infty$ のときに 0 に一様収束し，したがって，(1) 式の最後の項は次の不等式

$$\int_{\Delta_m} (B(t)x_m(t; \xi, \tau)|x_m(t; \xi, \tau))dt \leq \frac{c}{m} \max_{t \in [t_0, t_1]} \|B(t)\| = O(1/m)$$

によって，$m \to \infty$ のときに 0 に収束することがわかる．さらに，直接計算すれば簡単に，次のスカラー積

$$(C(t)\dot{x}_m(t; \xi, \tau)|x_m(t; \xi, \tau))$$

が一様有界であることがわかり，よって，(1) 式の真ん中の項

$$\int_{\Delta_m} (C(t)\dot{x}_m(t;\xi,\tau)|x_m(t;\xi,\tau))dt$$

は 0 に収束する．最後に，平均値の定理から，

$$\int_{\Delta_m} (A(t)\dot{x}_m(t;\xi,\tau)|\dot{x}_m(t;\xi,\tau))dt \to (A(\tau)\xi|\xi)$$

がわかる．

端点における命題 1 の証明も同じようにすればよい．∎

命題 2. もしベクトル値関数 $x_m(t)$ が空間 $W_{2,1}^n([t_0,t_1])$ 内でベクトル値関数 $x(t)$ に弱収束しているならば，それは $L_2([t_0,t_1])$ 内で $x(t)$ に強収束している．

証明． バナッハ＝シュタインハウスの定理から，$x_m(\cdot)$ の $x(\cdot)$ への収束は $x_m(\cdot)$ の $W_{2,1}^n([t_0,t_1])$ 内での強有界性を意味する．よって，ある定数 C' が存在して，

$$(x_m(t_0)|x_m(t_0)) + \int_{t_0}^{t_1} (\dot{x}_m(t)|\dot{x}_m(t))dt \leq (C')^2$$

が常に成り立つ．

さらに[10]，$x_m^k(t_0) = (x_m(\cdot)|j_k(\cdot)) \to (x(\cdot)|j_k(\cdot)) = x^k(t_0)$ である．

次のベクトル値関数

$$e_k(t,\tau) = (0,...,0,e(t,\tau),0,...,0)$$

を考えよう．ただし k 番目にある関数は

$$e(t,\tau) = \begin{cases} t-t_0 & t_0 \leq t \leq \tau \text{ のとき}, \\ \tau-t_0 & t > \tau \text{ のとき}, \end{cases}$$

とする．

---

[10] 以降，$j_k(\cdot)$ は $W_{2,1}^n([t_0,t_1])$ の元で，k 座標目以外は常に 0 で，k 座標目は常に 1 であるものを指すとする．

弱収束性から,

$$(x_m(\cdot)|e_k(\cdot,\tau)) = \int_{t_0}^{\tau} \dot{x}_m^k(t)dt$$
$$= x_m^k(\tau) - x_m^k(t_0) \to (x(\cdot)|e_k(\cdot,\tau)) = x^k(\tau) - x^k(t_0)$$

がわかる。この関係と $x_m^k(t_0) \to x^k(t_0)$ から $x_m(t)$ が $x(t)$ に各点収束することがわかる。しかしこの関数は $C^n([t_0,t_1])$ で一様有界である。実際, コーシーの不等式から,

$$|x_m(t) - x_m(t_0)| \leq \sqrt{t-t_0} \|x_m(\cdot)\|_{W_{2,1}^n}$$

である。よって, ルベーグの優収束定理から,

$$\int_{t_0}^{t_1} (x_m(t) - x(t)|x_m(t) - x(t))dt \to 0$$

がわかり, 証明が完成する。∎

次の2つの命題は任意のヒルベルト空間の二次形式についてのものである。

命題3. ヒルベルト空間上の任意の非負の連続二次形式は弱下半連続である。

証明. $\{x_n\}$ が x に弱収束しているとしよう。このとき,

$$\lim_{n\to\infty} 2(Q(x_n) - Q(x)) = \lim_{n\to\infty} ((\Lambda x_n|x_n) - (\Lambda x|x))$$
$$= \lim_{n\to\infty} [(\Lambda(x_n-x)|x_n-x) + 2(\Lambda x|x_n) - 2(\Lambda x|x)]$$
$$\geq \lim_{n\to\infty} ((\Lambda x|x_n) - (\Lambda x|x)) = 0$$

を得る。∎

命題4. もし x_n が x に弱収束しており, y_n が y に強収束しているならば,

$$(x_n|y_n) \to (x|y).$$

この証明は (バナッハ=シュタインハウスの定理より) 簡単な計算で出てく

る。実際,

$$|(x_n|y_n) - (x|y)| = |(x_n|y_n - y) + (y|x_n - x)|$$
$$\leq \|x_n\|\|y_n - y\| + |(y|x_n - x)|$$
$$\leq C\|y_n - y\| + |(y|x_n - x)| \to 0$$

である。

6.3.2 形式 $\mathscr{K}(x(\cdot))$ の弱連続性, 弱下半連続性およびルジャンドル性

定理 1. (1) 式に出てくる二次形式 $\mathscr{K}(x(\cdot))$ が空間 $W_{2,1}^n([t_0,t_1])$ 上で弱連続であるための必要十分条件は $A(t) \equiv 0$ である。

証明. 必要性について。まず $\mathscr{K}(x(\cdot))$ が弱連続であるが, 同時に $A(t) \not\equiv 0$ であるとする。$A(t)$ の連続性から, ある内点 $\tau \in (t_0, t_1)$ で $A(\tau) \neq 0$ となることがわかる。このときあるベクトル $\xi \in \mathbb{R}^n$ について $(A(\tau)\xi|\xi) \neq 0$ となる[11]。そこで命題 1 で構築した列 $(x_m(t; \xi, \tau))$ を持ってくれば, $x_m(\cdot; \xi, \tau)$ は 0 に弱収束し, かつ $\mathscr{K}(x_m(\cdot; \xi, \tau)) \to (A(\tau)\xi|\xi) \neq 0$ となる。が, これは $\mathscr{K}$ の弱連続性に矛盾である。

十分性について。命題 2 より, $x_m(t)$ が $x(t)$ に $W_{2,1}^n([t_0,t_1])$ 内で弱収束しているとすれば, $x_m(t)$ は $x(t)$ に $L_2([t_0,t_1])$ 内で強収束している。また空間 $W_{2,1}^n([t_0,t_1])$ における弱収束の定義からただちに, 列 $(\dot{x}_m(\cdot))$ は $\dot{x}(\cdot)$ に $L_2([t_0,t_1])$ 内で弱収束している。ということは, (1) における 2 つの項

$$\int_{t_0}^{t_1} (C(t)\dot{x}_m(t)|x_m(t))dt, \quad \int_{t_0}^{t_1} (B(t)x_m(t)|x_m(t))dt$$

はそれぞれ $\int_{t_0}^{t_1} (C(t)\dot{x}(t)|x(t))dt$ と $\int_{t_0}^{t_1} (B(t)x(t)|x(t))dt$ に収束する (命題 4 より)。よって $(A(t) \equiv 0$ という仮定の下で), 形式 $\mathscr{K}(x(\cdot))$ は弱連続である。∎

定理 2. 形式 $\mathscr{K}(x(\cdot))$ が空間 $W_{2,1}^n([t_0,t_1])$ 内で弱下半連続であることの必要

---

11) (訳注) $A(\tau)$ が対称であるので, この行列が非ゼロな固有値を持つことに注意せよ。

十分条件はルジャンドルの条件が成り立っていること，つまり，行列 $A(t)$ が任意の $t \in [t_0, t_1]$ について非負値であることである。

証明．必要性について。もし形式 $\mathscr{K}(x(\cdot))$ が弱下半連続であり，かつある点 $\tau \in [t_0, t_1]$ およびベクトル $\xi \in \mathbb{R}^n$ に対して $(A(\tau)\xi|\xi) < 0$ であるならば，同様に命題 1 の列 $(x_m(t; \xi, \tau))$ を取れば，これは 0 に弱収束するが，

$$\mathscr{K}(x_m(\cdot; \xi, \tau)) \to (A(\tau)\xi|\xi) < 0 = \mathscr{K}(0),$$

となり，これは不可能である。

十分性について。いま $A(t) \geq 0$ がすべての $t \in [t_0, t_1]$ に対して成り立つとしよう。ここで，

$$\mathscr{K}(x(\cdot)) = \mathscr{K}_1(x(\cdot)) + \mathscr{K}_2(x(\cdot))$$

と分解する。ただし，

$$\mathscr{K}_1(x(\cdot)) = \int_{t_0}^{t_1} (A(t)\dot{x}(t)|\dot{x}(t))dt,$$
$$\mathscr{K}_2(x(\cdot)) = \mathscr{K}(x(\cdot)) - \mathscr{K}(x(\cdot)).$$

である。定理 1 から $\mathscr{K}_2$ は弱連続であり，したがって当然，弱下半連続である。明らかに，$\mathscr{K}_1$ は非負であり，よって命題 3 からそれは弱下半連続である。故に $\mathscr{K}$ も弱下半連続である。■

定理 3. 二次形式 $\mathscr{K}$ がルジャンドル形式であるための必要十分条件は，$A(t)$ が任意の $t \in [t_0, t_1]$ について正値であることである。

証明．条件 $A(t) \geq 0$ が必要であることは定理 2 から従う。仮に $(A(\tau)\xi|\xi) = 0, \xi \neq 0$ が成り立つとしよう。命題 1 の列 $(x_m(t; \xi, \tau))$ を取る。これは 0 に弱収束する。さらに，

$$\mathscr{K}(x_m(\cdot; \xi, \tau)) \to (A(\tau)\xi|\xi) = 0$$

が成り立つ。したがってルジャンドル形式の定義から，列 $(x_m(\cdot; \xi, \tau))$ は 0 に強収束しなければならないが，これはあり得ない。これで必要性が証明できた。

十分性について．$A(t) > 0, t \in [t_0, t_1]$ が成り立つとし，列 $(x_m(t))$ が $x(t)$ に空間 $W_{2,1}^n([t_0, t_1])$ 内で弱収束するとし，さらに $\mathscr{K}(x_m(\cdot)) \to \mathscr{K}(x(\cdot))$ であるとしよう．また定理 2 でやったように形式 $\mathscr{K}(x(\cdot))$ を 2 つの形式に分解すれば，

$$\mathscr{K}_1(x_m(\cdot)) \to \mathscr{K}_1(x(\cdot)) \tag{3}$$

を得る．行列 $A(t)$ は正値なので，ある数 $\gamma > 0$ が存在して，任意のベクトル $\xi \in \mathbb{R}^n$ と任意の $t \in [t_0, t_1]$ に対して，次の不等式が成り立つ：

$$|\xi|^2 = (\xi|\xi) \leq \gamma(A(t)\xi|\xi).$$

この不等式を用いれば，

$$\int_{t_0}^{t_1} |\dot{x}_m(t) - \dot{x}(t)|^2 dt \leq \gamma \int_{t_0}^{t_1} (A(t)(\dot{x}_m(t) - \dot{x}(t))|\dot{x}_m(t) - \dot{x}(t)) dt$$
$$= \gamma(\mathscr{K}_1(x_m(\cdot)) + \mathscr{K}_1(x(\cdot)))$$
$$-2\gamma \int_{t_0}^{t_1} (A(t)\dot{x}(t)|\dot{x}_m(t)) dt \to 0,$$

を得る．ただしこの収束は (3) 式と $x_m(t)$ の $x(t)$ への弱収束性から言える．さらに，$x_m(\cdot) \to x(\cdot)$ という弱収束性から $x_m(t_0) \to x(t_0)$ が言え，これらを合わせることで，列 $(x_m(t))$ は $x(t)$ へ $W_{2,1}^n([t_0, t_1])$ のノルムに関して収束する．以上で定理 3 の証明が完成した．■

6.3.3　二次汎関数が非負値あるいは正値であるための必要十分条件

定理 4. 二次汎関数 $\mathscr{K}(x(\cdot))$ が $W_{2,1}^n([t_0, t_1])$ で非負値であるためには，

$$A(t) \geq 0, \ t \in [t_0, t_1]$$

が必要である．同じことは $\overset{\circ}{W}_{2,1}^n([t_0, t_1])$ についても正しい．

証明は命題 1 よりただちに出る．

これに関連して，定理 4 が最大値原理，より正確に言えばワイエルシュトラスの条件の帰結であるという点について述べておこう．

これ以降，$A(t)$ と $C(t)$ は t について連続微分可能であるとする．

ここで以下の**強いルジャンドルの条件**が $[t_0, t_1]$ 上で成り立っていると仮定する：
$$A(t) > 0,\ t \in [t_0, t_1].$$

汎関数 $\mathscr{K}$ のオイラー方程式を考えよう．これは次の形：
$$-\frac{d}{dt}K_{\dot{x}} + K_x = -\frac{d}{dt}(A\dot{x} + C^*x) + C\dot{x} + Bx = 0 \tag{4}$$

を取っている[12]．

任意の $\xi_0 \in \mathbb{R}^n$ と $\xi_1 \in \mathbb{R}^n$ に対して，$x(t_0) = \xi_0$ と $\dot{x}(t_0) = \xi_1$ を満たす上の方程式の解が一意的に存在する．実際，強いルジャンドルの条件から，方程式 (4) を次の線形方程式系

$$\dot{x} = y,\ \dot{y} = P(t)y + Q(t)x, \tag{4'}$$

に変形できる．ただしここで

$$P(t) = -A^{-1}(t)(\dot{A}(t) + C^*(t) - C(t)),$$
$$Q(t) = -A^{-1}(t)(\dot{C}^*(t) - B(t))$$

である．このような系については，コーシー問題の解の存在と一意性定理が成り立つ (0.4 節の定理 1 を見よ)．

ここで $\Phi(t, t_0)$ を方程式 (4) の基本的な (行列) 解，つまり，解であってなおかつ次の初期条件

$$\Phi(t_0, t_0) = 0, \dot{\Phi}(t_0, t_0) = I \tag{5}$$

を満たすものとする．行列 $\Phi(\tau, t_0)$ が退化しているとき，われわれは点 τ が t_0 と**共役** (conjugate) であると呼ぶことにしよう ($n = 1$ ならば，この定義は 2.2 節でわれわれが与えた共役点の定義と一致することに注意)．

---

[12]　汎関数 $\mathscr{I}''(x_*(\cdot))(x(\cdot), x(\cdot))$ についての方程式 (4) は変分法の基本問題についての汎関数 $\mathscr{I}(x(\cdot))$ のヤコビ方程式と呼ばれる (2.2.5 項を見よ)．そのため，方程式 (4) はオイラー＝ヤコビ方程式と呼ばれる．

6.3 古典的な変分法における二次汎関数   335

当然ながら，この定義は方程式 (4) の解 $x_0(t)$ で，自明でなくまた境界条件を満たす，つまり

$$x_0(t_0) = x_0(\tau) = 0, \ x_0(t) \not\equiv 0 \qquad (6)$$

のようなものが存在することと同値である。

定理 5. $\mathscr{K}(x(\cdot))$ について強いルジャンドルの条件が成り立っていると仮定する。このとき，この形式が $\overset{\circ}{W}_{2,1}^n([t_0,t_1])$ 内で非負値であるためには，t_0 の共役点が区間 (t_0, t_1) 内に存在しないことが必要である。

証明. 仮に t_0 と共役であるような (t_0, t_1) 内の点 τ が存在するとし，$\mathscr{K}(x(\cdot))$ が非負値であるという事実と矛盾することを示そう。まずオイラー＝ヤコビ方程式 (4) 式の自明でない解 x_0 で境界条件 (6) を満たすものを取る。ここで，

$$x_*(t) = \begin{cases} x_0(t), & t \in [t_0, \tau] \text{ のとき}, \\ 0, & t \in [\tau, t_1] \text{ のとき} \end{cases}$$

と定義する。部分積分により，

$$\begin{aligned}
\mathscr{K}(x_*(\cdot)) &= \int_{t_0}^{\tau} K(t, x_0, \dot{x}_0) dt \\
&= \int_{t_0}^{\tau} ((A\dot{x}_0|\dot{x}_0) + 2(C\dot{x}_0|x_0) + (Bx_0|x_0)) dt \\
&= \int_{t_0}^{\tau} \left(-\frac{d}{dt}(A\dot{x}_0 + C^* x_0) + C\dot{x}_0 + Bx_0 \, \Big| \, x_0 \right) dt \\
&= 0
\end{aligned}$$

がわかる。仮定から $\mathscr{K}$ は非負値である。よって，x_* は次の最適制御問題

$$\left. \begin{aligned} \mathscr{K}(x(\cdot)) &= \int_{t_0}^{t_1} K(t, x, u) dt \to \inf; \ \dot{x} = u, \\ x(t_0) &= x(t_1) = 0, \end{aligned} \right\} \qquad (7)$$

の解である。

ポントリャーギンの最大値原理 (2.4 節の定理 1) を問題 (7) に適用しよう。この定理から，ハミルトニアン $\mathscr{H}(t, x_*(t), p(t), 1)$ は $[t_0, t_1]$ 上の連続関数で

ある。$\mathscr{H}$ の表現

$$\mathscr{H}(t, x_*(t), p(t), 1) = H(t, x_*(t), u_*(t), p(t), 1)$$

を思い出そう。ただしここで

$$H(t, x, u, p, 1) = (p|u) - K(t, x, u)$$
$$= (p|u) - (Au|u) - 2(Cu|x) - (Bx|x),$$
$$u_*(t) = \dot{x}_*(t), \ p(t) = 2A(t)u_*(t) + 2C^*(t)x_*(t)$$

である。これらの式から，ハミルトニアンは区間 $[\tau, t_1]$ 上で恒等的に 0 であることがわかる。というのは，この区間上で $x_*(t) \equiv u_*(t) \equiv 0$ だからである。$x_*(\tau) = x_0(\tau) = 0$ であるから,

$$\mathscr{H}(\tau - 0, x_*(\tau - 0), p(\tau - 0), 1) = -(A(\tau)\dot{x}_0(\tau)|\dot{x}_0(\tau)) = \gamma$$

を得る。

もし $\gamma = 0$ であれば，強いルジャンドルの条件から $\dot{x}_0(t)$ は点 τ で 0 になっていなければならない。したがってオイラー＝ヤコビ方程式 (4) の自明でない (取り方から) 解 x_0 は初期条件 $x_0(\tau) = \dot{x}_0(\tau) = 0$ を満たす。線形方程式系のコーシー問題の解の一意性命題から，これは不可能である。この矛盾は $x_*(t)$ が最大値原理を満たさないことを意味する，というのは，$\mathscr{H}$ が τ で連続でなくなってしまうからである[13]。よって，ある許容可能で有界かつ可測な微分 $\dot{\bar{x}}(t)$ を持つ関数 $\bar{x}(t)$ (したがって $\bar{x}(t) \in \overset{\circ}{W}{}^n_{2,1}([t_0, t_1])$ である) が存在して，$\mathscr{K}(\bar{x}(t)) < 0$ を満たす。が，これは $\mathscr{K}$ が非負値であるという仮定に矛盾である。以上で証明が完成した。

注意．定理 5 はワイエルシュトラス＝エルトマンの条件が折れ線極値 $x_*(t)$ について成り立たないことからも証明できる (2.4.3 項を見よ)。

---

13) （訳注）原文の通り訳しているのだが，実のところここで矛盾が出ているのでこの証明はこれで終わりである。

定理 6. 二次形式 $\mathscr{K}(x(\cdot))$ が空間 $\overset{\circ}{W}{}^n_{2,1}([t_0,t_1])$ 上で非負値であるためには，強いルジャンドル条件とヤコビ条件が成り立っている，つまり $A(t)$ が $[t_0,t_1]$ 上のすべての t について正値であり，さらに半開区間 $(t_0,t_1]$ 上に t_0 と共役な点が存在しないことが十分である．

証明． 強いヤコビの条件から，オイラー=ヤコビ方程式 (4) の基本行列 $\Phi(t,t_0)$ は半開区間 $(t_0,t_1]$ 上で非退化である．微分方程式の解の初期条件に対する連続性定理を方程式 (4) に適用すると，ある $\delta > 0$ が存在して，行列 $\Phi(t,t_0-\delta)$ は区間 $[t_0,t_1]$ 上全体で非退化である[14]．そこで，

$$x(t,\lambda) = \Phi(t,t_0-\delta)\lambda, \lambda \in \mathbb{R}^n$$

としよう．行列 Φ の定義から，任意の $\lambda \in \mathbb{R}^n$ に対して，ベクトル値関数 $t \mapsto x(t,\lambda)$ は汎関数 $\mathscr{K}(x(\cdot))$ の極値である．さらに，任意の $\tau \in [t_0,t_1]$ と $\xi \in \mathbb{R}^n$ に対して，族 $\{x(t,\lambda)\}$ の中にただひとつ，(τ,ξ) を通る曲線が存在する．実際，$x(\tau,\lambda) = \xi$ が成り立つための必要十分条件は，$\lambda = \lambda(\tau,\xi) = \Phi^{-1}(\tau,t_0-\delta)\xi$ である．このベクトル値関数 $x(t,\lambda(\tau,\xi))$ を $x(t;\tau,\xi)$ と書くことにしよう．するとわれわれは $[t_0,t_1] \times \mathbb{R}^n$ 全体を覆い尽くす極値の族 $\{x(t,\lambda)\}$ を手に入れたことになる (これらがすべて $t_0-\delta$ 上で消えるという点には注意が必要である)．このような族を汎関数 $\mathscr{F}(x(\cdot))$ の点 $(t_0-\delta, 0)$ を中心とする**極値の中心場** (central field of extremals) と呼ぶ．ここで $U(\tau,\xi)$ はベクトル $\dot{x}(\tau;\tau,\xi)$ を表すことにする．ベクトル値関数 $U(\tau,\xi)$ は場 $x(t,\lambda)$ の**勾配関数** (slope function of the field $x(t,\lambda)$) と呼ぶ．ここで U には次のような明示的な表現が存在する：

$$U(\tau,\xi) = \dot{\Phi}(\tau,t_0-\delta)\Phi^{-1}(\tau,t_0-\delta)\xi.$$

ワイエルシュトラスの基本公式から，空間 $\overset{\circ}{W}{}^n_{2,1}$ 内で次の恒等式

$$\mathscr{K}(x(\cdot)) \equiv \int_{t_0}^{t_1} \mathscr{E}(t,x(t),U(t,x(t)),\dot{x}(t))dt \qquad (8)$$

が成り立つ．ここで $\mathscr{E}(t,x,\dot{x},\xi)$ は汎関数 $\mathscr{K}$ に対するワイエルシュトラスの

---

[14] (訳注) 0.4 節の結果には直接適用できるものがなかったが，これの証明は容易である．

$\mathscr{E}$ 関数であり，$U(t,x)$ は上で定義された場の勾配関数である。

このワイエルシュトラスの基本公式は変分法におけるワイエルシュトラスの理論の基礎になっている。その証明はこの分野のほとんどの書籍に載せられている。7 章において，われわれはこのワイエルシュトラスの基本公式をいま述べた形で，ただし二次形式の理論とは独立に導出する[15]。

さて，汎関数 $\mathscr{K}(x(\cdot))$ の $\mathscr{E}$ 関数の表現を記そう。

$$\mathscr{E}(t, x, \dot{x}, \xi) = (A(t)(\xi - \dot{x})|\xi - \dot{x}).$$

この表現を用いることで，(8) 式より次の等式 (これは直接示すこともできる)，

$$\mathscr{K}(x(\cdot)) = \int_{t_0}^{t_1}(A(t)(U(t,x(t)) - \dot{x}(t))|U(t,x(t)) - \dot{x}(t))dt, \ x(t) \in \overset{\circ}{W}_{2,1}^{n}$$

を得る。ここからただちに，形式 $\mathscr{K}$ が非負値であることがわかる。これで定理が証明できた。

系. 定理 6 の仮定の下で，二次形式 $\mathscr{K}(x(\cdot))$ は空間 $\overset{\circ}{W}_{2,1}^{n}([t_0, t_1])$ 上で強く正値である。つまり，次の不等式がある $\alpha > 0$ について成り立つ：

$$\mathscr{K}(x(\cdot)) \geq \alpha \|x(\cdot)\|_{W_{2,1}^n}^2, \ x(\cdot) \in \overset{\circ}{W}_{2,1}^{n}([t_0, t_1]).$$

実際，$\alpha > 0$ を十分小さく，したがって $A(t) - \alpha I > 0$(ただしすべての $t \in [t_0, t_1]$ に対して) となるように，したがって汎関数 $\tilde{\mathscr{K}}(x(\cdot))$ を，$\mathscr{K}(x(\cdot))$ の $A(t)$ を $A(t) - \alpha I$ で置き換えたときに半開区間 $(t_0, t_1]$ 上で共役点を持たないように取る。この $\tilde{\mathscr{K}}$ に定理 6 を適用してやることで，系が証明できる。

6.4 離散最適制御問題

6.4.1 問題の定式化

離散最適制御問題 (もしくは，離散時間の最適制御問題) は，制御と現在の

---

15) （訳注） 7.4.2 節と 7.4.3 節を見よ。

6.4 離散最適制御問題

状態の変化があらかじめ決まった,孤立した時間にのみ行えるような制御系の研究から生まれた.このタイプの問題はしばしば応用に現れる.例えばサンプル値データ自動制御問題の多くや,経済学に出てくる多くの制御問題,などは自然に離散最適制御問題として現れる.

本節で以降考える問題は次の形で定式化される[16]:

$$\mathscr{I}(x,u) = \sum_{i=0}^{N-1} f_i(x_i, u_i) \to \inf; \tag{1}$$

$$x_{i+1} = \varphi_i(x_i, u_i),\ i = 0, 1, ..., N-1, \tag{2}$$

$$u_i \in U_i \subset \mathbb{R}^r,\ i = 0, 1, ..., N-1, \tag{3}$$

$$h_0(x_0) = 0,\ h_N(x_N) = 0, \tag{4}$$

$$g_i(x_i) \leq 0,\ i = 1, ..., N-1. \tag{5}$$

問題 (1)-(5) の許容可能な要素は有限列のペアであり,$x = (x_0, ..., x_N), u = (u_0, ..., u_{N-1}), x_i \in \mathbb{R}^n, u_i \in \mathbb{R}^r$ で,条件 (2)-(5) を満たすものである.

本節では,**離散最大値原理** (discrete maximum principle) と呼ばれる問題 (1)-(5) の極小点の必要条件を得る.また同時に,**動的計画法** (dynamic programming method) についても説明するが,これは一方ではこのタイプの問題を解く便利な計算形式を与えると同時に,他方で最適制御問題の十分条件を与えるための手法を含んでいる.

本節を通じて,以下を仮定する:

(i) 以下の滑らかさの条件が成り立っている:関数 $f_i, i = 0, 1, ..., N-1$ と $g_i, i = 1, ..., N-1$,および写像 $\varphi : \mathbb{R}^n \times U_i \to \mathbb{R}^n, h_0 : \mathbb{R}^n \to \mathbb{R}^{s_0}, h_1 : \mathbb{R}^n \to \mathbb{R}^{s_1}$ は連続で,さらに x について連続微分可能である.

(ii) 関数 $u \mapsto f_i(x, u)$ と写像 $u \mapsto \varphi_i(x, u)$ は次の凸性の条件を任意の $i = 0, 1, ..., N-1$ と $x \in \mathbb{R}^n$ について満たす:もし $u \in U_i, v \in U_i$ であり $0 \leq \alpha \leq 1$ ならば,ある $w \in U_i$ が存在して,

$$f_i(x, w) \leq \alpha f_i(x, u) + (1-\alpha) f_i(x, v)$$

---

[16] この問題は相制約付きの最適制御問題のアナロジーである.5.2 節の問題 (1)-(5) を見よ.

$$\varphi_i(x,w) = \alpha\phi_i(x,u) + (1-\alpha)\phi_i(x,v).$$

滑らかさの条件は自然だが，二番目の条件——つまり，凸性の条件——は，最初は人工的に見えるかもしれない。しかし，応用においてこの条件はしばしば成り立つ。まず，問題 (1)-(5) が普通の連続的な問題の「離散化」であるときには当然のように成り立つ (これはリャプノフの定理による。8章でこれを示す)。一方，凸性条件はまた，経済学で出てくるもののような，多くの典型的な離散問題で成り立っている。

6.4.2 離散最大値原理

条件 (i) および (ii) から，問題 (1)-(5) が 1.1 節の定理 3 で出てきた混合問題の条件をすべて満たすことが容易にわかる。この定理の最後の条件は有限次元性に関するものだが，これは今回の場合は自動的に成り立つ。よって，混合問題の極値原理を (1)-(5) の極小点の必要条件を導出するために用いることができる。

そこで，$x_* = (x_{*0},...,x_{*N})$ と $u_* = (u_{*0},...,u_{*N-1})$ が問題 (1)-(5) の極小点であるとしよう (この極小点という意味は 1.1.3 項と同じ意味である)。この問題 (1)-(5) のラグランジュ関数を書き下すと，

$$\mathscr{L} = \lambda_0 \sum_{i=0}^{N-1} f_i(x_i,u_i) + \sum_{i=0}^{N-1}(p_{i+1}|x_{i+1} - \varphi_i(x_i,u_i))$$
$$+ (l_0|h_0(x_0)) + (l_N|h_N(x_N)) + \sum_{i=1}^{N-1} \mu_i g_i(x_i)$$

となる。混合問題の極値原理 (1.1 節の定理 3) から，あるラグランジュ乗数 $\lambda_0 \geq 0, p_i \in \mathbb{R}^n, i = 1,...,N, l_0 \in \mathbb{R}^{s_0}, l_1 \in \mathbb{R}^{s_1}, \mu_1 \geq 0,...,\mu_{N-1} \geq 0$ が存在して，すべてが 0 ではなく，そして以下に述べる関係が成り立つ：

まず，ラグランジュ関数の x における極小化条件

6.4 離散最適制御問題

$$\left.\begin{array}{l}\left.\dfrac{\partial \mathscr{L}}{\partial x_0}\right|_{x=x_*,u=u_*} = \lambda_0 f'_{0x}(x_{*0},u_{*0}) - {\varphi'_{0x}}^*(x_{*0},u_{*0})p_1 + {h'_0}^*(x_{*0})l_0 = 0, \\[6pt] \left.\dfrac{\partial \mathscr{L}}{\partial x_1}\right|_{x=x_*,u=u_*} = \lambda_0 f'_{1x}(x_{*1},u_{*1}) - {\varphi'_{1x}}^*(x_{*1},u_{*1})p_2 + p_1 + \mu_1 g'_1(x_{*1}) = 0, \\[6pt] \ldots \\[6pt] \left.\dfrac{\partial \mathscr{L}}{\partial x_{N-1}}\right|_{x=x_*,u=u_*} = \lambda_0 f'_{N-1,x}(x_{*N-1},u_{*N-1}) - {\varphi'_{N-1,x}}^*(x_{*N-1},u_{*N-1})p_N \\[6pt] \hspace{5em} + p_{N-1} + \mu_{N-1} g'_{N-1}(x_{*N-1}) = 0, \\[6pt] \left.\dfrac{\partial \mathscr{L}}{\partial x_N}\right|_{x=x_*,u=u_*} = p_N + {h'_N}^*(x_{*N})l_N = 0. \end{array}\right\} \quad (6)$$

次に，u についてのラグランジュ関数の最小化条件

$$\lambda_0 f_i(x_{*i},u_{*i}) - (p_{i+1}|\varphi_i(x_{*i},u_{*i})) = \min_{u \in U_i}(\lambda_0 f_i(x_{*i},u) - (p_i|\varphi_i(x_{*i},u))), \\ i = 0,1,\ldots,N-1. \quad (7)$$

三番目に，相補性条件

$$\mu_i g_i(x_{*i}) = 0, \ i = 1,\ldots,N-1. \quad (8)$$

さらに

$$H(x,u,p,\lambda_0) = (p|\varphi_i(x,u)) - \lambda_0 f_i(x,u)$$

と置く．すると (6) より，ベクトル $p_1,\ldots,p_N$ は次の回帰的方程式系を満たす．

$$p_i = \frac{\partial H_i(x_{*i},u_{*i},p_{i+1},\lambda_0)}{\partial x} - \mu_i g'_i(x_{*i}). \quad (9)$$

これは**随伴系** (adjoint system) と呼ばれる．さらに，$p_0 = H'_{0x}(x_{*0},u_{*0},p_1,\lambda_0)$ と置こう．すると方程式 (6) から，

$$p_0 = {h'_0}^*(x_{*0})l_0 \quad (10)$$

となり，また方程式 (6) の最後の式から，

$$p_N = -{h'_N}^*(x_{*N})l_N \quad (11)$$

となる．

最後に，等式 (7) は次の形に書き直せる：

$$H_i(x_{*i},u_{*i},p_{i+1},\lambda_0) = \max_{u \in U_i} H_i(x_{*i},u,p_{i+1},\lambda_0). \quad (12)$$

よって，われわれは次の結果を証明したことになる．

定理1(離散最大値原理). 次のペア $x_* = (x_{*0}, ..., x_{*N})$ と $u_* = (u_{*0}, ..., u_{*N-1})$ が問題 (1)-(5) の極小点であるとする。このとき,数 $\lambda_0 \geq 0, \mu_1 \geq 0, ..., \mu_{N-1} \geq 0$ とベクトル $p_0 \in \mathbb{R}^n, ..., p_N \in \mathbb{R}^n$ が存在して,全部が 0 ではなく,

(a) 列 $(p_N, p_{N-1}, ..., p_0)$ は随伴系 (9) の解で終端条件 (10) と (11) を満たす。

(b) 最大条件 (12) がすべての $i = 0, 1, ..., N-1$ について成り立つ。

(c) 数 $\mu_1, ..., \mu_{N-1}$ は相補性条件 (8) を満たす。

この定理は 5.2 節の定理 1 のアナロジーである。そこではわれわれは,相制約条件付きの問題の最大値原理を導出したのであった。

離散最大値原理と条件 (2), (4), (5) は必要な変数 $x_0, ..., x_N, u_0, ..., u_{N-1}$ とラグランジュ乗数 $\lambda_0, \mu_1, ..., \mu_{N-1}, p_0, ..., p_N, l_0, l_N$ の完全系になっている。実際,x_i と p_i は n 次元のベクトルであり,l_0 は s_0 次元のベクトル,l_N は s_1 次元のベクトルであるので,未知数の数は $2(N+1)n + Nr + n + s_0 + s_1$ 個である。一方,(2) の等式はすべて n 個の関係であり,(4) の条件は $s_0 + s_1$ 個の関係を持っている。条件 (5) は n 個の関係を持っており,随伴系 (9) の任意の等式は n 個の関係で,条件 (10), (11), (8) はそれぞれ n 個の関係を持っており,最後に (12) 式は本質的には r 本の関係で,それぞれの点でそれによって関数 H_i の u についての最大点を与えるための条件を特徴付けている。結果として,われわれは $2(N+1)n + Nr + n + s_0 + s_1$ 個の関係を持っており,──未知数の数と一致する[17]。

6.4.3 動的計画法

この手法の基本的なアイデアを記述するため,問題 (1)-(5) を簡単にした形を考えよう。

$$\sum_{i=0}^{N-1} f_i(x_i, u_i) \to \inf; \tag{13}$$

---

[17] (訳注) 訳者にはいくつか計算が合わないところがある,例えば (5) や (8) は $N-1$ 個の関係に見える等の問題が見えたのだが,いまいちこの文の意義がわからなかったので,英語版の文のままにしておいた。

$$x_{i+1} = \varphi_i(x_i, u_i), \ i = 0, 1, ..., N-1, \tag{14}$$

$$u_i \in U_i \subset \mathbb{R}^r, \ i = 0, 1, ..., N-1, \tag{15}$$

$$x_0 \text{は固定}. \tag{16}$$

つまり，相制約をなくし，左端点を固定し，右端点の条件を削った問題である．

問題 (13)-(16) と共に，次の「摂動問題」を考える．これらはそれぞれ数 $k = 0, 1, ..., N-1$ とベクトル $x \in \mathbb{R}^n$ によって決定される．

$$\sum_{i=k}^{N-1} f_i(x_i, u_i) \to \inf; \tag{13'}$$

$$x_{i+1} = \varphi(x_i, u_i), \ i = k, k+1, ..., N-1, \tag{14'}$$

$$u_i \in U_i \subset \mathbb{R}^r, \ i = k, k+1, ..., N-1, \tag{15'}$$

$$x_k = x. \tag{16'}$$

問題 (13)-(16) が，問題 (13')-(16') で $k=0$ とし $x=x_0$ とすれば得られるということは簡単にわかる．

$F_k(x)$ を問題 (13')-(16') の値であるとしよう．すると $F_0(x_0)$ が問題 (13)-(16) の値である．

定理 2. 関数 $F_k(x)$ は次のベルマン関数方程式系

$$F_i(x) = \inf_{i \in U_i} (f_i(x, u) + F_{i+1}(\varphi_i(x, u))), i = N, ... \tag{17}$$

の解で，次の終端条件

$$F_N(x) \equiv 0 \tag{18}$$

を満たす．もし列 $x = (x_0, ..., x_N)$ と $u = (u_0, ..., u_{N-1})$ が問題 (13)-(16) で許容可能で，

$$F(x_i) = f_i(x_i, u_i) + F_{i+1}(x_{i+1}) \tag{19}$$

をすべての $i = 0, 1, ..., N-1$ について満たせば，ペア (x, u) はこの問題の解である．

この定理の証明は非常に単純である。関係 (17) と (18) は関数 F_k の定義からただちに従う：

$$F_k(x) = \inf\left\{\sum_{i=k}^{N-1} f_i(x_i, u_i) | x_{i+1} = \varphi_i(x_i, u_i), u_i \in U_i, x_k = x\right\}$$

$$= \inf\left\{f_k(x, u_k) + \inf\left\{\sum_{i=k+1}^{N-1} f_i(x_i, u_i) | x_{i+1} = \varphi_i(x_i, u_i), u_i \in U_i, x_{k+1} = \varphi(x, u_k)\right\} \Big| u_k \in U_k\right\}$$

$$= \inf\{f_k(x, u) + F_{k+1}(\varphi(x, u)) | u \in U_k\}.$$

二番目の主張も直接確かめられる：

$$F_0(x_0) = f_0(x_0, u_0) + F_1(x_1) = f_0(x_0, u_0) + f_1(x_1, u_1) + F_2(x_2)$$

$$= ... = f_0(x_0, u_0) + ... + f_{N-1}(x_{N-1}, u_{N-1}) + F_N(x_N)$$

$$= \sum_{i=0}^{N-1} f_i(x, u_i).$$

よって $x = (x_0, ..., x_N)$ と $u = (u_0, ..., u_{N-1})$ は問題 (13)-(16) の解である。よって定理の証明が完成した。

6.5　6 章の補足

6.1

より詳しく線形計画法について知りたい場合，Gass [1], Rockafellar [14], Yudin and Gol'shtein [1] を見よ。

6.2 と 6.3

この節については Hestenes [3] のすばらしい研究に従った。次のモースによるよく知られた定理はこの分野に自然に関係する：古典的な変分法の二次形式の指数は区間 $[t_0, t_1]$ 内の共役点の個数と一致する。

6.4

定理 1 の証明でわれわれのものと似たものは Pshenichnyĭ [4] の書籍に見られる。離散系の最適制御理論のより詳しい説明は Boltyanskiĭ [5] と Propoĭ [2] にある。動的計画法については，Aris [1], Bellman [1], Bellman and Kalaba [1] を見よ。

第7章

極小点の十分条件

———————

0章の序論でも述べたように，本章はその内容と書き方の双方に関して，この本において幾分特殊な位置を占めている。そうならざるを得ないのは，極小点の十分条件の理論は体系化されているとは到底言えないからである。したがって，この章は，一般的な定理の証明ではなく，基本的な概念やいくつかの基本的な例における極小点の十分条件の導出方法に焦点を当てて書かれている。具体的には，多少断片的ではあるが，滑らかな問題や凸問題，さらには古典的変分法における基本問題の一部を扱う。この最後の例では，伝統的な手法によって，よく知られた極小点の十分条件が導かれる。

7.1 摂動法

7.1.1 極値問題の摂動

X と Z を集合とし，f_0 を X 上で定義された実数値関数，C_0 を X の部分集合とする。次の極値問題を考えよう：

$$f_0(x) \to \inf; \quad x \in C_0. \tag{1}$$

われわれは問題 (1) を極値問題群

$$f(x,z) \to \inf; \quad x \in C(z) \tag{2}$$

の1つの要素であると考える．ただし上式において，f は $X \times Z$ 上で定義された実数値関数であり，C は Z から X への多価写像である．つまり，ある $z_0 \in Z$ については，以下の等式が成り立っていると仮定するのである：

$$f(x, z_0) = f_0(x), \quad C(z_0) = C_0.$$

これらの等式が成立しているとき，問題 (2) を問題 (1) の**摂動** (perturbation) といい，問題 (2) に登場する集合 Z を**摂動族** (class of perturbation) と呼ぶ．問題 (2) の最小値 (あるいは，下限) は，$z \in Z$ に依存する関数となるから，これを $S(z)$ と書いて，問題 (1) の摂動の S 関数 (S-function) と呼ぶ．X が位相空間であるときには，問題 (1) の解 x_* のある近傍で定義された局所 S 関数 (local S-function) が定義できる：

$$S_U(z) = \inf_{x \in C(z) \cap U} f(x, z).$$

ただし上式において，U は点 x_* の X における近傍である．このような関数は，点 x_* における S 関数と呼ばれる．

また，X 上で定義された関数 φ は以下の条件を満たすとき，点 x_* における問題 (1) の K 関数 (K-function) と呼ばれる：

(i) 関数 φ と f は，x_* において値が等しい：

$$f(x_*) = \varphi(x_*)$$

(ii) 関数 φ は x_* において集合 C_0 上の最小値を達成する：

$$\varphi(x) \geq \varphi(x_*), \quad x \in C_0.$$

(iii) $f(x)$ から $\varphi(x)$ を引いた差は X 上で非負となる：

$$f(x) - \varphi(x) \geq 0, \quad x \in X.$$

あるいは (i) を前提とすれば同じことだが，関数 $f - \varphi$ は x_* において，X 上の最小値を達成する．

上で定義した大域 K 関数と共に，われわれは，条件 (ii) が C_0 と x_* のある近傍 U の共通部分においてのみ成立し，条件 (iii) が $x \in U$ についてのみ成り立つ**局所 K 関数** (local K-function) を定義することができる。

命題 1. 点 x_* における問題 (1) の K 関数 (局所 K 関数) が存在すれば，x_* は問題 (1) の解 (極小点) である。

実際，(i)-(iii) から，任意の $x \in C_0 (x \in C_0 \cap U)$ に対して，
$$f(x) - f(x_*) \geq \varphi(x) - \varphi(x_*) \geq 0$$
が成り立つ。

容易にわかるように，φ が点 x_* における問題 (1) の K 関数であるならば，それは問題 (1) の任意の他の解 y^* についても，点 y^* における問題 (1) の K 関数となる。したがって，この場合には，φ を問題 (1) の K 関数と呼んでも差し支えないだろう。

注意. われわれは，命題 1 で，K 関数の存在が最小点であるための十分条件となることを確認した。したがって残された問題は，K 関数の存在を証明することとその構成方法を示すことである。われわれは，いくつかの一般的な K 関数の構成方法について，残りの節で議論する。K 関数が構成可能であるか否かは，0 章の序論で述べた制約除去の原理と関係している。

7.1.2 標準摂動と標準 K 関数

極値問題の摂動法は一般には何通りもあるが，汎関数型の制約式を持つ問題については標準的な摂動法が存在する。A を集合とし (通常は A は線形空間 X の部分集合である)，Y を線形空間とする。以下の問題について考えよう:

$$f_0(x) \to \inf; \quad F(x) = 0, \quad f_i(x) \leq 0, \ 1 \leq i \leq n, \quad x \in A. \tag{1'}$$

ここで，$f_i : A \to \mathbb{R}$, $0 \leq i \leq n$, $F : A \to Y$ である。

さて，以下の極値問題群は問題 (1') の**標準摂動** (standard perturbation) と

呼ばれる：

$$f_0(x) \to \inf; \quad F(x) - y = 0, \ f_i(x) - \alpha_i \leq 0, \ 1 \leq i \leq n, \quad x \in A. \qquad (2')$$

つまり，標準摂動においては，目的関数 f_0 は動かさない．なお，この場合の摂動族 Z は直積集合 $Y \times \mathbb{R}^n$ である．

上で述べた一般論をもとに，より具体的な極値問題に関する議論に移ろう．

等式制約付きの滑らかな問題

1.1.1 項において，われわれは，

$$f(x) \to \inf; \quad F(x) = 0 \qquad (3)$$

という形の問題を「等式制約付きの滑らかな問題」と呼んだ．ただし，上式において，X, Y はバナッハ空間であり，f, F は定義域 $U \subset X$ 上で C_1 級である．

問題 (3) の標準摂動は，

$$f(x) \to \inf; \quad F(x) - y = 0 \qquad (3')$$

という形で与えられる．したがって，この摂動の S 関数は以下のように定義される：

$$S(y) = \inf\{f(x) | F(x) = y\}.$$

さて，ある Y 上の関数 $\psi : Y \to \mathbb{R}$ に対して，

$$\varphi(x) = (\psi \circ F)(x) \qquad (4)$$

という形で書ける K 関数 $\varphi : X \to \mathbb{R}$ のことを問題 (3) の**標準 K 関数** (standard K-function) と呼ぶことにすれば，(4) より，φ は $C_0 = \{x \in X | F(x) = 0\}$ 上では定値関数である．したがって，K 関数の定義に登場する条件 (ii) は，この場合には常に成り立っているのだから，(4) の形の関数が，K 関数 (局所

K 関数) であるための必要十分条件は，以下の関係式が成立することである：

$$\psi(0) = f(x_*), \quad f(x) - \varphi(x) \geq 0, \ x \in X (x \in U).$$

凸問題

X と Y を局所凸線形位相空間とする．いま，問題 (1′) において，関数 f_i, $0 \leq i \leq n$ および集合 $A \subset X$ が凸であって，さらに等式制約がアフィン関数 $F(x) = \Lambda x + y_0$, $\Lambda \in \mathscr{L}(X, Y)$ の形で与えられているとき，これを凸 (convex) 問題と呼ぶ (1 章で考察した凸問題には，等式制約がなかったことに注意しよう)．

以下の形で書ける K 関数のことを凸問題の標準 K 関数と呼ぶ：

$$\varphi(x) = -\langle y^*, F(x) \rangle - \sum_{i=1}^{n} \lambda_i f_i(x) + f_0(x_*). \tag{5}$$

ただし，

$$\lambda_i \geq 0, \quad \lambda_i f_i(x_*) = 0, \quad i = 1, \ldots, n \tag{5′}$$

である．関係式 (5), (5′) から，関数 $\varphi(x) - f_0(x_*)$ は $C_0 = \{x \in A | F(x) = 0, \ f_i(x) \leq 0, \ i = 1, \ldots, n\}$ 上で常に非負である．また，(5′) から，$\varphi(x_*) = f_0(x_*)$ が成り立つ．したがって，関係式 (5), (5′) の形で書ける関数 φ は K 関数の定義に登場する条件 (i) と (ii) を満たすことがわかる．このことから，(5), (5′) の形で書ける関数が，凸問題の K 関数であるための必要十分条件は，以下の関係式が成立することである：

$$f(x) - \varphi(x) \geq 0, \quad x \in A.$$

変分法と最適制御に関する問題

境界条件の固定された最適制御問題

$$\left. \begin{array}{l} \mathscr{I}(x(\cdot), u(\cdot)) = \int_{t_0}^{t_1} f(t, x, u) dt \to \inf; \\ \dot{x} = \varphi(t, x, u), \quad x(t_0) = x_0, \quad x(t_1) = x_1, \quad u \in U. \end{array} \right\} \tag{6}$$

について考えよう．いま，$[t'_0, t'_1]$ を区間 $[t_0, t_1]$ を内部に含む区間とし，問題

第 7 章 極小点の十分条件

(6) を含んだ以下の問題群を考察する：

$$\left.\begin{aligned}\mathscr{I}(x(\cdot), u(\cdot), \tau) &= \int_{t_0}^{\tau} f(t,x,u)dt \to \inf; \\ \dot{x} &= \varphi(t,x,u), \quad x(t_0) = x_0, \quad x(\tau) = \xi, \quad u \in U.\end{aligned}\right\} \quad (7)$$

ただし，(7) 式において，$x(\cdot)$ と $u(\cdot)$ は，共に $[t_0', t_1']$ 上で定義されたベクトル値関数とする．摂動 (7) を問題 (6) の標準摂動と言う．問題 (7) の最小値（あるいは，下限）は，(τ, ξ) に依存する関数である．この関数のことを，変分法においては**測地線距離** (geodesic distance) あるいは**アイコナール** (eikonal) と呼び，最適制御では**ベルマン関数** (Bellman function) と呼ぶ．

以下の形で書かれる K 関数のことを点 $(x_*(\cdot), u_*(\cdot))$ における問題 (6) の標準 K 関数と言う：

$$\begin{aligned}\Phi(x(\cdot), u(\cdot)) &= \mathscr{I}(x_*(\cdot), u_*(\cdot)) + \int_{t_0}^{t_1} \left(\frac{\partial g(t,x)}{\partial t} + \left(\frac{\partial g(t,x)}{\partial x} \middle| \varphi(t,x,u) \right) \right) dt \\ &\quad + g(t_0, x_0) - g(t_1, x_1).\end{aligned} \quad (8)$$

もちろん，一般性を失うことなく，$g(t_1, x_1) = g(t_0, x_0) = 0$ としてよい．仮に $(x(\cdot), u(\cdot))$ を問題 (6) の許容可能な組とすれば，容易にわかるように，

$$\Phi(x(\cdot), u(\cdot)) = \mathscr{I}(x_*(\cdot), u_*(\cdot))$$

となるから，K 関数の定義に登場する条件 (i) と (ii) は常に成り立っている．したがって，(8) 式の形で書かれる関数 $\Phi(x(\cdot), u(\cdot))$ が K 関数となるための十分条件は，任意の $(t,x) \in \mathbb{R} \times \mathbb{R}^n$ および $u \in U$ に対して，

$$f(t,x,u) - \frac{\partial g(t,x)}{\partial t} - \left(\frac{\partial g(t,x)}{\partial x} \middle| \varphi(t,x,u) \right) - f(t, x_*(t), u_*(t)) \geq 0 \quad (9)$$

が成り立つことである．Φ が局所 K 関数となるための十分条件も同様に記述することができる．その場合には，$V \subset \mathbb{R} \times \mathbb{R}^n$ を，任意の $t \in [t_0, t_1]$ に対して，$(t, x_*(t))$ を含む開集合として，(9) 式が任意の $(t,x) \in V$ について成り立つという条件に書き換えてやればよい．

命題 1 は，その単純さにも関わらず，K 関数の構成という，解の十分条件を導出するための強力な手法を与えている．このことを，1 つの例を使って

示そう。基本二次汎関数を目的関数に持つ，変分法における以下の最小化問題を考える：

$$\mathscr{K}(x(\cdot)) = \int_{t_0}^{t_1} (A(t)\dot{x}^2 + B(t)x^2)dt \to \inf;$$
$$x(t_0) = x(t_1) = 0.$$

点 $x_*(t) \equiv 0$ におけるこの問題の K 関数の中で，(8) 式の形で書くことができて，関数 g が

$$g(t,x) = -D(t)x^2$$

のように，x について二次関数の形で書けるものを求めてみよう。(9) が成り立つためには，任意の $x, \dot{x} \in \mathbb{R}$ および $t \in [t_0, t_1]$ に対して，

$$A(t)\dot{x}^2 + 2D(t)x\dot{x} + \left(\dot{D}(t) + B(t)\right)x^2 \geq 0$$

が成り立っていればよい。上式の左辺は，t を固定すれば，x と $\dot{x}$ に関する二次形式なので，この二次形式が非負となるための必要十分条件は，

$$A(t) \geq 0, \quad A(t)\left(\dot{D}(t) + B(t)\right) - D^2(t) \geq 0 \tag{10}$$

が成り立つことである。

強いルジャンドルの条件と強いヤコビ条件が成立しているとしよう (2.2 節および 6.3 節を見よ)。つまり，任意の $t \in [t_0, t_1]$ に対して，$A(t) > 0$ が成り立ち，さらに，オイラー＝ヤコビ方程式

$$-\frac{d}{dt}(A(t)\dot{u}) + B(t)u = 0 \tag{11}$$

の $u_0(0) = 0$ を満たし区間 $]t_0, t_1]$ 上で $u_0(t) \neq 0$ となる解 u_0 が存在すると仮定する。すると，(10) の 2 番目の不等式を等式で満たすような関数 D を見つけることができる。実際，$D_0(t) = -A(t)\dot{u}_0(t)/u_0(t)$ と定義すれば，u_0 が方程式 (11) の解であることから，D_0 はリッカチ方程式

$$\dot{D} + B - D^2/A = 0 \tag{12}$$

の解となる。このことは，D_0 を上式に直接代入することによって，容易に確認することができる。したがって，二次形式 $\mathscr{K}(x(\cdot))$ が空間 $\overset{\circ}{W}_{2,1}([t_0, t_1])$ で

非負となるための十分条件は，強いルジャンドルの条件と強いヤコビ条件が成り立つことである，という既により一般的な最小化問題において得られていた結果 (6.3 節の定理 6) が再び導かれたことになる[1]。

7.2　滑らかな問題

この節の主題は 1.2 節と関係している．ただし，ここでは写像 F に正則条件のみを仮定した滑らかな問題について考察する．この場合には，問題の解 x_* に対して，リプシッツ条件を満たし，微分可能な関数にいくらでも近い局所 K 関数が存在する．また，もし写像 F について，さらに強い条件を仮定すれば，S 関数そのものが x_* において微分可能となる．

7.2.1　極小点の必要十分条件

定理 1. x_* を以下の問題における許容可能な点とする：

$$f(x) \to \inf; \quad F(x) = 0. \tag{1}$$

ただし，上式において，関数 f と写像 $F: X \to Y$ は，共に x_* の近傍において C_1 級であると仮定する．さらに，F は x_* において正則条件を満たすとする ($F'(x_*)X = Y$)．このとき，x_* が問題 (1) の極小点であるための必要十分条件は，ある $\bar{y}^* \in Y^*$ が存在して，任意の $\gamma > 0$ について，関数

$$\varphi_\gamma(x) = (\psi_\gamma \circ F)(x) = -\langle \bar{y}^*, F(x) \rangle - \gamma \|F(x)\| + f(x_*) \tag{2}$$

が問題 (1) の局所 K 関数となることである．

---

[1]　（訳注）念のため，実際にここで示されていることは，強いルジャンドルの条件と強いヤコビ条件が成り立つという仮定の下で，$x_*(t) \equiv 0$ における考察されている問題の K 関数が構成できる，という事実である．ところがこのことから，命題 1 より，$x_*(t) \equiv 0$ は問題の解であることがわかり，また明らかに，$\mathscr{K}(x_*(\cdot)) = 0$ となるのだから，任意の $x(\cdot) \in \overset{\circ}{W}_{2,1}([t_0, t_1])$ について，$\mathscr{K}(x(\cdot)) \geq 0$ が成立する．

7.2 滑らかな問題

定理 1 の主張をよりわかりやすく述べると次のようになる：点 x_* が問題 (1) の極小値であるための必要十分条件は[2]，ある $\bar{y}^* \in Y^*$ が存在して，任意の $\gamma > 0$ と γ に依存して定まる正数 $\delta = \delta(\gamma) > 0$ に対して，関数[3]

$$\Phi_\gamma(x) = f(x) - \varphi_\gamma(x) = f(x) - f(x_*) + \langle \bar{y}^*, F(x) \rangle + \gamma \|F(x)\|$$
$$= \mathscr{L}(x, \bar{y}^*, 1) + \gamma \|F(x)\| - f(x_*) \tag{3}$$

が点 x_* を中心とする半径 δ の閉球 $B(x_*, \delta)$ 上で，x_* において最小値を達成することである：

$$\Phi_\gamma(x) \geq \Phi_\gamma(x_*), \quad \|x - x_*\| \leq \delta. \tag{4}$$

証明. 7.1 節の命題 1 から十分性は明らかだから，必要性だけを示せばよい。x_* を問題 (1) の極小点とする。すると，ラグランジュ乗数法 (1.1 節の定理 1) から，ラグランジュ乗数 $\bar{y}^* \in Y^*$ が存在して，

$$f'(x_*) + F'^*(x_*)\bar{y}^* = 0 \tag{5}$$

が成り立つ。ここで，$g(x) = f(x) - f(x_*) + \langle \bar{y}^*, F(x) \rangle$ と置く。すると，(5) から，$g(x_*) = 0$ と $g'(x_*) = 0$ が成立する。そこで，写像 F に 0.2 節のリュステルニクの定理を適用すると，x_* の近傍 V，定数 $k > 0$，および V から X への写像 $x \mapsto z(x)$ が存在して，任意の $x \in V$ に対して，

$$F(x + z(x)) = F(x_*) = 0, \quad \|z(x)\| \leq k \|F(x)\| \tag{6}$$

が成り立つことがわかる。

いま，正数 $\varepsilon > 0$ を $\|x - x_*\| < \varepsilon$ を満たす任意の $x \in X$ が以下の 3 つの

---

[2] （訳注）7.1.2 項の標準 K 関数の定義のところでも述べられているように，(2) 式のような形で表される関数は，常に K 関数の定義に登場する条件 (ii) を満たしていることに注意。

[3] （訳注）(3) 式に登場するラグランジュ関数は，1.1 節の記法に合わせるならば，本来 $\mathscr{L}(x, 1, \bar{y}^*)$ と書かれるべきだが，混乱の恐れはないであろうから，ここでは，より見やすい $\mathscr{L}(x, y^*, 1)$ という記法を用いている。この記法は，今後もこの章で何度か登場する。

関係式をすべて満たすようにとる：

$$
\left.\begin{array}{l}
\text{a)} \ x \in V, \\
\text{b)} \ F(x) = 0 \ \text{ならば}, f(x) - f(x_*) \geq 0, \\
\text{c)} \ \|g'(x)\| < \gamma k^{-1}.
\end{array}\right\} \tag{7}
$$

正数 $\varepsilon > 0$ を (7b) を満たすように取れるのは x_* が極小点だからであり，(7c) を満たすように取れるのは $g'(x)$ が x_* において連続だからである．さらに，正数 $\delta > 0$ を，$\delta < \varepsilon/2$ であって，$\|x - x_*\| < \delta$ を満たす任意の $x \in X$ に対して，$\|F(x)\| < \varepsilon(2k)^{-1}$ が成り立つように取る．すると (6) より，$\|x - x_*\| < \delta$ を満たす任意の $x \in X$ に対して，

$$
\left.\begin{array}{l}
\|z(x)\| \leq k\|F(x)\| < \varepsilon/2, \\
\|x + z(x) - x_*\| \leq \|x - x_*\| + \|z(x)\| < \varepsilon
\end{array}\right\} \tag{8}
$$

が成立する．したがって，(7b), (8) および (6) から，不等式

$$g(x + z(x)) = f(x + z(x)) - f(x_*) + \langle \bar{y}^*, F(x + z(x)) \rangle \geq 0$$

が得られる．さらに，平均値の定理 (0.2 節) と (6), (7c) および上の不等式から，

$$
\begin{aligned}
g(x) &\geq g(x) - g(x + z(x)) \\
&\geq -\sup\left\{\|g'(\xi)\| \,\middle|\, \xi \in [x, x + z(x)]\right\} \cdot \|z(x)\| \\
&\geq -\gamma k^{-1} \cdot k\|F(x)\| = -\gamma\|F(x)\|
\end{aligned}
$$

が導かれる．あとは，$\Phi_\gamma(x) = g(x) + \gamma\|F(x)\|$ と置けば，所望の関係式 (3) と (4) が得られ，証明が完了する．■

系 (極小点の二階の必要条件)． 定理 1 の仮定に加えて，関数 f と写像 F が点 x_* の近傍で C_2 級であるとする．このとき，x_* が問題 (1) の極小点となるための必要条件は，写像 $F'(x_*)$ の核に属する任意のベクトル ξ に対して，不等式

$$\mathscr{L}_{xx}(x_*, \bar{y}^*, 1)(\xi, \xi) \geq 0 \tag{9}$$

が成り立つことである．

7.2 滑らかな問題   357

(9) 式の関数 $\mathscr{L}$ は問題 (1) のラグランジュ関数 ($\mathscr{L} = f(x) + \langle \bar{y}^*, F(x) \rangle$) であり,$\bar{y}^*$ は定理 1 に登場するラグランジュ乗数である.

さて,上の系に証明を与えよう.証明は背理法によるものとし,$\xi \in \operatorname{Ker} F'(x_*)$,$\|\xi\| = 1$,$\mathscr{L}_{xx}(x_*, \bar{y}^*, 1)(\xi, \xi) = -\alpha < 0$ をすべて満たすベクトル ξ が存在すると仮定しよう.いま,正数 $\gamma > 0$ を,$\gamma < 1$ と $\gamma \|F''(x_*)(\xi, \xi)\| \leq \alpha/3$ を満たすようにとり,さらに $\delta > 0$ を,$\delta < \delta(\gamma)$ であって,$\|x - x_*\| < \delta$ を満たす任意の $x \in X$ が,以下の 2 つの関係式を満たすようにとる[4]:

$$\left\| F(x_* + x) - F(x_*) - F'(x_*)x - \frac{1}{2}F''(x_*)(x, x) \right\| < \frac{\alpha \|x\|^2}{6},$$

$$\left\| \mathscr{L}(x_* + x, \bar{y}^*, 1) - \mathscr{L}(x_*, \bar{y}^*, 1) - \langle \mathscr{L}_x(x_*, \bar{y}^*, 1), x \rangle - \frac{1}{2}\mathscr{L}_{xx}(x_*, \bar{y}^*, 1)(x, x) \right\|$$
$$< \frac{\alpha \|x\|^2}{6}.$$

このとき,Φ_γ を (3) 式によって定義される関数とすれば,$0 < t < \delta$ を満たす任意の t に対して,

$$\Phi_\gamma(x_* + t\xi) < \left(\frac{t^2}{2}\mathscr{L}_{xx}(x_*, \bar{y}^*, 1)(\xi, \xi) + f(x_*) + \frac{\alpha t^2}{6} \right)$$
$$+ \left(\frac{\gamma t^2}{2}\|F''(x_*)(\xi, \xi)\| + \frac{\gamma \alpha t^2}{6} \right) - f(x_*)$$
$$< \frac{t^2}{2}\mathscr{L}_{xx}(x_*, \bar{y}^*, 1)(\xi, \xi) + \frac{\alpha t^2}{6} + \frac{\gamma t^2}{2}\|F''(x_*)(\xi, \xi)\| + \frac{\alpha t^2}{6}$$
$$< -\frac{\alpha t^2}{2} + \frac{\alpha t^2}{6} + \frac{\alpha t^2}{6} + \frac{\alpha t^2}{6} = 0$$

が成立する.ところがこれは定理 1 に矛盾する.

7.2.2 極小点の二階の十分条件

命題 1. x_* を $F(x_*) = 0$ を満たす X の点とする.いま,定理 1 の系で述べた仮定が成り立っているとし,さらに,ラグランジュ乗数 $\bar{y}^* \in Y^*$ に対して,

---

[4] (訳注) 2 つの関係式が成り立つような $\delta > 0$ が取れることは,F と f が x_* の近傍で C_2 級であるという仮定とテイラーの定理による.本書の 0.2.2 項でも簡単に触れられているが,より詳細な議論については,丸山 [1] p.267 の定理 5.9 を参照されたい.

以下の関係式が成立するとしよう：

$$\left.\begin{array}{l} \mathscr{L}_x(x_*, \bar{y}^*, 1) = 0, \\ \exists \alpha > 0, \ \forall \xi \in \mathrm{Ker}\ F'(x_*), \quad \mathscr{L}_{xx}(x_*, \bar{y}^*, 1)(\xi, \xi) \geq \alpha \|\xi\|^2. \end{array}\right\} \quad (10)$$

このとき，x_* は問題 (1) の極小点である．

注意． (10) より，部分空間 $L_1 = \mathrm{Ker}\ F'(x_*)$ はヒルベルト空間と同相である．実際，各 $\xi_1, \xi_2 \in L_1$ に対して，

$$(\xi_1|\xi_2) = \mathscr{L}_{xx}(x_*, \bar{y}^*, 1)(\xi_1, \xi_2)$$

と定義すれば，f と F が共に x_* の近傍上で C_2 級であるという仮定により，$(\xi_1|\xi_2)$ は対称な双線形写像となる．また，(10) の 2 番目の式より，$\xi \neq 0$ となる任意の $\xi \in L_1$ に対して，

$$(\xi|\xi) > 0$$

が成立する．したがって，

$$\alpha \|\xi\|^2 \leq (\xi|\xi) \leq \|\mathscr{L}_{xx}\| \|\xi\|^2$$

より，部分空間 L_1 がヒルベルト空間と同相であることがわかる[5]．

命題 1 の証明． 定理 1 の証明と同様，写像 F に 0.2 節のリュステルニクの定理を適用する．$z(x)$ を，定理で存在が保証された，x_* の近傍 V 上で定義され，(6) を満たす写像とする．(6) の 2 つ目の関係式から，$F(x) = 0$ を満たす $x \in V$ については，$z(x) = 0$ が成り立つ．さて，命題の主張を示すためには，関数

$$\varphi(x) = f(x_*) - \langle \bar{y}^*, F(x) \rangle - \|z(x)\|$$

が x_* における問題 (1) の局所 K 関数であることを示せばよい．上で述べたことから，問題 (1) の制約式を満たす任意の x に対して，$\varphi(x) = f(x_*)$ が成り立

---

[5] （訳注）上で述べた証明では，部分空間 L_1 が内積空間と同相であることしか示されていないように思われるかもしれないが，L_1 はバナッハ空間 X の閉部分空間であるから，(X に元々入っているノルムに関して) バナッハ空間であり，上で定義した内積空間はそのバナッハ空間 L_1 の距離との間に上の関係式を持つから，完備であって，したがってヒルベルト空間となる．

7.2 滑らかな問題

ち，とくに $\varphi(x_*) = f(x_*)$ である．したがって，φ は K 関数の定義の条件 (i) と (ii) を満たしていることがわかる．ゆえに，あとは，ある正数 $\delta > 0$ が存在して，$\|x - x_*\| < \delta$ を満たす任意の $x \in X$ に対して，$f(x) - \varphi(x) \geq 0$ が成り立つことを証明すればよい．定理 1 と同じように，$g(x) = \mathscr{L}(x, \bar{y}^*, 1) - f(x_*)$ と置く．すると，明らかに，$g(x_*) = 0$，$g'(x_*) = 0$，$g''(x_*) = \mathscr{L}_{xx}(x_*, \bar{y}^*, 1)$，および $f(x) - \varphi(x) = g(x) + \|z(x)\|$ が成り立つ．また，以下の補題が成立する．

補題．任意の $\varepsilon > 0$ に対して，$\delta_1 > 0$ が存在して，$\|\zeta - x_*\| < \delta_1$ と $F(\zeta) = 0$ を満たす任意の $\zeta \in X$ に対して，$\eta \in X$ が存在して，以下の 2 つの関係式を満たす：
$$\|\eta\| \leq \varepsilon \|\zeta - x_*\|, \quad \zeta - x_* - \eta \in \operatorname{Ker} F'(x_*).$$

実際，開写像定理 (0.1.4 項) から，ある正数 $r > 0$ に対して，
$$F'(x_*) B_X(0, 1) \supset B_Y(0, r) \tag{11}$$
が成り立つ．ただし，$B_X(0, 1), B_Y(0, r)$ はそれぞれ，X, Y における，原点を中心とする半径 $1, r$ の閉球を表す．いま，$\delta_1 > 0$ を，$0 < \|\zeta - x_*\| < \delta_1$ を満たす任意の $\zeta \in X$ が以下の関係式を満たすようにとる：
$$\|F(\zeta) - F(x_*) - F'(x_*)(\zeta - x_*)\| \leq \varepsilon r \|\zeta - x_*\|.$$
上式において，$F(\zeta) = 0$ が成り立っている場合には，不等式
$$\|F'(x_*) \left((\zeta - x_*)\|\zeta - x_*\|^{-1} \varepsilon^{-1}\right)\| \leq r$$
が得られる．そこで，(11) より，$0 < \|\zeta - x_*\| < \delta_1$ と $F(\zeta) = 0$ を満たす任意の $\zeta \in X$ に対して，$\|\bar{\eta}\| \leq 1$ を満たすベクトル $\bar{\eta} \in X$ が存在して，
$$F'(x_*)\bar{\eta} = F'(x_*)(\zeta - x_*) \left(\|\zeta - x_*\| \varepsilon\right)^{-1} \tag{12}$$
が成り立つ．したがって，$\eta = \varepsilon \|\zeta - x_*\| \bar{\eta}$ と置けば，(12) より，$F'(x_*)\eta = F'(x_*)(\zeta - x_*)$，すなわち，$\zeta - x_* - \eta \in \operatorname{Ker} F'(x_*)$ が成り立ち，一方で，

$\|\bar{\eta}\| \leq 1$ より, $\|\eta\| \leq \varepsilon \|\zeta - x_*\|$ が成立する. 以上で, 補題の証明が完了した.

命題 1 の証明に戻ろう. まず, 正数 $\varepsilon > 0$ を, 以下の不等式が成り立つように取る:

$$\alpha(1-\varepsilon)^2 - 2C(1+\varepsilon)\varepsilon - C\varepsilon^2 - \varepsilon \geq 0. \tag{13}$$

ここで, α は命題の主張に登場する正の定数であり, $C = \|g''(x_*)\|$ である. 次に, この $\varepsilon > 0$ に対して, $\delta_1 > 0$ を, 補題で述べられた性質を満たす正数であって, しかも $\xi \in B(x_*, \delta_1)$ に対して, 以下の 3 つの関係式が成り立つように取る:

$$\xi \in V, \quad \|g'(\xi)\| \leq 1,$$

$$\left| g(\xi) - g(x_*) - \langle g'(x_*), (\xi - x_*) \rangle - \tfrac{1}{2} g''(x_*)(\xi - x_*, \xi - x_*) \right| < \tfrac{\varepsilon}{2} \|\xi - x_*\|^2.$$

このように $\delta_1 > 0$ が取れるのは, f, F が共に x_* の近傍上で C_2 級だからである. 最後に, 正数 $\delta > 0$ を, $\delta < \delta_1$ であって, さらに, 任意の $x \in B(x_*, \delta)$ に対して,

$$\|x + z(x) - x_*\| < \delta_1$$

が成り立つように取る. いま, $x \in B(x_*, \delta)$ を任意にとって, $x + z(x) = \zeta$ と置けば, 平均値の定理 (0.2.3 項) と (10) の 1 番目の関係式から,

$$\begin{aligned}
f(x) - \varphi(x) &= g(x) + \|z(x)\| = g(x) - g(x + z(x)) + g(\zeta) + \|z(x)\| \\
&\geq -\sup\{\|g'(\xi)\| | \xi \in B(x_*, \delta_1)\} \|z(x)\| + \|z(x)\| \\
&\quad + g(x_*) + \langle g'(x_*), \zeta - x_* \rangle \\
&\quad + \tfrac{1}{2} g''(x_*)(\zeta - x_*, \zeta - x_*) - \tfrac{\varepsilon}{2} \|\zeta - x_*\|^2 \\
&\geq -\|z(x)\| + \|z(x)\| + 0 + 0 \\
&\quad + \tfrac{1}{2} g''(x_*)(\zeta - x_*, \zeta - x_*) - \tfrac{\varepsilon}{2} \|\zeta - x_*\|^2 \\
&= \tfrac{1}{2} g''(x_*)(\zeta - x_*, \zeta - x_*) - \tfrac{\varepsilon}{2} \|\zeta - x_*\|^2.
\end{aligned}$$

ここで, η を上で述べた補題に登場する, ζ に対応して定まり, 以下の関係式

を満たすベクトルとする：

$$\|\eta\| \leq \varepsilon \|\zeta - x_*\|, \quad \zeta - x_* - \eta \in \text{Ker } F'(x_*).$$

すると，

$$(1-\varepsilon)\|\zeta - x_*\| \leq \|\zeta - x_*\| - \|\eta\| \leq \|\zeta - x_* - \eta\|$$
$$\leq \|\zeta - x_*\| + \|\eta\| \leq (1+\varepsilon)\|\zeta - x_*\|$$

であり，さらに，対称な双線形関数 $B(x_1, x_2) = g''(x_*)(x_1, x_2)$ に対して，

$$B(x_1 + x_2, x_1 + x_2) = B(x_1, x_1) + 2B(x_1, x_2) + B(x_2, x_2)$$

が成り立つことに注意すれば，(10) の 2 番目の関係式と (13) より，

$$\frac{1}{2}g''(x_*)(\zeta - x_*, \zeta - x_*) - \frac{\varepsilon}{2}\|\zeta - x_*\|^2$$
$$= \frac{1}{2}g''(x_*)(\zeta - x_* - \eta, \zeta - x_* - \eta + \eta) - \frac{\varepsilon}{2}\|\zeta - x_*\|^2$$
$$= \frac{1}{2}\left(g''(x_*)(\zeta - x_* - \eta, \zeta - x_* - \eta) + 2g''(x_*)(\zeta - x_* - \eta, \eta)\right.$$
$$\left. + g''(x_*)(\eta, \eta)\right) - \frac{\varepsilon}{2}\|\zeta - x_*\|^2$$
$$\geq \frac{1}{2}\left(\alpha \|\zeta - x_* - \eta\|^2 - 2\|g''(x_*)\| \cdot \|\zeta - x_* - \eta\| \cdot \|\eta\|\right.$$
$$\left. - \|g''(x_*)\| \cdot \|\eta\|^2\right) - \frac{\varepsilon}{2}\|\zeta - x_*\|^2$$
$$\geq \frac{1}{2}\left(\alpha(1-\varepsilon)^2 \|\zeta - x_*\|^2 - 2C(1+\varepsilon)\varepsilon \|\zeta - x_*\|^2 - C\varepsilon^2 \|\zeta - x_*\|^2\right)$$
$$- \frac{\varepsilon}{2}\|\zeta - x_*\|^2$$
$$= \frac{1}{2}\left(\alpha(1-\varepsilon)^2 - 2C(1+\varepsilon)\varepsilon - C\varepsilon^2 - \varepsilon\right)\|\zeta - x_*\|^2 \geq 0$$

が得られ，命題 1 の証明が完了する．■

7.2.3 滑らかな問題における S 関数の構成

滑らかな問題 (1) とその摂動

$$f(x) \to \inf; \quad F(x) - y = 0$$

について考えよう．

この摂動の点 x_* における S 関数 (すなわち，局所 S 関数) を $S(y)$ を書くことにする。

定理 2. x_* を $F(x_*) = 0$ を満たす X の点とし，関数 f と写像 F は共に x_* の近傍 V 上で C_2 級とする。さらに，以下のことを仮定する：

(a) 写像 F は x_* において正則である。

(b) ラグランジュ乗数 $\bar{y}^* \in Y^*$ が存在して，
$$\mathscr{L}_x(x_*, \bar{y}^*, 1) = 0 \tag{14}$$
が成り立つ。

(c) ラグランジュ関数の二階の微分係数は，線形作用素 $F'(x_*)$ の核においては，厳密に正である。すなわち，ある正数 $\alpha > 0$ が存在して，任意の $\xi \in \operatorname{Ker} F'(x_*)$ に対して，
$$\mathscr{L}_{xx}(x_*, \bar{y}^*, 1)(\xi, \xi) \geq \alpha \|\xi\|^2 \tag{15}$$
が成り立つ。

このとき，Y の原点の近傍 U と，U 上で定義され，$X \times Y^*$ に値を持つ C_1 級写像 $y \mapsto (x(y), y^*(y))$ が存在して，
$$\left.\begin{aligned} & x(0) = x_*, \quad y^*(0) = \bar{y}^*, \\ & \mathscr{L}_x(x(y), y^*(y), 1) = 0, \\ & \mathscr{L}_{y^*}(x(y), y^*(y), 1) = y \end{aligned}\right\} \tag{16}$$
が成り立つ[6]。さらに，$S(y) = f(x(y))$ であって，$S(y)$ は U 上で C_1 級である。

証明. 直積空間 $X \times Y^*$, $X^* \times Y$ をそれぞれ，Z, W と書く。また，Z の

---

[6] （訳注）3 章や 4 章では双対空間には常に*弱位相を入れて議論していたが，ここでは微分を考える都合上，Y^* はノルム空間として捉えている。

7.2 滑らかな問題

要素を $z = (x, y^*)$ と書き,W の要素は $w = (x^*, y)$ と書くことにする.写像 $\Psi : Z \times W \to W$ を

$$\begin{aligned}\Psi(z, w) &= \Psi((x, y^*), (x^*, y)) \\ &= (\mathscr{L}_x(x, y^*, 1) - x^*, \mathscr{L}_{y^*}(x, y^*, 1) - y) \\ &= (f'(x) + F'^*(x)y^* - x^*, F(x) - y)\end{aligned}$$

と定義する.

定理で述べられている滑らかさに関する仮定から,Ψ は $(\bar{z}, 0)$ の近傍上で連続微分可能である[7].ただし,$\bar{z} = (x_*, \bar{y}^*)$ とする.ここで,写像 Ψ が陰関数定理 (0.2.3 項) の前件を満たすことを示そう.まず,(15) から,

$$\Psi(\bar{z}, 0) = (\mathscr{L}_x(x_*, \bar{y}^*, 1), F(x_*)) = (0, 0) \tag{17}$$

が成り立つ.また,シュワルツの定理 (0.2.3 項) より,

$$\Psi_z(z, w)(x, y^*) = \Psi_x(z, w)x + \Psi_{y^*}(z, w)y^*$$

である.そこで,写像 Ψ を点 $(\bar{z}, 0)$ において,x と y^* に関してそれぞれ微分すると,

$$\left.\begin{aligned}\Psi_x(\bar{z}, 0)x &= (\mathscr{L}_{xx}(x_*, \bar{y}^*, 1)x, \mathscr{L}_{y^*x}(x_*, \bar{y}^*, 1)x), \\ \Psi_{y^*}(\bar{z}, 0)y^* &= (\mathscr{L}_{xy^*}(x_*, \bar{y}^*, 1)y^*, 0)\end{aligned}\right\} \tag{18}$$

が得られる.ここで,連続な線形写像

$$(x, y^*) \mapsto \Psi_x(\bar{z}, 0)x + \Psi_{y^*}(\bar{z}, 0)y^*$$

が Z から W への同相写像となることを示そう.そのためには,バナッハの逆写像定理 (0.1.4 項) より,この写像が Z から W への一対一の上への写像であることを示せばよい.まず,一対一の写像であることを証明する.

---

[7] (訳注) シュワルツの定理を繰り返し適用すればよい.

$z_i = (x_i, y_i^*) \in Z$, $i = 1, 2$ に対して,

$$\Psi_z(\bar{z}, 0)z_1 = \Psi_z(\bar{z}, 0)z_2$$

が成り立つとしよう.すると,(18) から,

$$\mathscr{L}_{y^*x}(x_*, \bar{y}^*, 1)(x_1 - x_2) = F'(x_*)(x_1 - x_2) = 0,$$

すなわち,$x_1 - x_2 \in \operatorname{Ker} F'(x_*)$ と,

$$\mathscr{L}_{xx}(x_*, \bar{y}^*, 1)(x_1 - x_2) + \mathscr{L}_{xy^*}(x_*, \bar{y}^*, 1)(y_1^* - y_2^*) = 0$$

が得られる.上式の左辺は X 上の線形汎関数だから,これに $x_1 - x_2 \in X$ を代入すると,(c) より,

$$\begin{aligned}
0 &= \mathscr{L}_{xx}(x*, \bar{y}^*, 1)(x_1 - x_2, x_1 - x_2) + \langle F'^*(x_*)(y_1^* - y_2^*), x_1 - x_2 \rangle \\
&= \mathscr{L}_{xx}(x*, \bar{y}^*, 1)(x_1 - x_2, x_1 - x_2) \\
&\geq \alpha \|x_1 - x_2\|^2.
\end{aligned}$$

したがって,$x_1 = x_2$ であり,さらにこのことから,$y_1^* - y_2^* \in \operatorname{Ker} F'^*(x_*)$ が成り立つことがわかる.そこで,任意の $x \in X$ について,

$$\langle F'^*(x_*)(y_1^* - y_2^*), x \rangle = \langle y_1^* - y_2^*, F'(x_*)x \rangle = 0$$

であるから,(a) より,$F'(x_*)X = Y$ であることに注意すれば,$y_1^* = y_2^*$ が得られる.以上で,$\Psi_z(\bar{z}, 0)$ が一対一の写像であることが示された.次に,$\Psi_z(\bar{z}, 0)$ が W の上への写像であることを示す.そのためには,任意の $(x^*, y) \in W$ に対して,連立方程式

$$\begin{aligned}
\mathscr{L}_{xx}(x_*, \bar{y}^*, 1)x + \mathscr{L}_{xy^*}(x_*, \bar{y}^*, 1)y^* &= x^*, \\
\mathscr{L}_{y^*x}(x_*, \bar{y}^*, 1)x = F'(x_*)x &= y
\end{aligned}$$

が解を持つことを証明すればよい.写像 F は x_* で正則なのだから,$F'(x_*)\bar{x} = y$ を満たす $\bar{x} \in X$ が存在することはよい.したがって,あとは $\xi^* = x^* -$

7.2 滑らかな問題

$\mathscr{L}_{xx}(x_*, \bar{y}^*, 1)\bar{x}$ に対して,

$$\mathscr{L}_{xx}(x_*, \bar{y}^*, 1)\xi + \mathscr{L}_{xy^*}(x_*, \bar{y}^*, 1)\eta^* = \xi^* \tag{19}$$

を満たす $\xi \in \mathrm{Ker}\, F'(x_*)$ と $\eta^* \in Y^*$ が存在することを示せばよい。部分空間 $\mathrm{Ker}\, F'(x_*)$ 上で定義された線形汎関数 $\langle \xi^*, x \rangle$ について考える。部分空間 $F'(x_*)$ は,

$$(x|y) = \mathscr{L}_{xx}(x_*, \bar{y}^*, 1)(x, y), \quad x, y \in \mathrm{Ker}\, F'(x_*)$$

によって内積が定義されるヒルベルト空間と同相であるから (命題 1 の直後に書かれた注意を見よ), ヒルベルト空間におけるリースの表現定理[8]により, ある $\xi \in \mathrm{Ker}\, F'(x_*)$ が存在して, 任意の $x \in \mathrm{Ker}\, F'(x_*)$ に対して,

$$(\xi|x) = \mathscr{L}_{xx}(x_*, \bar{y}^*, 1)(\xi, x) = \langle \xi^*, x \rangle$$

が成り立つ。ところがこれは, 線形汎関数 $\mathscr{L}_{xx}(x_*, \bar{y}^*, 1)\xi - \xi^*$ が $(\mathrm{Ker}\, F'(x_*))^{\perp}$ に属することを意味する。したがって, 零化集合の補題 (0.1.4 項) かえら, ある $\eta^* \in Y^*$ に対して,

$$\mathscr{L}_{xx}(x_*, \bar{y}^*, 1)\xi - \xi^* = F'^{*}(x_*)\eta^*$$

が成り立つ。そこで, ξ と $-\eta^*$ について, 関係式 (19) が成り立つことがわかる。これで $\Psi_z(\bar{z}, 0)$ が W の上への写像であることが示された。

以上で, 写像 $\Psi(z, w)$ が陰関数定理の前件をすべて満たしていることがわかったので, 定理を適用すると, W の原点の近傍上で定義され, Z に値を持つ写像 $w \mapsto a(w)$ であって, $a(0) = \bar{z}$ と, W の原点の近傍に属する任意の w に対して, $\Psi(a(w), w) = 0$ を満たすものが存在する。とくに, $(x(y), y^*(y)) = a(0, y)$ と置けば, (16) が得られ, さらに陰関数定理より, $x(y)$ と $y^*(y)$ は共に, Y の原点の近傍上で C_1 級であることがわかる。関係式 (16) より, 点 $x(y)$ に

---

8) (訳注) 例えば, 九山 [1]p 191 の定理 4.9 を参照されたい。

おいては，問題

$$f(x) \to \inf; \quad F(x) - y = 0 \qquad (20)$$

に対するラグランジュ乗数法が成立している．さらに，Y の原点の十分小さい近傍上で，二次形式 $\mathscr{L}_{xx}(x(y), y^*(y), 1)$ は厳密に正である[9]．したがって，命題 1 における $x(y)$ が問題 (20) の極小点であるための十分条件が成立しているのだから，$x(y)$ は問題 (20) の極小点となる．ゆえに，$f(x(y)) = S(y)$ が得られ，定理の証明が完了する[10]．■

---

[9] （訳注）y を Y の原点の近傍に属する点とする．まず (16) の最後の関係式 $\mathscr{L}_{y^*}(x(y), y^*(y), 1) = y$，すなわち $F(x(y)) = y$ の両辺を y で微分すると，$F'(x(y))x'(y) = I_Y$ が成り立つ（ただし，I_Y は Y 上の恒等写像を表す）．この関係式から，F は $x(y)$ において正則であることがわかる．次に点 y において以下が成り立つことを示す：

$$\exists \alpha_y > 0, \; \forall \xi \in \mathrm{Ker}\, F'(x(y)), \quad \mathscr{L}_{xx}(x(y), y^*(y), 1)(\xi, \xi) \geq \alpha_y \|\xi\|^2.$$

まず，$\varepsilon > 0$ を $\|\xi\| = \|\xi'\| = 1$ を満たす任意の $\xi, \xi' \in X$ に対して，

$$\|\xi - \xi'\| \leq \varepsilon \Longrightarrow |\mathscr{L}_{xx}(x(y), y^*(y), 1)(\xi, \xi) - \mathscr{L}_{xx}(x(y), y^*(y), 1)(\xi', \xi')| \leq \frac{\alpha}{3} \quad (*)$$

が成り立つように取る．このような $\varepsilon > 0$ が取れることは容易に確認できる．さて，F は x_* において正則なのだから，開写像定理より，十分小さい $r > 0$ に対して，

$$F'(x_*) B_X(0, \varepsilon/2) \supset B_Y(0, r)$$

が成り立つ．そこで，必要があれば，Y の原点における近傍に属する任意の y' に対して，

$$\|F'(x(y')) - F'(x_*)\| \leq r, \; \|\mathscr{L}_{xx}(x_*, \bar{y}^*, 1) - \mathscr{L}_{xx}(x(y'), y^*(y'), 1)\| \leq \frac{\alpha}{3} \quad (**)$$

が成り立つように近傍をとり直しておく．ここで，$\|\xi\| = 1$ を満たす $\xi \in \mathrm{Ker}\, F'(x(y))$ を任意に取る．すると，上式より，$\|F'(x_*)\xi\| \leq r$ となるから，$\|\eta\| \leq \varepsilon/2$ を満たす $\eta \in X$ が存在して，$\xi + \eta \in \mathrm{Ker}\, F'(x_*)$ が成り立つ．ゆえに，$\xi' = \frac{\xi + \eta}{\|\xi + \eta\|}$ とすれば，(15) から，

$$\mathscr{L}_{xx}(x_*, \bar{y}^*, 1)(\xi', \xi') \geq \alpha$$

が成り立つ．さらに，これと $(**)$ から，

$$\mathscr{L}_{xx}(x(y), y^*(y), 1)(\xi', \xi') \geq \frac{2\alpha}{3}$$

が得られる．そこで，$\|\xi'\| = 1$ と $\|\xi - \xi'\| \leq \varepsilon$ が成り立つことに注意すれば，$(*)$ より，

$$\mathscr{L}_{xx}(x(y), y^*(y), 1)(\xi, \xi) \geq \frac{\alpha}{3}$$

が成立する．以上の議論から，$\alpha_y = \alpha/3$ とすれば，所望の結論が得られる．

[10] （訳注）実際のところ，$f(x(y))$ が局所 S 関数になるためには「局所」の近傍を同一に取れなければならない．このためには，諸々の連続性から命題 1 の δ が一様に取れることを

定理 2 の証明に登場する写像 $y \mapsto x(y)$ は，**極値の場** (field of extermals) と呼ぶのが自然であろう．上で示されたことは，$\bar{y}^* = -S'(F(x_*))$, $\psi(y) = -(S(y) - S(0) - \langle S'(0), y \rangle)$ と置くとき，問題 (1) は関数 $f(x) + \langle \bar{y}^*, F(x) \rangle + (\psi \circ F)(x)$ の制約条件のない最小化問題と同値である，ということである[11]．これはまさに，われわれが 0 章の序論において，十分条件について述べていた際に主張していたことである．

7.3 凸問題

極値問題が，

$$f(x) \to \inf; \quad x \in C \tag{1}$$

で与えられているとしよう．いま，問題 (1) の摂動

$$f(x, z) \to \inf; \quad x \in C(z) \tag{2}$$

を，以下の 3 つの条件を満たすように構成できたと仮定する：

(a) 摂動族 Z はハウスドルフ局所凸線形位相空間である．

(b) $f(x, 0) = f(x)$ と $C(0) = C$ が成り立つ．

示せばよいのだが，そのためにはリュステルニクの定理で存在が保証される $z(x)$ の定義域が一様に取れることなどを示さなければならない．細かい確認は読者に任せる．

11) （訳注）$\bar{y}^* = -S'(F(x_*))$ となることは，定理 2 から，次のようにして導出される．まず (14) から，

$$-f'(x_*) = F'^*(x_*)\bar{y}^* \tag{$*$}$$

が成り立つ．一方，(16) の最後の関係式 $F(x(y)) = y$ の両辺を y で微分して，0 で評価すると，

$$F'(x_*)x'(0) = I_Y. \tag{$**$}$$

ただし，上式において，I_Y は Y 上の恒等写像を表す．そこで，$(*)$ の両辺に $x'(0)$ を作用させると，$(**)$ より，

$$-S'(F(x_*)) = -S'(0) = -f'(x_*)x'(0) = F'^*(x_*)\bar{y}^* x'(0) = \bar{y}^* F'(x_*)x'(0) = \bar{y}^* I_Y = \bar{y}^*$$

が得られる．

(c) S 関数 $S(z)$ は凸関数である。

なお，以下において，$C^{-1}(x)$ は多価写像 C の x に関する逆像を表すものとする：

$$C^{-1}(x) = \{z \in Z | x \in C(z)\}.$$

定理 1. 上の条件 (a)-(c) が満たされているとする。このとき，もし $\partial S(0) \neq \emptyset$ であるとし，z^* を $\partial S(0)$ の要素とすれば，点 $x_* \in C$ が問題 (1) の解であるための必要十分条件は，関数

$$\varphi(x) = f(x) + f(x_*) + \sup_{z \in C^{-1}(x)} (\langle z^*, z \rangle - f(x, z))$$

が点 x_* における問題 (1) の K 関数となることである。

証明. もし φ が点 x_* における問題 (1) の K 関数であるならば，7.1 節の命題 1 より，x_* は問題 (1) の解である。逆に，x_* が問題 (1) の解である（つまり，$f(x_*) = S(0)$ が成り立つ）としよう。このとき，記号を簡略化して，

$$\psi(x) = \sup_{z \in C^{-1}(x)} (\langle z^*, z \rangle - f(x, z))$$

と書くことにすれば，

$$S^*(z^*) = \sup_z \left(\langle z^*, z \rangle - \inf_{x \in C(z)} f(x, z) \right)$$
$$= \sup_x \sup_{z \in C^{-1}(x)} (\langle z^*, z \rangle - f(x, z)) = \sup_x \psi(x).$$

一方で，$z^* \in \partial S(0)$ より，

$$S(0) = -S^*(z^*) = -\sup_x \psi(x)$$

が成り立つ。したがって，条件 (b) より，

$$-S(0) = -f(x_*) = \langle z^*, 0 \rangle - f(x_*, 0) \leq \psi(x_*) \leq -S(0),$$

7.3 凸問題

すなわち，$\psi(x_*) = -S(0)$ と，
$$\varphi(x_*) = f(x_*) + S(0) - S(0) = f(x_*)$$
が得られる．また，再び条件 (b) と上式より，任意の $x \in C$ に対して，
$$\varphi(x) \geq f(x_*) + f(x) + \langle z^*, 0 \rangle - f(x, 0) \geq f(x_*) = \varphi(x_*)$$
が成立する．最後に，任意の $x \in X$ に対して，
$$\varphi(x) - f(x) = f(x_*) + \psi(x) \leq S(0) + \sup_x \psi(x) = 0$$
が得られ，定理の証明が完了する．■

上の定理 1 から，条件 (a)-(c) が満たされていれば，K 関数を構成するという問題は，S 関数の 0 における劣微分を求める問題，あるいは同じことだが，最大化問題
$$-S^*(z^*) \to \sup \tag{3}$$
の解を求める問題に帰着する．この問題のことを，問題 (1) の (摂動族に対する) **双対問題** (dual problem) といい，元々の問題 (1) はしばしば**主問題** (primal problem) と呼ばれる．われわれが考察した上の場合については，主問題と双対問題の値は一致する．この事実は，明らかに問題 (1) に解があるかどうかに依存せず，(条件 (a)-(c) が満たされている場合には)S 関数 $S(z)$ が 0 において閉であれば常に成り立つ[12]．

上で述べたことは，問題 (1) が
$$f_0(x) \to \inf; \quad F(x) = 0, \quad f_i(x) \leq 0, \, i = 1, \ldots, n, \quad x \in A \tag{4}$$
という形式をしていて，その標準摂動
$$f_0(x) \to \inf; \quad F(x) = y, \quad f_i(x) \leq \alpha_i, \, i = 1, \ldots, n, \quad x \in A \tag{5}$$
について考察する場合には，より明瞭になる．いつものように，われわれは写

---

[12] （訳注）0 において閉という言葉の定義が書かれていないが，これは 0 において下半連続と捉えるのがよいであろう．このとき S は適正であり，フェンシェル＝モローの定理の系 2 より $S(0) = S^{**}(0)$ であることになり，ここからただちに主張の結果を得る．

像 F がハウスドルフ局所凸線形位相空間 Y に値を持つことを仮定する。この場合にはもちろん，S 関数 $S(y,a)$ は直積空間 $Y \times \mathbb{R}^n$ 上で定義されている（ただし，$a = (\alpha_1, \ldots, \alpha_n)$ である）。

命題 1. もしベクトル $(y^*, b)(y^* \in Y, \ b = (\beta_1, \ldots, \beta_n))$ が dom S^* に属しているならば，$\beta_i \leq 0, \ i = 1, \ldots, n$ が成り立つ。また，任意の $y^* \in Y^*$ と $\beta_i \leq 0, \ i = 1, \ldots, n$ について，

$$S^*(y^*, b) = \sup_{x \in A} \left(\langle y^*, F(x) \rangle + \sum_{i=1}^{n} \beta_i f_i(x) - f_0(x) \right)$$

が成立する。

証明. 定義から，

$$S^*(y^*, b) = \sup_{(y,a)} \left(\langle y^*, y \rangle + (b|a) - S(y,a) \right)$$
$$= \sup_{(y,a)} \left(\langle y^*, y \rangle + (b|a) - \inf \{ f_0(x) | x \in A, \ F(x) = y, \ f_i(x) \leq \alpha_i, i = 1, \ldots, n \} \right)$$
$$= \sup_{x \in A} \left(\sup \{ \langle y^*, y \rangle + (b|a) | y = F(x), \ \alpha_i \geq f_i(x), i = 1, \ldots, n \} - f_0(x) \right)$$
$$= \sup_{x \in A} \left[(\langle y^*, F(x) \rangle - f_0(x)) + \sup \{ (b|a) | \alpha_i \geq f_i(x), i = 1, \ldots, n \} \right]$$

が成り立つ。そこで，$(y^*, b) \in \text{dom } S^*$ とすれば，任意の $x \in A$ について，上式の $[\cdots]$ の中は有限値であるから，ベクトル b のある成分，例えば β_1 が正ならば，$x \in A$ と a を，$\alpha_i \geq f_i(x), \ i = 1, \ldots$ を満たすようにとり，$\bar{a} = (1, 0, \ldots, 0)$ と置くと，任意の $t > 0$ に対して，$\alpha_i + t \bar{\alpha}_i \geq f_i(x), \ i = 1, \ldots, n$ が成立する。ところが，$t \to \infty$ のとき，$(b, a + a\bar{a}) \to \infty$ が成り立つから，$S(y^*, b) = \infty$ となり，これは $(y^*, b) \in \text{dom } S^*$ に矛盾する。

一方で，$\beta_i \leq 0, \ i = 1, \ldots, n$ である場合には，明らかに，任意の $x \in A$ に対して，

$$\sup \{ (b|a) | \alpha_i \geq f_i(x), i = 1, \ldots, n \} = \sum_{i=1}^{n} \beta_i f_i(x)$$

が成り立つから，これを上の式に代入すれば，所望の等式が得られる。■

いま, 問題 (4) の摂動 (5) が, 条件 (a)-(c) を満たすとしよう. すると, $(y^*, b) \in \partial S(0,0)$ とすれば, 定理 1 から, 任意の問題 (1) の解 x_* に対して,

$$\varphi(x) = S(0,0) + \langle y^*, F(x) \rangle + \sum_{i=1}^{n} \beta_i f_i(x)$$

は, x_* における問題 (4) の K 関数である[13]. これはとくに, 問題 (4) の任意の解 x_* に対して, 関数

$$f_0(x) - \langle y^*, F(x) \rangle - \sum_{i=1}^{n} \beta_i f_i(x)$$

が, 点 x_* において, A 上での最小値を達成することを意味する. したがって, 定理 1 より, 以下の結果が得られる.

定理 1'(双対定理). 問題 (5) の S 関数は凸であって, 0 において閉であるとする. このとき, 主問題と双対問題の値は一致し, 双対問題の解の集合は $\partial S(0,0)$ に等しい. さらに, $\partial S(0,0) \neq \emptyset$ となる場合には, 2 つの問題の値は, 問題

$$f_0(x) - \sum_{i=1}^{n} \beta_i f_i(x) - \langle y^*, F(x) \rangle \to \inf; \quad x \in A$$

の値とも一致する. ただし, 上式において, (y^*, b) は $\partial S(0,0)$ の任意の要素である.

定理 1' は, 凸問題については, よりわかりやすい形に書き換えることができる. 何故なら, 凸問題においては, スレーター条件 (Slater condition) と呼ばれる, $\partial S(0,0) \neq \emptyset$ が成り立つかどうかを調べるための簡単な判定条件が存在するからである. 以下では, 問題 (4) において, F はアフィン写像であり, 関数 $f_0, \ldots, f_n$ および集合 A はすべて凸であると仮定する.

---

13) (訳注) $\partial S(0,0) \neq \emptyset$ とすれば, $S(0,0)$ は有限値となるから, $S(0,0) = -S^*(y^*, b)$ より, $(y^*, b) \subset \mathrm{dom}\, S^*$ である. したがって, 命題 1 より, $\beta_i \leq 0$, $i = 1, \ldots, n$ が成り立つ.

命題 2. 問題 (4) において，F は $\mathbb{R}^m$ に値を持つ連続なアフィン写像であり，$f_0, \ldots, f_n$ は連続な凸関数であるとしよう．このとき，問題 (4) の値が有限値であって，スレーター条件

(i) $0 \in \operatorname{ri} F(A)$,

(ii) $F(\bar{x}) = 0$ を満たす，ある点 $\bar{x} \in A$ に対して，$f_i(\bar{x}) < 0$, $i = 1, \ldots, n$

が満たされていれば，$S(y, a)$ は凸関数であり，$\partial S(0, 0) \neq \emptyset$ が成り立つ．

証明． 写像 F や関数 $f_0, \ldots, f_n$ に対する仮定から，関数 S が凸であることは明らかである．したがって，あとは $\partial S(0,0) \neq \emptyset$ を示せばよい．ところが，仮定より $|S(0,0)| < \infty$ なので，4.2 節の命題 4 から，$\partial S(0,0) \neq \emptyset$ を示すためには，$(0,0) \in \operatorname{ri} \operatorname{dom} S$ を証明すれば十分である．$(y, a) \in \operatorname{dom} S$ を任意に取る．スレーター条件 (i) より，$0 \in \operatorname{ri} F(A)$ だから，ある正数 $\mu > 0$ に対して，$y_1 = -\mu y \in F(A)$，すなわち，$y_1 = F(x_1)$ を満たす $x_1 \in A$ が存在する．$0 \leq \lambda \leq 1$ に対して，

$$f_i(\lambda x_1 + (1-\lambda)\bar{x}) \leq \lambda f_i(x_1) + (1-\lambda) f_i(\bar{x}), \ i = 1, \ldots, n$$

が成り立つのだから，スレーター条件 (ii) より，$f_i(\bar{x}) < 0$, $i = 1, \ldots, n$ であることに注意すれば，十分小さい $\lambda_0 > 0$ については，

$$f_i(\lambda_0 x_1 + (1-\lambda_0)\bar{x}) \leq -\lambda_0 \mu \alpha_i, \ i = 1, \ldots, n$$

が成立することがわかる．いま，

$$x_2 = \lambda_0 x_1 + (1-\lambda_0)\bar{x}, \quad y_2 = -\lambda_0 \mu y, \quad a_2 = -\lambda_0 \mu a$$

と置けば，$F(x_2) = y_2$，$f_i(x_2) \leq \alpha_{2i}$, $i = 1, \ldots, n$ から，$(y_2, a_2) \in \operatorname{dom} S$ が成り立つ．したがって，原点 $(0,0)$ は，2 つの点 (y_2, a_2) と (y, a) を結ぶ線分 ($\operatorname{dom} S$ は凸集合だから，もちろんこの線分は $\operatorname{dom} S$ に含まれる) の内点である．(y, a) は $\operatorname{dom} S$ から任意に選んだ点であるから，これは $(0,0) \in \operatorname{ri} \operatorname{dom} S$ となることを意味する．■

この結果と定理 1 とを合わせれば，1 章で述べたクーン=タッカーの定理とそれを一般化した結果が容易に得られる。

7.4 古典的変分法における極小点の十分条件

この節では，基本ベクトル問題

$$\left.\begin{array}{l} \mathscr{I}(x(\cdot)) = \int_{t_0}^{t_1} L(t, x, \dot{x}) dt \to \inf; \\ x(t_0) = x_0, \quad x(t_1) = x_1 \end{array}\right\} \quad (1)$$

の極小点の十分条件について考察する。

7.4.1 弱い極小点の条件

命題 1. 問題 (1) の被積分関数 L が，$(t, x_*(t), \dot{x}_*(t)) \in U$ をすべての $t \in [t_0, t_1]$ について満たす領域 $U \subset \mathbb{R} \times \mathbb{R}^n \times \mathbb{R}^n$ 上で C_2 級であれば，汎関数 $\mathscr{I}(x(\cdot))$ は，空間 $C_1^n([t_0, t_1])$ 上で点 $x_*(\cdot)$ において二階フレシェ微分可能で，一階と二階の導値はそれぞれ，

$$\left.\begin{array}{l} \mathscr{I}'(x_*(\cdot))x(\cdot) = \int_{t_0}^{t_1} \left((p(t)|\dot{x}(t)) + (q(t)|x(t))\right) dt \\ \mathscr{I}''(x_*(\cdot))(x(\cdot), x(\cdot)) \\ = \int_{t_0}^{t_1} \left((A(t)\dot{x}(t)|\dot{x}(t)) + 2(C(t)\dot{x}(t)|x(t)) + (B(t)x(t)|x(t))\right) dt \end{array}\right\} \quad (2)$$

で表される。ただし，上式において，

$$\left.\begin{array}{l} p(t) = L_{\dot{x}}\big|_{x_*(t)}, \quad q(t) = L_x\big|_{x_*(t)}, \\ A(t) = L_{\dot{x}\dot{x}}\big|_{x_*(t)}, \quad B(t) = L_{xx}\big|_{x_*(t)}, \\ 2C(t) = (L_{\dot{x}x}^* + L_{x\dot{x}})\big|_{x_*(t)} = 2L_{\dot{x}x}^*\big|_{x_*(t)} = 2L_{x\dot{x}}\big|_{x_*(t)} \end{array}\right\} \quad (3)$$

である。さらに，任意の $\varepsilon > 0$ に対して，$\delta > 0$ が存在して，$\|x(\cdot)\|_1 \le \delta$ を満たす任意の $x(\cdot) \in L_0 = \{z(\cdot) \in C_1^n([t_0, t_1]) | z(t_0) = z(t_1) = 0\}$ に対して，剰余項

$$r(x(\cdot)) = \mathscr{I}(x_*(\cdot) + x(\cdot)) - \mathscr{I}(x_*(\cdot)) - \mathscr{I}'(x_*(\cdot))x(\cdot) - \frac{1}{2}\mathscr{I}''(x_*(\cdot))(x(\cdot), x(\cdot))$$

は，
$$|r(x(\cdot))| \leq \varepsilon \|x(\cdot)\|_{W_{2,1}^n}^2$$
を満たす．

証明． $\mathscr{I}(x(\cdot))$ がフレシェ微分可能であることは 0.2.5 項 (例 8) で既に示されている。いま，
$$\varphi(\lambda) = \mathscr{I}(x_*(\cdot) + \lambda x(\cdot))$$
と置けば，テイラーの定理より，ある $0 < \theta < 1$ が存在して，
$$\varphi(1) = \mathscr{I}(x_*(\cdot) + x(\cdot)) = \varphi(0) + \varphi'(0) + \frac{1}{2}\varphi''(\theta),$$
あるいは同じことだが，
$$\begin{aligned}\mathscr{I}(x_*(\cdot) + x(\cdot)) &= \mathscr{I}(x_*(\cdot)) + \mathscr{I}'(x_*(\cdot))x(\cdot) \\ &+ \frac{1}{2}\int_{t_0}^{t_1}((A_\theta \dot{x}|\dot{x}) + 2(C_\theta \dot{x}|x) + (B_\theta x|x))dt\end{aligned}$$
が成り立つ．ただし，上式において，$A_\theta, B_\theta, C_\theta$ はそれぞれ，(3) における A, B, C の $x_*(t)$ の部分を $x_*(t) + \theta x(t)$ に変えたものである。

したがって，$\mathscr{I}''(x_*(\cdot))$ は (2) 式の形をしており[14]，さらに
$$r(x(\cdot)) = \frac{1}{2}\int_{t_0}^{t_1}(((A_\theta - A)\dot{x}|\dot{x}) + 2((C_\theta - C)\dot{x}|x) + ((B_\theta - B)x|x))\,dt \quad (4)$$
が成り立つ．仮定から，被積分関数 L の二階の導関数は U 上で連続だから，任意の $\varepsilon_1 > 0$ に対して，$\delta > 0$ が存在して，$\|x(\cdot)\|_1 < \delta$ を満たす任意の $x(\cdot) \in C_1^n([t_0, t_1])$ に対して，

$\|A_\theta(t) - A(t)\| < \varepsilon_1, \|B_\theta(t) - B(t)\| < \varepsilon_1, \|C_\theta(t) - C(t)\| < \varepsilon_1, \forall t \in [t_0, t_1]$

---

14) （訳注）この証明では，(2) 式の導出方法が示されているとは言えず，むしろ $\mathscr{I}''(x_*(\cdot))$ が (2) 式の形で書けることを既知（あるいは，読者の演習）としているように思える。実際の導出には，普通にガトー微分を計算して，連続微分可能性を示すとよい。

7.4 古典的変分法における極小点の十分条件 375

が成り立つ[15]。したがって，$\|x(\cdot)\|_1 < \delta$ を満たす任意の $x(\cdot) \in C_1^n([t_0, t_1])$ について，

$$|r(x(\cdot))| \leq \frac{\varepsilon_1}{2} \int_{t_0}^{t_1} ((\dot{x}|\dot{x}) + 2|\dot{x}||x| + (x|x)) \, dt \tag{5}$$

が成立する。いま，$x(\cdot) \in L_0$ については，

$$x(t) = \int_{t_0}^{t} \dot{x}(\tau) d\tau, \quad \forall t \in [t_0, t_1]$$

が成り立つのだから，コーシー＝シュワルツの不等式から，

$$|x(t)| \leq \int_{t_0}^{t} |\dot{x}(\tau)| d\tau$$
$$\leq \int_{t_0}^{t_1} |\dot{x}(\tau)| d\tau \leq \sqrt{t_1 - t_0} \left(\int_{t_0}^{t_1} (\dot{x}(\tau)|\dot{x}(\tau)) d\tau \right)^{1/2}, \quad \forall t \in [t_0, t_1]$$

が得られる。上式より，2つの正数 $C_1 > 0, C > 0$ に対して，

$$\int_{t_0}^{t_1} (x(t)|x(t)) dt \leq C_1 \left(\max_{t \in [t_0, t_1]} |x(t)| \right)^2 \leq C \|x(\cdot)\|_{W_{2,1}^n}^2$$

が成り立つことがわかり[16]，これと不等式

$$|\dot{x}||x| \leq \frac{(x|x) + (\dot{x}|\dot{x})}{2}$$

より，$(1 + C)\varepsilon_1 = \varepsilon$ と置けば，

$$|r(x(\cdot))| \leq \varepsilon_1 \int_{t_0}^{t_1} ((x(t)|x(t)) + (\dot{x}(t)|\dot{x}(t))) dt$$

---

15) （訳注）3つの不等式の導出には，$\mathbb{R} \times \mathbb{R}^n \times \mathbb{R}^n$ のコンパクト部分集合上で定義され，$\mathscr{L}(\mathbb{R}^n, \mathscr{L}(\mathbb{R}^n, \mathbb{R}))$ に値を持つ任意の連続関数が K において一様連続となるという基本的な事実を用いている。なお，θ は常に $0 < \theta < 1$ は満たしているものの，$x(\cdot)$ に依存して定まる正数であることも念のため注意しておく。

16) （訳注）ここでは，$\|x(\cdot)\|_{W_{2,1}^n}$ の定義として，0.1.5 項の 4. で挙げられている

$$\|x(\cdot)\|_{W_{2,1}^n} = |x(t_0)| + \left(\int_{t_0}^{t_1} (\dot{x}(\tau)|\dot{x}(\tau)) d\tau \right)^{1/2}$$

が用いられている。

$$\leq (1+C)\varepsilon_1 \|x(\cdot)\|_{W_{2,1}^n}^2 = \varepsilon \|x(\cdot)\|_{W_{2,1}^n}^2$$

が得られ，命題 1 の証明が完了する．■

二階の導値 $\mathscr{I}''(x_*(\cdot))(x(\cdot), x(\cdot))$ に関するオイラー方程式

$$-\frac{d}{dt}(A\dot{x} + C^*x) + C\dot{x} + Bx = 0 \tag{6}$$

を問題 (1) の**ヤコビ方程式** (Jacobi equation) と言う．ただし，上式において，A, B, C は (3) において定義された写像である．

定理 1. 問題 (1) の許容可能な極値 $x_*(\cdot)$ が，この問題の弱い極小点であるための必要条件は，(命題 1 の被積分関数 L の滑らかさに関する仮定の下では) 以下のルジャンドルの条件が成立することである：

$$L_{\dot{x}\dot{x}}|_{x_*(t)} = A(t) \geq 0, \quad t \in [t_0, t_1].$$

もし，$x_*(\cdot)$ に対して，強いルジャンドルの条件

$$L_{\dot{x}\dot{x}}|_{x_*(t)} = A(t) > 0, \quad t \in [t_0, t_1]$$

が成り立っている場合には，$x_*(\cdot)$ が問題 (1) の弱い極小点となるための必要条件は，区間 (t_0, t_1) 内に，ヤコビ方程式 (6) に関して，t_0 と共役となる点が含まれないことである．

定理 1 の主張に登場する共役という概念は，6.3.3 項で定義されていたことを思い出そう．

証明． ベクトル値関数 $x_*(\cdot)$ が問題 (1) の弱い極小点であるためには，以下の関係式が成り立たなければならない[17]：

$$\mathscr{I}'(x_*(\cdot))x(\cdot) = 0, \quad \mathscr{I}''(x_*(\cdot))(x(\cdot), x(\cdot)) \geq 0, \quad x(\cdot) \in L_0.$$

---

[17]　（訳注）2 つの関係式は，1.2.1 項の命題 1 と命題 2 の系から直ちに導かれる．

上の2つ目の不等式から，二次汎関数

$$\mathscr{I}''(x_*(\cdot))(x(\cdot),x(\cdot))$$
$$= \int_{t_0}^{t_1} ((A(t)\dot{x}(t)|\dot{x}(t)) + 2(C(t)\dot{x}(t)|x(t)) + (B(t)x(t)|x(t)))\,dt$$

は空間 L_0 上で非負なのだから，二次汎関数が非負となるための必要条件について述べた 6.3 節の定理 4 と定理 5 より，定理 1 の主張は直ちに導かれる[18]。
∎

定理 2. 問題 (1) の許容可能な極値 $x_*(\cdot)$ がこの問題の弱い極小点となるための十分条件は，強いルジャンドルの条件と強いヤコビ条件が成り立つこと，すなわち，任意の $t \in [t_0, t_1]$ に対して，

$$L_{\dot{x}\dot{x}}|_{x_*(t)} = A(t) > 0$$

が成り立ち，半開区間 $(t_0, t_1]$ が，ヤコビ方程式 (6) に関して，t_0 と共役となる点を含まないことである。

証明. 6.3 節の定理 6 の系から，ある正数 $\alpha > 0$ が存在して，任意の $x(\cdot) \in L_0$ に対して，

$$\mathscr{I}''(x_*(\cdot))(x(\cdot),x(\cdot)) \geq \alpha \|x(\cdot)\|_{W_{2,1}^n}^2$$

が成り立つ。一方で，命題 1 から，正数 $\delta > 0$ を十分小さく取れば，$\|x(\cdot)\|_1 \leq \delta$ を満たす任意の $x(\cdot) \in L_0$ について，

$$|r(x(\cdot))| \leq \frac{\alpha}{4} \|x(\cdot)\|_{W_{2,1}^n}^2$$

が成立する。そこで，$\|x(\cdot)\|_1 \leq \delta$ を満たす任意の $x(\cdot) \in L_0$ に対して，

$$\mathscr{I}(x_*(\cdot) + x(\cdot)) - \mathscr{I}(x_*(\cdot)) = \frac{1}{2}\mathscr{I}''(x_*(\cdot))(x(\cdot),x(\cdot)) + r(x(\cdot))$$

---

[18] （訳注）厳密には 6.3 節の定理は $\overset{\circ}{W}_{2,1}^n$ 上の非負性についての条件なのだが，L_0 が $\overset{\circ}{W}_{2,1}^n$ 内で稠密であることと，連続性を用いてやれば，必要な結果は出せる。

$$\geq \left(\frac{\alpha}{2} - \frac{\alpha}{4}\right) \|x(\cdot)\|^2_{W^n_{2,1}} \geq 0$$

が成り立つから[19]，$x_*(\cdot)$ は問題 (1) の弱い極小点である．∎

7.4.2 基本問題の摂動

M を点 (t_0, x_0) を含む $\mathbb{R} \times \mathbb{R}^n$ の部分集合とする．問題 (1) を含む以下の問題群について考察しよう：

$$\left.\begin{array}{l} \mathscr{I}(x(\cdot), \tau_0, \tau) = \displaystyle\int_{\tau_0}^{\tau} L(t, x, \dot{x}) dt \to \inf; \\ (\tau_0, x(\tau_0)) \in M, \quad x(\tau) = \xi. \end{array}\right\} \quad (1')$$

$(1')$ の形の摂動は，7.1.1 項で説明した一般的な摂動法に則ったものである．いま，M が一点 (t_0, x_0) からなる場合を考える．この場合には，7.1.2 項の用語の使い方に従えば，$(1')$ の形の摂動は標準摂動と呼ばれるのであった．この標準摂動の S 関数を $S(\tau, \xi)$ と書くことにし，M が必ずしも 1 点集合であるとは仮定しない場合の摂動 $(1')$ の S 関数は $S_M(\tau, \xi)$ と書くにする．

いくつかの例によって，いま導入した概念をより明確にしよう．問題

$$\int_{(t_0, x_0)}^{(t_1, x_1)} \sqrt{1 + \dot{x}^2} dt \to \inf \qquad (7)$$

(平面 $\mathbb{R}^2$ において，(t_0, x_0) と (t_1, x_1) を結ぶ曲線の長さに関する最小化問題) において，$t_0 = x_0 = 0$ とした場合の標準摂動の S 関数は $S(t, x) = \sqrt{t^2 + x^2}$ であって，$M = M(\varphi) = \{(t, x) | t \cos \varphi + x \sin \varphi = 0\}$ としたときの摂動 $(1')$ の S 関数は，

$$S_M(t, x) = |t \cos \varphi + x \sin \varphi|$$

で与えられる．

上で述べた問題の摂動とともに，問題の**極値の摂動** (perturbations of extremals) を考えることもできる．極値の摂動は，場の概念を用いて表される．

---

19) （訳注）$x_*(\cdot)$ は問題 (1) の極値なのだから，$\mathscr{I}'(x_*(\cdot))x(\cdot) = 0, \forall x(\cdot) \in L_0$ が成り立つ．

7.4 古典的変分法における極小点の十分条件

ベクトル値関数の族 $x(t,\lambda) : \mathbb{R} \times \mathbb{R}^n \to \mathbb{R}^n$ は,以下の 3 条件を満たすとき,領域 $G \subset \mathbb{R} \times \mathbb{R}^n$ を覆う,汎関数 $\mathscr{I}(x(\cdot))$ の**極値の場** (field of extremals) と呼ばれる:

(i) ベクトル値関数 $x(t,\lambda)$ は両方の変数 (t,λ) について C_1 級であって,$\lambda' \to \lambda$ としたとき,空間 C_1^n において,$x(\cdot,\lambda') \to x(\cdot,\lambda)$ が成り立つ.

(ii) 任意の点 $(\tau,\xi) \in G$ について,$x(\tau,\lambda(\tau,\xi)) = \xi$ を満たす点 $\lambda = \lambda(\tau,\xi)$ が一意に存在する[20].

(iii) 任意の λ に対して,$x(t,\lambda)$ は,汎関数 $\mathscr{I}(x(\cdot))$ の極点[21]であって,したがって,オイラー方程式

$$L_x - (d/dt)L_{\dot{x}} = 0$$

を満たす.

任意の点 $(\tau,\xi) \in G$ に対して,(τ,ξ) を通る極点 $x(\cdot,\lambda(\tau,\xi))$ の点 τ における変数 t に関する導値を $U(\tau,\xi)$ と書く:

$$U(\tau,\xi) = \left.\frac{d}{dt}x(\cdot,\lambda(\tau,\xi))\right|_{t=\tau}.$$

ベクトル値関数 $U(\tau,\xi)$ のことを**場の勾配関数** (field slope function) と呼ぶ.

極値 x_* は,正数 $\varepsilon > 0, A > 0$ と,領域

$$G = \{(t,x) | t \in [t_0,t_1],\ |x - x_*(t)| < \varepsilon\}$$

を覆う極値の場 $x(t,\lambda), |\lambda| < A$ が存在して,$x(t,0) = x_*(t), \forall t \in [t_0,t_1]$ を満たすとき,**場に埋め込まれている** (imbedded in a field) と言う.

---

20) (訳注) この λ の連続性を,後の命題 2 のために仮定しておくべきである.それによって後の議論で失うものはなにもない.
21) (訳注) この章では,極値という言葉をオイラー方程式を満たす点という意味で用いている.一方で,極小点は (ある位相の元で) その点の近傍の範囲で目的関数が最小値に達する点という従来の意味で用いられているので注意が必要である.

極値の場 $x(t,\lambda)$ は，ある点 (t_0, x_0) が存在して，任意の λ に対して，$x(t_0,\lambda) = x_0$ を満たすとき，**極値の中心場** (central field of extremals) と呼ばれる．この場合には，点 (t_0, x_0) を場の**中心** (center) と呼ぶ．

長さの最小化問題 (7) においては，

- 直線の集合 $x(t,\lambda) = \lambda t$ が領域 $\mathbb{R}^2 \setminus \{0\}$ を覆う，原点を中心とする極値の中心場であり，
- また別の直線の集合 $x(t,\lambda) = t + \lambda$ は平面 $\mathbb{R}^2$ 全体を覆う，平行な極値の場である．

より重要な例，すなわち，6.3 章に登場した二次汎関数

$$\mathscr{K}(x(\cdot)) = \int_{t_0}^{t_1} ((A(t)\dot{x}|\dot{x}) + 2(C(t)\dot{x}|x) + (B(t)x|x))dt \tag{8}$$

について考えよう．

6.3.3 項と同様に，$\Phi(t, t_0)$ を，汎関数 $\mathscr{K}(x(\cdot))$ に関するヤコビ方程式 (6) の基本解とする．すると，容易にわかるように，

$$x(t, \lambda) = \Phi(t, t_0)\lambda \tag{9}$$

が点 $(t_0, 0)$ を中心とする汎関数 $\mathscr{K}(\cdot)$ の極値の中心場を与える．$\tau_0 > t_0$ をヤコビ方程式 (6) について，t_0 と共役となる最小の実数とすれば (そのような実数が存在しない場合には，$\tau_0 = \infty$ とする)，上で与えた場は領域 $(t_0, \tau_0) \times \mathbb{R}^n$ を覆う．

7.2 節の最後で，われわれは一般的な滑らかな問題に対して，「極値の場」という概念を定義した．この節でも，この概念は別の形で定義されている．そこで，以下では，2 つの定義の関係性について調べてみよう．

$x_*(t)$ を問題 (1) の極小点とする．以下の最小化問題を考えよう：

$$f(x(\cdot)) = \mathscr{I}(x_*(\cdot) + x(\cdot)) \to \inf; \quad F(x(\cdot)) = x(t_1) = 0.$$

汎関数 f は，点 t_0 において値が 0 となる $x(\cdot) \in W_{2,1}^n([t_0, t_1])$ で構成される $W_{2,1}^n([t_0, t_1])$ の部分空間 L 上で定義され，またそこで二階連続微分可能であるとする．もし，われわれがさらに，強いルジャンドルの条件と強いヤコビ

7.4 古典的変分法における極小点の十分条件

条件を汎関数 $\mathscr{I}$ に対して仮定するならば，7.2節の定理の仮定はすべて満たされる．したがってこの定理から，$\mathbb{R}^n$ の原点の近傍上で定義され，L に値を持つ写像 $\lambda \mapsto x(t,\lambda)$ が存在して，$x(t,\lambda)$ は (制約条件 $F(x(\cdot)) = \lambda$ の下で) $\mathscr{I}$ の極値であって，さらに $x(t_1,\lambda) = \lambda$ が成立する．容易にわかるように，λ を $\mathbb{R}^n$ の原点の近傍で動かしてできる関数族 $\{x(t,\lambda)\}$ はこの節の定義において，極値の場となっている．われわれがいま行った場の構成には，汎関数 $\mathscr{I}$ の滑らかさに関する非常に強い仮定が用いられていた．実は場の構成には，これよりもはるかに弱い仮定で十分である (この節の命題3を見よ) が，構成方法の基本的なところは変わらない．つまり，7.2章の定理2で一般的な場合について示されたように，写像 F の核において，第二変分が厳密に正になるということによって，極値 $x_*(t)$ を摂動させて，それを極値の族 $x(t,\lambda)$ に埋め込むことができるようになるのである．

点 (t_0, x_0) を中心とする，汎関数 $\mathscr{I}(x(\cdot))$ の任意の極値の中心場 $x(t,\lambda)$ について，以下の関数を定義し，これを (場 $x(t,\lambda)$ に関する) 点 (t_0, x_0) から点 (τ, ξ) までの測地線距離と呼ぶことにする：

$$\sigma(\tau, \xi) = \int_{t_0}^{\tau} L(t, x(t,\lambda), \dot{x}(t,\lambda)) dt.$$

ただし，$\lambda = \lambda(\tau, \xi)$ (つまり，$x(\tau, \lambda) = \xi$) とする．

命題 2. $x(t,\lambda)$ を，点 (t_0, x_0) を中心とし，$G \subset \mathbb{R} \times \mathbb{R}^n$ を覆う，汎関数 $\mathscr{I}(x(\cdot))$ の極値の中心場とする．このとき，各点 $(t,x) \in G$ に対して，

$$d\sigma(t,x) = -\mathbf{H}(t,x)dt + (p(t,x)|dx)$$

が成り立つ．ただし，

$$p(t,x) = L_{\dot{x}}(t, x, U(t,x)),$$
$$\mathbf{H}(t,x) = (p(t,x)|U(t,x)) - L(t,x,U(t,x))$$

であり，$U(t,x)$ は場 $x(t,\lambda)$ の勾配関数である[22]．

---

22) $\mathbf{H}(t,x)$ は問題 (1) のポントリャーギン関数を表している：

証明. $(t,x) \in G$ を任意にとり，$x(\tau, \lambda_0)$ を点 (t,x) を通る極値の場を構成する曲線とする．同様に，点 $(t+\Delta t, x+\Delta x)$ を通る極値の場を構成する曲線を $x(\tau, \lambda_0 + \Delta \lambda)$ と書く．いま，関数 h を

$$h(\tau) = x(\tau, \lambda_0 + \Delta\lambda) - x(\tau, \lambda_0), \quad \tau \in [t_0, t+\Delta t]$$

と定義し，議論を簡単にするために，$\Delta t > 0$ と仮定しておく．

このとき，

$$\begin{aligned}
&\sigma(t+\Delta t, x+\Delta x) - \sigma(t,x) \\
&= \int_{t_0}^{t+\Delta t} L(\tau, x(\tau, \lambda_0+\Delta\lambda), \dot{x}(\tau, \lambda_0+\Delta\lambda))d\tau \\
&\quad - \int_{t_0}^{t} L(\tau, x(\tau, \lambda_0), \dot{x}(\tau, \lambda_0))d\tau \\
&= \int_{t_0}^{t} \left((L_x|_{x(\tau,\lambda_0)} | h(\tau)) + (L_{\dot{x}}|_{x(\tau,\lambda_0)} | \dot{h}(\tau)) \right) d\tau + \int_{t_0}^{t} o(\|h(\cdot)\|_1) d\tau \\
&\quad + \int_{t}^{t+\Delta t} L(\tau, x(\tau, \lambda_0+\Delta\lambda), \dot{x}(\tau, \lambda_0+\Delta\lambda))d\tau \\
&= \int_{t_0}^{t} \left((L_x|_{x(\tau,\lambda_0)} | h(\tau)) + (L_{\dot{x}}|_{x(\tau,\lambda_0)} | \dot{h}(\tau)) \right) d\tau + o(\|h(\cdot)\|_1) \\
&\quad + L(t, x(t, \lambda_0+\Delta\lambda), \dot{x}(t, \lambda_0+\Delta\lambda))\Delta t + o(\Delta t) \\
&= \int_{t_0}^{t} \left((L_x|_{x(\tau,\lambda_0)} | h(\tau)) + (L_{\dot{x}}|_{x(\tau,\lambda_0)} | \dot{h}(\tau)) \right) d\tau + o(\|h(\cdot)\|_1) \\
&\quad + L(t, x(t, \lambda_0), \dot{x}(t, \lambda_0))\Delta t \\
&\quad + (L(t, x(t, \lambda_0+\Delta\lambda), \dot{x}(t, \lambda_0+\Delta\lambda)) \\
&\quad - L(t, x(t, \lambda_0), \dot{x}(t, \lambda_0))) \Delta t + o(\Delta t) \\
&= \int_{t_0}^{t} \left((L_x|_{x(\tau,\lambda_0)} | h(\tau)) + (L_{\dot{x}}|_{x(\tau,\lambda_0)} | \dot{h}(\tau)) \right) d\tau + o(\|h(\cdot)\|_1) \\
&\quad + L(t, x(t, \lambda_0), \dot{x}(t, \lambda_0))\Delta t \\
&\quad + o(\max\{|\Delta x|, \Delta t\}) + o(\Delta t)
\end{aligned}$$

$\mathbf{H}(t,x) = H(t, x, U(t,x), p(t,x), 1)$.

7.4 古典的変分法における極小点の十分条件

$$= \int_{t_0}^{t} \left((L_x|_{x(\tau,\lambda_0)}|h(\tau)) + (L_{\dot{x}}|_{x(\tau,\lambda_0)}|\dot{h}(\tau)) \right) d\tau$$
$$+ L(t, x(t,\lambda_0), \dot{x}(t,\lambda_0)) \Delta t$$
$$+ o(\max\{\|h(\cdot)\|_1, \Delta t, |\Delta x|\})$$

が成り立つ.

部分積分公式と $x(t,\lambda_0)$ が極値である (したがって, オイラー方程式を満たす) こと, および,

$$x(t+\Delta t, \lambda_0) + h(t+\Delta t) = x(t+\Delta t, \lambda_0 + \Delta\lambda) = x + \Delta x = x(t,\lambda_0) + \Delta x$$

から導かれる関係式

$$h(t) = h(t+\Delta t) - \Delta t \dot{h}(t) - o(\Delta t)$$
$$= \Delta x + (x(t,\lambda_0) - x(t+\Delta t, \lambda_0)) - \Delta t(\dot{x}(t,\lambda_0+\Delta\lambda) - \dot{x}(t,\lambda_0)) - o(\Delta t)$$
$$= \Delta x + (-\dot{x}(t,\lambda_0)\Delta t - o(\Delta t)) - \Delta t(\dot{x}(t,\lambda_0+\Delta\lambda) - \dot{x}(t,\lambda_0)) - o(\Delta t)$$
$$= \Delta x - \dot{x}(t,\lambda_0)\Delta t - o(\Delta t) - o(\max\{\Delta t, |\Delta x|\}) - o(\Delta t)$$
$$= \Delta x - \dot{x}(t,\lambda_0)\Delta t + o(\max\{\Delta t, |\Delta x|\})$$

より,

$$\sigma(t+\Delta t, x+\Delta x) - \sigma(t,x)$$
$$= \int_{t_0}^{t} \left(\left(-\frac{d}{dt}L_{\dot{x}} + L_x \right)\bigg|_{x(\tau,\lambda_0)} \bigg| h(\tau) \right) d\tau + (h(t)|L_{\dot{x}}(t, x(t,\lambda_0), \dot{x}(t,\lambda_0)))$$
$$- (h(t_0)|L_{\dot{x}}(t_0, x(t_0,\lambda_0), \dot{x}(t_0,\lambda_0))) + L(t, x(t,\lambda_0), \dot{x}(t,\lambda_0))\Delta t$$
$$+ o\left(\max\{\|h(\cdot)\|_1, \Delta t, |\Delta x|\}\right)$$
$$= (\Delta x|L_{\dot{x}}(t, x(t,\lambda_0), \dot{x}(t,\lambda_0))) - (\dot{x}(t,\lambda_0)|L_{\dot{x}}(t, x(t,\lambda_0), \dot{x}(t,\lambda_0)))\Delta t$$
$$+ (o(\max\{\Delta t, |\Delta x|\})|L_{\dot{x}}(t, x(t,\lambda_0), \dot{x}(t,\lambda_0))) + L(t, x(t,\lambda_0), \dot{x}(t,\lambda_0))\Delta t$$
$$+ o\left(\max\{\|h(\cdot)\|_1, \Delta t, |\Delta x|\}\right)$$
$$= -\mathbf{H}(t,x)\Delta t + (p(t,x)|\Delta x) + o\left(\max\{\|h(\cdot)\|_1, \Delta t, |\Delta x|\}\right)$$

が得られ, 命題の証明が完了する[23].

---

23) (訳注) 念のため, 2 つ目の等式においては, $x(\tau,\lambda_0)$ がオイラー方程式を満たすこ

7.4.3 ヒルベルト積分とワイエルシュトラスの基本公式

V を $\mathbb{R} \times \mathbb{R}^n$ における単連結な領域とする。ベクトル値関数 $\Gamma(t,x) : V \to \mathbb{R}^n$ は，V 上で C_1 級であって，微分形式

$$\delta = (L(t,x,\Gamma(t,x)) - (\Gamma(t,x)|L_{\dot{x}}(t,x,\Gamma(t,x))))dt + (L_{\dot{x}}(t,x,\Gamma(t,x))|dx)$$

が閉形式であるとき (つまり，ある関数の全微分であるとき[24])，V における汎関数 $\mathscr{I}(x(\cdot))$ のヒルベルト場 (Hilbert field) と呼ばれる。また，微分形式 δ について，積分 $I(\gamma) = \int_\gamma \delta$ をヒルベルト積分 (Hilbert's integral) と呼ぶ。これらの概念について，以下の定理が成り立つ。

定理 3(ワイエルシュトラスの基本公式). V を空間 $\mathbb{R} \times \mathbb{R}^n$ における，問題 (1) の許容可能な点 $\gamma_* = x_*(t)$ を含む，単連結な領域とする。さらに，$\Gamma(t,x)$ を，$\dot{x}_*(t) = \Gamma(t, x_*(t))$ を満たす，V における汎関数 $\mathscr{I}(x(\cdot))$ のヒルベルト場とする。このとき，2 点 $(t_0, x_0), (t_1 x_1)$ を結び，$(t, x(t)), \forall t \in [t_0, t_1]$ がすべて V に含まれる任意のベクトル値関数 $x(t) \in C_1^n([t_0, t_1])$ について，以下の公式が成り立つ：

$$\mathscr{I}(x(\cdot)) - \mathscr{I}(x_*(\cdot)) = \int_{t_0}^{t_1} \mathscr{E}(t, x(t), \Gamma(t, x(t)), \dot{x}(t)) dt.$$

ただし，上式において，$\mathscr{E}$ はワイエルシュトラス関数である。

ワイエルシュトラス関数は 2.2.3 項で定義されていたことを思い出そう。

$$\left(-\frac{d}{dt} L_{\dot{x}} + L_x \right)\bigg|_{x(\tau, \lambda_0)} = 0$$

であり，また，$x(t, \lambda)$ が (t_0, x_0) を中心とする極値の中心場であることから，$h(t_0) = 0$ であることが用いられている。

[24] (訳注) 急に閉形式などという微分位相幾何の概念が出てきたように見えるが，要はなにかの全微分であるとき，という意味だと思えばよい。なお，訳者は通常の意味の閉形式ではここから先の議論は成り立たないと考えている。

7.4 古典的変分法における極小点の十分条件

証明. 2点 $(t_0, x_0), (t_1, x_1)$ を結ぶベクトル値関数 $x(t)$ を γ と書くことにする。V は単連結で、δ はある関数の全微分なのだから、ヒルベルト積分 $I(\gamma) = \int_\gamma \delta$ は、2点 $(t_0, x_0), (t_1, x_1)$ を結ぶ経路 γ であれば、どの経路であっても値は等しい。したがって、$I(\gamma) = I(\gamma_*)$ が成立する。ここで、仮定 $\dot{x}_* = \Gamma(t, x_*)$ を用いて、γ_* に沿って積分すると、

$$\begin{aligned}
I(\gamma_*) &= \int_{\gamma_*} \delta \\
&= \int_{t_0}^{t_1} (L(t, x_*(t), \Gamma(t, x_*(t))) - (L_{\dot{x}}(t, x_*(t), \Gamma(t, x_*(t)))|\Gamma(t, x_*(t))) \\
&\quad + (L_{\dot{x}}(t, x_*(t), \Gamma(t, x_*(t)))|\dot{x}_*(t)))dt \\
&= \int_{t_0}^{t_1} L(t, x_*(t), \dot{x}_*(t))dt = \mathscr{I}(x_*(\cdot))
\end{aligned}$$

が得られる。したがって、

$$\begin{aligned}
\mathscr{I}(x(\cdot)) - \mathscr{I}(x_*(\cdot)) &= \int_{t_0}^{t_1} L(t, x, \dot{x})dt - I(\gamma_*) = \int_\gamma L(t, x, \dot{x}) - I(\gamma) \\
&= \int_\gamma L(t, x, \dot{x}) - L(t, x, \Gamma(t, x)) \\
&\quad - (\dot{x} - \Gamma(t, x)|L_{\dot{x}}(t, x, \Gamma(t, x))) \\
&= \int_{t_0}^{t_1} \mathscr{E}(t, x, \Gamma(t, x), \dot{x})dt
\end{aligned}$$

が成り立ち、定理の証明が完了する。∎

系. 2点 $(t_0, x_0), (t_1, x_1)$ を結ぶ曲線 $x_*(t)$ が問題 (1) の強い極小点であるための十分条件は、曲線 $x_*(t)$ を含むある単連結な領域 $V \subset \mathbb{R} \times \mathbb{R}^n$ に対して、$\dot{x}_* = \Gamma(t, x_*)$ を満たす V における汎関数 $\mathscr{I}(x(\cdot))$ のヒルベルト場 $\Gamma(t, x)$ が存在して、任意の $(t, x) \in V$ と $\xi \in \mathbb{R}^n$ に対して、

$$\mathscr{E}(t, x, \Gamma(t, x), \xi) \geq 0$$

が成り立つことである。

上の系で述べられている十分条件のことを強いワイエルシュトラスの条件と

言う．この条件をワイエルシュトラス関数の定義にしたがって書き下せば，以下のようになる：

$$L(t,x,\xi) - L(t,x,\Gamma(t,x)) - (\xi - \Gamma(t,x)|L_{\dot{x}}(t,x,\Gamma(t,x))) \geq 0.$$

定理 3′. 極値 $x_*(t)$ が領域 $V \subset \mathbb{R} \times \mathbb{R}^n$ を覆う極値の中心場に埋め込まれているとする．さらに被積分関数 $L(t,x,\xi)$ は変数 ξ について正則 (つまり，$(t,x) \in V$ を固定すれば，ξ について強凸) であるとする．このとき，曲線 $x_*(t)$ は問題 (1) の強い極小点となる．

証明は，命題 2(命題 2 の主張を，本節で新たに導入した用語を用いて書けば次のようになる：**極値の中心場の勾配関数 $U(t,x)$ は，汎関数 $\mathscr{I}(x(\cdot))$ のヒルベルト場である**) と定理 3 の系から直ちに導かれる．実際，$\dot{x}_* = U(t,x_*)$ という条件は，勾配関数の定義からもちろん満たされており，さらに，不等式 $\mathscr{E} \geq 0$ は被積分関数 L の正則性から確かに成立する．したがって，定理 3′ が証明された．

オイラー方程式の一般解がわかっている場合には，定理 3′ は問題の解の十分条件を求めるのに非常に有用である．しかしながら，定理 3′ には，前件に含まれる，極値 $x_*(t)$ が極値の中心場に埋め込まれる，という条件が，考察している問題に対する直接的な条件ではないため，成り立っているか否かを判定することが困難である，という重大な欠点がある．われわれは，次節でその条件が成り立つための十分条件を導く．

最後に，二次汎関数 (8) に戻ろう．(9) において構成された場

$$x(t,\lambda) = \Phi(t, t_0 - \delta)\lambda$$

について考える．場が上の形で書ける場合には，$\delta > 0$ を十分小さい正数としたとき，勾配関数は，

$$U_\delta(t,x) = \dot{\Phi}(t, t-\delta)\Phi^{-1}(t, t_0 - \delta)x$$

と書くことができる．また，ワイエルシュトラスの基本公式より，二次汎関

7.4 古典的変分法における極小点の十分条件   387

数 $\mathscr{K}(x(\cdot))$ は，勾配関数 U_δ を用いて，

$$\mathscr{K}(x(\cdot)) = \int_{t_0}^{t_1} (A(t)(U_\delta(t,x) - \dot{x})|U_\delta(t,x) - \dot{x})dt, \quad x(\cdot) \in L_0$$

と書ける[25]。上の表現は，6.3.3 項において，二次汎関数 $\mathscr{K}$ が $\overset{\circ}{W}{}^n_{2,1}([t_0,t_1])$ 上で非負となるための十分条件が，強いルジャンドルの条件と強いヤコビ条件であることを主張する定理 6 を証明する際に用いられていた。

7.4.4 強い極小点であるためのワイエルシュトラスの十分条件

本質的ではない煩雑さによるわかりにくさを避けるために，被積分関数 L は C_∞ 級であると仮定し，$x_*(t)$ についても同様の滑らかさを仮定する。これらの仮定の下で，次の命題を証明しよう。

命題 3. 問題 (1) において強いルジャンドルの条件が満たされるとき，極値 $x_*(\cdot)$ がある極値の場に埋め込まれるための十分条件は，$x_*(\cdot)$ において強いヤコビ条件が成り立つことである。

注意 1. 実際には，強いヤコビ条件は，極値 $x_*(\cdot)$ がある極値の場に埋め込まれるための必要条件でもあるが，この事実は，あとで問題を解くときにしか用いないので，証明は省略した。

注意 2. 命題 3 の証明において，われわれが実際に構成するのは，極値の中心場である。したがって，主張の「極値の場」という部分を「極値の中心場」

---

25) （訳注）上で定義された場は，$(t_0 - \delta, 0)$ を中心とする極値の中心場であって，極点 $x_*(t) \equiv 0$ はこれに埋め込まれる。したがって，勾配関数の定義から，$\dot{x}_*(t) = U_\delta(t, x_*)$ が成り立つから，これと命題 2 より，勾配関数 $U_\delta(t,x)$ は汎関数 $\mathscr{K}(x(\cdot))$ のヒルベルト場となる。よって，ワイエルシュトラスの基本公式より，任意の $x(\cdot) \in L_0$ に対して，

$$\mathscr{K}(x(\cdot)) - \mathscr{K}(x_*(\cdot)) = \int_{t_0}^{t_1} \mathscr{E}(t, x(t), U_\delta(t, x(t)), \dot{x}(t)) dt$$

が成り立つ。この式から，上で示されている汎関数 $\mathscr{K}((\cdot))$ の表現を得るためには，$\mathscr{K}(x_*(\cdot)) = 0$ と $\mathscr{K}$ のワイエルシュトラス関数が $\mathscr{E}(t, x, \dot{x}, \xi) = (A(t)(\xi - \dot{x})|\xi - \dot{x})$ と書けることを確認しなければならないが，前者は明らかであり，後者はワイエルシュトラス関数の定義を用いれば直ちに導かれる。

と変えても，命題3は依然として正しい．

証明． オイラー方程式 $\frac{d}{dt}L_{\dot{x}} - L_x = 0$ の左辺を具体的に計算すると，

$$\frac{d}{dt}L_{\dot{x}} - L_x = L_{\dot{x}\dot{x}}\ddot{x} + L_{\dot{x}x}\dot{x} - L_{\dot{x}t} - L_x = 0$$

が得られる．いま，極値 $x_*(t)$ において，強いルジャンドルの条件が成り立っているのだから，その近傍上では，$L_{\dot{x}\dot{x}}(t,x,\dot{x}) > 0$ が成り立つ．そこで，$x_*(t)$ の近傍に属する $x(t)$ だけを考えることにして，上式の両辺を $L_{\dot{x}\dot{x}}(t,x,\dot{x})$ で割ると[26]，

$$\ddot{x} + \Psi(t,x,\dot{x}) = 0 \tag{10}$$

という形の式が得られる．この方程式と初期条件

$$x(t-\delta_0, \lambda) = x_*(t_0 - \delta), \quad \dot{x}(t_0 - \delta, \lambda) = \lambda + \dot{x}_*(t_0 - \delta) \tag{10'}$$

からなるコーシー問題を考える（われわれは，$x_*(t)$ の定義域がより大きな区間 $[t_0', t_1'] (\supset [t_0, t_1])$ に拡張できることを仮定する）．

以下では，十分小さい δ と λ については，上の方程式 (10) と境界条件 (10') からなるコーシー問題の解 $x(t, \lambda)$ が所望の極値の場であることを証明する．

まず，解の一意性定理から，$x(t, 0) = x_*(t)$ が成り立つ．また，定義から，ベクトル値関数 $x(t, \lambda)$ は汎関数 $\mathscr{I}(x(\cdot))$ の極値であって，任意の t, λ について，以下の等式が成り立つ：

$$-\frac{d}{dt}L_{\dot{x}}(t, x(t,\lambda), \dot{x}(t,\lambda)) + L_x(t, x(t,\lambda), \dot{x}(t,\lambda)) = 0.$$

上式の両辺を λ に関して微分して $\lambda = 0$ で評価すると（上式が λ に関して微分可能であるのは，本節の最初に書いた被積分関数 L や極値 $x_*(\cdot)$ の滑らかさの仮定による），

$$-\frac{d}{dt}\left(L_{\dot{x}\dot{x}}|_{x_*(t)} \dot{\Phi}(t, t_0 - \delta) + L_{x\dot{x}}^*|_{x_*(t)} \Phi(t, t_0 - \delta)\right)$$

---

[26] （訳注）見落としがちだが，$L_{\dot{x}\dot{x}}(t,x,\dot{x})$ が行列であることを忘れてはならない．つまりここで割り算と言っているのは，逆行列を掛ける操作である．

7.4 古典的変分法における極小点の十分条件   389

$$+ L_{x\dot{x}}|_{x_*(t)} \dot{\Phi}(t, t_0 - \delta) + L_{xx}|_{x_*(t)} \Phi(t, t_0 - \delta) = 0 \quad (11)$$

が得られる.ただし,上式において,$\Phi(t, t - \delta)$ は行列 $\partial x(t, 0)/\partial \lambda$ を表す.

さらに,境界条件 (10′) より,

$$\Phi(t_0 - \delta, t_0 - \delta) = 0, \quad \dot{\Phi}(t_0 - \delta, t_0 - \delta) = I \quad (12)$$

が成り立つ.(6) と (11),(12) と 6.3 節の (5) をそれぞれ見比べてみれば直ちにわかるように,$\Phi(t, t_0 - \delta)$ は問題 (1) のヤコビ方程式の基本的な (行列) 解である.命題 3 の仮定 (強いヤコビ条件) と初期条件に対する微分方程式の解の連続性から,十分小さい $\delta > 0$ については,$\Phi(t, t_0 - \delta)$ は区間 $[t_0, t_1]$ 全体で正則行列となる.そこで,陰関数定理より,十分小さい $\varepsilon > 0$ については,$|x - x_*(t)| < \varepsilon$ のとき,方程式 $x(t, \lambda) - x = 0$ は唯一の解を持つ[27].したがって,$x(t, \lambda)$ は領域

$$G = \{(t, x) \in [t_0, t_1] \times \mathbb{R}^n | |x - x_*(t)| < \varepsilon\}$$

を覆う極値の中心場であることがわかり[28],命題の証明が完了する.■

注意. 上で述べた証明を注意深く読めばわかるように,命題 3 の主張を導くためには,被積分関数や極値が四階連続微分可能であることまで仮定すれば十分である.

---

[27] (訳注) 関数 $f(t, x, \lambda) = x(t, \lambda) - x$ は,$f(t, x_*(t), 0) = 0$ であって,$\left.\frac{\partial f(t, x, \lambda)}{\partial \lambda}\right|_{(t, x_*(t), 0)} = \frac{\partial x(t, 0)}{\partial \lambda}$ は正則行列であるから,f に陰関数定理を適用すると,t の近傍 U と $x_*(t)$ の近傍 V の直積 $U \times V$ 上で定義され,$\mathbb{R}^n$ の原点の近傍 W に値を持つ関数 $\lambda : (\tau, \xi) \mapsto \lambda(\tau, \xi)$ が存在して,任意の $\tau \in U, \xi \in V, \lambda \in W$ に対して,

$$f(\tau, \xi, \lambda) = 0 \Leftrightarrow \lambda = \lambda(\tau, \xi)$$

となることがわかる.さて,上の近傍 V, W は t に依存して定まるが,t はコンパクト集合 $[t_0, t_1]$ の中を動くので,結局,2 つの正数 $\varepsilon > 0$ と $A > 0$ が存在して,任意の $t \in [t_0, t_1]$ と $|x - x_*(t)| < \varepsilon$ を満たす任意の $x \in \mathbb{R}^n$ に対して,$x(t, \lambda) = x$ を満たす $\lambda = \lambda(t, x)$ は $|\lambda| < A$ の範囲では唯一つであることがわかる.

[28] (訳注) 場 $x(t, \lambda)$ の中心は,定義から直ちにわかるように,$(t_0 - \delta, x_*(t_0 - \delta))$ である.

われわれがこれまでに述べたことをすべてまとめると，以下の結果が得られる。

定理 4 (強い極小点であるためのワイエルシュトラスの十分条件). ベクトル値関数 $x_*(t)$ が問題 (1) の強い極小点であるための十分条件は，以下の (1)-(3) が成り立つことである[29]：

(1) ベクトル値関数 $x_*(\cdot)$ は汎関数 $\mathscr{I}(x(\cdot))$ の極値である．すなわち，$x_*(\cdot)$ において，オイラー方程式

$$L_x|_{x_*(t)} - \frac{d}{dt} L_{\dot{x}}|_{x_*(t)} = 0$$

が成立する．

(2) 点 $(t, x_*(t))$, $\forall t \in [t_0, t_1]$ をすべて含む，ある領域 $V \subset \mathbb{R} \times \mathbb{R}^n$ に属する任意の点 (t, x) に対して，被積分関数 L は変数 ξ について正則である．

(3) $x_*(t)$ において，強いヤコビ条件が成立する．すなわち，半開区間 $(t_0, t_1]$ において，t_0 と共役となる点は存在しない．

注意． 定理 4 において，われわれは被積分関数や極値に関する滑らかさの条件について言及しなかった．これについては，命題 3 において仮定されていた条件があれば問題ない．既に述べたように，厳密には，被積分関数や極値が四階連続微分可能であれば十分だが，この条件は幾分技術的な仮定であるし，多くの場合，結果の導出には不要である．

定理 4 を別の形で定式化してみよう．この定式化は，本節と 7.1 節で議論したことを関連付けるものである．

定理 4′. ベクトル値関数 $x_*(\cdot)$ を，正則な被積分関数を持つ汎関数 $\mathscr{I}(x(\cdot))$ の

---

[29] （訳注）念のため，条件 (2) は強いルジャンドルの条件を含意することに注意．定理 4′ についても同様である．

7.4 古典的変分法における極小点の十分条件

極値とする．さらに，極値 $x_*(\cdot)$ において，強いヤコビ条件が成り立つとしよう．このとき，点 $x_*(\cdot)$ における問題 (1) の標準局所 K 関数が存在する．

証明． 命題 3 より，極値 $x_*(t)$ は極値の中心場に埋め込まれる．この極値の中心場に対して，関数 $\sigma(t,x)$ を，中心と点 (t,x) を結ぶ測地線距離として定義する．いま，定理 3 の証明で示されているように，$\sigma(t_1,x_1) - \sigma(t_0,x_0) = \mathscr{I}(x_*(\cdot))$ が成り立つから，これを用いて，

$$\Phi(x(\cdot)) = \int_{t_0}^{t_1} d\sigma = \mathscr{I}(x_*(\cdot)) + \int_{t_0}^{t_1}\left(\frac{\partial \sigma(t,x)}{\partial t} + \left(\left.\frac{\partial \sigma(t,x)}{\partial x}\right|\dot{x}\right)\right)dt$$
$$+ \sigma(t_0,x_0) - \sigma(t_1,x_1)$$

と定義する[30)]．すると，命題 2 より，

$$\frac{\partial \sigma(t,x)}{\partial t} = L(t,x,U(t,x)) - (p(t,x)|U(t,x)),$$
$$\frac{\partial \sigma(t,x)}{\partial x} = p(t,x) = L_{\dot{x}}(t,x,U(t,x))$$

が成り立つことから (ただし，上式において，$U(t,x)$ は勾配関数を表す)，

$$\mathscr{I}(x(\cdot)) - \Phi(x(\cdot)) = \int_{t_0}^{t_1}\left(L(t,x,\dot{x}) - \frac{\partial \sigma(t,x)}{\partial t} - \left(\left.\frac{\partial \sigma(t,x)}{\partial x}\right|\dot{x}\right)\right)dt$$
$$= \int_{t_0}^{t_1}(L(t,x,\dot{x}) - L(t,x,U(t,x))$$
$$+ (\dot{x} - U(t,x)|L_{\dot{x}}(t,x,U(t,x))))dt$$
$$= \int_{t_0}^{t_1}\mathscr{E}(t,x,U(t,x),\dot{x})dt \geq 0$$

が得られる．ところが，これは $\Phi(x(\cdot))$ が問題 (1) の局所 K 関数となっていることを意味する．■

定理 4 は定理 4′ から直ちに導かれる．

---

30) (訳注) $\Phi(x(\cdot))$ の定義は，7.1 節に登場する問題 (6) の標準 K 関数 (8) の形と一致していることに注意しよう．この形をした関数に対しては，$\Phi(x_*(\cdot)) = \mathscr{I}(x_*(\cdot))$ が任意の許容可能な点 $x(\cdot)$ について成り立っているから，Φ は K 関数の定義に登場する条件 (i) と (ii) は常に満たしている．

392　　　　　　　第 7 章　極小点の十分条件

以下の例は，ある極値において，強いルジャンドルの条件と強いヤコビ条件，さらには，ワイエルシュトラスの条件がすべて成り立っていたとしても，それが強い極小点になるとは限らないことを示している．

例 (ボルツァ). 問題

$$\mathscr{I}(x(\cdot)) = \int_{(0,0)}^{(1,0)} \left(\dot{x}^2 - 4x\dot{x}^3 + 2t\dot{x}^4\right) dt \to \inf$$

を考える．関数 $x_*(\cdot) \equiv 0$ はこの問題の極値である．この極値 $x_*(\cdot)$ は平行な極値の場 $x(t,\lambda) = \lambda$ に埋め込まれ，さらに，被積分関数を $x_*(\cdot)$ に沿って計算すると，$\dot{x}^2 + 2t\dot{x}^4$ であるから，$\dot{x}$ について狭義凸である．したがって，極値 $x_*(\cdot)$ が弱い極小点となるための十分条件は満たされていることがわかる[31](ただし，$x_*(\cdot)$ において強いヤコビ条件が成り立つことを確認するには，証明を省略した命題 3 の必要性の部分を用いる)．また，ワイエルシュトラスの必要条件も満たされている[32]．ところが，$x_*(\cdot)$ は強い極小点ではない．実際，$x(t,\tau,\lambda)$ を区間 $[0,1]$ で 0 となり，端から τ の長さで 0 から λ まで上下する折れ線とすれば，どんなに小さな $\lambda > 0$ に対しても，$\mathscr{I}(x(\cdot,\tau,\lambda)) < 0$ を満たす $\tau > 0$ を見つけることができる[33]．

上で述べたような反例が生じる原因は，極値 $x_*(\cdot)$ に沿って計算した場合のみ被積分関数 L が正則となることである．実際，L は極値 $x_*(\cdot)$ の任意の近傍において正則性を満たさない．

7.4.5　ハミルトン＝ヤコビ方程式

7.4.2 項での議論に戻ろう．本質的ではない煩雑さを避けるために，被積分

---

31)　(訳注) 極値 $x_*(\cdot)$ が弱い極小点となるための十分条件は，強いルジャンドルの条件と強いヤコビ条件が成り立つことである．本節の定理 2 を参照．
32)　(訳注) 実際，任意の $\xi \in \mathbb{R}$ に対して，
$$\begin{aligned}\mathscr{E}(t,x_*,\dot{x}_*,\xi) &= L(t,x_*,\xi) - L(t,x_*,\dot{x}_*) - (\xi - \dot{x}_*|L_{\dot{x}}(t,x_*,\dot{x}_*)) \\ &= L(t,x_*,\xi) = \xi^2 + 2t\xi^4 \geq 0\end{aligned}$$
が成り立つ．
33)　(訳注) 0 から τ までで 0 から λ に上昇し，その後 1 までで 0 に落ちていく折れ線を考えて，$\tau \downarrow 0$ とすればよい．

7.4 古典的変分法における極小点の十分条件

関数は無限回微分可能で，すべての点で正則．さらに，t, x を固定して $|\xi| \to \infty$ としたとき，$L(t, x, \xi)$ は $|\xi|$ よりも速く増大するものとする：

$$L(t, x, \xi)/|\xi| \to \infty, \quad |\xi| \to \infty.$$

これらの仮定の下で，方程式

$$p = L_{\dot{x}}(t, x, u) \tag{13}$$

は唯一の解を持つ (p に対して u が一意に定まり，u に対して p が一意に定まる[34])．いま，関数 $(p|u) - L(t, x, u)$ を $\mathscr{H}(t, x, p)$ と書くことにする．ここで，u は t, x, p に対して，方程式 (13) を満たす唯一のベクトルとする．すでにわれわれは，この変換を 3 章において考察していて (3 章の脚注 11 を見よ)，これをルジャンドル変換 (Legendre transform) と呼んでいた．上で述べた仮定の下で，ルジャンドル変換は，3 章と 4 章において詳細に分析したヤング＝フェンシェル変換

$$\mathscr{H}(t, x, p) = \max_{\xi}((p|\xi) - L(t, x, \xi))$$

と一致する．

古典的な変分法において最も興味深いことの 1 つは，問題の解を双対な形で表現できることである．解を双対な形で表現する手法は，本書において詳細に議論した無限小解析的アプローチに関係している．このアプローチにおいて用いられる基本的な道具は，そのほとんどすべてが常微分方程式に関するものである．一方，もう 1 つの手法は，極値の性質の分析に基づく大域的なアプローチである．このアプローチで必要となる道具は，一階の偏微分方程式の理論，すなわち，ハミルトン＝ヤコビ理論に関するものである．変分法においては，2 つのアプローチは合致する．このことを理解するために，ヒルベルト場という概念について，いま一度考えてみよう．

$\Gamma(t, x)$ を領域 V における汎関数 $\mathscr{I}(x(\cdot))$ のヒルベルト場とする．いま，

---

[34] (訳注) $(p|u) - L(t, x, u)$ の u についての極値の一意性を用いる．

$p(t,x) = L_{\dot{x}}(t, x, \Gamma(t,x))$ と書くことにすると,

$$\mathscr{H}(t, x, p(t,x)) = (p(t,x)|\Gamma(t,x)) - L(t, x, \Gamma(t,x))$$

が成り立つ。そこで,この記法に従えば,ヒルベルト場の定義の後半に登場する条件は次のように述べ直すことができる: 微分形式

$$\delta = -\mathscr{H}(t, x, p(t,x))dt + (p(t,x)|dx) \tag{14}$$

は,ある関数の全微分である。したがって,ヒルベルト場に対して,以下の関数を考えることができる:

$$S(t,x) = \int_\gamma \delta = \int_{(t_0,x_0)}^{(t,x)} (p(t,x)|dx) - \mathscr{H}(t,x,p(t,x))dt. \tag{15}$$

ただし,上式において,積分は 2 点 (t_0, x_0) と (t, x) を結ぶ任意の曲線に沿って行われている。なお,この関数は慣例的に作用 (action) という古典力学に起源を持つ用語で呼ばれている[35]。

命題 4. (15) 式によって定義される関数 $S(t,x)$ は以下の偏微分方程式を満たす:

$$\frac{\partial S(t,x)}{\partial t} + \mathscr{H}\left(t, x, \frac{\partial S(t,x)}{\partial x}\right) = 0. \tag{16}$$

逆に,方程式 (16) の任意の解 $S(t,x)$ に対して,ヒルベルト場 $\Gamma(t,x)$ が存在して,それを用いて定義される (15) 式の右辺に定数を足して作られる関数と $S(t,x)$ は一致する。

方程式 (16) を,ハミルトン＝ヤコビ方程式 (Hamilton-Jacobi equation) と呼ぶ。

---

[35] 定理 4′ から,関係式 (15) によって定義された関数 $S(t,x)$ は,7.1 節で定義された意味において S 関数となっている。

命題4の前半の主張は定義から直ちに示されるから，後半の主張についてのみ証明を述べよう．$S(t,x)$ を方程式 (16) の解とするとき，

$$p(t,x) = \frac{\partial S(t,x)}{\partial x}$$

と定義し，$\Gamma(t,x)$ を

$$p(t,x) = L_{\dot{x}}(t,x,\Gamma(t,x))$$

を満たすベクトルとする．いま，関数 $\mathscr{H}(t,x,p)$ の定義より $(p|\Gamma) = L(t,x,\Gamma) + \mathscr{H}(t,x,p)$ が成り立つことに注意すると，$S(t,x)$ が方程式 (16) の解であることから，

$$\frac{\partial S(t,x)}{\partial t} = -\mathscr{H}\left(t,x,\frac{\partial S(t,x)}{\partial x}\right) = L(t,x,\Gamma(t,x)) - (\Gamma(t,x)|p(t,x))$$

が得られる．そこで，上式と定義 $\frac{\partial S(t,x)}{\partial x} = p(t,x)$ から，形式 $(L(t,x,\Gamma(t,x)) - (\Gamma(t,x)|p(t,x)))dt + (p(t,x)|dx)$ は $dS(t,x)$ に等しいことがわかり，命題4の証明が完了する．

7.5 7章の補足

S 関数という概念は，波面は与えられた軌道ベクトルから構成される S 関数の等位線であることを主張するホイヘンスの原理 (Huygens [1]) において，既に登場していた．また，ハミルトン＝ヤコビ理論とベルマンの動的計画法によって，標準摂動に対する S 関数の表現が与えられた．K 関数の概念の本質的な部分は，カラテオドリ (Carathéodory [1]) によって，ヒルベルトのアイディア (Hilbert [1]) を発展させていく過程で導入された．最適制御問題における，滑らかでない K 関数の存在定理については，Young [2] および Ioffe [6] を見よ．また，最適制御問題における K 関数の構成に関する様々な計算法については，Krotov [3] や Krotov and Gurman [1] を参照されたい．Marshal [1] は，変分法と最適制御における問題の解の十分条件に関する結果のほとんど完全なサーベイとなっている．また，場の理論を最適制御問題に拡張しようとする試みは，Boltyanskiĭ [2] によってなされている．

極値の局所理論における目覚ましい発展は，より一般的な新たな二階の条件を導出した Levitin, Milyutin, and Osmolovskiĭ [2] によって達成された。レヴィティン，ミリューチン，オスモロフスキーの3人の理論に登場する必要条件や十分条件は，等式制約や不等式制約を持つ広範囲の滑らかでない問題の解に関するものを含んでいる。特に，7.2節の定理1(7.2節の定理1は，Levitin, Milyutin, and Osmolovskiĭ [1] に掲載されている結果で，われわれもこれとは独立に証明している) は，彼らが導出した基本的な結果から簡単に導くことができる。

第8章

可測多価写像と積分汎関数の凸解析

───────

この章では多価写像の研究における比較的新しい分野のいくつかのトピックを議論する．この章で示される結果は，主に可測性の概念に関連した分野に分類される．特に重要なのは可測選択子の存在定理，および多価写像の可測性を保証するいくつかの条件 (8.1 節)，リャプノフの定理 (これは多価写像の積分の凸性の定理である)(8.2 節)，そしてたたみ込み積分の定理 (8.3 節) である．本章を通じて，特に断りのない限り，記号 (T, Σ, μ) は有限正値測度空間であるとする．抽象的な測度論に慣れていない読者の方は，T は実数の区間で，Σ はその (ルベーグ) 可測集合の族，そして μ はルベーグ測度だと思っておいても，なにも失うものはない。

8.1 多価写像と可測性

8.1.1 定義

X と Y は集合とし，2^Y は Y のすべての部分集合からなる集合とする．任意の写像

$$F : X \to 2^Y$$

は X から Y への**多価写像** (multimapping) と呼ばれる．この定義はすでに 0.2 節でも述べた．集合

$$\mathrm{gr}\, F = \{(x,y) \in X \times Y | y \in F(x)\},$$
$$\mathrm{dom}\, F = \{x \in X | F(x) \neq \emptyset\}$$

はそれぞれ多価写像 F のグラフ (graph) および**有効定義域** (effective domain) とそれぞれ呼ばれる．

多価写像についてはいくつかの自然な操作がある．F と G が X から Y への多価写像であるとき，次の多価写像

$$x \mapsto (F \cup G)(x) = F(x) \cup G(x),$$
$$x \mapsto (F \cap G)(x) = F(x) \cap G(x)$$

はそれぞれ写像 F と G の**合併** (union) および**共通部分** (intersection) と呼ばれる．もし G が X から Y への多価写像で，F が Y から Z への多価写像であれば，次の多価写像

$$x \mapsto (F \circ G)(x) = \cup_{y \in G(x)} F(y)$$

は写像 G と F の**合成** (composition) と呼ばれる．もし Y が線形空間で，F, F_1, F_2 が X から Y への多価写像であれば，次の多価写像

$$x \mapsto (F_1 + F_2)(x) = F_1(x) + F_2(x),$$
$$x \mapsto (\alpha F)(x) = \alpha F(x),$$
$$x \mapsto (\mathrm{conv}\, F)(x) = \mathrm{conv}\, F(x)$$

はそれぞれ写像 F_1 と F_2 の**和** (sum)，写像 F と数 α の**積** (product)，そして写像 F の**凸包** (convex hull) と呼ばれる．

Y が線形空間で，F が X から Y への多価写像であり，そして $F(x)$ が常に凸集合であるとき，写像 F は**凸値** (convex-valued)，または単純に**凸** (convex) であると言う．今度は Y が位相空間だとしよう．もし $F(x)$ が常に閉（あるいは開，コンパクト）であれば，多価写像 F は**閉値** (closed-valued)（あるいは**開値** (open-valued)，**コンパクト値** (compact-valued)）または単純に**閉** (closed)（あ

8.1 多価写像と可測性

るいは開 (open), コンパクト (compact)) と呼ばれる[1]。最後に, もし X と Y が位相空間で, X から Y への多価写像 F のグラフが閉であるとき, この写像は**上半連続** (upper semi-continuous) であると呼ばれる[2]。

F が X から Y への多価写像であるとし, $y(x)$ は X から Y への (通常の) 写像とする. この写像 $y(x)$ は, $y(x) \in F(x)$ をすべての $x \in \text{dom } F$ について満たすとき, 多価写像 F の**選択子** (selection) であると言われる.

本章でわれわれは, 主に $\mathbb{R}^n$ が値域であるような可測な多価写像について論じる. (T, Σ, μ) を有限測度空間とし, F は T から $\mathbb{R}^n$ への多価写像とする. T から $\mathbb{R}^n$ への可測写像の族 $(x_\nu(\cdot))_{\nu \in N}$ が写像 F を**近似** (approximate) するとは, 任意の $\nu \in N$ に対して, 集合

$$\{t \in T | x_\nu(t) \in F(t)\}$$

が可測であり, かつほとんどすべての $t \in T$ に対して集合 $F(t)$ が, それ自身と次の集合

$$\cup_{\nu \in N} \{x_\nu(t)\}$$

との共通部分の閉包に含まれることを言う[3]。そして T から $\mathbb{R}^n$ への多価写像 F が**可測** (measurable) であるとは, T から $\mathbb{R}^n$ への可測写像の可算族で F

---

[1] これらの用語はしばしば違う意味で用いられる。例えば, 写像 F が閉 (あるいは開, コンパクト) であるとは, そのグラフが閉 (あるいは開, コンパクト) であることと定義されることがある。

[2] (訳注) いくつかの条件の下で, これはこの文脈で**優半連続** (upper hemi-continuous) と呼ばれている概念と同値になることが知られている。例えば X と Y が距離空間で F がコンパクト値である, 等。

[3] (訳注) この定義について訳者は原著者と議論を重ねたが, 意見の一致は得られなかった。訳者の考えは, ここの「ほとんどすべての」は非常に多くの問題を引き起こすので,「すべての」に改めるべきだということである。これで失うものはほとんどない。しかし原著者は, そうしなくても問題はないと言う。例えば後の定理 1 などで証明に問題が起こるのだが, 原著者は可測選択子の定義を「ほとんどすべての点で」$f(t) \in F(t)$ であるとすれば問題は消えると言う。また命題 1 でも問題が起こるのだが, これは T を完備化することで問題が消えると言う。たしかにこれらの方法で個々の問題は解決するのだが, どちらにせよ本文に書いてあることに条件を加えなければつじつまが合わない上, それで全部うまく行くことが保証できるかどうかは不透明である。また, この分野の文脈上, 可測選択子の条件に「ほとんどすべての」を加えている文献はほぼないという点も見逃せない。これは,「ほとんどすべて」という概念が測度に依存する一方で, 可測性の定義は可測構造のみによって決まるべきだと考える論者が多いからだと思われる。訳者はこのため, 以降も原文通りに記述しつつ, この近似列の定義の「ほとんどすべての」を「すべての」に改めた場合に起こる以降の些細な変更について脚注に書くこととした。

を近似するものが存在することを言う．可測で閉な多価写像は**正規** (normal) であると言われる．

次の定義のほうが自然に見えるかもしれない：T から $\mathbb{R}^n$ への多価写像 F が可測であるとは，任意の開集合 $A \subset \mathbb{R}^n$ に対して，次の集合

$$\{t \in T | F(t) \cap A \neq \emptyset\}$$

が可測であることを言う．しかし，この定義はわれわれの目的のためには便利でない．というのは，この定義の助けを借りて導出したい結果を出すためにたくさんの技術的困難が発生する上，特定の多価写像の可測性を確かめるために割に合わないほどの苦労が必要になるからである．

いくつかの例を見ていこう．

1) **定値写像**．$A \subset \mathbb{R}^n$ とする．すると $F(t) \equiv A$ は可測である．例えば，$(x_1, x_2, ...)$ は A の可算稠密集合とし，$x_m(t) \equiv x_m$ というベクトル値関数の可算族を近似族とすればよい．

2) **カラテオドリの写像**．$U \subset \mathbb{R}^k$ とし，$g : T \times U \to \mathbb{R}^n$ はカラテオドリの条件 (0.4 節を見よ) を満たす写像とする[4]．つまり，g は任意の $u \in U$ に対して t について可測であり，任意の $t \in T$ に対して u について連続であるとする．$F(t) = g(t, U)$ としよう．このとき写像 F は可測である．例えば近似族としては，$(u_1, u_2, ...)$ を U の可算稠密集合とし，$x_m(t) = g(t, u_m)$ とすればよい．

3) **可測管** (measurable tube)．$x(\cdot) : T \to \mathbb{R}^n$ は可測関数とし，$\rho(t)$ は可測で，ほとんどすべての点で有限で非負の実数値関数とする．ここで

$$F(t) = \{x \in \mathbb{R}^n | |x - x(t)| \leq \rho(t)\}$$

としよう．F の可測性を得るには，$(x_1, x_2, ...)$ を $\mathbb{R}^n$ の単位球の可算稠密

---

[4] （訳注）0.4 節では g の定義域は $\mathbb{R} \times \mathbb{R}^n$ 上の領域であり，ここのセットアップとまったく違うという点に注意が必要である．今回の場合の g の t についての可測性は単に u を固定しての写像 $t \mapsto g(t, u)$ の可測性と捉えるべきであろう．0.4 節の議論で訳注を付けた修正を施した場合，0.4 節の可測性条件はこの条件を含意することが示せるので，齟齬は埋めることができる．

集合とし，$x_m(t) = x(t) + \rho(t)x_m$ とすればよい[5]。

8.1.2 可測多価写像の初等的性質

次の命題は定義からただちに得られる。

命題1. F が T から $\mathbb{R}^n$ への可測多価写像とする。すると，集合 $\mathrm{dom}\, F$ は可測である。

証明．測度 0 の点を除いて，
$$\mathrm{dom}\, F = \cup_{m=1}^{\infty} \{t \in T | x_m(t) \in F(t)\}$$
である[6]。■

命題2. 次が成り立つ。

(i) 可測多価写像の高々可算個の合併は可測である。

(ii) 可測多価写像の和と，可測多価写像と実数の積は可測である。

(iii) F_1 と F が T から $\mathbb{R}^n$ への多価写像で，F_1 は可測で，さらに次の関係 $F_1(t) \subset F(t) \subset \bar{F}_1(t)$ がほとんどすべての t について成り立つならば，F は可測である。

証明は定義からただちに得られる[7]。

命題3. 可測多価写像の凸包は可測多価写像である。

---

[5] （訳注）なお，$\rho(t)$ が有限でない測度 0 の場所では別の定義が必要だが，それは読者に委ねる。

[6] （訳注）前節の訳注のためにこの等号は全体で成り立つと考えるべきである。なお，当該訳注にあるような要請の変更をしない場合，T が完備でないのでこの命題の成立は不透明である。

[7] （訳注）ここで無理して証明するより，次節の定理1を用いるのが簡単でよいと思われる。なお，(iii) の「ほとんどすべての」はやはり「すべての」に変えたほうがよい。

証明. F が T から $\mathbb{R}^n$ への可測多価写像とする．ここで

$$A = \{a = (\alpha_1, ..., \alpha_{n+1}) \in \mathbb{R}^{n+1} | \alpha_i \text{は非負の有理数}, \sum_{i=1}^{n+1} \alpha_i = 1\}$$

とする．任意の $a \in A$ に対して，

$$F_a(t) = \sum_{i=1}^n \alpha_i F(t)$$

とし，

$$\Phi(t) = \cup_{a \in A} F_a(t)$$

とする．

写像 F_a は命題 2 の (ii) の主張から可測であり，写像 Φ は命題 2 の (i) の主張から可測である．そしてカラテオドリの定理により，写像 Φ と conv F は命題 2 の (iii) の主張を満たすので，この命題が証明される．■

命題 4. F が T から $\mathbb{R}^n$ への多価写像であるとし，任意の $x \in T$ に対して集合 $\{t \in T | x \in F(t)\}$ が可測であり，また F が開であるならば，F は可測である．

証明. $D = \{x_1, x_2, ...\}$ を $\mathbb{R}^n$ の可算稠密集合とする．$F(t)$ は開なので，$D \cap F(t)$ は $F(t)$ で稠密である．証明を完成させるためには $x_m(t) \equiv x_m$ とすればよい．■

命題 5. F_1, F_2 はともに T から $\mathbb{R}^n$ への多価写像とし，最初の写像は可測，二番目の写像は開，そして $\{t \in T | x(t) \in F_2(t)\}$ がすべての可測なベクトル値関数 x について可測であるとする．このとき多価写像 F_1 と F_2 の共通部分は可測である．

証明. $(x_1(t), x_2(t), ...)$ は T から $\mathbb{R}^n$ への写像の族で，多価写像 F_1 を近似しているとする．同じ族が $F_1 \cap F_2$ を近似していることを示そう．仮定から，

$\{t \in T | x_m(t) \in F_1(t) \cap F_2(t)\} = \{t \in T | x_m(t) \in F_1(t)\} \cap \{t \in T | x_m(t) \in F_2(t)\}$

は可測である。一方で集合 $F_2(t)$ は開なので、集合

$$F_2(t) \cap (\cup_{m=1}^{\infty}\{x_m(t)\})$$

は $F_1(t) \cap F_2(t)$ 内で稠密である。よって命題 5 が示された。 ■

命題 6. F が T から $\mathbb{R}^n$ への正規多価写像であるとする。このとき、集合 $\{t \in T | x(t) \in F(t)\}$ は任意のベクトル値可測関数 $x(\cdot) : T \to \mathbb{R}^n$ に対して可測である。

証明.

$$F_\varepsilon(t) = \{x \in \mathbb{R}^n | x \in F(t), |x - x(t)| < \varepsilon\}, \varepsilon > 0$$

と定義しよう。写像 F_ε は命題 5 から可測である。よって、$\text{dom } F_\varepsilon$ は可測である (命題 1)。集合 $F(t)$ は閉であるから、

$$\{t \in T | x(t) \in F(t)\} = \cap_{\varepsilon > 0} \text{dom } F_\varepsilon$$

が測度 0 の点以外で成り立つ[8]。 ■

8.1.3 可測性の基準

定理 1. T から $\mathbb{R}^n$ への多価写像 F が可測であることは、可算個からなる F の可測選択子の族で F を近似するものが存在することと同値である[9]。

証明. 十分性は自明である。必要性を証明しよう。多価写像 F が可測であるとし、$(y_1(t), y_2(t), ...)$ が F を近似する可算族であるとしよう。ここで

$$T_m = \{t \in T | y_m(t) \in F(t)\}, \ m = 1, 2, ...$$

---

8) (訳注) 特に理由なく測度 0 の点以外という言葉があるが、削除してよいと考える。
9) (訳注) このような族をカスタング表現 (Castaing representation) と呼ぶ文献もある。

$$x_1(t) = \begin{cases} y_1(t), & \text{if } t \notin \operatorname{dom} F \text{ or } t \in T_1, \\ y_2(t), & \text{if } t \in T_2 \setminus T_1, \\ \cdots \\ y_k(t) & \text{if } t \in T_k \setminus \cup_{i=1}^{k-1} T_i, \\ \cdots \end{cases}$$

$$\cdots$$

$$x_m(t) = \begin{cases} x_{m-1}(t), & \text{if } t \notin \cup_{i=m}^{\infty} T_i, \\ y_m(t) & \text{if } t \in T_m, \\ y_{m+1}(t) & \text{if } t \in T_{m+1} \setminus T_m, \\ \cdots \\ y_{m+k}(t) & \text{if } t \in T_{m+k} \setminus \cup_{i=0}^{k-1} T_{m+i}, \\ \cdots \end{cases}$$

このとき $(x_1(t), x_2(t), \ldots)$ が F の可測選択子の族として条件を満たすことを確認するのは容易である．■

注意． 可測な多価写像 F が少なくともひとつ，可積分，もしくは有界な可測選択子を持っていれば，可積分，あるいは有界な可測選択子からなる可算近似族が存在する．例えば，多価写像が有界な可測選択子 $x_0(t)$ を持っていたとしよう．もし可測選択子の族 $(y_1(t), y_2(t), \ldots)$ が F を近似していたとすれば，次のベクトル値関数

$$x_{mk}(t) = \begin{cases} y_m(t) & \text{if } |y_m(t)| \le k, \\ x_0(t) & \text{if } |y_m(t)| > k, \end{cases}$$

は可測，有界であり，そして簡単にわかるように F を近似する族を構成する．

定理 2. T から $\mathbb{R}^n$ への多価写像 F が可測であるためには，次のことが必要であり，さらに F が閉なら十分でもある：関数 $t \mapsto \rho(x, F(t)) = \inf\{|x-z| | z \in F(t)\}$ はすべての x に対して可測である[10]．

---

10) （訳注）後で述べるが，$\rho(x, F(t))$ は $F(t) = \emptyset$ のときには ∞ として定義する．

8.1 多価写像と可測性

証明. 多価写像 F が可測であれば, 定理 1 から可測選択子の族 $(x_1(t), x_2(t), ...)$ で F を近似するものを取ってやれば,

$$\rho(x, F(t)) = \inf_{1 \le m < \infty} |x - f_m(t)|$$

は可測関数である。

逆に $\rho(x, F(t))$ がすべての $x \in \mathbb{R}^n$ について可測であるとし, さらに $F(t)$ が閉であるとしよう。ここで等式 $\rho(x, F(t)) = \infty$ は $F(t) = \emptyset$ のとき, かつそのときのみ成り立ち, したがってすべての x に対して同時に成立することに注意しておく。よって, dom F は可測であり, したがって一般性を失うことなくわれわれは dom $F = T$ を仮定してよい。よって $F(t) \ne \emptyset$ がすべての t に対して成り立つとする。任意の正の整数 n に対して,

$$F_m(t) = \{x \in \mathbb{R}^n | \rho(x, F(t)) < 2^{-m}\}$$

と置く。集合 $F_m(t)$ はすべての t について開であり, また集合

$$\{t \in T | x \in F_m(t)\} = \{t \in T | \rho(x, F(t)) < 2^{-m}\}$$

は仮定からすべての $x \in \mathbb{R}^n$ について可測である。よって (命題 4), 写像 F_m は可測である。

定理 1 から, 任意の m に対して多価写像 F_m の可測選択子の列 $(u_{m1}(t), u_{m2}(t), ...)$ で F_m を近似するものが取れる。任意のペア $m, k = 1, 2, ...$ に対して, 帰納的に次のような可測ベクトル値関数を構成しよう。

$$u_{mk0}(t) = u_{mk}(t)$$

とする。すでに $u_{mki}(t)$ が選ばれていて, $u_{mki}(t) \in F_{m+i}(t)$ がほとんどすべての点で成り立つとする[11]。ここで $u_{mk(i+1)}(t)$ は任意のベクトル値関数で

$$u_{mk(i+1)}(t) \in F_{m+i+1}(t),$$

---

11) （訳注）前節の訳注同様, すべての点にしたほうがよい。以下同様。

$$|u_{mki}(t) - u_{mk(i+1)}(t)| < 2^{-(m+i)}, \tag{1}$$

を満たすものとする．このような関数は必ず存在する．なぜなら，多価写像

$$t \mapsto \Phi_{mk(i+1)}(t) = \{x \in F_{m+i+1}(t) | |x - u_{mki}(t)| < 2^{-(m+i)}\}$$

は命題 5 より可測で，さらにほとんどすべての点で $\Phi_{mk(i+1)}(t)$ は非空だからである．

(1) の二番目の関係から $u_{mki}(t)$ は $i \to \infty$ のときにほとんどすべての点で可測ベクトル値関数 $x_{mk}(t)$ に収束し，さらに

$$|x_{mk}(t) - u_{mk}(t)| < 2^{-(m-1)} \tag{2}$$

が成り立つ．一方で，(1) の最初の関係から

$$x_{mk}(t) \in F(t) \tag{3}$$

が成り立つ．

後は $(x_{mk}(t), m, k = 1, 2, ...)$ が多価写像 F の近似列になっていることを示せばよい．このために，次の単純な事実を指摘しておく：もし $A \subset \mathbb{R}^n$ が閉集合で，集合 $\{u_{mk} | m, k = 1, 2, ...\}$ が A の近傍内で稠密で，$x_{mk} \in A$ で，そして $|x_{mk} - u_{mk}| < 2^{-(m-1)}$ であれば，集合 $\{x_{mk} | m, k = 1, 2, ...\}$ は A 内で稠密である．実際，$x \in A$ で $\varepsilon > 0$ であるとしよう．m_0 を，$2/\varepsilon < 2^{m_0-1}$ を満たすように取り，$m > m_0, |x - u_{mk}| < \varepsilon/2$ を満たすように u_{mk} を取る．すると $|x - x_{mk}| < \varepsilon$ である．したがって (2) と (3)，そして $u_{mk}(t)$ の定義から，必要な結果を得る．∎

8.1.4 被積分関数

$T \times \mathbb{R}^n$ 上で定義された任意の関数 (値は拡張された実数であるとする) は**被積分関数** (Integrand) と呼ばれる．T から $\mathbb{R}^n$ への任意の多価写像 F に対して，次の被積分関数を対応させよう：

$$f(t, x) = \delta(x | F(t)).$$

逆に，任意の被積分関数は次の T から $\mathbb{R}^{n+1}$ への多価写像と対応している[12]．

---

12) （訳注）$f_t(x) = f(t, x)$ とせよ．

$$F(t) = \text{epi } f_t.$$

このようにして，被積分関数についての主張はすべて，多価写像についての主張と結びつく。

被積分関数 $f(t,x)$ が可測である (あるいは正規である, 凸である, など) とは，多価写像 $t \mapsto \text{epi } f_t$ が可測である (あるいは正規である, 凸である, など) ことを言う。例えば，$U \subset \mathbb{R}^k$ であり，$g: T \times U \to \mathbb{R}$ と $h: T \times U \to \mathbb{R}$ がカラテオドリの条件を満たすならば，

$$f(t,x) = \inf\{h(t,u) | u \in U, g(t,u) = x\}$$

は可測被積分関数になる。実際，$\{u_1, u_2, ...\}$ が U の可算稠密集合で，$\{\alpha_1, \alpha_2, ...\}$ が正の有理数の集合とすれば，

$$x_{ml}(t) = g(t, u_m), \alpha_{ml}(t) = h(t, u_m) + \alpha_l, m, l = 1, 2, ...$$

は可測被積分関数になり，多価写像 $t \mapsto \text{epi } f_t$ の可測選択子の近似族である。

命題 7. 被積分関数 $f(t,x)$ が可測であるためには，以下の条件のうちひとつでも成り立てば十分である[13]。

(a) f は凸被積分関数で，関数 $t \mapsto f(t,x)$ は任意の $x \in \mathbb{R}^n$ に対して可測で，そして $\text{int}(\text{dom } f_t)$ はほとんどすべての t について非空である[14]。

(b) $f(t,x) = g_t^{**}(x)$ である。ただし $g(t,x)$ は可測被積分関数とする。

(c) $f(t,x) = f_1(t,x) + f_2(t,x)$ であり，f_1 と f_2 は可測被積分関数で，$\text{dom } f_{2t} = \mathbb{R}^n$ がほとんどすべての t について成り立つ。

証明. 主張 (a) は命題 2 と命題 4 から成り立つ。というのは，$\text{int}(\text{dom } f_t) \neq \emptyset$ は $\text{int}(\text{epi } f_t) \neq \emptyset$ を意味し，また集合 $\{t \in T | (\alpha, x) \in \text{int}(\text{epi } f_t)\}$ は任意

---

[13] （訳注）関数が $-\infty$ を取らないことが暗に仮定されているように思えるので，そう考えたほうがよい。

[14] （訳注）すべての，にしたほうがよい。以下同様。

の $\alpha \in \mathbb{R}$ と $x \in \mathbb{R}^n$ に対して可測であるからである[15]。主張 (b) は命題 2 と 3 の直接の系である。というのは，フェンシェル＝モローの定理の系 2 から epi $g_t^{**} = \overline{\text{conv}}(\text{epi } g_t)$ だからである[16]。最後に，主張 (c) は明らかである。 ∎

命題 8. f は $T \times \mathbb{R}^n$ 上の正規被積分関数であるとする。このとき，T から $\mathbb{R}^n$ への任意の可測ベクトル値関数 $x(t)$ に対して，関数 $f(t, x(t))$ は可測である。

この証明は命題 6 からただちに得られる[17]。

この命題の系として，次の結果を得る。

系. $U \subset \mathbb{R}^k$ とし，$g: T \times U \to \mathbb{R}^n$ はカラテオドリの条件を満たす任意の写像とする。すると $u(t)$ が T から U への可測写像ならば常に，ベクトル値関数 $g(t, u(t))$ は可測である[18]。

命題 9. f が $T \times \mathbb{R}^n$ 上の可測被積分関数とし，$\rho(t)$ は T 上の有限実数値可測関数とし，

$$\rho(t) > \inf_x f(t, x)$$

がほとんどすべての t に対して成り立つとする。すると，可測なベクトル値

---

15) （訳注）実際，$(\alpha, x) \in \text{int}(\text{epi } f_t)$ となるのは，第 i 座標が 1 で残りが 0 のベクトルを e_i としたとき，ある N に対して $x \pm \frac{1}{N} e_i$ における f_t の値がすべて α より小さいことと同値であり，ここから可測性が言える。

16) （訳注）この系 2 では $\overline{\text{conv}} \, g_t$ が適正という条件があったが，証明を見ればこれは g_t^{**} が $-\infty$ を取らないだけでよいことがわかる。

17) （訳注）$y(t) = (\alpha, x(t))$ として，

$$\alpha \geq f(t, x(t)) \Leftrightarrow y(t) \in \text{epi } f_t$$

に気をつければよい。

18) （訳注）これが命題 8 の系であるという主張が訳者にはどうしてもわからなかった。証明としては，U の可算稠密集合を $\{u_1, ..., u_m, ...\}$ として取り，u_1 から u_M までで $u(t)$ に一番近いものを $u_M(t)$ と定義すると，関数 $u_M(t)$ は可測であり，$g(t, u_M(t))$ が可測であることは簡単に示せる。そして $g(t, u(t))$ はその各点収束極限であるから，やはり可測である，という形で示すことができる。

8.1 多価写像と可測性

関数 $x(t)$ で

$$\rho(t) > f(t, x(t))$$

がほとんどすべての点で成り立つものが存在する。

証明.

$$F_1(t) = \text{epi } f_t,$$
$$F_2(t) = \{(\alpha, x) \in \mathbb{R} \times \mathbb{R}^n | \alpha < \rho(t)\}$$

と定義し，命題 5 と定理 1 を適用すればよい。■

命題 10. f は $T \times \mathbb{R}^n$ 上の可測被積分関数とすると，次の関数

$$\alpha(t) = \inf_x f(t, x)$$

は可測である。

証明. $(\alpha_m(t), x_m(t) | m = 1, 2, ...)$ を多価写像 $t \mapsto \text{epi } f_t$ の可測選択子の近似族とすれば，

$$\alpha(t) = \inf_{1 \leq m < \infty} \alpha_m(t)$$

である。■

8.1.5 いくつかの特定の多価写像や被積分関数の可測性

定理 3. $g : T \times \mathbb{R}^n \to \mathbb{R}^k$ がカラテオドリの条件を満たしており，F と G は T からそれぞれ $\mathbb{R}^n$ および $\mathbb{R}^k$ への正規多価写像であるとする。このとき，多価写像

$$t \mapsto \Phi(t) = \{x \in \mathbb{R}^n | x \in F(t), g(t, x) \in G(t)\}$$

は正規である。

証明. 明らかに $\Phi(t)$ は閉である。よって定理 2 から，後は任意の $x \in \mathbb{R}^n$ に

対して $\rho(x, \Phi(t))$ が可測であることを示せばよい。

$$G_\varepsilon(t) = \{y \in \mathbb{R}^k | \rho(y, G(t)) < \varepsilon\},$$

$$\Phi_\varepsilon(t) = \{x \in \mathbb{R}^n | x \in F(t), g(t, x) \in G_\varepsilon(t)\}$$

とする。ただし $\varepsilon > 0$ である。写像 G_ε は命題 4 から可測である：実際，$G_\varepsilon(t)$ は常に開であり，また任意の $y \in \mathbb{R}^k$ に対して

$$\{t \in T | y \in G_\varepsilon(t)\} = \{t \in T | \rho(y, G(t)) < \varepsilon\}$$

である。また，$x(t)$ が可測であれば，ベクトル値関数 $g(t, x(t))$ はやはり可測である (命題 8 の系)。よって，$x(t)$ が可測であれば，

$$\{t \in T | g(t, x(t)) \in G_\varepsilon(t)\} = \{t \in T | \rho(g(t, x(t)), G(t)) < \varepsilon\}$$

も可測である (定理 2 から被積分関数 $(t, y) \mapsto \rho(y, G(t))$ がカラテオドリの条件を満たすことを利用して，命題 8 を用いればよい)。

ここで，$g(t, x)$ は x について連続なので，すべての集合

$$\Psi_\varepsilon(t) = \{x \in \mathbb{R}^n | g(t, x) \in G_\varepsilon(t)\}$$

は開集合である。よって，多価写像 $\Phi_\varepsilon = F \cap \Psi_\varepsilon$ は命題 5 から可測である。定理 2 から，$\rho(x, \Phi_\varepsilon(t))$ はすべての $x \in \mathbb{R}^n$ に対して可測であるが，明らかに $\varepsilon \to 0$ のとき $\rho(x, \Phi_\varepsilon(t)) \to \rho(x, \Phi(t))$ である。■

系 1. f は $T \times \mathbb{R}^n$ の正規被積分関数で，F は T から $\mathbb{R}^n$ への正規多価写像とする。ここで

$$h(t, x) = \begin{cases} f(t, x) & \text{if } x \in F(t), \\ \infty & \text{if } x \notin F(t) \end{cases}$$

とすると，h は正規被積分関数である。

証明. 次の写像

$$g : T \times \mathbb{R} \times \mathbb{R}^n \to \mathbb{R}^n, g(t, \alpha, x) = x$$

を考えれば,
$$\text{epi } h_i = \{(\alpha, x) \in \mathbb{R} \times \mathbb{R}^n | (\alpha, x) \in \text{epi } f_t, g(t, \alpha, x) \in F(t)\}$$
である。

系 2. f は $T \times \mathbb{R}^n$ 上の正規被積分関数, F は T から $\mathbb{R}^n$ への正規多価写像とし, $g : T \times \mathbb{R}^n \to \mathbb{R}^k$ はカラテオドリの条件を満たすとし, ベクトル値関数 $y(\cdot) : T \to \mathbb{R}^k$ と関数 $\alpha(t)$ は可測とする。このとき,
$$t \mapsto \Phi(t) = \{x \in F(t) | g(t, x) = y(t), f(t, x) \leq \alpha(t)\}$$
は正規である。

証明. 被積分関数 h を f と F から系1の形で定義する。写像 $l : T \times \mathbb{R} \times \mathbb{R}^n \to \mathbb{R} \times \mathbb{R}^n$ を $l(t, \alpha, x) = (\alpha, g(t, x))$ として定義する。明らかにこの写像はカラテオドリの条件を満足する。そして
$$t \mapsto G(t) = \{(\alpha, y) \in \mathbb{R} \times \mathbb{R}^k | \alpha \leq \alpha(t), y = y(t)\}$$
を考えればこれは正規である。後は
$$\{(\alpha, x) \in \text{epi } h_t | \alpha \leq \alpha(t), g(t, x) = y(t)\} = \{(\alpha, x) \in \text{epi } h_t | l(t, \alpha, x) \in G(t)\}$$
であることを使って定理を適用すればよい。■

f は $T \times \mathbb{R}^n$ の被積分関数とする。$f^*(t, y) = f_t^*(y)$ と定義しよう。明らかに f^* はやはり $T \times \mathbb{R}^n$ の被積分関数である。これを f の**被積分共役** (integrand conjugate) と呼ぶことにする。f が可測な被積分関数であれば, 任意の T から $\mathbb{R}^n$ への可測写像 $y(\cdot)$ に対して,
$$f^*(t, y(t)) = \sup_x ((y(t)|x) - f(t, x))$$
は命題 7 と 10 から可測である[19]。

---

19) (訳注) inf ではなく sup だが, ほとんど証明は同じである。

定理 4. f は $T \times \mathbb{R}^n$ 上の可測な被積分関数とし, f_t^* は任意の t について適正であるとする。このとき, f^* は正規凸被積分関数である[20]。

証明. 関数 f_t^* は閉凸なので, 後は f^* が可測な被積分関数であればよい。さらに, フェンシェル＝モローの定理から $f_t^* = f_t^{***}$ であり, また f^{**} は命題 7 から可測被積分関数なので, 一般性を失うことなく f は正規凸被積分関数であると仮定できる。$\varepsilon > 0$ としよう。ここで

$$f_\varepsilon^*(t,y) = \inf\{f^*(t,y+z) | z \in \mathbb{R}^n, |z| \leq \varepsilon\}$$

とする。定理を示すためには, すべての f_ε^* が可測であればよい。実際, すべての $f_{\varepsilon t}^*$ は凸閉であり (凸性は明らかであり, 閉性は f_t^* の閉性と $\mathbb{R}^n$ の単位球のコンパクト性から成り立つ), そして epi $f_t^* = \cap_{\varepsilon > 0}\text{epi } f_{\varepsilon t}^*$ である[21]。

そこですべての f_ε^* が可測であることを示そう。このためには, $h_\varepsilon(t,y) = f(t,y) + \varepsilon s(y|B)$ とする。ただし B は原点を中心とする半径 1 の球である。すると h_ε は正規被積分関数であり (命題 7 の (c)), また $f_\varepsilon^* = h_\varepsilon^*$ である (3.4 節の定理 1)。よって, 関数 $t \mapsto f_\varepsilon^*(t,y)$ は可測である。一方, $\text{int}(\text{dom } f_{\varepsilon t}^*) = \text{dom } f_t^* + \varepsilon B \neq \emptyset$ がほとんどすべての点で言える[22]。後は命題 7 の (a) を用いればよい。■

8.2 多価写像の積分

8.2.1 定義, および基本定理の主張

(T, Σ, μ) は正の測度空間とし, F は T から $\mathbb{R}^n$ への多価写像とする。$\mathbb{R}^n$ の部分集合で, F の可積分選択子の積分からなる集合のことを F の μ についての**積分** (integral) と呼ぶ。この集合は $\int_T F(t)d\mu$ と書かれる。つまり,

---

20) （訳注） f_t^* が適正である以上, f は $-\infty$ を決して取らないことに注意。
21) （訳注） 書いてないが, この関係に定理 2 を用いれば f_t^* の可測性が言える。
22) （訳注） 「ほとんど」は不要である。

$$\int_T F(t)d\mu = \left\{ x \in \mathbb{R}^n | x = \int_T x(t)d\mu, x(\cdot) \in L_1^n, x(t) \in F(t), \forall t \right\}$$

である.

この節の基本結果を定式化するために，測度論の概念をひとつ必要とする. 測度 μ が**連続** (continuous) であるとは，$\mu(A) > 0$ である任意の集合 $A \in \Sigma$ が，$0 < \mu(B) < \mu(A)$ となる集合 $B \in \Sigma$ を含んでいることを指す (もし測度 μ が正値測度でなければ，μ の代わりに $|\mu|$ を用いる必要がある).

定理 1. 測度 μ が連続であるとし，F は T から $\mathbb{R}^n$ への多価写像とする. このとき，F の μ についての積分は凸集合である. さらにもし F が正規で，$|x| \le r(t)$ をすべての $(t,x) \in \mathrm{gr}\, F$ について満たすような可積分関数 $r(t)$ が存在すれば，

$$\int_T F(t)d\mu = \int_T (\mathrm{conv}\, F(t))d\mu$$

が成り立つ.

8.2.2 リャプノフの定理

定理 1 はリャプノフによるベクトル測度についての定理から導出されるが，実は本質的にこれらは同値であると言える.

T は集合であるとし，T 上で測度の有限族 $\mu_1, ..., \mu_n$ あるいは「ベクトル測度」$m = (\mu_1, ..., \mu_n)$ が与えられているとし，測度 μ_i について可測なすべての集合は他の測度でも可測とする. そのような集合 A に対して，ベクトル測度 m は次の n 次元ベクトル

$$m(A) = (\mu_1(A), ..., \mu_n(A))$$

を与える. T の部分集合ですべての測度 $\mu_1, ..., \mu_n$ について可測な A に対するベクトル $m(A)$ の集合はベクトル測度 m の**値域** (range) であると言われる. 最後に，ベクトル測度 m は，$\mu_1, ..., \mu_n$ がすべて連続であるとき，**連続** (continuous) であると言われる.

定理 2(リャプノフの定理). $\mu_1, ..., \mu_n$ が σ-代数 Σ 上で定義された有限な連続

測度であるとする．このとき，ベクトル測度 $m = (\mu_1, ..., \mu_n)$ の値域は凸かつ閉である．

実のところ，リャプノフの定理はクライン＝ミルマンによるコンパクト凸集合の表現定理を元にしている．ここでは単純に主張を書いておくだけにし，証明は省略しよう．

A は線形空間の凸部分集合であるとする．点 $x \in A$ が A の**端点** (extreme point) であるとは，$x = \alpha x_1 + (1 - \alpha)x_2$ が $0 \leq \alpha \leq 1$ かつ $x_1, x_2 \in A$ として成り立てば，必ず $x = x_1$ か $x = x_2$ のどちらかが成り立つことを言う．別の言い方をすれば，x がもし A に含まれる線分に含まれるならば，それは必ず端でなければならない，ということである．クライン＝ミルマンの定理は次の主張である：任意のハウスドルフ局所凸線形位相空間のコンパクト凸集合は，その端点の閉凸包と一致する．

リャプノフの定理の証明． $\mu = |\mu_1| + ... + |\mu_n|$ とする．ここで通常と同様に，$|\mu_i| = \mu_i^+ + \mu_i^-$ であり，μ_i^+ と μ_i^- はそれぞれ μ_i の正の成分，負の成分である (0.1.5 項の注意を参照)．測度 μ は有限かつ正値であり，かつすべての測度 $\mu_1, ..., \mu_n$ は μ について絶対連続である (なぜなら，$|\mu_i(A)| \leq |\mu|(A)$ が常に成り立つからである)．ここで μ_i の μ についての密度を $\lambda_i(t)$ と書く．$L_\infty(T, \Sigma, \mu)$ 上で，集合

$$W = \{\alpha(\cdot) \in L_\infty | 0 \leq \alpha(t) \leq 1, \forall t \in T\}$$

を考える．この集合は凸，有界，そして *弱閉である (L_∞ は L_1 の双対なので) ため，*弱コンパクトである．L_∞ から $\mathbb{R}^n$ への作用素 P を，任意の関数 $\alpha(\cdot) \in L_\infty$ に対して，

$$P\alpha(\cdot) = \left(\int_T \alpha(t) d\mu_1, ..., \int_T \alpha(t) d\mu_n \right)$$
$$= \left(\int_T \alpha(t) \lambda_1(t) d\mu, ..., \int_T \alpha(t) \lambda_n(t) d\mu \right)$$

を返す写像として定義する．この写像は線形であり，*弱位相で連続である (なぜなら，すべての関数 $\lambda_i(\cdot)$ は L_1 に属するので)．よって集合 PW は凸か

8.2 多価写像の積分

つ閉である。以降，m の値域がこの PW と等しいことを示そう。明らかに m の値域は PW に含まれるので，逆を示せば十分である。

$x = (x^1, ..., x^n) \in PW$ とし，

$$W_x = \{\alpha(\cdot) \in W | P\alpha(\cdot) = x\}$$

とする。このとき $W_x = W \cap P^{-1}(\{x\})$ であるが，$P^{-1}(\{x\})$ は凸で，また連続線形作用素の閉凸集合の逆像であるから $*$ 弱閉であるため，W_x は凸かつ $*$ 弱コンパクトである。クライン=ミルマンの定理から，W_x は端点 $\alpha_0(\cdot)$ を持つ。ここで $\alpha_0(t)$ は正の測度の集合上で 0 と 1 以外の値を取ることができないことを示そう。これはただちにリャプノフの定理を意味する：というのは，$A_0 = \{t \in T | \alpha_0(t) = 1\}$ とすれば

$$x^i = \int_{A_0} \lambda_i(t) d\mu = \mu_i(A_0)$$

となって x が m の値域に属するから，x が任意の点であることを考慮すれば，値域は PW を含むことがわかる。

そこで，$\alpha(\cdot)$ が集合 W_x の端点であるとしよう。$\alpha(t)$ が正の測度の集合で 0 と 1 以外の値を取ったとする。するとある $\varepsilon > 0$ に対して，集合

$$\Delta = \{t \in T | \varepsilon \leq \alpha(t) \leq 1 - \varepsilon\}$$

が正の測度を持つ。

空間 $L_1(\Delta)$ と，$\lambda_i(\cdot), i = 1, ..., n$ の Δ への制限が作る部分空間 M を考えよう。部分空間 M は有限次元なので，閉である。ハーン=バナッハの定理の系2から，M の零化集合は 0 でない元を持っている[23]。つまり，Δ 上の可測で有界な関数 $\tilde{\beta}(t)$ が存在して，

$$\|\tilde{\beta}(\cdot)\|_\infty = 1, \int_\Delta \lambda_i(t)\tilde{\beta}(t)d\mu = 0, i = 1, ..., m$$

が成り立つ。ここで，

---

[23] （訳注）μ が連続ならば $L_1(\Delta)$ の次元は無限なので，M と一致しない。

$$\beta(t) = \begin{cases} 0, & \text{if } t \notin \Delta, \\ \tilde{\beta}(t), & \text{if } t \in \Delta \end{cases}$$

と定義する．すると明らかに $0 \le \alpha(t) + \varepsilon\beta(t) \le 1$ が $t \in T$ について成り立ち，さらに

$$P(\alpha(\cdot) \pm \varepsilon\beta(\cdot)) = \left(\int_T (\alpha(t) \pm \varepsilon\beta(t))\lambda_1(t)d\mu, ..., \right.$$
$$\left. \int_T (\alpha(t) \pm \varepsilon\beta(t))\lambda_n(t)d\mu \right)$$
$$= \left(\int_T \alpha(t)\lambda_1(t)d\mu, ..., \int_T \alpha(t)\lambda_n(t)d\mu \right) = x,$$

を得るが，$\beta(t) \not\equiv 0$ なので，$\alpha(\cdot)$ が端点でなくなって矛盾が生ずる．以上で定理の証明が完成した．■

8.2.3 定理1の証明

定理の最初の部分は二番目の部分からただちに得られる．というのは，もし $x_1(\cdot)$ と $x_2(\cdot)$ が写像 F の可積分選択子であるとすれば，写像 $t \mapsto \{x_1(t)\} \cup \{x_2(t)\}$ に二番目の主張を適用すればすぐに最初の主張が得られるからである．

次に，二番目の部分は次の2つの命題から従う．

命題1．(T, Σ, μ) が (連続とは限らない) 正値測度空間で，F が T から $\mathbb{R}^n$ への正規多価写像であるとする．このとき，写像 $t \mapsto \operatorname{conv} F(t)$ の任意の可測選択子 $x(t)$ は次の表現を持つ：

$$x(t) = \sum_{i=1}^k \alpha_i(t)x_i(t). \tag{1}$$

ただし $k \le n+1$ であり，関数 $\alpha_i(t)$ は非負可測で，$\sum_{i=1}^k \alpha_i(t) = 1$ がすべての t について成り立ち，$x_i(t)$ は F の可測選択子である．

命題2．定理1の主張は，

$$F(t) = \{x_1(t)\} \cup ... \cup \{x_m(t)\}$$

であるときには成り立つ．ただし $x_1(t), ..., x_m(t)$ は可積分なベクトル値関数

8.2 多価写像の積分

である.

命題 1 と 2 が証明されたとする. 定理を示すには,

$$\int_T (\operatorname{conv} F(t)) d\mu \subset \int_T F(t) d\mu \tag{2}$$

を示せばよい. 反対側の包含関係は自明だからである. そこで $x \in \int (\operatorname{conv} F(t)) d\mu$ としよう. このとき, 写像 $\operatorname{conv} F$ の可積分選択子 $x(t)$ で, $\int_T x(t) d\mu = x$ となるものが存在する. 命題 1 より,

$$x(t) = \sum_{i=1}^{k} \alpha_i(t) x_i(t)$$

である. ただし α_i は可測で $\sum_{i=1}^{k} \alpha_i(t) = 1$ が T 上で成り立ち, $x_i(t)$ は F の可測選択子である. ここで多価写像 $F_1(t) = \{x_1(t)\} \cup ... \cup \{x_k(t)\}$ を考えれば, 明らかに

$$\int_T F_1(t) d\mu \subset \int_T F(t) d\mu, \; x \in \int_T (\operatorname{conv} F_1(t)) d\mu \tag{3}$$

である. $|x| \leq r(t)$ が $(t, x) \in \operatorname{gr} F$ に対して成り立つので, すべての $x_i(t)$ は可積分である. よって命題 2 から,

$$\int_T F_1(t) d\mu = \int_T (\operatorname{conv} F_1(t)) d\mu$$

がわかる. これと (3) から $x \in \int F(t) d\mu$ がわかる. よって後は命題 1 と命題 2 の証明だけである.

命題 1 の証明.

$$S = \left\{ a = (\alpha_1, ..., \alpha_{n+1}) \in \mathbb{R}^{n+1} \,|\, \alpha_i \geq 0, \sum_{i=1}^{n+1} \alpha_i = 1 \right\}$$

とし, $\mathbb{R}^{n+1} \times \underbrace{\mathbb{R}^n \times ... \times \mathbb{R}^n}_{n+1 \text{ times}}$ から $\mathbb{R}^n$ への写像 g を次のように定義する:

$$g(a, x_1, ..., x_{n+1}) = \sum_{i=1}^{n+1} \alpha_i x_i.$$

ここで $F^{n+1}(t) = \underbrace{F(t) \times ... \times F(t)}_{n+1 \text{ times}}$ とする. すると明らかに F^{n+1} は T から

$(\mathbb{R}^n)^{n+1}$ への正規多価写像である. そして,

$$\Phi(t) = \{a \in S, (x_1, ..., x_{n+1}) \in F^{n+1}(t) | g(a, x_1, ..., x_{n+1}) = x(t)\}$$

とする. $x(t) \in \mathrm{conv}\, F(t)$ がすべての t について成り立つので, $\Phi(t)$ は非空である. 一方で, 8.1 節の定理 3 から多価写像 Φ は正規である. 同じ節の定理 1 から, Φ は可測選択子を持つ. よって $a(t) = (\alpha_1(t), ..., \alpha_{n+1}(t))$ と $x_1(t), ..., x_n(t)$ という可測写像で,

$$\alpha_i(t) \geq 0, \sum_{i=1}^{n+1} \alpha_i(t) = 1, x_i(t) \in F(t),$$

$$\sum_{i=1}^{n+1} \alpha_i(t) x_i(t) = x(t)$$

を満たすものが存在する. ∎

命題 2 の証明. $m = 1$ のときは主張は明らかである. $m = k-1$ で成り立ったとし, $m = k$ のときを示そう. よって $F(t) = \{x_1(t)\} \cup ... \cup \{x_k(t)\}$ としよう. 次の写像 $t \mapsto G(t) = \{x_2(t)\} \cup ... \cup \{x_k(t)\}$ を考える. $\mathrm{conv}\, F(t) = \mathrm{conv}((\mathrm{conv}\, G(t)) \cup \{x_1(t)\})$ なので, 命題 1 の証明で示したように, $\mathrm{conv}\, F$ の可測選択子 $x(t)$ は次の表現を持つ.

$$x(t) = \alpha(t) x_1(t) + (1 - \alpha(t)) y(t). \tag{4}$$

ただし $\alpha(t)$ と $y(t)$ は可測で, $0 \leq \alpha(t) \leq 1$ かつ $y(t) \in \mathrm{conv}\, G(t)$ である. $x \in \int (\mathrm{conv}\, F(t)) d\mu$ であるとしよう. すると $x = \int x(t) d\mu$ であり, ただし (4) により

$$x(t) = y(t) + \alpha(t)(x_1(t) - y(t))$$

という表現を持つ. リャプノフの定理から[24], ある可測集合 $A \subset T$ で

---

24) (訳注) $m(A) = \int_A (x_1(t) - y(t)) d\mu$ と置く. 連続性と有限性は読者が各自で証明を試みられたい. 下の左辺がリャプノフの定理の証明で出てきた集合 PW に属していることに注意.

$$\int_T \alpha(t)(x_1(t) - y(t))d\mu = \int_A (x_1(t) - y(t))d\mu$$

が成り立つものが存在する．よって，

$$x = \int_A x_1(t)d\mu + \int_{T\setminus A} y(t)d\mu$$

である．しかし $y(t) \in \operatorname{conv} G(t)$ であり，よって帰納法の仮定から G の可測選択子 $z(t)$ で

$$\int_{T\setminus A} y(t)d\mu = \int_{T\setminus A} z(t)d\mu$$

が成り立つものが存在する．

このとき，

$$u(t) = \begin{cases} x_1(t), & \text{if } t \in A, \\ z(t), & \text{if } t \in T \setminus A \end{cases}$$

は F の可測選択子であり，$\int u(t)d\mu = x$ であるから，命題 2 が証明された． ■

8.3 積分汎関数

8.3.1 定義と初等的性質

再び (T, Σ, μ) は有限正値測度空間とし，f は $T \times \mathbb{R}^n$ 上の被積分関数とする．さらに $x(t)$ は T から $\mathbb{R}^n$ への任意の写像としよう．ここで

$$\mathscr{I}_f(x(\cdot)) = \inf \left\{ \int_T \alpha(t)d\mu \,\middle|\, \alpha(\cdot) \in L_1, \alpha(t) \geq f(t, x(t)) \right\},$$

とする．言い換えると，$\mathscr{I}_f(x(\cdot))$ は可積分関数 $\alpha(t)$ で $\alpha(t) \geq f(t, x(t))$ をほとんどすべての点で満たすものの積分の下限である．ここで，$\inf \emptyset = \infty$ であると通常のように仮定しておく．T から $\mathbb{R}^n$ へのすべての写像の集合上で定義されたこの汎関数 $\mathscr{I}_f(x(\cdot))$ を被積分関数 f が生成した積分汎関数 (integral functional generated by the integrand f) と呼ぶことにする．もちろん，も

し関数 $f(t, x(t))$ が与えられた $x(t)$ について可積分ならば,

$$\mathscr{I}_f(x(\cdot)) = \int_T f(t, x(t)) d\mu$$

である. ここで $\mathscr{I}_{f,p}$ を汎関数 $\mathscr{I}_f$ の $L_p^n = L_p^n(T, \Sigma, \mu)$ への制限とする (つまり, L_p^n の任意の点で $\mathscr{I}_f$ と一致するような L_p^n 上で定義された関数である).

命題 1. もし $\operatorname{dom} \mathscr{I}_{f^*, p} \neq \emptyset$ ならば, $\mathscr{I}_{f, p'} > -\infty$ が $L_{p'}^n$ 上で成り立つ (もちろんここで $1/p + 1/p' = 1$ である).

証明. ヤング=フェンシェルの不等式から,

$$f(t, x) + f^*(t, y) \geq (x|y)$$

であるから, ここからただちに必要な結果を得る[25].

命題 2. f が $T \times \mathbb{R}^n$ 上の可測被積分関数で, $\operatorname{dom} \mathscr{I}_{f,p} \neq \emptyset$ だとする. ここで

$$\alpha(t) = \inf_x f(t, x)$$

とすれば,

$$\int_T \alpha(t) d\mu = \inf\{\mathscr{I}_f(x(\cdot)) | x(\cdot) \in L_p^n\}$$

である.

証明. 関数 $\alpha(\cdot)$ は 8.1 節の命題 10 から可測である. 一方, $x(\cdot) \in \operatorname{dom} \mathscr{I}_{f,p}$ であれば, $f(t, x(t)) \geq \alpha(t)$ であり, よって $\alpha(t)$ には積分値が存在する. 明らかに,

$$\int_T \alpha(t) d\mu \leq \inf\{\mathscr{I}_f(x(\cdot)) | x(\cdot) \in L_p^n\}$$

である. 逆の不等式を示そう. $\int_T \alpha(t) d\mu < \infty$ であるから, $\alpha(t) < \infty$ がほ

---

[25] (訳注) ちょっと不親切な証明. これに加えて, $f_t(x) = -\infty$ である x が存在すれば $f_t^*(y) \equiv +\infty$ であること, また $f_t^*(y) = -\infty$ である y が存在すれば $f_t(x) \equiv +\infty$ であることを確認して, それらの結果を利用するとよい.

とんどすべての点で成り立つ。ここで

$$T_\infty = \{t \in T | \alpha(t) = -\infty\}$$

とする。任意の $\varepsilon > 0$ と $N < 0$ を選ぼう。8.1 節の命題 9 から，可測なベクトル値関数 $x_0(t)$ で

$$f(t, x_0(t)) \leq \begin{cases} N, & \text{if } t \in T_\infty, \\ \alpha(t) + \frac{\varepsilon}{2\mu(T)}, & \text{if } t \notin T_\infty, \end{cases}$$

となるものが存在する。一方で，$x_1(\cdot) \in \text{dom }\mathscr{I}_{f,p}$ とする。つまり，ある可積分な実数値関数 $\alpha_1(t)$ で $\alpha_1(t) \geq f(t, x_1(t))$ がほとんどすべての点で成り立つようなものが存在する。ここで，$\mu(\Delta) < \delta$ ならば必ず $\int_\Delta \alpha_1(t) d\mu < \varepsilon/2$ となるような $\delta > 0$ を選ぶ。最後に，数 $M > 0$ を十分大きく選び，集合 $\{t \in T | |x_0(t)| > M\}$ の測度が δ 未満になるようにする。ここで

$$x(t) = \begin{cases} x_0(t), & \text{if } |x_0(t)| \leq M, \\ x_1(t), & \text{if } |x_0(t)| > M \end{cases}$$

とする。すると $x(\cdot) \in L_p^n$ で，

$$\mathscr{I}_f(x(\cdot)) \leq \frac{\varepsilon}{2} + N\mu(T_\infty) + \int_{T \setminus T_\infty} \left(\alpha(t) + \frac{\varepsilon}{2}\mu(T)\right) d\mu$$

である[26]。N は任意だったので，ここから $\mu(T_\infty) > 0$ ならば $\inf \mathscr{I}_{f,p} = -\infty$ を得る。もし $\mu(T_\infty) = 0$ ならば，$\varepsilon > 0$ が任意なので

$$\inf \mathscr{I}_{f,p} \leq \int_T \alpha(t) d\mu$$

となって，命題が証明された。∎

定理 1. f は $T \times \mathbb{R}^n$ 上の可測被積分関数で，$\text{dom }\mathscr{I}_{f,p} \neq \emptyset$ だとする。このとき $\mathscr{I}_{f,p}^* = \mathscr{I}_{f^*,p'}$ である。

---

[26] （訳注）訳者はここの式に疑問を覚えた。これは $M \uparrow \infty$ としたときの極限の評価のように思える。もちろん，そうだと解釈すれば以下の議論にはなにも問題はない。

証明. $y(\cdot) \in L_{p'}^n$ とする。ここで

$$\varphi_y(t,x) = -(y(t)|x) + f(t,x)$$

とする。すると φ_y は 8.1 節の命題 7 から可測被積分関数になる。さらに，dom $\mathscr{I}_{\varphi_y,p} = $ dom $\mathscr{I}_{f,p} \neq \emptyset$ である。命題 2 から，

$$\mathscr{I}_{f^*,p'}(y(\cdot)) = -\int_T \inf_x \varphi_y(t,x) d\mu = -\inf \mathscr{I}_{\varphi_y,p} = \mathscr{I}_{f,p}^*(y(\cdot))$$

となる。■

この定理の有用な系を記しておこう。

系. F が T から $\mathbb{R}^n$ への正規凸多価写像であるとする。このとき，

$$Q_p = \{x(\cdot) \in L_p^n | x(t) \in F(t) \text{ a.e.}\}$$

は L_p^n 内で凸で弱 (あるいは $p = \infty$ なら $*$ 弱) 閉である。

証明. $f(t,x) = \delta(x|F(t))$ とする。すると，(8.1 節の定理 4 から)$f^*(t,y) = s(y|F(t))$ は正規凸被積分関数である。$s(0|F(t)) \equiv 0$ だから，$y(t) \equiv 0$ は dom $\mathscr{I}_{f^*,p}$ に属する。よって，

$$\mathscr{I}_{f^*,p'}^*(x(\cdot)) = \mathscr{I}_{f,p}(x(\cdot)) = \delta(x(\cdot)|Q_p)$$

となる。後は 3.3 節の命題 2 を適用すればよい。■

8.3.2 たたみ込み積分と連続和

f は $T \times \mathbb{R}^n$ の被積分関数とする。$\mathbb{R}^n$ 上の関数 $\fint_T f_t d\mu$ は次の等式で定義される：

$$\left(\fint_T f_t d\mu\right)(x) = \inf\left\{\alpha \in \mathbb{R} | (\alpha, x) \in \int_T \text{epi } f_t d\mu\right\}.$$

これは被積分関数 f の測度 μ についてのたたみ込み積分 (convolution integral of the integrand f with respect to the measure μ)，あるいは関数 f_t のた

8.3 積分汎関数

たたみ込み積分 (convolution integral of the functions f_t) と呼ばれる．もし関数 $f(t, x(t))$ が任意の可積分ベクトル値関数 $x(t)$ について可測で，積分 $\int f(t,x(t))d\mu$ が（有限だろうと無限だろうと）定義できるならば，関数 f_t のたたみ込み積分の値は定義から，任意の $x \in \mathbb{R}^n$ について次の問題の値に一致する：

$$\int_T f(t,x(t))d\mu \to \inf; \quad \int_T x(t)d\mu = x.$$

$\mathbb{R}^n$ 上の次の関数：

$$h(x) = \inf\left\{\int_T \alpha(t)d\mu | \alpha(\cdot) \in L_1, \alpha(t) \geq f(t,x) \text{ a.e.}\right\}$$

は**連続和** (continuous sum), あるいは関数 f_t の**積分** (integral) と呼ばれ，$\int_T f_i d\mu$ あるいは $\int_T f(t,\cdot)d\mu$ などと書かれる．もし任意の $x \in \mathbb{R}^n$ について関数 $t \mapsto f(t,x)$ が可測で，さらに積分 $\int f(t,x)d\mu$ が定義できるならば，明らかに

$$\left(\int_T f_t d\mu\right)(x) = \int_T f(t,x)d\mu$$

が成り立つ．

たたみ込み積分と連続和の関係はとても明らかである．実際，

$$\left(\oint_T f_t d\mu\right)(x) = \inf\left\{\mathscr{I}_f(x(\cdot)) | x(\cdot) \in L_1^n, \int_T x(t)d\mu = x\right\}$$

であり，そして連続和は単に積分汎関数 $\mathscr{I}_f(x(\cdot))$ を定数関数の集合に制限したものである．これらの事実は次のような定式化を与える．次の線形作用素 $P: L_1^n \to \mathbb{R}^n$ と $Q: \mathbb{R}^n \to L_\infty^n$ のペアを考える．ただし，

$$Px(\cdot) = \int_T x(t)d\mu, \ (Qx)(t) \equiv x$$

とする．これらの作用素が連続である (L_1^n や L_∞^n の任意の自然な位相で) ことは容易に証明できる．さらに単純な計算により，

$$(y|Px(\cdot)) = \left(y\middle|\int_T x(t)d\mu\right) = \int_T (y|x(t))d\mu = \langle Qy, x(\cdot)\rangle$$

がわかり，よってこれらの作用素は**随伴的** (adjoint) である．この P と Q を使えば，たたみ込み積分と連続和の関係や積分汎関数は次のように描ける．

命題 3. f が $T \times \mathbb{R}^n$ 上の被積分関数とすれば，

$$\oint_T f_t d\mu = P\mathscr{I}_{f,1}, \quad \int_T f_t d\mu = \mathscr{I}_{f,\infty} Q$$

である[27]。

別の言い方をすれば，関数 f_t のたたみ込み積分は関数 $\mathscr{I}_{f,1}$ の写像 P による像であり，関数 f_t の連続和は関数 $\mathscr{I}_{f,\infty}$ の写像 Q による逆像である。

定理 2. f が $T \times \mathbb{R}^n$ 上の可測被積分関数であるとし，もし $\mathrm{dom}(\oint f_t d\mu) \neq \emptyset$ であれば，

$$\left(\oint_T f_t d\mu\right)^* = \int_T f_t^* d\mu$$

が成り立つ。さらにもし μ が連続であれば，$\oint f_t d\mu$ は凸関数で，

$$\overline{\oint_T f_t d\mu} = \overline{\oint_T f_t^{**} d\mu}$$

である[28]。

証明． 命題 3 から，$\mathrm{dom}(\oint f_t d\mu) \neq \emptyset$ は $\mathrm{dom}\,\mathscr{I}_{f,1} \neq \emptyset$ を意味する。3.4 節の定理 3 と定理 1 から，

$$\left(\oint_T f_t d\mu\right)^* = (P\mathscr{I}_{f,1})^* = \mathscr{I}_{f^*,\infty} P^* = \mathscr{I}_{f^*,\infty} Q = \int_T f_t^* d\mu$$

が成り立つ。さらに μ が連続であれば，集合 $\int_T \mathrm{epi}\, f_t d\mu$ は 8.2 節の定理 1 から凸であり，よって $\oint_T f_t d\mu$ は凸関数である。フェンシェル＝モローの定理の系 2 から，

$$\overline{\oint_T f_t d\mu} = \left(\oint_T f_t d\mu\right)^{**} = \left(\int_T f_t^* d\mu\right)^* = \left(\int_T f_t^{***} d\mu\right)^*$$

---

[27] （訳注） 3 章の定義参照。
[28] （訳注） 定理の条件に書かれてないが，後半の主張のためには $\oint_T f_t d\mu > -\infty$ が常に成り立たないといけないと思われる。

$$= \left(\fint_T f_t^{**} d\mu\right)^{**} = \overline{\fint_T f_t^{**} d\mu}$$

を得る。∎

8.3.3 汎関数 $\mathscr{I}_{f,\infty}$

最後に，$L_\infty^n(T, \Sigma, \mu)$ 上の積分関数についてより詳しく研究してみよう。われわれはそれらの汎関数が L_∞^n の強位相で連続になる条件を考え，また劣微分の評価を行う。

命題 4. f は $T \times \mathbb{R}^n$ 上の正規凸被積分関数とし，汎関数 $\mathscr{I}_{f,\infty}$ が $x_0(\cdot) \in L_\infty^n$ という点で有限になるとする。このとき，次の条件は同値である。

(i) 汎関数 $\mathscr{I}_{f,\infty}$ は $x_0(\cdot)$ の点で L_∞^n のノルム位相について連続である。

(ii) ある $\varepsilon > 0$ が存在して，$|x| < \varepsilon$ である任意の $x \in \mathbb{R}^n$ について $f(t, x_0(t) + x)$ は可積分である。

(iii) ある $\varepsilon > 0$ が存在して，関数

$$r(t) = \sup\{f(t, x_0(t) + x) | x \in \mathbb{R}^n, |x| < \varepsilon\}$$

は可積分である。

証明. 明らかに (i) は (ii) を含意する。もし (iii) が成り立っていれば，$x_0(\cdot)$ という点を中心とする半径 $\varepsilon > 0$ の球において関数 $\mathscr{I}_{f,\infty}$ は上に有界である。よって関数 $\mathscr{I}_{f,\infty}$ はこの点で連続であり (3.2 節の定理 1)，よって (iii) が (i) を含意する。よって後は (ii) が (iii) を含意することを示せばよい。

(ii) の条件が成り立っているとしよう。$e_1, ..., e_n$ を $\mathbb{R}^n$ の基底とすると，ベクトル $\pm e_k$ の凸包は十分小さな半径 $\delta > 0$ の球を含む。仮定からある $\alpha > 0$ について次の関数 $t \mapsto f(t, x_0(t) \pm \alpha e_k)$ が常に可積分になる。したがって，関数 $\varphi(t) = \max_k f(t, x_0(t) \pm \alpha e_k)$ も可積分である。もし $0 < \varepsilon < \alpha\delta$ であれば，関数 f_t は凸なのだから，$f(t, x_0(t) + x) \leq \varphi(t)$ がノルムが ε を超えない

任意の $x \in \mathbb{R}^n$ について成り立つ．よって，
$$f(t, x_0(t)) \leq \sup\{f(t, x_0(t) + x) | |x| < \varepsilon\} < \varphi(t)$$
となって，命題の証明が終わる．■

次に汎関数 $\mathscr{I}_{f,\infty}$ の劣微分を評価しよう．いま x^* が L_∞^n 上の連続線形汎関数であるとし，$(L_\infty^n)^* \times L_\infty^n$ 上のいつもの双線形形式 $\langle x^*, x(\cdot) \rangle$ を考えよう．汎関数 $x^* \in (L_\infty^n)^*$ が**絶対連続** (absolutely continuous) であるとは，ベクトル値関数 $y(\cdot) \in L_1^n$ で，
$$\langle x^*, x(\cdot) \rangle = \int_T (y(t)|x(t)) d\mu$$
をすべての $x(\cdot)$ に対して満たすものが存在することを指す．このときベクトル値関数 $y(\cdot)$ は汎関数 x^* の**密度** (density) と呼ぶ．

定理 3. f は $T \times \mathbb{R}^n$ 上の正規凸被積分関数であるとする．$\mathscr{I}_{f,\infty}$ が適正な関数で，$\bar{x}(\cdot) \in L_\infty^n$ で連続であるとする．もし $x_0(\cdot) \in \mathrm{dom}\,\mathscr{I}_{f,\infty}$ であれば，劣微分 $\partial \mathscr{I}_{f,\infty}(x_0(\cdot))$ に属する任意の汎関数 $x_0^* \in (L_\infty^n)^*$ は次の表現を持つ：
$$x_0^* = x_1^* + x_2^*.$$
ただし $x_2^* \in N(x_0(\cdot)|\mathrm{dom}\,\mathscr{I}_{f,\infty})$ であり，x_1^* は絶対連続でその密度 $y(\cdot)$ は $y(t) \in \partial f_t(x_0(t))$ をほとんどすべての点で満たす．

この定理の証明は 2 つの補助的な補題に立脚している．

補題 1. 定理の仮定の下で，
$$A = (x_0^* - N(x_0(\cdot)|\mathrm{dom}\,\mathscr{I}_{f,\infty})) \cap \partial \mathscr{I}_{f,\infty}(x_0(\cdot))$$
は $(L_\infty^n)^*$ 上で *弱コンパクトである．

補題 2. 定理の仮定が満たされているとし，A を補題 1 で定義された集合とする．このとき，連続関数 $l(x^*) = \langle x^*, \bar{x}(\cdot) - x_0(\cdot) \rangle$ の A 上での最大値を達成する $\bar{x}^* \in A$ は絶対連続である．

8.3 積分汎関数

両方の補題が示されたとしてみよう。A 上での $l(x^*)$ の最大値を達成する $\bar{x}^*$ を取ってきて，$x_1^* = \bar{x}^*$ とする。このような点は必ず存在する：というのは，補題 1 から A は $*$ 弱コンパクトであり，$l(x^*)$ は $(L_\infty^n)^*$ 上で $*$ 弱連続だからである。さらに $x_2^* = x_0^* - x_1^*$ とする。汎関数 x_1^* は補題 2 から絶対連続であり，集合 A の定義から $x_2^* \in N(x_0(\cdot)|\mathrm{dom}\,\mathscr{I}_{f,\infty})$ である。$y(\cdot)$ を x_1^* の密度としよう。$y(t) \in \partial f_t(x_0(t))$ がほとんどすべての点で成り立つことを示す必要がある。

$x(\cdot) \in \mathrm{dom}\,\mathscr{I}_{f,\infty}$ とする。このとき，任意の可測集合 $\Delta \subset T$ に対して，関数

$$x_1(t) = \begin{cases} x_0(t), & \text{if } t \notin \Delta, \\ x(t), & \text{if } t \in \Delta, \end{cases}$$

はやはり $\mathrm{dom}\,\mathscr{I}_{f,\infty}$ に属する。よって，

$$\begin{aligned} \langle x_1^*, x_1(\cdot) - x_0(\cdot) \rangle &= \int_\Delta (y(t)|x(t) - x_0(t))d\mu \\ &\leq \mathscr{I}_f(x_1(\cdot)) - \mathscr{I}_f(x_0(\cdot)) \\ &= \int_\Delta [f(t, x(t)) - f(t, x_0(t))]d\mu \end{aligned}$$

が任意の可測な $\Delta \subset T$ 上で成り立つ。よって

$$(y(t)|x(t) - x_0(t)) \leq f(t, x(t)) - f(t, x_0(t))$$

がほとんどすべての t について成り立つ。f は可測被積分関数で $\mathscr{I}_{f,\infty}$ は適正なので，多価写像 $t \mapsto \mathrm{epi}\,f_t$ の可測選択子による近似族 $((\alpha_m(t), x_m(t)), m = 1, 2, ...)$ で，すべての $x_m(\cdot)$ が L_∞^n に含まれ，また $\alpha_m(\cdot)$ が可積分であるようなものが存在する (8.1 節の定理 1 の注釈 1 を参照)。よって上で示したことから，

$$(y(t)|x_m(t) - x_0(t)) \leq \alpha_m(t) - f(t, x_0(t))$$

がほとんどすべての t とすべての $m = 1, 2, ...$ について成り立つ。ここで，集合

$$\{(\alpha, x) \in \mathbb{R} \times \mathbb{R}^n | \exists m, \alpha = \alpha_m(t), x = x_m(t)\}$$

はほとんどすべての t について epi f_t の中で稠密である[29]。よって T の中で全測度を持つ集合上で不等式

$$(y(t)|x - x_0(t)) \leq f(t,x) - f(t,x_0(t))$$

が任意の $x \in \mathrm{dom}\, f_t$ について成り立ち,故に任意の $x \in \mathbb{R}^n$ について成り立つ。したがって $y(t) \in \partial f_t(x_0(t))$ がほとんどすべての t について成り立ち,定理の証明が終わる。

補題 1 の証明. 仮定から,関数 $\mathscr{I}_{f,\infty}$ は $\bar{x}(\cdot)$ で連続であり,よってある $\varepsilon > 0$ と $c > 0$ に対して,$\|x(\cdot)\|_\infty \leq \varepsilon$ である限り $|\mathscr{I}_{f,\infty}(\bar{x}(\cdot) + x(\cdot))| \leq c$ である。よって $\|x(\cdot)\|_\infty \leq \varepsilon$ かつ $x^* \in A$ であれば,

$$\begin{aligned}\langle x^*, x(\cdot)\rangle &\leq \mathscr{I}_f(\bar{x}(\cdot) + x(\cdot)) - \mathscr{I}_f(x_0(\cdot)) - \langle x^*, \bar{x}(\cdot) - x_0(\cdot)\rangle \\ &\leq c - \mathscr{I}_f(x_0(\cdot)) - \langle x^*, \bar{x}(\cdot) - x_0(\cdot)\rangle \leq c_1 < \infty,\end{aligned}$$

つまり $\|x^*\| \leq c_1/\varepsilon$ がわかる。よって A は有界集合である。しかし一方で,$N(x_0(\cdot)|\mathrm{dom}\,\mathscr{I}_{f,\infty})$ と $\partial \mathscr{I}_{f,\infty}(x_0(\cdot))$ が $*$ 弱閉なので (4.2.1 項を見よ),A も $*$ 弱閉である。したがって A は有界で $*$ 弱閉な双対空間の部分集合であり,よって $*$ 弱コンパクトである。以上で証明が完成した。∎

$x(\cdot) \in L_\infty^n$ とする。任意の可測集合 $\Delta \subset T$ に対して,

$$x_\Delta(t) = \chi_\Delta(t)x(t) = \begin{cases} x(t), & \text{if } t \in \Delta, \\ 0, & \text{if } t \notin \Delta, \end{cases}$$

と定義する。もし $x^* \in (L_\infty^n)^*$ であれば,x_Δ^* を次の公式

$$\langle x_\Delta^*, x(\cdot)\rangle = \langle x^*, x_\Delta(\cdot)\rangle$$

で定義する。明らかに $\|x_\Delta^*\| \leq \|x^*\|$ である。補題 2 を証明するためには,次の事実を $(L_\infty^n)^*$ に属する絶対連続な汎関数に対して示す必要がある。

---

[29] (訳注) 「すべての」に変えたほうがよい。

8.3 積分汎関数

命題 5. 汎関数 $x^* \in (L_\infty^n)^*$ が絶対連続であることと，$\mu(\Delta_k) \to 0$ となる T の可測集合の列 (Δ_k) について常に $\|x^*_{\Delta_k}\| \to 0$ となることは同値である。

証明. 必要性は定義からただちに示される。十分性を示そう。任意の $x \in \mathbb{R}^n$ に対して，$x(t) \equiv x, \Phi(\Delta, x) = \langle x^*_\Delta, x(\cdot)\rangle$ とする。固定された x に対して，関数 $\Phi(\Delta, x)$ は代数 Σ 上で定義された関数で，加法的で——なぜなら，明らかに $\Delta_1 \cap \Delta_2 = \emptyset$ であれば $\Phi(\Delta_1 \cup \Delta_2, x) = \Phi(\Delta_1, x) + \Phi(\Delta_2, x)$ だからである——，さらに測度 μ について絶対連続である。というのは，$|\Phi(\Delta, x)| \le \|x^*_\Delta\| \cdot |x|$ であり，$\mu(\Delta) \to 0$ ならば $\|x^*_\Delta\| \to 0$ だからである。ラドン=ニコディムの定理から

$$\Phi(\Delta, x) = \int_\Delta \varphi(t, x) d\mu$$

が得られる。ただし $t \mapsto \varphi(t, x)$ は任意の $x \in \mathbb{R}^n$ について可積分である。一方で，定義から

$$\int_\Delta \varphi(t, \alpha x_1 + \beta x_2) d\mu = \int_\Delta (\alpha \varphi(t, x_1) + \beta \varphi(t, x_2)) d\mu$$

がすべての可測集合 $\Delta \subset T$ について言える。よって，任意の α, β, x_1, x_2 に対して，等式

$$\varphi(t, \alpha x_1 + \beta x_2) = \alpha \varphi(t, x_1) + \beta \varphi(t, x_2) \tag{1}$$

がほとんどすべての t に対して言える。$e_1, ..., e_n$ を $\mathbb{R}^n$ の基底とし，$y_k(t) = \varphi(t, e_k)$ とすれば，

$$\varphi(t, x) = \sum_{k=1}^n x^k y_k(t)$$

がほとんどすべての t とすべての $x = \sum x^k e_k \in \mathbb{R}^n$ に対して言える[30]。

したがって，Δ 上で定数でその外側で消える任意のベクトル値関数 $x(\cdot) \in L_\infty^n$ に対して，

$$\langle x^*, x(\cdot)\rangle = \langle x^*_\Delta, x(\cdot)\rangle = \Phi(\Delta, x) = \int_\Delta (y(t)|x(t)) d\mu \tag{2}$$

---

[30] （訳注）これは乱暴な議論であり，x が異なれば「ほとんどすべての」の例外点となる t が異なり，そして x の種類は非可算である。むしろ，$y_k(t) = \varphi(t, e_k)$ を定義した後は，上の式を $\varphi(t, x)$ の定義だと思ってしまったほうが便利であろう。

が成り立つ．しかしそのようなベクトル値関数の線形包は L_∞^n 上で稠密である (実際, $x(\cdot) \in L_\infty^n$ で, m が正の整数, $x_m(\cdot) \in L_\infty^n$ が $i/m \leq x^k(t) \leq (i+1)/m (i = 0, \pm 1, ...)$ のとき $x_m^k(t) = i/m$ であるようにすれば, $x(t)$ が有界であることから $x_m(t)$ は有限個の値しか取らず, そして $\|x_m(\cdot) - x(\cdot)\|_\infty < \frac{1}{m}$ である). よってすべての $x(\cdot) \in L_\infty^n$ に対して (2) が成り立つ. 以上で命題の証明が終わった. ■

補題 2 の証明. 線形関数 $l(x^*) = \langle x^*, \bar{x}(\cdot) - x_0(\cdot) \rangle$ が集合 A 上の点 $\bar{x}^*$ で最大値を取るとしよう. この関数 $\bar{x}^*$ が絶対連続でないとする. すると任意の正の整数 k に対して $\mu(\Delta_k) \leq \frac{1}{k}$ で, かつ $\|\bar{x}^*_{\Delta_k}\| \geq \delta > 0$ が常に成り立つような集合 $\Delta_k \subset T$ が存在する. $\|\bar{x}^*_{\Delta_k}\| \leq \|\bar{x}^*\|$ なので, 点列 $(\bar{x}^*_{\Delta_k})$ は $(L_\infty^n)^*$ 内で有界であり, よって $(L_\infty^n)^*$ 内に極限点 x^* を持つ.

ここで,
$$\|x^*\| \geq \delta$$
であることに注意しよう. 実際,
$$\bar{x}^* - \bar{x}^*_{\Delta_k} = \bar{x}^*_{T \setminus \Delta_k}$$
であり, さらに
$$\|\bar{x}^*_{\Delta_k}\| + \|\bar{x}^*_{T \setminus \Delta_k}\| = \|\bar{x}^*\|$$
である. もし z^* が列 $(\bar{x}^*_{T \setminus \Delta_k})$ の極限点であれば,
$$\|z^*\| \leq \overline{\lim}_{k \to \infty} \|\bar{x}^*_{T \setminus \Delta_k}\| \leq \|\bar{x}^*\| - \delta$$
である. 一方, 明らかに
$$x^* + z^* = \bar{x}^*$$
なので,
$$\|x^*\| = \|\bar{x}^* - z^*\| \geq \|\bar{x}^*\| - \|z^*\| \geq \delta$$
となる.

仮定から $\bar{x}^* \in \partial \mathscr{I}_{f,\infty}(x_0(\cdot))$ であり, よって任意の $x(\cdot) \in \mathrm{dom}\, \mathscr{I}_{f,\infty}$ に対して
$$\langle x^*_{\Delta_k}, x(\cdot) - x_0(\cdot) \rangle = \langle \bar{x}^*, x_{0,T \setminus \Delta_k}(\cdot) + x_{\Delta_k}(\cdot) - x_0(\cdot) \rangle$$

8.3 積分汎関数

$$\leq \mathscr{I}_f(x_{0,T\setminus\Delta_k}(\cdot) + x_{\Delta_k}(\cdot)) - \mathscr{I}_f(x_0(\cdot))$$
$$= \int_{\Delta_k} [f(t, x(t)) - f(t, x_0(t))] d\mu$$

となる。よって，

$$\langle x^*, x(\cdot) - x_0(\cdot) \rangle \leq \overline{\lim}_{k \to \infty} \langle \bar{x}^*_{\Delta_k}, x(\cdot) - x_0(\cdot) \rangle \leq 0 \tag{3}$$

がすべての $x(\cdot) \in \operatorname{dom} \mathscr{I}_{f,\infty}$ について成り立ち，よって

$$x^* \in N(x_0(\cdot)|\operatorname{dom} \mathscr{I}_{f,\infty})$$

がわかる。

他方，

$$\begin{aligned}\langle \bar{x}^* - \bar{x}^*_{\Delta_k}, x(\cdot) - x_0(\cdot) \rangle &= \langle \bar{x}^*_{T\setminus\Delta_k}, x(\cdot) - x_0(\cdot) \rangle \\ &\leq \mathscr{I}_f(x_{0\Delta_k}(\cdot) - x_{T\setminus\Delta_k}(\cdot)) - \mathscr{I}_f(x_0(\cdot)) \\ &\to \mathscr{I}_f(x(\cdot)) - \mathscr{I}_f(x_0(\cdot)),\end{aligned}$$

つまり

$$\langle \bar{x}^* - x^*, x(\cdot) - x_0(\cdot) \rangle \leq \mathscr{I}_f(x(\cdot)) - \mathscr{I}_f(x_0(\cdot))$$

が任意の $x(\cdot) \in \operatorname{dom} \mathscr{I}_{f,\infty}$ に対して成り立ち，よって

$$\bar{x}^* - x^* \in \partial \mathscr{I}_{f,\infty}(x_0(\cdot))$$

であり，よって $\bar{x}^* - x^* \in A$ である。

最後に，関数 $\mathscr{I}_{f,\infty}$ は $\bar{x}(\cdot)$ の点で連続であるから，ある $\varepsilon > 0$ を選んで，

$$r(t) = \sup\{f(t, \bar{x}(t) + x) | x \in \mathbb{R}^n, |x| \leq \varepsilon\}$$

が可積分であるようにできる (命題 4)。すると (3) より，

$$0 \geq \sup\{\langle x^*, \bar{x}(\cdot) + x(\cdot) - x_0(\cdot) \rangle | x(\cdot) \in L^n_\infty, \|x(\cdot)\|_\infty \leq \varepsilon\}$$

$$\geq \langle x^*, \bar{x}(\cdot) - x_0(\cdot) \rangle + \varepsilon\delta,$$

つまり，

$$\langle x^*, \bar{x}(\cdot) - x_0(\cdot) \rangle \leq -\varepsilon\delta$$

であり，よって

$$l(\bar{x}^* - x^*) = \langle \bar{x}^* - x^*, \bar{x}(\cdot) - x_0(\cdot) \rangle \geq l(\bar{x}^*) + \varepsilon\delta > l(\bar{x}^*)$$

を得るが，$\bar{x}^* - x^* \in A$ なのでこれは $\bar{x}^*$ の取り方に矛盾である．よって補題が示せた．■

定理 3 を使うと，連続和の劣微分を描写することができる．

定理 4. f が $T \times \mathbb{R}^n$ 上の正規凸被積分関数とする．$\int_T f_t d\mu$ が適正であり，また有効定義域の内部が非空であるとしよう．すると，

$$\partial\left(\int_T f_t d\mu\right)(x) = \int_T \partial f_t(x) d\mu + N\left(x \,\middle|\, \mathrm{dom} \int_T f_t d\mu\right)$$

が任意の $x \in \mathbb{R}^n$ に対して成り立つ．

証明. 仮に $\bar{x} \in \mathrm{int}(\mathrm{dom} \int f_t d\mu)$ であるとすれば，命題 4 から，関数 $\mathscr{I}_{f,\infty}$ は点 $Q\bar{x}$ で連続である．ただし $Q: \mathbb{R}^n \to L^n_\infty$ は前の節で定義した線形作用素である．4.2 節の定理 2 と命題 3 から，

$$\partial\left(\int_T f_t d\mu\right)(x) = Q^* \partial \mathscr{I}_{f,\infty}(Qx)$$

が成り立つ．ここで $x^* \in \partial \mathscr{I}_{f,\infty}(Qx)$ であるとしよう．定理 3 から，$x^* = x_1^* + x_2^*$ という分解を持つ．ただし $x_2^* \in N(Qx|\mathrm{dom}\,\mathscr{I}_{f,\infty})$ であり，x_1^* は絶対連続汎関数で密度 $y(\cdot) \in L^n_1$ を持ち，$y(t) \in \partial f_t(x)$ をほとんどすべての t で満たす．すると

$$Q^* x_1^* = Py(\cdot) = \int_T y(t) d\mu$$

である．一方，任意の $z \in \mathrm{dom} \int f_t d\mu$ に対して，

$$0 \leq \langle x_2^*, Qx - Qz \rangle = \langle Q^*x_2^*, x - z \rangle$$

であり，よって

$$Q^*x_2^* \in N\left(x \,\Big|\, \mathrm{dom} \int f_t d\mu\right)$$

が成り立つ。よって，

$$\partial \left(\int_T f_t d\mu\right)(x) \subset \int_T \partial f_t(x) d\mu + N\left(x \,\Big|\, \mathrm{dom} \int_T f_t d\mu\right)$$

となる。逆の包含関係は容易に示せるので，定理が証明された。∎

8.4　8章の補足

8.1

可測な多価写像の理論は最適制御理論と数理経済学の中で必要が生じ，Aumann [1], [2], Debreu [1], Castaing [1], Kuratowski and Ryll-Nardzewski [1] などによって急速に発展して実用性を得た。しかし，実は記述集合論のフレームワークの中で似た問題ははるか昔に議論されており，例えば Luzin [1], Yankov [1], Rohlin [1], von Neumann[1], Arsenin and Lyapunov [1] などがそれに当たる。興味深いことに彼らの得た結果は最適制御理論で用いるには十分であることもある (Arkin [1], Arkin and Levin [1], Ioffe and Tikhomirov [3])。

理論を書くに当たって，可測性や測度の完備性についての多くの重要な問題に言及しなかった。このやり方は Rockafellar [4], [7] の公理に従うものである。可測性の多様な定義や手法の関係については Castaing [3], Rockafellar [7], Ioffe and Levin [1] を見よ。可測な多価写像に関連した結果やその応用は Valadier [5], Jacobs [1], [2], Castaing and Valadier [1], Filippov [2], Hermes [3] などがある。

8.2

リャプノフの定理 (A. A. Lyapunov [1]) および多価写像の積分について

は Aumann [1], Blackwell [1], Dvoretzky, Wald, and Wolfowitz [1], Valadier [3], Castaing [1], [2] を見よ．本書のリャプノフの定理の証明は Lindenstrauss [1] による．定理 1 の最終形は Castaing によって得られた．他のリャプノフの定理の一般化は Arkin and Levin [1], Olech [2], Romanovski and Sudakov [1] などにある．

8.3

積分汎関数の洞察は Rockafellar [4](定理 1) と Ioffe and Tikhomirov [3](たたみ込み積分と定理 2) によってほとんど同時に始まった．8.3.3 項の結果は基本的に Ioffe [3] による．定理 4 は有限次元においては Ioffe and Tikhomirov [4] で示され，無限次元の場合は Ioffe [3] と (若干強い仮定の下で)Levin [3] が示している．無限次元の場合のすべての結果の証明は Ioffe and Levin [1] にある (Valadier [3], [4] も見よ)．

また，モンペリエにおける凸解析セミナーの 5 つの議事録を勧めておく．これには，この文脈における多くの新しくて興味深い結果が収められている．

第9章
変分法と最適制御における問題の解の存在

───────

本章では,主に解の存在定理を扱い,それに付随して少しだけ解の必要条件や十分条件の議論を行う。はじめに,古典的なトネリ＝南雲の定理について述べる (9.1 節と 9.2 節)。解の存在は,その定理を基にして,コンパクト集合上で下半連続な関数は常に最小値を達成するという基本的な事実から示される。

最後の節では,線形な最適制御問題と同値な,たたみ込み積分の評価に関連する問題について詳細に考察する。この節は前の節と独立に読むことができる。本章では固定時間の問題のみを考えているが,より一般的な境界条件を有する問題への拡張については,わずかに証明の複雑さが増すだけで,いかなる深刻な困難も生じない。

9.1 変分法における汎関数の半連続性と下位集合のコンパクト性

9.1.1 予備的な注意

本節では,以下の形の汎関数を考える:

$$\mathscr{I}(x(\cdot)) = \int_{t_0}^{t_1} f(t, x(t), \dot{x}(t)) dt.$$

ただし,$f(t, x, y)$ は $[t_0, t_1] \times \mathbb{R}^n \times \mathbb{R}^n$ 上で定義された正規被積分関数とする。その形から,$\mathscr{I}$ は古典的な変分法に登場する汎関数に対応しているが,

次節で示すように，最適制御問題の解の存在もこの形の汎関数の分析に帰着させて考えることができる．汎関数 $\mathscr{I}(x(\cdot))$ の定義域には空間 $W_{1,1}^n$ を考えるが，そこには一様収束位相が入っているものとする．

半連続性とコンパクト性に関する定理とその証明を述べる前に，定理に登場する仮定に対する理解を深めるために，2つの例について考えよう．最初の例はボルツァによるものである．汎関数

$$\mathscr{I} = \int_0^1 \left[\left(1-\dot{x}^2\right)^2 + x^2\right] dt$$

を考える．いま，

$$\dot{x}_m(t) = (-1)^k, \quad t \in [(k-1)/m, k/m), \; k = 1, \ldots, m,$$
$$x_m(0) = 0$$

に対して，$m \to \infty$ とすれば，容易にわかるように，$\mathscr{I}(x_m(\cdot)) \to 0$ および $x_m(t) \to 0$ (一様収束) が成り立つ．一方で，$\mathscr{I}(0) = 1$ となるから，汎関数 $\mathscr{I}$ は $x(\cdot) \equiv 0$ において下半連続ではない．この例においては，$\mathscr{I}$ が下半連続ではないことは，関数 $y \mapsto (1-y^2)^2$ が凸でないことと関係している．

正規被積分関数 $f(t,x,y)$ は，任意の $t \in [t_0, t_1]$ と $x \in \mathbb{R}^n$ に対して，関数 $y \mapsto f(t,x,y)$ が凸であるとき，準正則 (quasiregular) であると言う．後でわかるように，被積分関数 f が準正則である場合には，いくつかの追加的な仮定の下で，汎関数 $\mathscr{I}$ は $W_{1,1}^n$ 上で一様収束位相について下半連続となる．

2つ目の例は，以前にも登場したワイアストラスの例である (2.2 節の例 5)：

$$\mathscr{I} = \int_0^1 t^2 \dot{x}^2 dt.$$

すでに見たように，点列

$$x_n(t) = t^{1/n}$$

について，$\mathscr{I}$ の値の集合は有界であって (それどころか，$n \to \infty$ としたとき，$\mathscr{I}(x_n(\cdot))$ は絶対最小値 0 に収束する)，点列 $x_n(\cdot)$ それ自身は不連続関数

9.1 変分法における汎関数の半連続性と下位集合のコンパクト性

に収束する[1]。つまり，汎関数 $\mathscr{I}$ の下位集合は一様収束位相についてコンパクトではない。すでに述べたように，その理由は，関数 $y \mapsto t^2 y^2$ は変数 y に関して増加するが，その増加の度合いは t が 0 に近づいていくにつれてゆっくりになるので，$t = 0$ の近傍で微分係数が大きい値になる関数であっても，汎関数 $\mathscr{I}$ の値が小さくなり得るからである。

$[t_0, t_1]$ 上で定義される可測被積分関数 φ は，

$$\mathrm{dom}\left(\int_{t_0}^{t_1} \varphi_t^* dt\right) = \mathbb{R}^n$$

を満たすとき，**増大条件** (growth condition) を満足すると言う。ただし，$\int \varphi_t^* dt$ は関数 φ_t^* の積分を表す (8.3 節を見よ)[2]。もし被積分関数 φ が増大条件を満足するならば，

$$\lim_{\|y(\cdot)\|_1 \to \infty} \frac{\mathscr{I}_\varphi(y(\cdot))}{\|y(\cdot)\|_1} = \infty$$

が成り立つ。つまり，$\|y(\cdot)\|_1 \to \infty$ のとき，汎関数 $\mathscr{I}_\varphi$ の値はノルムよりも速く増大する。ただし，$\mathscr{I}_\varphi(y(\cdot)) = \int_{t_0}^{t_1} \varphi(t, y(t)) dt$ である。実際，仮に $t \mapsto \varphi^*(t, p)$ が任意の $p \in \mathbb{R}^n$ について可積分であれば[3]，8.3 節の命題 4 よ

---

1) （訳注）より詳細に述べれば，$x_n(\cdot)$ は，

$$y(t) = \begin{cases} 0, & t = 0 \text{ のとき}, \\ 1, & t \in (0, 1] \text{ のとき} \end{cases}$$

によって定義される関数 y に各点収束する。

2) （訳注）各 $t \in [t_0, t_1]$ に対して，

$$\varphi_t^*(p) = \sup_{y \in \mathbb{R}^n} ((p|y) - \varphi(t, y)), \quad \forall p \in \mathbb{R}^n$$

であり，各 $p \in \mathbb{R}^n$ に対して，

$$\left(\int_{t_0}^{t_1} \varphi_t^* dt\right)(p) = \int_{t_0}^{t_1} \varphi_t^*(p) dt$$

である。

3) （訳注）可積分性を仮定することは飛躍であるように思える。増大条件の定義を「任意の $p \in \mathbb{R}^n$ に対して $\int_{t_0}^{t_1} \varphi^*(t, p) dt$ が実数値を取る」と書き直せば正しい。この定義を採用することによって大きく失うものは特にない。

り[4]．任意の $k > 0$ に対して，

$$r_k(t) = \sup_{|p| \leq k} \varphi^*(t, p)$$

は可積分である．したがって，任意の $y(\cdot) \in L_1^n$ と $k > 0$ に対して，

$$\begin{aligned}
\mathscr{I}_\varphi(y(\cdot)) + \int_{t_0}^{t_1} r_k(t) dt &= \int_{t_0}^{t_1} \left[\varphi(t, y(t)) + \sup_{|p| \leq k} \sup_{y \in \mathbb{R}^n} ((p|y) - \varphi(t, y)) \right] dt \\
&\geq \int_{t_0}^{t_1} \left[\varphi(t, y(t)) + \sup_{|p| \leq k} ((p|y(t)) - \varphi(t, y(t))) \right] dt \\
&= \int_{t_0}^{t_1} \left[\varphi(t, y(t)) + \left(\left(k \frac{y(t)}{|y(t)|} \middle| y(t) \right) - \varphi(t, y(t)) \right) \right] dt \\
&= k \int_{t_0}^{t_1} |y(t)| dt
\end{aligned}$$

が成り立つことがわかり，所望の帰結が得られる．後で示すように，被積分関数 $(t, y) \mapsto f(t, x, y)$ がある意味（または，別の意味）において x に関して一様に増大条件を満たすとき，汎関数 $\mathscr{I}$ の下位集合はコンパクトとなる．

9.1.2 関数空間におけるコンパクト性の判定条件

はじめに，いくつかの関数空間におけるコンパクト性の判定条件を復習しておこう．$\omega(t)$ を半区間 $[0, \infty)$ 上で定義された関数とする（$\omega(t)$ は ∞ も値として取り得るとする）．関数 $\omega(t)$ は，非負，非減少で，$\omega(0) = 0$ および $\omega(t) \to 0 (t \to 0)$ を満たすとき，率 (modulus) と呼ばれる．集合 $A \subset C^n([t_0, t_1])$ が同程度連続 (equicontinuous) であるとは[5]，率 $\omega(t)$ が存在して，任意の $x(\cdot) \in A$ と $t, \tau \in [t_0, t_1]$ に対して，

$$|x(t) - x(\tau)| \leq \omega(|t - \tau|)$$

が成り立つことを言う．この場合には，率 $\omega(t)$ のことを，集合 A の連続率 (modulus of continuity) と呼ぶ．また，集合 $A \subset L_1^n([t_0, t_1])$ は，任意の

---

4) （訳注）どちらかというと証明のほうを参考にしてやり直すべきである．
5) （訳注）本書で述べられている「同程度連続」の定義は多くの実解析や関数解析学の入門書に登場する定義と異なるが，2つの定義の同値性は簡単に証明できる．直後に述べる「一様可積分」の定義についても同様である．

9.1 変分法における汎関数の半連続性と下位集合のコンパクト性

$x(\cdot) \in A$ と可測集合 $\Delta \subset [t_0, t_1]$ に対して，

$$\int_\Delta |x(t)| dt \leq \omega(\text{mes } \Delta)$$

が成り立つとき，**一様可積分** (uniform summable) であると言う。ただし，上式において，mes Δ は集合 Δ のルベーグ測度を表す。この場合にも，上と同様に，率 $\omega(t)$ のことを，集合 A の**可積分率** (modulus of summability) と呼ぶ。

命題 1(アルゼラの定理). 集合 $A \subset C^n([t_0, t_1])$ が強位相について相対コンパクトとなるための必要十分条件は，それが有界かつ同程度連続となることである。

証明は例えば，Kolmogorov and Fomin [1] の p.103 を参照されたい。

命題 2(L_1^n における弱コンパクト性の判定条件). 集合 $A \subset L_1^n([t_0, t_1])$ が弱位相について相対コンパクトとなるための必要十分条件は，それが一様可積分となることである。

証明. L_1^n は，絶対連続な $x^* \in (L_\infty^n)^*$ によって構成される $(L_\infty^n)^*$ の部分空間と同相であるから[6]，その部分空間と同一視することができる。したがって，L_1^n の弱位相は，$(L_\infty^n)^*$ の ∗弱位相を部分空間 L_1^n に導入した相対位相に他ならない。空間 $(L_\infty^n)^*$ においては，他のノルム空間の双対空間と同様，集合

---

6) （訳注） 絶対連続という用語は，8.3.3 項に書かれている意味で用いていることに注意。同相であることは次にようにして確認できる。$x(\cdot) \in L_n^1$ を $(L_\infty^n)^*$ の元と見なしたときの，$x(\cdot)$ の作用素ノルムを $\|x(\cdot)\|$ と書くことにすれば，

$$\|x(t)\| = \int_{t_0}^{t_1} \sum_{i=1}^n |x^i(t)| dt$$

である。ただし，上式において，$x(t) = (x^1(t), \ldots, x^n(t))$ とする。そこで，$\|x(\cdot)\|_1 = \int_{t_0}^{t_1} |x(t)| dt$ であることに注意すれば，

$$\|x(\cdot)\|_1 \leq \|x(\cdot)\| \leq n\|x(\cdot)\|_1$$

となることがわかるので，2 つのノルム $\|\cdot\|_1$ と $\|\cdot\|$ が L_n^1 上に生成する位相は等しい。

$A \subset (L_\infty^n)^*$ が *弱コンパクトであるための必要十分条件は，それが有界かつ *弱閉となることである[7]．したがって，集合 $A \subset L_1^n$ が，L_1^n において弱相対コンパクトであることの必要十分条件は，それが $(L_\infty^n)^*$ の作用素ノルムについて有界であって，その $(L_\infty^n)^*$ の *弱位相に関する閉包が L_1^n に含まれることである[8]．

いま，$A \subset L_1^n([t_0, t_1])$ を一様可積分な集合とし，$\omega(t)$ を可積分率とする．また，$\varepsilon > 0$ を任意の $t \in [0, \varepsilon]$ について $\omega(t) \le 1$ となるように選び，区間 $[t_0, t_1]$ を点 $t_0 = \tau_0 < \tau_1 < \cdots < \tau_m = t_1$ によって，長さ ε 以下の m 個の小区間に分割しておく．すると，任意の $x(\cdot) \in A$ に対して，

$$\|x(\cdot)\|_1 = \sum_{i=1}^m \int_{\tau_{i-1}}^{\tau_i} |x(t)| dt \le \sum_{i=1}^m \omega(|\tau_i - \tau_{i-1}|) \le m$$

が得られ，集合 A は L_1^n のノルムについて有界であることがわかる[9]．一方で，もし x^* が A の $(L_\infty^n)^*$ における *弱位相に関する閉包に属しているならば，任意の $y(\cdot) \in L_\infty^n$ に対して，

$$|\langle x^*, y(\cdot) \rangle| \le \sup_{x(\cdot) \in A} |\langle x(\cdot), y(\cdot) \rangle|$$

が成り立つ．したがって，特に可測集合 $\Delta \subset [t_0, t_1]$ に対して，

$$\|x_\Delta^*\| \le \sup_{x(\cdot) \in A} \int_\Delta |x(t)| dt \le \omega(\operatorname{mes} \Delta)$$

が成立する (8.3 節を見よ)．そこで，8.3 節の命題 5 より，x^* は絶対連続であるから，L_1^n に属する．よって，A が一様可積分であることは，それが L_1^n において相対コンパクトであることの十分条件となっていることがわかる．必

---

7) （訳注）念のため，この主張はアラオグルの定理 (Alaoglu's theorem) と呼ばれる (Aliprantis and Border [1]) の定理 6.21 を参照）．また，$(L_\infty^n)^*$ において，作用素ノルムについて有界であることと *弱位相について有界であることは同値であるから (Aliprantis and Border [1] の定理 6.15 を参照)，ここに登場する有界という用語はどちらの意味でとっても同じことである．

8) （訳注）線形位相空間においては閉集合からなる近傍基が存在するため，任意の有界集合の閉包は有界である．Aliprantis and Border [1] の定理 5.6 を見よ．

9) （訳注）証明の最初でも述べたように（注6を参照），L_1^1 ノルム $\|\cdot\|_1$ と作用素ノルム $\|\cdot\|$ は，L_1^n 上に同じ位相を生成するので，A が L_n^1 ノルムについて有界ならば，もちろん作用素ノルムについても有界である．

9.1 変分法における汎関数の半連続性と下位集合のコンパクト性

要性の証明は容易である[10]。■

系．集合 $A \subset L_1^n$ は一様可積分であり，集合 B は各 $u(\cdot) \in A$ について，
$$x(t) = x_0 + \int_{t_0}^{t} u(\tau)d\tau$$
の形で書ける関数 $x(\cdot)$ をすべて集めた C^n の部分集合とする．このとき，B は C^n において相対コンパクトであって，任意の A の可積分率は B の連続率となる．

9.1.3 下位集合のコンパクト性

まず，2 つの補題を証明しよう．

補題 1. φ を $[t_0, t_1] \times \mathbb{R}^n$ 上で定義され，増大条件を満たす可測被積分関数とする．このとき，任意の $c \in \mathbb{R}$ に対して，関数
$$\omega_c(t) = \sup\left\{ \inf_{k>0} \frac{|c| + \int_\Delta |r_k(\tau)|d\tau}{k} \,\bigg|\, \Delta \subset [t_0, t_1], \operatorname{mes} \Delta \leq t \right\}$$
は率である．ただし，上式において，$r_k(t) = \sup_{|p| \leq k} \varphi^*(t, p)$ である．

証明． 仮定から，任意の $p \in \mathbb{R}^n$ に対して，関数 $t \mapsto \varphi^*(t, p)$ は可積分である．したがって，8.3 節の命題 4 から，任意の $k > 0$ に対して，$r_k(t)$ は可積分である．そこで，任意の $t > 0$ に対して，$\omega_c(t) < \infty$ であり，さらに，$\omega_c(0) = 0$ が成り立つ．また，明らかに $\omega_c(t)$ は非負，非減少である．そこで，あとは $t \to 0$ のときに $\omega_c(t) \to 0$ が成り立つことを示せばよい．正数 $\varepsilon > 0$ を任意に選んで固定し，これに対応して正数 $k_\varepsilon > 0$ を $|c|/k_\varepsilon \leq \varepsilon/2$ を満たすように選んでおく．上で述べたように，$r_{k_\varepsilon}(t)$ は可積分なのだから，ある正数 $\delta > 0$ が存在して，$\operatorname{mes} \Delta < \delta$ を満たす任意の可測集合 $\Delta \subset [t_0, t_1]$ に対して，

---

[10] （訳注）必要ならば丸山 [2] の 7 章を読むとよい．

$$\int_\Delta |r_{k_\varepsilon}|dt \leq \frac{\varepsilon}{2}k_\varepsilon$$

が成り立つ．したがって，任意の $t \in [0,\delta]$ に対して，

$$\omega_c(t) \leq \sup\left\{\left.\frac{|c|+\int_\Delta |r_{k_\varepsilon}(\tau)|d\tau}{k_\varepsilon}\right| \Delta \subset [t_0,t_1], \mathrm{mes}\,\Delta \leq t\right\} \leq \varepsilon$$

が成立することがわかり，所望の帰結が得られる。■

補題 2. ψ_1 と ψ_2 を $[0,\infty)$ 上で定義され，以下の条件を満たす関数とする：

(i) ψ_1 は $[0,\infty)$ 上で非負，凸であって，$\psi_1(0) = 0$ を満たす．

(ii) ψ_2 は $[0,\infty)$ 上で非負，連続，非減少である．

(iii) $t \to \infty$ のとき，$t^{-1}\psi_1(t) \to \infty$ が成り立つ．

(iv) 2 つの正数 $\gamma > 0$ と $\lambda_0 > 0$ が存在して $\lambda \to \infty$ のとき，$\psi_1(\gamma^{-1}\lambda) - \psi_2(\lambda + \lambda_0) \to \infty$ が成り立つ．

このとき，任意の $c \geq 0$ に対して，関数

$$\omega_c(t) = \begin{cases} \sup\{\lambda \geq 0 | \psi_1(t^{-1}\lambda) - \psi_2(\lambda + \lambda_0) \leq t^{-1}c\}, & t > 0 \text{ のとき,} \\ 0, & t = 0 \text{ のとき} \end{cases}$$

は率である。

証明． 定義から，関数 $\omega_c(t)$ は非負である[11]。いま，ψ_1 は凸関数であって，$\psi_1(0) = 0$ なのだから，任意の $t \in (0,\gamma]$ に対して，

$$\psi_1(\gamma^{-1}\lambda) \leq \gamma^{-1}t\psi_1(t^{-1}\lambda)$$

が成り立つ．したがって，(ii) より，任意の $t \in (0,\gamma]$ に対して，

---

11) （訳注）条件 (i), (ii) から，任意の $t > 0$ に対して，$0 \in \{\lambda \geq 0 | \psi_1(t^{-1}\lambda) - \psi_2(\lambda+\lambda_0) \leq t^{-1}c\}$ だから，$\{\lambda \geq 0 | \psi_1(t^{-1}\lambda) - \psi_2(\lambda+\lambda_0) \leq t^{-1}c\} \neq \emptyset$ であることに注意．

9.1 変分法における汎関数の半連続性と下位集合のコンパクト性

$$\gamma\left[\psi_1(\gamma^{-1}\lambda) - \psi_2(\lambda + \lambda_0)\right] \leq t\left[\psi_1(t^{-1}\lambda) - \psi_2(\lambda + \lambda_0)\right]$$

が得られ，これと (iv) および ω_c の定義から，

$$\omega_c(t) \leq \omega_c(\gamma) < \infty$$

となることがわかる．つまり，$\omega_c(t)$ は，$[0, \gamma]$ 上で有限値を取る．一方で，上と同様の議論から，ω_c は $[0, \infty)$ 上で非減少である．最後に，仮に $t_m \downarrow 0$ を満たす数列 (t_m) に対して $\lim_{m\to\infty} \omega_c(t_m) = \varepsilon > 0$ が成り立っているとすれば，

$$\begin{aligned}
c &\geq t_m \psi_1(t_m^{-1}\omega_c(t_m)) - t_m\psi_2(\omega_c(t_m) + \lambda_0) \\
&\geq \omega_c(t_m)\varepsilon^{-1} t_m \psi_1(t_m^{-1}\varepsilon) - t_m \psi_2(\omega_c(t_m) + \lambda_0) \\
&= \omega_c(t_m)\left[(t_m^{-1}\varepsilon)^{-1}\psi_1(t_m^{-1}\varepsilon) - t_m \frac{\psi_2(\omega_c(t_m) + \lambda_0)}{\omega_c(t_m)}\right]
\end{aligned}$$

となるが[12]，上の最後の式は，(iii) より，$m \to \infty$ のとき，無限に発散するから，矛盾が生ずる．したがって，$t \to 0$ のときには，$\omega_c(t) \to 0$ が成り立つことがわかり，補題の証明が完了する．∎

定理 1. $\varphi(t, x)$ を $[t_0, t_1] \times \mathbb{R}^n$ 上で定義され，増大条件を満たす可測被積分関数とする．このとき，任意の $c \in \mathbb{R}$ に対して，集合

$$A_c = \{x(\cdot) \in L_1^n | \mathscr{I}_\varphi(x(\cdot)) \leq c\}$$

は空集合であるか，あるいは L_1^n において弱相対コンパクトである．

証明． 被積分関数 φ は増大条件を満足するのだから，関数 $\varphi^*(t, 0) = -\inf_x \varphi(t, x)$

---

12) （訳注）最初の不等式

$$c \geq t_m \psi_1(t_m^{-1}\omega_c(t_m)) - t_m\psi_2(\omega_c(t_m) + \lambda_0)$$

が成り立つのは，上で述べた性質を満たす数列 (t_m) が存在するならば，ψ_1 は $[0, \infty)$ 上で有限値となるから，ψ_1 の凸性より，ψ_1 は $(0, \infty)$ 上で連続となり，特に各 $t_m^{-1}\omega_c(t_m)$ の近傍において連続となるからである．

は可積分である.いま,
$$c_1 = c + \int_{t_0}^{t_1} |\varphi^*(t,0)| dt$$
とおき,関数 φ の $\Delta \times \mathbb{R}^n$ への制限を $\varphi_\Delta(t,x)$ と書くことにする.このとき,任意の可測集合 $\Delta \subset [t_0, t_1]$ と $x(\cdot) \in A_c$ に対して,
$$\mathscr{I}_{\varphi_\Delta}(x(\cdot)) = \int_\Delta \varphi(t, x(t)) dt \leq c_1$$
が成り立つ[13].実際,この不等式は,
$$c \geq \int_\Delta \varphi(t, x(t)) dt + \int_{[t_0,t_1] \setminus \Delta} \varphi(t, x(t)) dt$$
$$\geq \int_\Delta \varphi(t, x(t)) dt - \int_{[t_0,t_1] \setminus \Delta} \varphi^*(t,0) dt$$
$$\geq \mathscr{I}_{\varphi_\Delta}(x(\cdot)) - \int_{t_0}^{t_1} |\varphi^*(t,0)| dt$$
から直ちに導かれる.さらに,
$$\omega(t) = \sup \left\{ \inf_{k>0} \frac{|c_1| + \int_\Delta |r_k(\tau)| d\tau}{k} \,\middle|\, \Delta \subset [t_0, t_1], \operatorname{mes} \Delta \leq t \right\}$$
と置けば,補題 1 より,$\omega(t)$ は率である.そこで,あとは A_c が非空である場合に,$\omega(t)$ が A_c の可積分率であることを示せば,定理の証明が完了する.$x(\cdot) \in A_c$ を任意に取る.すると,ヤング=フェンシェルの不等式から,任意のベクトル値関数 $p(\cdot) \in L_\infty^n$ に対して,
$$\int_\Delta (p(t)|x(t)) dt \leq \mathscr{I}_{\varphi_\Delta}(x(\cdot)) + \mathscr{I}_{\varphi_\Delta^*}(p(\cdot)) \leq c_1 + \mathscr{I}_{\varphi_\Delta^*}(p(\cdot))$$
が成り立つ[14].したがって,$x(t) = (x^1(t), \ldots, x^n(t))$ とすれば,任意の $k > 0$ に対して,
$$k \int_\Delta |x(t)| dt \leq k \int_\Delta \sum_{i=1}^n |x^i(t)| dt$$

---

13) (訳注) 厳密には $\varphi(t, x(t))$ が可測であることを保証する定理がないので不十分な議論であるが,8.3 節を見れば容易に穴を埋めることはできるであろう.

14) (訳注) φ は増大条件を満たすのだから,8.3 節の命題 4 より,任意の $p(\cdot) \in L_\infty^n$ に対して,$\mathscr{I}_{\varphi_\Delta^*}(p(\cdot)) < \infty$ が成り立つことに注意.

9.1 変分法における汎関数の半連続性と下位集合のコンパクト性

$$= \sup\left\{\int_\Delta (p(t)|x(t))dt \,\Big|\, p(\cdot) \in L^n_\infty, \|p(\cdot)\|_\infty \leq k\right\}$$

$$\leq \sup\left\{c_1 + \int_\Delta \varphi(t, p(t))dt \,\Big|\, p(\cdot) \in L^n_\infty, \|p(\cdot)\|_\infty \leq k\right\}$$

$$\leq c_1 + \int_\Delta r_k(t)dt \leq c_1 + \int_\Delta |r_k(t)|dt$$

が成り立つことがわかり,これから,

$$\int_\Delta |x(t)|dt \leq \inf_{k>0} \frac{|c| + \int_\Delta |r_k(\tau)|d\tau}{k} \leq \omega(\text{mes } \Delta)$$

が得られる. ∎

系. $f(t, x, y)$ を $[t_0, t_1] \times \mathbb{R}^n \times \mathbb{R}^n$ 上で定義された正規被積分関数とし, $[t_0, t_1] \times \mathbb{R}^n$ 上で定義され,増大条件を満足する可測被積分関数 φ に対して,

$$f(t, x, y) \geq \varphi(t, y), \quad \forall(t, x, y) \in [t_0, t_1] \times \mathbb{R}^n \times \mathbb{R}^n$$

を満たすとする.このとき,任意の $c \in \mathbb{R}$ と有界集合 $S \subset \mathbb{R}^n$ に対して,集合

$$B_c = \{x(\cdot) \in W_{1,1}([t_0, t_1]) | x(t_0) \in S, \mathscr{I}(x(\cdot)) \leq c\}$$

は空集合であるか,あるいは $C^n([t_0, t_1])$ において相対コンパクトとなる.

証明. $\mathscr{I}(x(\cdot)) \leq c$ を満たす任意の $x(\cdot) \in W^n_{1,1}([t_0, t_1])$ に対して,$\mathscr{I}_\varphi(\dot{x}(\cdot)) \leq c$ が成立するのだから,所望の結果は定理1と命題1の系から直ちに得られる[15]。

---

[15] (訳注) 念のため,証明をより詳細に述べる.まず,定理1と同様に,

$$A_c = \{u(\cdot) \in L^n_1([t_0, t_1]) | \mathscr{I}_\varphi(u(\cdot)) \leq c\}$$

と置くと,定理1より,A_c は一様可積分である (定理1の証明を参照).いま,各 $x_0 \in S$ に対して,

$$D_{x_0} = \left\{x(\cdot) \in W^n_{1,1}([t_0, t_1]) \,\bigg|\, \exists u(\cdot) \in A_c, \forall t \in [t_0, t_1], x(t) = x_0 + \int_{t_0}^t u(\tau)d\tau\right\}$$

と定義する.すると,任意の $x(\cdot) \in B_c$ は,$x_0 \in S$ と $u(\cdot) \in A_c$ によって,$x(t) = x_0 + \int_{t_0}^t u(\tau)d\tau$ と書くことができるから,$B_c \subset \bigcup_{x_0 \in S} D_{x_0}$ が成立する.そこで,B_c が C^n に

次の定理の証明には，以下に述べるイェンセンの積分不等式 (Jensen's integral inequality) を用いる：f を $\mathbb{R}^n$ 上で定義された適正な閉凸関数とすれば，任意の有限ルベーグ測度を持つ可測集合 $\Delta \subset \mathbb{R}$ と任意のベクトル値関数 $x(\cdot) \in L_1^n$ に対して，

$$\int_\Delta f(x(t))dt \geq (\text{mes } \Delta) f\left(\frac{1}{\text{mes } \Delta}\int_\Delta x(t)dt\right)$$

が成り立つ．イェンセンの積分不等式が成立することは次のようにして容易に確認できる．まず，任意の $y \in \mathbb{R}^n$ に対して，

$$\int_\Delta f(x(t))dt \geq \left(y\left|\int_\Delta x(t)dt\right.\right) - \int_\Delta f^*(y)dt$$
$$= \left(y\left|\int_\Delta x(t)dt\right.\right) - (\text{mes } \Delta)f^*(y)$$

が成り立つ．したがって，f が適正な閉凸関数であることから，フェンシェル=モローの定理より，$f = f^{**}$ となることに注意すれば，

$$\int_\Delta f(x(t))dt \geq \sup_{y \in \mathbb{R}^n}\left(\left(y\left|\int_\Delta x(t)dt\right.\right) - (\text{mes } \Delta)f^*(y)\right)$$
$$= (\text{mes } \Delta)f^{**}\left(\frac{1}{\text{mes } \Delta}\int_\Delta x(t)dt\right)$$
$$= (\text{mes } \Delta)f\left(\frac{1}{\text{mes } \Delta}\int_\Delta x(t)dt\right)$$

が得られる．

において相対コンパクトであることを示すためには $\bigcup_{x_0 \in S} D_{x_0}$ が C^n において相対コンパクトであることを示せばよいが，命題 1 より，そのためには，$\bigcup_{x_0 \in S} D_{x_0}$ が有界かつ同程度連続であることを示せばよい．まず，$\bigcup_{x_0 \in S} D_{x_0}$ が同程度連続であることは，A_c が一様可積分であることから直ちに導かれる．一方，B_c が空集合でないとき，$D_{y_0} \neq \emptyset$ となる $y_0 \in S$ を任意に選んで固定すると，A_c が一様可積分であることから，命題 1 の系および命題 1 より，D_{y_0} は有界である．そこで，$c_0 = \sup_{x_0 \in S} |x_0 - y_0|, c_1 = \sup_{y(\cdot) \in D_{y_0}} \|y(\cdot)\|_{C^n}$ とすれば，c_0, c_1 は共に有限値であって，任意の $x(\cdot) \in \bigcup_{x_0 \in S} D_{x_0}$ に対して，$\|x(\cdot)\|_{C^n} \leq c_0 + c_1$ が成り立つ．したがって，$\bigcup_{x_0 \in S} D_{x_0}$ は C^n において，有界である．

9.1 変分法における汎関数の半連続性と下位集合のコンパクト性

定理 2. ψ_1, ψ_2 を $[0, \infty)$ 上で定義され，補題 2 で述べた 4 つの条件を満たす関数とする．このとき，任意の $c > 0$ に対して，集合

$$B_c = \Big\{ x(\cdot) \in W_{1,1}^n([0, 2\gamma]) \,\big|\, \max(|x(0)|, |x(2\gamma)|) \leq \lambda_0,$$
$$\int_0^{2\gamma} [\psi_1(|\dot{x}(t)|) - \psi_2(|x(t)|)] \, dt \leq c \Big\}$$

は空集合であるか，あるいは $C^n([0, 2\gamma])$ において相対コンパクトである．

証明． $x(\cdot) \in B_c$ を任意にとり，

$$\alpha_1 = \int_0^\gamma |\dot{x}(t)| \, dt, \quad \alpha_2 = \int_\gamma^{2\gamma} |\dot{x}(t)| \, dt$$

と置く．すると，イェンセンの積分不等式と補題 2 の条件 (ii) から，

$$c \geq \int_0^{2\gamma} [\psi_1(|\dot{x}(t)|) - \psi_2(|x(t)|)] \, dt$$
$$= \int_0^\gamma [\psi_1(|\dot{x}(t)|) - \psi_2(|x(t)|)] \, dt + \int_\gamma^{2\gamma} [\psi_1(|\dot{x}(t)|) - \psi_2(|x(t)|)] \, dt$$
$$\geq \gamma \psi_1(\gamma^{-1} \alpha_1) - \gamma \psi_2(\lambda_0 + \alpha_1) + \gamma \psi_1(\gamma^{-1} \alpha_2) - \gamma \psi_2(\lambda_0 + \alpha_2)$$

が成り立つ[16]．一方で，補題 2 の条件 (iv) より，

$$\inf_{\xi > 0} \left(\gamma \psi_1(\gamma^{-1} \xi) - \gamma \psi_2(\lambda_0 + \xi) \right) = c_1 > -\infty$$

で成立し，また，明らかに $c_1 \leq -\gamma \psi_2(\lambda_0) \leq 0$ である．したがって，

$$\gamma \psi_1(\gamma^{-1} \alpha_i) - \gamma \psi_2(\lambda_0 + \alpha_i) \leq c - c_1 = c_2, \quad i = 1, 2$$

が成り立つ．ただし，上式において，もちろん $c_2 \geq 0$ である．上式と補題 2

---

[16] （訳注）補題 2 では述べられていないが，ここでは ψ_1 は常に有限値を取ることを仮定しておいた方が無難である．ψ_1 が必ずしも有限値ではない場合には，補題 2 の 4 条件をすべて満たす ψ_1, ψ_2 であって，ψ_1 が閉関数とならない例が作れるからである．例えば，

$$\psi_1(t) = \begin{cases} 0, & t \in [0, 1) \text{ のとき}, \\ 1, & t = 1 \text{ のとき}, \\ \infty, & t \in (0, \infty) \text{ のとき} \end{cases}$$

とし，$\psi_2 \equiv 0$ とすればよい．ψ_1 が有限値であれば，ψ_1 が閉関数（すなわち，下半連続）であることは，条件 (i) より直ちに導かれる．

より[17]，

$$\lambda_1 = \max(\alpha_1, \alpha_2) \leq \omega_{c_2}(\gamma) < \infty$$

が得られ，$|x(t)| \leq \lambda_0 + \lambda_1, \forall t \in [0, 2\gamma]$ が成り立つことに注意すれば，このことから，任意の $x(\cdot) \in B_c$ に対して，$\|x(\cdot)\|_{C^n} \leq \lambda_0 + \omega_{c_2}(\gamma)$ となることがわかる．つまり，B_c は $C^n([0, 2\gamma])$ において有界である．また，補題 2 の条件 (ii) と上で得られた不等式評価から，任意の $x(\cdot) \in B_c$ に対して，

$$\int_0^{2\gamma} \psi_1(|\dot{x}(t)|)\, dt \leq c + 2\gamma \psi_2(\lambda_0 + \omega_{c_2}(\gamma))$$

が成り立つ．さらに，補題 2 の条件 (iii) から，被積分関数 $\varphi(t, y) = \psi_1(|y|)$ が増大条件を満たすことは容易に確認できる (実際，$\lambda^{-1}\psi_1(\lambda) \to \infty$ (as $\lambda \to \infty$) より，任意の $p \in \mathbb{R}^n$ に対して，$\sup_{y \in \mathbb{R}^n}((p|y) - \psi_1(|y|))$ は有限値である)．そこで，定理 1 と命題 2 より，集合

$$\{\dot{x}(\cdot) | x(\cdot) \in B_c\} \subset L_1^n$$

は一様可積分である．したがって，集合 B_c は同程度連続である．以上の議論から，B_c は有界で同程度連続であることがわかったので，アルゼラの定理 (命題 1) より，$C^n([0, 2\gamma])$ において相対コンパクトである．■

最後に，ある制御系の微分方程式の解集合に対するコンパクト性の判定条件を導出しておこう．

補題 3(グロンウォールの補題). $\alpha(t)$ は $[t_0, t_1]$ 上で定義された絶対連続関数であって，ある $c > 0$ と $r(\cdot) \in L_1$ に対して，

$$|\dot{\alpha}(t)| \leq c\alpha(t) + r(t)$$

をほとんどすべての $t \in [t_0, t_1]$ に対して満たすとする．このとき，任意の

---

[17] (訳注) $\omega_{c_2}(\gamma) < \infty$ となることは補題 2 の条件 (iv) から導かれる (補題 2 の証明を参照)．

9.1 変分法における汎関数の半連続性と下位集合のコンパクト性

$t \in [t_0, t_1]$ に対して,以下の不等式が成立する:

$$|\alpha(t)| \leq \left(|\alpha(t_0)| + \int_{t_0}^{t} |r(\tau)|e^{-c(\tau-t_0)}d\tau\right)e^{c(t-t_0)}.$$

証明. 2つの関数 λ, μ を,

$$\lambda(t) = \alpha(t)e^{-c(t-t_0)}, \quad \mu(t) = -\alpha(t)e^{-c(t-t_0)}$$

と定義する。すると,仮定より,ほとんどすべての $t \in [t_0, t_1]$ に対して,

$$\left|\dot{\lambda}(t)e^{c(t-t_0)} + c\lambda(t)e^{c(t-t_0)}\right| \leq c\lambda(t)e^{c(t-t_0)} + r(t),$$
$$\left|-\dot{\mu}(t)e^{c(t-t_0)} - c\mu(t)e^{c(t-t_0)}\right| \leq -c\mu(t)e^{c(t-t_0)} + r(t),$$

すなわち,

$$\dot{\lambda}(t)e^{c(t-t_0)} \leq r(t),$$
$$\dot{\mu}(t)e^{c(t-t_0)} \leq r(t)$$

が成り立つ。定義より, $\lambda(t_0) = \alpha(t_0) = -\mu(t_0)$ なのだから,上の2つの不等式から,任意の $t \in [t_0, t_1]$ に対して,

$$\lambda(t) \leq \alpha(t_0) + \int_{t_0}^{t} r(\tau)e^{-c(t-t_0)}d\tau,$$
$$\mu(t) \leq -\alpha(t_0) + \int_{t_0}^{t} r(\tau)e^{-c(t-t_0)}d\tau$$

が成り立つことがわかる。ゆえに,任意の $t \in [t_0, t_1]$ に対して,

$$\alpha(t) = \lambda(t)e^{c(t-t_0)} \leq \left(|\alpha(t_0)| + \int_{t_0}^{t} |r(\tau)|e^{-c(t-t_0)}d\tau\right)e^{c(t-t_0)}$$

および

$$-\alpha(t) = \mu(t)e^{c(t-t_0)} \leq \left(|\alpha(t_0)| + \int_{t_0}^{t} |r(\tau)|e^{-c(t-t_0)}d\tau\right)e^{c(t-t_0)}$$

が得られ,補題の証明が完了する。■

命題 3. 制御系の微分方程式

$$\dot{x} = \varphi(t, x, u), \quad u \in U \tag{1}$$

を考え,以下の3つの条件が成り立つことを仮定する:

(i) ベクトル値関数 φ はカラテオドリの条件を満たす。

(ii) ある正数 $c > 0$ と関数 $r(\cdot) \in L_1([t_0, t_1])$ が存在して，任意の $t \in [t_0, t_1]$，$x \in \mathbb{R}^n$，および $u \in U$ に対して，

$$|(x|\varphi(t, x, u))| \leq c|x|^2 + r(t)$$

が成り立つ。

(iii) 任意の $k \geq 0$ に対して，関数

$$s_k(t) = \sup_{|x| \leq k} \sup_{u \in U} |\varphi(t, x, u)|$$

は $[t_0, t_1]$ 上で可積分である。

このとき，任意の x_0 に対して，集合 $Q(x_0)$ を，それぞれの制御 $u : [t_0, t_1] \to U$ に対応して定まる，$[t_0, t_1]$ 上で定義され，初期条件 $x(t_0) = x_0$ および微分方程式 (1) からなる初期値問題の解となる関数 $x(\cdot)$ をすべて集めた集合とすれば，$Q(x_0)$ は $C^n([t_0, t_1])$ において相対コンパクトである。

証明． 条件 (ii) から，集合 $Q(x_0)$ は有界である。実際，$x(\cdot) \in Q(x_0)$ が制御 $u : [t_0, t_1] \to U$ に対応する，初期条件 $x(t_0) = x_0$ および微分方程式 (1) からなる初期値問題の解であるならば，

$$2(x(t)|\varphi(t, x(t), u(t))) = \frac{d}{dt}|x(t)|^2$$

が成立する。そこで，グロンウォールの補題を関数 $\alpha(t) = |x(t)|^2$ に適用すると，

$$|x(t)|^2 \leq |x_0|^2 + e^{c(t_1 - t_0)} \int_{t_0}^{t_1} |r(t)| dt = k < \infty$$

が得られ，$Q(x_0)$ が $C^n([t_0, t_1])$ において有界であることがわかる。さらに，上式から，任意の $x(\cdot) \in Q(x_0)$ に対して，

$$|\dot{x}(t)| \leq \sup_{|x| \leq k} \sup_{u \in U} |\varphi(t, x, u)| = s_k(t)$$

が得られ，条件 (iii) より，$s_k(t)$ は可積分なのだから，上式より，$Q(x_0)$ は同程度連続である。よって，命題 1 より，$Q(x_0)$ は $C^n([t_0, t_1])$ において相対コンパクトである。∎

9.1.4 半連続条件

定理 3. f を $[t_0, t_1] \times \mathbb{R}^n \times \mathbb{R}^n$ 上で定義された正規被積分関数とし，$x(\cdot)$ を $\mathscr{I}(x(\cdot)) < \infty$ を満たす $W_{1,1}^n$ の要素とする．いま，被積分関数 f が準正則であって，さらに，ある $[t_0, t_1] \times \mathbb{R}^n$ 上で定義され，増大条件を満足する被積分関数 φ と正数 $\varepsilon > 0$ が存在して，任意の $t \in [t_0, t_1]$，$|x - x(t)| < \varepsilon$ を満たす任意の $x \in \mathbb{R}^n$ および任意の $y \in \mathbb{R}^n$ に対して，

$$f(t, x, y) \geq \varphi(t, y)$$

が成立すると仮定する．このとき，汎関数 $\mathscr{I}$ は，点 $x(\cdot)$ において，$W_{1,1}^n$ の一様収束位相について下半連続である．

まず，以下の補題を証明しよう．

補題 4. $g(x, y)$ を $\mathbb{R}^m \times \mathbb{R}^n$ 上で定義された閉関数とする．いま，ある $x_0 \in \mathbb{R}^m$ に対して，関数 $g_{x_0} : y \mapsto g(x_0, y)$ は適正であって，また，$\mathbb{R}^n$ 上で定義され，$\text{dom } \psi^* = \mathbb{R}^n$ を満たす関数 ψ が存在して，x_0 のある近傍に属する任意の x と任意の $y \in \mathbb{R}^n$ に対して，$g(x, y) \geq \psi(y)$ を満たすと仮定する．さらに，各正数 $\varepsilon > 0$ に対して，

$$f_\varepsilon(y) = \inf\{g(x, y) | x \in \mathbb{R}^m, |x - x_0| < \varepsilon\}$$

と置く．このとき，

$$\lim_{\varepsilon \downarrow 0} f_\varepsilon^{**}(y) = g_{x_0}^{**}(y)$$

が成立する．

証明. 定義から，f_ε^* は ε について非減少で，また，仮定より，十分小さい $\varepsilon > 0$ については，$f_\varepsilon \geq \psi$ が成立する．そこで，そのような $\varepsilon > 0$ については，$\text{dom } f_\varepsilon^* = \mathbb{R}^n$ が成立する．ここで，$f^* = \inf_{\varepsilon > 0} f_\varepsilon^*$ と定義し，$f^* = g_{x_0}^*$ が成り立つことを示そう．$f^*(z_0) > g_{x_0}^*(z_0)$ を満たす $z_0 \in \mathbb{R}^n$ が存在すると

仮定する[18]。すると，ある正数 $\delta > 0$ が存在して，任意の $\varepsilon > 0$ に対して，$|x_0 - x_\varepsilon| < \varepsilon$ と $(z_0|y_\varepsilon) - g(x_\varepsilon, y_\varepsilon) > g_{x_0}^*(z_0) + \delta$ を満たす $x_\varepsilon \in \mathbb{R}^m$ と $y_\varepsilon \in \mathbb{R}^n$ が存在する．いま，$\varepsilon_k \downarrow 0$ を満たす任意の正数列 (ε_k) に対して，y_{ε_k} がある有界集合内にとどまることを証明しよう．まず，正数 $\varepsilon_0 > 0$ を dom $f_{\varepsilon_0}^* = \mathbb{R}^n$ を満たすように十分小さく取る．すると，$\varepsilon < \varepsilon_0$ を満たす任意の $\varepsilon > 0$ と任意の $z \in \mathbb{R}^n$ に対して，$f_{\varepsilon_0}^*(z) \geq (y_\varepsilon|z) - g(x_\varepsilon, y_\varepsilon)$ が成立する．したがって，$\varepsilon < \varepsilon_0$ を満たす任意の $\varepsilon > 0$ に対して，

$$\sup\{f_{\varepsilon_0}^*(z)||z - z_0| \leq 1\} \geq \sup\{(y_\varepsilon|z)||z - z_0| \leq 1\} - g(x_\varepsilon, y_\varepsilon)$$
$$\geq (y_\varepsilon|(y_\varepsilon/|y_\varepsilon|) + z_0) - g(x_\varepsilon, y_\varepsilon)$$
$$\geq |y_\varepsilon| + (z_0|y_\varepsilon) - g(x_\varepsilon, y_\varepsilon)$$
$$\geq |y_\varepsilon| + g_{x_0}^*(z_0) + \delta$$

が成立する．いま，もし (y_{ε_k}) が $\mathbb{R}^n$ の有界集合に含まれないならば，必要ならば部分列をとって $|y_{\varepsilon_k}| \to \infty (k \to \infty)$ とすることができる．このとき，上式の右辺の上限は ∞ となる．一方で，3.3 節の命題 2 から，$f_{\varepsilon_0}^*$ は閉凸関数であり，また，ε_0 の選び方から $f_{\varepsilon_0}^*$ は $\mathbb{R}^n$ 上で有限値を取るから[19]，結局 f_{ε_0} は $\mathbb{R}^n$ 上で連続であることがわかる．そこで，上式の左辺は有限値となって矛盾が生じる．したがって，点列 (y_{ε_k}) は $\mathbb{R}^n$ の有界集合内に含まれていなければならない．

以上の議論から，ある $y \in \mathbb{R}^n$ に対して，$y_{\varepsilon_k} \to y$ と $\varepsilon_k \downarrow 0$ を満たすように正数列 (ε_k) を取ることができるが，仮定より，g は閉関数 (つまり，下半連続) なのだから，

---

18) （訳注）定義より，任意の $\varepsilon > 0$ に対して，$f_\varepsilon \leq g_{x_0}$ であり，したがって，$f_\varepsilon^* \geq g_{x_0}^*$ が成り立つ．したがって，$f^* \geq g_{x_0}^*$ が成立することに注意しよう．また g_{x_0} が適正なので $g_{x_0}^*$ は $-\infty$ を取らない．

19) （訳注）任意の $y \in \mathbb{R}^n$ に対して，$|f_{\varepsilon_0}^*(y)| < \infty$ となることは次のようにして確認できる．まず，ε_0 の選び方から，$f_{\varepsilon_0}^*(y) < \infty$ となることはよい．一方で，g_{x_0} が適正であるという仮定から，ある $z \in \mathbb{R}^n$ に対しては，$g_{x_0}(z) < \infty$ が成り立つから，

$$f_{\varepsilon_0}^*(y) \geq (y|z) - f_\varepsilon(z) \geq (y|z) - g_{x_0}(z) > -\infty$$

が得られる．

9.1 変分法における汎関数の半連続性と下位集合のコンパクト性

$$(y|z_0) - g(x_0, y) \geq (y|z_0) - \lim_{k \to \infty} g(x_{\varepsilon_k}, y_{\varepsilon_k})$$
$$\geq \overline{\lim_{k \to \infty}} \left((y_{\varepsilon_k}|z_0) - g(x_{\varepsilon_k}, y_{\varepsilon_k}) \right)$$
$$\geq g_{x_0}^*(z_0) + \delta$$

が成り立つことがわかる[20]．ところが，上式は明らかにヤング＝フェンシェルの不等式に矛盾する．したがって，所望の関係式 $f^* = g_{x_0}^*$ が得られる．よって，この関係式と 3.4 節の命題 2 から，

$$g_{x_0}^{**} = f^{**} = \sup_{\varepsilon > 0} f_\varepsilon^{**} = \lim_{\varepsilon \to 0} f_\varepsilon^{**}$$

が得られ，補題の証明が完了する．∎

定理 3 の証明． 汎関数 $\mathscr{I}$ が点 $x(\cdot)$ において，$W_{1,1}^n$ における一様収束位相について下半連続ではないとしよう．すると，$x(\cdot)$ に一様収束する $W_{1,1}^n$ のある点列 $(x_m(\cdot))$ が存在して，

$$c = \lim_{m \to \infty} \mathscr{I}(x_m(\cdot)) < \mathscr{I}(x(\cdot))$$

が成り立つ．特に，ある正数 $k > 0$ が存在して，十分大きい m に対して，

$$\mathscr{I}(x_m(\cdot)) \leq k$$

が成立する．そこで，定理 1 と上の不等式から，$(\dot{x}_m(\cdot))$ は L_1^n において弱相対コンパクトである．いま，$y(\cdot) \in L_1^n$ を点列 $(\dot{x}_m(\cdot))$ の L_1^n の弱位相に関する極限点とすれば[21]，$x_m(\cdot)$ は $x(\cdot)$ に一様収束するのだから，$t_0 \leq \tau < t \leq t_1$ を満たす任意の t, τ に対して，

$$\int_\tau^t y(s) ds = x(t) - x(\tau)$$

---

20) （訳注）最初の不等式については，例えば Aliprantis and Border [1] の補題 2.42 を参照されたい．

21) （訳注）ここでは，極限点は次の意味で用いるものとする：位相空間 X において，点 a が点列 (a_m) の**極限点**であるとは，a の任意の近傍 V に対して，$a_m \in V$ を満たす m が無限個あることを言う．

すなわち，

$$x(t) = x(t_0) + \int_{t_0}^{t} y(\tau)d\tau$$

が成り立つ．ラドン＝ニコディムの定理から，上の関係式を満たす $y(\cdot) \in L_1^n$ は一意に定まるから，ほとんどすべての $t \in [t_0, t_1]$ に対して，$y(t) = \dot{x}(t)$ が成立する．したがって，集合 $(\dot{x}_m(\cdot))$ の L_1^n の弱位相に関する極限点は $\dot{x}(\cdot)$ だけであり，このことから，点列 $(\dot{x}_m(\cdot))$ は $\dot{x}(\cdot)$ に弱収束することがわかる[22]．

そこで，マズールの定理 (3.1 節の第二分離定理の系 3) から，各項が関数族 $\dot{x}_m(\cdot)$ の凸結合によって表される点列 $y_1(\cdot), y_2(\cdot), \ldots$ が存在して，$\dot{x}(\cdot)$ に L_1^n ノルムで収束する．いま，各 $y_i(\cdot)$ は，

$$y_i(\cdot) = \sum_{j=1}^{s(i)} \alpha_{ij} \dot{x}_{m_{ij}}(\cdot), \quad \sum_{j=1}^{s(i)} \alpha_{ij} = 1, \ \alpha_{ij} \geq 0$$

と書けるから，これを用いて，

$$z_i(\cdot) = \sum_{j=1}^{s(i)} \alpha_{ij} x_{m_{ij}}$$

と定義すれば，明らかに $y_i(\cdot) = \dot{z}_i(\cdot)$ が成り立つ．また，一般性を失うことなく，$\min_j m_{ij} \to \infty (i \to \infty)$ とすることができるから[23]，$\varepsilon_i \downarrow 0$ を満たす正数列 (ε_i) を，任意の m_{ij} に対して，

$$\|x(\cdot) - x_{m_{ij}}\|_{C^n} \leq \varepsilon_i$$

を満たすように取ることができる．さらに，各正数 $\delta > 0$ に対して，

$$h_\delta(t, y) = \inf\{f(t, x, y) | x \in \mathbb{R}^n, |x - x(t)| \leq \delta\}$$

---

22) (訳注) 点列 $(\dot{x}_m(\cdot))$ が $\dot{x}(\cdot)$ に弱収束しないとすれば，$\dot{x}(\cdot)$ のある (弱位相に関する) 近傍の補集合に含まれる $(\dot{x}_m(\cdot))$ の部分列 $(\dot{x}_{m_i}(\cdot))$ が存在する．このとき，上と同じ議論によって，$(\dot{x}_{m_i})$ は L_1^n において弱相対コンパクトだから，点列 $(\dot{x}_{m_i}(\cdot))$ は極限点 $z(\cdot) \in L_1^n$ を有するが，$z(\cdot)$ は元の点列 $(\dot{x}_m(\cdot))$ の極限点でもあって，しかも $\dot{x}(\cdot)$ の近傍に含まれないから，$z(\cdot) \neq \dot{x}(\cdot)$ が成り立つ．ところがこれは，上で示した点列 $(\dot{x}_m(\cdot))$ の極限点の一意性に矛盾する．

23) (訳注) 任意の $i = 1, 2, \ldots$ に対して，点列 $(\dot{x}_m(\cdot))_{m \geq i}$ は $\dot{x}(\cdot)$ に弱収束するのだから，これにマズールの定理を適用すればよい．

9.1 変分法における汎関数の半連続性と下位集合のコンパクト性

と置けば，任意に固定した正数 $\lambda > 0$ と十分大きい i に対して，

$$c + \lambda \geq \sum_{j=1}^{s(i)} \alpha_{ij} \mathscr{I}(x_{m_{ij}}(\cdot)) = \sum_{j=1}^{s(i)} \alpha_{ij} \int_{t_0}^{t_1} f\left(t, x_{m_{ij}}(t), \dot{x}_{m_{ij}}(t)\right) dt$$

$$\geq \sum_{j=1}^{s(i)} \alpha_{ij} \int_{t_0}^{t_1} h_{\varepsilon_i}\left(t, \dot{x}_{m_{ij}}(t)\right) dt \geq \sum_{j=1}^{s(i)} \alpha_{ij} \int_{t_0}^{t_1} h_{\varepsilon_i}^{**}\left(t, \dot{x}_{m_{ij}}(t)\right) dt$$

$$\geq \int_{t_0}^{t_1} h_{\varepsilon_i}^{**}(t, y_i(t)) dt \qquad (2)$$

が成り立つことがわかる[24]。一方で，$\varepsilon_i < \varepsilon$ を満たす任意の ε_i に対して，

$$h_{\varepsilon_i}^{**}(t, y) \geq \varphi^{**}(t, y) \geq -\varphi^*(t, 0)$$

が成り立つので，被積分関数 φ が増大条件を満足するという仮定から，関数 $\varphi^*(t, 0)$ は可積分である。したがって，ファトゥの補題から[25]，

$$\varliminf_{i \to \infty} \int_{t_0}^{t_1} h_{\varepsilon_i}^{**}(t, y_i(t)) dt \geq \int_{t_0}^{t_1} \varliminf_{i \to \infty} h_{\varepsilon_i}^{**}(t, y_i(t)) dt$$

が成り立つ。さて，点列 $(y_i(\cdot))$ は $\dot{x}(\cdot)$ に L_1^n において強収束するのだから，一般性を失うことなく，$[t_0, t_1]$ 上ほとんど至るところで $y_i(t) \to \dot{x}(t)$ が成り立つと仮定してよい[26]。すると，$y_i(t) \to \dot{x}(t)$ となる t については，

$$\varliminf_{i \to \infty} h_{\varepsilon_i}^{**}(t, y_i(t)) \geq \varliminf_{i \to \infty} h_{\varepsilon_{i_0}}^{**}(t, y_i(t)) \geq h_{\varepsilon_{i_0}}^{**}(t, \dot{x}(t))$$

が任意の固定された整数 $i_0 \geq 1$ に対して成立する。最後に，補題 4 より，

---

24) （訳注） 最後から 2 番目の不等式は，3.3 節の命題 1 から導かれ，最後の不等式は，3.3 節の命題 2 より，$h_{\varepsilon_i}^{**}(t, y)$ が変数 y について凸関数であることによる。

25) （訳注） ファトゥの補題を非負可測関数族 $(h_{\varepsilon_i}^{**}(t, y) + \varphi^*(t, 0))$ に適用して，導出された不等式の両辺に有限値 $\int_{t_0}^{t_1}(-\varphi^*(t, 0)) dt$ を加えればよい。

26) （訳注） 点列 $(y_i(\cdot))$ が $\dot{x}(\cdot)$ に L_1^n ノルムについて収束するならば，ほとんど至るところで $\dot{x}(\cdot)$ に各点収束する点列 $(y_i(\cdot))$ の部分列が存在する。例えば，Dudley [1] の定理 10.3.6 およびの定理 9.2.1 を参照されたい。なお，Dudley [1] に登場するのは確率空間だが，もちろん正値有限測度空間でも同じことが成り立つ。ただし，Dudley [1] の定理 9.2.1 を適用する際には，$[t_0, t_1]$ が位相空間として可分であることに注意しよう。

$[t_0, t_1]$ 上ほとんど至るところで

$$\lim_{i \to \infty} h^{**}_{\varepsilon_i}(t, \dot{x}(t)) = f(t, x(t), \dot{x}(t))$$

が成り立つから[27]，(2) において，$\lambda \to 0$ とすれば，

$$c \geq \lim_{i \to \infty} \int_{t_0}^{t_1} h^{**}_{\varepsilon_i}(t, y_i(t))dt \geq \int_{t_0}^{t_1} \lim_{i \to \infty} h^{**}_{\varepsilon_i}(t, y_i(t))dt$$
$$\geq \int_{t_0}^{t_1} \lim_{i \to \infty} h^{**}_{\varepsilon_i}(t, \dot{x}(t))dt = \int_{t_0}^{t_1} f(t, x(t), \dot{x}(t))dt,$$

すなわち，$\mathscr{I}(x(\cdot)) \leq c$ が得られるが，これは当初の仮定に矛盾する．■

---

[27] (訳注) 仮定 $\mathscr{I}(x(\cdot)) < \infty$ より，$[t_0, t_1]$ 上ほとんど至るところで，$f(t, x(t), \dot{x}(t)) < \infty$ が成り立つ．また，φ は増大条件を満たすので，$[t_0, t_1]$ 上ほとんど至るところで，$\varphi^*_t(p) < \infty, \forall p \in \mathbb{Z}^n$ が成り立つ．ただし，$\mathbb{Z}^n$ は各成分が整数からなる n 次元ベクトルをすべて集めた集合を表す．3.3 節の命題 2 から，各 φ^*_t は凸関数なのだから，$\varphi^*_t(p) < \infty, \forall p \in \mathbb{Z}^n$ を満たす t については，$\varphi^*_t(p) < \infty, \forall p \in \mathbb{R}^n$ が成り立つ．つまり，$[t_0, t_1]$ 上ほとんど至るところで，$\varphi^*_t(p) < \infty, \forall p \in \mathbb{R}^n$ が成立する．そこで，$f(t, x(t), \dot{x}(t)) < \infty$ と $\varphi^*_t(p) < \infty, \forall p \in \mathbb{R}^n$ を満たす t を任意に選んで固定しよう．まず，f は正規被積分関数であるから，関数 $g : (x, y) \mapsto f(t, x, y)$ は $\mathbb{R}^n \times \mathbb{R}^n$ 上で定義された閉関数である．また，$\mathbb{R}^n$ 上の関数 ψ を $\psi(y) = \varphi_t(y)$ と定義すれば，t の選び方から，dom $\psi^* = \mathbb{R}^n$ であり，また，$|x - x(t)| < \varepsilon$ を満たす任意の x と任意の y に対して，

$$g(x, y) = f(t, x, y) \geq \varphi(t, y) = \psi(y)$$

が成り立つ．さらに，関数 $g_{x(t)} : y \mapsto g(x(t), y)$ に対して，dom $\psi^* = \mathbb{R}^n$ より，$\psi(y) > -\infty, \forall y \in \mathbb{R}^n$ となることから，上式より，$g_{x(t)}(y) > -\infty, \forall y \in \mathbb{R}^n$ が得られ，一方で t の選び方から，$g_{x(t)}(\dot{x}(t)) = f(t, x(t), \dot{x}(t)) < \infty$ となるので，$g_{x(t)}$ は適正である．以上で，定理 3 に登場する関数がそれぞれ補題 4 の前件を満たしていることは確認できたので，補題 4 より，

$$\lim_{i \to \infty} h^{**}_{\varepsilon_i}(t, \dot{x}(t)) = g^{**}_{x(t)}(\dot{x}(t)) \qquad (*)$$

が成り立つ．最後に，g が $\mathbb{R}^n \times \mathbb{R}^n$ 上の閉関数であることから，関数 $g_{x(t)}$ は $\mathbb{R}^n$ 上の閉関数である．また，被積分関数 f が準正則であるという仮定から，$g_{x(t)}$ は凸関数である．したがって，$g_{x(t)}$ は閉凸関数なので，すでに上で確認した $g_{x(t)}$ が適正であるという事実に注意して，3.3 節の定理 1(フェンシェル＝モローの定理) を適用すると，$g_{x(t)} = g^{**}_{x(t)}$ が得られる．そこで，これと $(*)$ より，

$$\lim_{i \to \infty} h^{**}_{\varepsilon_i}(t, \dot{x}(t)) = g_{x(t)}(\dot{x}(t)) = f(t, x(t), \dot{x}(t))$$

が成り立つことがわかる．

9.2 解の存在定理

9.2.1 一般定理

はじめに，以下の形の問題を分析しよう：

$$\mathscr{I}(x(\cdot)) = \int_{t_0}^{t_1} f(t, x(t), \dot{x}(t))dt \to \inf; \tag{1}$$

$$x(t_0) = x_0, \quad x(t_1) \in A. \tag{2}$$

ただし，上式において，f は $[t_0, t_1] \times \mathbb{R}^n \times \mathbb{R}^n$ 上で定義された正規被積分関数，$x_0 \in \mathbb{R}^n$ であって，さらに，$A \subset \mathbb{R}^n$ は閉集合である．$A = \{x_1\}$ であって，f が滑らかな実数値関数である場合には，問題 (1), (2) は古典的な変分法における基本問題となる．一方で，変数 x とその微分 $\dot{x}$ の値域に様々な制約のある変分法の問題など，基本問題以外にも問題 (1), (2) の枠組みに組み入れて考えることができる問題があり，例えば，問題

$$\int_{t_0}^{t_1} g(t, x(t), \dot{x}(t))dt \to \inf;$$
$$(x(t), \dot{x}(t)) \in U(t), \ t \in [t_0, t_1],$$
$$x(t_0) = x_0, \quad x(t) \in A$$

は，

$$f(t, x, y) = \begin{cases} g(t, x, y) & (x, y) \in U(t) \text{ のとき,} \\ \infty & (x, y) \notin U(t) \text{ のとき} \end{cases}$$

と置くことによって，問題 (1), (2) に組み込まれる (被積分関数 g と多価写像 U が正規である場合には，8.1 節の定理 3 の系 1 より，上で定義した f は正規被積分関数となる)．また，あとで確認するように，最適制御問題における解の存在問題も問題 (1), (2) に帰着させて考えることができる．

定理 1. f を $[t_0, t_1] \times \mathbb{R}^n \times \mathbb{R}^n$ 上で定義された準正則な正規被積分関数とし，ある $[t_0, t_1]$ 上で定義され，増大条件を満足する可測被積分関数 φ に対して，

$$f(t,x,y) \geq \varphi(t,y), \quad (t,x,y) \in [t_0, t_1] \times \mathbb{R}^n \times \mathbb{R}^n$$

を満たすとする．このとき，問題 (1), (2) の値が有限値ならば，制約条件 (2) を満たすベクトル値関数 $x(\cdot) \in W_{1,1}^n$ であって，問題 (1), (2) の解となるものが存在する．

証明．[28] まず，問題 (1), (2) の値が有限値なのだから，ある $c \in \mathbb{R}$ に対して，集合

$$B_c = \{x(\cdot) \in W_{1,1}^n | \mathscr{I}(x(\cdot)) \leq c, x(t_0) = x_0, x(t_1) \in A\}$$

は非空であって，しかも 9.1 節の定理 1 の系から，$C^n([t_0, t_1])$ において相対コンパクトである．

ここで，B_c の C^n における閉包 $\overline{B_c}$ (B_c は C^n において相対コンパクトなのだから，$\overline{B_c}$ はもちろんコンパクトである) が，$W_{1,1}^n$ に含まれることを証明しよう．$x(\cdot) \in \overline{B_c}$ を任意に取る．すると，B_c の点列 $(x_m(\cdot))$ が存在して，$x_m(\cdot) \to x(\cdot)$ (一様収束) が成り立つ．いま，各 x_m は，

$$x_m(t) = x_0 + \int_{t_0}^t \dot{x}_m(\tau) d\tau, \quad \forall t \in [t_0, t_1]$$

と表すことができて，$\mathscr{I}(x_m(\cdot)) \leq c$ より，$\mathscr{I}_\varphi(\dot{x}_m(\cdot)) \leq c$ であるから，9.1 節の定理 1 より $(\dot{x}_m(\cdot))$ は L_1^n において弱相対コンパクトである．そこで，必要ならば，点列 $(\dot{x}_m(\cdot))$ の部分列を取ることによって，ある $y(\cdot) \in L_1^n$ に弱収束するようにできる．したがって，

$$\int_{t_0}^t \dot{x}_m(\tau) d\tau \to \int_{t_0}^t y(\cdot) dt, \quad \forall t \in [t, t_1]$$

が成り立つのだから，関数 z を，

$$z(t) = x_0 + \int_{t_0}^t y(\tau) d\tau, \quad t \in [t_0, t_1]$$

と定義すれば，明らかに $z(\cdot) \in W_{1,1}^n$ であって，さらに，任意の $t \in [t_0, t_1]$

---

[28] （訳注）英訳版ではほぼ自明という書き方をしてあったが，あまりに不親切なので大幅に書き足した．

9.2 解の存在定理

に対して，$x_m(t) \to z(t)$ が成立する．これから直ちに $x(\cdot) = z(\cdot)$ が得られ，$x(\cdot) \in W_{1,1}^n$ となることがわかる．よって，$\overline{B_c}$ は $W_{1,1}^n$ に含まれるのだから，B_c の $W_{1,1}^n$ における一様収束位相に関する閉包は $\overline{B_c}$ に等しいことがわかる．

後は，問題の値（これは有限値である）に $\mathscr{I}(x_m(\cdot))$ が上から近づいていく近似列 $(x_m(\cdot))$ を取ればよい．B_c の相対コンパクト性から必要ならば部分列を取って，この点列が $W_{1,1}^n$ の元 $x(\cdot)$ に一様収束することがわかる．9.1 節の定理 3 が使えればこの点が解なのだが，しかし 9.1 節の定理 3 には $\mathscr{I}(x(\cdot)) < +\infty$ という条件がついていた．この点については，実は証明内で使っているのは $f(t, x(t), \dot{x}(t)) < \infty$ がほとんどすべての t で成り立つという事実だけであることに着目しよう．いま，$x_m(\cdot)$ は $x(\cdot)$ に一様収束している．$\dot{x}_m(\cdot)$ は $\dot{x}(\cdot)$ に L_1^n 弱収束しているので，マズールの定理から，凸結合により概収束する部分列が取れる．f の準正則性を利用すると，ある $(z_m(\cdot))$ という列が存在して，$z_m(\cdot)$ は $x(\cdot)$ に一様収束し，$\dot{z}_m(\cdot)$ は $\dot{x}(\cdot)$ に概収束して，さらに $\mathscr{I}(z_m(\cdot)) \le c$ がすべての m について成り立つ（ただし許容可能かどうかはわからない）．さて，仮に $f(t, x(t), \dot{x}(t)) = \infty$ であるような t の集合 Δ が正の測度を持っていたとしよう．いま φ は増大条件を満たすので $-\varphi^*(t, 0) = \inf_{y \in \mathbb{R}^n} \varphi(t, y)$ は可積分である．よって

$$c_1 = c - \int_{t_0}^{t_1} \min\{0, \inf_{y \in \mathbb{R}^n} \varphi(t, y)\} dt$$

は有限値である．そこで

$$c_2 > \frac{2|c_1|}{\text{mes } \Delta}$$

となる c_2 を選び，また $\Delta_m = \{t \in \Delta | f(t, z_m(t), \dot{z}_m(t)) > c_2\}$ と定義する．f は t を止めれば閉なので，ほとんどすべての $t \in \Delta$ について $f(t, z_m(t), \dot{z}_m(t)) \to \infty$ であり，よって十分大きな m について Δ_m の測度は Δ の測度の半分を超える．このとき

$$\begin{aligned}
c \ge \mathscr{I}(z_m(\cdot)) &= \int_{t_0}^{t_1} f(t, z_m(t), \dot{z}_m(t)) dt \\
&\ge \int_{t_0}^{t_1} \min\{0, \inf_{y \in \mathbb{R}^n} \varphi(t, y)\} dt + \int_{\Delta_m} f(t, z_m(t), \dot{z}_m(t)) dt \\
&\ge c - c_1 + (\text{mes } \Delta_m) c_2 > c - c_1 + |c_1| \ge c
\end{aligned}$$

となって矛盾が生ずる．よって Δ の測度はゼロであり，9.1 節の定理 3 はそ

のままの形ではないがきちんと使えて，$x(\cdot)$ はたしかに問題の解である。∎

定理 2. f を $[t_0, t_1] \times \mathbb{R}^n \times \mathbb{R}^n$ 上で定義された準正則な正規被積分関数であって，不等式

$$f(t, x, y) \geq \psi_1(|y|) - \psi_2(|x|) + r(t), \quad (t, x, y) \in [t_0, t_1] \times \mathbb{R}^n \times \mathbb{R}^n$$

を満たすとする。ただし，上式において，$r(t)$ は $[t_0, t_1]$ 上で定義された可積分関数で，ψ_1 と ψ_2 を $[0, \infty)$ 上で定義され，以下の条件を満たす関数とする：

(i) ψ_1 は $[0, \infty)$ 上で非負，凸であって，$\psi_1(0) = 0$ を満たす。

(ii) ψ_2 は $[0, \infty)$ 上で非負，連続，非減少である。

(iii) $t \to \infty$ のとき，$t^{-1}\psi_1(t) \to \infty$ が成り立つ。

(iv) 2つの正数 $\gamma > 0$ と $\lambda_0 > 0$ が存在して，$\lambda \to \infty$ のとき，$\psi_1(\gamma^{-1}\lambda) - \psi_2(\lambda + \lambda_0) \to \infty$ が成り立つ。

さらに，問題 (1), (2) の値は有限値であると仮定する。このとき，$t_1 - t_0 \leq 2\gamma$，$|x_0| \leq \lambda_0$，$|x_1| \leq \lambda_0, \forall x_1 \in A$ が成り立つならば，制約条件 (2) を満たすベクトル値関数 $x(\cdot) \in W_{1,1}^n$ であって，問題 (1), (2) の解となるものが存在する。

証明.[29] 一般性を失うことなく $t_0 = 0$ と仮定してよいであろう。9.1 節の定理 2 に出てきた集合 B_c は問題 (1), (2) の，目的関数の値が c 以下の許容可能な要素をすべて含み，したがってある c に対して非空である。ただしここで本来の問題では x の定義域は $[0, t_1]$ なので，$t \in [t_1, 2\gamma]$ に対しては $x(t) = x(t_1)$ と見なすことにする。9.1 節の定理 2 の証明を見るとわかるとおり，B_c の要素の微分となる関数は L_1^n 内で一様可積分であり，よって定理 1 で行ったのと同じ議論によって，B_c の一様収束位相についての閉包は $W_{1,1}^n$ に含まれる。

後は同様にして問題の値に上から収束する列を取り，部分列を取って極限 $x(\cdot)$ を求めればよいのだが，ただひとつだけ，9.1 節の定理 3 を適用するた

---

29) （訳注）これもあまりにも不親切だったので大幅に書き足した。

9.2 解の存在定理

めの前件が成り立っているかどうかがまだ解決していない。ここでは，まず $\|x(\cdot)\| + 1 = M$ としよう。そして，

$$\varphi(t, y) = \psi_1(|y|) - \psi_2(M) + r(t)$$

とする。この $\varphi(t,y)$ が可測な被積分関数であること，および 9.1 節の定理 3 の不等式を $\varepsilon = 1$ について満たすことに注意すれば，後はこれが増大条件を満たすことを示すだけでよい。そこで計算すると，

$$\begin{aligned}\varphi^*(t, p) &= \sup_{y \in \mathbb{R}^n} \left((p|y) - \varphi(t, y) \right) \\ &= \sup_{y \in \mathbb{R}^n} \left((p|y) - (\psi_1(|y|) - \psi_2(M) + r(t)) \right) \\ &\leq \sup_{y \in \mathbb{R}^n} (|p||y| - \psi_1(|y|)) + \psi_2(M) - r(t) \\ &= \sup_{y \in \mathbb{R}^n \setminus \{0\}} |y| \left(|x| - \frac{\psi_1(|y|)}{|y|} \right) + \psi_2(M) - r(t)\end{aligned}$$

となるが，条件 (iii) を考えれば $\int_{t_0}^{t_1} \varphi^*(t, p) dt < \infty$ はわかる。逆に

$$\varphi^*(t, p) \geq -\varphi(t, 0) = \psi_2(M) - r(t)$$

なので，$\int_{t_0}^{t_1} \varphi^*(t,p) dt$ は有限値であり，よって増大条件は確かに成り立っている。これですべての問題が解決し，$x(\cdot)$ が解であることがわかった。■

定理 1 と定理 2 では適用できる問題の範囲が異なることに注意しよう。例えば，ヒルベルトの例 (2.2 節の例 3)

$$\int_0^1 t^{2/3} \dot{x}^2 dt \to \inf; \quad x(0) = 0, \ x(1) = 1$$

の解の存在は定理 1 によって保証される ($\varphi(t,y) = t^{2/3} y^2$ とすれば $t > 0$ の場合の随伴方程式 $\varphi_t^*(p) = p^2/(4t^{2/3})$ は任意の $p \in \mathbb{R}$ について可積分である)。一方で，$\psi(y) + r(t)$ の形をした関数で，定理 2 の条件をすべて満たし，しかも不等式 $f(t,y) = t^{2/3} y \geq \psi(|y|) + r(t)$ を満足するものは存在しないから，定理 2 をこの問題に適用することはできない。逆に，定理 1 からは，問題

$$\int_0^T (|\dot{x}|^n - |x|^m)\,dt \to \inf; \quad x(0) = 0,\ x(T) = 0$$

の解の存在について何も言うことができない．この問題の解の存在について，定理2を用いた場合には何が言えるか考察してみよう．まず，$n < m$ の場合には，定理2もやはりこの問題には適用できない（条件 (iv) が満たされないからである）．ただし，この場合には，問題の値が $-\infty$ となる．このことを確認するためには，

$$x_k(t) = \begin{cases} kt, & 0 \le t \le T/2 \text{ のとき}, \\ kT/2 - k(t - T/2), & T/2 \le t \le T \text{ のとき}, \end{cases}$$

によって定義される点列 $(x_k(\cdot))$ を考えればよい．したがって，$n < m$ の場合には，上の問題には解は存在しない．一方で，$n > m$ の場合には，定理2によって，任意の $T > 0$ に対して，上の問題の解の存在が保証される．最後に，$n = m$ の場合，$T < 2$ のときには，解の存在は保証される．一方で，$T > 2$ の場合には，$n = m$ が十分大きいか，あるいは十分1に近い場合に，大きい k を選んで議論すると，問題の値が $-\infty$ となることがわかる．

9.2.2 最適制御問題における解の存在

ここでは，2章で考察した最適制御問題よりも幾分一般的な形式の問題

$$\mathscr{I}(x(\cdot), u(\cdot)) = \int_{t_0}^{t_1} f(t, x(t), u(t))\,dt \to \inf; \tag{3}$$

$$x \in X,\ u \in U,\ t \in [t_0, t_1], \tag{4}$$

$$x(t_0) = x_0,\ x(t_1) \in A, \tag{5}$$

$$\dot{x} = \varphi(t, x, u) \tag{6}$$

について考えよう．今までと同様に，$X \subset \mathbb{R}^n, U \subset \mathbb{R}^m, A \subset \mathbb{R}^n$ とする．また，常に X, U, A は閉集合であると仮定し，関数 f と写像 φ は以下の条件を満たすとする：

(i) f と φ はカラテオドリの条件を満たす．つまり，f と φ は $t \in [t_0, t_1]$ を固定すれば，(x, u) について連続関数であり，$(x, u) \in X \times U$ を固定すれば，t について可測関数である．

9.2 解の存在定理

(ii) 任意の有界集合 $C \subset \mathbb{R}^n \times \mathbb{R}^m$ について，関数

$$\sup_{(x,u) \in C} (|f(t,x,u)| + |\varphi(t,x,u)|)$$

は可積分である．

本節では，許容可能な制御変数として，U に値を持つ可測関数を考えることにする (つまり，2 章のように有界性を許容可能な制御変数であるための条件とはしない)．このように許容可能な制御変数の集合を拡大した理由については，9.2.3 項で議論する．

いま，

$$h(t,x,y) = \inf\{f(t,x,u) | u \in U, \varphi(t,x,u) = y\}$$

とおき，これを用いて定式化された問題

$$\mathscr{I}_h(x(\cdot)) = \int_{t_0}^{t_1} h(t,x,\dot{x}) dt \to \inf; \tag{7}$$

$$x \in X, \quad x(\cdot) \in W_{1,1}^n, \quad x(t_0) = x_0, \quad x(t_1) \in A \tag{8}$$

について考えよう．この問題は，この節の最初に述べた問題 (1), (2) と同じ形式をしていることに注意しよう．

補題 1. 上で定義した関数 $h(t,x,y)$ は可測被積分関数である．また，仮に h が正規被積分関数であって，$h(t,x,y) < \infty$ を満たす任意の t,x,y に対して，ある $u \in U$ が存在して，$\varphi(t,x,u) = y$ および $f(t,x,u) = h(t,x,y)$ が成り立つならば，$\mathscr{I}_h(x(\cdot)) < \infty$ を満たす任意の $x(\cdot) \in W_{1,1}^n$ に対して，少なくとも一つの許容可能な制御変数 $u(t)$ が存在して，ほとんどすべての $t \in [t_0, t_1]$ に対して，$\varphi(t,x(t),u(t)) = \dot{x}(t)$ を満たし，さらに，$\mathscr{I}(x(\cdot), u(\cdot)) = \mathscr{I}_h(x(\cdot))$ が成り立つ．とくに，問題 (3)-(6) が解を持つことと問題 (7), (8) が解を持つことは同値である．また，制御過程 $(x(\cdot), u(\cdot))$ が問題 (3)-(6) の解であることと $x(\cdot)$ が問題 (7), (8) の解であることは同値である．

証明. h が可測被積分関数であることは 8.1.4 節の最初の部分ですでに証明されている。h が正規被積分関数であると仮定しよう。すると，任意の $x(\cdot) \in W_{1,1}^n$ に対して，$h(t, x(t), \dot{x}(t))$ は可測関数である (8.1 節の命題 8)。ここで，$\mathscr{I}_h(x(\cdot)) < \infty$ を満たす $x(\cdot) \in W_{1,1}^n$ を任意にとり，これを用いて，多価写像 F を

$$F(t) = \{u \in \mathbb{R}^m | u \in U, \varphi(t, x(t), u) = \dot{x}(t), f(t, x(t), u) = h(t, x(t), \dot{x}(t))\}$$

と定義する。仮定から，ほとんどすべての $t \in [t_0, t_1]$ に対して，$F(t)$ は非空である。補題の前半部分の主張を証明するためには，多価写像 F が可測であることを示してから可測選択子定理 (8.1 節の定理 1) を適用すればよい。関数 h の定義から，任意の $t \in [t_0, t_1]$ に対して，

$$F(t) = \{u \in \mathbb{R}^m | u \in U, \varphi(t, x(t), u) = \dot{x}(t), f(t, x(t), u) \leq h(t, x(t), \dot{x}(t))\}$$

が成り立つ。そこで，8.1 節の定理 3 の系 2 より，F は可測である[30]。補題の後半部分の主張を証明するためには，問題 (3)-(6) における任意の許容可能な制御過程 $(x(\cdot), u(\cdot))$ について，

$$\mathscr{I}(x(\cdot), u(\cdot)) \geq \mathscr{I}_h(x(\cdot))$$

が成り立つことに注意して，すでに証明した前半部分の主張を用いればよい。∎

とくに，上で証明した補題から，もし問題 (3)-(6) に登場する関数や集合が補題 1 で述べられている仮定をすべて満たすような性質を有しているならば，問題 (7), (8) の解の存在は，問題 (3)-(6) の解の存在を含意することがわかる。

定理 3. 問題 (3)-(6) の値は有限値であり，関数 $h(t, x, y)$ は y について凸で

---

[30] （訳注）関数 f はカラテオドリの条件を満たすのだから，正規被積分関数であることは容易に証明できる。また，$u \in U$ を固定して，関数 ψ を $\psi(t, x) = \varphi(t, x, u)$ と定義すると，$\psi(t, x)$ はカラテオドリの条件を満たす。このことから $t \mapsto \psi(t, x(t))$ は可測であることがわかる。したがって，関数 $(t, u) \mapsto \varphi(t, x(t), u)$ はカラテオドリの条件を満たす。

あるとする．このとき，問題 (3)-(6) の解が存在するためには，以下の 4 つのいずれかが成り立てば十分である：

(i) 正数 $k > 0$, 可積分関数 $r(t)$, および $[t_0, t_1] \times \mathbb{R}^m$ 上で定義され，増大条件を満足する被積分関数 $\psi(t, u)$ が存在して，任意の $t \in [t_0, t_1]$, $x \in X$, $u \in U$ に対して，

$$f(t, x, u) \geq \psi(t, u), \tag{9}$$
$$|\varphi(t, x, u)| \leq k|u| + r(t) \tag{10}$$

が成立する．

(ii) 任意の有界集合 $B \subset X$ に対して，$k > 0$, $r(t) \in L_1$, および $[t_0, t_1] \times \mathbb{R}^m$ 上で定義され，増大条件を満足する被積分関数 $\psi(t, u)$ が存在して，任意の $t \in [t_0, t_1]$, $x \in B$, $u \in U$ に対して，関係式 (9) と (10) が成り立ち，さらに，$k_1 > 0$, $c > 0$, および可積分関数 $r_1(t)$ が存在して，任意の $t \in [t_0, t_1]$, $|x| \geq c$ を満たす任意の $x \in X$, および任意の $u \in U$ に対して，

$$f(t, x, u) \geq k_1 |\varphi(t, x, u)| + r_1(t) \tag{11}$$

が成立する．

(iii) U は有界集合であって，さらに，正数 $k > 0$ と可積分関数 $r(t)$ が存在して，任意の $t \in [t_0, t_1]$, $x \in X$, $u \in U$ に対して，

$$|(x|\varphi(t, x, u))| \leq k|x|^2 + r(t) \tag{12}$$

が成立する．

(iv) $[0, \infty)$ 上で定義され，定理 2 の (i)-(iv) を満足する 2 つの関数 ψ_1, ψ_2 と可積分関数 $r(t)$ が存在して，任意の $t \in [t_0, t_1]$, $x \in X$, $u \in U$ に対して，

466　第 9 章　変分法と最適制御における問題の解の存在

$$f(t, x, u) \geq \psi_1(|\varphi(t, x, u)|) - \psi_2(|x|) + r(t) \tag{13}$$

が成り立ち，さらに，$|u| \to \infty$ としたときに，任意の $x \in X$ の近傍と $[t_0, t_1]$ 上で一様に $|\varphi(t, x, u)| \to \infty$ が成立する。

証明． はじめに，4 条件のいずれの場合においても，h は正規被積分関数であって，$h(t, x, y) < \infty$ ならば，$\varphi(t, x, u) = y$ と $f(t, x, u) = h(t, x, y)$ を満たす $u \in U$ が存在することを証明しよう．後半の主張は，(iii) においては，U がコンパクト集合であって，f と φ は u について連続なのだから，明らかに成り立つ．また，(iv) においても，φ が u について連続であって，$|u| \to \infty$ のときに $|\varphi(t, x, u)| \to \infty$ となるのだから，集合 $\{u \in U | \varphi(t, x, u) = y\}$ はコンパクトであり，ゆえに，やはり h の定義における下限はある u によって達成される．さらに，$(x_s), (y_s)$ を $x_s \to x \in X, y_s \to y \in \mathbb{R}^n$ と $h(t, x_s, y_s) < \infty, \forall s \geq 1$ を満たす点列とするとき，上で証明したことから，各 $s \geq 1$ に対して，$f(t, x_s, u_s) = h(t, x_s, y_s)$ と $\varphi(t, x_s, u_s) = y_s$ を満たす $u_s \in U$ が存在する．いま，$|u| \to \infty$ とするとき，x の近傍に属する x' に対して，一様に $|\varphi(t, x', u)| \to \infty$ となるのだから，(u_s) は有界である[31]．そこで，必要ならば，点列 (u_s) の部分列を取ることで，$u_s \to u \in U$ と仮定してよい．すると，φ の (x, u) に関する連続性から，$\varphi(t, x, u) = y$ であって，さらに f の (x, u) に関する連続性から，

$$h(t, x, y) \leq f(t, x, u) = \lim_{s \to \infty} f(t, x_s, u_s) = \lim_{s \to \infty} h(t, x_s, y_s)$$

が得られる．よって，h は (x, y) に関して下半連続である．このことから，(iii) と (iv) においては，h は正規被積分関数である[32]．(i) と (ii) において，上で述べた主張を証明するためには，ほとんどすべての $t \in [t_0, t_1]$ に対して，$|u| \to \infty$ のときに $\psi(t, u) \to \infty$ が成り立つことを示せばよい．実際，$|u| \to \infty$

---

31)　（訳注）(iii) の場合には，U がコンパクト集合なのだから，もちろん (u_s) は有界である．

32)　（訳注）h が可測被積分関数であることは補題 1 においてすでに示されていることに注意しよう．

のときに $\psi(t,u) \to \infty$ となる t については,集合 $\{u \in U | f(t,x,u) \leq c\}$ がコンパクトとなるからである[33]。いま,仮定より,任意の $p \in \mathbb{R}^m$ に対して,関数 $t \mapsto \psi^*(t,p)$ は可積分なのだから,ほとんどすべての $t \in [t_0, t_1]$ に対して,$\psi^*(t,\cdot)$ の有効定義域は $\mathbb{R}^m$ に一致する[34]。ところが,このような t に対しては,明らかに,

$$\psi(t,u) \geq |u| - \max_{|p| \leq 1} \psi^*(t,p) \to \infty \ (|u| \to \infty)$$

が成り立つ。

以上より,すべての場合において,h は正規被積分関数であって,$h(t,x,y) < \infty$ の場合には,$\varphi(t,x,u) = y$ と $f(t,x,u) = h(t,x,y)$ を満たす $u \in U$ が存在することが示された[35]。したがって,あとは問題 (7), (8) に解が存在することを証明して,補題 1 を適用すればよい。

(i) 関数 λ を,

$$\lambda(t,y) = \inf\{\psi(t,u) | u \in U, k|u| + r(t) \geq |y|\}$$

と定義する。すると,(9) と (10) から,任意の $t \in [t_0, t_1]$,$x \in X$,$y \in \mathbb{R}^n$ に対して,

$$\begin{aligned} h(t,x,y) &= \inf\{f(t,x,u) | u \in U, \varphi(t,x,u) = y\} \\ &\geq \inf\{\psi(t,u) | u \in U, \varphi(t,x,u) = y\} \\ &\geq \inf\{\psi(t,u) | u \in U, |\varphi(t,x,u)| = |y|\} \\ &\geq \inf\{\psi(t,u) | u \in U, k|u| + r(t) \geq |y|\} \end{aligned}$$

---

33) (訳注) 若干補足しておくと,上の議論をやる代わりに,下半連続でないという背理法から出発して矛盾を導けるということである。

34) (訳注) 注 27 における議論を参照されたい。

35) (訳注) (i) と (ii) においては,正規被積分関数という用語は,可測であって,ほとんどすべての $t \in [t_0, t_1]$ について,epi h_t が閉集合である被積分関数 $h(t,x,y)$ を指しており,また,$h(t,x,y) < \infty$ の場合には,$\varphi(t,x,u) = y$ と $f(t,x,u) = h(t,x,y)$ を満たす $u \in U$ が存在することについても,t が $[t_0, t_1]$ 内のある測度 0 の集合内にあるときには満たされないことがあり得る。ただし,これらの定義や条件の不整合性は定理の証明に特に問題を引き起こすことはない。

$$= \lambda(t, y)$$

が成り立つ。ここで，被積分関数 λ が増大条件を満たすことを証明しよう[36]。関数 α を，

$$\alpha(t, q) = |q|r(t) + \sup\{\psi^*(t,p)|p \in \mathbb{R}^m, |p| \leq k|q|\}$$

と定義すると，ψ は増大条件を満たすのだから，8.3 節の命題 4 より，任意の $q \in \mathbb{R}^n$ について，関数 $t \mapsto \alpha(t, q)$ は可積分である。一方で，任意の $t \in [t_0, t_1]$ と $q \in \mathbb{R}^n$ に対して，

$$\begin{aligned}
\lambda^*(t, q) &= \sup_{y \in \mathbb{R}^n}((q|y) - \lambda(t,y)) \\
&\leq \sup_{y \in \mathbb{R}^n}(|q||y| - \lambda(t,y)) \\
&= \sup_{y \in \mathbb{R}^n}\left(|q||y| + \sup_{u \in U, k|u|+r(t) \geq |y|}(-\psi(t,u))\right) \\
&= \sup_{u \in U}(k|q||u| - \psi(t,u)) + |q|r(t) \\
&= |q|r(t) + \sup\left\{\left.\sup_{u \in U}((p|u) - \psi(t,u))\right| p \in \mathbb{R}^m, |p| \leq k|q|\right\} \\
&= |q|r(t) + \sup\{\psi^*(t,p)|p \in \mathbb{R}^m, |p| \leq k|q|\} \\
&= \alpha(t, q)
\end{aligned}$$

が成り立つから，$\mathrm{dom}\left(\int_{t_0}^{t_1} \lambda_t^* dt\right) = \mathbb{R}^n$ が得られ，λ が増大条件を満たすことがわかる。よって，定理 1 から，問題 (7), (8) の解は存在する。

---

[36] （訳注）先に λ の可測性を示すべきである。まず，$\mathbb{R}^n$ の有理点にナンバリングして (y_M) とする。$(\alpha_m(t), u_m(t))$ を ψ_t のエピグラフの可測選択子の族として，$y_{\ell m}(t)$ を，$\ell \leq M$ となる M で $k|u_m(t)| + r(t) > |y_M|$ となる最小の M に対する y_M であるとして定義しよう。このとき $y_{\ell m}(t)$ は可測である。また $\alpha_{\ell m}(t) = \alpha_m(t)$ と定義する。するとまず，$(\alpha_{\ell m}(t), y_{\ell m}(t))$ は λ_t のエピグラフに所属している。次に，もし $\alpha > \lambda(t, y)$ であるならば，$\alpha > \psi(t, u)$ かつ $k|u| + r(t) \geq |y|$ となる u が存在するため，任意の $\varepsilon > 0$ に対して $|\alpha - \alpha_m(t)| + |u - u_m(t)| < \varepsilon$ となる m が存在する。必要なら $|u| < |u_m(t)|$ となることを仮定してよい。このとき $k|u_m(t)| + r(t) > |y|$ なので，$|y - y_{\ell m}(t)| < \varepsilon$ となる ℓ が存在する。まとめると，$\alpha > \lambda(t, y)$ ならば (α, y) のいくらでも近くに $(\alpha_{\ell m}(t), y_{\ell m}(t))$ が存在しているので，これは λ が可測であることを意味している。

9.2 解の存在定理

(ii) 問題 (3)-(6) の値を α とし，$(x(\cdot), u(\cdot))$ を，$\mathscr{I}(x(\cdot), u(\cdot)) \leq \alpha + 1$ を満たす問題 (3)-(6) の許容可能な制御過程とする．仮定から，$[t_0, t_1] \times \mathbb{R}^m$ 上で定義され，増大条件を満足する被積分関数 $\psi_1(t, u)$ が存在して，任意の $t \in [t_0, t_1]$, $|x| \leq c$ を満たす任意の $x \in X$, および任意の $u \in U$ に対して，関係式 (9) を満たす．したがって，任意の $t \in [t_0, t_1]$ に対して，

$$\inf\{f(t, x, u) | x \in X, |x| \leq c, u \in U\} \geq \inf_{u \in U} \psi_1(t, u) \geq -\psi_1^*(t, 0)$$

が成り立つ．ここで，

$$\Delta_0 = \{t \in [t_0, t_1] | |x(t)| \leq c\}, \quad \Delta_1 = \{t \in [t_0, t_1] | |x(t)| > c\}$$

と定義する．すると，(11) より，任意の $t \in [t_0, t_1]$ に対して，

$$\begin{aligned}
|x(t)| &\leq |x_0| + c + \int_{\Delta_1} |\varphi(t, x(t), u(t))| dt \\
&\leq |x_0| + c + k_1^{-1} \int_{\Delta_1} f(t, x(t), u(t)) dt + \int_{\Delta_1} |r_1(t)| dt \\
&\leq |x_0| + c + k_1^{-1}(\alpha + 1) \\
&\quad + \int_{t_0}^{t_1} |r_1(t)| dt - k_1^{-1} \int_{\Delta_0} f(t, x(t), u(t)) dt \\
&\leq |x_0| + c + k_1^{-1}(\alpha + 1) + \int_{t_0}^{t_1} |r_1(t)| dt \\
&\quad + k_1^{-1} \int_{\Delta_0} \psi_1^*(t, 0) dt = c_0 \in \mathbb{R}
\end{aligned}$$

が成り立つことがわかる．したがって，$\mathscr{I}(x(\cdot), u(\cdot)) \leq \alpha + 1$ を満たす問題 (3)-(6) の任意の許容可能な制御過程 $(x(\cdot), u(\cdot))$ に対して，$|x(t)| \leq c_0, \forall t \in [t_0, t_1]$ が成り立つ．いま，$X_1 = \{x \in X | |x| \leq c_0\}$ と定義し，問題

$$\mathscr{I}(x(\cdot), u(\cdot)) = \int_{t_0}^{t_1} f(t, x(t), \dot{x}(t)) dt \to \inf; \tag{14}$$

$$\dot{x} = \varphi(t, x, u), \tag{15}$$

$$x \in X_1, \quad u \in U, \quad t \in [t_0, t_1], \tag{16}$$

$$x(t_0) = x_0, \quad x(t_1) \in A \tag{17}$$

について考察しよう。上で証明したことから，問題 (14)-(17) と問題 (3)-(6) は値と解集合が (空集合である場合を含めて) 一致する。ところが，問題 (14)-(17) は (i) の条件を満足するから，すでに証明したように，解が存在する。よって，問題 (3)-(6) の解も存在することがわかる。

(iii) U が有界集合であることと関係式 (12) から，9.1 節の命題 3 を適用すると，ある正数 $c > 0$ が存在して，問題 (3)-(6) の任意の許容可能な制御過程 $(x(\cdot), u(\cdot))$ に対して，$|x(t)| \leq c, \forall t \in [t_0, t_1]$ が成り立つことがわかる。いま，関数 λ, ψ をそれぞれ，

$$\lambda(t) = \inf\{f(t, x, u) | x \in X, |x| \leq c, u \in U\},$$
$$\psi(t, u) = \begin{cases} \lambda(t), & u \in U \text{ のとき}, \\ \infty, & u \notin U \end{cases}$$

と定義する。すると，被積分関数 ψ は増大条件を満足する。実際，任意の $t \in [t_0, t_1]$ と $p \in \mathbb{R}^n$ に対して，

$$\psi^*(t, p) = s(p|U) - \lambda(t)$$

となるので，U の有界性と 9.2.2 項のはじめに書かれた条件 (ii) より $\lambda(t)$ が可積分であることから，任意の $p \in \mathbb{R}^n$ に対して，

$$\int_{t_0}^{t_1} \psi^*(t, p) dt = s(p|U)(t_1 - t_0) - \int_{t_0}^{t_1} \lambda(t) dt \in \mathbb{R}$$

が成り立つ。最後に，$X_1 = \{x \in X | |x| \leq c\}$ と定義し，再び問題 (14)-(17) について考察しよう。この問題と問題 (3)-(6) は，値と解集合が一致する。ところが，任意の $t \in [t_0, t_1]$，$x \in X_1$，および $u \in U$ に対して，

$$f(t, x, u) \geq \psi(t, u),$$

9.2 解の存在定理

$$|\varphi(t,x,u)| \leq \sup_{x' \in X_1, u' \in U} |\varphi(t,x',u')|$$

が成り立ち，9.2.2 項のはじめに書いてある条件 (ii) により，関数 $t \mapsto \sup_{x \in X_1, u \in U} |\varphi(t,x',u')|$ は可積分なのだから，この場合にも，問題 (14)-(17) は (i) の条件をすべて満たしていることがわかる．したがって，すでに示した事実から，問題 (14)-(17) の解は存在する．

(iv) 関係式 (13) より，

$$h(t,x,y) \geq \psi_1(|y|) - \psi_2(|x|) + r(t)$$

が成立する．したがって，定理 2 から，問題 (7), (8) の解は存在する．以上で，定理 3 の証明が完了した．■

定理 3 を適用する際に，定理 3 の前件の中で最も障害となり得るのは，被積分関数 h が y に関して凸という条件である．大抵の場合，この条件が成立していることを直接証明することは困難だが，何かしらの判定条件を援用して，間接的に示すことは可能である場合がある．ここでは，被積分関数 h が y に関して凸であるという条件を証明するのに有用な判定条件を一つ紹介しよう．

関数 H を，

$$H(t,x,p,u) = (p|\varphi(t,x,u)) - f(t,x,u)$$

と定義する．ただし，上式において，$p \in \mathbb{R}^n$ である．

命題 1. 定理 3 の (i)-(iv) のいずれかの条件が成り立っているとする．このとき，被積分関数 h が y について凸であるためには，任意の $t \in [t_0, t_1]$, $x \in \mathbb{R}^n$, および $p \in \mathbb{R}^n$ に対して，集合

$$Q(t,x,p) = \left\{ y \in \mathbb{R}^n \,\middle|\, \exists u \in U : H(t,x,p,u) = \max_{v \in U} H(t,x,p,v),\ \varphi(t,x,u) = y \right\}$$

が非空凸集合となっていれば十分である．

証明．まず，h の定義から，

$$h^*(t,x,p) = \sup_{y\in\mathbb{R}^n}((p|y) - h(t,x,y)) = \sup_{y\in\mathbb{R}^n}\left((p|y) - \inf_{u\in U, \varphi(t,x,u)=y} f(t,x,u)\right)$$
$$= \sup_{u\in U}((p|\varphi(t,x,u)) - f(t,x,u)) = \sup_{u\in U} H(t,x,p,u)$$

が成り立つ．また，定理 3 の証明の h が正規被積分関数であることを示しているところを見ればわかるように，ほとんどすべての $t \in [t_0, t_1]$ に対して，$(t,x,y) \in [t_0,t_1] \times X \times \mathbb{R}^n$ が $h(t,x,y) < \infty$ を満たせば，$\varphi(t,x,u) = y$ と $h(t,x,y) = f(t,x,u)$ を満足する $u \in U$ が存在する．また，定理 3 の証明において，(i)-(iv) がそれぞれ十分条件となっていることを証明しているところを見れば，ほとんどすべての $t \in [t_0, t_1]$ と任意の $x \in X$ に対して，dom $h^*(t,x,\cdot) = \mathbb{R}^n$ が成り立つことが確認できる[37]．いま，h が y について下半連続なのだから，h が y について凸であることを証明するためには，任意の $y \in \mathrm{ri}(\mathrm{dom}\, h^{**}(t,x,\cdot))$ について，$h(t,x,y) = h^{**}(t,x,y)$ となることを示せばよい[38]．ここで，次の 2 条件を満足する $(t,x) \in [t_0, t_1] \times X$ を任意に

---

[37] （訳注）(i) の場合には，定理 3 の証明に登場する被積分関数 λ が増大条件を満たしており，$h(t,x,y) \geq \lambda(t,y), \forall (t,x,y) \in [t_0,t_1] \times X \times \mathbb{R}^n$ が成り立つのだから，ほとんどすべての $t \in [t_0,t_1]$ と任意の $x \in X$ に対して，dom $h^*(t,x,\cdot) = \mathbb{R}^n$ が成立する．一方で，(ii) と (iii) の場合には，定理 3 の証明を見ればわかるように，X を X_1 に限定して，(i) の場合に帰着させているのだから，やはり，ほとんどすべての $t \in [t_0,t_1]$ と任意の $x \in X_1$ に対して，dom $h^*(t,x,\cdot) = \mathbb{R}^n$ が成り立つ．しかし X_1 を作るときの c はいくらでも大きく取れたのだから，ここでの X_1 は X と取り替えてよい．最後に，(iv) の場合には，定理 3 の証明に登場する不等式

$$h(t,x,y) \geq \psi_1(|y|) - \psi_2(|x|) + r(t), \quad \forall(t,x,y) \in [t_0,t_1] \times X \times \mathbb{R}^n$$

において，右辺の関数 $\Psi(t,x,y) = \psi_1(|y|) - \psi_2(|x|) + r(t)$ は，$r(\cdot) \in L_1$ と定理 2 の条件 (iii) から，増大条件を満足するから，ほとんどすべての $t \in [t_0,t_1]$ と任意の $x \in X$ について，dom $h^*(t,x,\cdot) = \mathbb{R}^n$ となることがわかる．

[38] （訳注）$t \in [t_0,t_1]$ と $x \in X$ が dom $h^*(t,x,\cdot) = \mathbb{R}^n$ を満たすとすれば，$h(t,x,y) > -\infty, \forall y \in \mathbb{R}^n$ が成り立つ．よって，フェンシェル＝モローの定理 (3.3 節の定理 1) から，$h(t,x,y) = h^{**}(t,x,y), \forall y \in \mathbb{R}^n$ となることが示されれば，$h(t,x,\cdot)$ が凸関数であることが示されたことになる．そこで，ここでは，上で述べられている主張が正しいことを確認するために，

$$[h(t,x,y) = h^{**}(t,x,y), \forall y \in \mathrm{ri}(\mathrm{dom}\, h^{**}(t,x,\cdot))] \implies [h(t,x,y) = h^{**}(t,x,y), \forall y \in \mathbb{R}^n]$$

となることを証明しよう．まず，dom $h^{**}(t,x,\cdot) = \emptyset$ の場合には，$h^{**}(t,x,y) = \infty, \forall y \in \mathbb{R}^n$ となるが，3.3 節の命題 1 より，$h(t,x,y) \geq h^{**}(t,x,y)$ は常に成立するのだから，結局 $h(t,x,y) = h^{**}(t,x,y), \forall y \in \mathbb{R}^n$ が得られる．一方で，dom $h^{**}(t,x,\cdot) \neq \emptyset$ の場合には，

9.2 解の存在定理

取る:

(a) $\mathrm{dom}\, h^*(t,x,\cdot) = \mathbb{R}^n$ を満たす。

(b) $h(t,x,y) < \infty$ を満たす任意の $y \in \mathbb{R}^n$ に対して, $\varphi(t,x,u) = y$ と $h(t,x,y) = f(t,x,u)$ を満足する $u \in U$ が存在する。

また,$\mathrm{dom}\, h^{**}(t,x,\cdot) \neq \emptyset$ であることを仮定する[39]。このとき,$h^{**}(t,x,\cdot)$ は適正な凸関数であるから,$y \in \mathrm{ri}(\mathrm{dom}\, h^{**}(t,x,\cdot))$ を任意に取ると,4.2 節の命題 4 より,$\partial_y h^{**}(t,x,y) \neq \emptyset$ が成り立つ。そこで,$p \in \partial_y h^{**}(t,x,y)$ とすれば,$y \in \partial_p h^*(t,x,p)$ が成立する[40]。また,$p \in \mathbb{R}^n = \mathrm{int}(\mathrm{dom}\, h^*(t,x,\cdot))$ であって,

---

3.3 節の命題 2 より,$h^{**}(t,x,\cdot)$ は凸関数なので,もちろん $\mathrm{dom}\, h^{**}(t,x,\cdot)$ は凸集合である。そこで,3.5 節の定理 2 より,$\mathrm{ri}(\mathrm{dom}\, h^{**}(t,x,\cdot)) \neq \emptyset$ となるから,$y_0 \in \mathrm{ri}(\mathrm{dom}\, h^{**}(t,x,\cdot))$ が存在する。いま,$h(t,x,y) = h^{**}(t,x,y), \forall y \in \mathrm{ri}(\mathrm{dom}\, h^{**}(t,x,\cdot))$ であると仮定し,y_1 を $\mathrm{dom}\, h^{**}(t,x,\cdot)$ の相対境界 (relative boundary) に属する点とする (つまり,$y_1 \in \mathrm{dom}\, h^{**}(t,x,\cdot) \setminus \mathrm{ri}(\mathrm{dom}\, h^{**}(t,x,\cdot))$ とする)。また,$h(t,x,y_1) > h^{**}(t,x,y_1)$ が成り立つと仮定する。ここで,関数 $y(\tau)$ を,

$$y(\tau) = (1-\tau)y_0 + \tau y_1, \quad \tau \in [0,1]$$

と定義し,α を $h(t,x,y_1) > \alpha > h^{**}(t,x,y_1)$ を満たす実数とする。まず,3.1 節の命題 4 から,$y(\tau) \in \mathrm{ri}(\mathrm{dom}\, h^{**}(t,x,\cdot)), \forall \tau \in [0,1)$ である。一方で,$h(t,x,\cdot)$ が閉関数であることから,十分 1 に近い $\tau \in [0,1]$ に対しては,$h(t,x,\tau) > \alpha$ が成り立つ。また,上で述べたように,$h^{**}(t,x,\cdot)$ は凸関数であるから,十分 1 に近い $\tau \in [0,1]$ に対しては,$\alpha > h^{**}(t,x,\tau)$ が成立する。そこで,十分 1 に近い $\tau \in [0,1)$ については,

$$h(t,x,\tau) > \alpha > h^{**}(t,x,\tau) = h(t,x,\tau)$$

となり,矛盾が生じる。したがって,任意の $y \in \overline{\mathrm{dom}\, h^{**}(t,x,\cdot) \setminus \mathrm{ri}(\mathrm{dom}\, h^{**}(t,x,\cdot))}$ に対して,$h(t,x,y) = h^{**}(t,x,y)$ が成り立つことがわかる。$h^{**}(t,x,y) = \infty$ となる $y \in \mathbb{R}^n$ について,$h(t,x,y) = h^{**}(t,x,y)$ が成り立つことは,上と同じ方法で示せるから,結局,所望の帰結 $h(t,x,y) = h^{**}(t,x,y), \forall y \in \mathbb{R}^n$ が得られたことになる。

39) (訳注) 注 38 ですでに述べたように,$\mathrm{dom}\, h^{**}(t,x,\cdot) = \emptyset$ の場合には,証明すべきことは何もない。

40) (訳注) 実際,$p \in \partial_y h^{**}(t,x,y)$ とすれば,任意の $z \in \mathbb{R}^n$ に対して,

$$h^{**}(t,x,z) - h^{**}(t,x,y) \geq (p|z-y),$$

すなわち,

$$\inf_{z \in \mathbb{R}^n} \left(h^{**}(t,x,z) - (p|z) \right) - h^{**}(t,x,y) \geq (p|-y) \qquad (*)$$

が成立する。一方で,3.3 節の命題 2 より,$h^*(t,x,\cdot)$ が閉凸関数であることに注意すれば,定義とフェンシェル=モローの定理から,$-h^*(t,x,p) = -h^{***}(t,x,p) = \inf_{z \in \mathbb{R}^n}(h^{**}(t,x,z) - (p|z))$ であり,また,ヤング=フェンシェルの不等式より,$h^*(t,x,q) -$

関数 $y \mapsto h(t,x,y)$ は閉なのだから,$\sum_{i=1}^{n+1} \alpha_i = 1$ を満たす $n+1$ 個の非負実数 $\alpha_1,\ldots,\alpha_{n+1}$ と $n+1$ 個のベクトル $y_1 \in \partial_p h^*(t,x,p),\ldots,y_{n+1} \in \partial_p h^*(t,x,p)$ が存在して,

$$y = \alpha_1 y_1 + \cdots + \alpha_{n+1} y_{n+1},$$
$$h(t,x,y_i) = h^{**}(t,x,y_i), \quad i = 1,\ldots,n+1$$

が成り立つ (この事実は,本章の後半で示される。9.3 節の補題 1 を見よ)[41]。そこで,$u_1 \in U,\ldots,u_{n+1} \in U$ が存在して,

$$\varphi(t,x,u_i) = y_i, \quad h(t,x,y_i) = f(t,x,u_i), \quad i = 1,\ldots,n+1$$

が成り立ち[42],また,各 y_i は $h(t,x,y_i) + h^*(t,x,p) = (p|y_i)$ を満たすのだから,上式より,

$$h^*(t,x,p) = (p|\varphi(t,x,u_i)) - f(t,x,u_i), \quad i = 1,\ldots,n+1$$

が成立する。したがって,各 $i = 1,\ldots,n+1$ に対して,

$$\max_{u \in U} H(t,x,p,u) = \max_{u \in U}((p|\varphi(t,x,u)) - f(t,x,u))$$
$$= (p|\varphi(t,x,u_i)) - f(t,x,u_i)$$
$$= H(t,x,p,u_i)$$

が成り立ち,これから,$y_i \in Q(t,x,p), \forall i = 1,\ldots,n$ となることがわかる。ゆえに,仮定より,$Q(t,x,p)$ は凸集合であるから,$y \in Q(t,x,p)$ が得られる。$Q(t,x,p)$ の定義から,これは,ある $u \in U$ が存在して,

---

$(q|y) \geq -h^{**}(t,x,y), \forall q \in \mathbb{R}^n$ が成り立つから,これらの関係式と $(*)$ から,任意の $q \in \mathbb{R}^n$ に対して,

$$h^*(t,x,q) - (q|y) - h^*(t,x,p) \geq (p|-y)$$

が成立する。ゆえに,$y \in \partial_p h^*(t,x,p)$ が得られる。

41)(訳注)9.3 節の補題 1 を適用する際に,関数 $h(t,x,\cdot)$ は,$\text{dom } h^*(t,x,\cdot) = \mathbb{R}^n$ から,$h(t,x,\cdot) > -\infty$ を満たし,また,$u \in U$ として,$y = \varphi(t,x,u)$ と置けば,$h(t,x,y) < \infty$ が成り立つから,適正であることに注意されたい。さらに,念のため,ここではカラテオドリの定理 (3.5 節の定理 1 の系 1) が用いられていることにも注意しよう。なお,9.3 節の補題 1 から,各 $y_i (i = 1,\ldots,n+1)$ は $h(t,x,y_i) + h^*(t,x,p) = (p|y_i)$ を満足するが,ここから $h(t,x,y_i) = h^{**}(t,x,y_i)$ を導くのは容易である。

42)(訳注)念のため,各 y_i は $h(t,x,y_i) + h^*(t,x,p) = (p|y_i)$ を満たすのだから,$h(t,x,y_i) < \infty$ であることに注意しよう。

9.2 解の存在定理

$$\varphi(t,x,p) = y, \quad (p|\varphi(t,x,u)) - f(t,x,u) = h^*(t,x,p)$$

となることを意味する．ところが，上の2つの関係式から，

$$h(t,x,y) \leq f(t,x,u) = (p|\varphi(t,x,u)) - h^*(t,x,p)$$
$$= (p|y) - h^*(t,x,p) \leq h^{**}(t,x,y),$$

すなわち，$h(t,x,y) = h^{**}(t,x,y)$ が得られ，命題の証明が完了する．■

9.2.3 解の存在定理と極小点の必要条件

9.2.1項や9.2.2項において，解の存在定理を証明した際に，われわれが考えていた問題の許容可能な要素の範囲は，2章で極小点の必要条件を導出した際に考察していた問題の許容可能な要素の範囲よりも広い．許容可能な要素の範囲が広ければ広いほど，その中に問題の解が存在する可能性は高まることは言うまでもないが，実は，定理1-3においてわれわれが定めた許容可能な要素の範囲は最も広いものである．したがって，定理1-3は最も「粗い」定理であると言ってよいだろう．一方で，許容可能な要素をより狭い範囲，とくに，オイラー方程式やポントリャーギンの最大値原理のような極小点の必要条件が成立するような許容可能な要素の範囲に限定した「細かい」解の存在定理もいくつかある．

もちろん，問題 (3)-(6) に登場する集合 U が有界であると仮定した場合には，定理3は「細かい」定理となる．以下では，このような自明な方法では得られない，古典的な変分法における問題に関する「細かい」定理を1つ紹介しよう．

定理4． 被積分関数 $f(t,x,y)$ は $[t_0, t_1] \times \mathbb{R}^n \times \mathbb{R}^n$ 上で二階連続微分可能であるとし，任意の t, x, y に対して，$f_{yy}(t,x,y)$ は正値であると仮定する：

$$(f_{yy}(t,x,y)z|z) > 0, \quad \forall (t,x,y) \in [t_0, t_1] \times \mathbb{R}^n \times \mathbb{R}^n, \ \forall z \in \mathbb{R}^n \setminus \{0\}.$$

さらに，ψ_1, ψ_2 を定理2の条件 (i)-(iv) を満たす関数として，任意の t, x, y に対して，

$$f(t,x,y) \geq \psi_1(|y|) - \psi_2(|x|) \tag{18}$$

が成り立ち，また，任意の正数 $c > 0$ に対して，正数 $k > 0$ と可積分関数 $r(t)$

が存在して，任意の $t \in [t_0, t_1]$, $y \in \mathbb{R}^n$, および $|x| \leq c$ を満たす $x \in \mathbb{R}^n$ に対して，

$$|f_x(t,x,y)| \leq k\psi_1(|y|) + r(t), \tag{19}$$

$$|f_y(t,x,y)| \leq k\psi_1(|y|) + r(t) \tag{20}$$

が成立することを仮定する。このとき，もし，問題 (1), (2) の値が有限値であって，$t_1 - t_0 < 2\gamma$, $|x_0| \leq \lambda_0$, および任意の $x_1 \in A$ に対して，$|x_1| \leq \lambda_0$ が成り立つならば，問題 (1), (2) において，オイラー方程式を満足する二階連続微分可能な解が存在する。

証明．まず，ほとんどすべての $t \in [t_0, t_1]$ に対して，デュボワ＝レーモン型のオイラー方程式

$$f_y(t,x,\dot{x}) - \int_{t_0}^{t} f_x(\tau,x,\dot{x})d\tau \equiv d = \text{const} \tag{21}$$

を満足するベクトル値関数 $x(t) \in W_{1,1}^n$ が二階連続微分可能であって，さらに，(ラグランジュ型の) オイラー方程式を満たすことを示そう。そのために，関数

$$g(t,y) = f(t,x(t),y) - \left(\int_{t_0}^{t} f_x(\tau,x(\tau),\dot{x}(\tau))d\tau \bigg| y\right) - (d|y)$$

について考えよう。この関数は両変数について連続であって，変数 y については二階連続微分可能である。さらに，$t \in [t_0, t_1]$ を固定すれば，y について凸関数であって，不等式

$$g(t,y) \geq \psi_1(|y|) - \psi_2(|x(t)|) + (a(t)|y) = \lambda(t,y) \tag{22}$$

を満たす[43]。また，定理 2 の条件 (iii) と 3.3 節の命題 1 より，任意の $(t,p) \in [t_0, t_1] \times \mathbb{R}^n$ に対して，$g^*(t,p)$ は有限値である[44]。このことから，任意の

---

43) （訳注）例えば，$a(t) = -\int_{t_0}^{t} f_x(\tau,x(\tau),\dot{x}(\tau))d\tau - d, \forall t \in [t_0, t_1]$ とすればよい。

44) （訳注）まず，定理 2 の条件 (iii) より，$\lambda^*(t,\cdot) < \infty$ となるから，$g^*(t,\cdot) < \infty$ が成り立つ。一方で，仮に $g^*(t,p) = -\infty$ であるとすれば，3.3 節の命題 1 より，$y \in \mathbb{R}^n$ について，

$$\infty > g(t,y) \geq g^{**}(t,y) = \infty$$

が成り立ち，矛盾が生じる。したがって，$g^*(t,p)$ は有限値でなければならない。

9.2 解の存在定理

$t \in [t_0, t_1]$ に対して,関数 $p \mapsto g^*(t,p)$ は $\mathbb{R}^n$ 上で連続となるから,4.2 節の命題 4 より,$\partial g^*(t,0) \neq \emptyset, \forall t \in [t_0, t_1]$ が成り立つことがわかる。そこで,任意の $t \in [t_0, t_1]$ に対して,$y(t) \in \partial g^*(t,0)$ を満たすベクトル $y(t)$ が存在する。一方で,g は y に関して微分可能であるから,結局,任意の $t \in [t_0, t_1]$ に対して,

$$g_y(t, y(t)) \equiv 0 \tag{23}$$

が成り立つことがわかる[45]。関係式 (23) と,任意の $(t,y) \in [t_0, t_1] \times \mathbb{R}^n$ に対して,二階の微分 $g_{yy}(t,y) = f_{yy}(t,x(t),y)$ が正値であることから,各 $t \in [t_0, t_1]$ に対して,$y(t)$ は関数 $g(t, \cdot)$ の唯一の最小点である。したがって,各 $t \in [t_0, t_1]$ に対して,方程式 (23) の解は唯一つである。そこで,$g_y(t,y)$ が両変数について連続であって,変数 y については連続微分可能であることから,陰関数定理より,関数 $y(t)$ は連続である[46]。

さて,関係式 (23) は,

$$f_y(t, x(t), y(t)) - \int_{t_0}^{t} f_x(\tau, x(\tau), \dot{x}(\tau))d\tau \equiv d, \quad \forall t \in [t_0, t_1]$$

と書き換えることができるから,各 $t \in [t_0, t_1]$ に対して,方程式 (23) の解が $y(t)$ だけであることに注意して,上式を (21) と比較すれば,ほとんどすべての $t \in [t_0, t_1]$ に対して,$\dot{x}(t) = y(t)$ が成り立つ。よって $x(t)$ は $y(t)$ の原始関数であり,故に連続微分可能である。すると関数 $(t,y) \mapsto g_y(t,y)$ は両方の変数について連続微分可能であるので,上で述べた論理を用いて,もう一度陰関数定理を適用できて,今度は関数 $y(t)$ が連続微分可能であることがわかる。よって,関数 $x(t)$ は二階連続微分可能であって,さらに,関係式 (21) はすべての $t \in [t_0, t_1]$ に対して満たされる。これらの事実から,ベクトル値関数 $t \mapsto f_y(t, x(t), \dot{x}(t))$ は連続微分可能であって,

$$\frac{d}{dt} f_y(t, x(t), \dot{x}(t)) - f_x(t, x(t), \dot{x}(t)) \equiv 0$$

が成立する。

---

[45] (訳注) 各 $t \in [t_0, t_1]$ に対して,$g(t, \cdot)$ は閉凸関数なのだから,注 40 と同様にして,$y(t) \in \partial g^*(t, 0)$ から $0 \in \partial g(t, y(t))$ が導かれる。

[46] (訳注) 通常の陰関数定理より若干仮定が弱いが,問題なく証明できる。

以上の議論から，定理を証明するためには，$W_{1,1}^n$ に属する問題 (1), (2) の解で，ほとんどすべての $t \in [t_0, t_1]$ に対して，方程式 (21) を満たすものが存在することを証明すればよい．ところが，定理 2 より，問題 (1), (2) の解 $x_*(\cdot) \in W_{1,1}^n$ が存在するのだから，以下では，この解が所望の性質を持つことを示そう．

まず，各 $m = 1, 2, \ldots$ に対して，集合 Δ_m を

$$\Delta_m = \{t \in [t_0, t_1] \mid |\dot{x}_*(t)| \leq m\}$$

と定義し，関数 $y(\cdot) \in L_\infty^n$ であって，ある m について，集合 Δ_m の外では値が 0 に等しく，また $\int_{t_0}^{t_1} y(t)dt = 0$ を満たすものをすべて集めた集合を M と置く．$\dot{x}(\cdot) \in M$ となるような $x(\cdot) \in W_{\infty,1}^n$ を任意に取る (とくに，必要ならば定数を加えて，$x(t_0) = x(t_1) = 0$ であるとしよう[47])．ここで，関係式

$$\lim_{\lambda \to 0} \lambda^{-1} \left[\mathscr{I}(x_*(\cdot) + \lambda x(\cdot)) - \mathscr{I}(x_*(\cdot)) \right]$$
$$= \int_{t_0}^{t_1} \left[(f_x(t, x_*(t), \dot{x}_*(t))|x(t)) + (f_y(t, x_*(t), \dot{x}_*(t))|\dot{x}(t)) \right] dt \quad (24)$$

が成り立つことを示そう．この関係式から，直ちに所望の帰結が得られる．実際，$x_*(\cdot)$ は問題 (1), (2) の解であることから，(24) 式の左辺が 0 に等しいことに注意して，(24) 式の右辺の第 1 項を部分積分すると，任意の $y(\cdot) \in M$ に対して，

$$\int_{t_0}^{t_1} \left(f_y(t, x_*(t), \dot{x}_*(t)) - \int_{t_0}^{t} f_x(\tau, x_*(\tau), \dot{x}_*(\tau)) d\tau \,\bigg|\, y(t) \right) dt = 0 \quad (25)$$

が成り立つことがわかる (ベクトル値関数 $f_x(t, x_*(t), \dot{x}_*(t))$ と $f_y(t, x_*(t), \dot{x}_*(t))$ は (18)-(20) より，可積分である．このことを示すためには，$c = \|x_*(\cdot)\|_C + 1$ とおき，正数 $c > 0$ に対応して，(19) と (20) を満たす正数 $k > 0$ と $r(\cdot) \in L_1$ を選べばよい[48])．一方で，集合 M で (25) が成り立てば，

---

47) （訳注）$x(t_0) = x(t_1) = 0$ という限定は，(25) 式を導出する際の部分積分の計算において用いられている．

48) （訳注）より詳細に述べれば，次のようになる．(18) より，

$$\int_{t_0}^{t_1} \psi_1(|\dot{x}_*(t)|)dt \leq \int_{t_0}^{t_1} f(t, x_*(t), \dot{x}_*(t))dt + \int_{t_0}^{t_1} \psi_2(|x_*(t)|)dt$$

9.2 解の存在定理

$$L = \left\{ y(\cdot) \in L_\infty^n \,\middle|\, \int_{t_0}^{t_1} y(t)dt = 0 \right\}$$

でも成り立つことを容易に確かめられる[49]。よって $[t_0, t_1]$ 上ほとんどすべての点で，デュボワ＝レーモン型のオイラー方程式

$$f_y(t, x_*(t), \dot{x}_*(t)) - \int_{t_0}^t f_x(\tau, x_*(\tau), \dot{x}_*(\tau))d\tau = \text{const}$$

が成立することがわかる。

よって，あとは (24) が成り立つことを証明すればよい。記号が煩雑になるのを避けるために，関数 d を，

$$d(t, \xi) = (f_x(t, x_*(t) + \xi x(t), \dot{x}_*(t) + \xi \dot{x}(t))|x(t))$$
$$+ (f_y(t, x_*(t) + \xi x(t), \dot{x}_*(t) + \xi \dot{x}(t))|\dot{x}(t))$$

と定義する[50]。すると，ほとんどすべての $t \in [t_0, t_1]$ と任意の正数 $\lambda > 0$ に

$$\leq \mathscr{I}(x_*(\cdot)) + \int_{t_0}^{t_1} \psi_2(c)dt = \mathscr{I}(x_*(\cdot)) + (t_1 - t_0)\psi_2(c) < \infty$$

が成り立つから，関数 $t \mapsto \psi_1(|\dot{x}_*(t)|)$ は可積分である。そこで，(19) と (20) より，$f_x(t, x_*(t), \dot{x}_*(t))$ と $f_y(t, x_*(t), \dot{x}_*(t))$ は可積分である。

[49]　（訳注）ここではまず $y(\cdot) \in L$ を任意に取って，$y_m(t)$ を Δ_m の外では 0，内では $y(t) + a_m$ とし，ただし

$$a_m = \frac{1}{\text{mes } \Delta_m} \int_{[t_0, t_1] \setminus \Delta_m} y(t)dt$$

とする。すると $y_m(t) \in M$ である。$\cup_m \Delta_m = [t_0, t_1]$ なので $m \to \infty$ のとき $a_m \to 0$ であるが，一方で

$$0 \leq \left| \int_{t_0}^{t_1} \left(f_y(t, x_*(t), \dot{x}_*(t)) - \int_{t_0}^t f_x(\tau, x_*(\tau), \dot{x}_*(\tau))d\tau \,\middle|\, y(t) \right) dt \right|$$

$$= \left| \int_{t_0}^{t_1} \left(f_y(t, x_*(t), \dot{x}_*(t)) - \int_{t_0}^t f_x(\tau, x_*(\tau), \dot{x}_*(\tau))d\tau \,\middle|\, y(t) - y_m(t) \right) dt \right|$$

$$\leq |a_m| \int_{\Delta_m} \left| f_y(t, x_*(t), \dot{x}_*(t)) - \int_{t_0}^t f_x(\tau, x_*(\tau), \dot{x}_*(\tau))d\tau \right| dt$$

$$+ \|y(\cdot)\|_\infty \int_{[t_0, t_1] \setminus \Delta_m} \left| f_y(t, x_*(t), \dot{x}_*(t)) - \int_{t_0}^t f_x(\tau, x_*(\tau), \dot{x}_*(\tau))d\tau \right| dt$$

$$\to 0$$

なので，(25) 式は L 上で成り立つ。

[50]　（訳注）関数 d はほとんどすべての $t \in [t_0, t_1]$ と任意の $\xi \in \mathbb{R}$ に対して定義されていることに注意しよう。関数 e についても同様である。

対して，

$$f(t, x_*(t) + \lambda x(t), \dot{x}_*(t) + \lambda \dot{x}(t)) - f(t, x_*(t), \dot{x}_*(t)) = \int_0^\lambda d(t, \xi)d\xi$$

が成り立つ．さらに，関数 e を，

$$e(t, \lambda) = \lambda^{-1} \int_0^\lambda d(t, \xi)d\xi$$

と定義すると，d が ξ について連続であることから，ほとんどすべての $t \in [t_0, t_1]$ に対して，

$$e(t, \lambda) \to d(t, 0) (\lambda \downarrow 0)$$

が成立する．一方で，正数 $c = \|x_*(\cdot)\|_C + \|x(\cdot)\|_C + 1$ に対して，関係式 (19) と (20) を満たすように正数 $k > 0$ と可積分関数 $r(t)$ を取ると，ほとんどすべての $t \in [t_0, t_1]$ と任意の $\xi \in [0, 1]$ に対して，$0 \leq \xi \leq \lambda$ のときに

$$|d(t, \xi)| \leq k\psi_1(|\dot{x}_*(t)| + \lambda|\dot{x}(t)|)(|x(t)| + |\dot{x}(t)|) + 2r(t) = q(t)$$

が成り立つ．ここで十分小さく $\lambda > 0$ を取れば，関数 $q(t)$ は可積分である[51]．したがって，ルベーグの優収束定理より，

$$\lim_{\lambda \to 0} \int_{t_0}^{t_1} e(t, \lambda)dt = \int_{t_0}^{t_1} d(t, 0)dt$$

が成り立つ．ところが，定義より，

$$\int_{t_0}^{t_1} e(t, \lambda)dt = \lambda^{-1} \left[\mathscr{I}(x_*(\cdot) + \lambda x(\cdot)) - \mathscr{I}(x_*(\cdot))\right],$$

$$\int_{t_0}^{t_1} d(t, 0)dt = \int_{t_0}^{t_1} \left[(f_x(t, x_*(t), \dot{x}_*(t))|x(t)) + (f_y(t, x_*(t), \dot{x}_*(t))|\dot{x}(t))\right] dt$$

なのだから，結局 (24) 式が得られる．以上で定理の証明が完了した．■

9.2.4 ボゴリューボフの定理

2.2.3 項の最後で述べたように，理論的な観点から見ると，ワイエルシュトラスの必要条件は常に成り立つと仮定してよい．ここでは，以下で述べる結

---

51) （訳注）$\dot{x}(\cdot) \in M$ と，この定理の仮定で f が連続であるという点に注意して，注 48 で示した議論を繰り返せばよい．

9.2 解の存在定理

果によって，この主張の意味を明らかにする．$L(t,x,\xi)$ を連続な被積分関数とし，

$$\mathscr{I}_L(x(\cdot)) = \int_{t_0}^{t_1} L(t,x,\dot{x})dt$$

を古典的な変分法における基本 (ベクトル) 問題の汎関数とする．また，

$$\mathscr{I}_{L^{**}}(x(\cdot)) = \int_{t_0}^{t_1} L^{**}(t,x,\dot{x})dt$$

を，被積分関数を関数 $\xi \mapsto L(t,x,\xi)$ の (ヤング=フェンシェルの意味における) 第二共役 $L^{**}(t,x,\eta)$ としたときの汎関数とする．被積分関数 $L^{**}(t,x,\dot{x})$ は準正則 (つまり，最後の成分の変数について凸) であって，さらに，不等式 $L^{**}(t,x,\dot{x}) \leq L(t,x,\dot{x})$ を満たす (これらの事実はそれぞれ，3.3 節の命題 2 と命題 1 から導かれる)．また，不等式 $L^{**}(t,x,\dot{x}) \leq L(t,x,\dot{x})$ から，

$$\mathscr{I}_{L^{**}}(x(\cdot)) \leq \mathscr{I}_L(x(\cdot)) \tag{26}$$

が導かれる．

定理 5(ボゴリューボフ)．任意のベクトル値関数 $x(\cdot) \in W_{\infty,1}^n([t_0,t_1])$ に対して，$C_1^n([t_0,t_1])$ 内の関数列 $(x_m(\cdot))$ が存在して，各 $m = 1, 2, \ldots$ に対して，$x_m(t_0) = x(t_0), x_m(t_1) = x(t_1)$ であって，$[t_0, t_1]$ 上で $x_m(\cdot)$ は $x(\cdot)$ に一様収束し，さらに，

$$\lim_{m \to \infty} \mathscr{I}_L(x_m(\cdot)) \leq \mathscr{I}_{L^{**}}(x(\cdot)) \tag{27}$$

を満たす．

不等式 (26) と定理 5 を比較すればわかるように，2 つの問題 $\mathscr{I}_L(x(\cdot)) \to \inf; x(t_i) = \xi_i, i = 0, 1$ と $\mathscr{I}_{L^{**}}(x(\cdot)) \to \inf; x(t_i) = \xi_i, i = 0, 1$ は同等である．つまり，2 つの問題の値と最小化列は等しい．定理 5 と似た結果は一般の最適制御問題についても成り立つ．定理 5 から，われわれが解の存在定理で置いていた凸性の条件は，常に成り立つと仮定してよいことがわかる．

証明． $W_{\infty,1}^n([t_0, t_1])$ の中で所望の性質を持つ関数列 $(x_m(\cdot))$ が存在すること

を証明しよう．この関数列を，定理の主張で述べられているような C_1^n 内の関数列に変換するのは非常に容易である[52]．いま，各 $m = 1, 2, \ldots$ に対して，正数 $(\varepsilon(m))$ を，$\varepsilon(m) \to 0 (m \to \infty)$ と，任意の $t \in [t_0, t_1]$ と $|y| \leq m$ を満たす任意の $y \in \mathbb{R}^n$ に対して，

$$\max_{|x| \leq \varepsilon(m)} L(t, x(t) + x, \dot{x}(t) + y) \leq L(t, x(t), \dot{x}(t) + y) + \frac{1}{m(t_1 - t_0)} \quad (28)$$

を満たすように取る．このような正数 $\varepsilon(m)$ を取ることができるのは，$\dot{x}(t)$ が有界で，L が連続だからである[53]．ここで，m を任意に選んで固定し，正数 $\delta = \delta(m) > 0$ を $\delta \leq \varepsilon(m)/m$ を満たすように取る．また，区間 $[t_0, t_1]$ を，点 $\tau_0 = \tau_1 < \cdots < \tau_k = t_1$ によって，長さ δ 以下の小区間に分割する．さらに，関数 g_m を，

$$g_m(t, y) = \begin{cases} L(t, x(t), \dot{x}(t) + y), & |y| \leq m \text{ のとき}, \\ \infty, & |y| > m \text{ のとき} \end{cases}$$

と定義し，たたみ込み積分

$$h_i(y) = \left(\fint_{\tau_{i-1}}^{\tau_i} (g_m)_t dt \right)(y), \quad i = 1, \ldots, k$$

について考える．

L の連続性から，$\mathrm{dom}\, h_i = B(0, m(\tau_i - \tau_{i-1})) = \{y \in \mathbb{R}^n | |y| \leq m(\tau_i - \tau_{i-1})\}$ であり，ゆえに，$0 \in \mathrm{int}(\mathrm{dom}\, h_i)$ が成り立つ．したがって，8.3 節の定理 2 から，

$$h_i(0) = h_i^{**}(0) = \left(\fint_{\tau_{i-1}}^{\tau_i} (g_m)_t^{**} dt \right)(0)$$

が成り立つ[54]．上の等式から，各小区間 $[\tau_{i-1}, \tau_i]$ において，ほとんどすべての点で $|u_i(t)| \leq m$ を満たすベクトル値関数 $u_i(t)$ が存在して，

---

52) （訳注）例えば，ルージンの定理 (Lusin's theorem) を用いればよい．ルージンの定理については，Rudin [1] の定理 2.24 を参照されたい．
53) （訳注）L は，$[t_0, t_1] \times \mathbb{R}^n \times \mathbb{R}^n$ 上で連続なのだから，A_1, A_2 を共に $\mathbb{R}^n$ のコンパクト部分集合とすれば，$[t_0, t_1] \times A_1 \times A_2$ 上では一様連続である．
54) （訳注）まず，ルベーグ測度は連続であるから，8.3 節の定理 2 より，h_i は凸関数である．また，容易にわかるように，h_i は適正なのだから，$\mathrm{int}(\mathrm{dom}\, h_i)$ 上で有限値を取る．したがって，$0 \in \mathrm{int}(\mathrm{dom}\, h_i)$ より，h_i は 0 において連続である．そこで，h_i はある実数 α に

9.2 解の存在定理

$$\int_{\tau_{i-1}}^{\tau_i} u_i(t)dt = 0, \tag{29}$$

$$\int_{\tau_{i-1}}^{\tau_i} g_m(t, u_i(t))dt \le h_i(0) + \frac{1}{km} \le \int_{\tau_{i-1}}^{\tau_i} g_m^{**}(t,0)dt + \frac{1}{km} \tag{30}$$

が導かれる．ここで，関数 y_m を，各 $t \in [t_0, t_1]$ に対して，$\tau_{i-1} \le t \le \tau_i$ のときには，$y_m(t) = u_i(t)$ と定義し，これを用いて，関数 x_m を $x_m(t) = x(t) + \int_{t_0}^t y_m(\tau)d\tau$ と定義する．すると，まず，(29) より，各 $i = 0, 1, \ldots, k$ に対して，$x_m(\tau_i) = x(\tau_i)$ が成り立つ．また，g_m の定義から，ほとんどすべての点で $|u_i(t)| \le m, i = 0, 1, \ldots, k$ となるのだから，関数 y_m についても，ほとんどすべての点で $|y_m(t)| \le m$ が成り立ち，このことから $x_m(\cdot) \in W_{\infty, 1}^n$ となることがわかる．さらに，任意の $t \in [t_0, t_1]$ に対して，不等式 $|x(t) - x_m(t)| \le \delta m < \varepsilon(m)$ が成り立つから，$\|x_m(\cdot) - x(t)\|_C \to 0$ が得られる．最後に，(28) と (30) から，

$$\begin{aligned}\mathscr{I}_L(x_m(\cdot)) &\le \int_{t_0}^{t_1} L(t, x(t), \dot{x}(t) + y_m(t))dt + \frac{1}{m} \\ &\le \int_{t_0}^{t_1} g_m^{**}(t, 0)dt + \frac{2}{m}\end{aligned} \tag{31}$$

が導かれる．

さて，g_m の定義から，$m \to \infty$ のとき，

$$g_m(t, y) \downarrow L(t, x(t), \dot{x}(t) + y)$$

対して，$\alpha < h_i$ を満たすから，その閉包 $\overline{h_i}$ も適正であることに注意して，フェンシェル＝モローの定理の系 2 を適用すると，

$$h_i(0) = \overline{h_i}(0) = h_i^{**}(0)$$

が得られる．一方で，g_m の定義から，ある実数 β に対して，$m|p| - \beta > (g_m)_t^*(p), \forall t \in [t_0, t_1], \forall p \in \mathbb{R}^n$ が成り立つから，$\beta < (g_m)_t^{**}, \forall t \in [t_0, t_1]$ が成立する．そこで，$-\infty < \int_{\tau_{i-1}}^{\tau_i} (g_m)_t^{**} dt$ が成り立つ．一方で，$(g_m)_t^{**} \le (g_m)_t$ より $\int_{\tau_{i-1}}^{\tau_i} (g_m)_t^{**} dt \le h_i$ が成り立つから，関数 $\int_{\tau_{i-1}}^{\tau_i} (g_m)_t^{**} dt$ は $\mathrm{int}(\mathrm{dom}\, h_i)$ において有限値を取る．よって，$\int_{\tau_{i-1}}^{\tau_i} (g_m)_t^{**} dt$ が凸関数であることに注意すれば，$\int_{\tau_{i-1}}^{\tau_i} (g_m)_t^{**} dt$ も 0 において連続であることがわかる．ゆえに，再び 8.3 節の定理 2 より，

$$h_i(0) = \overline{h_i}(0) = \left(\overline{\int_{\tau_{i-1}}^{\tau_i} (g_m)_t^{**} dt}\right)(0) = \left(\int_{\tau_{i-1}}^{\tau_i} (g_m)_t^{**} dt\right)(0)$$

が成立する．

が成り立つ。このことから，$m \to \infty$ のときに

$$g_m^{**}(t,y) \downarrow L^{**}(t,x(t),\dot{x}(t)+y)$$

が成立することは容易に確認できる[55]。したがって，レヴィの定理から[56]，

$$\int_{t_0}^{t_1} g_m^{**}(t,0)dt \downarrow \mathscr{I}_{L^{**}}(x(\cdot))$$

が得られる。よって，上式と (31) から，関数列 $(x_m(\cdot))$ が所望の性質を有することがわかり，定理の証明が完了する。■

9.3 たたみ込み積分と線形問題

9.3.1 問題の記述と議論，双対定理

ここでは以下の形の問題を考えよう。

---

[55] （訳注）この部分は，$g(t,y) = L(t,x(t),\dot{x}(t)+y)$ としたとき，$g_m^{**}(t,0) \downarrow g^{**}(t,0)$ を示せば実は十分である。$g_m^{**}(t,0) \geq g^{**}(t,0)$ は容易にわかる。次に，$g_m(t,y)$ の凸包の m についての合併で作られる関数を $h(y)$ と置く。$h(0) = -\infty$ であれば，$g_m^{**}(t,0)$ の極限も $-\infty$ になるので，証明すべきことはなにもない。そこで $h(0)$ は実数であるとしよう。容易にわかるように h のエピグラフは拡大する凸集合の可算合併であるから，凸である。また，0 の近傍上で $g_1(t,y)$ が上に有界だから，$h(y)$ も上に有界であり，よって凸性から h は 0 の点で連続である。ここから h が適正であることがわかる。一方で，g の凸包を $\bar{h}$ と書くことにし，仮に $h(0) > \bar{h}(0)$ であったとする。このとき，$h(0) > \alpha > \bar{h}(0)$ を満たす任意の α を取れば，ある $(\alpha_1,\beta_1,y_1),...,(\alpha_{n+2},\beta_{n+2},y_{n+2})$ が存在して，

$$\beta_i \geq 0, \quad \sum_i \beta_i = 1, \quad \alpha_i \geq g(t,y_i), \quad \sum_i \beta_i(\alpha_i,y_i) = (\alpha,0)$$

とできる。すると $h(0) > \alpha' > \alpha$ を満たす任意の α' に対して，十分大きな m は $g_m(t,y_i) \leq \alpha_i + (\alpha' - \alpha)$ を満たし，よって $h(0) \leq \alpha'$ となって矛盾が生ずる。よって $\bar{h}(0) \geq h(0)$ であり，上と同じ議論で $\bar{h}$ は 0 の近傍で連続である。故に $\bar{h}(y)$ の閉包は適正であり，フェンシェル=モローの定理の系2からそれは $g^{**}(t,y)$ と一致するが，連続性から $\bar{h}(0) = g^{**}(t,0)$ となり，よって $g^{**}(t,0) \geq h(0) \geq \lim_{m\to\infty} g_m^{**}(t,0)$ である。

[56] （訳注）$\int_{t_0}^{t_1} g_m^{**}(t,0)dt = \infty, \forall m = 1,2,...$ である場合にはレヴィの定理（単調収束定理）は適用できないので注意が必要である。この場合には，

$$\int_{t_0}^{t_1} g_1^{**}(t,0)dt \leq \int_{t_0}^{t_1} g_1(t,0)dt \leq \int_{t_0}^{t_1} L(t,x(t),\dot{x}(t))dt < \infty$$

だから，レヴィの定理は問題なく適用できる。

9.3 たたみ込み積分と線形問題

$$\mathscr{I}(x(\cdot)) = \int_{t_0}^{t_1} f(t, \dot{x}(t))dt; \tag{1}$$

$$x(t_0) = 0, \quad x(t_1) = x \tag{2}$$

問題 (1), (2) の値を $S(x)$ と書くことにする．S は (2) の右側の制約式に登場する変数 x に関する関数である．容易にわかるように，この関数は，たたみ込み積分として表すことができる：

$$S = \int_{t_0}^{t_1} f_t dt.$$

問題 (1), (2) に対しては，今まで述べた解の存在定理よりもはるかに完全な，解であるための必要条件と十分条件についての理論を組み込んだ，解の存在に関する理論を構築することができる．ところが実は，相変数について線形となるすべての最適制御問題は問題 (1), (2) の形に帰着させることができる．以下ではまず，このことを証明しよう．相変数について線形な以下の最適制御問題を考えよう：

$$K(y(\cdot), u(\cdot)) = \int_{t_0}^{t_1} [(a(t)|y) + g(t,u)]dt \to \inf; \tag{3}$$

$$\dot{y} = \Lambda(t)y + b(t,u), \quad u \in U, \tag{4}$$

$$y(t_0) = y_0, \quad y(t_1) = y_1. \tag{5}$$

ただし，今までと同様に，$\Lambda(\cdot) : [t_0, t_1] \to \mathscr{L}(\mathbb{R}^n, \mathbb{R}^n)$, $b : [t_0, t_1] \times \mathbb{R}^m \to \mathbb{R}^n$, $g : [t_0, t_1] \times \mathbb{R}^m \to \mathbb{R}$, $a(\cdot) \in L_1^n([t_0, t_1])$ である[57]．$R(t, \tau)$ を同次方程式 $\dot{y} = \Lambda(t)y$ のレゾルベントとする．また，記号の簡略化のために，

$$q(t) = \int_t^{t_1} R^*(\tau, t)a(\tau)d\tau,$$
$$\alpha(t) = (a(t)|R(t, t_0)y_0)$$

と置く．さらに，

$$x = y_1 - R(t_1, t_0)y_0,$$

---

[57] （訳注）仮定があまりにも書かれていないが，とりあえず U の閉性，Λ の可積分性，b と g にカラテオドリの条件，後は $b(t, u(t))$ の可積分性を保証する条件 (有界性など) 程度を仮定して置けば問題ないと思われる．

第 9 章 変分法と最適制御における問題の解の存在

$$h(t,v) = \alpha(t) + \inf\{(q(t)|b(t,u)) + g(t,u) | u \in U, R(t_1,t)b(t,u) = v\}$$

と定義し，これらを用いて，以下のように問題を定式化する：

$$\mathscr{I}_h(x(\cdot)) = \int_{t_0}^{t_1} h(t, \dot{x}(t))dt \to \inf; \tag{6}$$

$$x(t_0) = 0, \quad x(t_1) = x. \tag{7}$$

命題 1. $(y(\cdot), u(\cdot))$ を問題 (3)-(5) の許容可能な制御過程とする．このとき，ベクトル値関数

$$x(t) = R(t_1, t)(y(t) - R(t, t_0)y_0)$$

は問題 (6), (7) の許容可能な要素であって，しかも $\mathscr{I}_h(x(\cdot)) \leq K(y(\cdot), u(\cdot))$ を満たす．

逆に，$\mathscr{I}_h(x(\cdot)) < \infty$ を満たす問題 (6), (7) の任意の許容可能な要素 $x(\cdot)$ と任意の正数 $\varepsilon > 0$ に対して，問題 (3)-(5) の許容可能な制御過程 $(y(\cdot), u(\cdot))$ が存在して，上の関係式と不等式

$$K(y(\cdot), u(\cdot)) \leq \mathscr{I}_h(x(\cdot)) + \varepsilon$$

を満足する．

証明. $(y(\cdot), u(\cdot))$ を問題 (3)-(5) の許容可能な制御過程とし，$x(\cdot)$ を命題 1 の主張の中に登場する関係式によって定義された関数とする．すると，

$$x(t_0) = R(t_1, t_0)(y(t_0) - y_0) = 0,$$
$$x(t_1) = y_1 - R(t_1, t_0)y_0 = x$$

が成り立つ．また，0.4 節の定理 2 より，

$$y(t) = R(t, t_0)y_0 + \int_{t_0}^{t} R(t, \tau)b(\tau, u(\tau))d\tau$$

が得られるから，同じ節の命題 1 から，

9.3 たたみ込み積分と線形問題

$$x(t) = R(t_1,t)\int_{t_0}^t R(t,\tau)b(\tau,u(\tau))d\tau = \int_{t_0}^t R(t_1,\tau)b(\tau,u(\tau))d\tau,$$

すなわち,

$$\dot{x}(t) = R(t_1,t)b(t,u(t))$$

が導かれる.よって,関数 h の定義から,

$$\begin{aligned}
&K(y(\cdot),u(\cdot)) \\
&= \int_{t_0}^{t_1}\left[\left(a(t)\,\bigg|\,R(t,t_0)y_0 + \int_{t_0}^t R(t,\tau)b(\tau,u(\tau))d\tau\right) + g(t,u(t))\right]dt \\
&= \int_{t_0}^{t_1}\left[(a(t)|R(t,t_0)y_0) + \left(\int_t^{t_1} R^*(\tau,t)a(\tau)d\tau\,\bigg|\,b(t,u(t))\right) + g(t,u(t))\right]dt \\
&= \int_{t_0}^{t_1}[\alpha(t) + (q(t)|b(t,u(t))) + g(t,u(t))]dt \\
&\geq \int_{t_0}^{t_1} h(t,R(t_1,t)b(t,u(t)))dt \\
&= \int_{t_0}^{t_1} h(t,\dot{x}(t))dt
\end{aligned}$$

が得られ[58],命題の前半部分の証明が完了する.

次に,$\mathscr{I}_h(x(\cdot)) < \infty$ を満たす問題 (6), (7) の許容可能な要素 $x(\cdot)$ を任意に取る.すると,h の定義から,集合

$$\begin{aligned}
V_\varepsilon(t) = \{u \in U | &R(t_1,t)b(t,u) = \dot{x}(t), \alpha(t) + (q(t)|b(t,u)) \\
&+ g(t,u) \leq h(t,\dot{x}(t)) + \varepsilon\}
\end{aligned}$$

は,ほとんどすべての $t \in [t_0,t_1]$ について非空である.また,8.1 節の定理 3 の系 2 から,多価写像 $t \mapsto V_\varepsilon(t)$ は正規である.そこで,$u_\varepsilon(t)$ を多価写像 $V_\varepsilon(t)$ の可測選択子とし,

$$y(t) = R(t,t_1)x(t) + R(t,t_0)y_0$$

---

[58] (訳注) 念のため,2 つ目の等式において,積分の順序交換が行われていることに注意しよう.

と定義すれば，$(y(\cdot), u_\varepsilon(\cdot))$ は問題 (3)-(5) の許容可能な制御過程である[59]。また，

$$K(y(\cdot), u_\varepsilon(\cdot)) \leq \mathscr{I}_h(\dot{x}(\cdot)) + \varepsilon(t_1 - t_0)$$

が成立する。上式において，$\varepsilon > 0$ は任意に小さく取れるから，結局所望の帰結が得られたことになる。■

本節の残りの部分では，問題 (1), (2) だけを考察の対象とする。言うまでもなく，問題 (1), (2) に関する結果はすべて，命題 1 を用いた変換を施すことで，問題 (3)-(5) にも適用することができる。

今までと同じように，

$$f^*(t, p) = f_t^*(p) = (f^*(t, \cdot))(p)$$

と書くことにすれば，8.3 節の定理 2 より，

$$S^*(p) = \int_{t_0}^{t_1} f^*(t, p) dt$$

が成り立ち[60]，S は凸関数であって，さらに，上式から，

$$S^{**}(x) = \sup_{p \in \mathbb{R}^n} \left((p|x) - \int_{t_0}^{t_1} f^*(t, p) dt \right)$$

---

[59] （訳注）実際，
$$y(t_0) = R(t_0, t_1) x(t_0) + y_0 = y_0,$$
$$y(t_1) = x(t_1) + R(t_1, t_0) y_0 = x + R(t_1, t_0) y_0 = y_1$$
であって，また，0.4 節の命題 1 の a) と b) より，ほとんどすべての $t \in [t_0, t_1]$ に対して，
$$\begin{aligned}\dot{y}(t) &= \left(\frac{d}{dt} R(t, t_1)\right) x(t) + R(t, t_1) \dot{x}(t) + \left(\frac{d}{dt} R(t, t_0)\right) y_0 \\ &= \Lambda(t) R(t, t_1) x(t) + R(t, t_1) R(t_1, t) b(t, u_\varepsilon(t)) + \Lambda(t) R(t, t_0) y_0 \\ &= \Lambda(t) R(t, t_1) \left(R(t_1, t) y(t) - R(t_1, t) R(t, t_0) y_0 \right) + b(t, u_\varepsilon(t)) + \Lambda(t) R(t, t_0) y_0 \\ &= \Lambda(t) y(t) + b(t, u_\varepsilon(t))\end{aligned}$$
が成り立つことがわかる。

[60] （訳注）9.3.1 項の冒頭部分には，問題 (1), (2) に登場する被積分関数 f に関する条件が何も書かれていないが，f は可測被積分関数であって，ある可積分関数 $x(\cdot)$ については，$\mathscr{I}(x(\cdot)) < \infty$ が成り立つことは仮定されていると考えた方がよい。

が成立する．とくに，任意の $x \in \mathrm{ri}(\mathrm{dom}\, S)$ に対しては，

$$S(x) = \max_{p \in \mathbb{R}^n} \left((p|x) - \int_{t_0}^{t_1} f^*(t,p) dt \right) \tag{8}$$

が成り立つ[61]．

最後の主張は問題 (1), (2) に関する双対定理に他ならない．あとで証明されるように，解の存在とその性質は，集合 $\mathrm{dom}\, S^*$ と関係式 (8) の右辺の最大値を達成する点 p_0 の相対的な位置関係によって決まる．

9.3.2 正則の場合

はじめに，$p_0 \in \mathrm{int}(\mathrm{dom}\, S^*)$ となる場合を考えよう．この場合には，問題の解集合は，通常のオイラー方程式を満たす極値の集合に一致する．

定理 1. f を $[t_0, t_1] \times \mathbb{R}^n$ 上で定義された正規被積分関数とする．いま，(8) の右辺の最大値は点 p_0 において達成されると仮定する．このとき，ベクトル値関数 $x_*(t)$ が問題 (1), (2) の解となるための必要十分条件は，$x_*(t)$ が制約条件 (2) を満たし，さらに，

$$f(t, \dot{x}_*(t)) + f^*(t, p_0) = (p_0 | \dot{x}_*(t)) \quad \text{a.e.} \tag{9}$$

が成り立つことである．したがって，$p_0 \in \mathrm{int}(\mathrm{dom}\, S^*)$ である場合には，問題 (1), (2) の解が存在する．

---

[61] （訳注） ここでは，さらに関数 S が適正であると仮定しておこう．この仮定の下で，4.2 節の命題 4 より，$x \in \mathrm{ri}(\mathrm{dom}\, S)$ に対して，$\partial S(x) \neq \emptyset$ が成り立つ．$p \in \partial S(x)$ とすれば，4.2 節の命題 1 より，$S(x) + S^*(p) = (x|p)$ が成り立つ．一方で，ヤング＝フェンシェルの不等式から，

$$S(x) \geq \sup_{q \in \mathbb{R}^n} \left((q|x) - \int_{t_0}^{t_1} f^*(t,q) dt \right)$$

が成り立つから，(8) が得られる．

証明．$x_*(\cdot)$ を制約式 (2) と条件式 (9) を満たす関数とすれば，

$$\mathscr{I}(x_*(\cdot)) = \int_{t_0}^{t_1} f(t, \dot{x}_*(t))dt = \int_{t_0}^{t_1} [(p_0|\dot{x}_*(t)) - f^*(t, p_0)]dt$$
$$= (p_0|x) - \int_{t_0}^{t_1} f^*(t, p_0) = S(x)$$

が成り立ち，$x_*(\cdot)$ が問題の解であることがわかる．逆に，$x_*(\cdot)$ が問題の解であるならば，

$$\int_{t_0}^{t_1} f(t, \dot{x}_*(t))dt = S(x) = \int_{t_0}^{t_1} [(p_0|\dot{x}_*(t)) - f^*(t, p_0)]dt$$

であり，さらに，ヤング＝フェンシェルの不等式から，ほとんどすべての点で，

$$f(t, \dot{x}_*(t)) \geq (p_0|\dot{x}_*(t)) - f^*(t, p_0)$$

が成り立つから，(9) が得られる．以上で，定理の前半部分の証明は完了した．あとは，$p_0 \in \text{int}(\text{dom } S^*)$ であるときに制約式 (2) と条件式 (9) を満たすベクトル値関数 $x_*(\cdot)$ が存在することが言えればよい．

はじめに，f が正規凸被積分関数であると仮定しよう．このとき，ベクトル値関数 $x_*(\cdot)$ が条件式 (9) を満足することと

$$\dot{x}_*(t) \in \partial f^*(t, p_0) \quad \text{a.e.} \tag{10}$$

を満たすことは同値である．また，(8) より，$p_0 \in \partial S(x)$ が成り立つのだから，

$$x \in \partial \left(\int_{t_0}^{t_1} f^*(t, \cdot)dt \right)(p_0)$$

が得られる[62]．また，$p_0 \in \text{int}\left(\text{dom}\int_{t_0}^{t_1} f^*(t, \cdot)dt\right)$ なのだから，8.3 節の定理 4 より，

$$\partial \left(\int_{t_0}^{t_1} f^*(t, \cdot)dt \right)(p_0) = \int_{t_0}^{t_1} \partial f^*(t, p_0)dt$$

が成り立つ[63]．つまり，ベクトル値関数 $y_*(t)$ が存在して，

$$y_*(t) \in \partial f^*(t, p_0) \quad \text{a.e.}$$

---

[62] （訳注）注 40 を参照されたい．
[63] （訳注）S^* が適正であることは次のように確かめることができる．まず，$S^*(p_0) < \infty$ であることはよい．一方で，仮に $S^*(p) = -\infty$ となる $p \in \mathbb{R}^n$ が存在すれば，$S \geq S^{**} \equiv \infty$ となって，矛盾が生じる．よって，S^* は適正である．

9.3 たたみ込み積分と線形問題 491

$$\int_{t_0}^{t_1} y_*(t) = x$$

が成り立つ．そこで，$x_*(t) = \int_{t_0}^{t} y_*(\tau)d\tau$ と置けば，$x_*(t)$ は所望の関数である．

正規被積分関数 f が必ずしも凸ではない一般の場合にも定理が成り立つことを示すために，以下の補題を用いる．

補題 1. φ を $\mathbb{R}^n$ 上で定義された適正な閉関数とする．このとき，任意の $p_0 \in \mathrm{int}(\mathrm{dom}\,\varphi^*)$ に対して，

$$\partial \varphi^*(p_0) = \mathrm{conv}\{x \in \mathbb{R}^n | \varphi(x) + \varphi^*(p_0) = (p_0|x)\}$$

が成り立つ．

補題が証明できたとして，以下の問題について考察しよう：

$$\int_{t_0}^{t_1} f^{**}(t, \dot{x}(t))dt \to \inf; \tag{11}$$
$$x(t_0) = 0, \quad x(t_1) = x. \tag{12}$$

$S_1(x)$ をこの問題の値とすれば，8.3 節の定理 2 とフェンシェル＝モローの定理から，

$$S_1^* = \int_{t_0}^{t_1} f^{***}(t,\cdot)dt = \int_{t_0}^{t_1} f^*(t,\cdot)dt = S^*$$

が成り立つ[64]．8.1 節の定理 4 より，f^{**} は正規凸被積分関数なのだから，問題 (11), (12) の解 $x(t)$ が存在する：

$$x(t_0) = 0, \quad x(t_1) = x,$$

---

64) （訳注）p_0 の近傍で，ということだと思われる．8.3 節の定理 2 には条件があったが，注で追加した条件はこの等式の導出には特に関係がない．

$$\int_{t_0}^{t_1} f^{**}(t, \dot{x}(t))dt = S_1(x).$$

さて，$p_0 \in \text{int}\left(\text{dom}\int_{t_0}^{t_1} f^*(t,\cdot)dt\right)$ なのだから，ほとんどすべての $t \in [t_0, t_1]$ に対して，$p_0 \in \text{int}(\text{dom}\, f^*(t,\cdot))$ が成り立つ[65]。したがって，補題 1 より，$[t_0, t_1]$ 上ほとんど至るところで，

$$\partial f^*(t, p_0) = \text{conv}\{y \in \mathbb{R}^n | f(t,y) + f^*(t, p_0) = (p_0|y)\}$$

が成立する。さて，8.1 節の定理 3 の系 2 から，多価写像

$$t \mapsto V(t) = \{y \in \mathbb{R}^n | f(t,y) + f^*(t, p_0) = (p_0|y)\}$$
$$= \{y \in \mathbb{R}^n | f(t,y) + f^*(t, p_0) \leq (p_0|y)\}$$

は正規であって，また，8.3 節の命題 4 と $p_0 \in \text{int}\left(\text{dom}\int_{t_0}^{t_1} f^*(t,\cdot)dt\right)$ より[66]，十分小さい正数 $\varepsilon > 0$ に対して，関数

$$r(t) = \sup\{f^*(t, p_0 + p) | p \in \mathbb{R}^n, |p| \leq \varepsilon\}$$

は可積分である。よって，任意の $(t, y) \in \text{gr}\, V$ と $|p| < \varepsilon$ を満たす任意の $p \in \mathbb{R}^n$ に対して，

$$(p|y) \leq f^*(t, p_0 + p) - (p_0|y) + f(t,y)$$
$$= f^*(t, p_0 + p) + f^*(t, p_0)$$

---

[65] （訳注）$p_0 \in \text{int}\left(\text{dom}\int_{t_0}^{t_1} f^*(t,\cdot)dt\right)$ より，有限個の点 $p_1, \ldots, p_m$ で，各 $i = 1, \ldots, m$ について，$p_i \in \text{dom}\int_{t_0}^{t_1} f^*(t,\cdot)dt$ を満たし，また，$\text{conv}\{p_1, \ldots, p_m\}$ は p_0 の近傍を含むものが存在する。すると，ほとんどすべての $t \in [t_0, t_1]$ に対して，$p_i \in \text{dom}\, f^*(t,\cdot), \forall i = 1, \ldots, m$ が成り立つから，$f^*(t,\cdot)$ が凸関数であることに注意すれば，ほとんどすべての $t \in [t_0, t_1]$ に対して，$p_0 \in \text{int}(\text{dom}\, f^*(t,\cdot))$ が成り立つことがわかる。

[66] （訳注）すでに述べたように，S^* は適正であるから，任意の $p \in \text{dom}\int_{t_0}^{t_1} f^*(t,\cdot)dt$ に対して，$\int_{t_0}^{t_1} f^*(t,p)dt$ は有限値である。

9.3 たたみ込み積分と線形問題

$$\leq r(t) + f^*(t, p_0),$$

すなわち，

$$|y| \leq \varepsilon^{-1}(r(t) - f^*(t, p_0))$$

が成り立つ。そこで，8.2 節の定理 1 を多価写像 V に適用すると，

$$\int_{t_0}^{t_1} V(t)dt = \int_{t_0}^{t_1} \operatorname{conv} V(t)dt = \int_{t_0}^{t_1} \partial f^*(t, p_0)dt$$

が得られる。したがって，V の可測選択子 $y_*(t)$ が存在して，

$$\int_{t_0}^{t_1} y_*(t)dt = \int_{t_0}^{t_1} \dot{x}(t)dt = x$$

が成り立つから[67]，$x_*(t) = \int_{t_0}^{t} y_*(\tau)d\tau$ と置けば，$x_*(t_0) = 0$，$x_*(t_1) = x$，および $f(t, \dot{x}_*(t)) + f^*(t, p_0) = (p_0|\dot{x}_*(t))$ a.e. を満たすことがわかり，定理の証明が完了する。∎

補題 1 の証明． 必要ならば，$\varphi(x)$ を $\varphi(x) - (p_0|x) + \varphi^*(p_0)$ に変更することで，一般性を失うことなく，$p_0 = 0$ と $\varphi^*(0) = 0$ が成り立つと仮定してよい。このとき，任意の $x \in \mathbb{R}^n$ に対して，$\varphi(x) \geq \varphi^{**}(x) \geq 0$ が成り立ち，さらに，$x \in \partial\varphi^*(0)$ の場合には，$\varphi^*(0) + \varphi^{**}(x) = 0$ となるから，$\varphi^{**}(x) = 0$ が成り立つ。いま，仮定より，$p_0 = 0 \in \operatorname{int}(\operatorname{dom} \varphi^*)$ であるから，φ^* が凸関数であることに注意すれば，φ^* は 0 において連続である (3.5 節の定理 3)。したがって，2 つの正数 $\varepsilon > 0, \delta > 0$ を $|p| \leq \varepsilon$ を満たす任意の p に対して，

---

67) （訳注）$x(t)$ は問題 (11), (12) の解であるから，すでに証明した定理の前半部分より，

$$f^{**}(t, \dot{x}(t)) + f^*(t, p_0) = (p_0|\dot{x}(t)) \quad \text{a.e.},$$

すなわち，

$$\dot{x}(t) \in \partial f^*(t, p_0) \quad \text{a.e.}$$

を満たす。

$\varphi^*(p) \leq \delta$ が成り立つように取ることができる. ここで,

$$l(p) = \begin{cases} \delta, & |p| \leq \varepsilon \text{ のとき}, \\ \infty, & |p| > \varepsilon \text{ のとき} \end{cases}$$

と定義すると, $\varphi^*(p) \leq l(p)$ が成り立ち, これから,

$$\varphi(x) \geq \varphi^{**}(x) \geq l^*(x) = \varepsilon|x| - \delta \tag{13}$$

が得られる. したがって, $x \in \partial \varphi^*(0) \subset \text{dom } \varphi^{**}$ とすれば, 3.5 節の命題 2 より, 任意の整数 $m = 1, 2, \ldots$ に対して, ベクトル $x_{1m}, \ldots, x_{n+1,m}$ と非負実数 $\alpha_{1m} \geq 0, \cdots, \alpha_{n+1,m} \geq 0$ が存在して,

$$\sum_{i=1}^{n+1} \alpha_{im} = 1, \quad \left|\sum_{i=1}^{n+1} \alpha_{im} x_{im} - x\right| \leq \frac{1}{m}, \quad \sum_{i=1}^{n+1} \alpha_{im} \varphi(x_{im}) \leq \frac{1}{m} \tag{14}$$

が成立する[68]. また, 増加的な自然数の列 (m_s) をうまく選んで, 各 $i = 1, \ldots, n+1$ に対して, $\alpha_{im_s} \to \alpha_i$ がある非負実数 $\alpha_i \geq 0$ について成り立ち, また, $x_{im} \to x_i$ がある $x_i \in \mathbb{R}^n$ について成り立つか, あるいは $|x_{im_s}| \to \infty$ が成り立つようにすることができる. このとき, $|x_{im_s}| \to \infty$ となる i については, 不等式

$$\varepsilon \alpha_{im_s} |x_{im_s}| \leq 1/m_s + \delta \alpha_{im_s}$$

から (この不等式は, (13) と (14) から直ちに導かれる),

$$\alpha_{im_s} \to 0 \tag{15}$$

が得られ, これと上の不等式から,

$$\alpha_{im_s} |x_{im_s}| \to 0 \tag{16}$$

が導かれる. さて, 関係式 (15) から, すべての $i = 1, \ldots, n+1$ について $|x_{im_s}| \to \infty$ となることはないことがわかるから, 一般性を失うことなく, あ

---

[68] (訳注) (13) より, $\overline{\text{conv}}\, \varphi$ は適正であるから, フェンシェル＝モローの定理の系 2 より, $\varphi^{**} = \overline{\text{conv}}\, \varphi$ が成り立つ. したがって, とくに $(\overline{\text{conv}}\, \varphi)(x) = (\overline{\text{conv}}\, \varphi)(x) = \varphi^{**}(x) = 0$ である.

9.3 たたみ込み積分と線形問題

る整数 $k = 1, \ldots, n+1$ に対して, $1 \leq i \leq k$ を満たす i については, $x_{im_s} \to x_i$ が成り立ち, $k < i \leq n+1$ を満たす i については, $|x_{im_s}| \to \infty$ が成り立つと仮定してよい. すると, (15) と (16) から,

$$x = \lim_{s \to \infty} \sum_{i=1}^{n+1} \alpha_{im_s} x_{im_s} = \sum_{i=1}^{k} \alpha_i x_i,$$

$$1 = \lim_{s \to \infty} \sum_{i=1}^{n+1} \alpha_{im_s} = \sum_{i=1}^{k} \alpha_i$$

が成り立ち, さらに, 常に $\varphi \geq 0$ が成り立つことに注意すれば, φ が下半連続であることから,

$$0 = \lim_{s \to \infty} \sum_{i=1}^{n+1} \alpha_{im_s} \varphi(x_{im_s}) \geq \varliminf_{s \to \infty} \sum_{i=1}^{k} \alpha_{im_s} \varphi(x_{im_s})$$
$$\geq \sum_{i=1}^{k} \varliminf_{s \to \infty} \alpha_{im_s} \varphi(x_{im_s}) \geq \sum_{i=1}^{k} \alpha_i \varphi(x_i) \geq 0,$$

すなわち, $\sum_{i=1}^{k} \alpha_i \varphi(x_i) = 0 = \varphi^{**}(x)$ が得られる. 関数 φ は常に非負値であることから, 最後の関係式より, $\varphi(x_i) = 0, \forall i = 1, \ldots, k$, つまり, $\varphi(x_i) + \varphi^*(0) = 0$ が成立する[69]. 以上で, x は $\varphi(x_i) + \varphi^*(p_0) = (p_0|x_i)$ を満たす $x_i, i = 1, \ldots, k$ の凸結合で表されることがわかり, 補題の証明が完了する. ∎

定理 1 は, それを使うためには, 事前に (8) 式の右辺を最大化させる p_0 を求める作業が必要であるという意味で, ア・ポステリオリな性質を有する定理である. しかしながら, 以下で述べるように, 定理 1 を用いて, 適用する前にそのような計算をすることを必要としない, 9.2 節で示した結果と似たア・プリオリな定理を導くことができる.

定理 2. f を $[t_0, t_1] \times \mathbb{R}^n$ 上で定義され, 増大条件を満足する正規被積分関数とする. このとき, もし問題 (1), (2) の値が有限であるならば, この問題に

---

[69] （訳注） $\alpha_i = 0$ となる場合には, $\varphi(x_i) = 0$ であるとは限らないが, そのような $1 \leq i \leq k$ は除外すればよい.

は解が存在する。

注意. 9.2 節の定理 1 と異なり，ここでは被積分関数 $f(t, y)$ が y について凸であることは仮定されていないことに留意されたい。

証明. 仮定から，関数 $S^*(p) = \int f^*(t, p) dt$ の有効定義域は $\mathbb{R}^n$ に等しい。したがって，仮に (8) の右辺の最大値がある $p_0 \in \mathbb{R}^n$ において達成されるならば，p_0 は $\mathrm{int}(\mathrm{dom}\, S^*) = \mathbb{R}^n$ に属していなければならないのだから，定理 2 は定理 1 から導かれる。

そこで，以下では (8) の右辺の上限を達成する点がないと仮定しよう。仮定より，(2) の制約式を満たし，(1) の積分が有限値となるようなベクトル値関数 $x(\cdot)$ が存在する。もし，そのような関数が有限個しかなければ，定理が成り立つことは明らかである。そうでない場合にも，問題の最小化列は存在する。つまり，あるベクトル値関数列 $(x_m(\cdot))$ が存在して，

$$x_m(t_0) = 0,\ x_m(t_1) = x,\ \lim_{m \to \infty} \mathscr{I}(x_m(\cdot)) = S(x) \tag{17}$$

が成り立つ。ここで，

$$V(t) = \{y \in \mathbb{R}^n | \exists m = 1, 2, \ldots, y = \dot{x}_m(t)\};$$

$$f_1(t, x) = \begin{cases} f(t, y), & y \in \overline{V}(t)\ \text{のとき}, \\ \infty, & y \notin \overline{V}(t)\ \text{のとき} \end{cases}$$

と定義すれば，明らかに，f_1 は正規被積分関数である[70]。(1) の被積分関数を f から f_1 に変更した問題 (1), (2) について考え，$S_1(x)$ をこの問題の値とする (S_1 はもちろん (2) の右側の制約式に登場する変数 x に関する関数である)。容易にわかるように，$S_1 \geq S$ と $S_1(x) = S(x)$ が成立する。以下では，$x \in \mathrm{ri}(\mathrm{dom}\, S_1)$ が成り立つことを証明しよう。

$p \in N(x|\mathrm{dom}\, S_1)$ を任意に取る。すると，定義から，任意の $z \in \mathrm{dom}\, S_1$ に対して，$(p|x-z) \geq 0$ が成り立つ。したがって，(17) の 2 つ目の等式と 8.3

---

[70] （訳注）$\overline{V}$ が正規多価写像であることは自明であるから，f_1 が正規被積分関数であることを確認するには，f が正規被積分関数であることに注意して，8.1 節の定理 3 の系 1 を適用すればよい。

9.3 たたみ込み積分と線形問題

節の命題2から，ほとんどすべての $t \in [t_0, t_1]$，および任意の $m, k = 1, 2, \ldots$ に対して，$(p|\dot{x}_m(t) - \dot{x}_k(\cdot)) = 0$ が成立する[71]。このことから直ちに，任意の $z \in \mathrm{dom}\, S_1$ と任意の $p \in N(x|\mathrm{dom}\, S_1)$ に対して，$(p|x) = (p|z)$ が成り立つことがわかる[72]。ところが，そうなることができるのは $x \in \mathrm{ri}(\mathrm{dom}\, S_1)$ のときだけである[73]。よって，(8) の f を f_1 に変えた式において，最大値を達成する点が存在する。このことから，ベクトル値関数 $x_*(t)$ が存在して，

---

[71] （訳注）このことは次のようにして示される。$m, k = 1, 2, \ldots$ を任意に選んで固定し，$\Delta \subset [t_0, t_1]$ を可測集合とする。(17) の2つ目の等式から $\int_{t_0}^{t_1} \dot{x}_m(t) dt = x_m(t) = x$ であることに注意すれば，

$$\begin{aligned}
\int_\Delta (p|\dot{x}_m(t) - \dot{x}_k(t)) dt &= \left(p \left| \int_\Delta \dot{x}_m(t) dt - \int_\Delta \dot{x}_k(t) dt \right.\right) \\
&= \left(p \left| \left(x - \int_{[t_0, t_1] \setminus \Delta} \dot{x}_m(t) dt\right) - \int_\Delta \dot{x}_k(t) dt \right.\right) \\
&= \left(p \left| x - \left(\int_{[t_0, t_1] \setminus \Delta} \dot{x}_m(t) dt + \int_\Delta \dot{x}_k(t) dt \right) \right.\right) \geq 0
\end{aligned}$$

が得られる。ただし，最後の不等式は，$S_1 \left(\int_{[t_0, t_1] \setminus \Delta} \dot{x}_m(t) dt + \int_\Delta \dot{x}_k(t) dt \right) < \infty$ と $p \in N(x|\mathrm{dom}\, S_1)$ から導かれる。したがって，ほとんどすべての $t \in [t_0, t_1]$ に対して，

$$(p|\dot{x}_m(t) - \dot{x}_k(t)) \geq 0$$

が成り立つことがわかる。あとは，$m, k = 1, 2, \ldots$ に対して，組 (m, k) は可算個であることに注意すれば，所望の帰結が得られる。

[72] （訳注）実際，$z \in \mathrm{dom}\, S_1$ ならば，$\int_{t_0}^{t_1} \dot{y}(t) = z$ と $\int_{t_0}^{t_1} f_1(t, \dot{y}(t)) dt < \infty$ を満たす関数 $y \in W_{1,1}^n$ が存在するが，$y(\cdot)$ の後半の性質と関数 f_1 の定義から，ほとんどすべての $t \in [t_0, t_1]$ に対して，$\dot{y}(t) \in \overline{V}(t)$ が成り立つ。そこで，上で得られた結果から，ほとんどすべての $t \in [t_0, t_1]$ に対して，$(p|\dot{x}_1(t)) = (p|\dot{y}(t))$ が成り立つのだから，これから

$$\begin{aligned}
(p|x) &= \left(p \left| \int_{t_0}^{t_1} \dot{x}_1(t) dt \right.\right) = \int_{t_0}^{t_1} (p|\dot{x}_1(t)) dt \\
&= \int_{t_0}^{t_1} (p|\dot{y}(t)) dt = \left(p \left| \int_{t_0}^{t_1} \dot{y}(t) dt \right.\right) = (p|z)
\end{aligned}$$

が得られる。

[73] （訳注）$x \in \mathrm{dom}\, S_1 \setminus \mathrm{ri}(\mathrm{dom}\, S_1)$ であれば，$\mathrm{ri}(\mathrm{dom}\, S_1) \neq \emptyset$ (3.5 節の定理2) であることに注意して，第一分離定理 (3.1 節の定理1) を適用すると，

$$(p|y) < (p|x), \quad \forall y \in \mathrm{ri}(\mathrm{dom}\, S_1)$$

を満たすベクトル $p \in \mathbb{R}^n$ が存在することがわかる。ところが，これは上で得られた事実と矛盾する。

$$x_*(t_0) = 0,\ x_*(t_1) = x;\ \int_{t_0}^{t_1} f_1(t, \dot{x}_*(t))dt = S_1(x) = S(x)$$

が成り立つ．以上で，定理の証明が完了した．■

9.3.3 一般の場合

(8) の右辺の最大値が集合 dom S^* の極限点において達成される場合には，問題 (1), (2) は絶対連続な解を持たなかったり，最小化列が不連続関数に収束する，ということがあり得る．しかしながら，この場合にも，不連続関数を許容可能とする，問題 (1), (2) と同等の拡張された問題を構成することはできる．拡張された問題における許容可能な要素は，元の問題 (1), (2) の許容可能な要素の極限点と見なすことができる．本節の残りの部分では，拡張された問題の構成とその問題の極小点の必要条件と十分条件について議論することにしよう．

区分的に連続な関数 $x(t)$ について考えよう．議論を明確にするために，t_0 を除くすべての不連続点において右連続となっている関数，つまり，連続関数 $z(t)$ と $t_0 \leq \tau_i \leq t_1$, $i = 1, \ldots, k$ として，

$$\theta(t, \tau) = \begin{cases} 1, & t_1 \geq t \geq \tau > t_0 \text{ または } t_1 \geq t > \tau = t_0 \text{ のとき,} \\ 0, & t_1 \geq \tau > t \geq t_0 \text{ または } \tau = t_0 = t \text{ のとき} \end{cases}$$

によって定義される関数 θ によって，

$$x(t) = z(t) + \sum_{i=1}^{k} w_i \theta(t, \tau_i)$$

と表されるベクトル値関数 $x(t)$ についてだけ考察することにしよう．このような形でかける関数 $x(t)$ は，$z(t)$ が絶対連続であるときには，とくに区分的に**絶対連続** (piecewise absolutely continuous) であると言う．$\mathbb{R}^n$ に値を持ち，不連続点の数が $n+1$ を上回らない区分的に絶対連続な関数の集合を $\mathscr{K}^n$ と書くことにする．

さて，問題 (1), (2) に戻ろう．$[t_0, t_1]$ 内の可測集合 Δ に対して，関数 S_Δ を

$$S_\Delta(x) = \inf \left\{ \int_\Delta f(t, y(t))dt \,\middle|\, y(\cdot) \in L_1^n(\Delta), \int_\Delta y(t)dt = x \right\}$$

9.3 たたみ込み積分と線形問題

と定義する[74]。すると, 8.3 節の定理 2 から, S_Δ が適正である場合には,

$$S_\Delta^*(p) = \int_\Delta f^*(t,p)dt$$

が成り立つ。また, この場合には, 明らかに

$$\Delta_2 \subset \Delta_1 \Longrightarrow \mathrm{dom}\, S_{\Delta_1}^* \subset \mathrm{dom}\, S_{\Delta_2}^* \tag{18}$$

が成立する。各 $\tau \in [t_0, t_1]$ とし, 集合 P_τ を, τ の近傍 Δ に対する $\mathrm{dom}\, S_\Delta^*$ の合併として定義する。すると, (18) と各 S_Δ^* が凸関数であることから, P_τ は凸集合である。最後に, 任意の区分的に絶対連続な関数 $x(\cdot)$ に対して,

$$M(x(\cdot)) = \int_{t_0}^{t_1} f(t, \dot{z}(t))dt + \sum_{i=1}^k s(w_i | P_{\tau_i}) \tag{19}$$

と定義し (ただし, 今まで同様, $s(\cdot | P)$ は集合 P の支持関数を表す). これを用いて, 以下のように問題を定式化する:

$$M(x(\cdot)) \to \inf; \tag{20}$$

$$x(\cdot) \in \mathscr{K}^n, \quad x(t_0) = 0, \quad x(t_1) = x \tag{21}$$

もちろん, $z(\cdot)$ が問題 (1), (2) の許容可能な要素である場合には, 関数 $x(\cdot) = z(\cdot)$ は問題 (20), (21) の許容可能な要素であって,

$$\mathscr{I}(z(\cdot)) = M(x(\cdot))$$

が成り立つ。

定理 3.[75] 関数 S が適正であるとする。このとき, $x(t_0) = 0$ を満たす任意の $x(\cdot) \in \mathscr{K}^n$ に対して, 絶対連続関数の列 $(x_m(\cdot))$ で, 以下の 3 条件

$$x_m(t_0) = 0, \quad \forall m = 1, 2, \ldots,$$

---

74) (訳注) f が正規でない場合には, 可測関数 $y(t)$ に対して, 関数 $t \mapsto f(t, y(t))$ が可測であるとは限らないから, f は正規被積分関数であると仮定されていると考えた方がよい。

75) (訳注) 後半部分の主張に関しては, 英語版では 2 番目の条件も成り立つかのように書かれていた。しかしその証明はなく, また訳者らも埋められなかったので, この形に直してある。

500 　第 9 章　変分法と最適制御における問題の解の存在

$$x_m(t) \to x(t), \quad \forall t \in ([t_0, t_1] \setminus \{\tau_1, ..., \tau_k\}) \cup \{t_1\},$$

$$\varlimsup_{m \to \infty} \mathscr{I}(x_m(\cdot)) \leq M(x(\cdot))$$

を満足するものが存在する．ただし τ_i は $t_0 \leq \tau_1 < ... < \tau_k \leq t_1$ を満たす $x(\cdot)$ の不連続点である．さらに，$x(t_1) \in \mathrm{ri}(\mathrm{dom}\, S)$ が成り立つならば，やはり絶対連続関数の列 $(x_m(\cdot))$ が存在して上の 1 番目と 3 番目の条件に加えて，$x(t_1) = x_m(t_1), \forall m = 1, 2, ...$ を満たすように取ることができる[76]．

証明． $M(x(\cdot)) = \infty$ である場合や $x(\cdot)$ が絶対連続関数である場合には証明すべきことは何もない．そこで以下では，$M(x(\cdot)) < \infty$ と $\sum |w_i| > 0$ が成り立つことを仮定しよう．

関数 $x(\cdot)$ が $x(t) = z(t) + \sum_{i=1}^{k} w_i \theta(t, \tau_i)$ と書けるとしよう．ただし，$z(t)$ は絶対連続関数であって，$\tau_1, ..., \tau_k$ は $t_0 \leq \tau_1 < \cdots < \tau_k \leq t_1$ を満たす $[t_0, t_1]$ 内の点とする．また，任意の $\varepsilon > 0$ に対して，

$$\Delta_{i\varepsilon} = (\tau_i - \varepsilon, \tau_i + \varepsilon) \cap [t_0, t_1], \quad i = 1, ..., k$$

と置く．このとき，

$$\lim_{\varepsilon \to 0} S^{**}_{\Delta_{i\varepsilon}}(w_i + v_{i\varepsilon}) = s(w_i | P_{\tau_i}) \tag{22}$$

が成り立つことを証明しよう．$\delta > 0$ を任意に選んで固定し，各 $i = 1, ..., k$ に対して，$p_i \in P_{\tau_i}$ を

$$(p_i | w_i) \geq s(w_i | P_{\tau_i}) - \delta$$

を満たすように取る[77]．すると，P_{τ_i} の定義から，$\varepsilon > 0$ を十分小さく取れば，

---

76) （訳注）S が適正である場合には，制約式 (21) を満たす任意の関数 $x(\cdot)$ に対して，$M(\cdot)$ が定義できることに注意しよう．そうでなければ，(19) 式の右辺の第 1 項が $-\infty$ となって，第 2 項が ∞ となる場合を排除できない．また，S が適正である場合には，任意の可測集合 $\Delta \subset [t_0, t_1]$ に対して，S_Δ は適正となるのだから，$S^* = \int_\Delta f^*(t, \cdot) dt$ など，上で述べた関係式が問題なく成立することに注意されたい．

77) （訳注）S が適正である場合には，4.2 節の命題 4 から，各 $x \in \mathrm{ri}(\mathrm{dom}\, S)$ に対して，$\partial S(x) \neq \emptyset$ となるから，$p \in \partial S(x)$ とすれば，任意の可測集合 $\Delta \subset [t_0, t_1]$ に対して $S^*_\Delta(p) \leq S^*(p) < \infty$ である．よって $p \in P_{\tau_i}, \forall i = 1, ..., k$ が成り立つので，各 P_{τ_i} は非空である．また，このことと仮定 $M(x(\cdot)) < \infty$ から，任意の $i = 1, ..., k$ に対して，$s(w_i | P_{\tau_i})$ が有限値となることにも注意しよう．

9.3 たたみ込み積分と線形問題

$p_i \in \text{dom } S^*_{\Delta_{i\varepsilon}}, \forall i = 1, \ldots, k$ が成り立ち，さらに，任意の $i = 1, \ldots, k$ に対して，

$$\lim_{\varepsilon \to \infty} S^{**}_{\Delta_{i\varepsilon}}(w_i + v_{i\varepsilon}) = \lim_{\varepsilon \to 0} \sup_{p \in \mathbb{R}^n} \left((p|w_i + v_{i\varepsilon}) - S^*_{\Delta_{i\varepsilon}}(p)\right)$$
$$\geq (p_i|w_i) + \lim_{\varepsilon \to 0} \left((p_i|v_{i\varepsilon}) - S^*_{\Delta_{i\varepsilon}}(p_i)\right) = (p_i|w_i)$$

が成立する[78]。一方で，ヤング=フェンシェルの不等式から，任意の $t \in [t_0, t_1]$ と $p \in \mathbb{R}^n$ に対して，

$$f(t, \dot{z}(t)) \geq (p|\dot{z}(t)) - f^*(t, p)$$

が成り立つのだから，S が適正であることと仮定 $M(x(\cdot)) < \infty$ より，$\mathscr{I}(z(\cdot))$ が有限値であることに注意すれば，

$$\overline{\lim_{\varepsilon \to 0}} \sup_p \left((p|w_i + v_{i\varepsilon}) - S^*_{\Delta_{i\varepsilon}}(p)\right)$$
$$= \overline{\lim_{\varepsilon \to 0}} \sup \left\{(p|w_i + v_{i\varepsilon}) - S^*_{\Delta_{i\varepsilon}}(p) \,\big|\, p \in P_{\tau_i}\right\}$$
$$\leq s(w_i | P_{\tau_i}) + \overline{\lim_{\varepsilon \to 0}} \sup_{p \in \mathbb{R}^n} \int_{\Delta_{i\varepsilon}} \left((p|\dot{z}(t)) - f^*(t, p)\right) dt$$
$$\leq s(w_i | P_{\tau_i}) + \overline{\lim_{\varepsilon \to 0}} \int_{\Delta_{i\varepsilon}} f(t, \dot{z}(t)) dt$$
$$= s(w_i | P_{\tau_i})$$

が得られる。$\delta > 0$ は任意に選んだのだから，以上より，関係式 (22) が導かれる。

関数 S は適正であるから，任意の可測集合 $\Delta \subset [t_0, t_1]$ に対して，S_Δ も適正である。したがって，S^{**}_Δ は S_Δ の閉包に一致するから[79]，正数 $\varepsilon_0 > 0$ を

---

[78]　（訳注）最後の等式において，$\lim_{\varepsilon \to 0} \left((p|v_{i\varepsilon}) - S^*_{\Delta_{i\varepsilon}}(p_i)\right) = 0$ は次のようにして導かれる。まず，ルベーグの優収束定理から，$\lim_{\varepsilon \to 0}(p_i|v_{i\varepsilon}) = 0$ が得られる。一方で，S が適正である場合には常に $S^* > -\infty$ となることに注意すれば，十分小さい $\varepsilon > 0$ については，$S^*_{\Delta_{i\varepsilon}}(p_i)$ は有限値となる（$p_i \in P_{\tau_i}$ より，十分小さい $\varepsilon > 0$ に対しては，$p_i \in \text{dom } S^*_{\Delta_{i\varepsilon}}$ となることを思い出そう）。そこで，$S^*_{\Delta_{i\varepsilon}}(p_i) = \int_{\Delta_{i\varepsilon}} f^*(t, p_i) dt$ に再びルベーグの優収束定理を適用すれば，$\lim_{\varepsilon \to \infty} S^*_{\Delta_{i\varepsilon}}(p_i) = 0$ が成り立つことがわかる。

[79]　（訳注）注 78 で述べた論理と全く同様にして，$S^*_\Delta(p) < \infty$ を満たす $p \in \mathbb{R}^n$ が存在することがわかるから，$S^{**}_\Delta > -\infty$ が成り立つ。そこで，$\overline{S_\Delta} \geq S^{**}_\Delta > -\infty$ から，$\overline{S_\Delta}$ は適正である。したがって，フェンシェル=モローの定理の系 2 から，$S^{**}_\Delta = \overline{S_\Delta}$ が成り立つ。

十分小さく取れば[80]，各 $i = 1, \ldots, k$ と任意の $\delta > 0$，および $0 < \varepsilon < \varepsilon_0$ を満たす任意の ε に対して，

$$|x_{i\varepsilon,\delta} - v_{i\varepsilon} - w_i| < \delta, \quad |S_{\Delta_{i\varepsilon}}(x_{i\varepsilon,\delta}) - S^{**}_{\Delta_{i\varepsilon}}(w_i + v_{i\varepsilon})| < \delta/2 \quad (23)$$

を満たす $x_{i\varepsilon,\delta}$ が存在する。このことから，各 $\Delta_{i\varepsilon}$ 上で定義された可積分関数 $y_{i\varepsilon,\delta}(t)$ が存在して，関係式

$$\left.\begin{array}{l} \displaystyle\int_{\Delta_{i\varepsilon}} y_{i\varepsilon,\delta}(t)dt = x_{i\varepsilon,\delta}, \\ \displaystyle\int_{\Delta_{i\varepsilon}} f(t, y_{i\varepsilon,\delta}(t))dt \leq S^{**}_{\Delta_{i\varepsilon}}(w_i + v_{i\varepsilon}) + \delta \end{array}\right\} \quad (24)$$

を満たす。k 個の点 $\tau_1, \ldots, \tau_k$ はすべて異なるのだから，$\varepsilon > 0$ を十分小さく取れば，区間 $\Delta_{i\varepsilon}, \ldots, \Delta_{k\varepsilon}$ は，どの 2 つについても互いに素である。ここで，

$$\dot{x}^\delta_m(t) = \begin{cases} \dot{z}(t), & t \notin \bigcup_{i=1}^{k} \Delta_{i,1/m} \text{ のとき,} \\ y_{i,1/m,\delta}(t), & t \in \Delta_{i,1/m}, \ i = 1, \ldots, k \text{ のとき} \end{cases}$$

と定義する。すると，各正数 $\delta > 0$ に対応する関数列 $(x^\delta_m(\cdot))$ から所望の性質を満たす関数列を作ることができる。実際，

$$\mathscr{I}(x^\delta_m(\cdot)) = \mathscr{I}(z(\cdot)) + \sum_{i=1}^{k} \int_{\Delta_{i,1/m}} [f(t, y_{i,1/m,\delta}(t)) - f(t, \dot{z}(t))]dt$$

であるから，これと (19), (22) および (24) より，

$$\begin{aligned} &\mathscr{I}(x^\delta_m(\cdot)) - M(x(\cdot)) \\ &= \sum_{i=1}^{k} \int_{\Delta_{i,1/m}} [f(t, y_{i,1/m,\delta}(t)) - f(t, \dot{z}(t))]dt - \sum_{i=1}^{k} s(w_i|P_{\tau_i}) \\ &\leq \sum_{i=1}^{k} \left(S^{**}_{\Delta,1/m}(w_i + v_{i,1/m}) - s(w_i|P_{\tau_i}) + \delta\right) \end{aligned}$$

---

80) （訳注）具体的には，$0 < \varepsilon < \varepsilon_0$ を満たす任意の ε に対して，$S^{**}_{\Delta_{i\varepsilon}}(w_i + v_{i\varepsilon})$ がすべての $i = 1, \ldots, k$ について有限値となるように ε_0 を取ればよい。

9.3 たたみ込み積分と線形問題　　503

$$-\sum_{i=1}^{k}\int_{\Delta_{i,1/m}}f(t,\dot{z}(t))dt \to k\delta \ (m\to\infty),$$

すなわち, $\lim_{\delta\to\infty}\overline{\lim}_{m\to\infty}\mathscr{I}(x_m^\delta(\cdot))\leq M(x(\cdot))$ が成り立つ. また, $t_0,\tau_1,...,\tau_k$ 以外の t に対して $\tau_i<t<\tau_{i+1}$ を満たす添え字 i を $i(t)$ と書く[81]。すると, いま選んだ各 t に対して, m を十分大きく取れば[82],

$$x_m^\delta(t) = z(t) + \sum_{i=1}^{i(t)}\int_{\Delta_{i,1/m}}(y_{i,1/m}(t)-\dot{z}(t))dt$$
$$= z(t) + \sum_{i=1}^{i(t)}(x_{i,1/m,\delta}-v_{i,1/m})$$

が得られ, これと (23) より,

$$|x_m^\delta(t)-x(t)|\leq k\delta$$

が成り立つことがわかる. よって, $\lim_{\delta\to 0}\overline{\lim}_{m\to\infty}|x_m^\delta(t)-x(t)|\to 0$ が導かれる. 以上で定理の前半部分の証明が完了した[83]。

今度は $x(t_1)\in\mathrm{ri}(\mathrm{dom}\,S)$ が成り立っていたとしよう. まず S は適正な凸関数なので, $\mathrm{aff}(\mathrm{dom}\,S)$ の位相について点 $x(t_1)$ で連続である (3.5 節の定理 3). よって, ある数 $\delta_0>0$ と c を選んで, $\|z-x(t_1)\|\leq\delta_0$ を満たす任意の $z\in\mathrm{aff}(\mathrm{dom}\,S)$ に対して, 次の条件

$$z(t_0)=0,\ z(t_1)=z,\ \int_{t_0}^{t_1}f(t,\dot{z}(t))dt\leq c<\infty \tag{25}$$

を満たす絶対連続関数 $z(\cdot)$ が存在するようにできる. 一方, $(x_m(\cdot))$ を上で定義した列としよう. このとき $|x_m(t_1)-x(t_1)|=\alpha_m\leq\delta_0$ が十分大きな m

---

81) （訳注）ただし, $t<\tau_1$ の場合には $i(t)=0$ とし, $\tau_k<t$ の場合には $i(t)=k$ とする. また $t=\tau_k=t_1$ の場合にはそれも許し, 例外的に $i(t)=k$ とする.
82) （訳注）具体的には, $t\notin\Delta_{i(t),1/m}\cap\Delta_{i(t+1),1/m}$ となるように, m を十分大きく取ればよい. また, $t=t_1$ のときはこの操作はしなくてよい.
83) （訳注）ちょっと不親切. 実際には (m_s) を $\delta=1/s$ に対応して $\mathscr{I}(x_{m_s}^\delta(\cdot))-M(x(\cdot))<(k+1)\delta$ を満たす増加的な自然数列として, $x_s(\cdot)=x_{m_s}^{1/s}$ と定義すれば, これが定理の要件を満たす.

に対して成り立つ。ここで $z_m(\cdot)$ を (25) と

$$z = z_m(t_1) = x(t_1) + (\delta_0/\alpha_m)(x(t_1) - x_m(t_1))$$

を満たすように取る。すると，

$$x(t_1) = \frac{\delta_0}{\delta_0 + \alpha_m} x_m(t_1) + \frac{\alpha_m}{\delta_0 + \alpha_m} z_m(t_1)$$

である。そこで，8.2 節の定理 1 から，十分大きな m に対して，あるベクトル値関数 $\tilde{x}_m(t)$ が存在して，$\tilde{x}_m(t_0) = 0$, $\tilde{x}_m(t_1) = x(t_1)$ かつ

$$\int_{t_0}^{t_1} f(t, \dot{\tilde{x}}_m(t))dt = \frac{\delta_0}{\delta_0 + \alpha_m} \int_{t_0}^{t_1} f(t, \dot{x}_m(t))dt + \frac{\alpha_m}{\delta_0 + \alpha_m} \int_{t_0}^{t_1} f(t, \dot{z}_m(t))dt$$

$$\leq \frac{\delta_0}{\delta_0 + \alpha_m} \int_{t_0}^{t_1} f(t, \dot{x}_m(t))dt + \frac{c\alpha_m}{\delta_0 + \alpha_m}$$

が成り立つ[84]。よって

$$\varlimsup_{m \to \infty} \mathscr{I}(\tilde{x}_m(t)) \leq M(x(\cdot))$$

がわかり，定理の証明が完成する。■

9.3.4 解の特徴付けと存在定理

定理 4. 関数 S は適正で，$x \in \mathrm{ri}(\mathrm{dom}\, S)$ とし，(8) 式の右辺の最大値が点 p_0 において達成されるとする。このとき，区分的に絶対連続な関数

$$x(t) = z(t) + \sum_{i=1}^{k} w_i \theta(t, \tau_i) \in \mathscr{K}^n$$

が問題 (20), (21) の解であるならば，

$$f(t, \dot{z}(t)) + f^*(t, p_0) = (p_0 | \dot{z}(t)) \quad \text{a.e.,} \tag{26}$$

---

[84] (訳注) $F(t) = \{(\dot{x}_m(t), f(t, \dot{x}_m(t))), (\dot{z}_m(t), f(t, \dot{z}_m(t)))\}$ を考える。$\int_{t_0}^{t_1} F(t)dt$ は 8.2 節の定理 1 から凸なので，$F(t)$ の可測選択子 $(\dot{\tilde{x}}_m(t), \alpha(t))$ を取ってきて，$\int_{t_0}^{t_1} \dot{\tilde{x}}_m(t)dt = x(t_1)$ かつ $\int_{t_0}^{t_1} \alpha(t)dt$ が上式のひとつめの等号の右辺と一致するようにできる。ところがこの可測選択子は明らかにある集合に対して，

$$\begin{cases} (\dot{x}_m(t), f(t, \dot{x}_m(t))) & t \in A \text{ のとき,} \\ (\dot{z}_m(t), f(t, \dot{z}_m(t))) & t \notin A \text{ のとき} \end{cases}$$

となっていることがわかる。$\tilde{x}_m(t) = \int_{t_0}^{t} \dot{\tilde{x}}_m(t)dt$ と定義すれば要件を満たす。

9.3 たたみ込み積分と線形問題

$$w_i \in N(p_0|P_{\tau_i}), \quad i = 1, \ldots, k \tag{27}$$

が成り立つ.逆に,関数 $x(\cdot)$ が制約条件 (21) を満たし,さらに,ある $p_0 \in \mathbb{R}^n$ に対して,(26) と (27) を満たすならば,$x(\cdot)$ は問題 (20), (21) の解である.

証明. 定理 3 から,問題 (20), (21) の値は $S(x)$ に等しい.いま,$x(\cdot)$ を問題 (20), (21) の解とすれば,

$$\begin{aligned}
\int_{t_0}^{t_1} f(t, \dot{z}(t)) dt &+ \sum_{i=1}^{k} s(w_i|P_{\tau_i}) \\
&= M(x(\cdot)) = S(x) = (p_0|x) - S^*(p_0) \\
&= \int_{t_0}^{t_1} [(p_0|\dot{z}(t)) - f^*(t, p_0)] dt + \sum_{i=1}^{k} (p_0|w_i)
\end{aligned} \tag{28}$$

が成り立つ.一方で,ヤング=フェンシェルの不等式から,

$$f(t, \dot{z}(t)) \geq (p_0|\dot{z}(t)) - f^*(t, p_0) \quad \text{a.e.} \tag{29}$$

が得られ,また,$p_0 \in \operatorname{dom} S^* \subset P_{\tau_i}$ から,

$$s(w_i|P_{\tau_i}) \geq (p_0|w_i) \tag{30}$$

が成り立つことがわかる.(28)-(30) から,(26) と (27) が直ちに導かれる.逆に (21), (26) および (27) が成り立っているならば,

$$\begin{aligned}
M(x(\cdot)) &= \int_{t_0}^{t_1} f(t, \dot{z}(t)) dt + \sum_{i=1}^{k} s(w_i|P_{\tau_i}) \\
&= \int_{t_0}^{t_1} ((p_0|\dot{z}(t)) - f^*(t, p_0)) dt + \sum_{i=1}^{k} (p_0|w_i) \\
&= (p_0|x) - S^*(p_0) \\
&\leq S(x)
\end{aligned}$$

が成り立つから,$x(\cdot)$ が問題 (20), (21) の解であることがわかる.以上で定理の証明が完了した.■

定理 5. f を正規凸被積分関数とし，S は適正とする．このとき，もし $x \in \mathrm{ri}(\mathrm{dom}\, S)$ かつ $\mathrm{int}(\mathrm{dom}\, S^*) \neq \emptyset$ で，(8) 式の右辺の最大値を達成する点が存在するならば，問題 (20), (21) の解が存在する．

証明． 点 p_0 において，(8) の右辺の最大値が達成されるとしよう．すると $p_0 \in \partial S(x)$ から，$x \in \partial S^*(p_0)$ が成り立つことがわかる．したがって，8.3 節の定理 4 から，ほとんどすべての $t \in [t_0, t_1]$ に対して，$y(t) \in \partial f^*(t, p_0)$ を満たす可積分関数 $y(t)$ と $w \in N(p_0|\mathrm{dom}\, S^*)$ が存在して，

$$\int_{t_0}^{t_1} y(t)dt + w = x$$

を満足する．ここで，$t_0 \leq \tau_1 < \tau_2 < \cdots < \tau_k \leq t_1$ を満たす $k(k \leq n+1)$ 個の点 $\tau_1, \ldots, \tau_k$ と $w_1 + \cdots + w_k = w$ を満たすベクトル $w_i \in N(p_0|P_{\tau_i})$ が存在することを示そう．これが示されれば，関数

$$x(t) = \int_{t_0}^{t} y(\tau)d\tau + \sum_{i=1}^{k} w_i \theta(t, \tau_i)$$

は $\mathscr{K}^n$ に属し，したがって定理 4 から，問題 (20), (21) の解である．

$w = 0$ である場合に，いま示そうとしている主張は自明であるから，$w \neq 0$ であると仮定する．$\bar{p} \in \mathrm{int}(\mathrm{dom}\, S^*)$ とする．これを用いて，2 つの関数 $l(p)$ と $l(p, t)$ を

$$l(p) = \mu(p - \bar{p}|\mathrm{dom}\, S^* - \bar{p}),$$
$$l(t, p) = \mu(p - \bar{p}|P_t - \bar{p})$$

と定義する．ただし，上式において，$\mu(\cdot|A)$ は集合 A のミンコフスキー関数である[85]．すると，$t \in [t_0, t_1]$ を固定すれば，$\bar{p} \in \mathrm{int}(\mathrm{dom}\, S^*) \subset \mathrm{int}\, P_t$ であって，$\mathrm{dom}\, S^*$ と P_t が共に凸集合であることから，$l(p)$ と $l(t, p)$ は凸関数

---

85) （訳注）集合 $A \subset \mathbb{R}^n$ について，ミンコフスキー関数 $\mu(\cdot|A)$ は，$\mu(x|A) = \inf\{\lambda > 0 | \lambda^{-1} x \in A\}$ と定義される．

であって，しかも $\mathbb{R}^n$ 上で常に有限値である[86]。したがって，$l(p), l(t,p)$ は $\mathbb{R}^n$ 上で連続である。一方で，$p \in \mathbb{R}^n$ を固定した場合には，関数 $l(t,p)$ は t について，上半連続であって，

$$l(p) = \max_{t \in [t_0, t_1]} l(t, p) \tag{31}$$

が成り立つことを証明しよう。まず，定義から，

$$l(t, p) = \inf\left\{\lambda > 0 \,\middle|\, \frac{p - \bar{p}}{\lambda} + \bar{p} \in P_t\right\}$$

である。P_t は凸集合だから，任意の $\varepsilon > 0$ について，

$$\frac{p - \bar{p}}{l(t, p) + \varepsilon} + \bar{p} \in P_t$$

が成り立つ[87]。また，P_t の定義から，t のある近傍 $\Delta(t)$ に対して，

$$\frac{p - \bar{p}}{l(t, p) + \varepsilon} + \bar{p} \in \operatorname{dom} S^*_{\Delta(t)}$$

が成り立つ。そこで，任意の $\tau \in \Delta(t)$ に対して，

$$\frac{p - \bar{p}}{l(t, p) + \varepsilon} + \bar{p} \in P_\tau$$

が成り立ち，そのような τ については，$l(\tau, p) \leq l(t, p) + \varepsilon$ となるから，関数 $l(t, p)$ は t について上半連続である。また，そのような有限個の近傍 $\Delta(\tau_1), \ldots, \Delta(\tau_m)$ であって，区間 $[t_0, t_1]$ の有限個の開被覆となるものが存

---

86) （訳注） $l(p)$ と $l(t, p)$ が共に有限値であるのは，$\operatorname{dom} S^* - \bar{p}$ と $P_t - \bar{p}$ が共に 0 の近傍を含むからである。また，明らかに任意の $\alpha > 0$ に対して，$l(\alpha p) = \alpha l(p)$ であり，$p_1 \in \alpha_1(\operatorname{dom} S^* - \bar{p}), p_2 \in \alpha_2(\operatorname{dom} S^* - \bar{p})$ ならば，$\operatorname{dom} S^* - \bar{p}$ が凸集合であることから，$p_1 + p_2 \in \alpha_1(\operatorname{dom} S^* - \bar{p}) + \alpha_2(\operatorname{dom} S^* - \bar{p}) = (\alpha_1 + \alpha_2)(\operatorname{dom} S^* - \bar{p})$ から，$l(p_1 + p_2) \leq l(p_1) + l(p_2)$ が成り立つ。したがって，$l(p)$ は凸関数である。$l(t, p)$ が凸関数であることも同様に示せる。

87) （訳注）定義から，ある $0 < \varepsilon' < \varepsilon$ を満たす正数 ε' に対して，$\frac{p - \bar{p}}{l(t,p) + \varepsilon'} \in P_t - \bar{p}$ が成り立ち，また十分大きい M については $\frac{p - \bar{p}}{l(t,p) + M} \in P_t - \bar{p}$ で，$\frac{p - \bar{p}}{l(t,p) + \varepsilon}$ はこのふたつに挟まれる。

在し，

$$\lambda_0 = \max\{l(\tau_i, p) + \varepsilon | i = 1, \ldots, m\}$$

とすれば，任意の $i = 1, \ldots, m$ に対して，

$$\frac{p - \bar{p}}{\lambda_0} + \bar{p} \in \text{dom } S^*_{\Delta(\tau_i)},$$

が成り立つ．よって，$\bigcup_i \Delta(\tau_i) = [t_0, t_1]$ であることから，

$$\frac{p - \bar{p}}{\lambda_0} + \bar{p} \in \bigcap_{i=1}^{m} \text{dom } S^*_{\Delta(\tau_i)} = \text{dom } S^*$$

が成り立つことがわかる．したがって，$l(p) \leq \lambda_0 \leq \max_t l(t,p) + \varepsilon$ が成り立つことがわかるが，$\varepsilon > 0$ は任意なのだから，結局 $l(p) \leq \max_t l(t,p)$ が得られる．一方，任意の $t \in [t_0, t_1]$ に対して，$\text{dom } S^* \subset P_t$ から，$l(p) \geq l(t,p)$ が成り立つことは直ちにわかる．以上で，(31) が示された．

さて，$w \in N(p_0 | \text{dom } S^*)$ に対して，$w \neq 0$ と仮定しているのだから，この場合にはもちろん，$p_0 \notin \text{int}(\text{dom } S^*)$ が成り立つ．したがって，$l(p_0) > 0 = l(0)$ が成立する[88]．そこで，4.3 節の命題 2 から，正数 $\lambda > 0$ とベクトル $\bar{w} \in \partial l(x_0)$ が存在して，$\lambda \bar{w} = w$ が成り立つ[89]．一方で，(31) と 4.2 節の定

---

[88]　（訳注）実際，$\text{dom } S^* - \bar{p}$ は凸集合であって，$p_0 - \bar{p} \notin \text{int}(\text{dom } S^* - \bar{p})$ が成り立つのだから，第一分離定理 (3.1 節の定理 1) より，$x \neq 0$ となるベクトル $x \in \mathbb{R}^n$ が存在して，

$$(x|p) \leq (x|p_0 - \bar{p}), \quad \forall p \in \text{dom } S^* - \bar{p},$$

とくに，

$$(x|p) < (x|p_0 - \bar{p}), \quad \forall p \in \text{int}(\text{dom } S^* - \bar{p})$$

が成立する．一方で，$0 \in \text{int}(\text{dom } S^* - \bar{p})$ なのだから，$(x|p_0 - \bar{p}) > 0$ が成立する．そこで，$0 < \alpha < 1$ を満たす任意の α に対して，

$$(x|\alpha p) < (x|p_0 - \bar{p}), \quad \forall p \in \text{dom } S^* - \bar{p},$$

が成り立つ．このことから，任意の $\alpha \in (0,1)$ について，$p_0 - \bar{p} \notin \alpha(\text{dom } S^* - \bar{p})$ となることがわかり，これと $p_0 \in \text{dom } S^*$ から，$l(p_0) = 1$ が導かれる．

[89]　（訳注）すでに注 88 で述べたように，$l(p_0) = 1$ であって，

$$\mathscr{L}_{l(p_0)} l = \{p \in \mathbb{R}^n | l(p) \leq 1\} \subset \overline{\text{dom } S^*}$$

だから，内積の連続性より，$w \in N(p_0 | \overline{\text{dom } S^*}) \subset N(p_0 | \mathscr{L}_1 l)$ が得られる．

理 4 から，それぞれ k 個の実数 $\tau_1,\ldots,\tau_k$，ベクトル $\bar{w}_1,\ldots,\bar{w}_k$，および非負実数 $\alpha_1,\ldots,\alpha_k (k \leq n+1)$ が存在して，

$$l(\tau_i, p_0) = l(p_0), \quad \alpha_1 + \cdots + \alpha_k = 1,$$
$$\bar{w}_i \in \partial l(\tau_i, p_0), \quad \bar{w} = \alpha_1 \bar{w}_1 + \cdots + \alpha_k \bar{w}_k$$

が成り立つ。そこで，$w_i = \lambda \alpha_i \bar{w}_i$ とすれば，$l(\tau_i, p_0) = l(p_0) = 1 > 0 = l(\tau_i, 0)$ より，再び 4.3 節の命題 2 から，$w_i \in N(p_0|\mathscr{L}_1 l(\tau_i, \cdot)) \subset N(p_0|P_{\tau_i})$ が成り立つ。ところが，$w = w_1 + \cdots + w_k$ であることが直ちにわかる。以上で定理の証明が完了した。■

9.4　9章の補足

9.1

定理 1 はド・ラ・ヴァレー・プーサンによる絶対同程度連続についての古典的な結果の直接の拡張である (Natanson [1] を見よ)。ここで示された形で示したものは Valadier [6], Castaing [4], Rockafeller [11] にもある。このうち Rockafeller [11] では，定理，およびド・ラ・ヴァレー・プーサンの結果について逆も言える，つまり相対コンパクト性から増大条件が言えることが示されている。定理 2(あるいは 9.2 節の定理 2) は Cinquini [1]-[3] でより厳格な条件の下で示され，Ioffe [5] によっていまの形で示された。

ものすごい数の研究が積分

$$\int f(t, x(t), y(t)) dt$$

の，$x(\cdot)$ の L_p 強収束と $y(\cdot)$ の L_q 弱収束の下での半連続性に向けられている。例えば Berkovitz [3], Morozov and Plotnikov [1], Polyak [2], Cesari [4], [5] などである。$p = q = 1$ の場合，半連続性の必要十分条件が Olech [4] によって得られている。

制御系の軌道の集合の「下側閉包」と呼ばれるものについての定理 (Berkovitz [4], Cesari [3], [4] を見よ) は半連続性と深く関係している。

9.2

定理 1 は Tonelli [1], McShane [1]-[3], Nagumo [1] の古典的結果に近いものである。定理 3 の最初のふたつの主張は Cesari [1], [2] によって，三番目の主張は Filippov [1] によって得られた。さらに多くの結果が Cesari と彼の共著者による一連の研究，それから Berkovitz [1], [2], Olech [3], Rockafeller [18], Ioffe [7] などによって行われている。定理 4 は Morrey [1] の結果を一般化している。

ボゴリューボフの定理は変分問題の緩和についての膨大な研究の最も古い結果である。さらなる結果が Young [1], [2], McShane [5], [7], Warga [1], [2], Ioffe [1], Ghouila-Houri [1], Ioffe and Tikhomirov [2], [3], Ekeland(これは Ekeland and Temam [1] にある) などによって見つかっている。

9.3

この節で示されている結果は部分的には新しく，部分的には Ioffe and Tikhomirov [4] によって示されている。より古い関連研究としては Arkin [1], Neustadt [1], Fleming [1] を挙げておく。理論の一般的な形式は Rockafeller [8], [9], [16] によって形作られた凸変分問題の理論と似た精神で作られたが，ふたつは適用できるものと結果が異なっている。似た問題への他のアプローチとしては Krasovskiĭ [1], [3] と Aubin and Ekeland [1], [2] がある。

第 10 章

理論の諸問題への応用

10.1 幾何光学の問題

　幾何光学の問題では，ハミルトン＝ヤコビ＝ベルマンの定式化に基礎を置く幾何・物理的なアイデアを変分法や最適制御理論によって，あるいは摂動法に基礎を置くそれを極値問題の理論によって，容易にたどっていくことができる．その主たる理由は，幾何光学に出てくる問題の数学的定式化が極めて単純であって，また物理的な要素によって隠れていないからである．この理由から，結果は物理的な表現もできるし，逆に (当然であるが)——自然な物理的思考を基礎に——数学的定理が必要とされる形でも書ける．一方で，興味深い多くの問題が幾何光学の問題として表現できる．例えば，自励系における時間最適化問題などである．

　本節の最初にある多くの議論は完全に厳密には書かれていない．その目的は，単純で直観的に明らかな考察から，どれほど意味のある数学的結果へ到達できるのかを示すことにある．

10.1.1　フェルマーの原理

　透明で不均一な等方性媒質 (簡単化のためにこう置く) が与えられているとし，点 $x_0 = (x_0^1, x_0^2, x_0^3)$ が光源であるとする．$v(x_1)$ を点 $x_1 = (x_1^1, x_1^2, x_1^3)$ における光の速度であるとしよう．次の問題を考える：x_0 から x_1 への光の経路はどうなるだろうか？　この問題に答えるに当たって，フェルマーは次の

ような変分原理を定式化した．これが物理の問題についてこの種の原理の中で最初のものである．フェルマーの原理によると，光は，その軌道を通るためにかかる時間

$$T(x(\cdot)) = \int_{x_0}^{x_1} \frac{ds}{v(x)} \tag{1}$$

が x_0 と x_1 をつなぐ他のどの曲線による時間よりも大きくないような軌道を選ぶ．この原理は後により正確になった：光の伝播経路は必ずしも汎関数 T の最小点である必要はなく，ただし汎関数の停留点 (stationary point) である必要がある．この形にすると，異方性媒質についても同じ原理が正しくなる．ただし速度の大きさはその方向に依存することになる．

異方性媒質についての一般化された例では，点 x における光学的性質は集合 $V(x)$ で表される．この集合は点 x における可能な速度ベクトルをすべて集めてできた集合である．さらに，集合 $V(x)$ それ自体が点ごとに変わる（これは媒質が不均一であることを仮定しているからである）．別の言い方をすれば，われわれは**多価写像** $x \mapsto V(x)$ を与えられているのである．したがって，点 x_0 から点 x_1 への光線の軌道は，フェルマーの原理によれば，次の時間最適化問題

$$T \to \inf; \; \dot{x} \in V(x), \; x(t_0) = x_0, \; x(t_1) = x_1 \tag{2}$$

の解でなければならない．この問題 (2) の下限を $T(x_1; x_0)$ で表すこととしよう．

いくつかの例を示そう．序章に示した最速降下線問題は，次の汎関数

$$\int_{(x_0, y_0)}^{(x_1, y_1)} \frac{\sqrt{1 + y'^2}}{\sqrt{y}} dx, \; y > 0$$

の最小化問題に帰着できた．この問題は平面における幾何光学の問題と見ることができ，その場合の光の速度は公式 $v(x, y) = \sqrt{y}$ で与えられる．

また，ロバチェフスキー平面が半平面 $y > 0$ 上で，$ds^2 = y^{-2}(dx^2 + dy^2)$ という公式で長さを与えることで実現するというのはよく知られている[1]．そこで得られるリーマン多様体はポアンカレ半平面と呼ばれる．したがって，

---

1) （訳注）双曲平面という呼び名もある．

10.1 幾何光学の問題

ポアンカレ平面での測地線を求める問題は次の形で描ける：

$$\int_{(x_0,y_0)}^{(x_1,y_1)} \frac{\sqrt{1+y'^2}}{y} dx \to \inf.$$

再び $v(x,y) = y$ と置くことで，われわれは幾何光学における問題を得ることになる。

最小回転面の問題 (problem of minimal surfaces of revolution) はやはり $v(x,y) = y^{-1}$ によって平面の幾何光学の問題として表現できる。

次の自励系の最適制御問題を考えよう。

$$T \to \inf;$$
$$\dot{x} = \varphi(x,u),\ u \in U,$$
$$x(0) = x_0,\ x(T) = x_1.$$

この問題は $V(x) = \varphi(x, U)$ と置くことで問題 (2) に帰着できる。

幾何光学の問題においては，集合 $V(x)$ は常に 0 を含む凸集合だと考えておくほうが便利である。最初はこの仮定は強すぎるように見えるかもしれないが，実はこれはほとんど制限になっていない。ボゴリューボフの定理の時に被積分関数を凸であるように変えてしまったのと同様に，時間最適化問題では問題を変えずに可能な速度の集合をその凸包へと「凸化」することができるのである。

10.1.2 ホイヘンスの原理とハミルトン＝ヤコビ＝ベルマン方程式

幾何光学の問題では，この原理は非常に自然で優雅な形で表現することができる。$A(x)$ と $B(x)$ は $\mathbb{R}^n$ から $\mathbb{R}^n$ への多価写像であるとしよう。8.1 節のように，写像 A と B の合成 (composition) $A \circ B$ を

$$(A \circ B)(x) = \cup_{\xi \in B(x)} A(\xi)$$

と定義する。われわれは次のような集合の 1 パラメータ族を考える：

$$\mathscr{T}_t(x_0) = \{x \in \mathbb{R}^n | T(x; x_0) \leq t\}.$$

すると，

$$\mathscr{T}_{t+s}(x_0) = (\mathscr{T}_t \circ \mathscr{T}_s)(x_0) = (\mathscr{T}_s \circ \mathscr{T}_t)(x_0) \tag{3}$$

となる．この関係 (3) がホイヘンスの原理である．

実際，包含関係 $(\mathscr{T}_s \circ \mathscr{T}_t)(x_0) \subset \mathscr{T}_{s+t}(x_0)$ は次のことを意味する：もし光が x から z へ時間 s で到達でき，また x_0 から x へ時間 t で到達できるなら，z は x_0 から少なくとも時間 $s+t$ で到達できるはずである．他方，包含関係 $\mathscr{T}_{t+s}(x_0) \subset (\mathscr{T}_s \circ \mathscr{T}_t)(x_0)$ は次を意味する：もし点 z が x_0 から時間 $t+s$ で到達できたとすれば，その光の軌道上に時刻 t のときにいた点 x があるはずである．しかしこのとき，x から z へは時間 s 以内に到達できなければならない．ホイヘンスの原理は物理的には，光の伝播プロセスを波面 (wave front)，つまり集合 $\mathscr{T}_t(x_0)$ の境界を用いてよいということを意味している．

ここで，

$$T(x;x_0) = \inf\{t > 0 | x \in \mathscr{T}_t(x_0)\}$$

としよう．この関数 $T(x;x_0)$ は通常 x_0 から x への経路の光学的長さ (optical length of path) と呼ばれ，光の経路の終端点を摂動と捉えたときには明らかにこれが問題 (2) の S 関数になる．ここでホイヘンスの原理といくつかの簡単な（ただし完全に厳密ではない）考察から，ハミルトン＝ヤコビ方程式を導出するやり方を示そう．

光学的長さ $T(x;x_0)$ は変数 x について微分可能であると仮定する（もちろん，常にそういうわけではない――どころか，そうでない場合はとても多い．例えば，最小回転面の問題では T は全域で微分可能ではない）．さらに，領域 $U \subset \mathbb{R}^n$ の任意の点は点 x_0 と一意的な軌道（もしくは，x_0 から放射された光線）で結ばれると考える．この軌道を $x(\cdot, x_0)$ と書くことにしよう．点 $x_* \in U$ を考える．この点に向かう光線は軌道 $x_*(\cdot, x_0)$ を通過し，x_0 から x_* への経路の光学的長さは $T(x_*; x_0) = T_*$ である．そこからさらに Δt だけの時間が経つ間に，$x_*(\cdot, x_0)$ を移動する光は $\dot{x}_*(T_*; x_0)\Delta t = v_* \Delta t$ だけずれなければならない（高次の微小数を無視すれば）．したがって，等式

$$T(x_* + v_* \Delta t; x_0) = T(x_*; x_0) + \Delta t = T_* + \Delta t$$

を得る．しかし光が点 x_* で異なる速度 v を選んだ場合には，ホイヘンスの

10.1 幾何光学の問題

原理と光学的長さの定義から,

$$T(x_* + v\Delta t; x_0) \leq T(x_*; x_0) + \Delta t$$

が成り立たなければならない。したがって，次の等式

$$\Delta t = \sup_{v \in V(x_*)} (T(x_* + v\Delta t; x_0) - T(x_*; x_0)) = \sup_{v \in V(x_*)} (T'(x_*; x_0)|v)\Delta t,$$

または，これを任意の点 $x \in U$ について実行すると,

$$\sup_{v \in V(x)} (T'(x; x_0)|v) = 1$$

を得る。

集合 A の支持関数の定義を思いだそう。これは

$$s(\eta|A) = \sup_{\xi \in A}(\eta|\xi)$$

で与えられていた。これを使えば光学的長さについての次の偏微分方程式を得ることができる：

$$s(T'(x; x_0)|V(x)) = 1. \tag{4}$$

これが幾何光学の問題におけるハミルトン＝ヤコビ方程式 (Hamilton-Jacobi equation) である。

例をひとつ出そう。媒質が等方的であれば，つまり

$$V(x) = S(0, v(x)),\ S(\xi, r) = \{x | |x - \xi| = r\}$$

である場合,

$$s(\eta|S(0, r)) = r|\eta|$$

であるから，ハミルトン＝ヤコビ方程式は次の形

$$\sum_i \left(\frac{\partial T(x; x_0)}{\partial x^i}\right)^2 = v^{-2}(x) \tag{5}$$

を取る。

10.1.3 最大値原理

今度は次の自励系における時間最適化問題を考えよう.

$$T \to \inf;\ \dot{x} = \varphi(x, u),\ u \in U,\ x(0) = x_0,\ x(T) = x_1.$$

前に書いたように, $V(x) = \varphi(x, U)$ とする. $(x_*(\cdot), u_*(\cdot))$ が問題の最適制御過程であるとする. このとき, 最大値原理から, 随伴方程式

$$\dot{p} = -\varphi_x^*(x_*(t), u_*(t))p, \tag{6}$$

の自明でない解 $p(t)$ が存在して,

$$(p(t)|\varphi(x_*(t), u_*(t))) = \max_{u \in U}(p(t)|\varphi(x_*(t), u)) \tag{6'}$$

を満たす. ここで,

$$\sigma(p, x) = s(p|V(x)) = \sup_{u \in U}(p|\varphi(x, u))$$

とする. もし集合 U がコンパクトであれば, 4.4 節の定理 3 から関数 $x \mapsto \sigma(p, x)$ は正規局所凸であり, 関係 (6) と (6') は次の形

$$-\dot{p} \in \partial_x \sigma(p(t), x_*(t)),$$
$$\dot{x} \in \partial_p \sigma(p(t), x_*(t)) \tag{7}$$

に書き直せる. これは (2) の形式で表される幾何光学の問題についての最大値原理の自然な形である.

10.1.4 問題

問題 1：ポアンカレ半平面の測地線

前に注記したように, 次の問題を解く必要がある：

$$\int_{(x_0, y_0)}^{(x_1, y_1)} \frac{\sqrt{1 + y'^2}}{y} dx \to \inf;\ y > 0.$$

ここで, 被積分関数は x に依存しておらず, したがってオイラー方程式はエ

ネルギー積分
$$y\sqrt{1+y'^2} = C$$
の形を取る (2.2 節を見よ)．ここから，オイラー方程式は次の一次の微分方程式
$$\frac{ydy}{\sqrt{C^2 - y^2}} = dx$$
に帰着できる．この方程式を積分すれば，極値についての次の表現を得る：
$$y^2 + (x + C_1)^2 = C^2.$$

したがって，極値は軸 $y = 0$ に中心を置く半円の形を取る．$x_0 \neq x_1$ である任意のペア $(x_0, y_0), (x_1, y_1)$ について，これらを通る極値はただひとつに定まり，これは様々な方法で半平面 $y > 0$ 全体を覆う極値体に埋め込むことができる．例えば，軸 $y = 0$ 上に共通点を持つ半円の束などを用いればよい．この問題の被積分関数は幾何光学の等方問題と同様に準正則であり，よって 7.4 節の定理 3' からいま見つけた極値は問題の解であることがわかる．

問題 2：最速降下線

すでに何度も述べた通り，最速降下線の問題は次の形で表される：
$$\int_{(x_0, y_0)}^{(x_1, y_1)} \frac{\sqrt{1 + y'^2}}{\sqrt{y}} dx \to \inf;\ y > 0.$$
再びエネルギー方程式
$$\frac{\sqrt{y}dy}{\sqrt{a^2 - y}} = dx$$
を書く．この方程式は次の形
$$y = a^2 \sin^2(t/2)$$
を代入することで簡単に積分できる．そして解はパラメータ型で次の形
$$x = \frac{a^2}{2}(t - \sin t) + c,$$

$$y = \frac{a^2}{2}(1 - \cos t)$$

を取る。これはサイクロイドである。最初の問題と同様，上半平面における任意の二点に対してそこを通るこの形のサイクロイドが一意に存在し，それは上半平面を覆う中心体に埋め込まれる (例えば，与えられたサイクロイドの，軸 $y = 0$ 上で交差する点のうちのひとつを中心とした同次変換の全体を考えればよい)。したがって上と同様に，7.4 節の定理 3′ から，極値は解である。

問題 3：最小回転面

この問題は次のように書かれる：

$$\int_{(x_0, y_0)}^{(x_1, y_1)} y\sqrt{1 + y'^2} dx \to \inf; \ y \geq 0.$$

前に，この問題を速度が y の逆数と一致するような平面の幾何光学の問題として説明した。前の 2 つの問題では光の伝播速度が高さについて増加的だったが，ここでは減少的である。したがって，前の問題と異なって，軌道は与えられた 2 点の下側を通ると想定できる。オイラー方程式のエネルギー積分は

$$y = c\sqrt{1 + y'^2}$$

であり，よって解は

$$y = c \cosh\left(\frac{x}{c} + d\right)$$

で与えられる[2]。

対称な場合，つまり $x_0 = -x_1$ かつ $y_0 = y_1$ の場合の分析をしよう。このときオイラー方程式の解は次の形

$$y = c \cosh \frac{x}{c} \tag{8}$$

を取る。したがって，極値は**懸垂線**となる。この懸垂線の族が原点を通り $y = \cosh x$ と接する直線に囲まれた角形の内部を覆うことは容易にわかる (図

---

2) (訳注) 英語版では関数名は ch と書いてあったが，日本で標準的に書かれる記法に改めた。

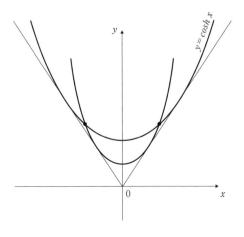

図 13

13)。この外側には許容可能な懸垂線は描けない。もし点 (x_0, y_0) と (x_1, y_1) がこの角形の端に位置しているならば，たったひとつの懸垂線がその2つを通る。もしそれらの点が角形の内部にあるならば，2つの懸垂線がそれらを通り，そのうちひとつは角形の端と接しており，もうひとつはそうではない。後者は容易に体に埋め込めて，よって 7.4 節の定理 3′ から極小点である。一方，前者の極値はヤコビの条件を満たさない。というのは，それに近い極値は角形の端と接している点に近い場所でそれと交差するからである。

角形の外においての絶対極点の問題，および境界条件が与えられたときの解の特徴付けの問題は，より多くの考察を必要とする。問題 3 を次のパラメータ型の変分問題として記述しよう。

$$\int_0^1 y\sqrt{\dot{x}^2 + \dot{y}^2}d\tau \to \inf;$$
$$x(0) = x_0,\ y(0) = y_0,\ x(1) = x_1,\ y(1) = y_1.$$

ここで τ はパラメータであり，$\dot{x}$ と $\dot{y}$ は τ についての微分の値である。この問題のオイラー方程式系は次の形

$$\frac{d}{d\tau}\left(\frac{y\dot{y}}{\sqrt{\dot{x}^2 + \dot{y}^2}}\right) - \sqrt{\dot{x}^2 + \dot{y}^2} = 0,$$

$$\frac{d}{d\tau}\left(\frac{y\dot{x}}{\sqrt{\dot{x}^2+\dot{y}^2}}\right)=0$$

を取る。2番目の方程式の積分

$$\frac{y\dot{x}}{\sqrt{\dot{x}^2+\dot{y}^2}}=c$$

を考えよう。もし $c \neq 0$ であれば $y \neq 0$, よって $y > 0$ で, $\dot{x} \neq 0$ である。よって $\dot{x}$ は定符号である。このため, すべてはすでに考察した場合に帰着できる。$c = 0$ であるとしよう。このとき $y = 0$ か $\dot{x} = 0$ がすべての極値のすべての点で成り立つ。そのような極値は3つの部分から構成されることが簡単に確かめられる：最初は $\dot{x} = 0$ で y は y_0 から 0 に動き, 次に $y = 0$ で x が x_0 から x_1 に動いて, 最後に $\dot{x} = 0$ で y が 0 から y_0 に動く。

したがって, 2つのタイプの極値がある。つまり, 懸垂線と, 垂直部分および $x_0 \leq x \leq x_1, y = 0$ である水平部分からなる折れ線型の極値である。ここで $(-x, y)$ と (x, y) をつなぐ最初のタイプの極値の「光学的長さ」は簡単に計算できて, $y^2\Phi(x/y) = c^2\varphi(x/c)$ となる。ただしここで,

$$\varphi(\xi) = 2\int_0^\xi \cosh^2 x\, dx, \ y = c\cosh\frac{x}{c}$$

である。

2番目のタイプの極値については, 光学的長さは y^2 である。等式は角形 $y \geq k_0|x|$ の端で起こり, これは完全に原点を通り $y = \cosh x$ と接する直線が作る角形の中に入る。

関数

$$S(x, y) = \min(y^2\Phi(x/y), y^2)$$

は問題の S 関数になる。これは折れ線になり, したがって S は連続微分可能ではない。

問題 4：一般化された等周問題

次の問題を考えよう：

10.1 幾何光学の問題

$$\left.\begin{array}{c}\dfrac{1}{2}\displaystyle\int_0^T (xv-yu)dt \to \sup;\ \dot{x}=u,\ \dot{y}=v,\\ x(0)=x(T),\ y(0)=y(T),\ T \text{ is fixed,}\\ (u,v)\in A\subset\mathbb{R}^2.\end{array}\right\} \quad (9)$$

この問題は幾何光学の問題とは若干異なっていて，(9) 式には違う汎関数が出てくるのだが，それにもかかわらず前の問題と多くの共通部分を持っている。(9) の汎関数は面積である。集合 A は質点における局所速度の集合と捉えることができる。よって，問題 (9) は質点が与えられた時間でたどることができる閉曲線のうち囲む面積が最大になるものを求める問題と捉えることができる。A が単位円周であれば，われわれは古典的な**等周問題**を得る。もし A が単位円周の定ベクトルによる平行移動であれば，これは**飛行機**についての**チャプリギン問題** (Chaplygin problem on an airplane) であり，これは与えられた風の下で最大面積を周航するために必要とされる。等々。

問題 (9) は最適制御問題であり，よってハミルトニアン型の最大値原理 (2.4 節の定理 1) を使って解ける[3]。ポントリャーギン関数

$$H = pu + qv - (\lambda_0/2)(xv - yu) \quad (10)$$

と随伴系

$$\dot{p} = \lambda_0 v/2 = \lambda_0 \dot{y}/2,\ -\dot{q} = \lambda_0 u/2 = \lambda_0 \dot{x}/2$$

を構成しよう。もし $\lambda_0 = 0$ であれば，p と q は定数であり，最大値原理によって速度 u と v もやはり定数でなければならないが，これは閉曲線を得ることができない[4]。よって $\lambda_0 = 2$ と仮定できる。もし $(x_*(\cdot), y_*(\cdot))$ が最適軌道であるとすれば，問題が自励的であるから，関数 H は軌道に沿って定値である。よって (10) により，

$$p(t) = y_*(t) + 2a,\ -q(t) = x_*(t) + 2b,$$
$$H = 2u_*(y_* + a) - 2v_*(x_* + b)$$

---

3) （訳注）境界条件が 2.4 節の定理 1 と違うことに疑問を覚える。定式化が足りないのではないか？ 例えば，$x(0) = x(T) = y(0) = y(T) = 0$ と仮定するべきではなかろうか。

4) （訳注）どちらかというと p と q が 0 であることがわかって矛盾が起こるように思える。

$$= 2 \sup_{(u,v)\in A} [u(y_* + a) - v(x_* + b)] = 2C_0,$$

となる．よって $s((y+a, -x-b)|A) = C_0$ であり，よって最適軌道は集合 A の支持関数の等位線を $\pi/2$ だけ回転させたものを平行移動させたものに等しい．特に，古典的な等周問題の解は円であり，速度 1 の飛行機と風速 $(0, v)$（ただし $v < 1$）についてのチャプリギン問題の解は楕円

$$\sqrt{x^2 + y^2} - yv = c$$

である．

10.2 ヤングの不等式とヘリーの定理

10.2.1 ヤングの不等式

命題 1. n 次元ユークリッド空間 $\mathbb{R}^n$ の任意の有界閉集合 S に対して，S の直径 $D(S)$ と外接球の半径 $R(S)$ の間には次の不等式

$$D(S) \geq \sqrt{\frac{2(n+1)}{n}} R(S) \tag{1}$$

が成り立つ．特に，S が正単体であれば等号が成り立つ．

不等式 (1) をヤングの不等式 (Young's inequailty) と呼ぶ．この不等式の証明は次の極値問題

$$R(S) \to \sup; \ D(S) \leq 1, \tag{1'}$$

を求めることに等しい．ただし

$$R(S) = \inf_{x \in \mathbb{R}^n} \sup_{y \in S} |x - y|, \ D(S) = \sup_{x, y \in S} |x - y|$$

である．

10.2 ヤングの不等式とヘリーの定理

ここでわれわれは 'supinf' 型の問題のややこしいところに直面することになる．集合 S の半径 $R(S)$ を見つけるためには，凸関数の最大値であるような凸関数の下限を見つけなければならない．そこで分解定理[5]を用いることにする．補題の形で主張を定式化しよう．

補題 1. 球 $B(x_0, r)$ が 2 点以上を含む集合 S の外接球であるためには，その球が頂点を S に持つようなある単体の外接球であることが必要十分である[6]．

補題の証明．まず，
$$f(x) = \max_{y \in S} |x - y|$$
とする．明らかに f は連続な凸関数であり，$|x|$ が大きくなるにしたがってどこまでも大きくなる．したがって，$f(x_0) = \inf f(x) = R(S)$ となるベクトル x_0 が存在する．ここで点 x_0 では最小化の必要十分条件である次の関係

$$0 \in \partial f(x_0) \tag{2}$$

が成り立つ．

そこで分解定理を用いよう．この定理と (2) によって，ベクトル $z_i \in \mathbb{R}^n$ と $y_i \in S$，それから正の数 λ_i を $1 \leq i \leq r, r \leq n+1$ について取って，

$$\left. \begin{array}{c} z_i \in \partial_x |x_0 - y_i|,\ 1 \leq i \leq r,\ |x_0 - y_i| = f(x_0) = R(S), \\ \sum_{i=1}^r \lambda_i = 1,\ \sum_{i=1}^r \lambda_i z_i = 0 \end{array} \right\} \tag{3}$$

とできる．S が二点以上からなるので，$f(x_0) = |x_0 - y_i| \neq 0$ であり，したがって $\partial_x |x_0 - y_i|$ は $(x_0 - y_i)/|x_0 - y_i|$ ただ一点からなる集合である．よって (3) より，

$$\sum_{i=1}^r \lambda_i \frac{(x_0 - y_i)}{|x_0 - y_i|} = 0 \Leftrightarrow x_0 = \sum_{i=1}^r \lambda_i y_i \tag{4}$$

を得る．ベクトル $\{y_i\}$ は $\mathbb{R}^n$ における単体の頂点になっている．この単体についてまた同じように外接球の問題を解いてみれば，同じ点 x_0 が単体の外接

---

[5] （訳注） 4.2 節の定理 4 のこと．
[6] （訳注） 若干言葉が足りない主張に思われる．「S の外接球に対して，S の要素のみを頂点に持つある単体が存在して，その単体の外接球が集合 S の外接球と一致する」という主張だと理解するのがよいだろう．

球の中心になることに気づくはずである。これは方程式 (4) と (3) が最小化の十分条件を与えていることから来る。よって補題が証明された。■

よって，新しい変分問題，つまり (1′) で，ただし S は $\mathbb{R}^n$ の単体のみというものが得られる。この問題を変分法によらず直接解いてみよう。

いま Σ を直径 $D(\Sigma)$ の単体で頂点が $y_1,...,y_{k+1}$ であるとし，x_0 はその外接球の中心であるとする。つまり，

$$x_0 = \sum_{i=1}^{k+1} \lambda_i y_i,\ \lambda_i > 0,\ \sum_{i=1}^{k+1} \lambda_i = 1$$

であり，

$$|x_0 - y_i| = R(\Sigma),\ i=1,...,k+1,$$
$$D^2(\Sigma) = \max\{|y_i - y_j|^2,\ 1 \leq i,j \leq k+1\}.$$

である。さらに，

$$\begin{aligned}|y_i - y_j|^2 &= (y_i - y_j | y_i - y_j) \\ &= |y_i - x_0|^2 + |y_j - x_0|^2 - 2(y_i - x_0 | y_j - x_0) \\ &= 2R^2(\Sigma) - 2(y_i - x_0 | y_j - x_0)\end{aligned}$$

である。よって，

$$\sum_{i=1}^{k+1} \lambda_i |y_i - y_j|^2 = 2R^2(\Sigma) - 2\left(\sum_{i=1}^{k+1} \lambda_i y_i - x_0 \Big| y_j - x_0\right) = 2R^2(\Sigma)$$

であり，また

$$\sum_{i,j=1}^{k+1} \lambda_i \lambda_j |y_i - y_j|^2 = \sum_{i \neq j} \lambda_i \lambda_j |y_i - y_j|^2 = 2R^2(\Sigma)$$

である。一方，

$$\sum_{i \neq j} \lambda_i \lambda_j = \left(\sum_{i,j=1}^{k+1} \lambda_i\right)^2 - \sum_{i=1}^{k+1} \lambda_i^2 \leq 1 - 1/(k+1) = k/(k+1)$$

であるから,

$$2R^2(\Sigma) = \sum_{i \neq j} \lambda_i \lambda_j |y_i - y_j|^2 \leq \left(\sum_{i \neq j} \lambda_i \lambda_j\right) D^2(\Sigma) \leq (k/k+1) D^2(\Sigma)$$

がわかる.さらに $(k+1)/k \geq (n+1)/n$ が $k \leq n$ に対して成り立つので,

$$D(\Sigma) \geq \sqrt{\frac{2(n+1)}{n}} R(\Sigma)$$

が成り立つ.これは任意の単体について成り立つので,任意の集合 S についても成り立つ.正単体についてはこの不等式は等式になる.こうして命題 1 が証明された. ∎

10.2.2 ヘリーの定理

ヘリーの定理. $(A_\nu)_{\nu \in N}$ は $\mathbb{R}^n$ の閉凸集合の族であるとし,さらにそれら A_ν のうち少なくともひとつは有界であるとする.もし A_ν のうち $n+1$ 個の任意の共通部分が非空であるとすれば,A_ν すべての共通部分はやはり非空である.

ヘリーの定理の証明を変分によって行ってみよう.まず,

$$f(x) = \sup_{\nu \in N} \rho(x, A_\nu) = \sup_{\nu \in N} \inf_{y \in A_\nu} |x - y|$$

とする.明らかに $f(x_0) = 0$ であるのと $x_0 \in \cap_{\nu \in N} A_\nu$ は同値である.したがって,証明すべきは関数 f の下限が達成されることと,それが 0 であることである.ここでまず N が有限個の要素しか持たない場合を考え,$N = \{1, ..., k\}$ とする.特に A_1 が有界であると決めておくことにしよう.すると $f(x)$ は有限な関数で $|x|$ が大きくなるにつれて無限大に発散する.なぜなら,$|x| \to \infty$ のとき $f(x) \geq \rho(x, A_1) \to \infty$ だからである.よって,ある点 x_0 で下限が達成され,そして

$$0 \in \partial f(x_0) \tag{5}$$

が成り立つ.

ふたたび分解定理を適用しよう．この定理と (5) から，ある $r \leq n+1$ と指数 $\nu_1, ..., \nu_r$ と数 λ_i, $1 \leq i \leq r$ とベクトル $y_1, ..., y_r$ が存在して，

a) $y_i \in \partial \rho(x_0, A_{\nu_i})$,

b) $\rho(x_0, A_{\nu_i}) = f(x_0)$,

c) $\sum_{i=1}^{r} \lambda_i = 1$,

d) $\sum_{i=1}^{r} \lambda_i y_i = 0$

が成り立つ．補題 1 の最後で用いたのと同じ議論が使える．関数

$$f_1(x) = \max_{1 \leq i \leq r} \rho(x, A_{\nu_i})$$

を考えよう．関係 a)-d) は $0 \in \partial f_1(x_0)$ を意味し，よって関数 f_1 は x_0 で最小になる．一方，関係 b) から $f_1(x_0) = f(x_0)$ である．しかし定理の仮定から，$r \leq n+1$ 個の集合はそれぞれ共通部分を持つので，$f_1(x_0) = 0$ である．このため，$f(x_0) = 0$ でなければならず，よってすべての集合 $A_\nu, \nu = 1, ..., N$ の共通部分は非空である．

いま，N が無限集合であるとし，A_{ν_0} が有界であるとしよう．上で示したことから，A_{ν_0} と集合 A_ν の任意の有限族は非空な共通部分を持つ．したがってそれらは有限交差性を有するため，全体の共通部分は非空である．ヘリーの定理の証明はこれで終わった．■

10.3 振動子の最適励起

ここでは制御理論の問題をひとつ解く．多くの場面でスケッチのみが示されるので，省略された部分は読者諸氏に埋めていただきたい．

10.3.1 振動子の最適パラメータ励起問題

次の問題を考えよう：

$t_1 \to \inf$;

$$\ddot{x} + (1-\varepsilon u)x = 0,$$
$$x(0) = x_0,\ \dot{x}(0) = y_0,\ x^2(t_1) + \dot{x}^2(t_1) = 1, 0 \le u \le 1,\ 0 < \varepsilon < 1.$$

この問題の物理的内容を明確にしておこう.方程式 $\ddot{x} + s(t)x = 0$ は可変剛性 $s(t)$ についての調和振動子の方程式である.われわれの場合,$s(t)$ は $1-\varepsilon \le s \le 1$ の間で動ける.非励起状態であるとき,つまり $u=0$ ならば,$s=1$ であり,振動子のエネルギーは $(x^2+\dot{x}^2)/2$ である.つまりこの問題は,振動子のエネルギーを与えられた値にするための時間を最小にする振動子剛性励振の法則を見つけるという問題なのである.ここではわれわれは問題を $0 < \varepsilon < 1$ である任意の値 ε について統一的に扱い,それから実解と近似解を比較してみよう (Evtushenko [1] を見よ).

$\dot{x} = y$ とすることで,問題を最適制御問題の通常の形に帰着できる:

$$t_1 \to \inf;$$
$$\dot{x} = y,\ \dot{y} = -(1-\varepsilon u)x\ (0 < \varepsilon < 1),$$
$$x(0) = x_0,\ \dot{x}(0) = y_0,\ x^2(t_1) + \dot{x}^2(t_1) = 1,$$
$$0 \le u \le 1.$$

これにハミルトニアン型のポントリャーギンの最大値原理 (2.4 節の定理 1) を適用しよう.関数 H は次の形[7]

$$H = py - q(1-\varepsilon u)x$$

を持ち,よって随伴系は

$$\dot{p} = (1-\varepsilon u)q, \dot{q} = -p$$

を取る.p と q の横断性条件は

$$p(t_1) = -\mu x(t_1),\ q(t_1) = -\mu y(t_1),$$

---

[7] (訳注) 目的関数は定数関数 1 なので,ここに定数項 $\lambda_0 \ge 0$ が追加されるべきだと思う.このため,後の議論で $p \equiv q \equiv 0$ から矛盾を出すところで困るように思えるかもしれないが,実際のところその場合ハミルトニアンの境界条件から $\lambda_0 = 0$ が出てくるので,やはり矛盾は出て,問題は起こらない.

であり，これをまとめると

$$\left.\begin{array}{l}\ddot{q}+(1-\varepsilon u)q=0,\\ q(t_1)=-\mu\dot{x}(t_1),\ \dot{q}(t_1)=\mu x(t_1)\end{array}\right\} \quad (1)$$

という形になる．つまり，関数 $x(t)$ と $q(t)$ が同じ方程式を満たしていることがわかる．

最大値原理は最適制御について次の形を導出する：

$$u(t)=\begin{cases}1,&\text{if } qx>0,\\ 0,&\text{if } qx<0.\end{cases} \quad (2)$$

また，ヘヴィサイド関数 $\theta(\lambda)$ を用いて $u(t)=\theta(qx)$ と書いてもよい．

この方程式のただひとつの解を見つけよう．明らかに $\mu\neq 0$ である，というのはそうでなければ (1) より $q\equiv 0$ であり，よって $p\equiv\dot{q}\equiv 0$ で，これは最大値原理から不可能である．よって，$\mu=1$ を仮定できる．

さらに，$u(t_1-0)=1$ であることがわかる．というのは，そうでなければエネルギー E は t_1 よりも早くその値になってなければいけないからである ($u=0$ ならばエネルギーは変化しないことに注意)．よって，(1) と (2) より，

$$0<q(t_1)x(t_1)=-x(t_1)\dot{x}(t_1)$$

がわかる．

よって，点 $(x(t_1),\dot{x}(t_1))$ は相平面の第二象限か第四象限に位置しなければならない．第四象限にいることにして，

$$x(t_1)=\cos\alpha,$$
$$\dot{x}(t_1)=\sin\alpha,$$
$$-\pi/2<\alpha<0$$

と仮定しよう．すると方程式 (1) から ($\mu=1$ を思い出せば)，

$$q(t_1)=-\dot{x}(t_1)=\cos(\alpha+\pi/2),$$
$$\dot{q}(t_1)=x(t_1)=\sin(\alpha+\pi/2)$$

を得る．よってベクトル $(q(t_1),\dot{q}(t_1))$ は $(x(t_1),\dot{x}(t_1))$ に対して反時計回りに直角のベクトルであることがわかる．

ここで，非励起状態 ($u = 0$ のとき) では，点 $(x(t), \dot{x}(t))$ と $(q(t), \dot{q}(t))$ は相平面を円に沿って動き，励起状態ではそれらの点は楕円 $x^2 + \dot{x}^2/(1-\varepsilon) = a$ に沿って動くことに注意しよう。どちらの場合でも動きは時計回りである。

ここで問題を「後ろ向き」に解いてみよう。さらに，t_1 を過ぎた後もしばらく励起状態を続け，x が 0 になる時刻までそのままにしておくと考えることにする。この時刻を $T > t_1$ と書こう。点 $(x(T), \dot{x}(T))$ は縦軸に位置する。ベクトル $(q(T), \dot{q}(T))$ は時刻 T において次の位置にいるとしよう:

$$q(T) = \rho \cos \omega,$$
$$\dot{q}(T) = \rho \sin \omega,$$
$$\omega = \omega(\alpha).$$

(後で $\omega(\alpha)$ を計算して $\omega(\alpha) > 0$ を確認する。) ここで「後ろ向き」に動いてみよう。まず ($T - t < \beta$ であるとき)，われわれの振動子は励起しており，よって $(x, \dot{x})$ と $(q, \dot{q})$ は両方とも楕円に沿って動く。ベクトル $(q, \dot{q})$ は $(x, \dot{x})$ と x 軸の角が $(-1)\omega(\alpha)$ になったときに縦軸に到達する。この時刻で「最後の」切り替えを行い，剛性を 1 にして，両方のベクトルが円に沿って一様な動きをするようにする。この回転の間に (ただし「後ろ向き」の回転である！) ベクトル $(x, \dot{x})$ が縦軸に到達する最初の時刻を取り，「最後の次の」切り替えを行う。今度はベクトル $(q, \dot{q})$ は横軸との角が $\omega(\alpha) + \pi$ になっている。等々。

この動きにおいて，剛性は相軌道が縦軸と交わるとき (このときは剛性は $1 - \varepsilon$ から 1 になる)，あるいは直線 $\dot{x} = (-\tan \omega(\alpha))x$ と交わるとき (このときは剛性は 1 から $1 - \varepsilon$ になる) に——そしてそのときのみ——切り替わる。

角 $\omega(\alpha)$ を評価しなければならない。$t = t_1$ の近くで，関数 $x(t)$ は次の形を取っている。

$$x(t) = A \cos(\sqrt{1-\varepsilon}(t - t_1) + \gamma). \tag{3}$$

よって，等式 $x(t_1) = \cos \alpha$ と $\dot{x}(t_1) = \sin \alpha$ を用いて，次の評価

$$A = \frac{\sqrt{1 - \varepsilon \cos^2 \alpha}}{\sqrt{1-\varepsilon}}, \sin \gamma = -\frac{\sin \alpha}{A\sqrt{1-\varepsilon}}, \cos \gamma = \frac{\cos \alpha}{A} \tag{4}$$

を得る。$t = t_1$ に近い場所では，関数 $q(t)$ は次の形 $q(t) = B \cos(\sqrt{1-\varepsilon}(t - t_1) + \delta)$ を取っているはずであり，$q(t_1) = -\sin \alpha$ と $\dot{q}(t_1) = \cos \alpha$ を用い

れば，
$$B = \frac{\sqrt{1-\varepsilon\sin^2\alpha}}{\sqrt{1-\varepsilon}}, \sin\delta = -\frac{\cos\alpha}{B\sqrt{1-\varepsilon}}, \cos\delta = -\frac{\sin\alpha}{B} \tag{5}$$
を得る。

「最後の」切り替え時刻 t_2 は条件 $q(t_2) = 0, \dot{q}(t_2) > 0$ で決定される。つまり，
$$\sqrt{1-\varepsilon}(t_2 - t_1) + \delta = -\pi/2$$
である。よって (3), (4), (5) から，
$$\left.\begin{array}{l} x(t_2) = A\sin(\gamma - \delta) = \frac{1}{B\sqrt{1-\varepsilon}} = \frac{1}{\sqrt{1-\varepsilon\sin^2\alpha}}, \\ \dot{x}(t_2) = A\sqrt{1-\varepsilon}\cos(\gamma - \delta) = \frac{\varepsilon\sin\alpha\cos\alpha}{B\sqrt{1-\varepsilon}} = \frac{\varepsilon\sin\alpha\cos\alpha}{\sqrt{1-\varepsilon\sin^2\alpha}}, \end{array}\right\} \tag{6}$$
がわかる。

公式 (6) は最後の切り替え地点が α の関数，つまり時刻 t_1 における相平面上の位置の関数として定まることを示している。α が 0 から $-\pi/2$ を動けば，点 $(x(t_2), \dot{x}(t_2))$ は相平面上の曲線 l を描き，その端点は x 軸上に位置することになる。公式 (6) より，
$$\tan\omega(\alpha) = -\frac{\dot{x}(t_2)}{x(t_2)} = -\varepsilon\sin\alpha\cos\alpha$$
であることがわかる。

そこで実解と近似解を比較しよう。$\dot{x}/x$ を $\tan y$ と書くことにする。すると最適制御は次の形になる。
$$u = \theta(-\tan\omega(\alpha) - \tan y) = \theta(\varepsilon\sin\alpha\cos\alpha - \tan y).$$
ここで，Evtushenko [1] の研究によれば，最適制御の近似公式は $\tilde{u} = \theta(-\tan y)$ である。

10.4　10 章の補足

フェルマーの変分原理は 1669 年に定式化され，ホイヘンスの原理は 1690 年に定式化された (Huygens [1])。光学と工学のアナロジーによってヨハン・

ベルヌーイは最速降下線問題の解を見つけた．10.1 節の問題 1-3 を含む問題の系列はグールの解析学の講義で深く分析されている．

微分包含式系への時間最適化問題は Boltyanskiĭ [3] と Blagodatkih [1] で研究されている．

ヘリーの定理については，Dantser, Grunbaum, and Klee [1] を見よ．分解定理を用いた証明は Karlin [1] や Pshenichinyĭ [4] に見られる．われわれのと似たヤングの問題の解は John [1] の研究にある．

節 10.3.1 の問題は Evtushenko [1] で考察された．われわれが提示した解は Barykin によって得られた．

第11章

問　題

11.1　問　題

　この章はまず古代の問題群から始め，代数や幾何の多くの極値問題がそれに続く．これらの問題はしばしば理論を一切使わずに解かれる．しかし，ほとんどの場合には，理論を適用して解を得るのはその場限りの手法に頼るのと同じくらいには簡単である．本節の最後に，変分法と最適制御の標準的問題を提示している．有限次元の解析と線形計画の問題は省いた：これらは多くの問題集で扱われている．例えば Demidovich and Zaslavskiĭ [1] などである．幾何における極値問題の本をあと2つ挙げておこう．Zetel' [1] と Shklyarskiĭ, Chencov and Yaglom [1] である．

　問題はいくつかの題に従ってグループ分けされる．それぞれの題の領域は解を与える問題を含む．また，章末にいくつかの問題への短いコメントを残しておく．本章のほとんどの問題の解はラグランジュの原理で得ることができる．

1. **古典的な等周問題**．与えられた長さのすべての平面曲線の中で，最も大きい領域を囲うものを求めよ．

2. 三角形 ABC の辺 BC の中で，平行四辺形 ADEF が最大の面積を持つ点 E を求めよ．ただし D と F はそれぞれ辺 AB と AC にあるとする (ユークリッド)．

3. 与えられた表面積の球面曲線の中で，最大の容積を持つものを見つけよ (アルキメデス)。

4. 与えられた平面上の点から円錐曲線への最短距離を求めよ (アポロニウス)。

5. 周囲の長さが与えられた n 個の辺を持つ多角形の中で面積が最大となるものを見つけよ (ゼノドロス)。

6. 与えられた直線上で，A と B からの距離の合計が最小になる点 C を求めよ (ヘロン)。

7. 数 8 を 2 つの部分に分け，その積とそれらの差の積が最小になるようにせよ (タルタリア)。

8. 摩擦のない状態で質点が直線を動いて与えられた線に到達する最短時間を与えるような傾斜した直線を見つけよ (ガリレオ)。

9. 球に内接したシリンダーの中で最大の体積を持つものを見つけよ (ケプラー)。

10. ふたつの短辺の和が定められた直角三角形で面積が最大のものを見つけよ (フェルマー)。

11. 球に内接する錐の中で外側面が最大になるものを見つけよ (ロピタル)。

12. フェルマーの原理を基に，ふたつの媒質の境界での光の屈折の法則を見つけよ (フェルマー，ホイヘンス，ロピタル)。

13. 平面上に与えられた点 A,B,C からの距離の和が最小になる平面上の点 D を見つけよ (ヴィヴィアーニ，トリチェリ，フェルマー，スタイナー)

解答：この問題は次の関数

$$f(x) = |x - y_1| + |x - y_2| + |x - y_3| \to \inf;\ x \in \mathbb{R}^2$$

の絶対最小点を見つける問題に帰着できる．

関数 f は $|x|$ が大きくなるにしたがって無限大に発散するため，解の存在は保証される．解を x_* としよう．関数 f は凸で，ただし滑らかではない．この条件のない凸問題の最小点の必要十分条件は関係

$$0 \in \partial f(x_*) \tag{*}$$

で与えられる (1.3 節の命題 1)．モロー＝ロッカフェラーの定理を使えば，この関係は

$$0 \in \partial_x |x_* - y_1| + \partial_x |x_* - y_2| + \partial_x |x_* - y_3| \tag{**}$$

と書き直せる．ユークリッド空間の非零点でのノルムの劣微分はその点の方向への単位ベクトルであり，0 での劣微分は単位球である．よって，もし $x_* \neq y_i, i = 1, 2, 3$ であれば，方程式 (**) は x_* から y_i へのベクトルの方向を合計したものが 0 になる．これは線分 $[x_*, y_1], [x_*, y_2], [x_*, y_3]$ がそれぞれ 120 度の角度を持っているということであり，この点は一意に定まり，トリチェリの点 (Torricelli point) と呼ばれる．もし x_* が y_i のどれかと一致するのであれば，方程式 (**) は $z + e_1 + e_2 = 0$ の形を取り，ただし $|e_i| = 1$ かつ $|z| \leq 1$ である．ここから，三角形の x_* に対応する頂点での角度は 120 度を下回らないことがわかる．よって次の形で問題の完璧な答えが知れる：もし三角形のひとつの角が 120 度を下回らないならば，その頂点が解である．もしそういう角がなければ，解はトリチェリの点である．

14. **ニュートンの問題**．与えられた長さと幅の下で，回転軸に沿って動くときの抵抗が最小になる回転面を見つけよ．

解答：ニュートンの物理原理 (面の任意の元は速度の垂直要素に比例する媒質の垂直抵抗を受ける) の下で，次のような問題の変分的定式化を容易に得る (Lavrent'ev and Lyusternik [1] を見よ)．

$$\int_0^T \frac{t dt}{1+u^2} \to \inf; \ \dot{x} = u, \ u \geq 0, \ x(0) = 0, \ x(T) = x_1 > 0.$$

これは標準的な最適制御問題である．ラグランジアン型の最大値原理 (2.4 節の定理 $1'$) を使って問題を解いてみよう．問題のラグランジアンは $L = \lambda_0 t/(1+u^2) + p(\dot{x} - u)$ である．オイラー方程式は $-(d/dt)L_{\dot{x}} + L_x = 0$ で

あり，ここから $p(t) = p_0 = \text{const.}$ を得る．もし $\lambda_0 = 0$ であれば L の最小化条件から $u \equiv 0$ を得るが，$x(T) > 0$ であるからこれは不可能である．そこで $\lambda_0 = 1$ としよう．L が u について最小を達成するという仮定から，ある時刻 τ までは u は 0 であり，ある時刻を過ぎると

$$-p_0 = \frac{2ut}{1+u^2}$$

となる u が選ばれることになる．これは $L_u = 0$ という方程式の解である．切り替え点 τ は等式 $\tau/(1+u^2) = \tau + p_0 u$，$-2u\tau/(1+u^2)^2 = p_0$ で定まり，したがって $\tau = -2p_0$ で，そのときの制御変数の値は 1 である．切り替え点の後では，最適解は運動量積分

$$\frac{ut}{(1+u^2)^2} = \frac{t\frac{dx}{dt}}{\left(1+\left(\frac{dx}{dt}\right)^2\right)^2} = -\frac{p_0}{2}$$

に従う．$dx = udt$ として $x'_u = ut'_u$ とすれば，この積分の一般解は次の形で書ける ($u = 1$ のときは $x = 0$ とする)：

$$x = -\frac{p_0}{2}\left(\ln\frac{1}{u} + u^2 + \frac{3}{4}u^4\right) + \frac{7}{8}p_0, \quad t = -\frac{p_0}{2}\left(\frac{1}{u} + 2u + u^3\right).$$

この最大値原理で得られた極値の 1 パラメータ族は上半平面をカバーする．したがって求めていた回転面を定めるただひとつの許容可能な極値が存在する (奇妙なことに，ここで得られた形は「鈍い」．)．

15. **最速降下線問題** (ベルヌーイ)．これはすでに序章で述べ，問題のいくつかの定式化も与えてある．

16. **測地線**．与えられた二点を結ぶ面上の最短距離線を見つけよ (ベルヌーイ)．

17. 垂直な平面上の二点で留められた重い均質なひもの形状を求めよ (ライプニッツ，ホイヘンス，ベルヌーイ)．

解答：単純化のために，ひもは同じ高さの点に留められていると仮定する．静力学のよく知られた変分原理から，ひもの重心は最も低い位置になければならない．結果，次の等周問題を得る：

$$\int_{-x_0}^{x_0} y\sqrt{1+y'^2}\,dx \to \inf; \quad \int_{-x_0}^{x_0} \sqrt{1+y'^2}\,dx = l,$$

$$y(x_0) = y(-x_0) = h.$$

ここで 2.3 節の定理 2 を適用すれば，ラグランジアン $L = \lambda_0 y\sqrt{1+y'^2} + \lambda_1\sqrt{1+y'^2}$ を得る．被積分関数 L は x に依存していないので，オイラー方程式はエネルギー積分 $\lambda_0 y + \lambda_1 = C\sqrt{1+y'^2}$ に従う．もし $\lambda_0 = 0$ であれば $y' \equiv 0$ であるが，これは $l = 2x_0$ のときのみ可能である．もし $l > 2x_0$ であれば，$\lambda_0 = 1$ かつ $\lambda_1 = \lambda$ と仮定できる．積分すると，オイラー方程式の一般解は

$$y + \lambda = C\cosh\left(\frac{x}{C} + D\right)$$

の形になる．境界条件の対称性から $D = 0$ である．曲線 $y = C\cosh(x/C)$ の $-x_0 \leq y \leq x_0$ での長さは $2C\sinh(x_0/C)$ である．(C についての) 方程式 $C\sinh(x_0/C) = l/2$ は唯一の解 C_0 を持つ．結果，許容可能な唯一の極値 $y = C_0\cosh(x/C_0) + \lambda$ を得るが，これが吊られたひも形を決定する．これは懸垂線 (catenary) と呼ばれる．

18. 与えられた円に内接する三角形で辺の長さの二乗和が最大になるものを求めよ．

解答：この問題は次のように書ける：

$$|x_1 - x_2|^2 + |x_1 - e|^2 + |x_2 - e|^2 \to \sup; \; |x_1|^2 = |x_2|^2 = 1,$$
$$e = (1, 0), \; x_i \in \mathbb{R}^2, \; i = 1, 2.$$

解の存在は明白である，というのは制約集合がコンパクトだからである．ラグランジュ乗数法 (1.1 節の定理 1) を適用しよう．ラグランジュ関数は次の形である：

$$\mathscr{L} = \lambda_0(|x_1 - x_2|^2 + |x_1 - e|^2 + |x_2 - e|^2) + \lambda_1|x_1|^2 + \lambda_2|x_2|^2.$$

明らかに $\lambda_0 \neq 0$ である，というのはそれ以外であれば $\mathscr{L}_{x_i} = 0$ から $x_1 = 0$ か $x_2 = 0$ になるからである．$\lambda_0 = 1$ とし，オイラー＝ラグランジュ方程式を計算すれば，

$$0 = \mathscr{L}_{x_1} \Leftrightarrow (2 + \lambda_1)x_1 = x_2 + e,$$

$$0 = \mathscr{L}_{x_2} \Leftrightarrow (2+\lambda_2)x_2 = x_1 + e,$$

となり，この系は簡単に解ける。したがって 6 つの解があり得る。1)$x_1 = x_2 = e$, 2)$x_1 = e, x_2 = -e$, 3)$x_1 = -e, x_2 = e$, 4)$x_1 = x_2 = -e$, 5)$x_1 = (-1/2, \sqrt{3}/2), x_2 = (-1/2, -\sqrt{3}/2)$, 6)$x_1 = (-1/2, -\sqrt{3}/2), x_2 = (-1/2, \sqrt{3}/2)$. 最後の 2 つの解がいま考えている問題の最大値を達成する。したがって求める三角形は等辺 (equilateral) である。

19. 与えられた円に内接する三角形で辺の長さの二乗加重和が最大になるものを求めよ。

20. n 次元球面に内接する単体で最大の体積を持つものを求めよ。

21. n 次元平行多面体で端が長さ 1 であるもののうち最大の体積を持つものを求めよ。

解答：この問題は次のように書ける：

$$D(x_1, ..., x_n) = \det(x_i^j) \to \sup; \ |x_i|^2 = 1,$$
$$x_i = (x_i^1, ..., x_i^n), \ i, j = 1, ..., n.$$

制約集合がコンパクトなので解は存在する。ラグランジュ乗数法 (1.1 節の定理 1) を適用しよう。ラグランジュ関数は次の形を取る。

$$\mathscr{L} = \lambda_0 D + \frac{1}{2}\sum_{i=1}^n \lambda_i |x_i|^2.$$

明らかに $\lambda_0 \neq 0$ である，というのはそうでないならば等式 $\mathscr{L}_{x_i} = 0$ からある i_0 に対して $x_{i_0} = 0$ となってしまうからである。$\lambda_0 = 1$ としよう。するとオイラー＝ラグランジュ方程式

$$\mathscr{L}_{x_i} = D_{x_i} + \lambda_i x_i = 0 \qquad (*)$$

を得る。行列式の行についての微分の値は余因子ベクトルで与えられるので，$D_{x_i} = A_i = (A_i^1, ..., A_i^n)$ と書ける。もちろん $(A_i|x_i) = D$ である。$(*)$ と x_i

のスカラー積を取れば,

$$\lambda_i = -(D_{x_i}|x_i) = -D, i = 1, ..., n$$

を得る。これと (*) から $x_i = A_i/D$ がわかる。しかし行列 (A_i^j/D) は転置行列 $(x_i^j)^*$ の逆行列である。したがって，$X = (x_i^j)$ が解であるときには，$XX^* = 0$ が成り立たなければならない。よって X は直交行列で，したがって求める平行多面体は立方体である。故に (同次性から) よく知られたアダマールの不等式

$$(\det(x_i^j))^2 \leq \prod_{i=1}^n \left(\sum_{i=1}^n (x_i^j)^2 \right)$$

を得る。

22. 問題 21 を平行多面体の端の長さが必ずしも一致しないという条件の下で解いてみよ。

23. シュワルツの問題。与えられた三角形のそれぞれの辺の中の点を選んで，それで作った三角形の外周の長さが最小になるようにせよ。

24. ダイドの問題。x 軸上の 2 点を曲線 $y(x), -x_0 \leq x \leq x_0$ でつないで，曲線と x 軸の間の面積を最大化せよ。

解答：問題は次のように定式化できる：

$$-\int_{-x_0}^{x_0} y(x)dx \to \inf;$$
$$\int_{-x_0}^{x_0} \sqrt{1+y'^2}dx = l, \ l \geq 2x_0, \ y(x_0) = y(-x_0) = 0.$$

2.3 節の定理 2 を適用する。ラグランジアンは $L = -\lambda_0 y + \lambda_1 \sqrt{1+y'^2}$ である。オイラー方程式は

$$\frac{d}{dx}\lambda_1 \frac{y'}{\sqrt{1+y'^2}} + \lambda_0 = 0$$

である。もし $\lambda_0 = 0$ ならば $y' \equiv 0$ であり，これは $l = 2x_0$ であるときのみ可能である。$l > 2x_0$ であるならば，$\lambda_0 = 1$ と仮定できる。オイラー方程式

を積分すると，一般解は円弧 $(y+C)^2+(x+D)^2=\lambda^2$ の一部である。もし $2x_0 < l \leq \pi x_0$ ならば，等周条件と境界条件を満たす唯一の弧が存在する。これが問題の解である。$l > \pi x_0$ のときは，関数 $y(x) = h + \sqrt{x_0^2 - x^2}$ と，垂直な線分 $x = \pm x_0, 0 \leq y \leq h, h = (l - \pi x_0/2)$ を合わせたものが解である。

25. x 軸と，端点を x 軸に持つ与えられた長さの曲線で，最大の面積を持つ領域を閉じるものを求めよ．

26. 二次元球面上の与えられた長さの閉曲線で，最大の表面積を持つ領域を閉じるものを求めよ．

27. ある帯の上の与えられた長さの閉曲線で，最大の表面積を持つ領域を閉じるものを求めよ．

28. 平面上の有界閉集合上の与えられた長さの閉曲線で，最大の面積を持つ領域を閉じるものを求めよ．

29. n 個の正の数で算術平均が一定のときの幾何平均の最大値を求めよ．

解答：問題は次のように書ける：

$$\prod_{i=1}^n x_i \to \sup; \ \sum_{i=1}^n x_i = a, \ x_i > 0, \ i = 1, ..., n.$$

解の存在は自明である．ラグランジュ乗数法 (1.1 節の定理 1) を適用しよう．ラグランジュ関数は次の形になる：

$$\mathscr{L} = \lambda_0 \prod_{i=1}^n x_i + \lambda_1 \sum_{i=1}^n x_i.$$

明らかに $\lambda_0 \neq 0$ である．オイラー＝ラグランジュ方程式 $\mathscr{L}_{x_i} = 0$ から，すべての x_i は等しいことがわかる．よって問題の解は $x_1 = x_2 = ... = x_n = a/n$ である．同次性を考えればここから次の相加相乗平均公式を得る：

$$\left(\prod_{i=1}^n x_i\right)^{1/n} \leq \frac{1}{n} \sum_{i=1}^n x_i.$$

30. 数 $a > 0$ を n 個の要素 $x_1, ..., x_n$ に細分し，与えられた数 α_i に対して $x_1^{\alpha_1} x_2^{\alpha_2} ... x_n^{\alpha_n}$ を最大にせよ．

31. n 個の非負の数で q 乗の和が 1 になるもののうち，p 乗の和が最大になるものを求めよ．ただし $p > 1, q > 1$ とする．

解答：この問題は次の形に定式化できる：

$$\sum_{i=1}^{n} |x_i|^p \to \sup; \quad \sum_{i=1}^{n} |x_i|^q = 1, \ p > 1, \ q > 1.$$

制約集合がコンパクトなので解の存在は自明である．ラグランジュ乗数法 (1.1 節の定理 1) を適用しよう．ラグランジュ関数は次の形である．

$$\mathscr{L} = \lambda_0 \sum_{i=1}^{n} |x_i|^p + \lambda_1 \sum_{i=1}^{n} |x_i|^q.$$

よってオイラー＝ラグランジュ方程式 $\mathscr{L}_{x_i} = 0$ からただちに，λ_0, λ_1 は 0 ではなく，そして x_i が 0 でないところでは常に同じ絶対値を取ることがわかる．これはつまり，解は各座標の値が 0 であるか同じ絶対値であるようなベクトルの中から探せばよいということである．$q < p$ ならば，ただひとつだけが絶対値 1 で残りが 0 であるようなベクトルが解である．$q \geq p$ ならば，解はベクトル $(\pm n^{-1/q}, ..., \pm n^{-1/q})$ である．問題の値は $n^{(q-p)/q}$ である．よって同次性を考えれば次のべき乗平均の不等式を得る．

$$\left(\frac{1}{n} \sum_{i=1}^{n} |x_i|^p \right)^{1/p} \leq \left(\frac{1}{n} \sum_{i=1}^{n} |x_i|^q \right)^{1/q}, \ q \geq p.$$

32. 平面上の与えられた点 A,B,C,D からの距離の和が最小になる点 E を求めよ．

33. 問題 13 を距離の加重和について解け．

34. 問題 13 を，D が与えられた凸集合になければならないという追加条件の下に解け．

35. 「トリチェリの点」は正単体については重心と一致することを示せ．

36. 平面上の2点をつなぐ曲線で，原点からの距離が与えられた値 a を下回らないもののうち最短のものを求めよ．

37. 錐とシリンダーの表面上の測地線を求めよ．

38. 球面上の測地線を求めよ．

   解答：極座標 (θ, φ) によって，単位球面上の点の弧長は $ds^2 = d\theta^2 + \sin^2 \theta d\varphi^2$ で与えられる．よって，この問題は次のような解析的表現を持つ：
   $$\int_{(\theta_1, \varphi_1)}^{(\theta_2, \varphi_2)} \sqrt{1 + \sin^2 \theta \dot{\varphi}^2} d\theta \to \inf.$$
   球面上で与えられた点が正反対でなければ，極をうまく選んでそれらの点と異なるようにし，さらに経度が同じと仮定できる．つまり $\varphi_1 = \varphi_2 = \tilde{\varphi}$, $0 < \theta_1 < \theta_2 < \pi$ である．被積分関数は φ に依存していないので，運動量積分
   $$\frac{\dot{\varphi} \sin^2 \theta}{\sqrt{1 + \sin^2 \theta \dot{\varphi}^2}} = C$$
   を得る．ここから $\dot{\varphi}$ は定符号であることがわかり，したがって $\varphi(\theta)$ は単調である．$\varphi(\theta_1) = \varphi(\theta_2) = \tilde{\varphi}$ だから，$\varphi(\theta) \equiv \tilde{\varphi}$ がわかる．よって，オイラー方程式の許容可能な解がただひとつ存在する．つまり，与えられた点をつなぐ経線がそれである．経線の集合は $\theta_1 \leq \theta \leq \theta_2$ という区間を覆う．7.4 節の定理 4 を使うと，経線は実際に考えている問題の絶対最小点であることがわかる．

39. 角とその内部の点が与えられているとする．この点を通る線分で端点が角の辺に位置し，さらにできる三角形の面積が最小になるものを求めよ．

40. 問題 39 の三角形の周の長さのほうを最小化せよ．

41. $\int_0^1 (\dot{x}^2 + x) dt \to \inf;\ x(0) = 0,\ x(1) = 1.$

42. $\int_1^2 (t\dot{x} - x) dt \to \inf;\ x(1) = 0,\ x(2) = 1.$

43. $\int_1^2 \dot{x}(1 + t^2 \dot{x}) dt \to \inf;\ x(1) = 3,\ x(2) = 1.$

44. $\int_0^1 (\dot{x}^2 + x\dot{x} + 12tx)dt \to \inf;\ x(0) = 1,\ x(1) = 4.$

45. $\int_0^{\pi/4} (4x^2 - \dot{x}^2 + 8x)dt \to \sup;\ x(0) = -1,\ x(\pi/4) = 0.$

46. $\int_0^T (\dot{x}^2 + x^2)dt \to \inf;\ T\text{ fixed},\ x(0) = 0,\ x(T) = \xi.$

解答：変分法の基本問題のオイラー方程式 (2.2 節を見よ)$\ddot{x} - x = 0$ は一般解 $x(t, C_1, C_2) = C_1 e^t + C_2 e^{-t}$ を持つ。ただひとつの曲線 $x_*(t; T, \xi) = \xi \sinh t / \sinh T$ が境界条件を満たす。解とそれ以外の許容可能な曲線を直接比較すると，$x_*(t, \cdot)$ がこの問題の絶対最小点であることがわかる。

47. $\int_0^T (\dot{x}^2 - x^2)dt \to \inf;\ T\text{ fixed},\ x(0) = 0,\ x(T) = \xi.$

解答：オイラー方程式 (2,2 節を見よ)$\ddot{x}+x=0$ は一般解 $x(t, C_1, C_2) = C_1 \sin t + C_2 \cos t$ を持つ。ヤコビ方程式 (2.2 節と 6.3 節を見よ) はオイラー方程式と一致する。基本解は $\Phi(t, 0) = \sin t$ である。点 $t_1 = \pi$ は 0 と共役な最初の点である。$T > \pi$ ならば，極値は弱い最小点にすらならない。2.2 節の例 4 と同じやり方で，この場合の問題の下限は $-\infty$ であることを示せる。もし $T < \pi$ であれば，ただひとつの許容可能な極値

$$x_*(t; T, \xi) = \frac{\xi \sin t}{\sin T} \qquad (*)$$

が存在する。さらに，区画 $0 \leq t \leq T$ を覆うこの極値を含んだ極値体を構成できる。極値 $x_* \equiv 0$ に対しては，この体は次の形で与えられる：

$$x(t, \lambda) = \lambda \sin(t + \delta),$$

ただしここで δ は十分小さいとする。7.4 節の定理 4 から極値 $(*)$ は $T < \pi$ のとき問題の絶対最小点である。$T = \pi$ のときはさらに多くの洞察を必要とする。2.2 節の例 4 で示されたのは，もし $T = \pi$ かつ $\xi = 0$ であれば，問題の値は 0 ですべての解は $x(t, C) = C \sin t$ という公式で与えられる。もし $T = \pi$ で $\xi \neq 0$ であれば，問題の値は $-\infty$ であることが示せる。$T = \pi$, $\xi = 0$ の

場合の洞察において，次の不等式を示したことを記しておく：

$$\int_0^\pi x^2 dt \leq \int_0^\pi \dot{x}^2 dt,\ x(0) = x(\pi) = 0.$$

この不等式はヴィルティンガーの不等式 (Wirtinger inequality) と呼ばれる。

48. $\int_0^T \dot{x}^3 dt \to \inf;\ T$ fixed, $x(0) = 0,\ x(T) = \xi.$

49. $\int_0^T (\dot{x}^2 + \dot{x}^3) dt \to \inf;\ T$ fixed, $x(0) = 0,\ x(T) = \xi.$

50. $\int_0^T (\dot{x}^5/5 + x) dt \to \inf;\ T$ fixed, $x(0) = 0,\ x(T) = \xi.$

51. $\int_0^T \sin \dot{x}\, dt \to \inf;\ T$ fixed, $x(0) = 0,\ x(T) = \xi.$

52. $\int_{t_0}^{t_1} (x dt/\dot{x}^2) \to \inf;\ t_0, t_1$ fixed, $x(t_0) = x_0,\ x(t_1) = x_1,\ x_i > 0,\ i = 0, 1.$

53. ボルツァの例： $\int_0^T (1 - \dot{x}^2)^2 dt \to \inf;\ T$ fixed, $x(0) = 0,\ x(T) = \xi.$

54. ヒルベルトの例： $\int_0^1 (t^2 \dot{x}^2 + 12 x^2) dt \to \inf;\ x(0) = 0,\ x(1) = 1.$

55. ワイエルシュトラスとヒルベルトの例 (2.2 節の例 3 と例 5 を見よ)：
$$\int_0^T (t^\alpha |\dot{x}|^\beta / \beta) dt \to \inf;\ T \text{ fixed},\ x(0) = 0,\ x(T) = \xi,\ \alpha > 0,\ \beta \geq 1.$$

二つのやり方で解を得てみよう。(a) まずオイラー方程式を見よう。単純化のために $\beta = 2$ の場合に限定する。被積分関数は x に依存していないので，オイラー方程式は (2.2 節を見よ) 運動量積分

$$t^\alpha \dot{x} = C$$

の形を取る。$\alpha < 1$ のときにこの方程式を積分すると，一般解 $x(t, C_1, C_2) = C_1 t^{1-\alpha} + C_2$ を得る。次の極値

$$x_*(t; T, \xi) = \frac{\xi t^{1-\alpha}}{T^{1-\alpha}} \qquad (*)$$

だけが境界条件を満たす。極値を他の許容可能な曲線と直接比べれば，極値 (*) は問題の絶対最小点であることが簡単に確かめられる。$\alpha \geq 1$ のときに

は最小化点列 $x_n(t) = \xi t^{1/n}/T^{1/n}$ を取ることで，問題の値が 0 であることを得，また同時に絶対連続な解が存在しないこともわかる．この理由は 9 章で与えられている．

(b) 同じ例を (任意の α と β について)9.3 節で扱った双対法を用いて解いてみよう．被積分関数の共役関数は ($\beta > 1$ のとき) 次の形を取る：

$$f^*(t,p) = t^{\alpha/(1-\beta)}\frac{|p|^{\beta'}}{\beta'},\ 1/\beta + 1/\beta' = 1.$$

関数 $t \mapsto f^*(t,p)$ が $p \neq 0$ に対して可積分であるのは $\beta = 1$ であるか，$\beta > 1$ で $\alpha < \beta - 1$ の場合，そしてこの場合に限る．後者の場合，9.3 節の定理 1 が適用可能である．この定理によれば，問題の解は存在し，それは次の条件

$$\frac{t^\alpha|\dot{x}|^\beta}{\beta} + t^{\alpha/(1-\beta)}\frac{|p|^{\beta'}}{\beta'} = p\dot{x},\ x(0) = 0,\ x(T) = \xi$$

を満たすものの中から探し出せる．

よってわれわれは解 $x_*(t;T,\xi) = \xi(t/T)^{\frac{\beta-1-\alpha}{\beta-1}}$ を得るが，$\beta = 2$ ならばこれは前に計算したものと一致する．

今度は，$\beta > 1$ かつ $\alpha \geq \beta - 1$ であるときを考えよう．この場合，関数 $t \mapsto f^*(t,p)$ が可積分なのは $p = 0$ の場合のみである．よって $S^*(p)$ は (9.3 節を見よ)$\delta(x|\{0\})$ と一致する．$S(x)$ の有効定義域は直線全体と一致し，そして $S(x) = (S^*(p))^*$ は恒等的に 0 に等しい．9.3 節の定理 4 を適用することで，われわれは区分的に絶対連続な関数

$$x(t) = \begin{cases} 0, & t = 0, \\ \xi, & t > 0, \end{cases}$$

による一般化された解を得る．

$\beta = 1$ の場合はこれとは別の取り扱いが必要である．

56. $\int_0^T \sqrt{t+h}\sqrt{1+\dot{x}^2}dt \to \inf;\ x(0) = 0,\ x(T) = \xi.$

57. $\int_0^T (\dot{x}^4/4 - x)dt \to \inf;\ T$ fixed, $x(0) = 0,\ x(T) = \xi.$

58. $\int_{t_0}^{t_1} x\sqrt{1+\dot{x}^2}dt \to \inf;\ t_i$ fixed, $x(t_i) = x_i,\ i = 0,1.$

59. $\int_{t_0}^{t_1} x^{\alpha}\sqrt{1+\dot{x}^2}dt \to \inf;\ t_i$ fixed, $x(t_i) = x_i,\ i = 0, 1.$

60. $\int_0^1 \ddot{x}^2 dt \to \inf;\ x(0) = \dot{x}(0) = 0,\ x(1) = 0,\ \dot{x}(1) = 1.$

61. $\int_0^1 (\ddot{x}^2 - 24tx)dt \to \inf;\ x(0) = \dot{x}(0) = 0,\ x(1) = 1/5,\ \dot{x}(1) = 1.$

62. $\int_0^T (\ddot{x}^2 + x^2)dt \to \inf :\ T$ fixed, $x(0) = \dot{x}(0) = 0,\ x(T) = \xi_1,\ \dot{x}(T) = \xi_2.$

解答：この問題はラグランジュ問題の基本形に帰着して考える。

$$\int_0^T (x_3^2 + x_1^2)dt \to \inf;$$
$$\dot{x}_1 = x_2,\ \dot{x}_2 = x_3,$$
$$x_i(0) = 0,\ i = 1, 2,$$
$$x_i(T) = \xi_i,\ i = 1, 2,\ T \text{ fixed}.$$

この問題のオイラー=ラグランジュ方程式 (2.3 節を見よ) を書き下そう。この問題のラグランジアンは次の形を取る：

$$L = \frac{\lambda_0}{2}(x_3^2 + x_1^2) + p_1(\dot{x}_1 - x_2) + p_2(\dot{x}_2 - x_3).$$

オイラー=ラグランジュ方程式は,

$$\left.\begin{array}{l} 0 = -\frac{d}{dt}L_{\dot{x}_1} + L_{x_1} \Leftrightarrow \dot{p}_1 - \lambda_0 x_1 = 0; \\ 0 = -\frac{d}{dt}L_{\dot{x}_2} + L_{x_2} \Leftrightarrow -\dot{p}_2 - p_1 = 0; \\ 0 = -\frac{d}{dt}L_{\dot{x}_3} + L_{x_3} \Leftrightarrow p_2 = \lambda_0 x_3, \end{array}\right\} \quad (*)$$

である。

もし $\lambda_0 = 0$ ならば, $p_1 \equiv p_2 \equiv 0$ となって, これは不可能である。$\lambda_0 = 1$ とし, $p_2 = p,\ x_1 = x$ とすれば, 方程式 $(*)$ から $\ddot{p} = -x$ と $\ddot{x} = x_3 = p$ を得る。よって,

$$x^{(4)} + x = 0$$

がわかる。左端点における境界条件を満たすこの方程式の一般解は

$$x(t, C_1, C_2) = C_1 \phi_1(t) + C_2 \phi_2(t)$$

であり，ただし

$$\phi_1(t) = \sinh \frac{t}{\sqrt{2}} \sin \frac{t}{\sqrt{2}}$$

$$\phi_2(t) = \cosh \frac{t}{\sqrt{2}} \sin \frac{t}{\sqrt{2}} - \sinh \frac{t}{\sqrt{2}} \cos \frac{t}{\sqrt{2}}$$

である。問題の許容可能な極値はただひとつで，絶対最小点である。これは他の許容可能な曲線との直接比較で簡単に示せる。

63. $\int_0^T (\ddot{x}^2 - x^2) dt \to \inf;\ T \text{ fixed},\ x(0) = \dot{x}(0) = 0,\ x(T) = \xi_1, \dot{x}(T) = \xi_2.$

解答：前回の議論とほとんど同じように，われわれは方程式 $x^{(4)} - x = 0$ を得る。この方程式の左端点に境界条件を持つものの一般解は

$$x(t, C_1, C_2) = C_1(\sinh t - \sin t) + C_2(\cosh t - \cos t)$$

となる。以降の取り扱いは 6.3 節のものと同様になる。この問題について，ヤコビ方程式のアナローグは方程式 $x^{(4)} - x = 0$ であり，0 と共役な点は次の系

$$\left.\begin{array}{l} C_1(\sinh T - \sin T) + C_2(\cosh T - \cos T) = \xi_1, \\ C_1(\cosh T - \cos T) + C_2(\sinh T + \sin T) = \xi_2, \end{array}\right\} \quad (*)$$

が退化する場合である。この系の係数行列の行列式は $2(\cos T \cosh T - 1)$ に等しい。これが 0 になる最初の点を t_1 と置こう。もし $t_1 > T$ であれば，系 $(*)$ にはただひとつの解が存在し，それは絶対最小点である。もし $t_1 < T$ ならば，問題の値は $-\infty$ である。$t_1 = T$ の場合はさらなる分析が必要である。

64. $\int_0^T \dot{x}^2 dt - \alpha x^2(T) \to \inf;\ T \text{ fixed},\ x(0) = 0.$

65. $\int_0^1 \dot{x}^2 dt + 4x^2(0) - 5x^2(1) \to \inf.$

66. $\int_0^1 (\dot{x}^2 + x^2) dt - x^2(1) \to \inf;\ x(0) = 1.$

67. $\int_0^T u^2 dt \to \inf;\ T \text{ fixed},\ \ddot{x} = -x + u, x^{(i)}(0) = x_0^i,\ x^{(i)}(T) = x_1^i,\ i = 0, 1.$

68. $cx^2(T)/2 + \dfrac{1}{2}\int_0^T u^2 dt \to \inf;\ \dot{x} = -ax + bu,\ x(0) = x_0.$

69. $cx^2(T)/2 + \dfrac{1}{2}\int_0^T u^2 dt \to \inf;\ \ddot{x} = -\omega^2 x + u,\ x(0) = x_0.$

70. $\int_0^T (x^2 + c^2 u^2) dt \to \inf;\ T\ \text{fixed},\ \dot{x} = ax + u,\ x(0) = x_0.$

71. $\int_0^T (x^2 + c^2 u^2) dt \to \inf;\ T\ \text{fixed},\ \ddot{x} + a\dot{x} + bx = u,\ x(0) = x_0.$

72. $\int_0^\pi \dot{x}^2 dt \to \inf;\ \int_0^\pi x\cos t\, dt = 1,\ x(0) = x(\pi) = 0.$

73. $\int_0^\pi \dot{x}^2 dt \to \inf;\ \int_0^\pi x^2 dt = 1,\ x(0) = x(\pi) = 0.$

解答：2.3 節の定理 2 を用いる．ラグランジアン $L = \lambda_0 \dot{x}^2 + \lambda_1 x^2$ を構成しよう．するとオイラー方程式は $-\lambda_0 \ddot{x} + \lambda_1 x = 0$ である．明らかに $\lambda_0 \ne 0$ である，というのはそうでなければ $x \equiv 0$ だからである．そこで $\lambda_0 = -1$ としてオイラー方程式を解く．この方程式で境界条件を満たすものはすべて次の形：$x_n(t) = C\sin nt,\ n = 1, 2, \ldots$ を取る．$x_1(t) = \sqrt{2/\pi}\sin t$ が汎関数の最小点である．

74. $\int_0^T \dot{x}^2 dt \to \inf;\ \int_0^t x^2 dt = 1,\ T\ \text{fixed},\ x(0) = 0.$

75. $\int_0^1 \dot{x}^2 dt \to \inf;\ \int_0^1 x\, dt = 1,\ x(0) = x(1) = 0.$

76. $\int_0^1 |\dot{x}|^\alpha dt \to \inf;\ \int_0^1 |x|^\beta dt = 1,\ x(0) = x(1) = 0,\ \alpha, \beta > 0.$

77. $\int_0^1 \ddot{x}^2 dt \to \inf;\ x(t_k) = \xi_k,\ k = 1, \ldots, n,\ t_k\ \text{fixed}.$

78. $\int_0^T x\, dt \to \inf;\ \int_0^T \ddot{x}^2 dt = 1,\ T\ \text{fixed},\ x^{(i)}(0) = 0,\ x^{(i)}(T) = \xi_i,\ i = 0, 1.$

79. $\int_0^1 \ddot{x}^2 dt \to \inf;\ \int_0^1 x^2 dt = 1,\ x(0) = \dot{x}(0) = x(1) = \dot{x}(1) = 0.$

80. $\int_0^1 x^2 dt \to \sup;\ \int_0^1 \ddot{x}^2 dt = 1,\ \int_0^1 x dt = 0,\ \int_0^1 tx dt = 0.$

81. $\int_0^1 (\dot{x}^2 + \dot{y}^2) dt \to \inf;\ \dot{x}y - \dot{y}x = 1,\ x(0) = 0,\ y(0) = 1,\ x(1) = \sin 1,\ y(1) = \cos 1.$

82. $\int_0^T \dot{x}^2 dt \to \inf;\ x(0) = 0,\ Tx^2(T) = 1.$

83. $\int_0^T \sqrt{1 + \dot{x}^2} dt \to \inf;\ x(0) = 0,\ T^2 x(T) = 1.$

84. $\int_0^1 (\sqrt{1 + \dot{x}^2}/x) dt \to \inf;\ x(0) = 1.$

85. $\int_0^T (\sqrt{1 + \dot{x}^2}/\sqrt{x}) dt \to \inf;\ x(0) = 0.$

86. $\int_0^1 \ddot{x}^2 dt \to \inf;\ x(0) = 0,\ x(1) = 1.$

87. $\int_0^1 ((\dot{x}_1^2 + \dot{x}_2^2)/2 + x_1 x_2) dt \to \inf;\ x_1(0) = \xi_1,\ x_2(0) = \xi_2,\ x_1(1) = x_2(1) = 0.$

88. $\int_0^1 ((\dot{x}_1^2 + \dot{x}_2^2)/2 + x_1 x_2) dt \to \inf;\ x_1(0) = \xi_1,\ x_2(0) = \xi_2.$

89. $T \to \inf;\ \ddot{x} = u,\ \int_0^T u^2 dt = 1,\ x(0) = \xi_1,\ \dot{x}(0) = \xi_2,\ x(T) = \dot{x}(T) = 0.$

90. 時間最適化の基本問題。$T \to \inf;\ \ddot{x} = u,\ |u| \le 1,\ x(0) = \xi_1,\ \dot{x}(0) = \xi_2,\ x(T) = \dot{x}(T) = 0.$

91. $T \to \inf;\ \ddot{x} = -x + u,\ |u| \le 1,\ x(0) = \xi_1,\ \dot{x}(0) = \xi_2,\ x(T) = \dot{x}(T) = 0.$

92. $\int_0^1 |\dot{x}| dt \to \inf;\ \dot{x} \ge -A,\ A > 0,\ x(0) = 0,\ x(1) = \xi.$

93. $\int_0^1 x^2 dt \to \sup;\ \dot{x} = u,\ |u| \le 1,\ x(0) = 0.$

解答：ラグランジアン型のポントリャーギンの最大値原理 (2.4 節の定理 $1'$) を適用しよう．この問題のラグランジアンは次の形を取る：

$$L = -\frac{\lambda_0}{2}x^2 + p(\dot{x} - u).$$

オイラー方程式は $\dot{p} = -\lambda_0 x$ であり，横断性条件は $p(1) = 0$ である．よって，$\lambda_0 \neq 0$ である，というのはそうでなければすべてのラグランジュ乗数，つまり λ_0 と p が 0 になってしまうからである．そこで $\lambda_0 = 1$ と，u が L の最小を達成しているという条件から $u = \operatorname{sign} p$ を得る．よって，われわれは次の方程式を得る：

$$\ddot{p} + \operatorname{sign} p = 0,$$
$$\dot{p}(0) = -x(0) = 0,$$
$$p(1) = 0.$$

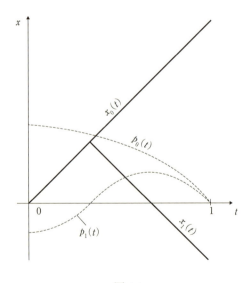

図 14

この方程式の解は区分的に放物線の関数であり，この極値は同じ絶対値で，一階微分が関数が 0 になるところで不連続になる．境界条件からそのような

関数の可算集合が選ばれる。最初のふたつの関数 $p_0(t)$ と $p_1(t)$, それから対応する極値 $x_0(t)$ と $x_1(t)$ は図 14 に書かれている。極値 $x_i(t)$ は折れ線で, その角は $p_i(t)$ が 0 になるところに位置する。この問題の解は存在する (なぜなら, 許容可能な関数の集合がコンパクトだからである) ので, $x_0(t)$ がこの問題の絶対最大点である。

94. $\int_0^1 x^2 dt \to \sup;\ |\ddot{x}| \leq 1,\ x(0) = \dot{x}(0) = x(1) = \dot{x}(1) = 0.$

95. $\int_0^1 ((x^2 + u^2)/2 + |u|)dt \to \inf;\ \dot{x} = u,\ x(1) = \xi.$

解答: ラグランジアン型のポントリャーギンの最大値原理 (2.4 節の定理 1') を用いる。この問題のラグランジアンは

$$L = \lambda_0 \left(\frac{x^2 + u^2}{2} + |u| \right) + p(\dot{x} - u)$$

の形を取る。もし $\lambda_0 = 0$ ならば, u が最小を達成しているという条件は $p \equiv 0$ を意味し, すべてのラグランジュ乗数が 0 になってしまう。よって $\lambda_0 \neq 0$ である。そこで $\lambda_0 = 1$ としよう。するとオイラー方程式 $-\dot{p} + x = 0$ と横断性条件 $p(0) = 0$ を得, また u の L に対する最小化条件から, 次の最適制御の次の表現:

$$u = \begin{cases} 0 & \text{for } |p| \leq 1, \\ p - 1 & \text{for } p \geq 1, \\ p + 1 & \text{for } p \leq -1, \end{cases}$$

を得る。$p(0) = 0$ なので, t が十分小さいときには最適制御は 0 である。よって, そのような t について解 x は定数であり, $p(t)$ は線形関数である。つまり,

$$x(t) = x(t, \eta) = \eta,\ p(t) = p(t, \eta) = \eta t.$$

である。p の絶対値が 1 に届いたとき, オイラー方程式から $\ddot{x} = \dot{u} = \dot{p} = x$ となり, よって

$$x = \eta \cosh(t - 1/|\eta|)$$

がわかる。あとは境界条件から許容可能な極値はただひとつに定まる。これは問題の絶対最小点である。

96. $\int_0^1 xdt \to \inf;\ |\ddot{x}| \le 1,\ x(0) = x(1) = 0.$

97. $\int_0^T (u^2 + x^2)dt \to \inf;\ T$ fixed, $\dot{x} = u,\ |u| \le 1,\ x(0) = \xi.$

98. $\int_0^T (u^2 - x^2)dt \to \inf;\ T$ fixed, $\dot{x} = u,\ |u| \le 1,\ x(0) = 0.$

99. $T \to \inf;\ \dddot{x} = u,\ |u| \le 1,\ x(0) = \xi_1,\ \dot{x}(0) = \xi_2,\ \ddot{x}(0) = \xi_3,\ x(T) = \dot{x}(T) = \ddot{x}(T) = 0.$

100. $T \to \inf;\ \ddot{x} = x + u,\ |u| \le 1,\ x(0) = \xi_1,\ \dot{x}(0) = \xi_2,\ x(T) = \dot{x}(T) = 0.$

101. $\int_0^1 xdt \to \sup;\ |\ddot{x}| \le 1,\ x \le A,\ x(0) = x(1) = 0.$

102. $\int_0^1 xdt \to \inf;\ |\ddot{x}| \le 1,\ x \ge -A,\ x(0) = \dot{x}(0) = x(1) = \dot{x}(1) = 0.$

103. $\int_0^1 xdt \to \inf;\ |\ddot{x}| \le 1,\ \dot{x} \ge -A,\ x(0) = x(1) = 0.$

104. $T \to \inf;\ \ddot{x} = u,\ |u| \le 1,\ \dot{x} \ge -1,\ x(0) = \dot{x}(0) = 0,\ x(T) = \xi^1,\ \dot{x}(T) = \xi^2.$

解答：相制約つき問題に対するポントリャーギンの最大値原理 (5.2 節の定理 1) を用いる。ポントリャーギン関数は

$$H = p_1 x^2 + p_2 u - \lambda_0\ (x^1 = x, \dot{x} = x^2, \ddot{x} = u)$$

である。標準形に変形すれば，相制約条件は $-(x^2 + 1) \le 0$ の形を取る[1]。よって，随伴方程式は次の形になる：

$$p_1(t) = \text{const.} = p_1(T),$$

---

[1] （訳注）この問題と解答はなぜか一部の変数の名前が上側についている。なので x^2 は「x の二乗」ではないことに注意。

$$p_2(t) = p_2(T) + \int_t^T p_1(\tau)d\tau + \int_t^T d\mu.$$

u が H の最大を達成するという条件から，我々は最適制御の条件として $u = \text{sign } p_2$ を得る．Δ を，区間 $[0,T]$ の部分集合で $x^2(t) = -1$ であるような t の集合としよう[2]。ここで

$$m(t) = \int_t^T d\mu$$

とする．すると $m(t)$ は非負で非増加な関数であり，相制約が効いていない区間では定数である．さらに，$\lim_{t \to 0} m(t) = m(0)$ である．これを基礎にして，p_2 の次の表現

$$p_2(t) = \alpha t + \beta + m(t)$$

を得る．もし $\alpha < 0$ であれば，p_2 は強く減少的であり，よって最大でも一回しか符号が変わる機会はない．そこで最適制御が切り替わる時間を τ として，これをパラメータとした極値の族を得る．次に $\alpha > 0$ のときを考える．$x^2(t)$ の軌道が相制約条件の効く場所にたった一度だけしか到達できないということを示そう．実際，(τ_1, τ_2) は相制約条件が効いているふたつの点の間の区間であるとしよう．つまり $x(\tau_1) = x(\tau_2) = -1$, $x(t) > -1$, $t \in (\tau_1, \tau_2)$ である．関数 $m(t)$ は (τ_1, τ_2) 上で定数であり，よって，$p_2(t)$ は線形な増加関数である．この関数は τ_1 と τ_2 の間の点 τ で 0 を取れない：なぜなら，そうでなければ (τ_1, τ_2) 上で制御が -1 になり，相制約条件が満たせないからである．よって $p_2 > 0$ であり制御 $u \equiv 1$ が (τ_1, τ_2) 上で成り立つが，このとき

$$x^2(\tau_2) = x^2(\tau_1) + \int_{\tau_1}^{\tau_2} u d\tau = -1 + (\tau_2 - \tau_1) > -1$$

となって仮定に矛盾する．よって残ったのは二つの場合のみである．(a) 軌道が切り替わるのは最大でも一回だけである．この場合軌道は一度も相制約条件に到達しないか，さもなくば一回だけ到達する (図 15a)．(b) 最適制御 u は最初は -1 であるがある時期以降相制約が効いている間ずっと 0 であり，それから先は -1 に戻る (図 15b．動きの方向は矢印で示している)．条件を

---

[2] (訳注) この後に Δ が使われることがないので非常に不可解な文である．

満たし対応する点をつなぐ軌道がただひとつ存在するということは簡単に示せる (図 15a と 15b を見よ)。

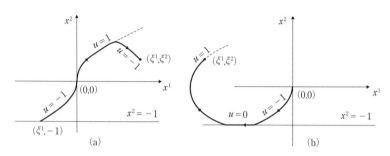

図 15

105. $\int_0^1 (\dot{x}^2 + x^2)dt \to \inf;\ x(0) = 1,\ x \geq A.$

106. $\int_0^T (\dot{x}^2 - x^2)dt \to \inf; T$ fixed, $|x| \leq A,\ x(0) = x(T) = 0.$

107. $\int_0^T (x^{(n)})^2 dt \to \inf;\ T$ fixed, $x^{(i)}(0) = 0,\ x^{(i)}(T) = \xi_i,\ 0 \leq i \leq n-1.$

108. $\int_0^T (1 + \varepsilon|u|)dt \to \inf;\ \ddot{x} = u,\ |u| \leq 1,\ x(0) = \xi_1,\ \dot{x}(0) = \xi_2,\ x(T) = \dot{x}(T) = 0.$

109. $\int_0^1 x dt \to \inf;\ |x^{(n)}| \leq 1,\ x^{(i)}(0) = x^{(i)}(1) = 0,\ 0 \leq i \leq n-1.$

110. $\int_0^1 |u|^p dt \to \inf;\ \ddot{x} + ux = 0,\ x(0) = x(1) = 0,\ \dot{x}(0) = 1,\ 1 \leq p < \infty.$

111. $\int_0^1 |u|dt \to \inf;\ \ddot{x} + ux = 0,\ |u| \leq A,\ x(0) = x(1) = 0,\ \dot{x}(0) = 1.$

112. $\int_0^T (\sqrt{\dot{x}_1^2 + \dot{x}_2^2} + \sqrt{(\dot{x}_1 - \sin t)^2 + (\dot{x}_2 + \cos t)^2})dt \to \inf;\ T$ fixed, $x_1(0) = x_2(0) = 0,\ x_1(T) = \xi_1,\ x_2(T) = \xi_2.$

113. $\int_0^T |\ddot{x} - g|dt \to \inf$; T fixed, $x(0) = x_0$, $\dot{x}(0) = \dot{x}_0$, $x(T) = x_1, \dot{x}(T) = \dot{x}_1$, $x \in \mathbb{R}^n$, $g = \text{const}$.

11.2 問題の補足

本章の最初にいくつかの古代の問題を載せたが，これらは一般的な解法が作られるより前に定式化され解かれたものである．問題1の古典的等周問題は紀元前5世紀には言及されていた．古代の偉大な三人の数学者，ユークリッド，アルキメデス，アポロニウスの研究にも最大化，最小化問題は見られる（問題2，問題3，問題4）．古代の著者の研究にある極値問題の詳細はCeĭten [1] にある．

それからしばらく経って，多くの重要な極値問題がガリレオ，ケプラー，フェルマー，ホイヘンスによって解かれた．微積分学における基本原理と共に，極値問題を解く最初の原理はフェルマー，ライプニッツ，ニュートンらが作った．有限次元の極値問題と変分法についての基礎的事実は17世紀から19世紀にかけてヤコブ・ベルヌーイ，オイラー，ラグランジュ，ルジャンドル，ハミルトン，ヤコビ，ワイエルシュトラスなどによって作られた．より詳細を知りたければCeĭten [1], [2] と Rybnikov [1] を見よ．

11.3 問題へのコメント

本章のすべての問題はラグランジュの原理で解くことができ，これはこの本で詳しく議論されている．一般的な形については，この原理は序論で定式化されており，そして様々な重要な場合について証明されている．具体的には，(i) 滑らかな問題 (1.1.1 項)，(ii) 凸問題 (1.1.2 項)，(iii) 古典的な変分法におけるラグランジュの問題 (2.3.1 項)，(iv) 古典的な変分法における等周問題 (2.3.2 項)，(v) 相制約のない最適制御問題 (2.4.1 項)，(vi) 相制約のある最適制御問題 (5.2.1 項) などである．おおざっぱに，与えられた問題がどれに

関係するかについて，以下，示していこう。

　問題 1 は 10.1 節で解かれている。問題 2 から 12 までは解析学の基本的な方法で解ける。問題 15 は 10.1 節で解かれている。測地線方程式 (問題 16) は相制約条件つきの問題の必要条件 (2.3.2 項) で出せる。問題 25 は (v) のケースで，終端点の制約がない問題であり，横断性条件が必要である。問題 26 は (vi) のクラスに属している (問題 38 と比べよ)。問題 27 と 28 は相制約付きの時間最適化問題として解ける ((vi) のケース)。これには，10.1 節の問題 4 を解く手法を考慮することが役に立つであろう。問題 32 から 35 までは問題 13 と似た形で解ける ((ii) のケース)。問題 36 は (vi) のケースである。

　問題 41 から 59 までは変分法の基本問題の例である。問題 48 から 53 までの被積分関数は準正則ではない。問題 48 から 52 までの下限はボゴリューボフの定理を使えばすごく簡単に計算できる。なぜなら，被積分関数の凸化がものすごく簡単な被積分関数を導き出すからである。問題 49 で $\xi \neq 0$ の場合，極値において第二変分が強く正であるにも関わらず，強い最小点が存在しない。ボルツァによる興味深い例 (問題 53) は多くの本で分析されており，例えば Akhiezer [1] などがある。問題 54 については，強いルジャンドル条件は成り立っていないが，極値は問題の絶対最小点である。問題 60 から 67 まで，問題 70, 71 は (iii) のケースに関係している。問題 68 と 69 においては，ラグランジュの原理は成り立つのだが，それはこの本で正当化できる議論ではない。問題 82 から 89 までは端点が自由な問題である ((v) のケース)。問題 90 から 100 までは (v) のケースに関係しており，問題 101 から 106 までは (vi) のケースに関係している。問題 107, 109, 112, 113 の答えは双対法を用いても，最大値原理を適用してもどちらでも得られる。積分の重ね合わせについてのウラムの問題は問題 112 に帰着される。問題 110 は Borg [1] によって解かれた。問題 111 は A. M. Lyapunov [1] が解いた。問題 113 の解については Rozov [1] を見よ。

訳者あとがき

　以下は，訳者の一人の実体験に基づく話である。

　訳者たちは二人とも本来の専門は経済学である。その経済学において，ケインズ＝ラムゼイ・ルールと呼ばれる有名な公式があった。ケインズというのは言わずと知れた「あの」大経済学者ジョン・メイナード・ケインズであり，ラムゼイはフランク・プランプトン・ラムゼイという，経済学と数学の双方において夭折の天才として知られる人物である。かくも偉大な二人の名前が冠されたこの公式は，ある種の経済における消費の成長経路を完全に特徴付ける重要なもので，上級のマクロ経済学のテキストには必ず載っているものである。

　訳者も大学学部生時代にこの公式に出会った。のだが，しかしその証明が判然としない。多くの本には「最大値原理」という難しい定理を用いて議論しているような感じで書かれているのだが，よくわからない。ローマーの『上級マクロ経済学』やブランチャードとフィッシャーの『マクロ経済学講義』といった定番書籍から，ノーベル賞受賞者であるサージェントの "Macroeconomic Theory" などといった難解な本に至るまで，マクロ経済学の著名な教科書をいろいろ探してみたのだが，厳密な意味でこの公式を示しているものはついに見つけられなかった。最近ではアセモグルによる現代的な教科書 "Introduction to Modern Economic Growth" なども探ってみたが，やはりあまりきちんとは書かれていなかった。

　そもそも最大値原理とはなにか？　これは，ロシアの大数学者であるレフ・ポントリャーギンの名前を冠されて「ポントリャーギンの最大値原理」と呼ばれるものである。この証明は数学の難しい本には載っている。例えば訳者が大学院時代に読んだルーエンバーガーによる最適化理論の本 "Optimization by Vector Space Methods" には証明が載っていた（ただし，その証明は本書の 2.4.2 項にある「初等的証明」であって，本書の第 5 章にあるものよりずいぶん限定的である）．しかし，筆者が首をかしげたことには，この定理は経済学の当該問題に使えるように思えなかったのである．というのは，経済学では無限に長い時間に対する最適化問題を通じて経済のモデルを構築するのが多い（これは実は，上に書いたラムゼイが始めた伝統である）のだが，最大値原理は有限期間における最大化問題のことを扱っているように見え，問題が違うので適用できるのか自体が疑問であったのだ．

ところが，本書を訳し始めてからその疑問は氷解した．実はケインズ＝ラムゼイ・ルールは，本書の 2.2 節で扱われる古典的なオイラー方程式の導出法を適用するだけで，容易に導出できてしまうのである．

さらに，より重要なことがふたつある．まず，ほとんどの教科書には最適消費経路の微分可能性が証明されていない．ケインズ＝ラムゼイ・ルールは最適消費経路の微分が持つ性質を書いたものなので，微分可能性が担保されないと議論が最初から破綻してしまう．ところが実は，2.2 節にあるデュボワ＝レーモン型のオイラー方程式を適用すれば，それは標準的な経済学のモデルでは証明できてしまうのである．この結果は，訳者のまわりではどの専門家も知らなかった事実である．

次に，本書第 2 章を読んでいただいた方にはおわかりだと思うが，実はこのオイラー方程式の導出法の証明はとても簡単なのである．少なくとも，優秀な経済学部の大学 3 年生であれば，自分で理解できてしまうレベルの難易度でしかない．これは数学的には重要ではないが，教育上は重要である：つまり，実はケインズ＝ラムゼイ・ルールという難しいように見える公式は，ちゃんと教えれば大学生でも，証明まで含めて完全に理解できるものだったのだ！

無論ながら，マクロ経済学の教科書にあるように，本書第 5 章にある最大値原理の一般形を用いて，ケインズ＝ラムゼイ・ルールを証明することもできる．しかし第 5 章を読んでいただいた方ならばおそらく同意していただけるであろうが，そこに至る道のりは非常に遠い．本書は日本語訳がこうして出たが，それが出る前には英語で読まねばならなかったので，ハードルはさらに上がる．大学生の多くは諦めるだろうし，大学院生も昨今では勉強より

訳者あとがき

研究を優先しないと就職できないといった事情があって、詳細な議論を追う余裕がない場合も多い。しかし、本書の 2.2 節「だけ」読めばいいのならば、どうだろうか？

本書は、原著は 1970 年代に書かれた本であり、その時代に知られていた連続時間の最適化理論の大半の知見が詰まっている。その膨大な知見はもちろんそれ自体価値を持つのだが、しかし本書のより素晴らしい点は、それらを単に一般論で語るだけではなく「より簡単に」議論するための Tips が、各所に詰まっていることである。これは、繰り返しになるが、数学的には重要ではないかもしれない。しかし教育上はとても重要なことである。

いま述べたことは、経済学部でのみ重要なことではないと訳者は信じる。実際、本書は物理学や工学で用いられる多くの問題への応用を念頭に置いて書かれている。これらの学問においても、本書の優れた側面である上で述べた教育的効果は有用に機能するであろう。

＊　　＊

われわれは本書の訳者であるが、同時にまた読者でもある。おそらくは、英語版に限定すれば、世界で最も深くこの本を読み込んだ人々の中に含まれるであろう。この場を借りて本書の感想を述べると、やはり教育上最も優れているのは第 2 章であると思われる。この章には古典的な変分法や最適制御で使われる様々な解の必要条件が書かれており、しかもその大半には初等的に導出する証明が付属している。これに関連して、第 2 章で用いられる重要な定理の一部が、第 0 章と第 1 章で証明されている。0.4 節の微分方程式の解の性質についての議論は、原著者たちが述べている通り、標準的なものよりも仮定が弱められており、それ自体に価値がある。

次に印象的だったのは第 6 章と第 7 章である。第 6 章には二次形式の性質に関する詳細な解説があるが、これに加えて、ある種の写像に対する固有値の存在定理など、量子力学などでも有益であろう定理が多く紹介されている。この第 6 章の結果は第 7 章で用いられ、解の十分条件の理論に用いられている。ただし、十分条件については、原著者自身がまえがきで述べているように、今日においては他の理論もあるように思える——例えば経済学でよく用

いられる横断性条件などは，本書では扱われていない．また，ハミルトン＝ヤコビ理論の紹介も部分的である．

第3章と第4章は凸解析を扱っており，以降の章の準備を企図して書かれたものである．第5章ではこれらを用いて，上で述べたポントリャーギンの最大値原理の非常に一般的な形を導出する．ただし上で述べたように，その証明はやはり難解である．

一方で，第8章，第9章は解の存在定理や近似定理を扱っている．第9章がメインで，第8章はそのための準備である．特に，第0章で述べられていた累積的な可測性の十分条件が第8章で与えられていることは重要である．また，多くの文脈で重要になる，リャプノフの凸性定理の証明がきちんと与えられていることも，第8章の価値を大きく高めている．第9章は読みやすいとは言えないが，変分問題や最適制御問題の解の存在という非常に難しい議論に，多くの道筋を与えてくれている．

第10章に書かれた多くの応用は新鮮であった．また読者の練習になるように，多くの問題が第11章に付属してある．これらの問題の持つ教育効果はとても高いと訳者たちは考えている．

参考文献リストについては，元の本の出版年代が1970年代であることからか，やはり古いものが多くなってしまっている．これは致し方ないことではあるが，原著者は日本語版に向けた序文において，この分野の最近の展開についてのレビューを行い，また多くの参考文献を追加してくださった．新しい展開を追いたい読者の方には，そちらを参考に文献を追ってみられるのがよいと思われる．

＊　　＊

ここで，多くのお詫びを書かねばならない．第一に，本書の最初の原著はAlexander Davidovich Ioffe と Vladimir Mikhailovich Tikhomirov の二名によって，ロシア語で書かれたものである．しかし訳者たちはロシア語が読めないので，本書は1979年に出版された英語版 "THEORY OF EXTREMAL PROBLEMS" からの再翻訳である．ところが，著者たちとの対話によって英語版に複数の誤訳が含まれていたことがわかっている．一例を挙げると，英語版の本文中にしばしば「separable」なる語が出てくるが，かなりの箇所で

これは「separated(著者によれば，現代的には Hausdorff と書かれるべきだとのこと)」の間違いであるようである．このような問題を解決するため，訳者たちは著者たちに質問を繰り返してなるべく間違いを取り除こうと努めたが，スケジュールの関係で完全にうまくいったとは言いづらい．これに加えて，原著には若干説明が足りないと感じる部分も多かったので，必要な箇所はなるべく訳注にて補完することを試みた．もし問題がまだ残っているとすればそれはひとえに訳者の能力不足に起因するものであることをあらかじめ断っておく．

また，先に述べたように，訳者たちはふたりともどちらかというと経済学に本来の専門を置いている者である．本書には多くの物理学的な比喩や問題が出てくるのだが，それらの中には訳者たちにとって耳慣れないものも多かった．そのため，もしかすると物理の用語の中には，定番の訳と違う訳し方がされているものがあるかもしれない．この責任はもちろん，全面的に訳者が負うものである．

三番目に，参考文献リストの問題がある．本書は 1970 年代に刊行されたものであって，その当時と現代では雑誌の中でも名前が変わってしまったものや，追跡が困難なものが少なくなかった．その上，英語版の参考文献リストにはかなり多くの間違いが含まれていた．可能な限りの追跡調査をして修正したつもりではあるが，なにしろリスト自体が膨大であるため，まだ誤りが残っている可能性は少なくない．これについても訳者が責任を負うべきものであろう．

細かい補足として，人名をどう表記するかという点に触れておく．これはなるべく，その表記をカタカナで書くことにした．ただ，ロシア人の名前について，正確に音を反映できているかについては自信がない．また，Kuhn-Tucker の定理で出てくる Kuhn については，「クーン」という表記が日本人の間には定着している一方，正確な読みは「キューン」に近いと多くの研究者が述べている．これについては定着しているほうがよいであろうということで，本文では「クーン」を採用している．なお，最近ではこの定理は Karash が最初に発見したということで KKT 定理などと言われる場合も多いようである．

本書の訳を出すに当たっては，なによりも慶應義塾大学の丸山徹教授に多くの助言をいただいた．また，小宮英敏教授には，凸解析についての部分の助

言をいただいた他，様々な部分について相談に乗っていただいた．法政大学の佐柄信純教授にもいくらかのコメントをいただき，それが本書の理解の手助けになった．もちろん，最も貢献の高い助言者は原著者自身である．ティコミロフ先生とは平成27年1月の数理経済学会国際会議にて，イオッフェ先生とは同5月のウィーン工科大学での学会においても，直接お会いしてご助言いただく機会を得ることができた．これらの助言によって訳の完成度は大幅に上がったが，もちろんなにかミスがあればそれはすべて訳者の責任である．

平成29年1月

訳　　者

参考文献

N. I. Akhiezer, [1] *The Calculus of Variations* (Gostehizdat, Moscow, 1955 in Russian; English transl.: Blaisdell, New York, 1962; new eds: CRC Press, 1988).

N. I. Akhiezer and M. G. Kreĭn, [1] *O Nekotoryh Voprosah Teorii Momentov* (GONTI, Harkov, 1938; new eds: Let Me Print, 2012).

R. Aris, [1] *Discrete Dynamic Programming;: An Introduction to the Optimization of Staged Processes* (Blaisdell, New York 1964).

V. I. Arkin [1] An Infinite-Dimensional Analog of Non-Convex Programming Problems. *Kibernetika* 2 (1967) 87-93 (in Russian; English transl.: *Cybernetics* 3 (1967) 70-75).

V. I. Arkin and V. L. Levin, [1] Convexity of Values of Vector Integrals, Theorems on Measurable Choice and Variational Problems. *Uspekhi Matematicheskikh Nauk* 27, Issue 3 (1972) 21-77 (in Russian; English transl.: *Russian Mathematical Surveys* 27 (1972) 21-85).

K. J. Arrow, F. J. Gould, and S. M. Howe, [1] A General Saddle-Point Result for Constrained Optimization. *Mathematical Programming* 5 (1973) 225-234.

K. J. Arrow, L. Hurwicz, and H. Uzawa, [1] *Studies in Linear and Non-Linear Programming* (Stanford University Press, Stanford, 1958).

V. Ya. Arsenin and A. A. Lyapunov, [1] The Theory of A-sets. *Uspekhi Matematicheskikh Nauk* 5, Issue 5 (1950) 45-108.

E. Asplund, [1] Topics in the Theory of Convex Functions, in: *Theory and Applications of Monotone Operators* (Tipografia "Odrisi" Gubbio, 1969).

J. P. Aubin, [1] *Mathematical Methods of Game and Economic Theory* (North-Holland, Amsterdam, 1982; Revised eds: Dover, 2007).

J. P. Aubin and I. Ekeland, [1] Minimisation de Critères Integraux. *Comptes Rendus Hebdomadaires des Séances de l'Académie des Sciences, Série A* 281 (1975) 285-287.

―――――――, [2] Estimates the Duality Gap in NonConvex Optimization. Mathematics of Operations Research 1 (1976) 225-245.

V. I. Averbukh and O. G. Smolyanov, [1] The Theory of Differentiation in Linear Topological Spaces. *Uspekhi Matematicheskikh Nauk* 22, Issue 6 (1967) 201-260 (in Russian; English transl.: *Russian Mathematical Surveys* 22 (1967) 201-258).

E. F. Beckenbach and R. Bellman, [1] *Inequalities* (Springer, Berlin, 1961).

R. Bellman, [1] *Dynamic Programming* (Princeton University Press, Princeton, 1957; new eds: Princeton University Press, Princeton, 2010).

R. Bellman and S. E. Dreyfus, [1] *Applied Dynamic Programming* (Princeton University Press, Princeton, 1962).

R. Bellman, I. Glicksberg, and O. A. Gross, [1] *Some Aspects of the Mathematical Theory of Control Processes* (Rand Corporation, Santa Monica, 1958).

R. Bellman and R. Kalaba, [1] *Dynamic Programming and Modern Control Theory* (Academic Press, New York, 1966).

C. Berge, [1] Sur une Propriété Combinatoire des Ensembles Convexes. *Comptes Rendus Hebdomadaires des Séances de l'Académie des Sciences* 248 (1959) 2698-2701.

—————, [2] *Espaces Topologiques - Fonctions Multivoques* (Dunod, Paris, 1966).

L. D. Berkovitz, [1] An Existence Theorem for Optimal Control. *Journal of Optimization Theory and Applications* 4 (1969) 77-86.

—————, [2] Existence Theorems in Problems of Optimal Control. *Studia Mathematica* 44 (1972) 275-285.

—————, [3] Lower Semicontinuity of Integral Functionals. *Transactions of the American Mathematical Society* 192 (1974) 51-57.

—————, [4] Existence and Lower Closure Theorems for Abstract Control Problems. *SIAM Journal on Control* 12 (1974) 27-42.

S. N. Bernsteĭn, [1] O Nailuchshem Priblizĕnii Nepreryvnyh Funkciĭ Posredstvom Mnogochlenov Dannoĭ Stepeni, in: *Collected Works,* v.1 (AN USSR, 1952, 11-105).

—————, [2] O Teoreme V. A. Markova, in: *Collected Works,* v.2 (AN USSR, 1954, 281-287).

L. Bittner, [1] New Conditions for the Validity of the LAGRANGE Multiplier Rule I. *Mathematische Nachrichten* 48 (1971) 353-370.

D. Blackwell, [1] The Range of Certain Vector Integrals. *Proceedings of the American Mathematical Society* 2 (1951) 390-395.

V. I. Blagodatskih, [1] Dostatochnoe Uslovie Optimal'nosti v Zadache Nelineĭnogo Optimal'nogo Bystrodeĭstviya. Doctor's Thesis, 1973.

G. A. Bliss, [1] The Problem of Lagrange in the Calculus of Variations. *American Journal of Mathematics* 52 (1930) 673-744.

—————, [2] The Problem of Bolza in the Calculus of Variations. *Annals of Mathematics* 33 (1932) 261-274.

―――, [3] *Lectures on the Calculus of Variations* (University of Chicago Press, Chicago, 1947).

N. N. Bogolyubov, [1] Sur Quelques Methodes Nouvelles dans le Calcul des Variations. *Annali di Matematica Pura ed Applicata* Ser. 4, 7 (1929) 249-271.

V. G. Boltyanskiĭ, [1] Princip Maksimuma v Teorii Optimal'nyh Processov. *Doklady Akademii Nauk SSSR* 119 (1958) 1070-1073.

―――, [2] Dostatochnye Usloviya Optimal'nosti i Obosnovanie Metoda Dinamicheskogo Programmirovaniya. *Izvestiya Rossiiskoi Akademii Nauk, Seriya Matematicheskaya* 28 (1964) 481-514.

―――, [3] Method of Local Sections in the Theory of Optimal Processes. *Differential'nye Uravneniya* 4 (1968) 2166-2183 (in Russian, English transl.: *Differential Equations* 4 (1968) 1117-1126).

―――, [4] *Mathematical Methods of Optimal Control* (Nauka, Moscow, 1969 in Russian; English transl.: Holt, Rinehart and Winston, New York, 1971).

―――, [5] *Optimal'noe Upravlenie Diskretnymi Sistemami* (Nauka, Moscow, 1973).

V. G. Boltyanskiĭ, R. V. Gamkrelidze, and L. S. Pontryagin, [1] K Teorii Optimal'nyh Processov. *Doklady Akademii Nauk SSSR* 110 (1956) 7-10.

―――, [2] Teoriya Optimal'nyh Processov. 1. Princip Maksimuma. *Izvestiya Rossiiskoi Akademii Nauk, Seriya Matematicheskaya* 24 (1960) 3-42.

O. Bolza, [1] *Lectures on the Calculus of Variations* (Dover, New York, 1964; new eds: University of Michigan Library, 2006)

T. Bonnesen and W. Fenchel, [1] *Theorie der Konvexen Körper* (Springer, Berlin, 1934).

G. Borg, [1] Über die Stabilität Gewisser Klassen von Linearen Differential-Gleichungen. *Arkiv för Matematik, Astronomi och Fysik*, Bd 31A, 41 (1944) 460-482.

N. Bourbaki, [1] *Espaces Vectoriels Topologiques* (Hermann, Paris, 1953; 2nd eds: 2006).

A. Brøndsted, [1] Conjugate Convex Functions in Topological Vector Spaces. *Mat. Fys. Medd. Dansk. Vid. Selsk.* 34 (1964) 1-26.

A. Brøndsted and R. T. Rockafellar, [1] On the Subdifferentiability of Convex Functions. *Proceedings of the American Mathematical Society* 16 (1965) 605-611.

A. E. Bryson and Y. C. Ho, [1] *Applied Optimal Control* (Blaisdell, New York, 1969; revised eds: CRC Press, 1975).

A. G. Butkovskiĭ, [1] *Teoriya Optimal'nogo Upravleniya Sistemami a Raspredelennymi Parametrami* (Nauka, Moscow, 1965).

C. Carathéodory, [1] Die Methode der Geodätishen äequidistanten und das Problem von Lagrange. *Acta Mathematica* 47 (1926) 199-236.

―――――, [2] *Variationsrechnung und Partielle Differentialgleichungen Erster Ordnung* (Teubner, Leipzig-Berlin, 1935).

H. Cartan, [1] *Calcul Différential* (Hermann, Paris, 1967).

―――――, [2] *Formes Différentielles* (Hermann, Paris, 1967).

C. Castaing, [1] Sur les Multi-Applications Mesurables. *ESAIM: Mathematical Modelling and Numerical Analysis - Modélisation Mathématique et Analyse Numérique* 1 (1967) 91-126.

————, [2] Sur une Nouvelle Extension du Théorème de Lyapunov. *Comptes Rendus Hebdomadaires des Séances de l'Académie des Sciences* 264 (1967) 333-336.

————, [3] Le Théorème de Dunford-Pettis Généralisé, Univ. de Montpellier, 1968-1969, publ. 43.

————, [4] Un Théorème de Compacité Faible dans L_E^1..., Univ. de Montpellier, 1969, publ. 44.

————, [5] Quelques Résultats de Compacité Liées à l'Integration. *Comptes Rendus Hebdomadaires des Séances de l'Académie des Sciences* 270 (1970) 1732-1735.

C. Castaing and M. Valadier, [1] Equations différentielles Multivoques dans les Espaces Vectoriels Localement Convexes. *ESAIM: Mathematical Modelling and Numerical Analysis - Modélisation Mathématique et Analyse Numérique* 3 (1969) 3-16.

J. Céa, [1] Optimisation, Théorie et Algorithmes (Dunod, Paris, 1971).

G. G. Ceĭten, [1] *Istoriya Matematiki v Drevnosti i v Srednie Veka* (ONTI, Moscow-Leningrad, 1938).

————, [2] *Istoriya Matematiki v 16 i 17 Stoletiyah* (ONTI, Moscow-Leningrad, 1938).

L. Cesari, [1] Existence Theorems for Optimal Solutions in Pontryagin and Lagrange Problems. *SIAM Journal on Control* 3 (1965) 475-498.

————, [2] Existence Theorems for Weak and Usual Optimal Solutions in Lagrange Problems, with Unilateral Constraints I, II. *Transactions of the American Mathematical Society* 124 (1966) 369-412, 413-430.

————, [3] Semi-Normality and Upper Semi-Continuity in Optimal Control. *Journal of Optimization Theory and Applications* 6 (1970) 114-137.

—————, [4] Closure, Lower Closure and Semi-Continuity Theorems for Optimal Control. *SIAM Journal on Control* 9 (1971) 287-315.

L. Cesari, J. R. La Palm, and T. Nishiura, [1] Remarks on Some Existence Theorems for Optimal Control. *Journal of Optimization Theory and Applications* 3 (1969) 296-305.

L. Cesari, J. R. La Palm, and D. A. Sanchez, [1] An Existence Theorem for Lagrange Problem with Unbounded Controls and a Slender Set of Exceptional Points. *SIAM Journal on Control* 9 (1971) 590-605.

P. L. Chebyshev, [1] O Nekotoryh Mehanizmah, Izvestnyh pod Nazvaniem Parallelogrammov, in: *Selected Works* (AN USSR, Moscow, 1955, 611-649).

S. Cinquini, [1] Sopra l'Esistenza della Soluzione nei Problemi di Calcolo delle Variazioni di Ordin n. *Annali della Scuola Normale Superiore di Pisa* 5 (1936) 169-190.

—————, [2] Sopra l'Esistenza dell'Estremo Assoluto in Campi Illimitati. *Rend. Accad. Naz. Lincei* 4 (1948) 675-682.

—————, [3] A Proposito della Esistenza dell'Estremo Assoluto in Campi Illimitati. *Rend. Ist. Lombardo Sci. Lett.* 107 (1973) 460-472.

F. H. Clarke, [1] Generalized Gradients and Applications. *Transactions of the American Mathematical Society* 205 (1975) 247-262.

—————, [2] The Generalized Problem of Bolza. *SIAM Journal on Control and Optimization* 14 (1976) 682-699.

—————, [3] Extremal Arcs and Extended Hamiltonian Systems. *Transactions of the American Mathematical Society* 231 (1977) 349-367.

—————, [4] The Maximum Principle under Minimal Hypotheses. *SIAM Journal on Control and Optimization* 14 (1976) 1078-1091.

E. A. Coddington and N. Levinson, [1] *Theory of Ordinary Differential Equations* (McGraw-Hill, New York, 1955; new eds: Krieger Pub Co, 1984).

R. Courant and D. Hilbert, [1] *Methods of Mathematical Physics* (v.1, Interscience, New York, 1953; new eds: Wiley, 1989).

G. B. Dantzig, [1] *Linear Programming and Extensions* (Princeton University Press, Princeton, 1963).

L. Danzer, B. Grünbaum, and V. L. Klee, [1] Helly's Theorem and Its Relatives, in: V. L. Klee, ed., *Proceedings Symphosia in Pure Mathematics, v.VII* (American Mathematical Society, 1963, 101-180).

G. Debreu, [1] Integration of Correspondences, in: *Proceedings of the Fifth Berkeley Symposium on Mathematical Statistics and Probability,* v.2, part 1 (University of California Press, 1966, 351-372).

B. P. Demidovich, [1] *Sbornik Zadach i Upražneniĭ po Matematicheskomu Analizu* (Nauka, Moscow, 1968).

R. Descartes, [1] *La Géométrie* (Jan Maire, Leyde, 1637).

U. Dieter, [1] Dual Extremum Problems in Locally Convex Topological Spaces, in: *Proc. of the Colloquium on Convexity* (Copenhagen, 1965, 185-201).

————, [2] Optimierungsaufgaben in Topologischen Vektorraumen I: Dualitastheorie. *Z. Wahrscheinlichkeitstheorie verw. Geb.* 5 (1966) 89-117.

————, [3] Dual Extremum Problems in Linear Spaces with Examples and Applications in Game Theory and Statistics, in: *Theory and Applications of Monotone Operators* (Tipografia "Oderisi," Gubbio, 1969, 303-312).

J. Dieudonné, [1] *Foundations of Modern Analysis* (Academic Press, New York, 1960; new eds: Hesperides Press, 2006).

P. du Bois-Reymond [1] Erläuterungen zu den Anfangsgründen der Variationsrechnung. *Mathematische Annalen* 15 (1879) 283-314.

A. Ya. Dubovickiĭ, [1] Integral'nyĭ Princip Maksimuma v Obshcheĭ Zadache Optimal'nogo Upravleniya. AN USSR, dep. No. 2639-74, Moscow, 1974.

A. Ya. Dubovickiĭ and A. A. Milyutin, [1] Extremum Problems with Constraints. *Doklady Akademii Nauk SSSR* 149 (1963) 759-762 (in Russian; English transl.: *Soviet Mathematics Doklady* 4 (1963) 452-455).

―――――, [2] Extremum Problems in the Presence of Restrictions. *Ž. Vychisl. Mat. i Mat. Fiz.* 5 (1965) 395-453 (in Russian; English transl.: *USSR Computational Mathematics and Mathematical Physics* 5 (1965) 1-80).

―――――, [3] Necessary Conditions for a Weak Extremum in Optimal Control Problems with Mixed Constraints of the Inequality Type. *Ž. Vychisl. Mat. i Mat. Fiz.* 8 (1968) 725-770 (in Russian; English transl.: *USSR Computational Mathematics and Mathematical Physics* 8 (1968) 24-98).

―――――, [4] Translation of Euler's Equations. *Ž. Vychisl. Mat. i Mat. Fiz.* 9 (1969) 1263-1284 (in Russian; English transl.: *USSR Computational Mathematics and Mathematical Physics* 9 (1969) 37-64).

―――――, [5] *Neobhodymye Usloviya Slabogo Èkstremuma v Obshcheĭ Zadache Optimal'nogo Upravleniya* (Nauka, Moscow, 1971).

N. Dunford and J. T. Schwartz, [1] *Linear Operators, Part 1: General Theory* (Interscience, New York, 1958; new eds: Wiley-Interscience, 1988).

A. Dvoretzky, A. Wald, and J. Wolfowitz, [1] Relations among Certain Ranges of Vector Measures. *Annals of Mathematics Statistics* 22 (1951) 1-21.

H. G. Eggleston, [1] *Convexity* (Cambridge University, 1958; new eds: Cambridge University Press, 2009).

Yu. V. Egorov, [1] Neobhodimye Ustoviya Optimal'nosti Upravleniya v Banahovom Prostranstve. *Matematicheskii Sbornik* 64 (1964) 79-101.

I. Ekeland, [1] On the Variational Principle. *Journal of Mathematical Analysis and Applications* 47 (1974) 324-353.

I. Ekeland and G. Lebourg, [1] Sous-Gradients Approchés et Applications. *Comptes Rendus de l'Académie des Sciences* A. 281 (1975) 219-222.

I. Ekeland and R. Temam, [1] Analyse Convexe et Problèmes Variationelles (Hermann, Paris, 1974) (in French; English transl.: *Convex Analysis and Variational Problems* (North Holland, Amsterdam, 1977; new eds: SIAM, 1999)).

L. Euler, [1] *Methodus Inveniendi Lineas Curvas Maximi Minimive Proprietate Gaudentes, Sive Solutio Problematis Isoperimetrici Latissimo Sensu Accepti* (Bousquent, Lausanne and Genevae, 1744).

Iu. G. Evtushenko, [1] Approximate Calculation of Optimal Control Problems. *Prikl. Mat. Mekh.* 34 (1970) 95-104 (in Russian; English transl.: *Journal of Applied Mathematics and Mechanics* 34 (1970) 86-94).

W. Fenchel, [1] On Conjugate Convex Functions. *Canadian Journal of Mathematics* 1 (1949) 73-77.

―――, [2] *Convex Cones, Sets, and Functions* (Princeton University Press, Princeton, 1953).

A. F. Filippov, [1] O Nekotorych Voprosah Teorii Optimal'nogo Regulirovaniya. *Vestnik Moskov. University Ser. Mat. Meh. Astronom. Fiz. Him.* 2 (1959) 25-32.

―――――, [2] Differencial'nye Uravneniya s Razryvnoĭ Pravoĭ chast'yu. *Matematicheskii Sbornik* 51 (1966) 100-128.

W. H. Fleming, [1] On a Class of Games over Function Space and Related Variational Problems. *Annals of Mathematics* 60 (1954) 578-594.

R. Gabasov and F. M. Kirillova, [1] *Osobye Optimal'nye Upravleniya* (Nauka, Moscow, 1973).

D. Gale, [1] *The Theory of Linear Economic Models* (University Chicago Press, Chicago, 1960).

―――――, [2] A Geometric Duality Theorem with Economic Application. *Review of Economic Studies* 34 (1967) 19-24.

D. Gale, H. W. Kuhn, and A. W. Tucker, [1] Linear Programming and the Theory of Games, in: *Activity Analysis of Production and Allocation* (Wiley, New York, 1951, 298-316).

R. V. Gamkrelidze, [1] K Teorii Optimal'nyh Processov v lineĭnyh Sistemah. *Doklady Akademii Nauk SSSR* 116 (1957) 9-11.

―――――, [2] Teoriya Optimal'nyh po Bystrodeĭstviyu Processov v Lineĭnyh Sistemah. *Izvestiya Rossiiskoi Akademii Nauk, Seriya Matematicheskaya* 22 (1958) 449-474.

―――――, [3] Optimal'nye Processy Upravleniya pri Ogranichennyh Fazovyh Koordinatah. *Izvestiya Rossiiskoi Akademii Nauk, Seriya Matematicheskaya* 24 (1960) 315-356.

―――――, [4] Optimal Sliding States. *Doklady Akademii Nauk SSSR* 143 (1962) 1243-1245 (in Russian; English transl.: *Soviet Mathematics Doklady* 3 (1962) 559-561).

—————, [5] On the Theory of the First Variation. *Doklady Akademii Nauk SSSR* 161 (1965) 23-26 (in Russian; English transl.: *Soviet Mathematics Doklady* 6 (1965) 345-348).

—————, [6] On Some Extremal Problems in the Theory of Differential Equations with Applications to the Theory of Optimal Control. *SIAM Journal on Control* 3 (1965) 106-128.

—————, [7] Extremal Problems in Finite-Dimensional Spaces. *Journal of Optimization Theory and Applications* 1 (1967) 173-193.

—————, [8] Neobhodymye Usloviya Poryadka i Aksiomatika èkstremal'nyh Zadach. *Trudy Matematicheskogo Instituta imeni VA Steklova* 112 (1971) 152-180.

R. V. Gamkrelidze and G. L. Haratishvili, [1] Extremal Problems in Linear Topological Spaces 1. *Mathematical Systems Theory* 1 (1967) 229-256.

—————, [2] Extremal Problems in Linear Topological Spaces. *Izvestiya Rossiiskoi Akademii Nauk, Seriya Matematicheskaya* 33 (1969) 781-839 (in Russian; English transl.: *Mathematics of the USSR-Izvestiya* 3 (1969) 737-794).

—————, [3] Neobhodimye Usloviya Pervogo Poryadka v èkstremal'nyh Zadachah, in: *International Congress of Mathematicians in Nice* (Russian transl.: Nauka, Moscow, 1972).

S. I. Gass, [1] *Linear Programming* (McGraw-Hill, New York, 1958; 5th eds: Dover, 2010).

I. M. Gelfand and S. V. Fomin, [1] *Calculus of Variations* (Fizmatgis, Moscow, 1961 in Russian; English transl.: Prentice-Hall, Englewood Cliffs, 1963; new eds: Dover, 2000).

A. Ghouila-Houri, [1] Sur la Généralisation de la Notion de Commande d'un Systéme Guidable. *Revue Française d' Informatique et de Recherche Opérationnelle* 1 (1967) 7-32.

I. V. Girsanov, [1] *Matematicheskaya Teoriya Èkstremal'nyh Zadach* (Moscow University Publ. House, Moscow, 1970).

H. Goldstine [1] Minimum Problems in the Functional Calculus. *Bulletin of the American Mathematical Society* 46 (1940) 142-149.

E. G. Gol'shteĭn, [1] Dvoĭstvennye Zadachi Vypuklogo Programmirovaniya. *Èkonom. i Mat. Metody* 1 (1965) 317-322.

―――――, [2] Problems of Best Approximation by Elements of a Convex Set and Some Properties of Support Functionals. *Doklady Akademii Nauk SSSR* 173 (1967) 995-998 (in Russian; English transl.: *Soviet Mathematics Doklady* 8 (1967) 504-507).

―――――, [3] Obobshchennye Sootnosheniya Dvoĭstvennosti v Èkstremal'nyh Zadachah. *Èkonom. i Mat. Metody* 4 (1968) 597-610.

―――――, [4] *Teoriya Dvoĭstvennosti v Matematicheskom Programmirovanii* (Nauka, Moscow, 1971).

F. G. Gould and J. W. Tolle, [1] A Necessary and Sufficient Qualification for Constrained Optimization. *SIAM Journal on Applied Mathematics* 20 (1971) 164-172.

―――――, [2] Optimality Conditions and Constraints Qualifications in Banach Spaces. *Journal of Optimization Theory and Applications* 15 (1975) 667-687.

L. M. Graves, [1] On the Problem of Lagrange. *American Journal of Mathematics* 13 (1931) 547-554.

————, [2] On the Weierstrass Condition for the Problem of Bolza in the Calculus of Variations. *Annals of Mathematics* 33 (1932) 747-752.

————, [3] The Existence of an Extremum in Problems of Mayer. *Transactions of the American Mathematical Society* 39 (1936) 456-471.

J. Hadamard, [1] *Calcul des Variations* (Hermann, Paris, 1910).

————, [2] Principe de Huygens et Prolongement Analitique. *Bulletin de la Société Mathématique de France* 52 (1924) 241-278.

H. Halkin, [1] Some Further Generalizations of a Theorem of Lyapunov. *Archive for Rational Mechanics and Analysis* 17 (1964) 272-277.

————, [2] On a Generalization of a Theorem of Lyapunov. *Journal of Mathematical Analysis and Applications* 10 (1965) 199-202.

————, [3] A Maximum Principle of the Pontryagin Type for Systems Described by Nonlinear Difference Equations. *SIAM Journal on Control* 4 (1966) 90-112.

————, [4] Nonlinear Nonconvex Programming in an Infinite Dimensional Space, in: *Mathematical Theory of Control* (Academic Press, New York, 1967, 10-25).

————, [5] A New Existence Theorem in the Class of Piecewise Continuous Control Functions, in: *Control Theory and the Calculus of Variations* (Academic Press, New York, 1969).

————, [6] A Satisfactory Treatment of Equality and Opeartor Constraints in Dubovitskiĭ-Milyutin Optimisation Formalism. *Journal of Optimization Theory and Applications* 6 (1970) 138-149.

————, [7] Implicit Functions and Optimization Problems without Continuous Differentiability of the Data. *SIAM Journal on Control* 12 (1974) 229-236.

H. Halkin and L. W. Neustadt, [1] General Necessary Conditions for Optimisation Problems. *Proceedings of the National Academy of Sciences* 56 (1966) 1066-1071.

W. E. Hamilton, [1] Second Essay on a General Method in Dynamics. Philosophical Transactions of the Royal Society of London, 1935.

G. H. Hardy, J. E. Littlewood, and G. Polya, [1] *Inequalities* (Cambridge University Press, Cambridge, 1934; 2nd eds: Cambridge University Press, 1988).

H. Hermes, [1] A Note on the Range of a Vector Measure: Application to the Theory of Optimal Control. *Journal of Mathematical Analysis and Applications* 8 (1964) 78-83.

————, [2] Calculus of Set-Valued Functions; Applications to Control. *Journal of Mathematics and Mechanics* 18 (1968) 47-59.

————, [3] On Continuous and Measurable Selections and the Existence of Solutions of Generalized Differential Equations. *Proceedings of the American Mathematical Society* 29 (1971) 535-545.

M. Hestenes, [1] Sufficient Conditions for the Problem of Bolza in the Calculus of Variations. *Transactions of the American Mathematical Society* 36 (1934) 793-818.

————, [2] On Sufficient Conditions in the Problems of Lagrange and Bolza. *Annals of Mathematics* 37 (1936) 543-551.

————, [3] *Calculus of Variation and the Optimal Control Theory* (Wiley, New York, 1966).

————, [4] Multiplier and Gradient Methods. *Journal of Optimization Theory and Applications* 4 (1969) 303-320.

D. Hilbert, [1] Über das Dirichlet'sche Princip. *Mathematische Annalen* 59 (1904) 161-186.

―――――, [2] Zur Variationsrechnung. *Mathematische Annalen* 62 (1906) 351-370.

―――――, [3] *Mathematische Probleme* (Springer, Berlin, 1935).

A. J. Hoffman, [1] On Approximate Solutions of Systems of Linear Inequalities. *Journal of Research of the National Bureau of Standards* 49 (1952) 263-265.

L. Hörmander, [1] Sur la Fonction d'Appui des Ensembles Convexes dans un Espace Localement Convexe. *Arkiv för Matematik* 3 (1955) 180-186.

C. Huygens, [1] *Treatise on Light* (University of Chicago, Chicago, 1912; new eds: Createspace, 2015).

A. D. Ioffe, [1] Transformations of Correctly Posed Variational Problems. *Doklady Akademii Nauk SSSR* 168 (1966) 269-271 (in Russian; English transl.: *Soviet Mathematics Doklady* 7 (1966) 623-627).

―――――, [2] B-Spaces Generated by Convex Integrands, and Multidimensional Variation Problems. *Doklady Akademii Nauk SSSR* 195 (1970) 1018-1021 (in Russian; English transl.: *Soviet Mathematics Doklady* 11 (1970) 1600-1603).

―――――, [3] Subdifferentials of Restrictions of Convex Functions. *Uspekhi Matematicheskikh Nauk* 25, Issue 4 (1970) 181-182.

―――――, [4] Nelokal'nye Metody v Teorii Optimal'nogo Upravleniya, in: *Vth All-Union Conference on Control Problems* (in Russian, Nauka, Moscow, 1971, part II, 94-96).

―――――, [5] An Existence Theorem for Problems of the Calculus of Variations. *Doklady Akademii Nauk SSSR* 205 (1972) 277-280 (in Russian; English transl.: *Soviet Mathematics Doklady* 13 (1972) 919-923).

―――――, [6] Convex Functions Occurring in Variational Problems and the Absolute Minimum Problem. *Matematicheskii Sbornik* 88 (1972) 194-210 (in Russian; English transl.: *Mathematics of the USSR-Sbornik* 17 (1972) 191-208).

―――――, [7] An Existence Theorem for a General Bolza Problem. *SIAM Journal on Control and Optimization* 14 (1976) 458-466.

A. D. Ioffe and V. L. Levin, [1] Subdifferencialy Vypuklyh Funkciĭ. *Trudy Moskov. Mat. Obšč.* 26 (1972) 3-73.

A. D. Ioffe and V. M. Tikhomirov, [1] Duality in Problems of the Calculus of Variations. *Doklady Akademii Nauk SSSR* 180 (1968) 789-792 (in Russian; English transl.: *Soviet Mathematics Doklady* 9 (1968) 685-687).

―――――, [2] Rasshirenie Variacionnyh Zadach. *Trudy Moskov. Mat. Obšč.* 18 (1968) 187-246.

―――――, [3] The Duality of Convex Functions and Extremal Problems. *Uspekhi Matematicheskikh Nauk* 23, Issue 6 (1968) 51-116 (in Russian; English transl.: *Russ. Math. Surveys* 23 (1968) 53-124).

―――――, [4] On Minimization of Integral Functionals. *Funkcional Anal. i Prilož.* 3 (1969) 61-70 (in Russian; English transl.: *Functional Analysis and Its Applications* 3 (1969) 218-227).

K. F. Jacobi, [1] Zur Theorie der Variationsrechnung und der Differentialgleichungen. *Journal für die Angewandte Mathematik* 17 (1837) 68-82.

M. Q. Jacobs, [1] Remarks on Some Recent Extensions of Filippov's Implicit Function Lemma. *SIAM Journal on Control* 5 (1967) 622-627.

―――――, [2] Measurable Multivalued Mappings and Lusin's Theorem. *Transactions of the American Mathematical Society* 134 (1968) 471-481.

F. John, [1] Extremum Problems with Inequalities as Subsidiary Conditions, in: *Studies and Essays.* Courant Anniversary Volume (Interscience, New York, 1948, 187-204).

B. W. Jordan and E. Polak, [1] Theory of a Class of Discrete Optimal Control Systems. *Journal of Electronics and Control* 17 (1964) 697-711.

L. V. Kantorovich, [1] Ob Odnom Éffektivnom Metode Resheniya Nekotoryh Klassov Èkstremal'nyh Zadach. *Doklady Akademii Nauk SSSR* 28 (1940) 212-215.

―――――, [2] O Peremeshchenii Mass. *Doklady Akademii Nauk SSSR* 37 (1942) 227-229.

L. V. Kantorovich and G. Sh. Rubinshteĭn, [1] Ob Odnom Funkcional'nom Prostranstve i Nekotoryh Èkstremal'nyh Zadachah. *Doklady Akademii Nauk SSSR* 115 (1957) 1058-1061.

S. Karlin, [1] *Mathematical Methods and Theory in Games, Programming and Economics* (Addison-Wesley, Reading, 1959; Replinted eds: Dover, 1992).

V. Klee, [1] Separation and Support Properties of Convex Sets, in: *Control Theory and the Calculus of Variations* (Academic Press, 1969, 235-305).

B. Klötzler, [1] *Mehrdimensionale Variationsrechnung* (VEB Deutsche Verlag. 1971).

A. N. Kolmogorov and S. V. Fomin, [1] *Elements of the Theory of Functions and Functional Analysis* (Russian, Nauka, Moscow, 1972; English transl: Martino Fine Books, 2012).

N. N. Krasovskiĭ, [1] K Teorii Optimal'nogo Regulirovaniya. *Avtomat. i Telemeh.* 18 (1957) 960-970.

———, [2] Ob Odnoĭ Zadache Optimal'nogo Upravleniya. *Prikl. Mat. Mekh.* 21 (1957) 670-677.

———, [3] *Teoriya Upravleniya Dviženiem* (Nauka, Moscow, 1968)

M. G. Kreĭn and A. A. Nudel'man, [1] *Problema Momentov Markova i Èkstremal'nye Zadachi* (Nauka, Moscow, 1973).

V. F. Krotov, [1] Razryvnye Resheniya Variacionnyh Zadach. *Izv. Vysš. Učebn. Zaved. Matematika* 18 (1960) 86-97.

———, [2] O Razryvnyh Resheniyah Variacionnyh Zadach. *Izv. Vysš. Učebn. Zaved. Matematika* 19 (1961) 75-89.

———, [3] Methods for Solving Variational Problems on the Basis of the Sufficient Conditions for an Absolute Minimum. *Avtomat. i Telemeh.* 23 (1962) 1571-1583, 24 (1963) 581-598, 25 (1964) 1037-1046 (in Russian; English transl.: *Automation and Remote Control* 23 (1963) 1473-1484, Methods for Solving Variational Problems. II. Sliding Regimes. 24 (1963) 539-553, Methods for the Solution of Variational Problems Using Sufficient Conditions for an Absolute Minimum. III. 25 (1964) 924-933).

V. F. Krotov, V. Z. Bukreev, and V. I. Gurman, [1] *Novye Metody Variacionnogo Ischisleniya v Dinamike Poleta* (Mashinostroenie, Moscow, 1969).

V. F. Krotov and V. I. Gurman, [1] *Metody i Zadachi Optimal'nogo Upravleniya* (Nauka, Moscow, 1973).

H. W. Kuhn and A. W. Tucker, [1] Nonlinear Programming, in: *Proc. of the Second Berkeley Symposium on Mathematical Statistics and Probability* (University of California Press, Berkeley, 1951, 481-492).

K. Kuratowski and C. Ryll-Nardzewski, [1] A General Theorem on Selectors. *Bull. Ac. Polon. Sci. Ser. Math. Astr. Phys.* 13 (1965) 397-403.

S. S. Kurateladze and A. M. Rubinov, [1] Minkowski Duality and Its Applications. *Uspekhi Matematicheskikh Nauk* 27, Issue 3 (1972) 127-176 (in Russian; English transl.: *Russ. Math. Surveys* 27 (1973) 137-191).

Ky-Fan, I. Glicksberg, and A. J. Hoffman, [1] Systems of Inequalities Involving Convex Functions. *Proceedings of the American Mathematical Society* 8 (1957) 617-622.

J. Lagrange, [1] *Essai d'ne Nouvelle Methode pur Déterminer les Maxima et les Minima des Formules Intégrales Indéfinies* (Ouevres, v.1, 1892).

—————, [2] *Mécanique Analytique* (Paris, 1788).

C. Lanczos, [1] *The Variational Principles of Mechanics* (Univ. Toronto Press, Toronto, 1949; 4th eds: Dover, 1986).

J.-P. Laurent, [1] *Approximation et Optimization* (Hermann, Paris, 1972).

M. A. Lavrent'ev and L. A. Lyusternik, [1] *Osnovy Variacionnogo Ischisleniya* (ONTI, Moscow-Leningrad, 1935).

—————, [2] *Kurs Variacionnogo Ischisleniya* (GITTL, Moscow-Leningrad, 1950).

G. Lebourg, [1] Valeure Moyenne Pour Gradient Generalizé. *Comptes Rendus de l'Académie des Sciences* 281 (1975) Ser. A, 795-797.

E. B. Lee and L. Markus, [1] *Foundations of Optimal Control Theory* (Wiley, New York, 1967; Reprinted eds: Krieger Pub Co, 1986).

A. M. Legendre, [1] Memoire sur la Manière de Distinguer les Maxima des Minima dans le Calcul Variations. Memoire de l'Academie des Sciences (1786).

G. Leitmann, ed., [1] *Optimization Techniques, with Applications to Aerospace Systems* (Academic Press, New York, 1962).

A. Yu. Levin, [1] K Voprosu o Nulevoĭ Zone Ustoĭchivosti. *Doklady Akademii Nauk SSSR* 145 (1962) 1021-1023.

―――――, [2] On a Stability Criterion. *Uspekhi Matematicheskikh Nauk* 17, Issue 3 (1962) 211-212.

V. L. Levin, [1] O Nekotoryh Svoĭstvah Opornyh Funkcionalov. *Mat. Zametki* 4 (1968) 685-696.

―――――, [2] Application of E. Helly's Theorem to Convex Programming, Problems of Best Approximation and Related Questions. *Matematicheskii Sbornik* 79 (1969) 250-263 (in Russian; English transl.: *Mathematics of the USSR-Sbornik* 8 (1969) 235-247).

―――――, [3] Subdifferentials of Convex Functionals. *Uspekhi Matematicheskikh Nauk* 25, Issue 4 (1970) 183-184.

―――――, [4] On the Subdifferential of a Composite Functional. *Doklady Akademii Nauk SSSR* 194 (1970) 268-269 (in Russian; English transl.: *Soviet Mathematics Doklady* 11 (1970) 1194-1195).

E. S. Levitin, A. A. Milyutin, and N. P. Osmolovskiĭ, [1] O Neobhodimyh i Dostatochnyh Usloviyah Minimuma. *Doklady Akademii Nauk SSSR* 210 (1973) 1173-1176.

―――――, [2] Ob Usloviyah Lokal'nogo Minimuma v Zadachah s Ogranicheniyami, in: *Matematicheskaya Ekonomika i Funkcional'nyĭ Analiz*, B. S. Mityagin, ed., (Nauka, Moscow, 1974, 139-202).

J. Lindenstrauss, [1] A Short Proof of Lyapunov's Convexity Theorem. *Journal of Mathematics and Mechanics* 15 (1966) 971-972.

J. L. Lions, [1] *Contrôle Optimal de Systèmes Gouvernés par des Équations aux Dérivées Partielles* (Dunod, Gauthier-Villars, Paris, 1968).

A. A. Lyapunov, [1] O Vpolne Additivnyh Vektor-Funkciyah. *Izvestiya Rossiiskoi Akademii Nauk, Seriya Matematicheskaya* 4 (1940) 465-478.

A. M. Lyapunov, [1] *Obshshaya Zadacha ob Ustoĭchivosti Dviženiya* (Har'kov, 1892).

L. A. Lyusternik, [1] Ob Uslovnyh Ekstremumah Funkcionalov. *Matematicheskii Sbornik* 41 (1934) 390-401.

L. A. Lyusternik and V. I. Sobolev, [1] *The Elements of Functional Analysis* (Nauka, Moscow, 1965 in Russian; English transl.: Unger, New York, 1968).

N. N. Luzin, [1] Sur la Problème de J. Hadamard d'Uniformisation des Ensembles. *Mathematica* 4 (1930) 54-66.

K. Makowski and L. W. Neustadt, [1] Optimal Control Problems with Mixed Control-Phase Equality and Inequality Constraints. *SIAM Journal on Control* 12 (1974) 184-228.

S. Mandelbrojt, [1] Sur les Fonctions Convexes. *Comptes Rendus de l'Académie des Sciences* 209 (1939) 977-978.

A. A. Markov, [1] Ob Odnom Voprose Mendeleeva, in: *Selected Works* (OGIZ, Moscow, 1948).

C. Marshal, [1] Second Order Tests in Optimization Theory. *Journal of Optimization Theory and Applications* 15 (1975) 633-666.

A. Mayer, [1] Zur Aufstellung der Kriterien des Maximums und Minimums der Einfachen Integrale bei Variable Greuzwerten. *Leipziger Berichte* 36 (1884) 99-128, 48 (1896) 436-465.

E. Michel, [1] Continuous Selections. *Annals of Mathematics* Ser. 2 63 (1956) 361-383.

H. Minkowski, [1] *Geometrie der Zahlen* (Teubner, Leipzig, 1910).

―――――, [2] Theorie der Konvexen Körper, Insbesondere Begründung igres Oberflächenbegriffs, Gesammelte Abhandlungen, II (Leipzig, 1911).

N. N. Moiseev, [1] *Chislennye Metody v Teorii Optilal'nyh Sistem* (Nauka, Moscow, 1971).

J. J. Moreau, [1] Fonctions Convexes en Dualité. Fac. des Sciences de Montpellier, *Sem. de Mathématiques* (1962).

―――――, [2] Inf-Convolution des Fonctions Numéruqyes syr yb Esoace Vectoriel. *Comptes Rendus de l'Académie des Sciences* 256 (1963) 5047-5049.

―――――, [3] Fonctionelles Sous-Differéntiables. *Comptes Rendus de l'Académie des Sciences* 257 (1963) 4117-4119.

―――――, [4] Sur la Fonction Polaire d'une Fonctione Semi-Continue Supérieurement. *Comptes Rendus de l'Académie des Sciences* 258 (1964) 1128-1131.

―――――, [5] Proximaté it Dualité dans un Espace Hilbertien. *Bulletin de la Société Mathématique de France* 93 (1965) 273-299.

―――――, [6] Convexity and Duality, in: *Functional Analysis and Optimisation* (Academic Press, New York, 1966, 145-169).

―――――, [7] *Fonctionelles Convexes* (College de France, 1966).

―――, [8] Sous-Différentiabilite, in: *Proceedings of the Colloquium on Convexity* (Copenhagen, 1965, Copenhagen, Mat. Inst. 1967, 185-201).

―――, [9] Inf-Convolution, Sous-Additivé, Convexité des Fonctions Numériques. *Journal de Mathématiques Pures et Appliquées* 49 (1970) 109-154.

―――, [10] Weak and Strong Solutions of Dual Problems, in: *Contributions to Nonlinear Functional Analysis* (Academic Press, New York, 1971, 181-214).

S. F. Morozov and V. I. Plotnikova, [1] O Neobhodimyh i Dostatochnyh Usloviyah Nepreryvnosti i Poluneprery̆vnosti Funkcionalov Variacionnogo Ischisleniya. *Matematicheskii Sbornik* 57 (1962) 265-280.

Ch. Morrey, [1] Multiple Integrals in the Calculus of Variations (Springer, Berlin-Heidelberg-New York, 1967).

M. Morse, [1] Sufficient Conditions in the Problem of Lagrange with Fixed End-Points. *Annals of Mathematics* 32 (1931) 567-577.

―――, [2] Sufficient Conditions in the Problem of Lagrange with Variable End Conditions. *American Journal of Mathematics* 53 (1931) 517-546.

U. Mosco, [1] Convergence of Convex Sets and Solutions of Variational Inequalities. *Advances in Math.* 3 (1969) 510-585.

―――, [2] On the Continuity of the Young-Fenchel Transform. *Journal of Mathematical Analysis and Applications* 33 (1971) 518-535.

E. J. McShane, [1] On the Semicontinuity of Integrals in the Calculus of Variations. *Annals of Mathematics* 33 (1932) 460-486.

———, [2] Existence Theorem for Ordinary Problems of the Calculus of Variations. *Annali della Scuola Normale Superiore di Pisa* 3 (1934) 181-211.

———, [3] Some Existence Theorems for the Problems of the Calculus of Variations. *Duke Mathematical Journal* 4 (1938) 132-156.

———, [4] On Multipliers for Lagrange Problem. *American Journal of Mathematics* 91 (1939) 809-819.

———, [5] Generalized Curves. *Duke Mathematical Journal* 6 (1940) 513-536.

———, [6] Existence Theorems for Bolza Problem in the Calculus of Variations. *Duke Mathematical Journal* 7 (1940) 28-61.

———, [7] Relaxed Control and Variational Problems. *SIAM Journal on Control* 5 (1967) 438-485.

S. B. Nadler, [1] Multi-Valued Contraction Mappings. *Notices of the American Mathematical Society* 14 (1967) 930-942.

M. Nagumo, [1] Über die Gleichmässige Summierbarkeit und Ihre Anwendung auf ein Variationsproblem. *Japan Journal of Mathematics* 6 (1929) 173-182.

I. P. Natanson, [1] *Teoriya Funkciĭ Veshchestvennoĭ Peremennoĭ* (Nauka, Moscow, 1974).

J. von Neumann, [1] On Rings of Operators. Reduction Theory. *Annals of Mathematics* 50 (1949).

L. W. Neustadt, [1] The Existence of the Optimal Control in the Absence of Convexity Conditions. *Journal of Mathematical Analysis and Applications* 7 (1963) 110-117.

——————, [2] An Abstract Variational Theory with Applications to a Broad Class of Optimisation Problems I, II. *SIAM Journal on Control* 4 (1966) 505-527, 5 (1967) 90-137.

——————, [3] A General Theory of Extremals. *Journal of Computer and System Sciences* 3 (1969) 57-92.

——————, [4] Sufficiency Conditions and a Duality Theory for Mathematical Programming Problems in Arbitrary Linear Spaces, in: *Nonlinear Programming* (Academic Press, New York, 1970, 323-348).

I. Newton, [1] *Philosophiae Naturalis Principia Mathematica* (London, 1687 in Latin; English transl.: *Mathematical Principles of Natural Philosophy*, University of California Press, Berkeley, 1962).

S. M. Nikol'skiĭ, [1] Približenie funkciĭ Trigonometricheskimi Polinomami v Srednem. *Izvestiya Rossiiskoi Akademii Nauk, Seriya Matematicheskaya* 10 (1946) 295-332.

Cz. Olech, [1] A Note Concerning Set-Valued Measurable Functions. *Bull. Acad. Polon. Sci. Ser. Math. Astr. Phys.* 13 (1963) 317-321.

——————, [2] Extremal Solution of a Control System. *Journal of Differential Equations* 2 (1966) 74-101.

——————, [3] Existence Theorems for Optimal Control Problems Involving Multiple Integrals. *Journal of Differential Equations* 6 (1969) 512-526.

——————, [4] Weak Lower Semicontinuity of Integral Functionals. *Journal of Optimization Theory and Applications* 16 (1976).

B. T. Polyak, [1] K Teorii Nelineĭnyh Zadach Optimal'nogo Upravleniya. *Vestnik Vysš. Učeb. Zaved. Ser. Mat. Meh.* 2 (1968) 30-40.

―――――, [2] Semicontinuity of Integral Functionals and Existence Theorems on Extremal Problems. *Matematicheskii Sbornik* 78 (1969) 65-84 (in Russian; English transl.: *Mathematics of the USSR-Sbornik* 7 (1969) 59-77).

L. S. Pontryagin, [1] Optimal'nye Processy Regulirovaniya. *Uspekhi Matematicheskikh Nauk* 14, Issue 1 (1959) 3-20.

L. S. Pontryagin, V. G. Boltyanskiĭ, R. V. Gamkrelidze, and E. F. Mishchenko, [1] *The Mathematical Theory of Optimal Processes* (Fizmatgiz, Moscow, 1961 in Russian; English transl.: Interscience, New York, 1962; new eds: CRC Press, 1987).

A. I. Propoĭ, [1] The Maximum Principle for Discrete Control Systems. *Avtomat. i Telemeh.* 26 (1965) 1177-1187 (in Russian; English transl.: *Automation and Remote Control* 26 (1965) 1167-1177).

―――――, [2] *Èlementy Teorii Optimal'nyh Diskretnyh Processov* (Nauka, Moscow, 1973).

B. N. Pshenichnyĭ, [1] Dual Method in Extremum Problems. *Kibernetika* 3 (1965) 89-95 (in Russian; English transl.: *Cybernetics* 1 (1965) 91-99).

―――――, [2] Convex Programming in a Normalized (sic) Space. *Kibernetika* 5 (1965) 46-54 (in Russian; English transl.: *Cybernetics* 1 (1965) 46-57).

―――――, [3] Necessary Conditions for an Extremum in Partially Convex Programming Problems. *Kibernetika* 2 (1969) 90-93 (in Russian; English transl.: *Cybernetics* 5 (1969) 227-231).

―――――, [4] *Necessary Conditions for an Extremum* (Nauka, Moscow, 1969 in Russian; English transl.: M. Dekker, New York, 1971).

B. N. Pshenichnyĭ and Yu. M. Danilin, [1] *Chislennye Metody v Èkstremal'nyh Zadachah* (Nauka, Moscow, 1974)

B. N. Pshenichnyĭ and È. I. Nenakhov, [1] Neobhodimye Usloviya èkstremuma v Zadachah s Operatornymi Ogranicheniyami. *Kibernetika* 3 (1971) 35-46.

E. Ya. Remez, [1] *Pro Metodi Naĭkrashchogo v Razumīnī Chebysheva Nablizenogo Predstavleniya Funkcīĭ* (Akad. Nauk Ukr. RSR, 1935).

S. M. Robinson, [1] An Application of Error Bounds for Convex Programming in a Linear Space. *SIAM Journal on Control* 13 (1975) 271-274.

R. T. Rockafellar, [1] Duality Theorems for Convex Functions. *Bulletin of the American Mathematical Society* 70 (1964) 189-192.

―――――, [2] Helly's Theorem and Minima of Convex Functions. *Duke Mathematical Journal* 32 (1965) 381-398.

―――――, [3] An Extension of Fenchel's Duality Theorem for Convex Functions. *Duke Mathematical Journal* 33 (1966) 81-90.

―――――, [4] Integrals Which Are Convex Functionals I, II. *Pacific Journal of Mathematics* 24 (1968) 867-873, 39 (1971) 439-469.

―――――, [5] Duality in Nonlinear Programming, in: Mathematics in the Decision Sciences v.II Part I (American Mathematical Society, 1968, 401-422).

―――――, [6] A General Correspondence between Dual Minimax Problem and Convex Program. *Pacific Journal of Mathematics* 25 (1968) 597-611.

―――――, [7] Measurable Dependence of Convex Sets and Functions on Parameters. *Journal of Mathematical Analysis and Applications* 28 (1969) 4-25.

―――――, [8] Conjugate Convex Functions in Optimal Control and the Calculus of Variations. *Journal of Mathematical Analysis and Applications* 32 (1970) 174-222.

―――――, [9] Existence and Duality Theorem for Convex Problem of Bolza. *Transactions of the American Mathematical Society* 159 (1971) 1-40.

―――――, [10] Ordinary Convex Programs without a Duality Gap. *Journal of Optimization Theory and Applications* 7 (1971) 143-148.

―――――, [11] Weak Compactness of Level Sets of Integral Functions, in: *Troisiéme Colloque d'Analyse Fonctionelle* (Vander, Louvain, 1971).

―――――, [12] Convex Integral Functionals and Duality, in: *Contributions to Nonlinear Functional Analysis* (Academic Press, New York, 1971, 215-236).

―――――, [13] Optimal Arcs and the Minimum Value Function in Problems of Lagrange. *Transactions of the American Mathematical Society* 180 (1973) 53-84.

―――――, [14] *Convex Analysis* (Princeton University Press, Princeton, 1970).

―――――, [15] Conjugate Duality and Optimization. *Reg. Conf. Ser. in Appl. Math.* v.16 SIAM 1973.

―――――, [16] State Constraints in Convex Problem of Bolza. *SIAM Journal on Control* 10 (1972) 691-715.

―――――, [17] Augmented Lagrangian Multiplier Function and Duality in Nonconvex Programming. *SIAM Journal on Control* 12 (1974) 268-285.

―――――, [18] Existence Theorems for General Control Problems of Bolza and Lagrange. *Adv. in Math.* 15 (1975) 312-333.

V. A. Rokhlin, [1] Selected Topics from the Metric Theory of Dynamical Systems. *Uspekhi Matcmaticheskikh Nauk* 4 (1949) 57-128.

I. V. Romanovskiĭ and V. N. Sudakov, [1] O Sushchestvovanii Nezavisimyh Razbienii. *Trudy Matematicheskogo Instituta imeni VA Steklova* 79 (1965) 5-10.

E. Roxin, [1] The Existence of Optimal Controls. *Michigan Mathematical Journal* 9 (1962) 109-119.

I. L. Rozonoer, [1] L. S. Pontryagin Maximum Principle in the Theory of Optimum Systems, I, II, III. *Automat. i Teremeh.* 20 (1959) 1320-1334, 20 (1959) 1441-1458, 20 (1959) 1561-1578 (in Russian; English transl.: *Automation and Remote Control* 20 (1959) 1288-1302, 1405-1421, The Maximum Principle of L. S. Pontryagin in Optimal-System Theory, Part III. 20 (1959) 1517-1532).

N. H. Rozov, [1] Matematika na Službe inženera, in: *Collection of Papers*, N. H. Rozov, ed. (Znanie, Moscow, 1973).

H. Rund, [1] *The Hamilton-Jacobi Theory in the Calculus of Variations* (van Nostrand, 1966).

K. R. Rybnikov, [1] Pervye Etapy Variacionnogo Ischisleniya, in: *Istoriko-Matematicheskie Issledovaniya* (GITTL, Moscow-Leningrad, 1949).

G. Sansone, [1] *Ordinary Differential Equations* (in Italian, Zanichelli, Bologna, 1963).

L. Schwartz, [1] *Analysis* (Russian transl.: Mir, Moscow, 1972).

L. G. Shnirel'man, [1] O Ravnomernyh Približeniyah. *Izv. Akad. Nauk SSSR* 2 (1938) 53-60.

D. O. Shklyarskiĭ, N. N. Chencov, and I. N. Yaglom, [1] *Geometricheskie Neravenstva i Zadachi na Maksimum i Minimum* (Nauka, Moscow, 1970).

I. Singer, [1] *Cia mia buna Approximare on Spatii Vectoriale Normate Prin Elemente din Subspatii Vectoriale.* Acad. RSR. Bucuresti, 1967.

M. Slater, [1] Lagrange Multipliers Revisited: a Contribution to Nonlinear Programming, Cowless Commission Discussion Paper. Math. 403 (1950).

S. B. Stechkin, [1] O Približenii Abstraktnyh Funkciĭ. *Rev. Math. Pures Appl.* 1 (1956) 79-83.

J. Stoer and C. Witzgall, [1] *Convexity and Optimization in Finite Dimension* (Springer, Berlin-Heidelberg-New York, 1970).

M. F. Sukhinin, [1] Two Theorems on the Conditional Minimum of a Functional in Locally Convex Spaces. *Uspekhi Matematicheskikh Nauk* 30, Issue 3 (1975) 175-176.

R. Temam, [1] Remarques sur al Dualité en Calcul des Variations et Applications. *Comptes Rendus de l'Académie des Sciences* 270 (1970) 754-757.

——————, [2] Solutions Généralisées des Certains Problèmes de Calcul des Variations. *Comptes Rendus de l'Académie des Sciences* 271 (1970) 1116-1119.

V. M. Tikhomirov, [1] *Èkstremal'nye Zadachi Teorii Približeniĭ* (Moscow State University, Moscow, 1976).

L. Tonelli, [1] *Fondamenti di Calcolo delle Variazioni* (Zanichelli, Bologna, 1921-23).

——————, [2] Su gli Integrali del Calcolo delle Variazioni in Forma Ordinaria. *Annali della Scuola Normale Superiore di Pisa* 3 (1934) 401-450.

M. Valadier, [1] Sur l'Intégration d'Ensembles Convexes Compacts en Dimension Infinie. *Comptes Rendus de l'Académie des Sciences* 266 (1968) 14-16.

———, [2] Sous-Différentiels d'une Borne Supérieure et d'une Somme Continue de Fonctions Convexes. *Comptes Rendus de l'Académie des Sciences* 268 (1969) 39-42.

———, [3] Intégration de Convexes Fermés Notamment d'Epigraphes. *Revue Française d'Informatique et Recherche Opérationnelle* 4 (1970) 57-73.

———, [4] Multi-Applications Mesurables à Valeures de Convexes Compactes. *Journal de Mathématiques Pures et Appliquées* 50 (1971) 265-297.

———, [5] Complements sur les Équations Différentielles Multivoques. Travaux du Sem. d'An. Conv., Univ. Montpellier 1, 1971.

———, [6] Un Théorème d'Inf-Compacité. Travaux du Sem. d'Anal. Convexe, v.1, Univ. de Languedoc, 1971.

F. A. Valentine, [1] *Convex Sets* (McGraw-Hill, New York, 1964; new eds: Krieger Pub Co, 1976).

R. M. van Slyke and R. J. B. Wets, [1] A Duality Theory for Abstract Mathematical Programs with Applications to Optimal Control Theory. *Journal of Mathematical Analysis and Applications* 22 (1968) 679-706.

I. B. Vapnyarskiĭ [1] An Existence Theorem for Optimal Control in the Boltz (sic) Problem, Some of Its Applications and the Necessary Conditions for Moving and Singular Systems (sic). *Ž. Vyčisl. Mat. i. Mat. Fiz.* 7 (1967) 259-289 (in Russian; English transl.: *USSR Computational Mathematics and Mathematical Physics* 7 (1967) 22-54).

J. Warga, [1] Relaxed Variational Problems. *Journal of Mathematical Analysis and Applications* 4 (1962) 111-127.

————, [2] Functions of Relaxed Controls. *SIAM Journal on Control* 5 (1967) 628-641.

————, [3] Control Problems with Functional Restrictions. *SIAM Journal on Control* 8 (1970) 360-371.

————, [4] Optimal Control of Differential and Functional Equations (Academic Press, New York, 1972).

T. Wazewski, [1] Systèms de Commande et Équations au Contingent. *Bull. Ac. Polon. Sci. Ser. Math. Astr. Phys.* 9 (1961) 151-155.

————, [2] Sur une Condition d'Existence Fonctions Implicites Mesurables. *Bull. Ac. Polon. Sci. Ser. Math. Astr. Phys.* 9 (1961) 861-863.

————, [3] Sur une Généralization de la Notion des Solutions d'une Équation au Contingent. *Bull. Ac. Polon. Sci. Ser. Math. Astr. Phys.* 10 (1962) 11-15.

————, [4] On an Optimal Control Problem, in: *Proc. Conf. on Differential Equations and Their Applications* (Prague, 1962, 229-247).

————, [5] Sur les Systémes de Commande non Linéaires dont le Contredomaine de commande n'est pas Forcement Convexe. *Bull. Ac. Polon. Sci. Ser. Math. Astr. Phys.* 10 (1962) 17-21.

E. A. Weiss, [1] Konjugierte Funktionen. *Archiv der Mathematik* 20 (1969) 538-545.

————, [2] Verallgemeinerte Konvexe Funktionen. *Math. Scand.* 35 (1974) 129-144.

V. Yankov, [1] Ob Unifikacii A-množestv. *Doklady Akademii Nauk SSSR* 30 (1941) 591-592.

L. C. Young, [1] Generalized Curves and the Existence of an Attained Absolute Minimum in the Calculus of Variations. *Comptes Rendus de la Société des Sciences et des Lettres de Varsovie* 30 (1937) 212-234.

―――――, [2] Lectures on the Calculus of Variations and Optimal Control Theory (Saunders, Philadelphia, 1969).

W. H. Young, [1] On Classes of Summable Functions and Their Fourier Series. *Proceedings of the Royal Society* (A) 87 (1912) 225-229.

D. B. Yudin and E. G. Gol'shteĭn, [1] *Lineĭnoe Programmirovanie. Teoriya i Konechnye Metody* (Nauka, Moscow, 1964).

Yu. L. Zaslavskiĭ, [1] *Sbornik Zadach po Lineĭnomu Programmirovaniju* (Nauka, Moscow, 1969).

S. I. Zetel, [1] *Zadachi na Maksimum i Minimum* (Gostehizdat, Moscow, 1948).

S. I. Zukhovickiĭ, [1] On Approximation of Real Functions in the Sense of P. L. Chebyshev *Uspekhi Matematicheskikh Nauk* 11, Issue 2 (1956) 125-159.

S. I. Zuhovickiĭ and S. B. Stechkin, [1] O Približenii Abstraktnyh Funkciĭ so Znachenijami v Banahovom Prostransive. *Doklady Akademii Nauk SSSR* 106 (1956) 385-388, 773-776.

以下は，訳者が訳注で参照した参考文献である．

Y. A. Abramovich and C. D. Aliprantis, [1] *An Invitation to Operator Theory* (American Mathematical Society, 2002).

C. D. Aliprantis and K. Border, [1] *Infinite Dimensional Analysis: A Hitchhiker's Guide* (Springer, 2006).

R. M. Dudley, [1] *Real Analysis and Probability* (Cambridge University Press, 2002).

J. L. Kelley and I. Namioka, [1] *Linear Topological Spaces* (Springer, 1982).

W. Rudin, [1] *Real and Complex Analysis* (McGraw-Hill, 2005).

高木貞治 [1]『解析概論 改訂第三版』(岩波書店, 1983)

丸山徹 [1] 『数理経済学の方法』(創文社, 1995).

丸山徹 [2] 『積分と関数解析—実函数から多価函数へ—』(Springer, 2006).

また，以下の参考文献も参照するとよい．Stokey and Lucas [1] は6章で扱った動的計画法のはるかに精緻な取り扱いが議論されている．Sundaram [1] は有限次元の問題限定ではあるが7章と違う形の解の十分条件が議論されている．また先ほど挙げた丸山 [2] では8章で扱った可測多価写像の現代的取り扱いが記述されている．

N. L. Stokey and R. E. Lucas [1] *Recursive Methods in Economic Dynamics* (Harvard University Press, 1989).

R. K. Sundaram, [1] *A First Course in Optimization Theory* (Cambridge University Press, Cambridge, 1995).

索　引

アフィン結合　226
アフィン独立　226
アフィン包　226
運動量　120
S 関数　348
　　ある点における　348
　　局所　348
エネルギー　120
エピグラフ　54
解
　　方程式の　60
　　問題の　4
下位集合　15
拡張された実数　4
過程
　　最適　122
　　制御　117
関数
　　アフィン　54
　　ガトー微分可能な　26
　　下半連続　14
　　共役　204
　　局所凸　255
　　作用　12, 394
　　支持　54
　　指標　54
　　正規局所凸　255
　　第二共役　205
　　適正な　54
　　同次　233
　　凸　54
　　二次　43
　　場の勾配　379
　　不適正な　54
　　フレシェ微分可能な　26
　　ベルマン　352
　　ポントリャーギン　159
　　ミンコフスキー　206
　　ラグランジュ　8, 76, 79, 82, 150, 160
　　ワイエルシュトラス　137

関数族の上限　200
関数の閉包　200
境界条件　115
　　固定された　117
　　自由な　117
極　206
極小値　4
極小点
　　強い　122, 123
　　弱い　121
極値　10, 129
許容可能な要素の集合　4
区間　32, 53
形式
　　二次　318
　　ルジャンドル　318
経路の光学的長さ　514
K 関数　348
　　局所　349
　　標準　350
原理
　　混合問題における極値　82
　　最小作用の　119
　　縮小写像の　16
　　制約除去の　11
　　多価の縮小写像の　37
　　フェルマーの　512
　　ホイヘンスの　514
　　ポントリャーギンの最大値　159, 164, 169, 285, 516
　　ラグランジュの　8, 76, 80, 84
合成積　199
写像
　　アフィン　42
　　ガトー微分可能な　26
　　局所リプシッツ　66
　　C_2 級の　31
　　C_1 級の　27
　　正則　27
　　双線形　30
　　フレシェ微分可能な　26

二階の　31
　　方向微分可能な　255
　　　　一様に　255
手法
　摂動　11
　変分による　10
条件
　横断性　151, 159
　カラテオドリの　66
　クーン＝タッカー　80, 83
　スレーター　80
　正則　84
　増大　437
　相補スラック　9, 80, 84
　停留　94
　ヤコビの　147
　　強い　337
　ルジャンドルの　144
　　強い　146
　ワイエルシュトラス＝エルトマンの　171
　わいえるしゅとらすの
　　強い　385
　ワイエルシュトラスの　139, 170
錐　53
　共役な　206
　集合から生成される　190
　法線　55, 251
スライディングレジーム　173
制御変数　115
正準系　172
制約条件　4
　解形式の　117
　効いている　9, 80
　相　116
　等式の　75
　汎関数型の　7
　不等式の　79
積分
　運動量　129
　エネルギー　129
　関数 f_t の　423
　多価写像の　412
　たたみ込み　423
　ヒルベルト　384
接空間　35
絶対極点　4
摂動
　極値の　378
　問題の　315, 348
　　標準　349, 378
接ベクトル　35

零化集合　16
相
　軌道　117
　変数　115
像
　関数の　200
　逆　200
双対問題　316
双対問題の組　316, 369
族
　摂動　348
　潜在的要素の　3
測度
　全変動　21
　ボレル　21
　正則　21
　連続　413
多価写像　36, 397
　開　399
　可測　399
　グラフ　398
　正規　400
　選択子　399
　凸　398
多価写像の合成　398
単体　227
定理
　鞍点　89
　陰関数　34
　可測選択子の　403
　カラテオドリの　224
　クーン＝タッカーの　79
　　鞍点　91
　クライン＝ミルマンの　414
　シュワルツ　34
　線形汎関数の形の　20
　双対　213
　ハーン＝バナッハの　16
　バナッハの　18
　フェルマーの　8, 94
　フェンシェル＝モローの　210
　分解　249
　分離　17
　　第一　193
　　第二　194
　平均値の　32
　ヘリーの　525
　ボゴリューボフの　134, 142, 481
　マズールの　197
　モロー＝ロッカフェラーの　56
　リースの表現　20
　リャプノフの　413

索引 601

リュステルニクの　35
ワイエルシュトラスの　15
点
　共役　136, 147, 334
　停留　8, 94
動的計画法　12, 342
凸結合　190
凸集合　53
凸包　190
　関数族の下限の　200
場
　極値の　379, 387
　中心　380
　ヒルベルト　384
ハミルトニアン　159
汎関数
　混合型の　116
　支持　251
　終端　116
　積分　116
　絶対連続　426
半空間　195
半平面
　ポアンカレ　516
被積分関数　116, 406
　可測　407
　共役　411
　準正則　139, 436
　正規　407
　凸　407
非負象限　53
微分
　ガトー　26
　二階　30
　フレシェ　27
　偏　29
　方向　236
不等式
　アダマールの　539
　イェンセンの　198
　　積分　446
　ヴィルティンガーの　544
　　平均値の　541
　ヤング＝フェンシェルの　205
　ヤングの　522
閉凸包　190
　関数の　200
変換
　ヤング＝フェンシェル　204
　ルジャンドル　171, 393
変分
　第一　26

第 n　30
針状　10, 139
方向　10
　ワイエルシュトラスの　137
方程式
　オイラー　124
　　デュボワ＝レーモン型の　128
　　ラグランジュ型の　127
　オイラー＝ヤコビ　334, 353
　オイラー＝ラグランジュ　76, 81, 83, 151
　随伴　63, 151, 159, 286, 341
　ハミルトン＝ヤコビ　12, 394
　ベルマン　12, 343
　ヤコビ　146, 376
補題
　因数分解の　18
　グロンウォールの　448
　零化集合の　19
　双直交基底の　17
　デュボワ＝レーモンの　127
　ラグランジュの　126
問題
　値　4
　基本　119
　　ベクトル　119
　　固定時間の　118
　混合　82
　最速降下線　4, 517
　自励的　120
　振動子の最適パラメータ励起　526
　チャプリギンの　521
　等式制約付きの滑らかな　75
　等周　156
　　古典的な　521, 533
　凸　79, 351, 367
　　等式制約付きの　97
　凸計画　79
　ニュートンの　535
　ボルツァの　118
　マイアーの　118
　ラグランジュの　118, 149
　有効定義域　53
　　多価写像の　398
ラグランジアン　119, 150, 159
ラグランジュ
　乗数　8, 76
　乗数法　9, 76
率　438
　可積分　439
　連続　438
例

ヒルベルトの　　135, 544
　　ボルツァの　　392, 544
　　ワイエルシュトラスとヒルベルトの
　　　544
　　ワイエルシュトラスの　　136
レゾルベント　63

劣勾配　54
劣微分　54, 239
連鎖律　32
和
　関数の　　199
　多価写像の　　398

細矢 祐誉（ほそや・ゆうき）
1979年神奈川県生まれ。2002年慶應義塾大学経済学部卒業。2010年同大学大学院経済学研究科後期博士課程単位取得退学。2011年慶應義塾大学より博士(経済学)の学位を取得。2004年慶應義塾大学経済学部研究助手。2008年財団法人三菱経済研究所常勤研究員。2014年より関東学院大学経済学部専任講師。
〔主要業績〕"Measuring Utility from Demand" (J. Math. Econ, 2013), "On First-Order Partial Differential Equations: An Existence Theorem and Its Applications" (Adv.Math.Econ, 2016),『顕示選好理論とスルツキー行列』(三田学会雑誌, 2016年) 等。

虞 朝聞（ぐ・ちょうぶん）
1984年中国上海市生まれ。2007年應義塾大学経済学部卒業。2013年同大学大学院経済学研究科後期博士課程単位取得退学。2013年から16年まで慶應義塾大学経済学部助教。現在, 慶應義塾大学大学院経済学研究科, 横浜国立大学, 横浜市立大学, 神奈川大学で非常勤講師。
〔主要業績〕『偏微分方程式と逆需要関数の積分可能性－Frobeniusの定理を中心として』(三田学会雑誌, 2012年, 共著)。『微分方程式の滞留解と模索過程の安定性』(三田学会雑誌, 2013年, 共著)。

〈数理経済学叢書 7〉

[極値問題の理論]　　　　　　　　　　　ISBN978-4-86285-251-9

2017年 3月10日　第1刷印刷
2017年 3月15日　第1刷発行

訳　者　細　矢　祐　誉
　　　　虞　　朝　　聞
発行者　小　山　光　夫
製　版　ジ　ャ　ッ　ト

発行所　〒113-0033 東京都文京区本郷1-13-2
　　　　電話03(3814)6161 振替00120-6-117170
　　　　http://www.chisen.co.jp
　　　　株式会社 知泉書館

Printed in Japan　　　　　　　印刷・製本／藤原印刷

〔数理経済学叢書〕

極値問題の理論 〔数理経済学叢書7〕
イオッフェ,ティコミロフ／細矢祐誉・虞朝聞訳　菊/630p/9000円

経済現象の調和解析 〔数理経済学叢書8〕
丸山 徹著　〔近刊〕

* * *

非協力ゲーム理論 〔数理経済学叢書1〕
グレーヴァ香子著　講義と研究を基に一書にまとめた，初学者から研究者まで幅広い対象の本格的中級テキスト　菊/344p/4400円

ミクロ経済分析の基礎 〔数理経済学叢書2〕
長名寛明著　本書をマスターすればどのようなミクロ経済の問題も的確に理解できるよう配慮された第一級テキスト　菊/476p/6000円

最適化の数理I　数理計画法の基礎 〔数理経済学叢書3〕
小宮英敏著　経済学の多くの場面で活用される最適化の数理を支える数学の手法を専門の数学者の立場で丁寧に解説　菊/294p/4600円

最適化の数理II　ベルマン方程式 〔数理経済学叢書5〕
岩本誠一著　経済動学分野においてよく用いられる動的計画法の核心をなすベルマン方程式を分かり易く解説する　菊/468p/6500円

非線型経済動学　差分方程式・分岐・カオス 〔数理経済学叢書4〕
J.-M. グランモン／斉木吉隆訳　非線型力学系理論の要点を分り易く正確に説明，動学理論に関心をもつ人の必携書　菊/144p/3000円

凸解析の基礎　凸錐・凸集合・凸関数 〔数理経済学叢書6〕
W. フェンヒェル／小宮英敏訳　幾何学と解析学の両面から凸錐，凸集合，凸関数の基本的性質を網羅した融合の成果　菊/136p/3500円

知泉書館　〒113-0033　東京都文京区本郷1-13-2
Tel: 03-3814-6161 / Fax: 03-3814-6166
http://www.chisen.co.jp　（税共）